TABLEAU DE LA NATURE

OUVRAGE ILLUSTRÉ A L'USAGE DE LA JEUNESSE

LA VIE

ET LES MŒURS

DES ANIMAUX

IMPRIMERIE GÉNÉRALE DE CH. LAHURE
Rue de Fleurus, 9, à Paris

Les malheurs d'un pêcheur d'anguilles. (Page 65.)

LES POISSONS

LES REPTILES

ET

LES OISEAUX

PAR

LOUIS FIGUIER

OUVRAGE ILLUSTRÉ

DE 400 FIGURES INSÉRÉES DANS LE TEXTE
ET DE 24 GRANDES COMPOSITIONS
PAR A. MESNEL, A. DE NEUVILLE ET E. RIOU

PARIS
LIBRAIRIE DE L. HACHETTE ET Cie
BOULEVARD SAINT-GERMAIN, N° 77
—
1868
Droits de propriété et de traduction réservés

Nous avons étudié et décrit, dans les précédents volumes de cet ouvrage, la vie et les mœurs des êtres qui constituent les trois premiers embranchements du règne animal, c'est-à-dire les Zoophytes, les Mollusques et les Articulés. Nous arrivons maintenant aux animaux supérieurs, connus sous le nom de *Vertébrés*, à cause du squelette osseux que renferme leur corps, et dont la colonne vertébrale, surmontée du crâne, son appendice, forme la partie principale. L'existence d'une charpente solide chez ces animaux, leur permet d'atteindre à une taille que ne pourraient posséder les Zoophytes, les Mollusques et les Articulés. Ce squelette est organisé de manière à donner aux mouvements une vigueur et une précision remarquables.

Chez les animaux vertébrés, le système nerveux est plus développé, et par conséquent la sensibilité plus exquise que chez les êtres dont nous avons déjà fait l'histoire. Ils ont cinq sens, un cœur, une circulation, et leur sang est rouge.

Bien que le Créateur ait paru suivre un même plan général dans l'organisation de tous les vertébrés, les naturalistes les ont divisés, pour faciliter leur étude, en un certain nombre de classes fondées sur les différences de leur structure ou de leurs fonctions vitales. Ces classes sont :

1° Les Poissons,
2° Les Batraciens,
3° Les Reptiles,
4° Les Oiseaux,
5° Les Mammifères.

Ce volume est consacré à l'histoire des Poissons, des Batraciens, des Reptiles et des Oiseaux.

POISSONS

POISSONS.

Avant de parler de la vie, des mœurs et des habitudes des principales espèces de poissons de mer et d'eau douce, il est indispensable de jeter un rapide coup d'œil sur leur organisation et sur la manière dont s'exécutent leurs fonctions physiologiques.

Les Poissons sont destinés à vivre dans l'eau, et cette circonstance imprime à toute leur organisation un cachet tout particulier. Bien que leurs formes soient très-variées, ils sont généralement oblongs, comprimés latéralement, un peu évidés aux deux extrémités. Ils n'ont pas de cou, et leur tête est en continuité avec le tronc. Le plus souvent, leur corps est couvert d'écailles, qui généralement sont minces, enchâssées dans des replis de la peau, *imbriquées* comme les tuiles d'un toit, et qui ressemblent parfois à des grains ou à des tubercules.

Rien de plus remarquable que la variété et l'éclat des couleurs du corps des poissons. Ces couleurs rappellent l'or et l'argent, et présentent les teintes les plus éclatantes, avec les dégradations infinies du bleu, du vert, du rouge et du noir.

Les poissons étant essentiellement conformés pour la natation, leurs membres sont appropriés à cet usage. Les membres antérieurs, qui correspondent au bras de l'homme et à l'aile de l'oiseau, sont fixés de chaque côté du tronc, immédiatement derrière la tête, et constituent les *nageoires pectorales*. Les membres postérieurs occupent la face inférieure du corps, et constituent les *nageoires ventrales*. Les poissons possèdent, en outre, des nageoires impaires. Les nageoires qui s'élèvent sur le dos, s'appellent *dorsales;* celle qui est située au bout de la queue est dite *caudale;* enfin il en existe souvent une autre, attachée à la face inférieure et à l'extrémité du corps, et qu'on nomme la nageoire *anale*.

Ces nageoires ont, au reste, à peu près la même structure. Elles consistent presque toujours en un repli de la peau, qui est soutenu par des tiges grêles, formées de substance cartilagineuse ou osseuse.

Les muscles destinés à infléchir la colonne vertébrale sont

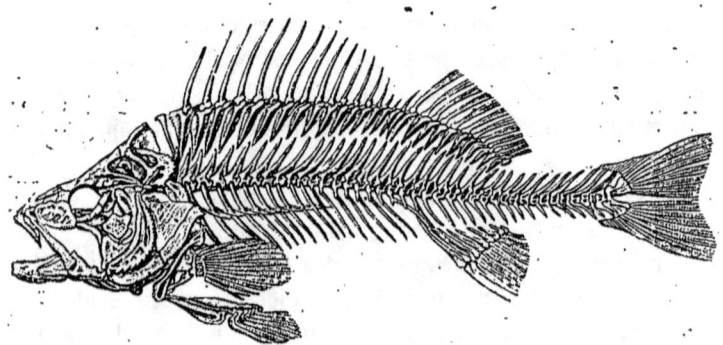

Fig. 1. Squelette de Perche.

tellement développés chez les poissons, comme chez la plupart des animaux supérieurs, qu'ils constituent à eux seuls la plus grande partie du corps. Les nageoires caudale, dorsale et anale, servent à augmenter l'étendue de l'espèce de rame que forme le corps d'un poisson. Les nageoires pectorales et les ventrales concourent à la progression. Elles servent aussi à maintenir l'animal en équilibre et à influer sur la direction de ses mouvements, qui sont, d'ordinaire, d'une étonnante rapidité.

Un organe propre aux poissons, et que l'on considère généralement comme leur étant d'un grand secours dans la natation, c'est la *vessie natatoire*, espèce de poche remplie d'air, placée dans l'abdomen sous l'épine dorsale, et qui peut être plus ou moins comprimée par les mouvements des côtes. Suivant le volume que présente la vessie natatoire, l'animal peut augmenter ou diminuer le poids spécifique de son corps, c'est-à-dire peut rester en équilibre, descendre ou monter au sein des eaux. Mais cet organe manque parfois, et l'on a remarqué qu'il est très

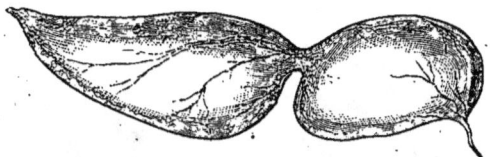

Fig. 2. Vessie natatoire de la Carpe.

petit dans les espèces qui nagent au fond de l'eau, ou se cachent dans la vase.

Immédiatement derrière la tête, se voient de grandes fentes : ce sont les *ouïes*. Leur bord antérieur est mobile, et se soulève et s'abaisse comme un battant de porte, pour servir à la respiration.

Sous cette espèce de couvercle sont situées les *branchies*, organes de la respiration de ces animaux aquatiques.

Les branchies sont des lamelles étroites, longues et aplaties, disposées en séries parallèles, à la manière de dents de peigne, et qui sont attachées sur des tiges osseuses, que l'on désigne sous le nom d'*arcs branchiaux*. Elles flottent ainsi dans l'eau aérée, qui doit servir à la respiration de l'animal.

Voici comment s'exécute la fonction respiratoire chez les poissons. L'eau entre par la bouche, passe, par un mouvement de déglutition de l'animal, sur les fentes que les arcs branchiaux laissent entre eux, arrive aux branchies, dont elle inonde la large et multiple surface, et s'échappe enfin au dehors, par les ouvertures des *ouïes*. Tout le monde a vu un poisson rouge, dans son bocal, ouvrir la bouche et soulever son opercule, alternativement : ces deux mouvements sont ceux de la respiration et de l'expiration.

Pendant le contact de l'eau et des branchies, le sang qui circule dans la trame de cet organe, et qui leur communique la coloration rouge qu'on leur connaît, se combine chimiquement avec l'oxygène de l'air, que l'eau tient toujours en dissolution, quand elle coule librement, à la température ordinaire, en présence de l'air. Le sang devient ainsi oxygéné, ou *artériel*.

POISSONS.

Le cœur des poissons, placé entre les parties inférieures des arcs branchiaux, se compose d'un ventricule et d'une oreillette.

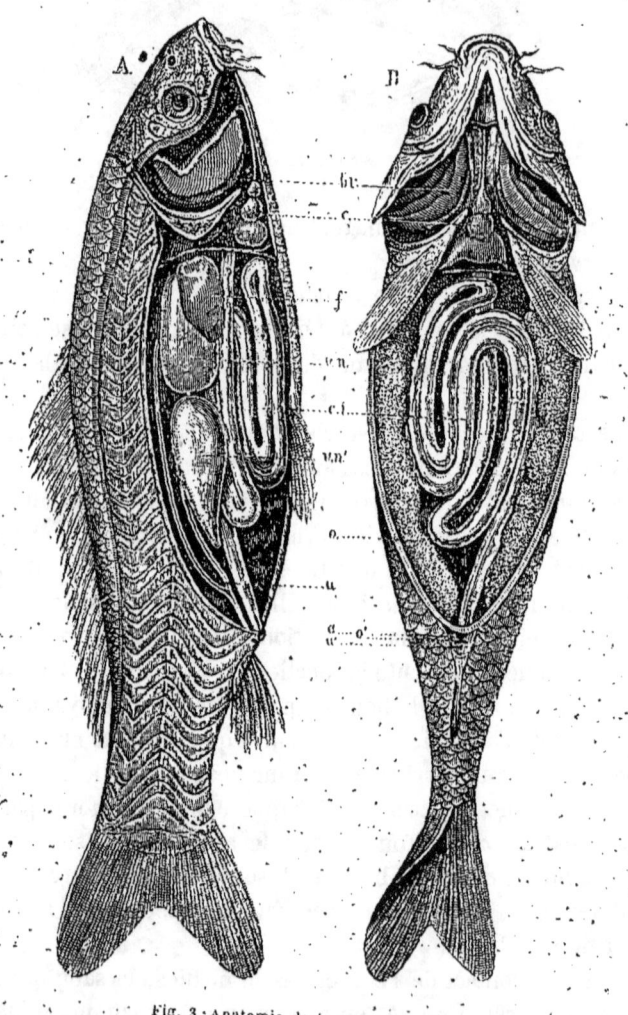

Fig. 3. Anatomie de la Carpe.
br. Branchies. — *c,* Cœur. — *f.* Foie. — *v. n.* Vessie natatoire. — *c. i.* Canal intestinal. — *v. n'.* Vessie natatoire. — *o.* Ovaire. — *u.* Urètre. — *a.* Anus. — *o'.* Oviducte. — *u'.* Urètre.

Il correspond à la moitié droite du cœur des mammifères et des oiseaux, car il reçoit le sang veineux venant de toutes les parties du corps et l'envoie aux branchies. De cet organe, le sang se rend dans une grosse artère qui rampe le long de la colonne vertébrale.

L'œil des poissons est ordinairement très-grand, on peut même dire énorme, relativement au volume de la tête. Cet œil est dépourvu de véritable paupière; le plus ordinairement la peau passe au-devant du globe oculaire, et devient en ce point si transparente, que les rayons lumineux la traversent. Ce léger revêtement est toute la paupière de l'œil des poissons. L'intérieur de l'œil est tapissé par la membrane dite *choroïde*, dont le feuillet externe, fort mince, offre, par suite de la présence d'innombrables cristaux microscopiques, l'aspect d'un enduit ar-

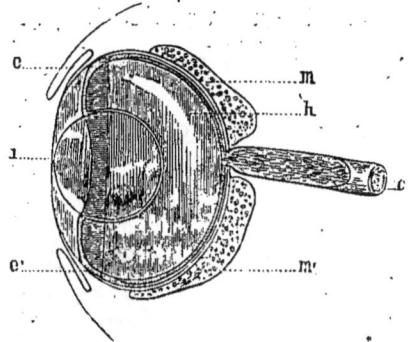

Fig. 4. Œil de Poisson.
l. Cristallin et pupille. — *ee'*. Cornée. —*mm'*. Choroïde. — *h*. Chambre postérieure de l'œil. — *c*. Nerf optique.

genté ou doré, qui donne à l'iris cet éclat extraordinaire propre aux yeux des poissons.

Le cristallin de l'œil est volumineux, sphérique, diaphane. Lorsque le poisson est cuit, le cristallin de l'œil constitue cette sorte de petite bille blanche, opaque et dure, que l'on trouve souvent sous la dent quand on mange un poisson d'une certaine taille.

Quoi qu'en ait pensé Cuvier, la vision est très-nette chez les poissons. Ces agiles chasseurs du domaine aquatique voient de loin et fort bien, c'est ce que tous les pêcheurs savent parfaitement.

Si les poissons ont de grands yeux, en revanche ils ont de bien petites oreilles. Cet organe manque à l'extérieur. Il existe seulement dans une cavité du crâne une oreille interne, qui est loin de présenter la structure compliquée de l'oreille chez les mammifères et les oiseaux. En dépit de cette imperfection de structure, les poissons sont sensibles au moindre bruit. Le silence est de rigueur pour la pêche, dans les rivières ou dans les mers : aucun pêcheur n'ignore cette circonstance.

Les dimensions de la bouche et des dents sont très-variables chez les poissons; elles sont en rapport avec leur voracité, qui est excessive chez beaucoup de ces êtres.

Les formes et le développement des pièces buccales sont tellement variés, que nous ne saurions songer à en donner une idée. Quelques espèces sont dépourvues de dents; mais chez la plupart des poissons les dents sont très-nombreuses. On en trouve non-seulement aux deux mâchoires, mais au palais, à la langue, sur le bord intérieur des arcs branchiaux, et jusque dans l'arrière-bouche, c'est-à-dire sur les os pharyngiens qui entourent l'entrée de l'œsophage.

Fig. 5. Dents de Truite.

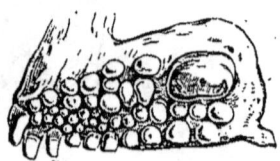
Fig. 6. Dents de Dorade.

Les formes de ces dents sont très-variables. Certaines sont si petites et si serrées qu'on les a nommées *dents en velours*. Il

Fig. 7. Dents pharyngiennes de la Carpe.

Fig. 8. Dents pharyngiennes de la Brême.

est des *dents en rape* et des *dents en carde*; il en est qui ressemblent aux canines des mammifères; d'autres qui sont en forme de tubercules, ronds ou coniques.

L'œsophage qui fait suite à la bouche, est court chez les poissons. L'estomac et les intestins varient de forme et de dimension. La digestion se fait très-rapidement chez ces êtres.

La plupart des poissons se nourrissent de chair; mais il est un nombre très-considérable d'espèces dont la bouche est dépourvue de dents, et qui ont un régime végétal.

L'accroissement des poissons se fait avec lenteur ou avec rapidité, selon l'abondance de leur nourriture. Ils peuvent supporter, sans mourir, un jeûne prolongé. Seulement, on les voit alors diminuer peu à peu de volume, et périr enfin d'épuisement.

A une certaine époque, un irrésistible entraînement pousse les poissons des deux sexes à se rapprocher, à se réunir. Plusieurs espèces, dont la livrée est terne ordinairement, se parent alors des plus brillantes couleurs. Bientôt les femelles pondent des œufs.

Le nombre des œufs que recèle le corps des femelles, dépasse toute imagination. La nature a accumulé dans leur corps des myriades d'œufs, parce que les causes de destruction qui les menacent au sein des eaux, et qui auraient rapidement anéanti l'espèce, sont innombrables.

Les œufs, abandonnés par les femelles au sein de l'eau, sont fécondés, après la ponte, par la laitance des mâles. C'est ainsi que s'accomplissent la fécondation et la reproduction chez les êtres qui nous occupent.

Après cette revue rapide et sommaire de l'organisation des poissons, nous dirons quelques mots de leur classification.

Les poissons se divisent en deux séries, d'après la composition de leur squelette intérieur. Ce squelette est ordinairement osseux; cependant, chez tout un groupe de ces animaux, il reste constamment à l'état cartilagineux, ou fibro-cartilagineux. Chez quelques-uns même, cette charpente offre encore moins de résistance, et demeure comme membraneuse.

C'est précisément sur cette particularité de structure que l'on se fonde pour diviser la classe des poissons en deux grands groupes : les *poissons cartilagineux* et les *poissons osseux*.

POISSONS CARTILAGINEUX.

Les poissons cartilagineux (*Chondroptérygiens*) sont beaucoup moins nombreux en espèces que les poissons osseux. Ils habitent presque exclusivement les eaux de la mer, bien que certaines espèces soient toutes fluviatiles.

Les poissons cartilagineux sont, en général, des animaux de grande taille, dont les formes varient depuis celle des poissons ordinaires jusqu'à celle des anguilles.

On divise les poissons cartilagineux en deux ordres, selon que les branchies sont libres à leur bord externe (*Chondroptérygiens à branchies libres*), ou attachées par ce bord, aussi bien que par leur bord interne (*Chondroptérygiens à branchies fixes*).

Le premier ordre comprend deux familles : les *Suceurs* et les *Sélaciens*. Le second ordre ne comprend qu'une seule famille : les *Sturioniens*.

Famille des Suceurs ou Cyclostomes. — Cette famille de poissons caractérisée par la conformation singulière de la bouche, qui n'est propre qu'à la succion, se compose des plus imparfaits de tous les animaux vertébrés.

Le corps des poissons suceurs, allongé, nu, visqueux, rappelle, par la forme extérieure, celui des serpents. Ils n'ont ni nageoires pectorales, ni nageoires ventrales. Leurs vertèbres sont réduites à de simples anneaux cartilagineux, à peine distincts les uns des autres, traversés par un cordon tendineux, et surmontées d'un second anneau plus solide, qui entoure la moelle épinière. Leurs branchies, au lieu de présenter la forme de peignes, ont l'apparence de bourses.

Les *Lamproies* sont le type de cette famille. Nous parlerons de la *Lamproie de mer*, de la *Lamproie fluviatile* et de la *Lamproie de Planer*.

La *Lamproie de mer*, ou *grande Lamproie* (fig. 9), est propre à l'Océan et à la Méditerranée. Elle remonte, au printemps, les embouchures des fleuves, où on la pêche quelquefois en abondance. C'est un animal long quelquefois d'un mètre, au corps cylindrique, marbré de brun sur un fond jaunâtre, et dont les nageoires dorsales sont séparées l'une de l'autre par un assez long intervalle. Sa bouche, complétement circulaire, est

Fig. 9. Lamproie de mer, ou grande Lamproie.

entourée d'une lèvre charnue, garnie de cirrhes, ayant une lame cartilagineuse pour support; elle est pourvue, sur toute sa face interne, de plusieurs rangées circulaires de fortes dents, les unes simples, les autres doubles. Sept ouvertures branchiales se voient de chaque côté du cou, formant deux lignes longitudinales.

Ce poisson, dont l'aspect et la structure sont si étranges, se nourrit de vers, de mollusques et d'autres poissons. Sa bouche, si puissamment armée, est un vaste suçoir, une énorme ventouse, à l'aide de laquelle l'animal peut s'attacher au corps de poissons souvent de grande taille, et les sucer à la manière des Sangsues.

On le prend au moyen de filets. On se sert aussi, pour le pêcher, de la *fouane*, espèce de fourche à trois pointes barbelées, semblables au trident que l'on donnait au mythologique Neptune. On darde avec cet instrument le poisson, lorsqu'on l'aperçoit au fond de l'eau.

La chair de la Lamproie est estimée, grasse et délicate. Au douzième siècle, le roi d'Angleterre Henri Ier mourut, aux environs d'Elbeuf, pour en avoir absorbé une trop royale quantité. Mieux vaut encore, à tout prendre, la mort du duc de Clarence, qui se fit noyer dans un tonneau de Malvoisie !

La *Lamproie fluviatile* ressemble beaucoup à la *Lamproie de mer*, par sa conformation générale ; mais elle en diffère par l'armature de sa bouche, qui n'offre qu'une seule rangée circulaire de dents, et par sa taille qui est beaucoup plus petite. C'est principalement à cette espèce que doivent se rapporter les individus que l'on voit sur les marchés de Paris. Noirâtre en dessus, argentée en dessous, la *Lamproie fluviatile* se trouve assez fréquemment dans la Seine.

La *Lamproie de Planer* ne quitte pas les eaux douces. On la connaît sous les noms de *petite Lamproie de rivière*, *Succi*, *Cha-*

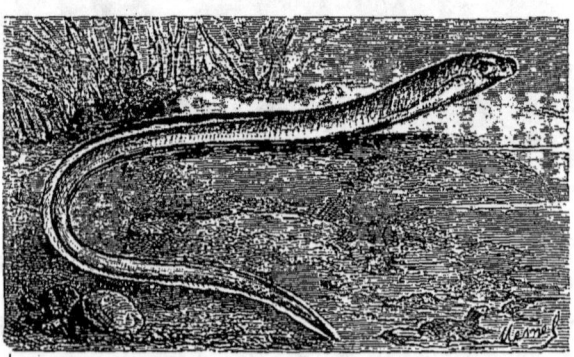

Fig. 10. Petite Lamproie, ou Lamproie de Planer.

touille. Elle est longue de vingt-cinq à trente centimètres, présente les mêmes couleurs que les précédentes, mais ses deux nageoires dorsales sont continues. Elle vit dans les eaux de presque toutes les rivières de l'Europe, dans les ruisseaux peu profonds, au milieu des pierres, où elle rencontre les petits animaux dont elle fait sa nourriture.

Ce poisson n'a pas dans le jeune âge les caractères de l'adulte. Il présente des métamorphoses. Sa larve avait été longtemps considérée comme le type d'un genre particulier, l'*Ammocète*, le *Lamprillon* des pêcheurs. Cette larve n'arrive à l'état adulte, c'est-à-dire ne se métamorphose, qu'au bout de deux ou trois années d'existence passées sous sa forme imparfaite.

Famille des Sélaciens. — Cette famille comprend le plus grand nombre des poissons cartilagineux. Leur forme extérieure est variable. Ils ont des nageoires pectorales et ventrales. De chaque côté du cou, ou à sa face inférieure, sont cinq ouvertures branchiales, en forme de fentes. Beaucoup de ces poissons ont à la partie supérieure de la tête deux *évents*. C'est à cette famille qu'appartiennent les *Raies*, les *Roussettes*, les *Torpilles*, les *Marteaux*, les *Requins*, les *Scies*.

Raies. — Il y a plusieurs espèces de *Raies*. Nous signalerons seulement la *Raie blanche* ou *cendrée* (*Raia batis*) et la *Raie bouclée* (*Raia clavata*).

La *Raie blanche* (fig. 11) a un corps dont la forme générale rappelle celle d'un losange. La pointe du museau est placée à l'angle antérieur. Les rayons les plus longs de chaque nageoire pectorale occupent les deux angles latéraux, et l'origine de la queue se trouve au sommet de l'angle de derrière. Tout cet ensemble est très-aplati; on distingue pourtant un léger renflement tant sur le côté supérieur que sur le côté inférieur, qui trace, pour ainsi dire, le contour du corps proprement dit, c'est-à-dire des trois cavités de la tête, de la poitrine et du ventre. Ces trois cavités réunies n'occupent que le milieu du losange, laissant de chaque côté un espace triangulaire moins épais, qui compose les nageoires pectorales. La surface de ces nageoires est plus grande que celle du corps proprement dit, et quoiqu'elles soient recouvertes d'une peau épaisse, on peut y distinguer un grand nombre de rayons cartilagineux composés et articulés.

La tête de la Raie blanche, terminée par un museau un peu pointu, est engagée par derrière, dans la cavité de la poitrine. L'ouverture de la bouche placée dans la partie inférieure de la tête, et même assez loin de l'extrémité du museau, est allongée; ses bords sont cartilagineux et garnis de plusieurs rangs de dents, très aiguës et crochues. Les narines sont placées au-devant de la bouche. Les yeux s'ouvrent à la partie supérieure de la tête; ils sont à demi saillants, et garantis en partie par une continuation de la peau qui recouvre la tête et qui est souple, rétractile.

14.   POISSONS.

Immédiatement derrière les yeux, sont deux trous, ou *évents*, qui communiquent avec l'intérieur de la bouche. L'animal a la faculté d'ouvrir ou de fermer ces trous, au moyen d'une membrane très-extensible, sorte de soupape. C'est par ces deux orifices que la raie admet ou rejette l'eau nécessaire ou surabondante

Fig. 11. Raie blanche.

à ses organes respiratoires, lorsqu'elle ne veut pas employer l'ouverture de sa bouche pour porter l'eau de la mer dans ses branchies ou pour l'en retirer.

La couleur générale de l'animal est, sur le côté supérieur, d'un gris cendré, semé de taches irrégulières; sur le côté inférieur, d'un blanc mat, avec plusieurs rangées de points noirâtres.

Sa queue, longue, souple et menue, qui peut se fléchir et se contourner en différents sens, et qu'elle agite comme un fouet, est pour la raie une arme offensive et défensive. Elle s'en sert particulièrement lorsque, en embuscade au fond de la mer, presque entièrement cachée sous le limon, et voyant passer à sa portée les animaux dont elle doit se nourrir, elle ne veut ni changer sa position, ni se débarrasser de la vase et des algues qui la couvrent. Elle emploie alors sa queue. Là fléchissant avec force et promptitude, elle atteint sa victime, la blesse ou la tue avec les deux piquants droits et forts dont la racine de cette queue est armée, et avec les aiguillons crochus qui hérissent sa partie supérieure..

Les raies peuvent parvenir à une taille assez considérable pour peser près de 100 kilogrammes. Leur chair peut alors suffire à rassasier plus de cent personnes. Les plus grandes sont celles qui s'approchent le moins des rivages habités, même dans le temps où le besoin de pondre ou celui de féconder les œufs entraîne les femelles vers les côtes maritimes.

Les œufs des raies ont d'ailleurs une forme singulière, très-différente de celle de presque tous les œufs de poissons, et particulièrement des œufs de presque tous les poissons osseux. Ils sont quadrangulaires, un peu aplatis, terminés dans chacun de leurs quatre coins par un petit cordon cylindrique. Ce sont des sortes de poches formées d'une membrane forte et demi-transparente.

On pêche un très-grand nombre de *Raies blanches* sur plusieurs côtes du nord de l'Europe. Leur chair est délicate. Dans plusieurs pays du Nord, particulièrement dans le Holstein et le Schleswig, on les fait sécher à l'air, et on les envoie ainsi séchées dans plusieurs contrées de l'Europe, particulièrement en Allemagne.

La *Raie bouclée* (fig. 12), à laquelle on a donné ce nom à cause des gros aiguillons dont elle est armée, et qu'on a comparés à des boucles ou à des crochets, habite presque toutes les mers de l'Europe. Elle peut atteindre une longueur de 4 mètres ; et comme elle est très-bonne à manger, elle est recherchée par les pêcheurs. On la voit fréquemment avec la Raie blanche sur les marchés d'Europe. Un rang d'aiguillons grands, forts et recourbés, règne sur le dos et s'étend jusqu'au bout de la queue. Deux piquants semblables sont au-dessus et au-dessous du bout du museau. Deux autres sont placés devant les yeux et trois derrière. Chaque côté de la queue est garni d'une rangée d'aiguillons moins forts. Il y a encore une foule d'autres aiguillons plus petits. Telles sont les *boucles* de cette Raie : ce ne sont pas, on le voit, des ornements, mais des moyens de défense.

La couleur de la partie supérieure de son corps est ordinairement brune, avec des taches blanches. La queue, plus longue que le corps, présente, vers le bout, deux petites nageoires dorsales et une nageoire caudale qui la termine.

Fig. 12. Raie bouclée.

C'est toujours au milieu des mers que vivent les différentes espèces de Raies ; mais elles s'y déplacent suivant les époques de l'année. Pendant que la mauvaise saison règne encore, elles se cachent dans la profondeur des mers. Elles s'y tiennent en embuscade, appliquant leur large corps sur le fond de la mer, et rampant sur ce même fond.

Mais les raies ne demeurent pas toujours couchées au fond des eaux. Souvent elles s'élèvent à la surface, et vont loin des côtes, chasser avec fureur les autres habitants de la mer. Recourbant leur queue, agitant leurs nageoires, elles relèvent leur corps au-dessus des flots, et se laissent retomber sur l'eau, qui écume et rejaillit sous leur poids.

Quand elles poursuivent leur proie, les Raies tiennent toujours déployées leurs nageoires pectorales, qui ressemblent alors à de grandes ailes. Grâce à leur queue très-déliée et très-mobile, elles fendent les eaux, pour tomber à l'improviste sur les animaux qu'elles poursuivent, comme l'aigle se précipite du haut des airs sur sa victime. Aussi a-t-on comparé la Raie au roi des airs, à l'aigle. Les Raies figurent, en effet, au nombre des plus forts et des plus grands poissons, comme l'aigle est le plus grand et le plus fort des oiseaux. Elles ne poursuivent les autres poissons plus faibles, que par le besoin de nourrir leur corps volumineux, et n'immolent pas de victimes à une cruauté inutile. Elles sont douées, d'ailleurs, d'un instinct supérieur à celui des autres poissons osseux ou cartilagineux ; et par toutes ces considérations on a pu les appeler les *Aigles de la mer*.

La *Torpille* (fig. 13) a beaucoup d'analogie avec les Raies. Son corps aplati s'arrondit en disque. Cet élargissement est dû, comme dans les Raies, à la grandeur des nageoires pectorales ; mais ici la ceinture humérale qui les porte, loge dans une grande échancrure un appareil organique extrêmement remarquable, car il possède la propriété de produire de violentes commotions électriques. Ce merveilleux appareil est placé dans l'intervalle qui existe entre le bout du museau et l'extrémité de la nageoire : il complète le disque du corps. La tête offre une bouche petite, fendue en travers, dont les mâchoires portent des dents, disposées en quinconce. Les yeux sont petits. En arrière de ces yeux, sont deux évents étoilés. Sous la poitrine sont deux rangées de petites fentes transversales, ouvertures des poches branchiales, comme cela a lieu dans les Raies. La queue est grosse, courte, conique, terminée par une nageoire. Elle porte une partie des nageoires ventrales. Au delà, c'est-à-dire sur le dos, sont deux petites nageoires, molles et adipeuses. La peau est entièrement lisse ; sa couleur varie suivant les espèces. Ordinairement elle est rousse avec des ocelles larges, à centre bleu foncé, quelquefois azuré et chatoyant, et entouré d'un grand cercle brunâtre. Ces taches sont ordinairement au nombre de cinq ou six.

On trouve ces curieux poissons sur nos côtes, dans la Méditerranée et dans l'Océan.

Les commotions qu'ils font éprouver au pêcheur qui veut les saisir, furent signalées de très-bonne heure. Redi, naturaliste italien du dix-septième siècle, les étudia le premier scientifiquement. On venait de pêcher une Torpille, que l'on avait tirée avec précaution sur le rivage.

« A peine l'avais-je touchée et serrée avec la main, dit le naturaliste italien, que j'éprouvai dans cette partie un picotement qui se communiqua dans le bras et dans toute l'épaule et qui fut suivi d'un tremblement désagréable et d'une douleur accablante et aiguë dans le coude, en sorte que je fus obligé de retirer aussitôt la main. »

Réaumur a également fait quelques observations sur les effets de la Torpille:

« L'engourdissement est très-différent, dit-il, des engourdissements ordinaires. On ressent, dans toute l'étendue du bras, une espèce d'*étonnement* qu'il n'est pas possible de bien peindre, mais lequel (autant que les sentiments peuvent se faire connaître par comparaison) a quelque rapport avec la sensation douloureuse que l'on éprouve dans le bras lorsqu'on s'est frappé le coude contre quelque corps dur. »

Redi remarqua, en outre, que la douleur et le tremblement résultant des attouchements diminuent à mesure que la mort de la torpille approche, et qu'ils cessent dès que l'animal est mort.

Au temps de ce naturaliste, tous les pêcheurs affirmaient que la vertu de la Torpille se communique au bras de celui qui la pêche, par l'intermédiaire de la corde du filet, et même par l'intermédiaire de l'eau de mer. Redi ne nie pas la réalité de ce phénomène; mais il ne put le vérifier. Il constata que l'action de l'animal n'est jamais plus active que lorsqu'il est serré fortement avec la main, et qu'il fait des efforts pour s'échapper. Il fit, de plus, la découverte de l'organe dans lequel réside la force électrique, et dont nous décrirons bientôt la structure.

Mais la physique n'était pas alors assez avancée pour que le naturaliste italien pût déterminer avec exactitude la cause de l'engourdissement produit par la Torpille, car c'est à peine si les phénomènes de l'électricité commençaient alors à être connus de quelques savants. Redi publia vers 1670 ses principaux ouvrages; or à cette époque rien n'avait encore attiré l'attention sur les phénomènes électriques.

Réaumur, qui publiait vers 1740 ses immortels travaux sur les Insectes, n'était pas mieux en état que Redi de comprendre la nature du phénomène de la contraction de la Torpille, car l'électricité ne faisait pas encore parler d'elle. Réaumur fit toutefois une expérience qui peut donner une idée de la force de l'électricité de la Torpille. Il mit ensemble une torpille et un canard, dans un vase contenant de l'eau de mer et recouvert d'un linge, pour que le canard ne pût s'envoler. L'oiseau pouvait respirer librement; néanmoins au bout de quelques heures de cette désagréable entrevue avec la Torpille, on trouva le canard passé de vie à trépas.

Cependant la science de l'électricité commençait à se constituer, et bientôt elle fit des progrès rapides. Le docteur Bancroft soupçonna le premier que la Torpille empruntait sa puissance à quelque appareil de nature électrique. Enfin Walsh, membre de la Société royale de Londres, démontra cette vérité par de belles

Fig. 13. Torpille.

et nombreuses expériences qu'il fit à l'île de Ré. Voici quelques-unes des expériences de ce physicien.

On posa une Torpille vivante sur une serviette mouillée. On suspendit au plancher, au moyen de cordons de soie servant à les isoler, deux fils de laiton. Auprès de la Torpille étaient huit personnes, montées sur des tabourets isolants. Un bout des fils de laiton était appuyé sur la serviette mouillée, qui soutenait la Torpille; l'autre aboutissait dans un premier bassin plein d'eau, liquide qui conduit faiblement l'électricité. La première personne avait un doigt d'une main dans le bassin où était le fil de laiton, et un doigt de l'autre main dans un second bassin, également rempli d'eau. La seconde personne tenait un doigt d'une main dans le second bassin et un doigt de l'autre main dans un troisième. La troisième plongeait un doigt d'une main dans le troisième bassin et un doigt de l'autre main dans un quatrième, et ainsi de suite. Les huit personnes communiquaient donc l'une avec l'autre, au moyen de l'eau contenue dans neuf bassins. Un bout du second fil de laiton était plongé dans le neuvième bassin. Walsh ayant pris l'autre bout de ce second fil métallique, et l'ayant fait toucher au dos de la torpille, un cercle conducteur de plusieurs pieds de long se trouva ainsi établi. Au moment où l'expérimentateur toucha la Torpille, les huit acteurs de cette expérience intéressante ressentirent une commotion subite, qui ne différait en rien de celle que fait éprouver la bouteille de Leyde, et qui présentait seulement une intensité moindre.

Lorsque la Torpille était placée sur un support isolant, elle faisait éprouver à plusieurs personnes, également placées sur un tabouret isolateur, quarante ou cinquante secousses, qui se succédaient dans l'espace d'une minute et demie. Chaque effort que faisait l'animal pour donner ces commotions, était accompagné d'une dépression de ses yeux, qui, très-saillants dans leur état naturel, rentraient aussitôt dans leurs orbites, le reste du corps demeurant immobile.

Si l'on ne touchait que l'un des deux organes de la Torpille, il arrivait qu'au lieu d'une secousse forte et soudaine, on n'éprouvait qu'une sensation plus faible, et, pour ainsi dire, plus lente : un engourdissement plutôt qu'un coup.

Toutes les substances propres à laisser passer le fluide électrique transmettaient rapidement la commotion produite par l'animal; tous les corps non conducteurs arrêtaient les secousses. Si l'on touchait l'animal avec un bâton de cire ou de verre, on ne ressentait aucun effet; mais si on le touchait avec un fil ou une tige de métal, on était violemment atteint.

Voilà les phénomènes qui furent constatés par Walsh. On ne pouvait mettre en doute leur identité avec ceux que produit l'électricité de la bouteille de Leyde, ou des machines électriques.

Les phénomènes électriques de la Torpille ont été soumis, de nos jours, à un grand nombre de nouvelles expériences par MM. Melloni, Matteucci, Becquerel et Breschet.

M. Matteucci a reconnu que l'intensité de la commotion produite par la Torpille peut être comparée à celle que donne une pile voltaïque, dite *à colonne*, de cent à cent cinquante couples.

POISSONS CARTILAGINEUX.

Arrivons à la structure de l'appareil organique qui sert à produire, au sein de la Torpille, ce dégagement d'électricité.

C'est un organe en forme de demi-lune. Il est double, et placé de chaque côté de la bouche et des organes respiratoires. Il est composé d'une multitude de petits prismes, disposés parallèlement les uns aux autres, et perpendiculairement au sol. On a compté jusqu'à onze cent quatre-vingt-deux de ces prismes, dans l'un des deux organes électriques d'une Torpille longue d'un mètre.

Sans vouloir reproduire ici toutes les descriptions anatomiques qui ont été données par Stannius, Max Schultze, Breschet, etc., de l'appareil électrique de la Torpille, nous dirons seulement que tous les petits parallélipipèdes qui entrent dans leur constitution, sont séparés les uns des autres par des cloisons de tissu cellulaire, dans lesquelles se distribuent des vaisseaux et des nerfs. Les filets nerveux que chaque appareil reçoit, sont partagés en quatre troncs principaux.

Selon les auteurs modernes, l'électricité s'élabore dans le cerveau, sous l'influence de la volonté. Elle est ensuite transportée, au moyen de filets nerveux, dans l'organe principal, où elle sert à charger ces espèces de petites piles voltaïques, qui semblent constituer l'organe commoteur.

Cependant il ne faudrait pas se laisser aller à une comparaison tout à fait sans fondement entre l'organe électrique de la Torpille et les piles de nos laboratoires, auxquelles cet organe n'est comparable en aucune façon. L'appareil électrique ressemble à un corps bon conducteur qui serait fortement électrisé; il suffit de toucher une des surfaces de cet organe, pour recevoir la commotion. Si les petits prismes qui le composent étaient chargés comme nos piles voltaïques, il faudrait toucher leurs deux surfaces pour recevoir la commotion. Aucune analogie ne saurait donc exister entre cet appareil naturel et l'instrument scientifique qui porte le nom de Volta.

On peut, à l'aide de la chaleur, ranimer jusqu'à un certain point l'activité éteinte ou suspendue des fonctions électriques de la Torpille. Maintenue dans une masse d'eau de mer d'un mètre de hauteur et de 30 centimètres de diamètre, et à une température de 22°, une Torpille conserva ses facultés pendant cinq ou six heures. Au contraire, une autre Torpille, qui était restée pendant dix heures dans une très-petite quantité d'eau de mer, à une température de 10 à 12° centigrades, et qui semblait morte, se ranima peu à peu, quand on la plaça dans de l'eau à 20°, et elle donna des commotions pendant une heure. Si l'on tient fortement l'animal par la queue, et qu'on le presse en dessus et en dessous avec des lames de platine, pour recueillir les deux électricités, l'animal se contracte fortement; mais ces mouvements violents ne sont pas toujours accompagnés de décharges électriques, ce qui démontre une fois de plus que les jets de matière électrique ne sont pas le résultat des simples contractions musculaires, mais qu'ils sont soumis à l'influence de la volonté de l'animal.

Ainsi l'électricité est l'arme donnée à ce poisson pour étourdir ses ennemis et pour engourdir sa proie. Combien est admirable la variété des ressources dont la nature dispose, et qu'elle concède à ses créatures, pour assurer leur existence!

Squales. — Par leur forme générale, les Squales se rapprochent plus que les Raies des poissons ordinaires. Les ouvertures des branchies répondent aux côtés du cou et non au dessous du corps, comme dans les Raies. Les rugosités de leur peau les protégent contre leurs ennemis.

Les Squales comprennent en plusieurs genres : les *Requins*, les *Roussettes*, les *Marteaux*, les *Scies*, etc.

Le *Requin* peut atteindre une longueur de plus de dix mètres, il pèse quelquefois plus de 500 kilogrammes. Mais la grandeur de sa masse n'est pas son seul attribut. Il a reçu en outre la force et des armes terribles. Féroce, vorace, impétueux, insatiable, répandu dans tous les climats et dans toutes les mers, il poursuit avec acharnement le poisson, qui fuit à son approche. Menaçant de sa gueule largement ouverte les malheureux navigateurs victimes d'un naufrage, il semble leur fermer toute voie de salut, et leur montrer en quelque sorte leur tombe prête à les recevoir. Ce sentiment même est, sans doute, ce qui a valu au poisson redoutable qui nous occupe, le nom sinistre qu'il porte, et qui rappelle la mort dont il est le cruel ministre. Le mot *requin* vient, en effet, de *requiem*, le chant lugubre de la cérémonie des funérailles chez les peuples catholiques.

Le corps du Requin est allongé, et sa peau garnie de petits tubercules très-serrés. Cette peau est tellement dure, qu'on l'emploie pour polir différents ouvrages de bois et d'ivoire, pour faire des courroies et des liens, pour couvrir des étuis et des petits meubles. L'extrême résistance de cette peau garantit le Requin contre la morsure de plusieurs habitants des mers, pourvus de dents puissantes.

Le dos et les côtés du Requin (fig. 14) sont d'un brun cendré, le dessous du corps est d'un blanc sale. Sa tête est aplatie, et terminée par un museau un peu arrondi. Sa bouche, en forme de demi-cercle, est énorme. Le contour de la mâchoire supérieure d'un Requin de dix mètres est de deux mètres environ, et son

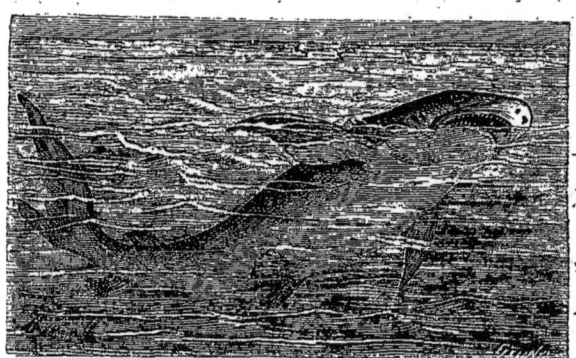

Fig. 14. Requin.

gosier étant d'un diamètre proportionné à cette monstrueuse ouverture, on ne doit pas s'étonner de lire dans Rondelet et dans d'autres auteurs qu'un Requin de grande taille peut avaler un homme d'une bouchée.

Lorsque la gueule de l'animal est ouverte, on voit, au delà des lèvres, qui sont étroites et de la consistance du cuir, des dents plates, triangulaires, dentelées, blanches comme de l'ivoire. Si le Requin est adulte, il y a dans le haut comme dans le bas six rangs de ces armes meurtrières, arsenal tout prêt à déchirer les victimes.

Ces dents se prêtent aux différents mouvements que leur impriment, selon la volonté de l'animal, les muscles placés autour de leur base. Le Requin couche en arrière ou redresse les divers rangs de ses dents; il peut même relever une portion d'un rang et abaisser l'autre portion. Ainsi ce bourreau prévoyant sait mesurer le nombre et le degré des armes dont il a besoin pour déchirer sa proie : à l'ennemi faible et sans défense, un rang de dents ; à l'adversaire redoutable, l'arsenal tout entier.

Les yeux du Requin sont petits et presque ronds, l'iris d'un vert foncé, la prunelle taillée en une fente transversale, bleuâtre. Son odorat est très-subtil. Ses nageoires sont fermes et roides.

Les nageoires pectorales, triangulaires, plus grandes que les autres, s'étendent de chaque côté, et aident beaucoup à la rapidité de la natation. La nageoire de la queue se divise en deux lobes très-inégaux, le supérieur étant deux fois plus long que l'autre. Cette queue est, du reste, d'une force incroyable. Elle peut d'un seul coup casser la jambe de l'homme le plus robuste.

Pendant la saison chaude le mâle et la femelle se recherchent ; ils s'approchent des rivages et voguent de concert, oubliant leur férocité. Les œufs éclosent à diverses époques, dans le ventre de la mère, et les petits en sortent, au nombre de deux ou trois à la fois.

Le Requin, à peine né, est le fléau des mers. Tout ce qui vit lui est bon : il mange des Sèches, des Mollusques, des poissons, entre autres des Thons et des Merues. Mais de toutes les proies celle qu'il recherche principalement, celle qu'il tient dans la plus haute estime, c'est l'homme. Le Requin aime l'homme, mais c'est d'une affection toute gastronomique. Il manifeste même, selon quelques auteurs, une préférence pour certaines races. A en croire quelques naturalistes ou voyageurs, lorsque trois ou quatre variétés de viandes humaines lui sont offertes, le requin préfère l'Européen à l'Asiatique, et l'Asiatique au Nègre. Cependant, quelle qu'en soit la couleur, le Requin cherche avidement la chair humaine. Il fréquente avec persévérance tous les parages où il espère trouver ce friand morceau. Il le poursuit, et fait pour l'atteindre des efforts extraordinaires. Il saute dans un bateau, pour y saisir les pêcheurs consternés ; il se jette au travers d'un navire voguant à toute vitesse, pour happer quelque malheureux matelot, qui se laisse voir au dehors, occupé à quelque travail dans les agrès ; il suit les vaisseaux négriers, les escorte avec constance, attendant, pour les engloutir, les cadavres des Noirs jetés à la mer, et qui ont succombé aux fatigues de la traversée.

Commerson rapporte, à ce sujet, un fait significatif. Un cadavre de Nègre avait été suspendu au bout d'une vergue, élevée à plus de vingt pieds au-dessus du niveau de la mer. On vit alors un Requin s'élancer, à plusieurs reprises, vers cette dépouille, l'atteindre enfin, la dépecer, membre à membre, sans craindre les cris et les attaques de l'équipage, réuni sur le pont pour assister à cet étrange spectacle. Pour qu'un animal aussi gros et aussi pesant puisse s'élancer à une telle hauteur, il faut que les muscles de sa queue et de la partie postérieure de son corps aient une étonnante puissance.

La bouche du Requin étant placée à la partie inférieure de la tête, il faut qu'il se retourne, pour saisir les objets qui ne sont pas placés au-dessous de lui. Il se rencontre des hommes assez hardis pour profiter de cette conformation, et faire la chasse à ce poisson redoutable et féroce. Sur les côtes d'Afrique, on voit des Nègres s'avancer en nageant vers un Requin, et profitant du moment où l'animal se retourne, lui fendre le ventre avec un couteau.

Cet acte inouï de courage et d'audace ne saurait être considéré comme un moyen de pêche du Requin. Voici en quoi consiste cette pêche, dans presque toutes les mers :

On choisit une nuit obscure. On prépare un hameçon garni d'une pièce de lard, et attaché à une longue et solide chaîne de fer. Le Requin se jette sur cette proie, puis il la quitte. On le tente en retirant l'appât. Il le suit et l'avale gloutonnement. Il essaye alors de s'enfoncer dans l'eau ; mais, retenu par la chaîne, il s'agite et se débat. Lorsque ses forces commencent à s'épuiser, on tire la chaîne, de manière à amener sa tête hors de l'eau. On fait alors descendre une corde, terminée par un nœud coulant. On engage dans ce nœud le corps du monstre que l'on serre étroitement, surtout vers l'origine de la queue. Après l'avoir ainsi entouré de liens, on l'enlève et on l'amène sur le bâtiment (fig. 15). C'est là seulement qu'on le met à mort, non sans de grandes précautions contre ses terribles morsures et ses effroyables coups de queue. L'animal a, du reste, la vie dure, et résiste longtemps aux blessures les plus profondes.

La chair du Requin est coriace, de mauvais goût, difficile à digérer. Cependant les Nègres de la Guinée s'en nourrissent. Ils la rendent plus tendre en la conservant très-longtemps.

Sur plusieurs côtes de la Méditerranée, on mange les petits Requins trouvés dans le ventre de leur mère. Le dessous du ventre de l'animal adulte, auquel on ôté ses mauvaises qualités par diverses préparations, sert quelquefois aussi à l'alimentation des pêcheurs de nos côtes.

En Norwége et en Islande, on fait sécher à l'air pendant plus d'une année cette dernière partie de l'animal. Les Islandais font d'ailleurs un grand usage de la graisse du Requin. Le foie d'un de ces Squales de vingt pieds de longueur peut, selon Pantoppidan, fournir deux tonnes et demie d'huile.

Nous venons de faire, avec tout le soin qu'il mérite, le portrait du Requin. L'original n'est pas beau. Mais si affreuse qu'elle soit, notre description serait incomplète, si nous n'ajoutions qu'on a décerné les honneurs divins à ce monstre des eaux. L'homme a toujours aimé et adoré la force; il baise la main qui l'écrase ou la dent qui le déchire. Il respecte le maître ou le roi qui le frappe, et il vénère le Requin !

Les habitants de certaines côtes d'Afrique adorent le Requin. Ils l'appellent leur joujou, et considèrent son estomac comme la voie la plus directe pour aller au ciel. Trois ou quatre fois l'an, ils célèbrent la *fête du Requin*. Voici en quoi consiste cette fête sinistre :

On amène tous les canots au milieu de la rivière; on invoque, dans de bizarres cérémonies, la protection du *Requin-Dieu*. On lui offre des volailles et des chèvres, pour satisfaire son appétit sacré. Mais cela n'est rien encore. Un enfant est chaque année désigné, dès sa naissance, pour servir à un sanglant sacrifice. L'enfant voué à cette fin lugubre a été fêté et choyé jusqu'à l'âge de dix ans. Le jour de la *fête du Requin*, on le lie à un pieu, sur une pointe de sable ; la marée monte ; l'enfant jette des cris. On l'abandonne aux flots, et les Requins arrivent. La mère n'est pas loin. Elle pleure peut-être, mais elle sèche ses larmes en pensant que son fils entre au ciel par cette terrible porte !

La *grande Roussette* (fig. 16), qui atteint 1 mètre à 1ᵐ,30, est très-vorace. Se nourrissant surtout de poissons, elle en détruit une grande quantité. Elle se jette même sur les pêcheurs et sur ceux qui se baignent dans la mer. Placée en embuscade comme les Raies, elle surprend ainsi ou attaque sa proie. Sa chair,

Fig. 15. Pêche du Requin.

dure et sentant le musc, est rarement mangée; mais sa peau est répandue dans le commerce. On la connaît sous le nom de *peau de chagrin*. La peau de Roussette s'emploie, comme celle

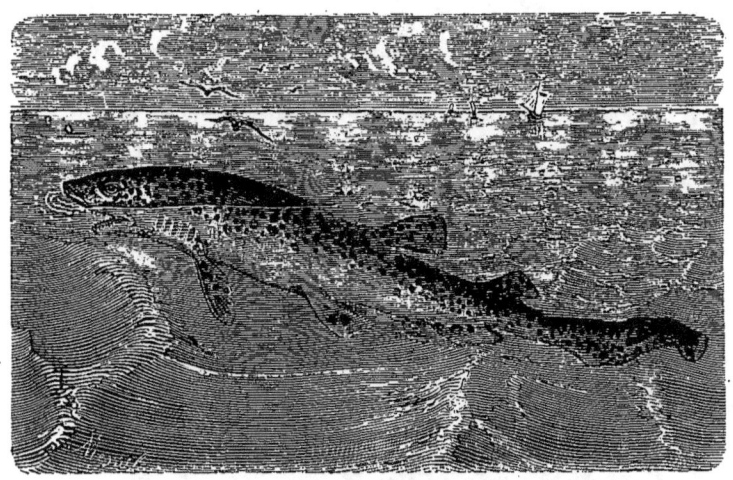

Fig. 16. Grande Roussette.

du Requin, à faire des étuis, des courroies, à couvrir des malles. Quand elle a été peinte en vert ou autre couleur, on l'appelle *galuchat*, et on en garnit des étuis.

La *Roussette-Rochier*, ou *petite Roussette*, est plus petite que la précédente. Ses taches sont plus larges et plus rares, ses nageoires ventrales sont coupées carrément. Son nom de *Rochier* lui vient de ce qu'elle aime à habiter les rochers, où elle se nourrit de Mollusques, de Crustacés et de poissons.

Le *Squale-Marteau* (fig. 17) est caractérisé par la conformation singulière de sa tête, qui est aplatie horizontalement, tronquée en avant, et dont les côtés se prolongent transversalement, en deux branches qui la font ressembler à la tête d'un marteau.

Les yeux de ce poisson sont placés à l'extrémité des prolongements latéraux de la tête; ils sont gris, saillants, et leur iris présente une couleur d'or. Quand l'animal est irrité, les couleurs de cet iris deviennent flamboyantes et effrayent les pêcheurs.

Au-dessous de la tête, et près de l'endroit où commence le tronc, se trouve la bouche, semi-circulaire et garnie dans chaque mâchoire de trois ou quatre rangs de dents larges, aiguës et barbelues de deux côtés.

L'espèce de Squale-Marteau la plus commune de nos mers a le

Fig. 17. Squale-Marteau.

corps étroit, grisâtre, et la tête noirâtre. Ce poisson atteint communément la longueur de trois mètres et le poids de 250 kilogrammes. Sa hardiesse, sa voracité et son ardeur pour le sang, sont bien au-dessus de sa taille : si le Squale-Marteau n'a pas la force des grands Requins, il les surpasse quelquefois par sa fureur. Peu de poissons sont aussi connus des marins à cause de sa conformation *frappante*, c'est le cas de le dire. Sa voracité l'entraîne souvent autour des navires, jusqu'au milieu des rades et près des côtes. C'est une visite qui reste dans le souvenir des marins; on aime à raconter que l'on a pu échapper au danger d'une telle rencontre.

La *Scie* se sépare de toutes les espèces de poissons connus, par l'arme terrible qui arme sa tête. Cette arme est une prolongation du museau, qui, au lieu d'être arrondi ou de finir en pointe, se termine par une extension ferme, très-longue, étroite et aplatie de haut en bas. Elle est revêtue d'une peau très-résistante, et garnie des deux côtés d'un grand nombre de dentelures fortes, grandes et allongées, qui ne sont que des prolongements de la substance dure qui forme ce museau; terminé en lame d'épée.

Ainsi armé, ce Squale, dont la longueur peut atteindre jusqu'à quatre mètres et demi, attaque sans crainte et combat avec avantage les plus dangereux habitants de la mer. Avec cette véritable scie, souvent longue de deux mètres, il ose se mesurer avec la Baleine. Tous les pêcheurs qui fréquentent les mers du Nord, assurent que la rencontre de ces deux potentats des eaux est toujours suivie d'un combat singulier, et que presque toujours la scie a donné le signal du duel. La Baleine pourrait d'un coup de sa queue terrasser son adversaire; mais le Squale est agile, il bondit, s'élance au-dessus de l'eau, et retombe sur le colosse, en lui enfonçant dans le dos son arme aiguë et dentelée. Dans cette lutte étrange, la Baleine est exposée à perdre sa vie avec son sang.

La Scie habite les deux hémisphères et se trouve dans presque toutes les mers. Elle n'est pas rare sur les côtes d'Afrique, où les Nègres, frappés de sa forme et de la grandeur de ses armes, l'ont à peu près divinisée. Ces peuples naïfs conservent comme de précieuses amulettes les plus petits fragments du museau dentelé de la Scie.

La Scie se jette parfois avec fureur contre la carène des navires, et y enfonce son épée, qui se brise dans le bois. On voit au Muséum d'histoire naturelle de Paris une lame de Squale-Scie qui fut trouvée implantée dans le flanc d'une Baleine.

Familles des Sturioniens. — Dans une seconde division des *Poissons cartilagineux*, c'est-à-dire dans la famille des *Sturionicns*, les branchies sont libres, comme dans les poissons ordinaires. Les *Sturioniens* se rattachent encore à ces derniers poissons par leurs ouïes, qui n'ont qu'un seul orifice très-ouvert et garni d'un opercule, mais sans rayons à la membrane.

Ce sont des poissons de grande taille, qui vivent dans la mer, mais remontent dans les fleuves, et peuvent habiter les eaux douces. Nous parlerons seulement ici des *Chimères*, des *Polyodons* et des *Esturgeons*.

Chimère arctique. — Les naturalistes Clusius et Aldovrande ont baptisé ce poisson du nom de *Chimère arctique*, à cause de sa singulière conformation. Sa forme étrange, la manière dont il remue inégalement les différentes parties de son museau, la façon dont il montre les dents, ses contorsions ou ses grimaces de singe, sa longue queue, qui rappelle celle d'un reptile, et que l'animal agite avec rapidité, tout cela avait beaucoup frappé le vulgaire et les anciens naturalistes. Clusius et Aldovrande avaient comparé ce poisson à la Chimère, monstre de l'antiquité

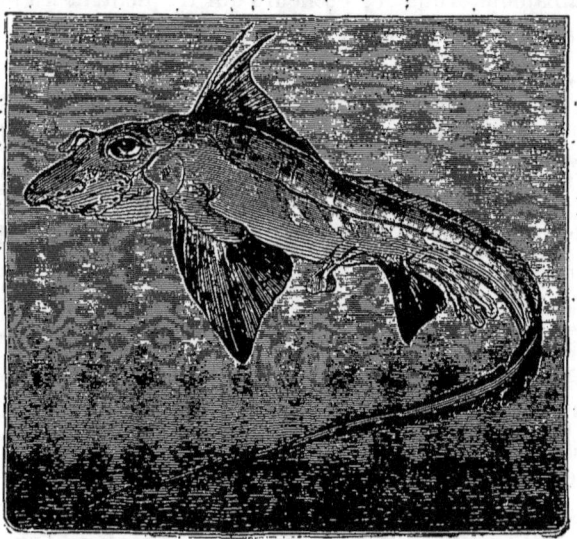

Fig. 18. Chimère arctique.

mythologique, que les anciens représentaient avec un corps de chèvre, une tête de lion, une queue de dragon, et une gueule béante, qui vomissait des flammes. Plus tard, on se contenta d'y voir un poisson à tête de lion; et comme le lion était alors regardé comme le roi des animaux et qu'il fallait chercher un empire à la Chimère, on décida qu'elle régnait sur les Harengs, dont elle poursuit les gigantesques colonnes : on la nomma donc le *roi des Harengs*.

Ce roi des populations aquatiques est long de 1^m,65 à 2 mètres, d'une couleur générale argentée, tachetée de brun. Il habite les mers européennes et se tient presque toujours dans l'océan septentrional, où il se nourrit de crabes, de mollusques et d'animaux à coquilles. Seulement, comme pour justifier le titre de *roi des Harengs*, que les naturalistes lui ont décerné, il lève souvent un tribut sur ses frétillants sujets.

La *Chimère antarctique*, qui se trouve dans les mers de l'hémisphère méridional, ressemble beaucoup, par sa conformation et par ses habitudes, à la Chimère arctique. Le bout de son museau se termine par un appendice cartilagineux, qui s'étend en avant et se recourbe ensuite sur la bouche. Cette extension, que l'on a assimilée à une crête, a fait nommer cet animal *poisson-coq*. D'autres assimilant le même organe à une trompe, l'ont nommé *poisson-éléphant*. Les anciens naturalistes avaient la manie inutile de chercher entre tous les êtres de la création des ressemblances et des analogies auxquelles la nature ne songe guère.

Polyodon-feuille. — Ce poisson, connu autrefois sous le nom de *Chien de mer*, est aisé à distinguer par l'excessif prolongement de son museau, presque aussi long que la tête. Ce museau est élargi par deux bandes membraneuses qui laissent voir, à leur surface, une grande quantité de petits vaisseaux ramifiés, dont l'assemblage peut être comparé au réseau fibrillaire des feuilles : de là le nom de *Polyodon-feuille* donné à ce poisson.

Esturgeons. — Les Esturgeons sont au nombre des plus grands poissons connus. Sous ce rapport, aussi bien que par leur conformation extérieure, ils se rapprochent des Squales, dont nous venons de faire l'histoire. Mais ils sont loin de partager leur force et leur vigueur. Leurs muscles sont moins fermes, leur chair plus délicate, et partant, leur force musculaire beaucoup moindre. Leur bouche n'est point armée de plusieurs rangs de dents aiguës : dès lors leurs appétits sont moins violents et leurs mœurs moins farouches.

Les Esturgeons sont des poissons de mer, qui remontent périodiquement les fleuves. On en connaît un assez grand nombre d'espèces en Europe. Ils abondent surtout dans la mer Noire et dans la mer d'Azof. C'est dans le Volga et le Danube que vivent les différentes espèces de ce genre. L'énorme consommation du *caviar*, en Russie, amène une poursuite acharnée de l'Esturgeon dans beaucoup de fleuves de l'Europe, et elle finira par entraîner l'entière disparition de cette espèce.

L'*Esturgeon commun* (fig. 19) est répandu à la fois dans la mer du Nord, l'Océan, la Méditerranée ; il apparaît quelquefois dans le Rhin, la Seine, la Loire et la Gironde. Il est ordinairement long de 2 mètres à 2^m,30 ; mais il peut atteindre la taille de 5 à 6 mètres. Sa couleur générale est jaunâtre, avec le ventre blanc. Il est remarquable par le nombre et par la forme des plaques osseuses qui couvrent son corps, comme autant de boucliers.

Fig. 19. Esturgeon commun.

Sur le dos et sur le ventre sont 12 à 15 plaques rugueuses, relevées d'une saillie qui, pointue dans le jeune âge, s'émousse chez les vieux individus ; sur les côtés est une série de 30 à 35 boucliers triangulaires. Ces rangées de plaques seraient une excellente défense pour l'Esturgeon et le rendraient un des mieux cuirassés des poissons, si elles n'étaient séparées l'une de l'autre par de trop grands intervalles.

La forme de la tête est également caractéristique. Large à la base, elle se rétrécit insensiblement jusqu'au bout, en un museau conique. La bouche qui est très-large, est située fort en arrière de l'extrémité du museau, et ses mâchoires, au lieu de dents, sont garnies de cartilages. Entre la bouche et le museau se trouvent quatre barbillons menus, très-mobiles et semblables à de petits vers. On a prétendu que ces barbillons attirent de petits poissons mal avisés, jusqu'au près de la gueule de l'animal, qui cache sa tête au milieu des plantes aquatiques.

Dans la mer, l'Esturgeon se nourrit de poissons de taille moyenne, tels que les Harengs, les Maquereaux, les Gades. Quand il s'est engagé dans les fleuves, il attaque les Saumons, qui les remontent à peu près en même temps que lui. L'Esturgeon mêlé aux bandes des Saumons semble un géant. C'est en le comparant à un chef de ces bandes voyageuses, qu'on l'a nommé le *Conducteur des Saumons*.

L'Esturgeon dépose dans les fleuves une immense quantité d'œufs, que l'on recueille, comme nous l'avons dit, pour en composer le *caviar*. Sa chair est délicate et d'un goût très-exquis. Dans les pays où l'on prend des Esturgeons en abondance, on le sèche pour le conserver.

Les rivières qui se jettent dans la mer Noire et dans la mer Caspienne, renferment, outre l'*Esturgeon commun*, plusieurs autres espèces du même genre, entre autres le *Sterlet* ou *petit Esturgeon* et le *grand Esturgeon*.

Le premier ne dépasse pas 0^m,65 de longueur. Sa chair est encore plus délicate et plus recherchée que celle de l'*Esturgeon commun*. Chez les anciens, ce poisson était estimé à un degré véritablement inouï. Dans la Rome avilie des empereurs, en ces temps de corruption qui précédèrent et amenèrent sa ruine, on vit des Esturgeons portés en triomphe au son des instruments, sur des tables fastueusement décorées et couvertes de fleurs.

Le *grand Esturgeon*, qui peut dépasser le poids de cinq à six cents kilogrammes, ne se trouve guère que dans les fleuves qui se déversent dans la mer Caspienne et dans la mer Noire. Le Volga, le Don et le Danube, renferment les plus grands sujets.

On doit au naturaliste russe Pallas des renseignements sur la manière dont on pêche le grand Esturgeon dans le Volga et dans le Jaïck.

On construit en travers de ces fleuves une digue, composée de pieux, qui ne laissent aucun intervalle assez grand pour laisser passer l'animal. Cette digue forme, vers son milieu, un angle opposé au courant, et par conséquent opposé au poisson qui remonte le fleuve et s'avance vers le sommet de cet angle. En ce point est une ouverture qui conduit dans une espèce d'enceinte, composée avec des filets, sur la fin de l'hiver, et des claies d'osier, pendant l'été. Les pêcheurs s'établissent sur une sorte d'échafaud, placé par-dessus cette ouverture. Le fond de ce réservoir peut être élevé par les pêcheurs à la surface de l'eau.

Quand le poisson s'est engagé dans le réservoir, les pêcheurs placés sur l'échafaud laissent tomber une porte, qui lui interdit le retour vers la mer. On lève alors le fond mobile de la chambre, et on se saisit facilement du poisson (fig. 20).

Les pêcheurs sont avertis, pendant le jour, de l'entrée des Esturgeons dans la grande enceinte, par le mouvement que ces poissons communiquent à des cordes suspendues à de petits corps flottants sur l'eau. Pendant la nuit, les Esturgeons entrés dans l'enceinte agitent, par leurs mouvements, d'autres cordes disposées dans cette enceinte, et ils tiraillent assez ces cordes pour faire tomber derrière eux la porte dont nous avons parlé. Les Esturgeons sont emprisonnés par la chute de cette porte, qui, en tombant, fait sonner une cloche, pour avertir et éveiller au besoin le pêcheur endormi sur l'échafaud.

N'est-ce pas là un parfait ensemble des moyens les mieux combinés, et la pêche de l'Esturgeon sur le Volga n'est-elle pas une pêche admirablement organisée?

Aux embouchures des fleuves, c'est-à-dire sur les rivières de la mer Caspienne, au point où vient se jeter le Volga, la pêche des Esturgeons se fait autrement. Le voyageur Gmelin, qui a parcouru diverses contrées de la Russie, a décrit les pêches des Esturgeons qui se font au commencement de l'hiver dans les cavernes et les creux des rivages voisins de la ville d'Astrakan, située sur la mer Caspienne, à l'embouchure du Volga.

On réunit un grand nombre de pêcheurs ; on rassemble plusieurs petits bâtiments, et l'on se prépare comme pour une opération militaire bien ordonnée. Toute cette flottille s'approche en silence et avec précaution des retraites au fond desquelles les poissons se sont retirés. On tend des filets autour de ces parages ; puis tout à coup on pousse de grands cris. Les poissons effrayés se précipitent hors de leurs cavernes, et vont tomber dans les filets.

Le volume considérable de ce poisson, la bonté et les qualités nourrissantes de sa chair, saine et agréable au goût, l'immense quantité d'œufs que l'on retire du corps des femelles, ont excité le commerce et l'industrie des habitants des rives

Fig. 20. Pêche de l'Esturgeon dans le Volga.

de la mer Caspienne et de la mer Noire. Nous donnerons une idée de l'abondance des œufs du grand Esturgeon, en disant que le poids des deux ovaires égale presque le tiers du poids total de l'animal; or ces ovaires ont pesé jusqu'à quatre cents kilogrammes; dans une femelle du poids de 1,400 kilogrammes.

C'est avec ces œufs, mais non uniquement avec ce produit, que l'on prépare le *caviar*, aliment plus ou moins estimé, suivant que les œufs qui en font la base ont été plus ou moins bien choisis, puis nettoyés, maniés, pressés et mêlés avec de sel ou d'autres ingrédients. Le *caviar* a fait, non les délices, mais l'étonnement de beaucoup de visiteurs de l'Exposition universelle de 1867, dans ce restaurant russe, qui restera comme un de leurs plus *chers* souvenirs.

Un autre produit important du grand Esturgeon, au point de vue industriel, c'est la vessie natatoire, située au-dessus de l'épine dorsale de ces poissons cartilagineux. Ces organes séparés de l'animal, plongés dans l'eau et séparés de leur peau extérieure, coupés en long, renfermés dans une toile, ramollis entre les mains, façonnés en tablette, ou en petits cylindres recourbés, et exposés enfin à une chaleur modérée, constituent la presque totalité de la *colle de poisson* qui se consomme en Europe, et qui est connue sous le nom élégant et à demi grec d'*ichthyocolle*. Mêlé avec la colle forte, ce produit jouit d'une puissance d'adhésion considérable. On peut s'en servir pour réunir les morceaux cassés de la porcelaine et du verre. On le nomme *colle à bouche*, quand il a été mélangé d'une substance de saveur agréable, qui permet d'en ramollir sans dégoût les fragments dans la bouche.

La graisse du grand Esturgeon, quand elle est fraîche, remplace l'huile et le beurre. Elle est d'une grande ressource pour les habitants des contrées méridionales de la Russie.

La peau du grand Esturgeon peut remplacer le cuir de plusieurs animaux. Celle des jeunes individus, quand elle a été bien débarrassée de toutes les matières qui pourraient la rendre opaque, et bien desséchée, remplace les carreaux de vitre, dans une partie de la Russie et de la Tartarie.

Ainsi tout est bon, tout devient utile à l'homme et à son industrie dans la grande et féconde espèce d'Esturgeon que nous venons d'étudier.

POISSONS OSSEUX.

On comprend en général sous cette dénomination les *Poissons proprement dits* ou les *Poissons ordinaires*. Nous avons fait remarquer en commençant que ce groupe naturel d'animaux est caractérisé par la constitution du squelette solide.

Les poissons osseux se divisent en six ordres, fondés, il faut le dire, sur des caractères d'une faible importance organique, et que les savants ont, hélas! baptisés des noms les plus barbares. Nous nous hâterons de prononcer ces noms; pour n'avoir plus à y revenir.

En remontant la série de perfection des êtres, nous trouverons d'abord les *Plectognathes*, en français les poissons dont la mâchoire supérieure est attachée au crâne (πλεκτός, *entrelacé*, γνάθος, *mâchoire*).

Viennent ensuite ceux dont la mâchoire supérieure est mobile. Les uns ont les branchies disposées en houppes rondes : ce sont les *Lophobranches* (λόφος, *crête, aigrette*, βράγχια, *branchie*).

Dans les autres poissons, les branchies sont disposées en peignes. Ces derniers se divisent en deux grands groupes. Dans le premier de ces groupes, tous les rayons des nageoires sont mous, excepté quelquefois le premier des nageoires dorsales ou pectorales : ce sont les *Malacoptérygiens* (μαλακός *mou*, πτερύγιον, *nageoire*), qui forment le troisième groupe des poissons osseux.

Dans un dernier groupe, les poissons ont des rayons osseux à la nageoire dorsale antérieure, quelques rayons osseux à la nageoire anale et ordinairement un à chaque nageoire ventrale : ce sont les *Acanthoptérygiens* (ἄκανθα, *épine*, πτερύγιον, *nageoire*) qui forment le dernier groupe des poissons osseux.

Nous devons ajouter que les *Malacoptérygiens* se subdivisent eux-mêmes en trois ordres, ce qui porte à six le nombre des ordres des Poissons osseux, à savoir : les *Plectognathes*, — les *Lophobranches*, — les *Malacoptérygiens apodes*, — les *Malacoptérygiens sub-branchiens*, — les *Malacoptérygiens abdominaux*, — les *Acanthoptérygiens*.

ORDRE DES PLECTOGNATHES.

Par leur organisation, les poissons de cet ordre établissent le passage des *Poissons cartilagineux* aux *Poissons osseux*. Leur squelette, qui demeure quelque temps plus ou moins mou, finit par se durcir. Le principal caractère distinctif des poissons de cet ordre, c'est que l'os maxillaire est soudé ou fixement attaché sur le côté de l'os intermaxillaire, qui forme seul la mâchoire, et que l'arcade palatine s'articule avec le crâne, de manière à ne conserver aucune mobilité.

En outre, les opercules et les rayons des branchies sont cachés sous une peau épaisse, qui ne laisse à l'extérieur qu'une petite fente branchiale. Ces poissons n'ont pas de vraies nageoires ventrales, et n'ont que des vestiges de côtes.

Cet ordre comprend deux familles très-naturelles, caractérisées par la manière dont leurs mâchoires sont armées : les familles des *Gymnodontes* et des *Sclérodermes*.

Gymnodontes. — Chez les poissons de cette famille, les mâchoires n'ont point de dents apparentes, mais sont garnies d'une espèce de bec d'ivoire qui les représente. On range dans cette famille les *Diodons*, les *Tétrodons*, les *Môles*, etc.

Les *Tétrodons* (fig. 21) sont ainsi nommés parce que leurs mâchoires larges, dures, osseuses, saillantes, sont chacune divisées sur le devant par une fente verticale, en deux portions, qui simulent deux dents. Ces quatre portions de mâchoires osseuses qui débordent les lèvres, ressemblent aux mâchoires dures et dentelées des tortues. Leur partie antérieure se prolonge parfois en pointe, comme les mandibules du bec d'un perroquet. Elles sont parfaitement disposées pour écraser les coquillages des mollusques et l'enveloppe résistante des crustacés. La peau de ces poissons est hérissée de petites épines peu saillantes, dont le nombre compense la brièveté, et qui éloignent leurs ennemis.

ou blessent la main qui veut les retenir. Ils jouissent en outre d'une singulière faculté : ils peuvent enfler la partie inférieure de leur corps, et lui donner une extension si considérable, qu'elle devient comme une grosse boule soufflée, au haut de laquelle disparaît, pour ainsi dire, le corps proprement dit. C'est en introduisant une énorme quantité d'air dans son estomac que le poisson se gonfle ainsi à volonté, lorsqu'il veut s'élever vers la surface de l'eau pour résister à une attaque. En effet, dans cet état de tension des téguments, les aiguillons qui garnissent sa peau sont aussi tendus qu'ils le peuvent être.

Fig. 21. Tétrodon et Môle.

On connaît plusieurs espèces de ce genre. Nous citerons le *Tahaca*, poisson assez commun dans le Nil. Le fleuve jette souvent sur les terres pendant les inondations beaucoup de *Tahacas*, qui servent alors de jouet aux enfants des fellahs.

Les *Diodons* (fig. 22) ne diffèrent des *Tétrodons* que par la forme de leurs mâchoires osseuses, dont chacune ne forme qu'une seule pièce : ils semblent donc avoir deux dents : de là leur nom (δίς, deux, ὀδούς; ὀδόντος, dent), ils en diffèrent encore par leurs piquants qui sont beaucoup plus gros et plus forts que ceux des Tétrodons.

Tous ces poissons sont, pour ainsi dire, les porcs-épics et les hérissons des mers. Comme les Tétrodons, ils redressent leurs aiguillons en se gonflant.

On connaît un assez grand nombre d'espèces de Diodons qui sont répandues dans toutes les mers, surtout dans celles des pays chauds.

Fig. 22. Diodon pilosus.

Le *Poisson-lune*, ou *Môle*, se distingue aisément de ceux que nous venons de nommer, par son corps comprimé, sans épines, et qui n'est pas susceptible de s'enfler. Comme il est très-arrondi dans le contour vertical qu'on aperçoit, quand on regarde un de ses côtés, on l'a comparé à un disque, et plus poétiquement, à la lune, dont sa grande surface circulaire rappelle en quelque façon l'éclat blanchâtre et argenté. Mais c'est surtout pendant la nuit qu'il mérite le nom qu'on lui a donné. Alors, en effet, il brille de sa propre lumière, d'une lueur phosphorescente. Cette apparence paraît d'autant plus vive, que la nuit est plus obscure. Quand on le regarde sous une eau un peu profonde, la lumière qui émane de son corps, et qui est rendue ondulante par les couches d'eau qu'elle traverse, ressemble à la clarté tremblante de la lune à demi voilée par la brume. On éprouve une véritable surprise quand on voit nager au plus profond des eaux ce disque doucement lumineux; et sans y songer, on le prend pour l'image de la lune, qui pourtant est absente du ciel. Quand plusieurs de ces poissons voguent ensemble et confondent leurs sillons argentés, on croit assister à la danse des étoiles.

Le Poisson-lune se trouve assez fréquemment chez les marchands de comestibles de Paris; il est commun dans la Méditerranée. Il atteint, dans cette mer, 1^m,30 de longueur et un poids considérable. Il se nourrit de petits poissons, de vers, de mollusques; sa chair grasse et visqueuse n'est pas bonne à manger.

Sclérodermes. — Les poissons qui font partie de cette famille, se distinguent aisément à leur museau conique ou pyramidal, prolongé depuis les yeux, et terminé par une petite bouche armée de véritables dents. Leur peau est généralement âpre et revêtue de dures écailles.

Nous signalerons ici les *Balistes* et les *Coffres*.

Les *Balistes* (fig. 23) ont le corps comprimé. Leur mâchoire est pourvue de huit dents, disposées en une seule rangée à chaque

Fig. 23. Baliste.

mâchoire, et couvertes de véritables lèvres. Leurs yeux sont presque à fleur de tête. Leur bouche est petite, et leur corps enveloppé d'écailles très-dures qui sont réunies par groupes, distribuées par compartiments plus ou moins réguliers et fortement attachées à un cuir épais. L'animal est ainsi caché sous une sorte de cuirasse et de casque très-difficile à entamer.

Les diverses espèces de Balistes présentent les couleurs les plus vives, les plus agréables à l'œil. Elles habitent les climats les plus chauds. A l'exception d'une espèce, elles n'ont été vues que dans les contrées équatoriales.

Ces brillants habitants des eaux s'assemblent en troupes nombreuses et produisent d'admirables effets, quand ils se jouent au sein des mers équatoriales, faisant reluire, comme des pierres précieuses et des diamants, les mille reflets de leur corps azuré. Leur chair, en général, est peu estimée; elle devient même, dit-on, dangereuse à certaines époques de l'année.

Les *Coffres*, ou *Ostracions* (fig. 24), n'ont pas le corps écailleux,

Fig. 24. Coffre.

mais couvert de compartiments osseux et réguliers. Ces compartiments sont si bien joints les uns aux autres, que le corps est comme enfermé dans une espèce de boîte ou de coffre allongé, qui ne laisse à découvert que les organes extérieurs du mouvement, les nageoires et une partie plus ou moins grande de la queue. Il y a des Coffres à corps triangulaire, sans épines ou avec épines, d'autres à corps quadrangulaire avec ou sans épines, etc.

Ces singuliers poissons se trouvent dans les mers des Indes et de l'Amérique. Ils sont de taille médiocre et ne sont jamais recherchés pour l'alimentation de l'homme, car leur chair est peu abondante et quelquefois malsaine.

ORDRE DES LOPHOBRANCHES.

Cet ordre ne comprend qu'un petit nombre de types, mais des espèces fort nombreuses. Ici, les branchies, au lieu d'être en forme de lames ou de peignes, se divisent en petites houppes rondes, disposées par paires, le long des arcs branchiaux. C'est une structure toute particulière, et dont on ne trouve d'exemple dans aucun autre poisson. Ces branchies sont enfermées sous un grand opercule, attaché de toutes parts par une membrane qui ne laisse qu'un petit trou pour la sortie de l'eau ayant servi à la respiration.

Ces petits poissons peu charnus et cuirassés, comprennent deux genres : les *Syngnates* et les *Pégases*.

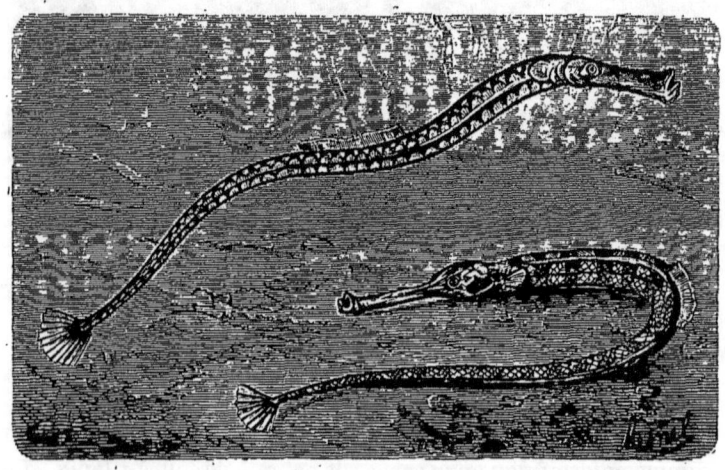

Fig. 25. Syngnates.

Les *Syngnates* présentent une très-curieuse particularité organique. Leur peau, en se boursouflant, forme sous le ventre ou sous la base de la queue, suivant les espèces, une poche dans laquelle les œufs glissent, éclosent, et qui se fend pour laisser sortir les petits.

Les *Syngnates proprement dits*, ou *aiguilles de mer*, ont le corps très-mince, très-allongé, et d'un diamètre à peu près égal dans toute la longueur. La plupart des espèces sont étrangères à l'Europe; quelques-unes seulement habitent nos côtes.

Le *Syngnate-trompette* a la tête petite, le museau très-allongé, presque cylindrique, un peu relevé par le bout. A ce bout est une bouche très-petite, sans dents. L'animal, long d'un demi-mètre, est enveloppé dans un étui d'une couleur jaune variée de brun. Il vit dans l'Océan et la Méditerranée, où on le pêche pour l'employer à amorcer les hameçons.

Le *Syngnate-aiguille* habite les mêmes parages, et se distingue de l'espèce précédente par la longueur de son corps et surtout de sa tête.

A ce même genre appartiennent les *Hippocampes*.

Les Hippocambes tous de petite taille, présentent un aspect particulier, surtout après leur mort. Le tronc et la tête se recourbent par la dessiccation, et prennent quelque ressemblance avec l'encolure d'un cheval. D'autre part, les anneaux qui com-

Fig. 26. Hippocampe pointillé.

posent l'étui du corps et celui de la queue, ont très-vaguement rappelé la structure d'une chenille. C'est en combinant ces idées que l'on a fait le mot *Hippocampe* (ἵππος, *cheval*, κάμπος, *gros poisson*), très-anciennement adopté. Ce petit être singulier parvient à la longueur de trois ou quatre décimètres et ses couleurs sont très-variables. On le trouve dans l'Océan, la Méditerranée, la mer des Indes. Nous représentons (fig. 26) l'*Hippocampe pointillé*.

L'*Hippocampe au nez court* est connu de ceux qui ont visité Naples et la Sicile, où on les nomme *chevaux-marins*. Quand nous parcourions les rivages de Pouzzoles, aux environs de Naples, les petits paysans de la contrée n'avaient à nous offrir, comme curiosité naturelle, que les petits *Cavalli di mare* secs et ratatinés, avec leur cou recourbé et leur aspect quelque peu hideux.

Les Hippocampes vivent dans l'Océan, autour des côtes d'Espagne; ils visitent même de temps à autre les rivages de la Manche.

M. Lukis a élevé en captivité deux femelles d'Hippocampes, et a constaté chez eux une certaine intelligence.

« Quand les Hippocampes nagent, dit cet observateur, ils conservent une position verticale; mais leur queue cherche à saisir tout ce qui peut se rencontrer dans l'eau. On les voit alors s'enlacer autour des tiges des roseaux. Une fois fixé, l'animal observe attentivement tous les objets qui l'entourent, et il s'élance sur sa proie avec une grande dextérité. Quand l'un s'approche de l'autre, ils entrelacent souvent leurs queues, et c'est ensuite une lutte lorsqu'il s'agit de se séparer. Pour en venir à bout, ils s'attachent aux roseaux par la partie inférieure des joues ou du menton. Ils se servent de la même manœuvre lorsqu'ils ont besoin d'un point d'appui pour soulever leur corps, alors qu'ils désirent entortiller leur queue autour de quelque objet nouveau. Leurs yeux se remuent indépendamment l'un de l'autre, comme cela a lieu chez le caméléon. Les iris sont brillants et bordés de bleu. »

Les *Pégases* ont les nageoires pectorales conformées et étendues de manière à les soutenir aisément, non-seulement dans les eaux, mais encore au milieu de l'atmosphère. Ce sont en effet des poissons volants ou du moins ailés. Dans sa fureur de chercher des analogies, le vulgaire a comparé ces petits êtres tout à la fois au coursier fameux de la mythologie, qui habitait la double colline, et au monstre fantastique connu sous le nom de dragon. De là le nom de *Pégase-Dragon* donné à l'espèce principale de ce genre.

Le *Pégase-Dragon* n'atteint guère qu'un décimètre de longueur.

Couvert d'écailles triangulaires et communément bleuâtres, il vit tout simplement de vers, d'œufs de poissons et de débris de substances organisées qu'il trouve dans la terre grasse du fond des mers. De telles habitudes ne sont ni poétiques, ni féroces, et le *Pégase-Dragon* ne mérite guère que par ses ouïes et ses écailles le double nom qu'on lui a donné.

MALACOPTÉRYGIENS.

Le caractère principal des Poissons qui composent l'ordre des Malacoptérygiens, c'est, comme nous l'avons dit, d'avoir tous les rayons des nageoires mous, excepté quelquefois le premier rayon de la nageoire dorsale ou des nageoires pectorales.

Ces poissons habitent l'eau de mer ou l'eau douce. C'est dans cet ordre que nous trouverons des poissons de la plus grande utilité pour l'homme, c'est-à-dire le Hareng, la Morue, le Saumon, la Carpe, les Brochets, et bien d'autres.

Les naturalistes modernes, d'après Cuvier, partagent les Malacoptérygiens en trois ordres : les *Apodes*, qui sont dépourvus de nageoires ventrales; les *Subbrachiens*, qui ont les nageoires ventrales sous les branchies; les *Abdominaux*, qui ont les nageoires ventrales suspendues sous l'abdomen.

Nous passerons successivement en revue les types les plus curieux ou les plus utiles qui appartiennent à chacun de ces trois ordres.

ORDRE DES MALACOPTÉRYGIENS APODES.

Une seule famille compose cet ordre, qui comprend des poissons assez nombreux en genres et en espèces. C'est la famille des *Anguilliformes*.

Les poissons de cette famille ont tous une forme allongée, une peau épaisse et molle, qui laisse peu paraître les écailles très-petites, et point de nageoires ventrales.

Nous signalerons parmi les genres intéressants de cet ordre les *Équilles*, les *Gymnotes*, les *Murènes*, les *Congres* et les *Anguilles*.

Les *Équilles* ou *Ammodytes*, ont le corps très-allongé, semblable à celui d'un serpent, et pourvu d'une nageoire qui règne sur une grande partie du dos, d'une autre nageoire à l'extrémité du corps, et d'une troisième nageoire fourchue, au bout de la queue. Leur museau est allongé ; la mâchoire inférieure est plus longue que la supérieure.

L'*Équille-appât* que nous représentons (fig. 26), a l'habitude de s'enfoncer dans le sable de la mer ; aussi l'appelle-t-on *Anguille*

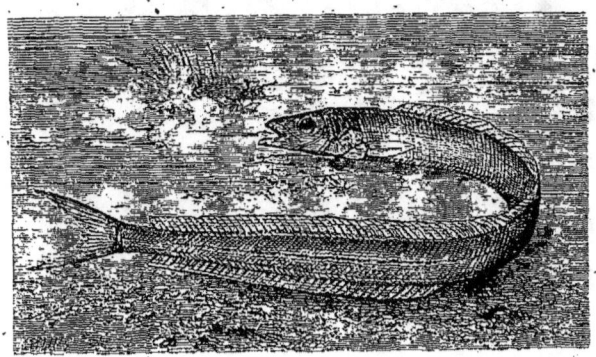

Fig. 27. Équille-appât.

-de-sable, en Suède, en Danemark, en Angleterre, en Allemagne, en France.

C'est avec son museau que l'Équille creuse le sable fin des rivages, et y pénètre jusqu'à la profondeur d'environ deux décimètres. Elle y cherche les dragonneaux et les autres vers dont elle aime à se nourrir, et se dérobe dans cette retraite à la dent de plusieurs poissons voraces, qui la poursuivent et en sont friands. Aussi l'Équille sert-elle d'appât dans beaucoup de pêches.

Ce poisson est d'un bleu argentin, plus clair sur la partie inférieure du corps que sur la supérieure. Des raies blanches et bleuâtres sont alternativement placées sur l'abdomen.

Les *Gymnotes* ont le corps très-allongé, presque cylindrique et serpentiforme ; la queue est très-longue relativement aux autres parties du corps. Au-dessous de la queue est une longue et large nageoire. Ce poisson n'a pas d'autre nageoire, et c'est cette nudité de son dos qui lui a fait donner le nom qu'il porte (γυμνός, *nu*, νῶτος, *dos*).

Les Gymnotes sont des poissons d'eau douce, propres à l'Amérique du Sud. Ils peuvent atteindre une grande taille. On en connaît plus d'une espèce, mais la plus célèbre, en raison de ses singulières propriétés physiques, est le *Gymnote électrique*.

Ce poisson avait tout ce qu'il faut pour frapper l'imagination

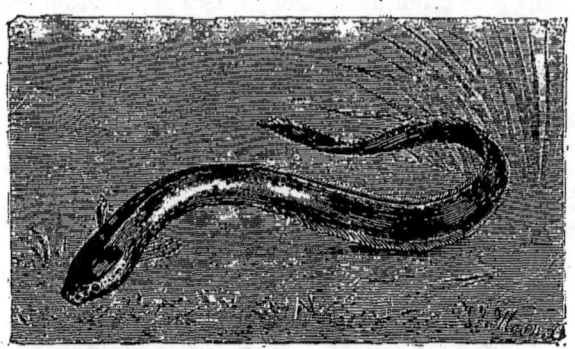

Fig. 28. Gymnote, ou Anguille électrique.

des voyageurs, et pour étonner les physiciens. N'est-il pas bien surprenant, en effet, de voir le Gymnote arrêter soudainement la poursuite de son ennemi ou la fuite de sa proie, suspendre à l'instant tous les mouvements de sa victime, et la dompter par une invisible puissance; comme aussi de voir les pêcheurs eux-mêmes, subitement frappés et engourdis, au moment de le saisir, sans que rien à l'extérieur trahisse l'arme mystérieuse, dont ce poisson dispose!

Les propriétés électriques du Gymnote furent constatées pour la première fois, auprès de Cayenne, par Van Berkel. L'astronome Richer, qui avait été envoyé à Cayenne, en 1671, par l'Académie des sciences de Paris, pour s'y livrer à des opérations géodésiques, fit connaître en Europe les propriétés singulières de ce poisson d'Amérique :

« Je fus très-étonné, dit-il, de voir un poisson long de trois ou quatre pieds, ressemblant à une anguille, priver de tout mouvement pendant un quart d'heure le bras et la partie la plus voisine du bras de celui qui le touchait avec son doigt ou avec son bâton. Je fus non seulement un témoin oculaire de l'effet que produisait son attouchement, mais je l'ai senti moi-même en touchant un jour un de ces poissons encore vivants, quoique blessé par un crochet au moyen duquel des sauvages l'avaient tiré de l'eau. Ils ne purent me dire comment on l'appelait; mais ils m'assurèrent qu'il frappait les autres poissons avec sa queue pour les engourdir et les dévorer ensuite; ce qui est très-probable lorsqu'on considère l'effet que son attouchement fait sur les hommes. »

L'observation si nette et si intéressante de Richer fit pourtant peu d'impression sur les savants de Paris, qui pensaient trop au proverbe : *A beau mentir qui vient de loin.* Les choses en restèrent là pendant près de soixante-dix ans. Au bout de ce temps, le naturaliste voyageur La Condamine parla, dans ses *Voyages en Amérique*, d'un poisson qui produisait les mêmes effets que celui qui avait été décrit par Richer.

En 1750, un physicien nommé Ingram, fournit de nouvelles notions sur ce poisson, qu'il croyait entouré d'une atmosphère d'électricité.

En 1755, un autre physicien, le Hollandais S'Gravesande, écrivait :

« L'effet produit par ce poisson est le même que celui de la bouteille de Leyde, avec cette seule différence qu'on ne voit aucune étincelle sortir de son corps, quelque fort que soit le coup qu'il donne ; car si le poisson est grand, ceux qui le touchent en sont terrassés et sentent la secousse par tout le corps. »

Vers 1773, plusieurs voyageurs naturalistes publièrent le résultat de leurs recherches. Nous croyons inutile de rapporter leurs assertions, dont plusieurs ont été contredites par des observateurs venus après eux.

Le docteur Williamson fit quelques expériences sur les Gymnotes, mis en présence d'autres poissons. Ayant jeté de petits poissons dans un bassin où vivait un Gymnote, il vit ces poissons bientôt engourdis et tués.

Mais c'est à Alexandre de Humboldt que l'on doit la première description précise de ce curieux poisson. Ce naturaliste célèbre lut en 1806, à l'Institut de France, un important mémoire sur l'*Anguille électrique*, d'après les observations qu'il avait faites en Amérique avec A. Bonpland. Nous extrairons de ce mémoire les renseignements qui nous paraîtront devoir offrir quelque intérêt au lecteur.

« En traversant les plaines immenses (*llanes*) de la province de Caracas, pour nous embarquer à San Fernando de Apure et pour commencer notre voyage sur l'Orénoque, nous nous arrêtâmes pendant quinze jours, dit Alexandre de Humboldt, à Calabozo. Le but de ce séjour fut de nous occuper des Gymnotes, dont une innombrable quantité se trouve dans les environs. On m'a assuré que près d'Uritucu une route jadis fréquentée a été abandonnée à cause des poissons électriques. Il fallait passer à gué un ruisseau dans lequel annuellement beaucoup de mulets se noyaient étourdis par les commotions que les Gymnotes leur faisaient éprouver.

« .... Après trois jours de vaines attentes dans la ville de Calabozo, nous résolûmes de nous transporter nous-mêmes sur les lieux et de faire des expériences en plein air, au bord de ces mares dans lesquelles les Gymnotes abondent. Nous nous rendîmes d'abord au petit village appelé Rustro de Abasco. De là les Indiens nous conduisirent au Cano de Bera, bassin d'eau bourbeuse et morte, mais entouré d'une belle végétation de *clusia rosea*, de l'*hymenæa courbaril*, des grands figuiers des Indes et de quelques mimosas à fleurs odoriférantes. Nous fûmes bien surpris lorsqu'on nous dit qu'on irait prendre une trentaine de chevaux à demi sauvages dans les savanes voisines pour s'en servir à la pêche des anguilles électriques. L'idée de cette pêche, que l'on appelle *embarbascar con caballos* (enivrer par le moyen des chevaux), est en effet bien bizarre. Le mot de *barbasco* désigne les racines du lacquinia, du piscidia ou de toute autre plante vénéneuse, par le contact desquelles une grande masse d'eau reçoit dans un instant la propriété de tuer ou du moins d'enivrer et d'engourdir les poissons. Ces derniers viennent à la surface de l'eau quand ils ont été empoisonnés par ce moyen. Comme les chevaux chassés çà et là dans une mare causent le même effet sur les poissons alarmés, on embrasse, en confondant la cause et l'effet, les deux sortes de pêches sous la même dénomination.

« Pendant que notre hôte nous expliquait cette manière étrange de prendre le poisson dans ce pays, la troupe de chevaux et de mulets arriva. Les Indiens en avaient fait une sorte de battue, et en les serrant de tous les côtés, on les força d'entrer dans la mare. Je ne peindrai qu'imparfaitement le spectacle intéressant que nous offrit la lutte des anguilles contre les chevaux. Les Indiens, munis de joncs très-longs et de harpons, se placent autour du bassin; quelques-uns d'entre eux montent sur les arbres, dont les branches s'élancent au-dessus de la surface de l'eau : tous empêchent par leurs cris et la longueur de leurs joncs que les chevaux n'atteignent le rivage. Les Anguilles, étourdies du bruit des chevaux, se défendent par les décharges réitérées de leurs batteries électriques. Pendant longtemps elles ont l'air de remporter la victoire sur les chevaux et les mulets; partout on en vit de ces derniers qui, étourdis par la fréquence et la force des coups électriques, disparurent sous l'eau ; quelques chevaux se relevèrent, et, malgré la vigilance active des Indiens, gagnèrent le rivage ; excédés de fatigue et les membres engourdis par la force des commotions électriques, ils s'y étendirent par terre tout de leur long. J'aurais désiré qu'un peintre habile eût pu saisir le moment où la scène était le plus animée. Ces groupes d'Indiens entourant le bassin ; ces chevaux qui, la crinière hérissée, l'effroi et la douleur dans l'œil, veulent fuir l'orage qui les surprend ; ces anguilles jaunâtres et livides qui, semblables à de grands serpents aquatiques, nagent à la surface de

Fig. 29. Pêche des Gymnotes électriques par les Indiens des bords de l'Orénoque.

l'eau, et poursuivent leur ennemi : tous ces objets offraient sans doute l'ensemble le plus pittoresque.

« En moins de cinq minutes deux chevaux étaient déjà noyés. L'anguille, ayant plus de cinq pieds de long, se glisse sous le ventre du cheval ou du mulet : elle fait dès lors une décharge dans toute l'étendue de son organe électrique : elle attaque à la fois le cœur, les viscères et surtout le plexus des nerfs gastriques. Il ne faut donc pas s'étonner que l'effet que le poisson produit sur un grand quadrupède surpasse celui qu'il produit sur l'homme, qu'il ne touche que par une extrémité. Je doute cependant que le Gymnote tue immédiatement les chevaux ; je crois plutôt que ceux-ci, étourdis par les commotions électriques qu'ils reçoivent coup sur coup tombent dans une léthargie profonde. Privés de toute sensibilité, ils disparaissent sous l'eau ; les autres chevaux et les mulets leur passent sur le corps, et peu de minutes suffisent pour les faire périr.

« Je ne doutais pas de voir noyés peu à peu la plus grande partie des mulets ; mais les Indiens nous assurèrent que la pêche serait bientôt terminée, et que ce n'est que le premier assaut des Gymnotes qu'il faut redouter. En effet, soit que l'électricité galvanique s'accumule par le repos, soit que l'organe électrique cesse de faire ses fonctions lorsqu'il est fatigué par un trop long usage, les anguilles, après un certain temps, ressemblent à des batteries déchargées. Leur mouvement musculaire est encore également vif, mais elles n'ont plus la force de lancer des coups bien énergiques.

« Quand le combat eut duré un quart d'heure, les mulets et les chevaux parurent moins effrayés : ils ne hérissaient plus la crinière : leur œil exprimait moins la douleur et l'épouvante. On n'en vit plus tomber à la renverse ; aussi les anguilles nageant à mi-corps hors de l'eau, et fuyant les chevaux au lieu de les attaquer, s'approchèrent elles-mêmes du rivage.... elles sont prises avec une grande facilité. On leur jeta de petits harpons attachés à des cordes ; le harpon en accrochait quelquefois deux à la fois. Par ce moyen on les tira hors de l'eau sans que la corde, très-sèche et assez longue, communiquât le choc à celui qui la tenait.... Quand on a vu que les anguilles renversent un cheval en le privant de toute sensibilité, on doit craindre sans doute de les toucher au premier moment qu'on les a sorties de l'eau. Cette crainte est effectivement si forte chez les gens du pays qu'aucun d'eux ne voulut se résoudre à dégager les Gymnotes des cordes du harpon ou à les transporter aux petits trous remplis d'eau fraîche que nous avions creusés sur le rivage du Cano de Bera. Il fallut bien nous résoudre à recevoir nous-mêmes les premières commotions, qui certainement n'étaient pas très-douces. Les plus énergiques surpassaient en force les coups électriques les plus douloureux que je me souvienne jamais d'avoir reçus fortuitement d'une grande bouteille de Leyde complétement chargée. Nous conçûmes dès lors que, sans doute, il n'y a pas d'exagération dans le récit des Indiens lorsqu'ils assurent que des personnes qui nagent se noient quand une de ces anguilles les attaque par la jambe ou par le bras. Une décharge aussi violente est bien capable de priver l'homme pour plusieurs minutes de tout l'usage de ses membres. Si le Gymnote se glissait le long du ventre et de la poitrine, la mort pourrait même suivre instantanément la commotion. Il existe peu de poissons d'eau douce qui soient aussi nombreux que les Gymnotes électriques. Dans les plaines immenses ou savanes que l'on désigne du nom de Llanos de Caracas ou des Llanos de Apure, chaque lieue carrée contient au moins deux ou trois étangs de réservoirs naturels dans lesquels les Gymnotes électriques se trouvent dans la plus grande abondance ; ils appartiennent surtout à cette partie de l'Amérique méridionale que l'on embrasse sous les noms très-vagues de la Guyane espagnole, hollandaise, française et portugaise, depuis l'équateur jusqu'au 9º de latitude boréale. »

Le Gymnote surpasse en grandeur et en force, tous les autres poissons électriques. Humboldt en a observé de cinq pieds trois pouces de long. Ce poisson varie de couleur selon l'âge, la nourriture, et selon la nature de l'eau bourbeuse dans laquelle il vit. Le dessous de sa tête est d'un beau jaune mêlé de rouge ; la bouche est large et garnie de petites dents disposées en plusieurs rangées.

Les Gymnotes font sentir les commotions électriques dans quelque partie du corps qu'on les touche ; mais on les excite plus facilement en les touchant sous le ventre et aux nageoires pectorales. Le Gymnote donne les commotions les plus effrayantes sans que l'on puisse constater le moindre mouvement musculaire dans les nageoires, dans la tête ou dans toute autre partie de son corps. La commotion dépend uniquement de la volonté de l'animal, qui n'est pas, comme on l'a souvent admis, une bouteille de Leyde qu'on décharge, en faisant communiquer les deux pôles opposés. Il arrive quelquefois qu'un Gymnote gravement blessé et tourmenté pendant longtemps ne donne plus que des commotions extrêmement faibles ; on le croit épuisé, on le touche sans crainte, et tout à coup, il lance une décharge terrible. Le phénomène dépend tellement de la volonté de l'animal que, selon de Humboldt, si on l'irrite avec deux baguettes métalliques, la commotion se propage, tantôt par l'une, tantôt par l'autre de ces baguettes, quoique leurs extrémités soient très-voisines.

Ce qui met parfaitement hors de doute la nature électrique de l'organe qui produit ces commotions, c'est l'expérience suivante, qui avait déjà été faite dans le même but sur la Torpille, et que nous avons rapportée. Si l'on monte sur un support isolant, on éprouve de vives secousses, quand on touche l'animal, en tenant à la main une tige métallique. Mais on ne reçoit aucune commotion si l'on touche le poisson avec un tube de verre, un bâton de cire d'Espagne, un canon de soufre ou une tige de bois sec. De Humboldt et Bonpland ont répété plusieurs fois cette expérience décisive.

Ces mêmes observateurs ont essayé en vain de sentir l'effet du Gymnote à travers l'eau, sans toucher immédiatement le poisson, par l'intermédiaire d'un corps solide. Une couche d'eau d'un millimètre d'épaisseur, suffisait pour intercepter la commotion la plus vive. Ce résultat établit encore la nature électrique du phénomène.

De Humboldt et Bonpland ont donné la description de l'organe dans lequel réside la vertu électrique du Gymnote. Cet organe règne tout le long du dessous de la queue, dont il occupe près de la moitié de l'épaisseur. Il est divisé en quatre faisceaux longitudinaux : deux grands en dessus, deux plus petits en dessous et contre la base de la nageoire anale. Chaque faisceau est composé d'un grand nombre de lames membraneuses parallèles, très-rapprochées entre elles, et à peu près horizontales. Ces lames aboutissent d'une part à la peau, de l'autre au plan vertical moyen du poisson. Elles sont unies l'une à l'autre par une infinité de lames plus petites, verticales ou dirigées transversalement. Les petits canaux prismatiques et transversaux interceptés par ces deux ordres de lames sont remplis d'une matière gélatineuse. Tout cet appareil organique reçoit beaucoup de nerfs. En résumé l'organe électrique du Gymnote présente des dispositions analogues à celles que nous avons décrites dans celui de la Torpille.

Les *Murènes* sont des poissons qui ressemblent aux serpents par leur forme cylindrique et leurs proportions déliées. Très-souples, très-fortes, flexibles et agiles, les Murènes nagent comme la couleuvre rampe; elles ondulent dans l'eau, comme le serpent sur la terre.

Les Murènes n'ont point de nageoire pectorale; la dorsale et l'anale sont réunies à la nageoire de la queue. Une ouverture branchiale se trouve de chaque côté du corps.

On a décrit un assez grand nombre d'espèces de Murènes qui vivent dans toutes les mers.

La *Murène Hélène* de la Méditerranée n'a qu'une seule rangée de dents aiguës, sur chaque mâchoire. Elle peut atteindre 1m,35 à 1m,75 de long. Elle aime à se loger dans le creux des rochers, et elle s'approche des rivages au printemps. Elle se nourrit de crabes et de petits poissons, et recherche surtout avec avidité les polypes. La voracité de ces poissons est telle, que lorsqu'ils manquent de nourriture, ils se mettent à se ronger la queue les uns des autres.

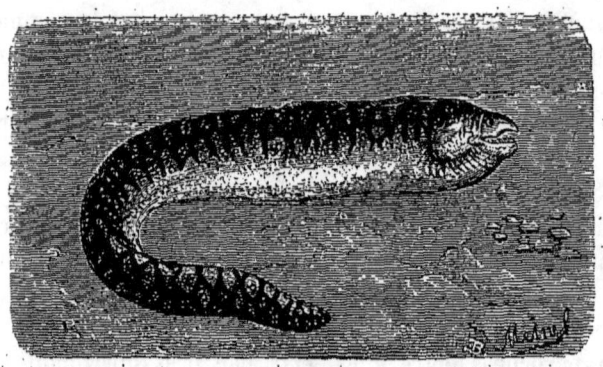

Fig. 30. Murène Hélène.

On pêche les Murènes avec des filets et avec des lignes de fond; mais leur instinct les fait souvent échapper à tous les piéges. Lorsqu'elles ont mordu à l'hameçon, souvent elles l'avalent et coupent la ligne avec leurs dents, ou bien elles se renversent et se roulent sur cette ligne pour l'entraîner et la rompre. Quand on les a saisies dans un filet, elles choisissent bien vite les mailles par lesquelles leur corps glissant pourra, en quelque sorte, s'écouler.

Quand on a lu les écrivains latins, on connaît l'amour extraordinaire que les Romains avaient voué à ce poisson, et ce n'était pas une affection purement gastronomique. Aux temps dégénérés de l'Empire, on vit faire de véritables folies à l'occasion des Murènes. On consacrait des sommes énormes à l'entretien des viviers qui les renfermaient, et elles s'étaient tellement multipliées, que César, à l'occasion d'un de ses triomphes, en distribua six mille à ses amis.

Licinius Crassus était célèbre, à Rome, par la richesse de ses viviers de Murènes. Elles obéissaient, dit-on, à sa voix, et quand il les appelait, elles s'élançaient vers lui, pour recevoir

Fig. 31. Esclave romain jeté aux Murènes.

leur nourriture de sa main. Ce même Licinius Crassus et Quintus Hortensius, autre riche patricien de Rome, pleuraient la perte de leurs Murènes lorsqu'elles mouraient dans leurs viviers.

Tout ceci n'était qu'une affaire de goût, de mode ou de passion; mais voici ce qui est affaire de cruauté et de corruption.

On s'imaginait chez les Romains que les Murènes nourries de chair humaine étaient plus délicates et plus savoureuses. Un riche affranchi, nommé Pollion, qu'il ne faut pas confondre avec un orateur célèbre du même nom, avait la cruauté de faire jeter dans la piscine de ses Murènes les esclaves qu'il jugeait avoir mérité la mort, et quelquefois même, ceux qui n'avaient en rien excité son courroux.

Un jour qu'il recevait à dîner l'empereur Auguste, un pauvre esclave qui le servait, eut le malheur de briser un vase précieux. Aussitôt Pollion ordonna qu'on le jetât aux Murènes. Mais l'empereur indigné donna la liberté à l'esclave; et pour manifester à Pollion l'indignation qu'il ressentait de sa conduite, il fit briser tous les vases précieux que le riche affranchi avait réunis dans sa maison.

Aujourd'hui ces poissons sont bien déchus au point de vue gastronomique. Cependant on les recherche encore sur les côtes d'Italie. Seulement les pêcheurs ont grand soin d'éviter la morsure de leurs dents acérées.

L'*Ophisure serpent* se range à côté des Murènes. Il habite les eaux salées de la campagne de Rome et plusieurs parties de la Méditerranée. L'*Ophisure serpent* arrive quelquefois à la longueur de deux mètres. On le nomme souvent *serpent de mer*. Ses mouvements sont agiles, ses inflexions multipliées, sa natation est rapide. Il est de la grosseur du bras, brun en dessus, argenté en dessous, à museau grêle et pointu.

Les *Anguilles* ont pour caractères principaux de présenter des nageoires pectorales sous lesquelles les ouies s'ouvrent de chaque côté, et d'avoir les nageoires dorsale et anale s'étendant jusqu'à la caudale et se confondant avec cette dernière qui se termine en une extrémité pointue.

On partage les Anguilles en deux groupes, les *Anguilles* proprement dites et les *Congres*.

Qui n'a pas vu, qui ne connaît pas, qui n'a pas mangé l'Anguille? Essayons pourtant d'esquisser son portrait.

Le corps de l'Anguille est très-allongé, presque cylindrique, comprimé vers la queue. Sa tête est menue, le museau pointu dans la plupart des espèces, la mâchoire inférieure plus avancée que la supérieure. Sa peau est enduite d'une mucosité gluante,

Fig. 32. Anguille à large bec.

qui la fait paraître comme vernie, et qui permet à l'animal de glisser facilement entre les doigts.

Cette peau, qui paraît nue, est en réalité garnie d'écailles; mais ces écailles sont très-petites et attachées de telle sorte que le toucher le plus délicat ne les fait pas reconnaître sur l'animal vivant. Un œil perçant ne les découvre que lorsque l'Anguille est morte et la peau assez desséchée.

Les couleurs de ce poisson sont toujours agréables, mais elles varient beaucoup. Lorsque l'Anguille vit dans une eau limoneuse, le dessus du corps est d'un beau noir, et le dessous d'un gris jaunâtre. Mais si l'eau est limpide et coule sur un fond de sable, les teintes qu'offre l'anguille sont plus vives et plus riantes. La partie supérieure du corps est alors d'un vert nuancé, quelquefois même rayé d'une teinte brune; d'autres fois une teinte argentée brille à la partie inférieure de l'animal. Les nageoires dorsales sont si basses qu'elles s'élèvent à peine au-dessus du corps. Elles sont d'ailleurs réunies à celles de la queue, si bien que l'on a peine à déterminer la fin de l'une et le commencement de l'autre.

Malgré la petitesse de sa bouche, l'Anguille est vorace. Elle mange des vers, des mollusques, le frai et les alevins des autres poissons.

On la trouve à peu près dans toutes nos eaux douces, courantes ou stagnantes. S'accommodant facilement à toutes les circonstances, elle aime le mouvement et le bruit du moulin, comme elle se plaît dans l'eau d'un fossé. Le jour, elle se tient blottie dans les touffes de plantes aquatiques, ou même se retire dans des trous, le long des berges, à moins que les eaux, devenant troubles, ne la déterminent à quitter sa retraite, par l'appât de l'abondante curée que charrient ces eaux limoneuses.

On pêche les Anguilles à la ligne, en se servant pour appâts de gros vers rouges et de petits poissons. Mais on peut dire que l'Anguille n'est prise que quand elle est bien et dûment renfermée dans un panier ficelé. Nul poisson de nos rivières ne s'échappe plus aisément, aucun n'occasionne aux pêcheurs des déceptions plus cruelles.

Combien de fois n'a-t-on pas vu un pêcheur, assis à l'ombre tranquille d'un hêtre, à dix pas d'un moulin gai et sonore, qui charmait son âme par le bruit uniforme de son tic-tac joyeux, et remplissait son panier en attirant les Anguilles; combien de fois n'a-t-on pas vu le même pêcheur, d'abord tranquille et fier, tout d'un coup frissonner et pâlir! Hélas! ces Anguilles si bien renfermées, en apparence, sous le couvercle du panier, ont soulevé cette barrière insuffisante et trompeuse. D'un bond de leurs convulsions ou de leur colère, elles se sont élancées toutes à la fois, vers l'onde qui les rappelait, à quelques pas de leur prison, et comme nos rampantes et frétillantes commères ont encore assez bon pied sur le sol des humains, elles ont eu vite fait de regagner avec délices leur élément naturel, tandis que le malheureux pêcheur stupéfait regardait avec désespoir son déjeuner sautant dans la rivière.

L'Anguille se trouve partout en Europe, excepté peut-être dans le Danube et dans les cours d'eau qui se déversent dans la mer Noire ou dans la mer d'Azoff. Dans les eaux courantes, elle nage avec facilité contre les courants, mais en descendant elle se laisse entraîner au fil de l'eau sans faire d'efforts. On la rencontre souvent dans des étangs desséchés depuis plusieurs années.

Malgré leur souplesse, leur vivacité et la vitesse de leur fuite, les Anguilles échappent difficilement aux ennemis qui les guettent. Les loutres, plusieurs oiseaux de rivage, comme les grues, les hérons et les cigognes, les pêchent avec adresse. Le brochet et l'esturgeon en font aussi leur proie.

Un trait fort remarquable dans l'histoire de ce poisson, et qui a été trop de fois constaté pour qu'on puisse le mettre en doute, c'est qu'il aime à sortir de l'eau, pour aller chercher dans les prés humides les petits vers de terre, et même les plantes légumineuses nouvellement semées. L'Anguille rampe alors à terre, comme une couleuvre, et lorsqu'elle a satisfait son appétit, elle retourne à sa demeure liquide.

Il paraîtra assurément fort singulier que les naturalistes ignorent le véritable mode de développement de ce poisson, ou du moins qu'ils soient profondément divisés sur cette question. D'après les naturalistes modernes, et notamment d'après M. E. Blanchard, l'Anguille ne serait que la larve, c'est-à-dire le premier état d'un autre poisson, qui ne serait pas connu à son âge adulte.

Beaucoup de savants partagent cette opinion, mais d'autres, fort autorisés, ne l'ont jamais admise. Voici, par exemple, comment un ichthyologiste célèbre, Valenciennes, expliquait le développement de l'Anguille.

D'après cet observateur, l'Anguille se rend à la mer, pour frayer. Toutes les jeunes Anguilles, ou *montée*, sont réunies de manière à former comme de petites pelotes. Ce sont, pour le dire en passant, ces mêmes pelotes que les riverains de l'Océan, près de Nantes, ainsi que les pêcheurs de la Loire-Inférieure, vont recueillir, pour les jeter dans les étangs, qu'ils veulent peupler d'Anguilles.

Après leur éclosion, les *jeunes* restent, pendant quelques jours, réunis dans ces pelotes. Quand ils ont atteint la longueur de quatre à cinq centimètres, les petits se débarrassent des liens qui les entourent, et semblent adhérer à la plage, qu'ils paraissent sucer, ce qui a fait dire qu'ils naissent du limon. Quand ces jeunes poissons ont acquis quelques forces, ils remontent, en bande serrée, l'embouchure du fleuve principal ou de ses affluents, et se répandent dans toutes les eaux avoisinantes. La quantité de jeunes Anguilles est si grande, dans certaines rivières, qu'on ne saurait s'en faire une idée. Sur les bords de la Loire, on en prend une charge de cheval. Quand les petites Anguilles ont dix à douze centimètres, elles sont grosses comme un tuyau de plume et d'un jaune de soufre. A ce moment de leur croissance, il est impossible de rien dire de précis sur leur manière de vivre et leur mode de dispersion dans différentes eaux. Ce point de leur histoire est encore très-obscur.

Ce n'est que dans les ports de mer, ou dans leur voisinage, que l'on voit arriver sur les marchés des Anguilles de vingt à trente centimètres de longueur et ayant déjà les couleurs des adultes. On commence à les trouver dans nos eaux douces lorsqu'elles ont atteint la taille d'un demi-mètre environ, mais on ne voit jamais dans nos eaux douces d'Anguilles avec des laitances ou des ovaires pleins. Elles grandissent encore beaucoup, et quoique leur taille soit habituellement d'un mètre, elles peuvent atteindre un mètre soixante-dix centimètres et plus. On en a même vu du poids de quatorze kilogrammes.

Les Anguilles peuvent pénétrer dans les lacs intérieurs, même quand ils sont situés à de grandes hauteurs au-dessus du niveau de la mer. Elles s'y rendent en voyageant par terre, ainsi qu'on l'a bien des fois constaté.

Les Anguilles sont si fécondes, qu'elles sont d'un très-grand rapport dans certains pays. Le marché de Londres, par exemple, est approvisionné d'Anguilles par deux compagnies hollandaises qui disposent chacune de cinq vaisseaux capables de contenir huit à dix mille kilogrammes d'Anguilles vivantes. Les lagunes salées de Commachio, qui reçoivent les crues du Pô, et d'autres rivières, ont été célèbres de tous temps par les grandes quantités d'Anguilles qu'on y élève, pour les vendre sur tous les marchés de l'Italie.

Les *Congres* diffèrent des Anguilles par leur nageoire dorsale, qui commence très-près des nageoires pectorales, et par leur mâchoire supérieure, plus longue que l'inférieure.

Les Congres sont des poissons de grande taille, qui se trouvent dans les mers des pays chauds comme dans celles de l'Europe septentrionale. Le type de cette famille, c'est le *Congre commun* ou *Anguille de mer* (fig. 33), qui habite notre océan et

Fig. 33. Congre commun.

qui peut atteindre la grosseur de la jambe et une longueur de deux mètres. Le *Congre commun* se trouve fréquemment sur nos marchés, mais sa chair est loin d'être délicate.

ORDRE DES MALACOPTÉRYGIENS SUBBRANCHIENS.

Les poissons de cet ordre sont caractérisés par leurs nageoires ventrales attachées sous les pectorales et immédiatement suspendues aux os de l'épaule. Exclusivement marins, ils habitent toutes les régions du globe. Cet ordre comprend trois familles : les *Discoboles*, les *Pleuronectes* ou *poissons plats*, et les *Gadoïdes*.

POISSONS OSSEUX.

Discoboles. — Cette famille se compose d'un petit nombre d'espèces, caractérisées par leurs nageoires ventrales en forme de

Fig. 34. Porte-Écuelle.

disque. Ici se rangent les *Porte-Écuelle* (fig. 34), les *Cycloptères*

Fig. 35 Cycloptère ou Lump commun.

(fig. 35), chez lesquels le disque formé par les nageoires ventrales est pour l'animal une sorte de ventouse ou de suçoir pour se fixer aux rochers, et les *Echènes*, poissons remarquables entre tous, par le disque-suçoir dont ils sont pourvus.

L'*Echène rémora* ou *Sucet* habite la mer Méditerranée. Il est pourvu d'une sorte de disque aplati qui recouvre sa tête, et qui est formé d'un grand nombre de lames cartilagineuses transversales et mobiles. A l'aide de cet organe, il adhère très-fortement aux rochers, et même aux navires. Il s'attache aux grands poissons, surtout aux squales qu'il rencontre sur sa route. Cette adhérence est si forte, que la force d'un homme ne peut parvenir à la vaincre. Le rémora se fixe quelquefois au ventre du requin, et fait de longs voyages, sous cette monstrueuse locomotive animale. Il se transporte ainsi au loin, sans fatigue et sans danger, car ses ennemis sont tenus à distance par le monstre redouté qui le voiture contre son gré.

L'Échène était célèbre dans l'antiquité; on lui prêtait des facultés merveilleuses et diverses. On croyait qu'il pouvait arrêter à lui seul la marche d'un vaisseau, et l'on prétendait sérieusement qu'à la bataille d'Actium le vaisseau d'Antoine fut retenu par cet obstacle invisible, ce qui donna la victoire aux vaisseaux d'Auguste. On croyait encore que ce poisson peut entraver le cours de la justice, arrêter la balance de Thémis, comme il arrêta la marche des vaisseaux. Pline s'est fait le complaisant rapporteur de beaucoup d'autres fables ridicules concernant le rémora.

Oppien, dans ses *Halieutiques*, décrit l'épouvante des matelots qui voient leur navire arrêté par cet étrange ennemi. C'est d'ailleurs cette circonstance qui a fait donner à ce poisson les noms d'*échénéis* ou *remora*, qui, l'un en grec, l'autre en latin, signifient *arrête-vaisseau*.

Le rémora n'arrête point les vaisseaux, nous n'avons pas besoin de le dire; seulement il s'attache à leur quille, tant pour se reposer, que pour se faire transporter, sans dépense de forces, à des distances plus ou moins grandes. Il se fixe de la même manière à toutes sortes de corps, immobiles ou flottants, à des rochers, à des troncs d'arbres emportés par les courants, et même à des êtres vivants, comme des requins et des tortues.

En 1867, un naturaliste français, M. Baudelot, a publié des

observations anatomiques très-intéressantes sur le disque du rémora. Comme nous l'avons dit, ce poisson ne s'attache point

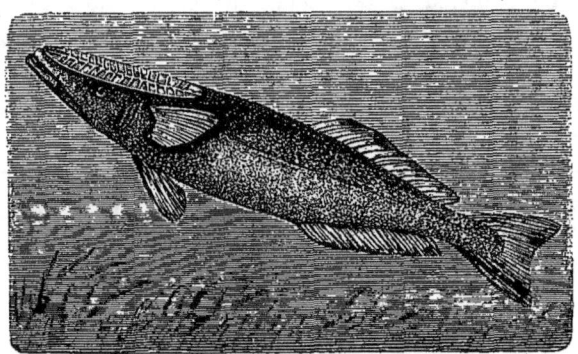

Fig. 36. Échène.

par la bouche, comme les lamproies, qui sont armées d'une sorte de suçoir, mais par un organe spécial, le *disque céphalique*. Cet organe, placé, comme son nom l'indique, sur la tête de l'animal, est formé de lames cartilagineuses, dentelées à leur bord postérieur, et qui sont mobiles. M. Baudelot a trouvé dans ce disque les pièces osseuses et les petits muscles qui existent dans les nageoires des poissons. Le jeu de ces petits muscles suffit à expliquer l'effet de succion qui produit sa mystérieuse adhérence contre les corps.

Pleuronectes ou *poissons plats*. — Ces poissons ont le corps plat et déprimé, mais dans un sens différent de celui des raies et autres êtres analogues: Chez les raies, le corps est aplati de haut en bas, tandis que chez les poissons qui forment le groupe des *Pleuronectes*, le corps est déprimé latéralement. La tête des poissons de cet ordre n'est pas symétrique. Les deux yeux sont placés d'un même côté, les deux côtés de la bouche sont inégaux.

Ces particularités de structure, sur lesquelles nous reviendrons à l'occasion des types que nous examinerons de plus près, correspondent à des habitudes et à des allures propres à ces êtres singuliers. Dans l'inaction comme dans le mouvement, les Pleuronectes sont toujours renversés sur le côté; et le côté tourné vers le fond de la mer est celui qui est privé d'yeux. C'est précisément cette habitude de nager sur le côté qui leur a valu leur nom scientifique (de πλευρά, côté, et νεκτός, nageur).

L'organe principal de leur natation, c'est la nageoire caudale. Mais ils se distinguent des autres poissons par la manière dont ils se servent de cette rame. Quand ils sont renversés sur un côté, cette rame n'est point horizontale, mais verticale : elle frappe l'eau de haut en bas et de bas en haut. Ils peuvent avancer ainsi, mais moins vite que les autres poissons. Ils montent ou descendent dans l'eau avec plus de promptitude, seulement ils ne tournent pas à droite ou à gauche avec la même facilité que les autres poissons. Cette faculté de s'abaisser et de s'élever rapidement dans les eaux leur est d'autant plus utile qu'ils passent une grande partie de leur existence dans les plus grandes profondeurs, sur des fonds bas. Ils se traînent sur la vase du fond de la mer, et s'y cachent souvent pour échapper à leurs ennemis.

Nous signalerons dans la famille des Pleuronectes les *Soles*, les *Turbots*, les *Flétans* et les *Plies*.

Les *Soles* ont le corps oblong, le côté de la tête opposé aux yeux, généralement garni d'une sorte de villosité, le museau rond, presque toujours plus avancé que la bouche. Cette bouche est contournée du côté opposé aux yeux, et garnie de dents seulement de ce côté. La nageoire dorsale commence sur la bouche et règne jusqu'aux nageoires caudale et terminale.

La *Sole commune* (fig. 37) habite principalement la Méditerranée, mais on la trouve aussi dans l'océan Atlantique et la mer Baltique. Elle est brune du côté des yeux, blanchâtre de l'autre côté. Ses nageoires pectorales sont tachées de noir; ses écailles raboteuses et dentelées. Sa taille semble varier suivant les côtes qu'elle fréquente : on prend quelquefois auprès de l'embouchure de la Seine des Soles qui ont un demi-mètre de longueur.

On pêche la Sole de plusieurs manières. On emploie des hameçons dormants, auxquels on attache, pour appât, des fragments de petits poissons. On peut aussi, selon Lacépède, quand le soleil est brillant et la mer tranquille, chercher auprès des côtes et des bancs de sable des fonds unis, sur lesquels le pêcheur puisse apercevoir nettement le poisson. Alors on lance un plomb attaché à l'extrémité d'une corde et garni de crochets, à l'aide desquels on harponne et retire le poisson. Si la profondeur de l'eau n'est que de deux ou trois brasses, on peut le

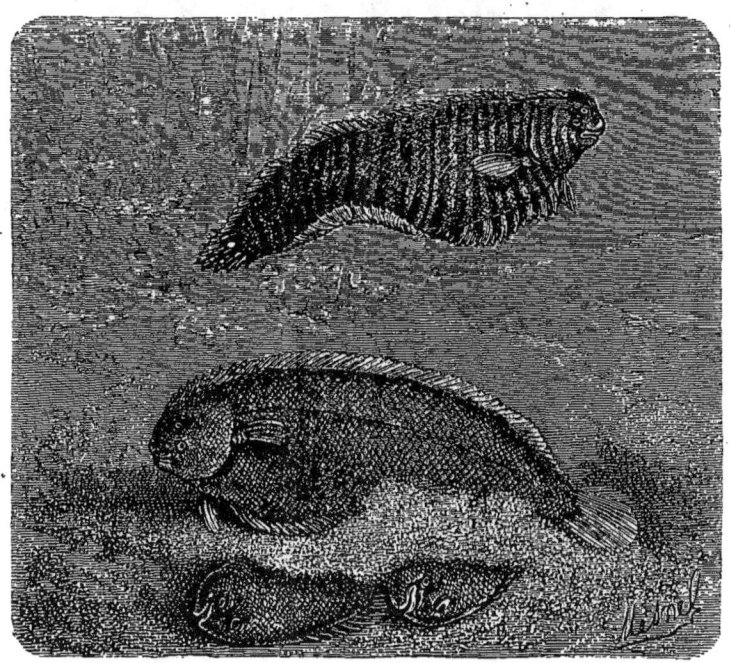

Fig. 37. Sole zébrée et Sole ordinaire.

harponner avec une perche dont l'extrémité est armée de pointes recourbées.

On prend encore la Sole dans des filets tendus au bord de la mer, et qui se découvrent à la marée basse.

Tout le monde connaît la délicatesse et la finesse de la chair de ce poisson. Selon Lacépède, la Sole a le privilége de se conserver plusieurs jours, non-seulement sans se corrompre, mais en acquérant un goût plus fin. C'est pour cela que, toutes choses égales d'ailleurs, les Soles de l'Océan seraient meilleures à Paris qu'au Havre, et celles de la Méditerranée à Lyon qu'à Marseille.

Par sa forme générale, le *Turbot* (*Rhombus maximus*) ressemble à un losange. Cette figure lui a valu le nom latin de *Rhombus* (rhombe, ou losange) qui lui a été donné. Sa mâchoire inférieure, plus avancée que la supérieure, est garnie, comme cette der-

Fig. 38. Turbot.

nière, de plusieurs rangées de petites dents. Ses nageoires sont jaunâtres, avec des taches et des points bruns. Le côté gauche est marbré de brun et de jaune ; le côté droit, qui est l'inférieur, est blanc, avec des taches brunes.

On pêche le Turbot sur les côtes de l'Océan. C'est aux embouchures de la Seine et de la Somme que l'on prend presque tous ceux que l'on consomme à Paris. Ce poisson, de grande taille, a une chair ferme et un goût exquis.

Les Turbots sont très-voraces. Ils se nourrissent de jeunes poissons, et se tiennent en embuscade pour guetter leur proie.

Le *Flétan*, qui habite les mers septentrionales de l'Europe, est un énorme poisson, car il peut, dit-on, atteindre deux mètres ou deux mètres trente-cinq centimètres de hauteur, et un poids

POISSONS OSSEUX.

de cent cinquante à deux cents kilogrammes. Il est d'un brun noirâtre, couvert supérieurement d'écailles solidement attachées et lubrifiées d'une humeur visqueuse.

On pêche de grandes quantités de ce poisson sur les côtes du Groënland, de la Norvége, et dans presque toutes les régions du Nord. D'après Lacépède, on se sert communément, pour le prendre, d'un grand instrument que les pêcheurs nomment *gaugwaad*. Il est composé d'une corde de chanvre de cinq à six

Fig. 39. Flétan.

cents mètres de longueur, à laquelle on attache trente cordes, moins grosses, garnies chacune à son extrémité, d'un crochet et d'un appât, armé d'un hameçon. Des planches qui flottent à la surface de la mer, mais qui tiennent à la grosse corde par des liens très-longs, indiquent la place de cet énorme engin lorsqu'on l'a jeté dans la mer.

Les Groënlandais remplacent ordinairement les cordes de chanvre par des lanières ou portions de fanons de baleine, et par des bandes étroites de peau de squale. Au bout de vingt-quatre heures on retire les cordes, et il n'est pas rare de trouver pris aux crochets quatre ou cinq gros Flétans (fig. 41).

Quand on surprend ces poissons couchés pendant les heures de chaleur, sur des bancs de sable ou sur des fonds rapprochés de la surface, on les tue à coups de trident. Ajoutons que, pour attaquer ainsi corps à corps ces énormes poissons, il faut attendre qu'ils soient affaiblis, car ils renverseraient, en se débattant, la barque du pêcheur.

Les Groënlandais dépècent l'animal, salent les morceaux, puis les exposent à l'air, sur des bâtons, pour les sécher et les envoyer au loin.

Malgré sa grande taille, le Flétan a pour ennemis acharnés les dauphins et les oiseaux de proie qui vivent sur les rivages. C'est, du reste, un poisson très-vorace, qui dévore les crabes, les gades et même les raies. Il n'épargne même pas les individus de sa propre espèce : les Flétans s'attaquent les uns les autres, et se mangent les nageoires ou la queue.

Les *Plies* ont le corps en losange, les yeux généralement

Fig. 40. Plie ou Carrelet.

placés à droite, une rangée de dents tranchantes à chaque mâchoire, la nageoire dorsale ne s'avançant que jusqu'au-

Fig. 41. Pêche du Flétan sur les côtes maritimes du Groënland.

dessus de l'œil supérieur et laissant, ainsi que la nageoire terminale, un intervalle nu entre elle et la nageoire caudale.

Les *Plies* habitent presque toutes les mers. Parmi les espèces de nos côtes, nous citerons le *Carrelet*, ou *Plie franche*, l'espèce la plus estimée du genre, et que l'on trouve communément sur

Fig. 42. Limande.

les marchés de Paris. La *Limande*, qui doit son nom aux écailles dures et dentelées de son corps, est une autre espèce qui figure avec honneur sur nos tables.

Ganoïdes. — Tous les poissons qui composent cette famille, se reconnaissent à leurs nageoires ventrales attachées sous la gorge et aiguisées en pointe. Leur corps est allongé et peu comprimé, leur tête bien proportionnée. Leurs nageoires sont molles et leurs écailles également molles et petites. Leur mâchoire est armée de plusieurs rangs de dents, coniques et inégales. Leurs ouïes sont grandes et garnies de sept rayons. Ces poissons, qui vivent dans les mers froides ou tempérées des deux hémisphères, fournissent un aliment sain, léger et agréable. Ils donnent lieu à d'importantes pêches et à un commerce considérable.

Les *Morues*, les *Merlans*, les *Merluches* et les *Lotes* seront pour nous les représentants de cette famille.

La tête de la Morue (*Gadus morrhua*) est comprimée. Les yeux, placés sur les côtés, sont très-rapprochés l'un de l'autre, très-gros et voilés par une membrane transparente. Lacépède suppose que cette dernière conformation donne à l'animal la faculté de nager à la surface des mers du nord de l'Europe, au milieu des montagnes de glace, auprès des rivages couverts de neige,

Fig. 43. Morue.

resplendissante, sans que leurs yeux soient éblouis par cette vive lumière. Mais cette opinion est assez gratuite.

Les mâchoires de la Morue sont inégales et tout armées de plusieurs rangées de dents fortes, et aiguës, dont plusieurs sont mobiles et peuvent être cachées ou relevées selon la volonté de l'animal.

Le corps de ce poisson est allongé, légèrement comprimé. Il porte trois nageoires dorsales, deux nageoires anales, des nageoires jugulaires étroites et terminées en pointe et une caudale fourchue. Sa couleur est d'un gris cendré tacheté de jaunâtre sur le dos, blanc et quelquefois rougeâtre en dessous.

Pourvue d'un vaste estomac, la Morue est très-vorace. Elle se nourrit de poissons, de crabes et de mollusques. Elle est si goulue qu'elle avale même des morceaux de bois et autres objets qui ne sauraient la nourrir. Mais elle peut se débarrasser aisément des corps qui l'incommodent.

C'est un poisson essentiellement marin. On ne le voit jamais dans les fleuves et les rivières, et pendant presque toute l'année il se tient dans les profondeurs des mers. Son séjour habituel, c'est la portion de l'Océan septentrional qui est comprise entre le 40° et le 66° degré de latitude.

Dans la vaste étendue de l'Océan que fréquente la Morue, on peut distinguer deux grands espaces qu'elle semble préférer. Le premier est limité d'un côté par le Groënland et de l'autre par l'Islande, la Norvége, les côtes du Danemark, de l'Allemagne, de la Hollande, de l'est et du nord de la Grande-Bretagne, ainsi que des îles Orcades; il comprend les endroits désignés par les noms de *Dogger-banck*, *Vell-banck*, et *Cromer*; et l'on peut y rapporter les petits lacs d'eau salée des îles de l'ouest de l'Écosse où des troupes considérables de grandes Morues attirent, principalement vers Gareloch, les pêcheurs des Orcades, de Peterhead, de Portsoy, de Firth et de Murray.

Le second espace, moins anciennement connu, et plus célèbre parmi les marins, renferme les plages voisines de la Nouvelle-Angleterre, du Cap-Breton, de la Nouvelle-Écosse, et surtout de l'île Terre-Neuve, auprès de laquelle est ce fameux banc de sable désigné par le nom de *grand banc*, qui a près de deux cents lieues de longueur sur soixante-deux lieues de largeur et au-dessus duquel on trouve depuis vingt jusqu'à cent mètres d'eau. C'est là que les Morues vivent en phalanges innombrables, parce qu'elles y rencontrent en abondance les harengs et les autres animaux qui servent à leur nourriture.

Telle est, d'après Lacépède, la distribution géographique des Morues.

Les Français, les Américains, les Anglais, les Hollandais, les Norvégiens, se livrent, avec une égale ardeur, à la pêche de la Morue. C'est principalement sur le banc de Terre-Neuve que s'exécute cette pêche.

L'île de Terre-Neuve avait été découverte et visitée par les Norvégiens dès le dixième et le onzième siècle, c'est-à-dire ayant la découverte de l'Amérique ; mais ce ne fut qu'en 1497, après la découverte de Christophe Colomb, que le navigateur Jean Cabot, ayant visité ces parages, les baptisa du nom qu'on leur connaît, et signala l'existence des bandes de Morues qui les occupent. Tout aussitôt l'Angleterre et d'autres nations s'élancèrent pour moissonner ces champs féconds de matière vivante. En 1578, la France envoyait 150 navires au banc de Terre-Neuve, l'Espagne 125, le Portugal 50, l'Angleterre 40.

Pendant la première moitié du dix-huitième siècle, les Anglais, les Français et les Américains exploitèrent seuls la pêche de la Morue.

De 1823 à 1831, la France a envoyé à Terre-Neuve 341 navires montés par 7085 matelots. Ces navires ont exporté 25 718 466 kilogrammes de poisson, dont 8 974 238 de poisson salé, 16 744 288 de Morue verte et 1 217 008 d'huile. Tout cela a donné en moyenne un chiffre de plus de six millions chaque année.

Aujourd'hui plus de 2000 navires et environ 30 000 marins sont envoyés annuellement, par l'Angleterre, à la pêche de la Morue. La Hollande n'est pas en arrière des autres nations : elle a exporté en 1856, 1 172 203 kilogrammes de poisson diversement préparé ; en 1857, 1 297 666 kilogrammes ; en 1858, 1 702 431, et en 1859, 1 507 788.

Sur les côtes de la Norvége, depuis la frontière de la Russie jusqu'au cap Lindesness, la pêche de la Morue est la source d'un commerce et d'une industrie considérables. Elle occupe plus de 20 000 pêcheurs, montés sur 5000 bateaux, et l'on évalue à plus de 20 millions le nombre de poissons qu'elle fournit à la consommation de ces contrées.

En 1860, la France a fourni pour la pêche de ce poisson 210 bâtiments et 3275 hommes ; en 1861, 222 bâtiments et 3602 hommes ; en 1862, 232 bâtiments et 3741 hommes.

Les Morues se prennent soit au filet, soit à la ligne. Le filet employé à Terre-Neuve, et dont on ne se sert que le long des côtes, est rectangulaire, garni de plomb au bord inférieur, et de liège au bord supérieur. Une des extrémités est fixée à la côte ; l'autre se place en pleine mer, suivant une courbe formée par des bateaux. On entraîne le poisson en tirant sur les deux extrémités du filet, et d'un coup on en prend quelquefois la charge de plusieurs bateaux (fig. 44).

Fig. 44. Pêche de la Morue devant l'Ile de Terre-Neuve.

Quant aux lignes, elles sont de deux sortes : les *lignes de main*, que chaque pêcheur tient à gauche et à droite du bateau, et les *lignes de fond*, qui consistent en des cordes très-fortes, sur lesquelles on fixe un certain nombre de lignes partielles. A l'un des bouts de cette corde est attaché un grappin, qui l'entraîne au fond de l'eau ; une ancre est fixée à l'autre bout. Chaque ancre tient à un petit câble amarré à une bouée de liége. On dispose de cette façon jusqu'à 3000 hameçons.

L'appât destiné à garnir les lignes est frais ou salé. La chair fraîche est fournie par le hareng, l'encornet ou le capelan, petit poisson qui, au printemps, descend des mers du Nord, poursuivi par des bandes de Morues. Dans la terreur que leur causent les bandes innombrables de leurs ennemis, les capelans se répandent dans toutes les mers qui avoisinent Terre-Neuve, en masses tellement épaisses que le flot les rejette et les accumule parfois sur le sable des grèves.

La pêche principale du capelan destiné à servir d'appât aux lignes de fond se fait sur la côte de Terre-Neuve. Les habitants de ces parages apportent leur butin aux pêcheurs qui se rendent à Saint-Pierre, pour la pêche de la Morue.

Les goëlettes, avec une bonne provision de ces appâts, quittent Saint-Pierre, prennent la direction du nord-est, et s'avancent sur le banc de Terre-Neuve. Lorsque le capitaine a choisi sa place de pêche, il *mouille*, c'est-à-dire fixe les navires au moyen de longs câbles de chanvre. La mer n'ayant en ce point que quarante à soixante brasses, on peut de cette façon mouiller à de pareilles profondeurs. C'est alors que l'équipage tend les lignes. A chaque instant on les relève, on en détache le poisson pris, on remet de l'appât et on recommence.

On s'occupe immédiatement de faire subir au poisson une première préparation, qui permet de le conserver. On l'ouvre, on le vide, on le fend en deux ; puis on empile en tas les poissons ouverts et on les sale.

Ce travail dure autant que la pêche. Le matelot demeure jour et nuit, sur le pont, mouillé jusqu'aux os, couvert d'huile et de sang, entouré de toutes sortes de détritus, qui répandent une odeur infecte.

Mais la pêche ainsi faite n'est pas suffisante. Des embarcations, montées par deux ou trois hommes, se rendent tous les jours, plus au large, pour tendre d'autres lignes. L'équipage rayonne ainsi fort loin autour du navire.

Une partie des Morues est expédiée en Europe, sans autre préparation que la salure qu'elles ont reçue sur le pont du navire. Le reste, et c'est la plus grande partie, est préparé et séché sur les lieux. C'est aux îles Saint-Pierre et Miquelon que se fait surtout cette sécherie.

On trouve dans le journal le *Tour du Monde* (année 1863) une description des diverses opérations de la sécherie des morues à Terre-Neuve, que l'auteur, M. le comte de Gobineau, a observée à l'*île Rouge*, située non loin du banc de Terre-Neuve, et qui n'est qu'une sorte de roc placé en face de la *Grande Terre*.

« Les maisons de commerce françaises qui se livrent à l'exploitation de la côte occidentale de Terre-Neuve appartiennent surtout, dit M. de Gobineau, aux ports de Granville et de Saint-Brieuc; elles composent de deux éléments très-distincts les équipages de leurs navires. La minorité des hommes se recrute parmi les marins, les pêcheurs proprement dits : c'est l'aristocratie du bord. Puis on y ajoute un nombre plus grand de travailleurs, qui portent le nom de *graviers*.... Arrivés sur la côte, on les débarque; pendant toute la campagne ils ne naviguent plus, et leurs fonctions se bornent à recevoir le poisson que les pêcheurs leur apportent, à le décoller dans le chauffant, à l'ouvrir, à mettre à part les foies pour en extraire l'huile, à étendre les chairs entre des couches de sel, enfin à les soumettre aux différentes phases du desséchage sur les *graves*.

« Un *chauffant*, expression normande qui répond au mot échafaud, est une grande cabane sur pilotis établie moitié dans l'eau, moitié à terre; construite en planches et en rondins; on a cherché à ce que l'air pût y circuler librement. Quelques grandes toiles de navires la recouvrent.

« Une partie du plancher, celle qui est au-dessus de l'eau notamment, est à claire-voie; et dans cette partie sont rangés des espèces d'établis où l'on décolle la morue. Rien ne peut donner une idée de l'odeur infecte du chauffant; c'est le charnier le plus horrible à voir. Une atmosphère chargée de vapeurs ammoniacales y règne constamment; les débris de poissons à moitié pourris ou en décomposition complète accumulés dans l'eau, finissent par gagner l'intérieur du lieu, et comme les graviers ne sont pas gens délicats, ils ne songent guère à se débarrasser de ces horribles immondices.

« Ils sont là le couteau à la main, dépeçant les cadavres, tranchant et arrachant les intestins, déchirant les vertèbres et prenant soin de ne pas se piquer eux-mêmes, c'est le plus réel danger qu'ils aient à courir...; mais ceci mis à part et l'habitude contractée, le gravier vit sans le moindre dommage pour sa santé, ni même pour son bien-être, au milieu d'une odeur propre à asphyxier les gens qui n'y sont pas faits de longue main.

« Un *cageot* est une installation en planches qui peut avoir deux à trois mètres de côté et la forme d'un cône renversé ; le fond est à claire-voie et domine une large cuve enfoncée dans la terre. On monte au cageot par un sentier tournant. C'est là qu'on verse les foies de morue pour les faire fermenter. L'huile découle par la claire-voie dans la cuve, où on la recueille ensuite afin de l'enfermer dans des barils....

« Tout établissement de pêche, à l'île Rouge comme ailleurs, a surtout besoin, outre les chauffants et les cageots, de ce qu'on appelle les *graves*, puisque c'est là qu'on sèche le poisson. Sans les graves, il n'y aurait point d'exploitation possible, et c'est pour ce motif que nous jouissons du droit d'occuper la côte pendant la saison de la pêche.

« Les graves n'étaient à l'origine que les grèves mêmes, dont le nom est prononcé ici à la normande. On construit maintenant en pierres et dans tous les lieux bien découverts particulièrement exposés à l'action du soleil et surtout du vent des graves artificielles. Le soleil, dit-on, ne sèche pas, il brûle ; le vent, au contraire, remplit merveilleusement l'office, et afin d'éviter l'un et de favoriser l'autre, on a aussi inventé ce qui s'appelle des *vigneaux*. Ce sont de longues tables de branchages mobiles que l'on peut incliner dans tous les sens, suivant que l'on veut soumettre directement la morue à l'influence du vent ou la soustraire à celle des rayons solaires, ce qui, du reste, est rarement redoutable.

« Voilà la moisson de Terre-Neuve ! »

La plus grande partie des Morues séchées à Terre-Neuve s'expédie et se consomme en Amérique et en Afrique, c'est-à-dire aux îles de la Martinique et de la Guadeloupe (Amérique), aux îles de la Réunion et Saint-Maurice (Afrique). La morue séchée est, comme tout le monde le sait, le fond de la nourriture des nègres.

Mais tous les produits de la pêche de la Morue ne sont pas préparés et séchés à Terre-Neuve. La moitié environ des navires métropolitains sont armés pour la *pêche sans sécherie;* ce qui veut dire qu'ils remportent eux-mêmes en France leurs produits, préalablement salés, ou qu'ils en expédient une certaine quantité, après la première pêche, par des navires qui viennent leur apporter du sel, et prennent du poisson en retour. Les envois sont principalement dirigés sur les ports de la Rochelle, de Bordeaux et de Cette (Hérault).

Arrivés au port français, les navires chargés de Morues salées les débarquent, et on les entasse dans de vastes magasins. On s'occupe aussitôt de les dessaler et de les sécher. Cette opération se fait à Cette, au mois d'août ou de septembre environ, époque à laquelle sont revenus les navires, partis au mois de janvier pour Terre-Neuve.

Voici comment cette opération s'exécute. Après avoir fait tremper les morues dans l'eau douce, un temps convenable pour les débarrasser de la plus grande partie du sel, mais non de sa totalité, on suspend à des cordes les poissons, ouverts et bien étalés, en pinçant leur queue entre deux liteaux. Le tout forme une série de galeries entre lesquelles un ouvrier peut toujours passer. L'exposition à un soleil ardent produirait une dessiccation trop prompte, qui nuirait à la qualité de la morue. Quand le soleil est trop chaud, on dispose au-dessus des galeries des claies d'osier, qui laissent passer l'air et n'arrêtent que les rayons solaires.

Les *Merluches* vivent dans la Méditerranée, ainsi que dans l'océan Septentrional, et peuvent atteindre 8 décimètres à 1 mètre de longueur. Elles vont par troupes nombreuses, et sont l'objet d'une pêche abondante et facile. Leur chair est blanche et lamelleuse. Lorsqu'on prend une grande quantité d'individus, on les sale et on les sèche comme les Morues.

Le *Merlan* (fig. 45) a le corps allongé, revêtu d'écailles très-petites, minces et arrondies. Ses nageoires dorsales sont au nombre de trois. Il n'a pas de barbillons, et sa mâchoire supérieure est plus avancée que l'inférieure. Il est blanc comme de l'argent. L'éclat de cette couleur est encore relevé par la teinte olivâtre qui règne quelquefois sur le dos, par la teinte noirâtre qui distingue les nageoires pectorales ainsi que la caudale, et par une tache également noire que l'on voit sur quelques individus à l'origine de ces mêmes pectorales.

Le Merlan habite l'océan qui baigne les côtes européennes. Il se nourrit de vers, de mollusques, de crabes, de jeunes poissons. Il approche souvent des rivages; et c'est pour cela qu'on le prend pendant presque toute l'année. On le pêche ordinairement au moyen d'une vingtaine de lignes, dont chacune, garnie de deux cents hameçons, est longue de plus de cent mètres, et qu'on laisse au fond de l'eau environ pendant trois heures. On le pêche aussi quelquefois avec des filets.

Ce poisson est très-gras lorsque, les harengs ayant déposé

leurs œufs, il a pu en dévorer une certaine quantité. Sa chair est agréable au goût et légère à l'estomac.

Fig. 45. Merlan.

La *Lotte*, connue sous le nom de *Morue longue*, a de 1 mètre à 1m,35 de long. Elle est de couleur olivâtre en dessus, argentée en dessous. Elle est aussi abondante que la Morue dans les mers septentrionales, se conserve aussi aisément et donne lieu à une pêche très-importante.

Une autre espèce qui se trouve dans nos rivières d'Europe, la *Lotte commune*, ou *de rivière*, est longue de 35 à 70 centimètres, d'un vert olivâtre clair, marbré de brun. Son corps, imprégné d'une humeur mucilagineuse, est couvert de petites écailles arrondies, peu discernables à la vue simple. De tous les poissons de nos eaux douces, c'est un de ceux dont l'aspect est le plus étrange.

La *Lotte de rivière* (fig. 46) est répandue dans la plus grande partie des eaux douces de la France. Cependant sa pêche n'est abondante dans aucune de nos rivières. Introduite il y a quelques siècles dans le lac de Genève, elle y pullule aujourd'hui.

« Pendant un séjour à Thonon, dit M. Blanchard, j'accompagnai souvent des pêcheurs qui, le matin, allaient relever des centaines de lignes de fond tendues la veille au soir : souvent on tirait sans interruption trente ou quarante lignes auxquelles était accrochée une lotte [1]. »

Ce poisson est extrêmement vorace. Il consomme une énorme quantité de vers, d'insectes aquatiques, de mollusques et d'œufs. Blotti dans les trous, au fond de l'eau, il attire les

Fig. 46. Lotte de rivière.

petits animaux, en agitant l'appendice charnu, ou barbillon, qui tombe de sa mâchoire inférieure, et lui donne une si singulière physionomie. Sa chair est du reste fort-estimée. Les gourmets apprécient particulièrement son foie, qui atteint un volume remarquable.

On raconte qu'un amateur ayant mis une Lotte dans un bocal, et lui ayant donné, pour lui tenir compagnie, cinq ou six goujons, la Lotte, dépaysée, éblouie par la lumière, et ne pouvant se mettre comme à l'ordinaire en embuscade, se laissa manger le barbillon par ses compagnons de captivité, et mourut.

On pourrait faire de ce petit drame aquatique, une nouvelle littéraire qui aurait pour titre : *La revanche des goujons*.

1. *Les Poissons d'eaux douces de la France*, in-8°, Paris, 1866.

ORDRE DES MALACOPTÉRYGIENS ABDOMINAUX.

Les poissons qui appartiennent à cet ordre ont les nageoires ventrales suspendues sous l'abdomen, placées en arrière, et non attachées aux os de l'épaule.

C'est le plus considérable et le plus important des trois groupes formés dans la grande division des Malacoptérygiens. Il renferme la plupart de nos poissons d'eau douce et un grand nombre d'espèces marines.

Cuvier a divisé cet ordre en cinq familles : les *Salmonés*, les *Clupes*, les *Ésoces*, les *Cyprins* et les *Silures*.

Salmonés. — Les poissons qui constituent cette famille, ont un corps écailleux, et une première nageoire dorsale à rayons mous, suivie d'une seconde nageoire petite et adipeuse, c'est-à-dire formée simplement d'une peau remplie de graisse et non soutenue par des rayons osseux. Ils habitent la mer, et remontent, à certaines époques, les rivières; ou bien se trouvent exclusivement dans les grands fleuves et dans les autres cours d'eau. On les trouve jusque dans les ruisseaux des montagnes les plus élevées.

Nous mentionnerons dans cette famille, les *Ombres*, les *Éperlans*, les *Lavarets*, les *Truites* et les *Saumons*.

Les *Ombres* ont la bouche peu fendue, armée de dents fines, la première nageoire dorsale longue et haute, le corps de forme élégante et couvert de grandes écailles. On en connaît six ou huit espèces, appartenant surtout au nord de l'Europe, et dont le type est l'*Ombre commune* qui se trouve dans les eaux du Rhin, de la Moselle, de l'Ain, des affluents du Rhône, des rivières de l'Auvergne, etc., comme dans les eaux douces de la Suisse et de l'Allemagne. C'est un des beaux poissons de nos eaux douces.

« Rien n'est gracieux, dit M. E. Blanchard, comme sa forme allongée, s'atténuant d'une manière graduelle jusqu'à l'origine de la queue; rien n'est plus élégant que sa nageoire dorsale, magnifique voile fort longue et d'une hauteur remarquable. Il suffit d'apercevoir un tel animal pour juger combien il est heureusement conformé pour une natation facile et rapide. Les pêcheurs sont souvent habiles à suivre les mouvements des poissons traversant des eaux limpides, mais l'Ombre échappe à leurs yeux exercés; elle a passé, elle a fui comme une ombre, et l'Ombre est devenue le nom vulgaire du poisson doué d'une si merveilleuse agilité [1]. »

Les écailles de l'*Ombre commune* figurent une sorte de mosaïque sur les parties supérieures du corps. Sa couleur est d'un

Fig. 47. Ombre commune.

bleu d'acier éclatant, rehaussé de points noirs ; elle est argentée sur les parties inférieures. Ces couleurs s'effacent quand le poisson vieillit. La taille de l'Ombre ne dépasse guère trente à quarante centimètres. Elle vit dans les rivières et les ruisseaux limpides roulant sur un fond sablonneux, et se nourrit de petits mollusques, de larves d'insectes, ou de frai de poisson. Sa chair blanche et délicate, exhale une faible odeur de thym.

Si l'*Ombre* sent le thym, l'*Éperlan* est remarquable par l'odeur douce qu'il répand lorsqu'il est frais, et que l'on a comparée au parfum de la violette. Ce charmant petit poisson n'a environ que seize à dix-huit centimètres de longueur. Son dos et ses nageoires sont d'un joli gris ; ses côtes et sa partie inférieure sont argentées. Ces deux nuances sont relevées par des reflets

1. *Les Poissons des eaux douces de la France.*

verts, bleus et rouges. Les écailles et ses autres téguments sont si diaphanes, qu'on peut vaguement distinguer à travers la peau les vertèbres et les côtes. Suivant Rondelet, le nom de ce petit animal vient de ses belles couleurs, de son éclat inusité, qui rappelle celui des perles. Sa forme générale est celle d'un fuseau; sa tête est petite, ses yeux grands et ronds.

Les Éperlans habitent plus particulièrement les eaux saumâtres, car on les trouve sur les côtes de l'Océan, et ils ne remontent pas dans les fleuves au delà des points où la marée

Fig. 48. Éperlan.

se fait sentir. Ils vivent en troupes et se suivent à la file. Leur chair est fine et délicate. C'est dans la basse Seine, et principalement près de Caudebec, que sont pêchés les Éperlans que l'on mange à Paris.

Le corps des *Lavarets* est comprimé latéralement, couvert d'écailles faciles à détacher, grandes et arrondies. Leur bouche est petite, mal armée, souvent privée de dents. Leur nageoire dorsale, haute en avant, très-oblique en arrière, s'élève moins en ce point que les nageoires ventrales. Certaines espèces de Lavarets sont marines et remontent périodiquement les fleuves; les autres vivent dans les eaux du nord de l'Europe; la plupart dans les lacs des régions alpines.

Le *Lavaret* habite les lacs du Bourget (Savoie), de Neuchâtel, de Constance; de Zug (Suisse). On le trouve aussi dans les lacs de la Bavière et de l'Autriche.

« L'étranger venu pour la première fois à Aix en Savoie, ou dans quelque autre localité voisine du lac du Bourget, ne manque pas d'entendre bientôt parler du lavaret. Vous ne connaissez pas le lavaret? vous n'avez jamais mangé du lavaret? lui répètent à l'envi les indigènes. Comme bien souvent l'étranger tend une oreille frappée d'un mot nouveau, l'habitant de la Savoie jouit de sa surprise, et heureux d'en remontrer, peut-être à un Parisien, en fait de bons mets, il daigne lui apprendre que le lavaret est le poisson le plus parfait qui existe, un poisson sans égal pour la délicatesse de sa chair, pour son parfum; un poisson auprès duquel la Féra des Genevois ne mérite même pas grande considération [1]. »

Ainsi parle un aimable savant, M. Blanchard, mais il ne nous donne pas d'autres renseignements sur cette prétendue supré-

Fig. 49. Lavaret Féra.

matie du Lavaret. C'est, du reste, un poisson qui peut atteindre le poids de un à deux kilogrammes. Sur les côtés et en dessous, il est d'un magnifique blanc d'argent, pendant que son dos est d'un gris bleuâtre ou verdâtre, souvent sablé de noir. Il se tient dans les eaux profondes et s'approche des rivages vers la seconde moitié de novembre, pour frayer.

Le *Lavaret Féra* est pour les riverains du lac de Genève ce que le Lavaret proprement dit est pour les habitants d'Aix en Savoie. Comme il abonde dans le lac de Genève, les hôteliers de la Suisse n'en font pas grâce aux touristes. Sa chair, extrêmement délicate, a une saveur un peu différente de celle du Lavaret. C'est donc à bon droit que les riverains du lac Léman sont fiers de leur *Féra*.

1. *Les Poissons des eaux douces de la France.*

Le *Lavaret Houting* est un poisson qui abonde dans la mer du Nord. À l'époque du frai, il remonte les grands cours d'eau, et on le pêche alors dans le Rhin et dans la Meuse.

Le corps de la *Truite* est médiocrement allongé et comprimé latéralement. Sa coloration, toujours agréable, est sujette à

Fig. 50. Truite commune.

beaucoup de variations. En général, une teinte d'un vert olivâtre s'étend dans toutes les régions supérieures ; cette même teinte plus pâle règne sur les côtés ; le dessous est d'un jaune clair et vif. Le dos, les opercules, la nageoire dorsale, offrent çà et là des taches noires. Les flancs sont ornés de taches rondes, d'un rouge orangé, entourées d'un cercle pâle ou bleuâtre. Les nageoires inférieures et caudales sont le plus souvent jaunâtres, pointillées et bordées de noir. Toutefois, nous le répétons, ces couleurs varient avec l'âge, et surtout avec les localités. Tout le corps de la *Truite commune* est couvert d'écailles oblongues et striées. La tête est épaisse, le museau large et obtus, l'œil grand.

La Truite est très-vorace ; elle s'attaque aux vers et à une infinité de poissons, et surtout à leur frai. Mais elle recherche surtout les petits insectes aquatiques. On l'a vue souvent saisir avec adresse les friganes et les éphémères, lorsque ces insectes voltigent prestement à la surface de l'eau.

Cette observation a trouvé son application utile dans l'art de la pêche. Comme il serait difficile de présenter, comme appâts, de véritables insectes aquatiques aux poissons qui les recherchent, les fabricants d'engins de pêche ont inventé l'appât connu sous le nom de *mouche artificielle*. C'est une imitation, plus ou

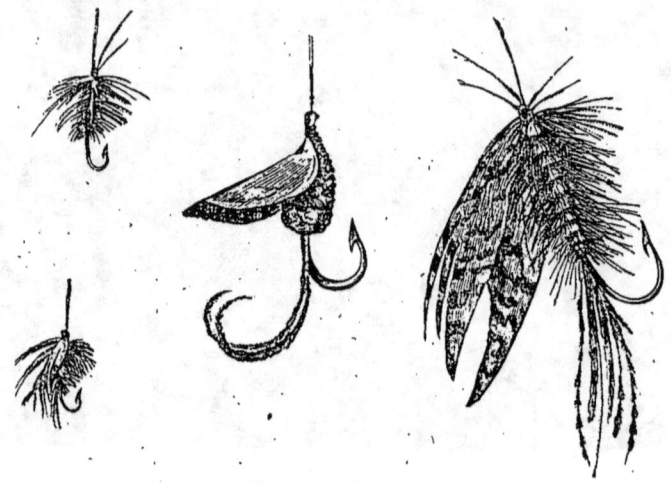

Fig. 51. Insectes artificiels pour la pêche.

moins grossière, de l'insecte naturel, mais que l'on peut se procurer en tout temps, pourvu que l'on y mette le prix. C'est, en effet, tout un art que celui de fabriquer des insectes artificiels, appropriés à la pêche de chaque poisson; et les fabricants de ces petits engins ont toutes sortes de raisons, bonnes et mauvaises, pour vanter leur marchandise. L'insecte-appât, employé pour la pêche de la Truite, c'est la mouche artificielle.

Bien lancer la mouche artificielle n'est pas l'affaire du premier venu. Il ne faut pas frapper l'eau d'un coup de fouet, car les poissons, effrayés de ce procédé, renouvelé de Xercès, s'enfuiraient à tire de nageoires. Il ne faut pas, non plus, que la mouche artificielle tombe comme une bombe au milieu de la troupe aquatique, si facile à effaroucher. Elle doit faire sans tumulte et sans bruit son entrée dans le royaume des poissons. Elle doit, pour ainsi dire, s'asseoir doucement à la surface de l'eau, et y descendre avec lenteur.

Pour cela, après avoir lancé l'appât, il faut arrêter son essor, par un coup de poignet qui le retienne et le modère (fig. 52).

Fig. 52. Pêche à la ligne. — Le *lancé* de la mouche artificielle.

On prend la truite non-seulement à la ligne, mais encore à la *truble*, à la *louve* et à la *nasse*. Un mot sur ces différents engins de pêche de la truite.

La figure 53 représente la *truble* ou *trouble*. On la place dans les petites rivières, devant l'entrée des nombreuses cavités où le poisson vient, pendant le jour, chercher un abri contre la chaleur, ou bien un refuge contre ses ennemis. On enfonce la perche dans l'eau, jusqu'à ce que la corde et les deux extrémités de l'arc reposent sur le fond. On agite l'eau; le poisson effrayé cherche à s'échapper, et il tombe dans l'ouverture béante du filet, dans lequel on le trouve, quand on l'a adroitement retiré de l'eau.

La *nasse* (fig. 54) est un grand panier d'osier, en forme de cône allongé. A la base et à la pointe sont deux ouvertures, l'une large et évasée, qui reste toujours ouverte, l'autre étroite, et fermée, soit par une petite porte à claire voie, soit par un bouchon de paille ou de joncs. On a le soin de disposer à l'entrée une sorte de petit couloir au moyen de brins d'osier ou de joncs fins et élastiques, dont les extrémités libres viennent se rapprocher et presque se réunir. Le poisson franchit facilement ce défilé végétal, en écartant les brins flexibles qui le forment, et il se trouve ainsi introduit dans le panier. Les brins d'osier placés à l'entrée, étant revenus sur eux-mêmes par leur élasticité, toute retraite est fermée au pauvre captif de la nasse.

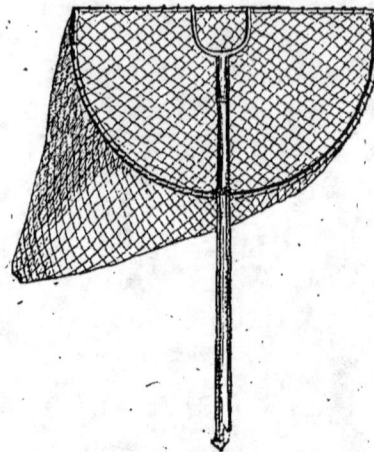

Fig. 53. Truble ou trouble (filet pour la pêche en rivière).

Le *verveux* (fig. 55) est un piége à poissons semblable à la nasse, mais dans lequel l'osier a été remplacé par du filet.

Enfin la *louve* (fig. 56) est un double verveux ou un verveux à deux entrées.

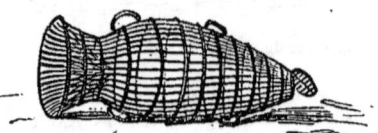

Fig. 54. La nasse (panier pour la pêche en rivière).

La *senne* (fig. 57) est une bande de filet qui se tend au milieu d'une rivière, comme un mur qui en barre le cours. On balaye avec cette muraille de filet, tenue verticalement, toute la largeur de la rivière, et on tire sur le bord tout ce que le filet a entraîné (fig. 58). Tous ces moyens

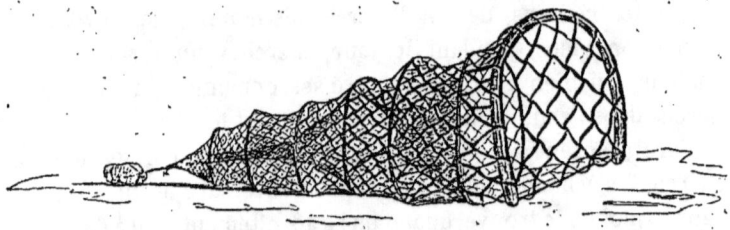

Fig. 55. Verveux (piége pour le poisson de rivière).

employés pour la pêche de beaucoup de *poissons gobeurs* sont excellents pour s'emparer de la truite dans nos rivières.

L'eau que la truite préfère, est celle qui est claire, froide, courante. C'est pour cela qu'elle est rare dans la Seine; les eaux

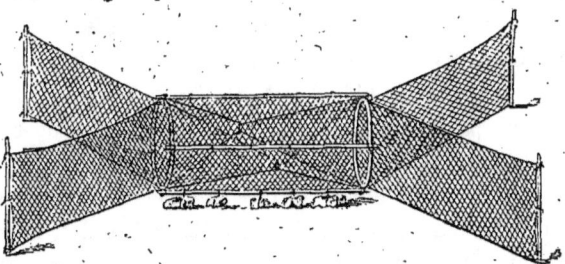

Fig. 56. Louve (piége pour le poisson de rivière).

de ce fleuve sont trop troubles pour elle et trop lentes dans leur cours. Ce poisson nage presque toujours contre le courant; il

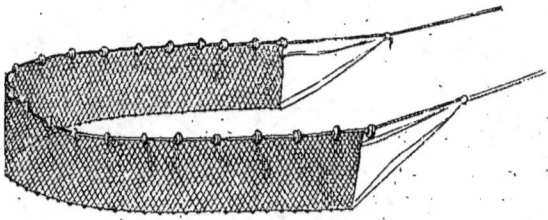

Fig. 57. Senne (filet pour la pêche en rivière).

aime à s'établir dans les trous des berges des cours d'eau. Il se tient si tranquille au fond de ces retraites, que quelquefois on peut le prendre avec la main.

La *Truite des lacs* se trouve dans plusieurs des grands lacs de l'Europe, et particulièrement dans le lac de Genève. Elle offre un corps plus long que celui de la *Truite commune*, et tellement épais qu'il paraît presque cylindrique. Le dos a une teinte gris de perle, passant vaguement au bleuâtre et au verdâtre; les côtés sont d'un gris pâle et tachetés de noir, le dessous est d'un blanc d'argent. On ne voit de taches rouges que sur les jeunes individus.

On prend quelquefois dans le lac de Genève des truites de quinze à vingt kilogrammes. Ces poissons abandonnent les eaux du lac quand le temps du frai est arrivé, et remontent très-haut le cours des rivières. Ils sont alors parés de vives couleurs, qui se modifient suivant les cours d'eau.

La *Truite de mer*, que l'on nomme aussi *Truite saumonée*, vit alternativement dans les eaux douces et salées. Elle est argentée sur les côtés, et ornée de petites taches noires éparses; son dos est d'un gris bleuâtre, les parties inférieures sont d'un blanc éclatant, ce qui la distingue au premier coup d'œil de la *Truite commune*. D'après M. Blanchard, la *Truite saumonée* naît dans les rivières; parvenue à une certaine taille, elle descend à la mer, et remonte ensuite les eaux douces, pour y frayer.

On pêche principalement la *Truite saumonée* dans les eaux de nos départements de l'est, le Rhin, l'Ill, la Moselle, la Meuse et ses affluents. On la prend aussi dans la Loire. Elle peut atteindre

Fig. 58. Pêcheurs à la senne tirant le filet.

une grande taille. Son poids ordinaire est de quatre à six kilogrammes, à l'état adulte; mais on en a pêché de quinze kilogrammes. Sa chair, d'un goût exquis, est rose, et de couleur *saumonée*, comme le dit son nom.

Les *Saumons* sont très-voisins des truites. Ils ont également des dents fortes et pointues aux deux mâchoires, aux os palatins et à la langue. Les écailles de leurs corps sont petites et disposées en ovale allongé.

L'*Ombre chevalier*, espèce de saumon, a le corps comprimé latéralement, et plus ou moins élancé. Ses écailles sont très-petites, et peu distinctes à la vue simple. En dessous, il est blanc ou

Fig. 59. Ombre chevalier.

rougeâtre (à l'époque du frai); en dessus, il est d'un gris perle ou bleuâtre. Les côtés sont ponctués de petites taches blanches et rougeâtres. C'est un habitant sédentaire des lacs de l'Europe centrale; il n'entre jamais dans les rivières.

Le *Saumon commun* (fig. 60) a le corps allongé, le museau arrondi, mais plus long chez les mâles que chez les femelles, avec la mâchoire supérieure pourvue d'une fossette, dans laquelle pénètre la pointe de la mâchoire inférieure. Son dos est d'un bleu d'ardoise, ses flancs et le dessous du corps sont d'un blanc argenté et nacré. De gros points noirs sont épars sur le dessus de la tête, autour du bord supérieur de l'œil et sur l'opercule; des taches irrégulières, brunes et d'ailleurs variables de forme et de grandeur, se voient sur les côtés. Au reste, ces couleurs sont sujettes à varier suivant les circonstances.

Avant de prendre les caractères que nous venons d'indiquer, le saumon a traversé trois âges, qui sont marqués, chacun, par des particularités dignes d'être signalées. Le jeune saumon est grisâtre et rayé de noir. Au bout d'une année environ, il est revêtu d'un magnifique éclat métallique.

« Les parties supérieures sont d'un bleu d'acier étincelant, dit M. Blanchard, huit ou dix grandes taches du même bleu brillant, comme voilées.

par un manteau d'argent, occupent les flancs ; entre ces taches règne une teinte rougeâtre ou ferrugineuse très-vive ; une tache noire se voit

Fig. 60. Saumon adulte.

ordinairement au milieu de l'opercule ; le ventre est d'un beau bleu de nacre.... »

Fig. 61. Jeune Saumon.

Pendant le premier âge, le jeune saumon est appelé *parr*, chez les Anglais ; pendant le second, on le nomme *smolt*. Tant que les *Saumoneaux* sont à l'état de *parrs*, ils vivent isolés. Quand ils sont devenus *smolts*, et qu'ils ont pris leur costume de voyageurs, ils se réunissent en bandes, et descendent les rivières, pour gagner l'Océan. Arrivés aux points où remonte la marée, les Saumons séjournent deux ou trois jours dans l'eau saumâtre, comme pour s'habituer à un nouveau milieu, puis ils disparaissent dans la vaste étendue de l'Océan.

Au bout de deux mois d'une vie mystérieuse et pour nous encore inconnue, ces poissons reparaissent dans les rivières et reviennent à leur lieu natal. Mais combien ils sont changés ! *Quantum mutati!* Le *smolt* qui a vécu dans les rivières pendant

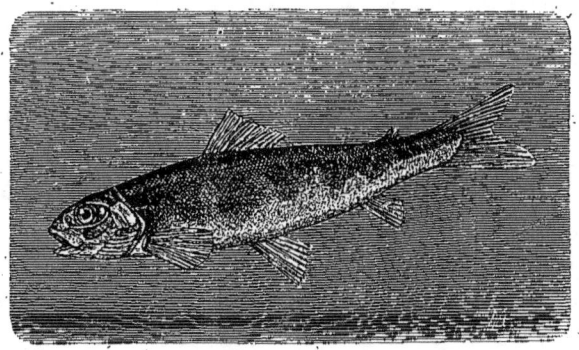

Fig. 62. Saumoneau.

deux et trois ans, pour atteindre une longueur de douze à vingt centimètres, revient, au bout de deux mois de séjour dans l'Océan, avec un poids d'un kilogramme et demi à deux kilogrammes ! Voilà du temps bien employé ! Le *smolt* prend alors, toujours chez les Anglais, le nom de *grilse*.

Après leur ponte, les *grilses* demeurent quelque temps dans les eaux douces ; puis ils retournent encore à la mer. Un nouveau séjour de deux mois environ suffit pour leur faire atteindre un poids de 3 à 6 kilogrammes. Alors le saumon est fait.

A chaque nouveau voyage du saumon à la mer, son accroissement augmente et cela proportionnellement à la durée du voyage. Au mois de mars 1845, le duc d'Atholl prit un saumon dans la Tay après la ponte, et le marqua d'une étiquette formée d'un collier de métal très-lâche. Il pesait dix livres. On réussit à repêcher le même individu, toujours muni de son étiquette, après cinq semaines et trois jours : il pesait alors vingt et une livres.

Dans la plupart des circonstances, dit M. Blanchard, auquel nous empruntons la substance de tous les faits relatifs au développement et aux migrations de ces poissons, les saumons de divers âges ayant séjourné encore plusieurs fois à la mer, c'est-à-dire les *grilses*, les saumons adultes et des individus en quelque sorte intermédiaires, dont le premier séjour à la mer a pu être de huit à dix mois, remontent ensemble les cours d'eau, dans un ordre qui ne varie guère. Les vieux individus forment la tête de la colonne, et les jeunes les suivent.

Lorsque le temps de la ponte est arrivé, un mâle et une femelle se réunissent. Ils semblent alors choisir, d'un commun accord, l'endroit destiné à recevoir la ponte. Le mâle et la femelle se mettent ensuite à creuser, dans le gravier, un lit de vingt centimètres de profondeur; la femelle y dépose ses œufs, le mâle sa laitance, et ils abritent les œufs sur une couche de sable.

Les saumons ne remontent les rivières que pour frayer. Ils reviennent ensuite, avec beaucoup d'empressement, dans les eaux douces.

Quand ils se plaisent dans une rivière, ils nagent lentement, et se jouent, pour ainsi dire, à la surface des eaux. Mais si un désir les appelle, si un danger les menace, ils peuvent s'élancer hors de l'eau, avec une promptitude extraordinaire.

La queue du saumon est, en effet, une véritable rame, mue par des muscles puissants. Une chute d'eau, une cataracte élevée, n'est pas pour le saumon un obstacle sérieux. Courbant sa colonne vertébrale, il forme ainsi une sorte de ressort; puis il débande cet arc avec vivacité, frappe l'eau avec violence, et s'élançant à une hauteur de plus de quatre à cinq mètres, il franchit la chute d'eau. S'il retombe sans avoir pu franchir l'obstacle, il recommence bientôt la même manœuvre, jusqu'à ce qu'il ait réussi. C'est surtout lorsque le chef de la bande a sauté avec succès, que les autres s'élancent avec une nouvelle ardeur, et une émulation presque toujours récompensée.

Quelques chutes d'eau sont célèbres dans la Grande-Bretagne pour le *saut du Saumon*. Tel est celui du comté de Pembroke, où l'on vient admirer la force et l'adresse avec les-

POISSONS OSSEUX.

quelles ces poissons franchissent la cataracte. En Irlande sont deux autres *sauts de Saumon* très-renommés, l'un à Leixlif, l'autre à Bally-Shannon.

La cataracte de Leixlif a six mètres de haut ; un grand nombre d'habitants du pays s'y rendent pour voir les saumons franchir cette hauteur. Nos poissons acrobates retombent souvent avant de réussir ; aussi place-t-on sur les bords du torrent des mannes d'osier pour les attraper dans leur chute.

A la cataracte de Kilmorack, en Écosse, les habitants du voisinage ont l'habitude de fixer des branches d'arbres sur les bords des rochers. Au moyen de ces branches, ils parviennent à retenir ceux de ces poissons qui ont manqué leur saut.

Après ce que l'on vient de lire, on ne sera nullement porté à considérer comme une fable l'assertion des chasseurs qui prétendent avoir tué des saumons au vol !

Mais ce qui paraîtra une fable, ou du moins une spirituelle gasconnade, c'est l'exploit que le docteur Jonathan Franklin attribue à lord Lovat [1].

Fig. 63. Le saut du Saumon à la cataracte de Kilmorack.

Ayant remarqué qu'un grand nombre de saumons manquaient leur but en essayant de sauter au-dessus des chutes de Kilmorack, et qu'ils retombaient sur le rivage, lord Lovat eut l'idée de placer une poêle à frire sur un fourneau allumé à la pointe des rochers qui bordaient la rivière. A la suite de leur essai infructueux, quelques malheureux saumons tombèrent, par hasard, dans la poêle, et le lord put dire, pour vanter son pays, que les ressources de la vie y sont tellement abondantes, qu'il suffit de faire du feu et de mettre une poêle à frire près du bord d'une rivière, pour

---

1. *La Vie des animaux (Poissons, Mollusques)*, in-18, page 127.

que les saumons y sautent d'eux-mêmes, épargnant ainsi à l'homme le soin de les pêcher !

On a vu combien les jeunes saumons prospèrent et se développent rapidement, quand ils vivent au sein de la mer. On n'a pu faire jusqu'ici que des conjectures sur leur genre d'alimentation à cette époque; mais on est plus instruit de leur manière de vivre dans les eaux douces. Pendant leur premier âge, ils vivent d'insectes, de frai, et aussi de petits poissons, dès qu'ils ont atteint une certaine taille. A l'état de *grilse* et à l'état adulte, ils dévorent une foule de poissons.

Les saumons sont assez abondants dans la Loire et dans les grands affluents de ce fleuve, et beaucoup plus rares dans la Seine et la Marne. Ils entrent aussi dans le Rhin, dans l'Elbe, et dans tous les grands fleuves du nord de l'Europe. En France, on en trouvait autrefois beaucoup dans les fleuves et les côtes de la Bretagne, ainsi que dans la Gironde ; ils y sont maintenant assez rares. Les côtes de la Picardie en sont assez bien fournies; mais il y en a moins sur celles de la haute et de la basse Normandie.

En Norwége, surtout dans le district de Drontheim, la pêche du saumon est exploitée en grand, soit sur le bord de la mer, soit dans les eaux intérieures. La mer Baltique est extrêmement riche en saumons; on en fait une pêche considérable dans toutes les eaux du golfe de Finlande et de Bothnie, ainsi que dans les eaux de la Laponie suédoise.

Dans la Grande-Bretagne, les rivières de l'Écosse, la Tweed, le Tay, le Don, le Dee et plusieurs des courants qui avoisinent les côtes, sont très-renommés pour cette pêche, et il faut en dire autant des principaux fleuves d'Irlande.

Le saumon était autrefois si abondant en Écosse, que, malgré un mouvement considérable d'exportation, un beau saumon de douze livres se vendait six *pence* (soixante centimes). Aussi les valets de ferme, avant de s'engager, posaient-ils pour condition qu'on ne servirait pas plus de trois fois par semaine du saumon sur leur table. Ces temps sont changés. Le débouché de ce poisson étant devenu considérable, son prix s'est élevé singulièrement. D'autre part, les changements produits dans les cours d'eaux, par l'emploi général du drainage, ont fini par diminuer le nombre des saumons. La facilité de transporter le poisson à de grandes distances, en le plaçant dans des caisses pleines de glace, a également contribué à fournir à l'approvisionnement des marchés dans les grands centres de population.

Les procédés de pêche pour le saumon sont très-divers. On emploie des filets, des nasses, des hameçons, des tridents, et surtout le filet, c'est-à-dire le *truble* ou *tramail*.

Le *tramail* que l'on tend en travers d'une rivière est un filet fait avec de grosses ficelles, et qui a jusqu'à cent brasses de longueur sur quatre de hauteur. Les mailles ont communément quatre à cinq pouces de largeur.

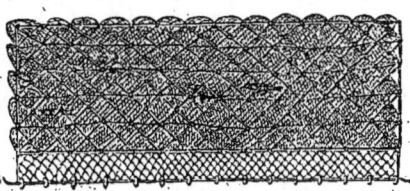
Fig. 64. Le tramail.

Un *tramail* (fig. 64) se compose de trois tissus de mailles tressées d'une certaine manière et qui se font suite. Les deux premiers, nommés *hameaux*, sont semblables pour les dimensions, et ont de larges mailles. Le troisième, qu'on nomme *nappe* ou *flue*, parce qu'il est destiné à flotter entre les deux autres, offre des mailles plus fines et a trois fois autant de longueur et de largeur que les autres. Grâce à des plombs et à des bouées de liége, ce filet prend dans l'eau une position verticale. Le poisson, poussé, refoulé par le filet, ou plutôt la cloison mobile que nous avons décrite plus haut (fig. 57) sous le nom de *senne*, et qui, traînée par des pêcheurs, balaye devant elle les habitants de la rivière, s'engage dans les larges mailles des *hameaux*; il pousse le tissu flottant de la *flue*, et fait saillir au dehors d'une des mailles du *hameau* placé en aval une portion de la *flue*, qui se trouve ainsi faire hernie et qui, retenue à sa base par la maille du *hameau*, enveloppe le poisson comme dans un sac, et paralyse ses mouvements. Quand on retire le filet, on trouve le poisson empêtré dans cette espèce de sac.

Clupes. — Cette famille a pour type le hareng.

Les Clupés ont en général le corps allongé, et, dans la majorité des cas, très-comprimé, surtout le ventre, qui devient même tranchant. Des écailles assez grandes, mais qui tombent facilement, recouvrent toute la peau. Les nageoires n'ont jamais de rayons épineux; les ventrales sont habituellement à peu près sous le milieu du corps, la dorsale est toujours unique et il n'y a pas de nageoire adipeuse.

Les principaux genres de cette famille sont les *Harengs*, les *Aloses*, les *Anchois* et les *Sardines*.

Le *Hareng commun* est un poisson trop connu, pour que nous ayons besoin de le décrire. Sa livrée est magnifique, et il nous suffira de faire remarquer que son dos, qui est bleu d'indigo après la mort, est vert pendant la vie. Au reste ces couleurs varient. Elles peuvent aller jusqu'à représenter des sortes de caractères d'écriture, que des pêcheurs ignorants ont considérés quelquefois comme des mots mystérieux.

Le 21 novembre 1587, on prit dans la mer de Norwége deux harengs, sur le corps desquels des caractères gothiques semblaient imprimés. Ces harengs eurent l'insigne honneur d'être présentés au roi de Norwége Frédérick II. Ce prince, trop superstitieux, pâlit à la vue de ce prétendu prodige. Sur les traits cabalistiques que portait le dos de ces innocents habitants des ondes, il crut lire l'annonce de sa mort et de celle de la reine. Les savants furent consultés, c'est ce qu'il y avait de mieux à faire. Leur science leur permit de lire distinctement, sur les miraculeux harengs : « *Bientôt vous ne pêcherez pas de harengs aussi bien que les autres peuples.* » Cette version était un peu insignifiante; le roi fit donc assembler d'autres savants, pour savoir bien au juste quelle destinée lui annonçait le prodige zoologique. On échangea sur ce chapitre force dissertations, pleines de croyances absurdes. En 1588, le roi de Norwége mourut, comme pour terminer le différend. Chacun demeura dès lors bien convaincu que les deux harengs étaient des messagers célestes, chargés d'annoncer au peuple de Norwége la fin prochaine du monarque.

Mais laissons de côté ces preuves mémorables de l'ignorance et de la faiblesse des peuples et des rois; revenons à nos harengs.

Ces poissons habitent en grande abondance l'Océan boréal tout entier, c'est-à-dire les baies du Groënland, de l'Irlande, le contour des îles de la Laponie, des îles Feroé et toutes les côtes des Iles Britanniques. Ils peuplent les golfes de la Norwége, de la Suède, du Danemark et de la mer du Nord; ils existent aussi dans le Baltique, dans le Zuyderzée. On les trouve dans la Manche, et le long des côtes de France jusqu'à la Loire; mais ils ne paraissent pas descendre plus bas.

Les harengs sont des poissons voyageurs, qui vivent en société, et se réunissent en bandes prodigieusement serrées. Quant à leur nombre, ce n'est pas par milliers qu'il faudrait les compter, si l'on pouvait se flatter de les compter : il faudrait des milliards de milliards pour chiffrer les quantités d'individus qui composent les bandes de harengs dont l'Océan est rempli et qui nagent côte à côte. Un pêcheur de Dieppe se trouvant par vingt

Fig. 65. Hareng commun.

kilomètres nord-ouest de la pointe d'Ailly, sur un fond de pêche appelé *la cuvée*, fut porté un jour au milieu d'un banc de harengs. Ils étaient formés en colonnes régulières parallèles, sur une étendue de plus d'un kilomètre. Ces colonnes peuvent avoir, dit-on, jusqu'à trente kilomètres de longueur sur cinq ou six de largeur.

En 1773, les harengs furent si abondants pendant deux mois, sur les rives maritimes d'Écosse, que, suivant des calculs assez exacts, on en chargeait dans le golfe Terridon seize cent cinquante chaloupes, ce qui faisait près de vingt mille tonnes!.... et cela *toutes les nuits!*

Un peu plus tard, ces poissons se portèrent en si grande

quantité sur la côte occidentale de l'île de Skye, qu'on ne put emporter tous ceux qu'on y avait pris. Quand les chaloupes furent chargées et que tout le voisinage en eut fait sa provision, les fermiers des environs firent du reste de l'engrais pour leurs champs. Je vous laisse à penser si les terres furent cette année merveilleusement fumées !

En 1825, les harengs entrèrent dans le golfe Urn, en quantité si immense, qu'ils le remplirent depuis son embouchure jusqu'à l'autre extrémité, ce qui forme l'espace de plus d'une demi-lieue. Une certaine quantité fut poussée à terre; et les bords supérieurs du golfe en furent couverts à une profondeur de six à dix-huit pouces; si bien qu'à la marée basse il y en avait autant au fond de l'eau. Cette troupe était tellement épaisse qu'elle formait une espèce de barrage vivant, et tellement forte qu'elle poussait devant elle tous les autres poissons. On trouva, en effet, sur le rivage, des loches, des carrelets, des raies, etc., qui avaient été poussés avec les premiers rangs de harengs, et qui périrent avec eux.

Les harengs se tiennent dans la mer, à des profondeurs très-variables. Ils descendent quelquefois dans les plus profonds abîmes de l'Océan, et s'y confinent avec obstination : c'est ce qui arrive par les gros temps. D'autres fois, ils rasent de si près la surface de la mer, que leurs nageoires dorsale et caudale sortent de l'eau.

C'est un des plus beaux spectacles réservés aux marins que de voir, dans une nuit tranquille, quand la lune brille à l'horizon, des colonnes de harengs, de cinq à six kilomètres de long, s'avancer, comme une phalange guerrière, à la surface des eaux. Ici brillent et se déroulent des tapis d'argent; là, les reflets irisés du saphir ou de l'émeraude, et la mer semble partout couverte de pierres précieuses. Les scintillations phosphorescentes qui s'échappent de cette nuée de corps vivants, viennent ajouter encore à l'éclat et à la beauté du tableau.

Quand les harengs se tiennent à la surface de la mer, ils dressent parfois leur tête hors de l'eau, comme pour humecter l'air; assez souvent même ils tombent, pour replonger au même instant. C'est ainsi qu'ils sautent quelquefois dans la barque des pêcheurs. Lorsque des millions d'individus font ce petit manége, on entend un bruit pareil à celui que produit la pluie tombant en larges gouttes. On attribue ces mouvements brusques en pleine mer, à l'effet des courants.

Ces lits de matière vivante s'avancent parfois avec une telle impétuosité, qu'ils fendent les flots comme un navire voguant à pleines voiles. Ils perdent cette vivacité à la venue de l'hiver. Cependant ils supportent bien le froid, puisqu'on les trouve jusque sous les bancs de glace des golfes de l'océan Arctique, et qu'en général ils apparaissent en troupes sur les côtes d'Irlande immédiatement après le dégel.

Cette prodigieuse abondance, cette fécondité admirable et inépuisable, s'expliquent par les raisons suivantes. Il y a d'abord beaucoup plus de femelles que de mâles (dans le rapport de sept à trois); ensuite le nombre des œufs que chaque femelle pond annuellement, est prodigieux : il varie entre vingt et un mille et trente-six mille. Lorsqu'une bande de harengs s'approche de la côte pour frayer, elle abandonne une telle quantité d'œufs, qu'à la marée basse ou sur les talus des digues, on voit quelquefois le fond tout couvert d'un lit d'œufs de deux à quatre centimètres d'épaisseur. Dans les mouvements qu'elles font pour expulser les œufs, les femelles perdent une partie de leurs écailles sous-ventrales, qui couvrent quelquefois la surface de la mer comme d'un immense manteau d'argent.

On ne sait combien de jours les œufs mettent à éclore. Vers la fin de janvier, habituellement, les bas-fonds sont remplis de petits harengs, longs comme des épingles. Vers le mois d'avril, ils ont déjà de dix à douze centimètres, et commencent à s'éloigner des côtes.

L'opinion qui a régné longtemps sur la cause des migrations des harengs, a été beaucoup modifiée de nos jours. On croyait autrefois que les harengs se retiraient périodiquement dans les régions du cercle polaire; qu'ils allaient chercher sous les glaces des régions arctiques un asile contre leurs ennemis; et que, vers le mois de mars, ils venaient, par bancs immenses, chercher les rivages plus méridionaux de l'Europe et de l'Amérique. On a même tracé la route de ces armées. On a cru les voir se diviser en deux troupes : l'une se pressant autour des côtes de l'Islande et se répandant au-dessus du banc de Terre-Neuve, allait remplir les golfes et les baies du continent américain; l'autre, suivant des directions orientales, descendait le long de la Norvége, pénétrait dans la mer Baltique. Là, faisant le tour des Orcades, elle s'avançait entre l'Écosse et l'Irlande, cinglait vers le midi de cette dernière île, s'étendait à l'orient de la Grande-Bretagne, parvenait jusque vers l'Espagne, et occupait tous les rivages de la France, de la Batavie et de l'Allemagne qu'arrose l'Océan. Les harengs voyageurs revenaient alors sur leur route, disparaissaient et allaient regagner leurs retraites boréales.

Lacépède n'admet point ces grands et périodiques voyages. Valenciennes les rejette également. Ce fait, que les harengs disparaissent de certains parages où la pêche était auparavant très-abondante ; — cette observation, certaine, qu'auprès de beaucoup des prétendues stations de ces animaux, on en peut pêcher pendant toute l'année ; — la découverte que les harengs d'Amérique constituent une espèce distincte de celle d'Europe, et partant, qu'ils ne naissent pas dans les mêmes eaux ; — enfin, l'absence de preuve positive de leurs voyages réguliers dans les hautes latitudes, — tout cela combat l'idée des grands voyages dont nous avons développé plus haut l'itinéraire, sans pouvoir cependant enlever au hareng la qualité de poisson migrateur, qui ne saurait lui être contestée.

Le hareng se nourrit de petits crustacés, de poissons qui viennent de naître, et du frai même de ses semblables. Il a pour ennemis de nombreux habitants de l'Océan. La baleine les détruit par milliers. Mais l'homme surtout lui fait une guerre continuelle.

En effet, la pêche du hareng est une des grandes causes de la prospérité de certaines nations : elle fait la fortune de la Hollande. La soie, le café, le thé, les épices, le tabac, qui sont la cause d'un si prodigieux mouvement commercial, ne s'adressent qu'à des besoins du luxe ou de la fantaisie ; ce sont, au contraire, les nécessités de l'alimentation publique qui réclament le hareng. La Hollande aurait langui et aurait disparu promptement de son territoire factice, si la mer n'eût offert à son commerce une mine inépuisable. Ces champs infinis, elle les a exploités avec ardeur, et c'est ainsi qu'elle a conquis son existence. Chaque année, des flottes nombreuses partent des rivages de la Hollande, pour cette précieuse moisson marine. La pêche du hareng est, pour le peuple hollandais, la plus importante des expéditions maritimes. Il la nomme la *grande pêche*, tandis qu'il appelle *petite pêche* celle de la baleine. Les pêcheries de harengs sont les mines d'or de la Hollande.

Le commerce du hareng est fort ancien d'ailleurs. On le trouve déjà florissant au douzième siècle; car en 1195, suivant un historien, la ville de Dunwich, en Angleterre (comté de Suffolk), fut obligée de fournir au roi vingt-quatre mille harengs. On a même trouvé une mention de la pêche du hareng dans une chronique du monastère d'Eresham, en l'an 709.

Vers l'an 1030, les Français envoyèrent de Dieppe, pour cette pêche, des vaisseaux dans la mer du Nord. C'est au douzième siècle qu'elle commença en Hollande, et dès le treizième siècle, les Hollandais consacraient déjà 2000 bâtiments à cette exploitation. Les Anglais, les Français, les Danois, les Suédois et les Norwégiens, se livrèrent, après eux, à cette industrie.

Les Français, les Danois et les Suédois, ne fournissent guère aujourd'hui qu'à la consommation de leur pays; le monopole de l'expédition au dehors appartient aux Anglais, aux Hollandais et aux Norwégiens.

« La quantité de harengs récoltée chaque année par nos voisins d'Outre-Manche, dit Frédol, est véritablement énorme. Dans le petit port de Yarmouth seulement, on équipe quatre cents navires de quarante à soixante-dix tonnes, dont les plus grands sont montés par douze hommes. Le revenu est d'environ 17 500 000 francs. En 1857, trois de ces navires, appartenant au même propriétaire, apportèrent trois millions sept cent soixante-deux mille poissons.

Depuis le commencement de ce siècle, les pêcheurs de l'Écosse ont commencé de rivaliser de zèle avec ceux de l'Angleterre. En 1826, les pêcheries écossaises employaient déjà 40 633 bateaux, 44 695 pêcheurs et 74 041 saleurs.

En 1603, la valeur des harengs exportés par la Hollande s'élevait à près de cinquante millions; leur pêche occupait deux mille bateaux et trente-sept mille marins. Trois ans plus tard, nous trouvons que les Provinces-Unies envoyaient trois mille barques à la mer; que neuf mille navires transportaient les harengs dans les autres pays, et que le commerce de ce précieux poisson employait environ deux cent mille personnes.

Bloch rapporte que, de son temps, les Hollandais salaient jusqu'à 624 millions de ces animaux. Suivant un dicton des Pays-Bas, Amsterdam *est fondée sur des têtes de harengs.*

Quoique aujourd'hui très-active, la pêche hollandaise est loin de la splendeur qu'elle avait il y a deux siècles. En 1858 elle a employé quatre-vingt-quinze navires; en 1859 quatre-vingt-dix-sept, et en 1860 quatre-vingt-douze. En 1858, la Hollande a importé soixante-six mille neuf cent quarante tonnes de mille pièces; en 1859, vingt-trois mille cent quatre-vingt-dix-huit, et en 1860, vingt-sept mille deux cent trente. Cette dernière année, la pêche a rapporté 1 191 179 francs, soit 12 749 francs par navire [1]. »

La pêche norwégienne a donné en 1862, dans la saison dite du printemps, 659 000 tonnes de harengs, c'est-à-dire 764 440 hectolitres, dont il faut retrancher 25 % pour la consommation intérieure; il reste donc, comme objet de commerce avec l'étranger, 494 250 tonnes ou 573 330 hectolitres, représentant sur place une valeur minimum de 8 551 675 francs, et maximum de 11 274 600 francs.

On emploie pour la pêche du hareng des bateaux du port de soixante tonneaux. Ils partent généralement au mois de juin et juillet, pour les îles Orcades et Shetland. Les pêcheurs s'établissent ensuite dans la mer d'Allemagne; ils travaillent dans la Manche, en novembre et décembre.

Ces bateaux portent jusqu'à seize hommes. Quand ils sont arrivés sur les lieux de la pêche, on jette les filets (fig. 66).

Les filets des Hollandais ont cinq cents pieds de longueur; ils sont composés de cinquante ou soixante nappes, en parties distinctes. La partie supérieure de ces filets est soutenue par des tonneaux vides, ou par des morceaux de liége, et leur partie inférieure par des pierres ou autres corps pesants placés à la profondeur convenable.

La grandeur des mailles des filets est telle, que le hareng y est retenu par les ouïes et les nageoires pectorales lorsque sa tête s'y engage.

On jette ces filets dans les endroits où la présence des harengs est indiquée par l'abondance des oiseaux d'eau, des squales et des autres ennemis de ces poissons. Leur présence se trahit également par une matière graisseuse qui surnage l'eau, et qui est phosphorescente pendant la nuit; de telle sorte que les malheureux harengs semblent, pour ainsi dire, appeler le pêcheur.

Cette pêche se fait surtout la nuit. Quand les filets sont à

---

1. *Le Monde de la mer*, 2ᵉ édition, page 508.

Fig. 66. Pêche du hareng.

l'eau, on laisse dériver les bateaux pendant la nuit. Chaque bateau est muni d'un fanal, tant pour éviter les collisions que pour attirer le poisson. Quand plusieurs milliers de bateaux sillonnent à la fois la mer, toutes ces lumières qui se meuvent et s'entre-croisent dans l'ombre, à la surface agitée par les vagues, sont d'un effet saisissant.

Quand on juge que le filet est suffisamment chargé, ce qui a lieu dans des espaces de temps très-variables et souvent très-courts, — car Valenciennes vit prendre 110 000 harengs en moins de deux heures, — on retire les filets. On les retire à bras si les hommes sont assez forts ; mais le plus souvent on a recours au cabestan. Quelques hommes remontent le filet bien ouvert, et détachent les barils qui servent à le faire flotter ; d'autres démaillent le poisson ; d'autres plient le filet dans la soute où il doit être renfermé.

Il nous reste à ajouter que, de nos jours, le télégraphe électrique a été appliqué, en Norwége, à cette pêche, pour donner avis aux habitants de la côte de la prochaine arrivée de bandes de harengs. Ainsi d'humbles pêcheurs sont appelés à tirer un avantage direct de cette merveilleuse invention moderne, et c'est certainement pour la première fois que l'on a songé à faciliter les opérations de la pêche par l'application de l'électricité.

Dans les *fiords* de la Norwége, où la pêche du hareng est le principal moyen d'existence de populations entières, il arrive souvent que les bandes de poissons se présentent à un moment tout à fait inattendu, et dans des points de la côte où il ne se rencontre pas quelquefois plus d'un ou deux bateaux pêcheurs. Avant que les bateaux des baies et des *fiords* environnants aient pu être appelés à prendre part au butin, les harengs ont déjà presque tous déposé leur frai et regagné la pleine mer.

Pour prévenir ces désappointements, souvent répétés, et les pertes qui en résultent pour les pêcheurs, le gouvernement norwégien a établi, en 1857, sur une étendue de 200 kilomètres, le long de la côte fréquentée par les bancs de harengs, un câble sous-marin, avec des stations à terre, placées à des intervalles suffisamment rapprochés et communiquant avec les villages habités par les pêcheurs. Dès qu'un banc de harengs est aperçu au large (et on peut toujours le reconnaître à une certaine distance par le flot qu'il soulève), une dépêche télégraphique, expédiée, le long de la côte, fait savoir à chaque village, la baie dans laquelle le hareng a pénétré.

La pêche du hareng n'a pas toujours présenté l'importance extraordinaire qui la distingue aujourd'hui. Il y a quelques siècles seulement que cette industrie est devenue puissante. Sa subite et prodigieuse extension tient à la découverte que fit un simple pêcheur hollandais, Georges Beukel, mort en 1397. C'est à cet homme que la Hollande a dû toutes ses richesses. Georges Beukel découvrit, en effet, l'art de préparer le hareng, de manière à lui assurer une conservation indéfinie. A partir de ce moment, le commerce du hareng prit des proportions inattendues, et enrichit la Hollande d'une manière inespérée.

Cent cinquante ans après la mort de Beukel, l'empereur Charles V, pour honorer sa mémoire, mangea solennellement un hareng sur sa tombe. C'était un faible hommage pour les bienfaits dont le créateur d'une industrie nouvelle avait enrichi son pays.

Voici en quoi consiste la préparation des harengs. On fait une première salaison des harengs à bord des navires ; plus tard on les remanie et on les sale de nouveau. C'est alors qu'on les *caque*, c'est-à-dire qu'on les arrange par lits, dans des tonneaux.

On appelle *harengs saurs*, ceux qui ont été placés sur des couches de sel, embrochés dans des baguettes et suspendus dans des tuyaux de cheminée, dans lesquels on les soumet à une chaleur douce et à la fumée. Les *harengs saurs* les meilleurs et les plus renommés sont ceux de Yarmouth.

Les différentes localités dans lesquelles on pêche le hareng, et l'état dans lequel on prend ce poisson, ont fait beaucoup varier les noms sous lesquels on le désigne dans le commerce. On nomme *harengs pleins*, ceux qui n'ont pas encore frayé ; harengs *gais*, ceux qui ont donné leurs œufs ou leur laitance depuis longtemps ; harengs *boussards*, ceux qui sont en train de frayer ; harengs *pecs*, les harengs salés et blancs, *caqués*, c'est-à-dire vides et conservés dans les barils ou *caques*. Ces derniers produits viennent en général des grandes pêches qui se font dans les mers du Nord, jusque vers les Orcades.

Les *Aloses*, qui ont le corps un peu plus haut que celui des harengs, s'en distinguent encore par la disposition des dents.

POISSONS OSSEUX. 119

On en connaît plus de vingt espèces, de taille grande ou petite, qui habitent les mers des côtes d'Europe, d'Afrique, de l'Inde, de l'Amérique. Leur type est l'*Alose commune*, qui vit dans toutes les mers des côtes de l'Europe. Elle est d'une teinte généralement argentée, avec le dos verdâtre, et une ou deux taches noires en arrière des ouïes.

L'alose aime à se rapprocher des rivages, et remonte, habituellement, au printemps, le cours des grands fleuves, où elle va frayer, tels que le Rhin, la Seine, la Garonne, le Volga, l'Elbe, le Tibre, etc. Elle atteint une assez forte taille, et un poids de

Fig. 67. Alose.

deux à trois kilogrammes. Les aloses prises dans la mer sont moins bonnes que celles que l'on pêche dans les eaux douces. Les habitudes de ce poisson sont encore presque ignorées.

Une petite espèce de hareng bien connue, c'est la *Sardine*. Elle habite surtout nos mers européennes. On la pêche principalement sur la côte ouest de l'Angleterre, sur les côtes de Bretagne, où elle est très-abondante, et dans la Méditerranée, aux environs de la Sardaigne. C'est même de cette origine qu'elle a reçu son nom (du mot latin *Sardinia* ou de l'italien *Sardegna*).

A l'époque du frai, les sardines s'avancent vers les rivages, en troupes si nombreuses, qu'on les pêche avec une abondance extraordinaire, dans la Méditerranée.

On emploie pour pêcher la sardine un filet à petites mailles, et d'une seule nappe, qui flotte verticalement entre deux eaux, en décrivant des courbes, à une certaine distance du rivage. Une des extrémités du filet est attachée à un piquet planté près du bord, l'autre est fixée au bâteau, qui va en dérive.

En Bretagne on emploie aussi, pour cette pêche, des filets flottants.

Les Anglais se servent d'une grande *senne*, que trois ou quatre chaloupes manœuvrent contre le courant.

Fig. 68. Sardine.

Les Basques emploient un filet, en forme de sac, avec des anneaux de corne.

Sur les côtes de la Bretagne, on pêche la sardine dans des barques contenant chacune cinq hommes. On voit quelquefois mille embarcations qui pêchent à la fois, à trois ou quatre lieues de la côte. On ne retire les filets que lorsqu'ils sont chargés d'une énorme quantité de poissons, que l'on dispose, couche par couche, dans des corbeilles d'osier. Chaque barque rentre habituellement au port avec 25000 sardines. Cette pêche, qui dure cinq ou six mois, produit 600 millions de sardines.

Mais la pêche aux sardines la plus curieuse est celle qui se fait entre Cette et Agde (Hérault). Les pêcheurs jettent de larges, d'immenses filets, qu'ils viennent tirer sur la grève, chargés d'une innombrable quantité de poissons.

On conserve les sardines de plusieurs manières: On les sale:

on les met en baril dans de la saumure mêlée d'ocre rouge pulvérisée; on les soumet, comme les harengs, à l'action de la fumée, pour les *saurir;* enfin on les maintient dans de l'huile ou dans du beurre fondu.

Le genre *Anchois* comprend l'*Anchois vulgaire*, si recherché par la saveur qu'il communique à nos divers aliments quand il a été salé. C'est un petit poisson qui n'a pas plus de douze à quinze centimètres de longueur. Vivant, il est vert sur le dos et argenté sous le ventre; après la mort, il devient d'un bleu noirâtre.

La pêche de l'anchois, qui donne de très-abondants produits, se fait sur les côtes de la Méditerranée, principalement en Sicile, à l'île d'Elbe, en Corse, à Antibes, Fréjus, Saint-Tropez, Cannes, etc. On en prend aussi beaucoup sur les côtes de la Dalmatie et dans les environs de Raguse.

Les anchois ne servent à l'alimentation qu'après avoir été conservés par la salaison. Pour les saler, on commence par

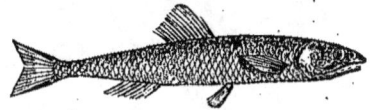

Fig. 69. Anchois.

les jeter dans une forte saumure; puis on leur ôte la tête et les entrailles, on les range dans des barils ou dans des boîtes de fer blanc, en lits alternatifs de sel et de poissons; enfin au bout de quelques jours on ferme les vases et on les expédie.

Les anchois préparés sur les côtes de Provence étaient autrefois portés à la foire de Beaucaire, d'où ils se répandaient dans l'intérieur de la France et dans le reste de l'Europe. Aujourd'hui, les saleurs d'anchois de Marseille et des autres ports provençaux, expédient directement leurs produits dans les divers marchés de l'Europe.

Esoces. — Nous mentionnerons dans cette famille, les *Brochets*, les *Stomias* et les *Exocets*.

Le genre *Brochet* a pour caractères principaux, d'après M. E. Blanchard : un corps allongé, arrondi sur le dos, couvert d'écailles de moyenne dimension; une tête large et aplatie; une bouche très-largement fendue, avec le palais hérissé de dents très-nombreuses; une mâchoire inférieure garnie de très-grosses dents espacées; une nageoire dorsale située fort en arrière.

Ce genre n'est représenté en Europe que par une seule espèce, le *Brochet commun*.

Ce poisson a le corps long, presque aussi élevé près de la nageoire caudale, que vers la partie intérieure. Sa tête, fortement aplatie, s'allonge, en un large museau qui a la forme d'une spatule. Sa gueule énorme est fendue jusqu'aux yeux. Sa mâ-

Fig. 70. Brochet.

choire inférieure est plus longue que la supérieure. C'est un formidable arsenal que la gueule du brochet. De très-fortes dents, entremêlées des petites, arment les os intermaxillaires et le palais; des dents en brosse ou en carde hérissent l'os vomer et la langue; de grands crocs coniques, inégaux et recourbés en arrière, se dressent sur la mâchoire inférieure.

Les écailles de l'animal sont petites et en grande partie enveloppées par la peau. Il est d'un vert grisâtre, avec le dos plus foncé, les côtés jaunâtres, le ventre blanchâtre, pointillé de noir. Les côtés sont, en outre, marqués de bandes transversales irrégulières et d'un vert olive.

Le brochet se trouve dans les étangs, les fleuves, les rivières, les lacs. Abondant particulièrement dans la Scandinavie, la Russie, la Sibérie, il est commun dans l'Europe centrale, et se trouve moins fréquemment dans l'Europe méridionale.

Le brochet est le requin des eaux douces. Non-seulement il dévore un grand nombre de poissons fluviatiles, mais encore il attaque ceux de son espèce, et détruit jusqu'à des petits mammifères, des oiseaux aquatiques et des reptiles.

Boulker rapporte, dans son *Art de pêcher à l'hameçon*, que son père ayant pris un brochet de trente-cinq livres, le donna au lord Cholmondeley. Fâcheux présent, car lord Cholmondeley, ayant fait mettre le brochet dans son vivier, qui était très-poissonneux, s'aperçut, au bout d'une année, qu'il avait dévoré tous les poissons. Il ne restait qu'une carpe de neuf à dix livres, qui même avait été mordue gravement.

On a souvent vu un brochet saisir et traîner sous l'eau des canards et d'autres oiseaux aquatiques.

Des chasseurs qui venaient de tirer des corneilles, et qui les avaient jetées dans l'eau, virent un brochet s'en saisir en leur présence.

On a vu un brochet s'étrangler pour avoir voulu avaler un poisson de son espèce, qui était trop gros pour une seule *goulée*.

Un autre, enfermé dans le canal de lord Grower, à Trenton, saisit la tête d'un cygne, au moment où cet oiseau la plongeait dans l'eau, pour chercher sa nourriture. Il serrait si fortement le cou de l'oiseau, qu'il voulait absolument avaler, que l'un et l'autre moururent de leurs blessures et de leurs efforts.

Walton rapporte qu'un de ses amis vit un jour un brochet affamé se battre contre une loutre. La loutre avait happé une carpe et se disposait à s'en régaler, lorsqu'un brochet qui la convoitait et se tenait aux aguets dans les environs, furieux de voir sa proie ravie par un autre habitant du domaine aquatique, s'élança au nez de la loutre, et voulut lui arracher sa victime. De là bataille. Mais le brochet ne se retira pas avec honneur de ce combat, vraiment singulier!

Si goulu qu'il soit, le brochet a pourtant des préférences et des antipathies, nées de l'expérience ou de l'instinct. Il recule avec une sorte de dégoût devant la tanche visqueuse. Il ne prend une perche qu'à la dernière extrémité. Encore la tient-il transversalement dans ses mâchoires, tant qu'elle a le moindre souffle de vie. Il extrait ensuite avec soin les épines vulnérantes que la perche porte sur son dos, et la mange, toutefois avec répugnance et seulement poussé par la faim.

Il déteste plus encore les épinoches que la perche, car, jeune, il a pu faire l'expérience des maux qu'elles peuvent lui causer. Lorsqu'un brochet, jeune et inexpérimenté, s'avance, la gueule ouverte, sur de frétillantes épinoches, celles-ci, comprenant le danger qui les menace, se préparent, sinon à une défense impossible, du moins à la vengeance. Elles hérissent les petites lancettes dont leur dos est armé, et plantent la pointe de ces lancettes dans le gosier de l'agresseur, ce qui lui occasionne des maladies terribles.

L'homme redoute, avec raison, les atteintes de ce féroce habitant des eaux douces. On a signalé plusieurs exemples de blessures graves faites par un brochet aux mains et aux jambes de personnes occupées à marcher dans l'eau, ou à lessiver du linge.

Le nombre de ses armes, la force de ses muscles et sa grande taille, rendent donc ce poisson très-redoutable.

On pêche fréquemment des brochets du poids de trente livres, et quelquefois du poids de quarante à cinquante livres. On en pêche souvent dans les eaux de la Norwége, de la Suède, de la Sibérie, qui ont un mètre et demi de longueur.

On attribue à ce poisson une extrême longévité ; mais aucune certitude n'existe à cet égard. Le célèbre naturaliste du seizième siècle, Conrad Gesner, dans son *Histoire des animaux*, parle d'un brochet du lac de Kayserweg, qui comptait deux cent soixante sept printemps. On avait pu, dit Gesner, calculer cet âge par l'anneau que portait l'animal, où se trouvait gravée une inscription, en langue grecque, dont le sens était : *Je suis le poisson qui, le premier, a été mis dans ce lac, par les mains du maître de l'univers Frédéric II, le 5 octobre* 1230. M. E. Blanchard semble très-incrédule à l'endroit de cette histoire.

La croissance du brochet est rapide ; elle est en rapport avec l'abondance de sa nourriture. On estime que ce poisson consomme, en une semaine, deux fois son propre poids d'aliments.

Fait remarquable! Ce bandit des eaux douces paraît donner, plus que tous les autres poissons, des signes d'intelligence, et même de sentiment. L'anecdote suivante est rapportée dans un mémoire lu en 1850, par le docteur Warwick, devant la *Société littéraire et philosophique de Liverpool.*

« Quand je demeurais à Durham, je me promenais un soir dans le parc qui appartient au comte de Stamenford, et j'arrivai sur le bord d'un étang, où l'on mettait pour quelque temps les poissons destinés à la table. Mon attention se porta sur un beau brochet d'environ six livres ; mais voyant que je l'observais, il se précipita comme un trait au milieu des eaux.

« Dans sa fuite il se frappa la tête contre le crochet d'un poteau. J'ai su plus tard qu'il s'était fracturé le crâne et blessé d'un côté le nerf optique. L'animal donna les signes d'une effroyable douleur ; il s'élança au fond de l'eau, et, enfonçant sa tête dans la vase, tournoya avec tant de célérité que je le perdis presque de vue pendant un moment ; puis il plongea çà et là dans l'étang, et enfin se jeta tout à fait hors de l'eau sur le bord. Je l'examinai et reconnus qu'une très-petite partie du cerveau sortait de la fracture sur le crâne.

« Je replaçai soigneusement le cerveau lésé, et avec un petit curedent d'argent je relevai les parties dentelées du crâne. Le poisson demeura tranquille pendant l'opération, puis il se replongea d'un saut dans l'étang ; mais, au bout de quelques minutes, il s'élança de nouveau et plongea çà et là jusqu'à ce qu'il se jeta encore hors de l'eau. Il continua ainsi plusieurs fois de suite. J'appelai le garde, et, avec son assistance, j'appliquai un bandage sur la fracture du poisson ; cela fait, nous le rejetâmes dans l'étang et l'abandonnâmes à son sort.

« Le lendemain matin, dès que je parus sur le bord de la pièce d'eau, le brochet vint à moi, tout près de la berge, et posa sa tête sur mes pieds. Je trouvai le fait extraordinaire ; mais sans m'y arrêter j'examinai le crâne du poisson et reconnus qu'il allait bien. Je me promenai alors le long de la pièce d'eau pendant quelque temps. Le poisson ne cessa de nager en suivant mes pas, tournant quand je tournais ; mais, comme il était borgne du côté qui avait été blessé, il parut toujours agité quand son mauvais œil se trouvait en face de la rive sur laquelle je changeais la direction de mes mouvements.

« Le lendemain j'amenai quelques jeunes amis pour voir ce poisson ; le brochet nagea vers moi comme à l'ordinaire. Peu à peu il devint si docile qu'il arrivait dès que je sifflais, et mangeait dans ma main. Avec les autres personnes, au contraire, il resta aussi ombrageux et aussi farouche qu'il l'avait toujours été. »

Ce récit a été plusieurs fois reproduit ; nous en laissons pourtant l'entière responsabilité au docteur Warvick.

La chair des brochets est assez agréable au goût. On la sale dans beaucoup d'endroits, après les avoir vidés, nettoyés et coupés par morceaux. Sur les bords du Jaïk et du Volga, en Russie, on les sèche ou on les fume, après les avoir laissés pendant trois jours entourés de saumure. Dans certaines contrées, particulièrement en Russie et en Allemagne, on fait du *caviar* avec leurs œufs.

On emploie pour pêcher le brochet, le trident, la ligne, la *truble*, la *louve*, la *nasse* et l'*épervier*. Nous avons parlé précédemment de la structure des principaux engins de pêche; mais nous n'avons encore rien dit de l'*épervier*. Nous réparerons ici cette omission.

L'*épervier* (fig. 71) est une vaste calotte de filet, de forme conique, à mailles plus ou moins larges, selon que l'on veut prendre du petit ou du gros poisson, et dont le bord extérieur, garni d'un chapelet de lingots de plomb qui fait immerger promptement l'appareil, couvre une superficie circulaire d'environ trente

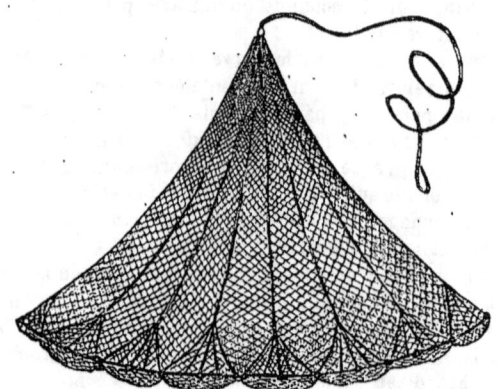

Fig. 71. L'épervier, filet pour la pêche en rivière

mètres carrés. Il est destiné à se déployer, à un moment donné, sur la surface de l'eau, puis à descendre rapidement au fond, pour emprisonner les poissons qui se trouveront sous son périmètre.

Il faut plusieurs conditions pour bien lancer l'épervier (fig. 72) : il faut de l'adresse, de l'habitude et de la force.

Les *Stomias* (fig. 73) sont des poissons au corps très-allongé, dont on ne connaît jusqu'ici que deux espèces, l'une de la Méditerranée, l'autre de l'océan Atlantique. Le *Stomias bea* de la Méditerranée a le corps étroit, comprimé, couvert d'écailles petites et minces, d'un bleu noirâtre, très-foncé sur le dos et sur le ventre, plus clair sur les flancs. La tête rappelle celle d'un serpent.

Fig. 72. Pêcheur se préparant à lancer l'*épervier*.

Chez l'*Exocet* les nageoires sont transformées en ailes, ce qui lui a fait donner le nom de *poisson volant*. Il peut, en effet, s'élever pendant quelques secondes au-dessus des eaux, mais son vol n'est pas long, car il porte plutôt des parachutes que des ailes. Il saute hors de l'eau presque toujours pour se jouer, s'amuser à passer d'un élément à l'autre, mais d'autres fois pour échapper aux poissons voraces qui le poursuivent. Seulement, un autre péril l'attend ici. Dans l'air, il est victime des oiseaux carnassiers qui rasent la surface de l'Océan, et qui guettent cette proie ailée, sortie, pour son malheur, de son élément naturel.

L'espèce la plus commune de ce genre est l'*Exocet volant*. Sa parure brillante le désigne, pour ainsi dire, aux ennemis, et il est contre eux sans défense. Un éclat argentin resplendit sur toute sa surface; le sommet de sa tête, son dos et ses côtés sont

Fig. 73. Stomias.

d'un bleu d'azur; ce bleu devient plus foncé sur sa nageoire dorsale, sur sa pectorale et sur sa queue.

Fig. 74. Exocet ou poisson volant.

Les poissons carnassiers et les oiseaux chasseurs poursuivent à l'envi, dans l'air et dans les eaux, ce malheureux poisson :

il ne peut éviter le Charybde des eaux, sans tomber dans le Scylla des airs! En termes moins mythologiques, il tombe des crochets du requin dans le bec de la mouette. Malheureux exocet! la nature te fait cruellement expier le double privilége qu'elle t'a accordé; elle te retire d'une main ce qu'elle te donne de l'autre!

Cyprins. — Dans cette famille rentre la foule, la tourbe de nos poissons d'eau douce.

Les caractères des Cyprins sont les suivants, d'après M. E. Blanchard. Ils ont toutes les parties de la bouche privées de dents, tandis que les os pharyngiens en sont constamment pourvus. Ils ont le bord de la mâchoire supérieure formé par les os intermaxillaires; une seule nageoire dorsale; les nageoires ventrales attachées en arrière des pectorales; un corps écailleux, et la membrane *branchiostége* avec trois rayons aplatis.

Nous passerons en revue, dans cette famille, les *Loches*, les *Goujons*, les *Barbeaux*, les *Tanches*, les *Cyprinopsis*, les *Brêmes*, les *Ablettes*, les *Gardons*, les *Chevaines*, les *Vandoises*, les *Vairons*.

Les *Loches* ont le corps allongé, couvert de très-petites écailles; les lèvres charnues, entourées de barbillons, des dents pharyngiennes nombreuses, des ouïes peu fendues. Chez ces poissons, la respiration par les branchies paraît insuffisante; le canal intestinal doit y suppléer. Ils viennent à la surface de l'eau, avalent quelques gorgées d'air, et cet air sort par l'extrémité du tube digestif, à l'état d'acide carbonique.

La *Loche franche* (fig. 75), qu'aux environs de Paris l'on appelle *Barbotte*, est un petit poisson, de huit à dix centimètres de long, très-commun dans les ruisseaux, les étangs, les petites rivières, et les lacs où vivent des plantes aquatiques. La loche se réfugie habituellement entre les pierres, et vit d'insectes, de petits vers et de mollusques, qu'elle attire à l'aide de ses barbillons. Son corps est long, gros et presque cylindrique. « Elle est grasse comme une loche, » dit-on en parlant d'une fille d'un certain embonpoint. Sa peau est molle, visqueuse, grisâtre, et marbrée de taches brunâtres irrégulières; sa bouche porte six barbillons. Comme elle est vive dans ses mouvements, et que sa robe est agréablement mouchetée et miroitante, beaucoup d'amateurs l'élèvent dans un bocal. Ils aiment à la voir

Fig. 75. Loche franche.

monter à la surface de l'eau, quand un orage se prépare. C'est un baromètre qui nage.

Sa chair est d'ailleurs estimée. Dans certains pays on engraisse les loches en les élevant dans des réservoirs, et les nourrissant avec du sang caillé d'animaux de boucherie.

La *Loche de rivière*, moins commune que la précédente, est d'une forme longue et aplatie. Ses couleurs et ses bigarrures sont charmantes, ses mouvements très-vifs. On la prend dans la Seine, la Meuse, la Meurthe, la Moselle et ses affluents; mais sa chair est coriace, et désagréable à cause de ses fines arêtes.

La *Loche d'étang*, qu'on trouve en Alsace, en Lorraine et en Allemagne, peut atteindre une taille de 0^m,20 à 0^m,35.

Les *Goujons* se distinguent principalement par leurs nageoires dorsale et anale écourtées; par les barbillons, au nombre de deux, attachés à la base de la mâchoire inférieure; par leur large tête, leurs grandes écailles, leurs dents pharyngiennes coniques, recourbées et disposées sur deux rangs.

Ce genre n'est représenté en France que par une seule espèce, le *Goujon de rivière* (fig. 76).

Le goujon est assez connu pour que nous n'insistions pas sur sa description. Ce petit poisson aime particulièrement les eaux courantes, claires, peu profondes, coulant sur un fond

Fig. 76. Goujon.

de sable. Il vit aussi dans les lacs et les étangs; mais il les quitte au printemps pour remonter les rivières. C'est ce qu'on voit particulièrement dans les lacs de Genève et du Bourget, près d'Aix en Savoie.

Le goujon est éminemment sociable. Il marche en troupes, à toutes les époques de l'année, se nourrissant de vers et de petits mollusques, qu'il cherche sous les graviers.

Il se multiplie avec une facilité extrême. Aussi abonde-t-il dans certaines rivières. M. Carbonnier a calculé que trente pêcheurs à l'épervier pouvaient prendre annuellement dans la Seine, à Paris, entre les ponts de Bercy et de Passy, environ un million d'individus. Dans certaines localités de l'Angleterre, on les prend en telle quantité qu'on en nourrit les pourceaux. Thompson rapporte que dans une chute de moulin sur le Lagan, en Irlande, les goujons se trouvaient en si grandes masses, que le chien du meunier en faisait chère lie.

Est-il nécessaire d'insister sur la passion, souvent heureuse, du pêcheur parisien pour le goujon et sur la renommée de ce poisson, à cause de sa saveur si particulière? Cet innocent habitant des eaux douces met une sorte d'empressement à se laisser prendre, et il induit ainsi beaucoup de bonnes gens, qui n'y auraient pas songé peut-être, à se mettre au bout d'une canne à pêche, pour lui offrir un appât.

« J'avais un jour, dit le docteur Jonathan Franklin, ramené au bout de ma ligne un goujon qui me sembla légèrement piqué; je lui rendis la liberté. Ma plume enfonce de nouveau, je tire et je reconnais mon même goujon, qui, malgré une première leçon, n'avait pu résister aux douceurs de l'amorce. Le ciel était beau et j'étais en veine de clémence : je laissai une seconde fois le poisson retourner dans l'eau. Environ un quart d'heure après, on mord, et pour la troisième fois je trouve accroché à l'hameçon mon incorrigible convive. Je jugeai cette fois qu'il tenait à être pris, *ipse capi voluit*, et je le mis dans l'aquarium, où il mourut des suites de ses blessures [1]. »

Cette petite aventure ne fait pas l'éloge de l'intelligence de notre petit animal.

On se sert, pour pêcher les goujons, d'un filet à mailles étroites, qui se nomme *goujonnier* ou *échiquier à goujons* (fig. 77). On s'établit avec un bateau sur un banc de sable fin. Quand le filet est placé et étendu sur le fond, le pêcheur, armé d'une perche, terminée par un tampon de cuir ou d'étoffes, et placée au centre du filet, agite et fouille le sable, de manière à troubler l'eau et à y former une sorte de nuage. Les goujons, croyant venir pêcher en eau trouble une foule de petits animalcules, accourent et sont pris eux-mêmes, quand on relève le filet. C'est la pêche à la *pilonnée*, ainsi nommée parce que le pêcheur agite la pointe du filet dans le sable, comme on frappe, avec un pilon, dans un mortier.

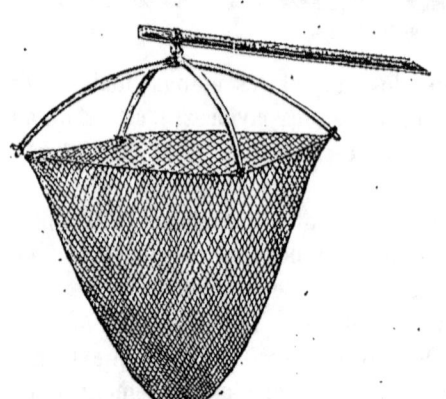

Fig. 77. L'échiquier.

---

1. *La Vie des animaux* (*Poissons, Mollusques*), in-18, p. 98.

On prend encore des goujons et d'autre menu fretin, avec une sorte d'engin de verre, qui figure à l'étalage de beaucoup de marchands d'articles de pêche, et que nous représentons ici. C'est une carafe de la contenance de quatre à cinq litres. Le fond est conique et percé d'un trou à son sommet. On met dans cette carafe une

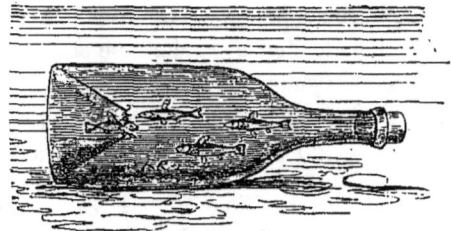

Fig. 78. Carafe à goujons.

poignée de sable, et deux ou trois poignées de son; on la ferme avec un bouchon percé de petits trous, et on place l'engin, le goulot en amont, sur un fond de sable, recouvert de huit à dix centimètres d'eau. Un filet de son délayé dans l'eau, et lui donnant une apparence laiteuse, sort de la carafe, et attire dans ce petit vase les goujons, qui peuvent bien y entrer, mais ne peuvent pas en sortir, en raison des aspérités tranchantes auxquelles ils se heurtent, lorsqu'ils essayent de franchir au rebours l'étroit canal qu'ils ont traversé si aisément tout à l'heure. C'est là le triomphe du pêcheur paresseux.

Le genre *Barbeau* comprend les poissons au corps allongé, à la bouche en dessous, portant quatre barbillons à la mâchoire supérieure, les nageoires dorsale et anale courtes, la première ayant à sa base un rayon osseux. Les dents pharyngiennes terminées en crochet sont disposées, de chaque côté, en trois séries.

Nous ne possédons en France que deux espèces de barbeaux, le *Barbeau commun* et le *méridional*.

Le *Barbeau commun* (fig. 79) a le corps long, étroit, aminci et aplati vers son extrémité, parfaitement adapté à une natation rapide. Son dos et sa tête sont d'un gris olivâtre ou bleuâtre, à reflets métalliques. Son ventre est d'un blanc de nacre. Ses joues sont souvent brillamment dorées. Les côtés de la tête et les opercules sont finement ponctués de noir. Des taches brunes irrégulières règnent sur les flancs, dans toute la longueur du corps. Les nageoires sont maculées de brun. Les écailles sont assez petites. Sa tête est effilée, ses yeux d'un jaune-d'or pâle. La lèvre supérieure de sa bouche, qui s'ouvre en dessous, est charnue, proéminente et munie de quatre barbillons.

Le barbeau se trouve dans les eaux douces de la France, surtout dans la Meuse, la Meurthe et la Moselle ; il est commun en Angleterre dans la Trent et la Tamise. Il peut atteindre une longueur de soixante à soixante-cinq centimètres, et un poids de quatre à cinq kilogrammes. On en a même pris un, en 1857, à

Fig. 79. Barbeau.

Paris, entre les ponts de la Concorde et de l'Alma, qui pesait sept kilogrammes et demi. Dans le Volga, on en pêche, dit-on, du poids de vingt à vingt-cinq kilogrammes. Il abonde aussi en Allemagne, dans le Rhin, l'Elbe, le Weser, le Danube. Dans ce dernier fleuve, chaque année, on en recueille, en certains endroits pendant l'équinoxe d'automne, le chargement de dix à douze voitures.

D'après la structure et la position de sa bouche, on pourrait

deviner que le barbeau cherche sa nourriture au fond de l'eau, à l'aide de ses barbillons. Il se nourrit de vers, d'insectes, de mollusques, de substances animales en décomposition, et de matières végétales.

Tant qu'ils sont jeunes les barbeaux ou, comme on dit, les *barbillons*, se mêlent aux bandes des goujons ; plus tard, ils s'isolent de toute compagnie.

Cependant, au printemps, au moment où ils vont frayer, les barbeaux se réunissent en troupes : les femelles se placent en avant, les vieux mâles viennent après, et les jeunes mâles ferment la colonne. Ils déposent leurs œufs contre les pierres. On croit que ces œufs, dans certaines circonstances, peuvent devenir un aliment dangereux.

Les mois de septembre et d'octobre sont considérés comme les plus favorables à la pêche du barbeau, qui quitte alors les courants, pour descendre dans les eaux plus profondes. En hiver, ces poissons se groupent et se remisent sous des abris, où ils sont tellement engourdis qu'on les peut prendre même à la main.

On pêche le barbeau à la ligne; mais l'appât doit être fixé par un lingot de plomb du poids d'un ou deux hectogrammes, et descendu au fond de l'eau. Cet appât se compose, soit d'un gros ver de terre, soit d'un petit cube de fromage de Gruyère, soit d'un morceau de viande cuite.

Mais il est un appât d'un effet bien plus remarquable. On enfile sur l'hameçon huit ou dix asticots bien dodus; on enferme l'hameçon ainsi garni au centre d'une pelote de terre lardée d'asticots, et grosse comme la moitié du poing ; on jette la ligne, on attend, et bientôt l'on voit des merveilles !

La *Tanche commune* (fig. 80) est facile à distinguer de tous nos poissons d'eau douce. Son corps, un peu comprimé latéralement, décrit une courbe assez régulière sur le dos. Son corps est nuancé de couleurs très-diverses, et piqué de taches noires irrégulières. Son iris, d'un rouge doré, donne à l'œil une vivacité remarquable. Au reste, sa robe varie un peu suivant l'âge, le sexe, les aliments et les qualités de l'eau. Toute la peau du poisson est revêtue d'une humeur visqueuse, laissant à peine distinguer des écailles, qui semblent petites parce qu'elles se recouvrent les unes les autres, sur une assez grande étendue.

Commune dans l'Europe entière, la tanche se trouve jusque dans l'Asie Mineure. Elle habite les grands fleuves, les rivières, affectionnant surtout les eaux stagnantes et vaseuses. Elle se nourrit de végétaux, d'insectes, de mollusques, de débris organiques qui abondent dans la vase, qu'elle avale habituellement. Elle fraye pendant le mois de juin, et fixe aux herbages

Fig. 80. Tanche commune.

ses œufs, qui sont très-petits et très-nombreux. On en a compté deux cent cinquante mille chez des individus de taille ordinaire.

Les jeunes naissent six à sept jours après la ponte, et leur accroissement est rapide. Au bout d'un an ils pèsent cent vingt-cinq grammes; au bout de trois ans, un kilogramme ou un kilogramme et demi; à l'âge de six à sept ans, trois à quatre kilogrammes.

La tanche qui peut vivre dans des eaux fort peu aérées, a la vie singulièrement dure; car elle peut passer presque une journée entière hors de l'eau.

On pêche ce poisson à la ligne dormante, et le seul appât à employer est le gros ver rouge.

Les qualités de la tanche, au point de vue gastronomique, sont très-contestées.

La *Carpe* est facile à reconnaître à la longueur de la nageoire

Fig. 81. Carpe commune.

dorsale, à la brièveté de la nageoire caudale, à une bouche située à l'extrémité du museau, à la présence de quatre barbillons attachés à la mâchoire supérieure. Les carpes se font encore remarquer par la grandeur de leurs écailles et par la grosseur de leurs dents pharyngiennes, qui sont au nombre de cinq de chaque côté.

L'espèce type de ce genre est la *Carpe commune* (fig. 81).

Sa couleur générale est d'un vert brunâtre clair, si le poisson a vécu dans des eaux limpides, sombre s'il a habité des eaux stagnantes. Le dos a ordinairement des reflets bleuâtres, et les côtés sont comme dorés.

La carpe se trouve dans presque toutes les eaux douces. Elle vit dans les fleuves, dans les petites rivières, dans les lacs limpides, dans les eaux vaseuses. Elle a une si grande puissance de vie qu'elle pourrait subir indifféremment toutes les conditions où on la place.

Le seul nom de la carpe éveille les plus douces images. Il rappelle les riches campagnes et les contrées favorisées également par la nature et par l'art. Il faut à ce poisson presque aristocratique, un climat doux, une saison heureuse, un jour pur et serein, des rivages fleuris et des rivières paisibles, ou les étangs qui dorment au fond de tranquilles vallées. La carpe est le poisson choisi pour peupler et égayer les bassins des parcs seigneuriaux ou des résidences royales. C'est pour cela qu'elles font l'ornement du parc de Chantilly et du palais de Fontainebleau. Le dimanche, les visiteurs du palais de Fontainebleau et les habitants de la ville se réunissent autour des somptueux bassins où se prélassent mesdames les carpes; et c'est pour toute la galerie une fête et une joie sans pareilles que de contempler leurs jeux charmants et leurs innocents combats.

Les carpes frayent en mai et en juin, et si le temps est chaud, dès le mois d'avril. La femelle choisit les lieux herbeux, se tient près de la surface de l'eau, et le mâle arrive, en battant l'eau avec force.

A cette même époque, les carpes qui habitent dans les fleuves ou dans les rivières, quittent leurs asiles, pour remonter vers des eaux plus tranquilles. Si leur marche est entravée par quelque obstacle, elles s'efforcent de le franchir, et elles peuvent s'élancer ainsi à une hauteur de deux mètres. Pour cela, elles s'élèvent à la surface de l'eau, se placent sur le côté, se plient, rapprochent leur tête et l'extrémité de leur queue, forment un demi-cercle, débandent tout d'un coup le ressort, frappent l'eau et rejaillissent. Leur conformation et la force de leurs muscles leur permettent cette manœuvre.

L'ouïe est très-développée chez ces poissons. Voici ce que rapporte à ce sujet un observateur anglais du commencement du dix-huitième siècle, Richard Breadley:

« J'ai eu le plaisir de voir quelques Carpes dans un vaste étang appartenant à M. Eden, et qui m'ont fourni l'occasion d'apprécier jusqu'où allait la faculté d'entendre chez ces créatures. Le propriétaire ayant rempli sa poche de graine d'épinards, me conduisit au bord de l'étang.

Nous restâmes muets quelques minutes, ce qui était indispensable pour me convaincre que les poissons ne viendraient pas tant qu'on ne les appellerait pas. Bientôt le propriétaire les appela à sa manière habituelle,

Fig. 82. Carpe à miroir, ou reine des Carpes.

et soudain les Carpes arrivèrent ensemble de toutes les parties de l'étang en tel nombre qu'elles avaient peine à se tenir les unes près des autres. »

La fécondité des carpes est prodigieuse. On a pu compter dix mille œufs sur un individu assez fort.

Les jeunes éclosent au bout de sept à huit jours, et leur accroissement est rapide, car elles peuvent atteindre en trois ans, si elles sont bien nourries, le poids de deux à trois kilogrammes. Il n'est donc pas étonnant qu'on ait pu pêcher des carpes d'un poids vraiment énorme. On prit, en 1863, dans l'Aveyron, une carpe qui pesait dix-sept kilogrammes et demi. En Prusse, les carpes atteignent, en général, un poids de vingt kilogrammes, de trente-cinq dans l'Oder, et même de quarante-cinq, en Suisse, dans le lac de Zug.

La longévité de ces poissons est proverbiale. Buffon a parlé de carpes de cent cinquante ans, qui vivaient dans les fossés de Pontchartrain. On dit que les étangs du jardin royal de Charlottembourg, près Berlin, renferment des carpes âgées de plus de deux cents ans. Enfin, on est allé jusqu'à prétendre que certaines carpes du bassin de Fontainebleau, qui sont d'une grosseur énorme, remonteraient au temps de François Ier, c'est-à-dire auraient l'âge respectable de trois cent cinquante ans. M. Blanchard conteste avec raison une telle longévité : il ne croit pas aux carpes séculaires.

La vie est très-persistante chez les carpes. Une membrane, qui couvre leurs branchies et conserve l'humidité sur ces organes, leur permet de respirer longtemps encore après qu'elles sont tirées de l'eau.

On met à profit cette circonstance pour les engraisser. En Hollande, on tient les carpes dans de la mousse humide, et on les nourrit en introduisant dans leur bouche du pain trempé dans du lait.

Cette même particularité permet de les enlever à leur lieu natal, et de les transporter ailleurs, sans autre précaution que de renouveler, deux ou trois fois en vingt-quatre heures, l'eau des tonneaux dans lesquels on les entasse. On dit même qu'on peut faire voyager une carpe dans des herbes mouillées et souvent rafraîchies.

La rapidité du développement de la carpe et le peu de difficulté de son élevage permettent aux propriétaires des étangs de les empoissonner périodiquement, comme nous allons le dire.

On jette dans l'étang un nombre de carpillons proportionné à son étendue : après quatre ans environ le poisson est prêt à être recueilli. On fait écouler l'eau de l'étang presque en entier, et l'on fait arriver les dernières eaux dans un réservoir inférieur, où tout le poisson est réuni et où on le récolte avec des baquets. On laisse ensuite l'étang à sec pendant huit à dix mois ; on y diminue, s'il y a lieu, la quantité des joncs et des roseaux, et l'on y sème d'autres végétaux, qui serviront à l'alimentation des carpes, qu'on introduit dans l'étang renouvelé.

On pêche la carpe à la ligne, dans les étangs et dans les parties des cours d'eau où il n'existe pas de courants, par exemple derrière une digue ou dans le bief d'une écluse. On amorce avec des fèves cuites, des vers rouges ou des boulettes de mie de pain. On pêche à *la ligne dormante* en plaçant la canne dans une petite fourche de bois enfoncée en terre. Si l'on se trouve dans les eaux courantes, il faut tenir à la main la canne à pêche.

Il y a une grande différence, au point de vue du goût, entre la carpe de rivière, la carpe d'étang traversé par une rivière, et la carpe d'étang ordinaire. Cette dernière a presque toujours un goût vaseux. La carpe n'est pas un mets délicat, et c'est pour elle qu'on a dit que c'est la sauce qui fait le poisson. Loin de nous, d'ailleurs, la pensée de contrister ces innocentes familles parisiennes, qui, le dimanche, vont, avec tant de confiance, se régaler d'une matelote, sur les bords charmants de la Seine ou de la Marne. Ces bonnes gens croient à la matelote de carpe : ne leur enlevons pas une douce illusion !

Au genre *Cyprinopsis* appartient la *Dorade de la Chine* ou *Poisson rouge* (fig. 83). Ce poisson qui, en Chine, porte le nom de *Kin-gu*, est originaire de la province de Tche-Kiang ; mais il a été acclimaté en Europe depuis un temps infini. On en a fait un véritable poisson domestique, et il en est résulté un nombre considérable de variétés.

On doit les premières notions sur les dorades aux missionnaires Dubelde et Lecomte. L'époque de la première apparition de ces poissons en Europe est incertaine. Suivant Bloch, l'Angleterre en possédait dès l'an 1611, sous le règne de Jacques Ier. Il paraît probable que c'est vers 1730 qu'ils se sont multipliés en Europe. Les premières dorades furent envoyées en France, au port de Lorient, par les directeurs de la compagnie des Indes, qui en firent présent à Mme de Pompadour. Aujourd'hui ces poissons, à l'état domestique, sont excessivement communs dans presque toutes les parties du globe. Ils servent à récréer la vue par leur brillante parure et leurs évolutions rapides. Ils ont ordinairement l'iris jaune, le dessous de la tête rouge, les joues dorées, le dos parsemé de taches noires, les côtés d'un rouge mêlé d'orangé, le ventre varié d'argent et de rose, les nageoires d'un rouge de carmin.

Ces riches couleurs n'appartiennent pas à tous les âges de

la dorade. Ce poisson est ordinairement noir dans les premières années de sa vie. Des points argentins annoncent ensuite l'apparition de sa brillante livrée. Ces points s'étendent, se touchent, couvrent toute la surface de l'animal, et sont enfin remplacés par un rouge éclatant, auquel se mêlent, à mesure que le poisson avance en âge, les tons admirables qu'on lui connaît. D'autres individus perdent leur livrée en vieillissant. Leurs teintes s'affaiblissent, leurs taches pâlissent, leur rouge

Fig. 83. Dorade de la Chine, ou Poisson rouge.

et leur or se changent en une teinte argentée, ou en un blanc peu éclatant.

La dorade vit de substances végétales, de vers et d'insectes. On l'élève dans les rivières, les étangs, et dans les maisons on les conserve tout simplement dans un bocal ouvert. Il suffit de changer l'eau tous les huit jours en hiver, tous les deux ou trois jours en été, et plus souvent si la chaleur est étouffante. On les nourrit avec de la mie de pain, des jaunes d'œufs durcis et réduits en poudre, des mouches, de petits limaçons, etc.

Fig. 84. — Poissons rouges (Cyprins, ou Dorades de la Chine) dans un aquarium d'appartement.

M. Blanchard nous dit que la dorade vit et se multiplie dans nos rivières comme plusieurs espèces indigènes, et qu'on la pêche assez fréquemment dans la Seine. On se refuse souvent à l'y reconnaître, parce que le poisson rouge, devenu habitant de nos eaux, perd sa splendide parure, et prend les nuances brunes et verdâtres de la carpe.

La *Brème commune* (fig. 85), qu'on rencontre fréquemment dans nos rivières, et qui se vend à assez bas prix sur nos marchés malgré son bon goût, a le corps comprimé et presque en forme de disque, à cause de la courbure de son dos et de son ventre,

Fig. 85. Brème.

la tête petite proportionnellement au corps, la bouche peu fendue, la lèvre supérieure saillante, l'œil grand. Sa couleur varie un peu selon la nature et la clarté des eaux dans lesquelles on la prend.

Elle se nourrit de substances végétales et d'animaux aquatiques. Les individus se réunissent ordinairement par troupes, ce qui permet d'en faire des pêches très-fructueuses, par exemple dans plusieurs des lacs de l'Irlande et de la Bavière.

La brème est un poisson répandu dans toutes les eaux douces de l'Europe, même en Suède et en Russie.

L'*Ablette commune* (fig. 86) est un petit poisson, au corps effilé, comprimé latéralement, d'un blanc d'argent, avec le dos d'un vert métallique, passant quelquefois au bleu d'acier. Les nageoires sont diaphanes, excepté celles du dos et de la queue, qui sont grises; les écailles sont minces, se détachent avec facilité.

Fig. 86. Ablette.

Ces écailles fournissent la substance, d'aspect nacré, avec laquelle on fabrique les fausses perles. On les détache avec un couteau; on les lave et on les triture, pour en détacher un pigment noirâtre, qui se précipite en poussière. On traite cette poussière par l'ammoniaque, pour en chasser une matière organique, vaporisable, et en y ajoutant de la colle de poisson on en forme une sorte de pâte, qui porte le nom d'*essence d'Orient*. Enfin on introduit cette pâte dans de petites boules d'un verre opalescent qui donne des irisations imitant les perles naturelles.

Voilà comment se préparent, chères lectrices, ces fausses perles qui composent vos élégants et chatoyants colliers.

C'est un *patenôtrier*, ou fabricant de chapelets, à Paris, qui créa cette industrie. Avant lui, pour fabriquer les perles artificielles, on appliquait la matière pigmentaire de l'ablette sur de petites boules de cire, percées de deux trous, et qui étaient recouvertes

d'une sorte de vernis. Mais ces petites boules de cire s'altéraient
vite par la moiteur de la peau ; la matière nacrée s'en détachait
et tombait sur les épaules des dames. Les fausses perles avaient
donc été abandonnées, lorsque la découverte du patenôtrier parisien vint les remettre en faveur.

Des fabriques de fausses perles s'établirent sur les rives de
la Seine, de la Loire, de la Saône et du Rhône. Cette industrie
occupe aujourd'hui, à Paris, un grand nombre d'ouvriers, et surtout d'ouvrières. L'exportation annuelle de ses produits s'élève
à plus d'un million de francs. On a vu à l'Exposition universelle
de 1867 des fausses perles ainsi obtenues, qu'il était très-diffi-

Fig. 87. Gardon.

cile de distinguer des perles véritables. On fabrique à Rome des
fausses perles, très-renommées en Italie, et recherchées en
France de ceux qui les connaissent.

Il faut environ quatre mille ablettes pour obtenir une livre
d'écailles, donnant à peine le quart en poids de la pâte connue
sous le nom d'*essence d'Orient*.

L'ablette n'atteint pas plus de vingt à vingt-cinq centimètres.
Comme on la prend aisément à la ligne, elle sert de fiche de
consolation au pêcheur malheureux. Elle vit en grandes troupes,
et l'on peut, dit-on, dans une seule nuit, en prendre jusqu'à cinq
mille au filet, dans la basse Seine. Elle se nourrit de mouches,

d'autres insectes et de petits poissons, particulièrement de jeunes éperlans.

Sa chair fade la fait dédaigner pour la table; mais on la pêche activement dans plusieurs de nos départements du nord et de l'est, ainsi qu'en Allemagne, pour utiliser ses écailles, qui valent environ de vingt à vingt-quatre francs le kilogramme.

Le *Gardon* (fig. 87) a les dents pharyngiennes disposées sur un seul rang. C'est à ce caractère scientifique qu'on le reconnaît.

Fig. 88. Pêcheurs de Gardons sur un quai de Paris.

Le *Gardon commun* est un des poissons les plus répandus dans les eaux, lacs ou rivières, de la plus grande partie de l'Europe. Ses couleurs sont vives. Son dos est d'un vert foncé, à reflets dorés ou irisés, quelquefois d'un beau bleu; ses côtés sont argentés, tachetés de brun. Son ventre est nacré; ses yeux sont couleur de sang et cerclés d'or, ses nageoires ordinairement d'un rouge éclatant. Ce poisson est vif et pétulant. Il est sociable, c'est-à-dire qu'il nage par troupes, surtout à l'époque du frai, dans les eaux peu profondes et d'un cours tranquille. Il peut acquérir des dimensions assez fortes, et atteindre le poids d'un kilogramme. On le pêche à la ligne, en se servant pour appâts de blé cuit, d'asticots, de mouches, de sauterelles. On en prend beaucoup aux environs de Paris, dans la belle vallée où l'Essonne donne le mouvement et la vie à tant d'industries. Du reste, sa chair est fade et peu estimée.

Les gardons sont pêchés en plein Paris. Expliquons-nous: Les gardons, qui remontent la Seine, se réunissent autour des bouches des égouts qui se déversent dans le fleuve; et souvent au

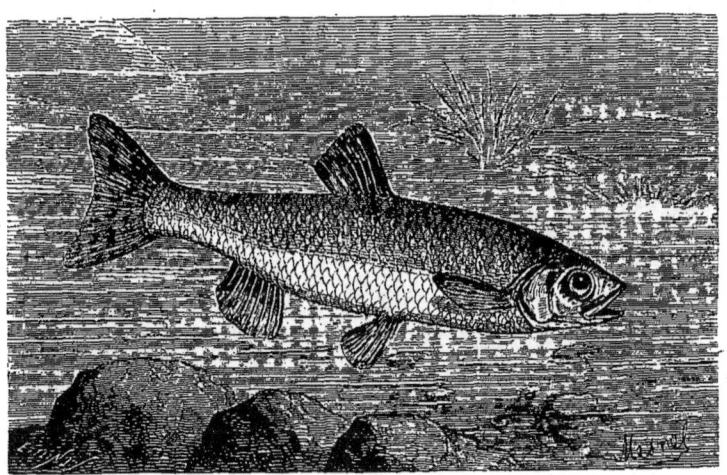

Fig. 89. Chevaisne ou Meunier.

printemps, en dépit de la prohibition de la pêche, on peut voir des groupes de pêcheurs à la ligne pressés autour des égouts, au bord de la Seine, pour y surprendre le gardon (fig. 88).

Comme une trop longue énumération pourrait fatiguer le lecteur, nous nous bornerons à signaler et à représenter la *Chevaisne commune* (fig. 88), poisson vorace, peu estimée pour la table, la *Vandoise*, et le *Vairon commun* (fig. 90), si remarquable par ses écailles d'une extrême petitesse, qu'on trouve par toute l'Europe dans les rivières, les lacs, les fossés, les petits ruisseaux herbeux.

Ce petit poisson est dédaigné comme aliment; il sert de pâture aux truites. Tous les enfants le connaissent, pour l'avoir accroché souvent à leurs hameçons, faits d'une épingle courbée.

Siluroïdes. — Les poissons qui constituent cette famille, se distinguent de tous les autres Malacoptérygiens abdominaux par l'absence de véritables écailles. Leur peau est nue ou garnie de grandes plaques osseuses. Sans insister davantage sur les particularités de structure qui les distinguent, nous nous arrêterons un instant sur le *Silure d'Europe* et le *Malaptérure électrique*.

Le *Silure d'Europe* (fig. 91) est un des plus grands habitants des fleuves et des lacs; on l'a nommé la *Baleine des eaux douces*.

Fig. 90. Vairon commun.

Selon Lacépède, un individu de cette espèce que l'on vit près de Limritz, dans la Poméranie, avait la gueule si grande, que l'on aurait pu y faire entrer un enfant de six ans. On trouve dans le Volga des silures de quatre à cinq mètres de longueur.

La tête de ce poisson est grosse et aplatie. Ses deux mâchoires sont garnies d'un très-grand nombre de dents, et portent six barbillons. Ses yeux sont ronds, écartés l'un de l'autre, et singulièrement petits. Son dos est épais, son ventre gros, et sa peau enduite d'une humeur gluante, à laquelle s'attache une assez grande quantité de la vase sur laquelle il aime à se reposer. Sa couleur est en dessus d'un noir verdâtre, qui s'éclaircit sur les côtés et offre quelques taches d'un blanc jaunâtre; en dessous il y a sur la même teinte des taches noirâtres assez nombreuses.

Ce gros silure est répandu dans la plupart des grands cours d'eau du nord de l'Europe, tels que le Rhin, le Danube, le Volga, l'Elbe, etc. Commun en Allemagne et en Hongrie, il habite également quelques lacs, comme ceux de Harlem en Hollande et de Neufchâtel en Suisse. Ses habitudes sont paresseuses. Il se tient dans la profondeur des eaux, sur les bas fonds argileux et sableux, s'y enfonce même, pour se mettre en embuscade. La couleur obscure de sa peau empêche qu'on ne le distingue

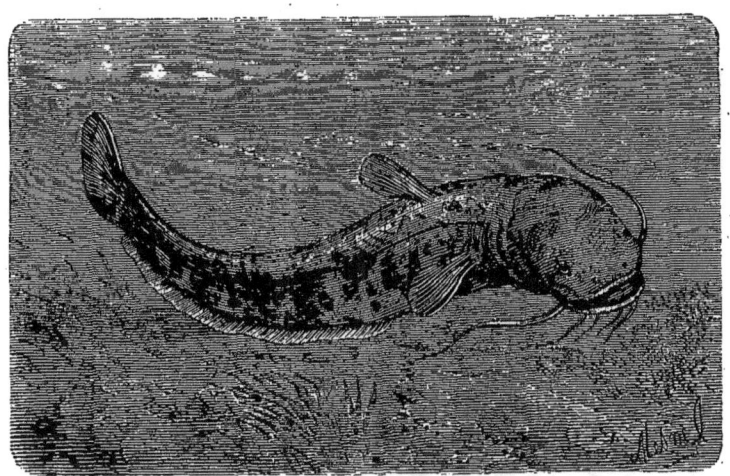

Fig. 91. Silure d'Europe.

aisément au milieu de la vase où il se vautre à dessein. Ses longs barbillons qu'il agite, attirent les animaux imprudents, qu'il engloutit aisément dans sa large bouche béante. Au printemps, il quitte le fond des rivières, pour se montrer, de temps en temps, à la surface de l'eau, et déposer ses œufs ou sa laitance près des rives.

Dans le bel aquarium d'eau douce qui était un des plus intéressants et des plus curieux ornements du *jardin réservé* de l'Exposition universelle de 1867, on voyait un énorme silure tiré des eaux du Volga.

On prétend que le silure est assez vorace pour s'attaquer à

l'espèce humaine. On rapporte qu'en 1700 un paysan en prit un, auprès de Thorn, qui avait un enfant dans l'estomac. On parle aussi en Hongrie d'enfants et de jeunes filles dévorés en allant puiser de l'eau. On raconte enfin que, sur les frontières de la Turquie, un pêcheur prit un jour un silure qui avait dans l'estomac le corps d'une femme, sa bourse pleine d'or et un anneau. Mais tous ces *on dit* ne méritent aucune créance.

La chair de ce poisson est grasse, douce, blanche, agréable au goût, suivant Lacépède, mais difficile à digérer. Dans les environs du Volga, on fait avec leur vessie natatoire une colle assez bonne. Sur les bords du Danube, sa peau, séchée au so-

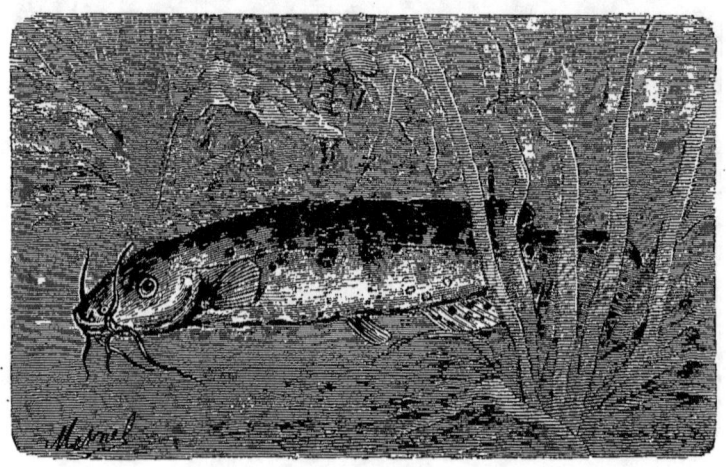

Fig. 92. Silure électrique (Malaptérure).

leil, a pendant longtemps servi de lard aux habitants pauvres du pays.

Le *Silure électrique*, ou *Malaptérure* (fig. 92) est un poisson gros, court, au tronc arrondi, à la tête déprimée, à la queue légèrement comprimée, et qui est long de vingt à soixante centimètres. Sa peau molle et lâche, entièrement brunâtre, offre des taches plus foncées. On le trouve dans plusieurs des grands fleuves de l'intérieur de l'Afrique, où il est assez commun. Ce poisson se fait remarquer, comme la torpille et le gymnote, par son appareil électrique.

Jobert de Lamballe, dans son mémoire sur l'*anatomie des*

poissons électriques, a établi que l'appareil électrique du silure est situé au-dessous de la couche de graisse qui recouvre uniformément les muscles de l'animal. L'appareil électrique est donc immédiatement au-dessous de la peau. Il est double : chacun est séparé de l'autre par une cloison aponévrotique, qui règne tout le long du dos et du ventre. Il est formé de plusieurs couches superposées, que l'on peut séparer sans trop de difficulté. Chaque couche est représentée par des lames, qui, adossées, forment de véritables reliefs séparés par des sillons. Placées les unes sur les autres, elles semblent se recouvrir, à la manière des tuiles d'un toit. Ces lames se dirigent du dos de l'animal vers le ventre.

En 1858, M. Max Schultze, de Halle, a publié une excellente description, accompagnée de figures, de l'appareil électrique du *Malaptérure*.

La puissance électrique du silure, à l'état vivant, n'a pas été l'objet d'expériences scientifiquement exactes, mais ce que nous avons dit de la torpille et du gymnote suffit pour donner au lecteur une idée exacte des effets des poissons électriques en général.

ORDRE DES ACANTHOPTÉRYGIENS.

Cet ordre renferme les trois quarts des poissons connus. Le caractère qui le distingue le plus nettement, c'est la présence de rayons épineux aux nageoires. La première portion de leur nageoire dorsale, ou leur première dorsale tout entière, lorsqu'il y en a deux, est soutenue par des rayons de cette nature ; il y en a également quelques-uns à la nageoire anale et au moins un aux nageoires ventrales.

Cet ordre se divise en plusieurs familles ; nous allons successivement passer en revue les plus remarquables.

Percoïdes. — Le type de cette famille est la *Perche commune* ou *Perche de rivière* (fig. 93).

Son corps ovalaire, un peu comprimé, est rétréci vers la tête et vers la queue, ce qui la fait paraître comme bossue. Ses couleurs varient avec la nature des eaux qu'elle habite. Le fond est d'un jaune plus ou moins doré ou verdâtre, passant au jaune plus vif sur les flancs, et au blanc sur le ventre. Le dos est d'un vert noirâtre, rayé de six à huit bandes de même couleur. Les nageoires ventrale et anale sont vermillonnées. Aussi l'animal éclairé par le soleil prend-il de magnifiques reflets dorés. Les yeux arrondis, de moyenne grandeur, avec l'iris d'un beau jaune d'or, ont une grande vivacité lorsque le poisson s'agite.

La première nageoire dorsale a quinze rayons très-forts, très-aigus, dont les pointes libres sont une arme de défense. Quand

Fig. 93. Perche.

la perche est menacée, elle dresse sa nageoire, et ne laisse pas que d'être à redouter. Les nageoires ventrales en s'écartant, l'anale en se dressant, peuvent blesser de côté, et en dessus avec ceux de leurs rayons qui sont épineux ; les nageoires pectorales seules ont des rayons faibles et grêles. Sa bouche est munie de dents robustes.

Si bien armée en guerre, la perche ne se borne pas à se défendre ; elle est ardente à l'attaque. Elle est connue également pour sa voracité. Après avoir entièrement rempli son estomac, elle cherche encore sa proie. Les insectes, les petits poissons, les vers, les têtards de grenouille, forment sa nourriture favorite.

Pour atteindre sa proie, elle s'élance comme une flèche, à la surface de l'eau. Dans toute autre circonstance, elle demeure immobile, à une petite profondeur, dans les endroits herbeux, à l'ombre des joncs ou des larges feuilles des Nénufars. On dirait qu'elle sent la puissance de ses armes; car elle ne fuit devant aucun poisson vorace, et semble pour ainsi dire attendre le danger.

« Elle voit arriver le nageur sans faire le moindre mouvement, dit Boitard, et lorsqu'elle sent la main du pêcheur, pourvu que celui-ci ne la touche pas trop brusquement, elle se borne à hérisser les aiguillons de ses nageoires pour se mettre en défense, et elle ne cherche pas à fuir. On peut même lui glisser la main sous le ventre et la bercer, pour ainsi dire, d'un mouvement doux et léger sans l'effrayer. Quand on veut la prendre, on place doucement les doigts sur les opercules des ouïes, on les serre lentement, et, lorsqu'elle a donné deux ou trois coups de queue, elle se laisse enlever sans faire davantage de résistance. Ce que je raconte là est certain, car je le sais par ma propre expérience. »

Au reste, on pêche aisément la perche à l'hameçon, surtout si on l'amorce avec un ver de terre vivant. On est presque sûr de prendre plusieurs perches dans le lieu où l'on en a déjà pris une; car elles aiment à venir dans les mêmes lieux, au-dessus des fonds herbeux, couverts au plus de soixante-dix centimètres à un mètre d'eau. En hiver pourtant, elles se retirent dans des eaux plus profondes. Elles habitent les eaux claires des grands fleuves, des lacs ou des petites rivières.

Ce poisson ne dépasse pas le plus souvent une taille médiocre. Une perche d'un kilogramme et demi est déjà assez rare pour être regardée comme très-belle.

La perche fraye depuis le mois de mars jusqu'au commencement de juin; et elle se multiplie si facilement qu'on a pu recueillir d'un individu d'assez petite taille deux cent quatre-vingt mille œufs! Au moment de la ponte, ces œufs, agglutinés par une matière mucilagineuse, adhèrent, comme de longs chapelets, aux pierres et aux plantes aquatiques.

La chair de la perche est délicate et d'une saveur agréable. Le poëte latin Ausone chantait ses mérites, vers l'an 380.

Les *Bars* sont très-voisins des perches. Une espèce connue sous le nom de *Bar commun d'Europe*, et qui porte vulgairement le nom de *Loup* dans le Bas-Languedoc et la Provence, est très-commune dans la Méditerranée et dans certains grands fleuves qui s'y jettent.

Fig. 94. Bar ou Loup.

Le bar (fig. 94) ressemble à une perche allongée ; sa couleur

Fig. 95. Vive.

est uniformément argentée dans les adultes, marquée de taches brunes dans les jeunes.

Les *Aprons*, dont une espèce habite le Rhône, et les *Sandres*, appelés vulgairement *Brochets-perches*, appartiennent aussi à la famille des Perches.

C'est à une autre division de cette même famille, qu'appartiennent les *Vives*, caractérisées surtout par leur tête comprimée et la forte épine de leur opercule. Ce sont des poissons de forme allongée, à museau court, qui ont l'habitude de s'enfoncer dans le sable, et sont très-redoutés des pêcheurs, à cause des piqûres profondes que font leurs épines. La *Vive commune* (fig. 95) est répandue dans nos deux mers.

Les *Uranoscopes*, ainsi nommés à cause de la position de leurs yeux qui sont dirigés vers le ciel (ουρανος, ciel, σκοπεω, je regarde), de telle sorte qu'ils ne peuvent voir qu'au-dessus

Fig. 96. Uranoscope.

d'eux, sont voisins des précédents. Nous représentons ici (fig. 96) l'*Uranoscope vulgaire*, propre à la Méditerranée et à la mer des Indes, et qui est remarquable par sa grosse tête cubique.

Les *Mulles* sont également désignées sous les noms de *Rougets*, ou *Rougets barbets*. On en connaît principalement deux espèces : le *Surmulet*, ou *Grand Mulle rayé de jaune*, et le vrai *Rouget* ou *Rouget barbet*.

Le *Surmulet* (*Mullus surmuletus*) est, sur le dos et les flancs, d'un beau rouge de minium ou de vermillon clair, avec trois lignes jaunes dominantes. La gorge, la poitrine, le ventre et le dessous de la queue, sont blancs, légèrement teintés de rose ; les nageoires ont leurs rayons plus ou moins rouges ; l'iris de l'œil, d'un or pâle, est pointillé de rouge. La tête porte deux barbillons.

Le surmulet vit dans la Méditerranée et l'Océan. On le trouve quelquefois dans la Manche, et il est assez commun dans le golfe de Gascogne ; aussi le sert-on souvent sur la table à Bordeaux et à Bayonne, où on le nomme *Barbeau* et *Barberin*. Sa chair est blanche, un peu feuilletée, ferme et agréable au goût ; mais elle est moins estimée que celle de l'espèce suivante.

Le *vrai Rouget* ou *Rouget barbet* (*Mullus barbatus*) (fig. 98) est revêtu d'une brillante parure. Un rouge éclatant le colore, se mêlant à des teintes argentines, sur ses côtés et sur son ventre. Il offre les beaux reflets irisés, mais non les lignes jaunes de l'espèce précédente.

C'est à sa brillante parure que le rouget doit sa célébrité. Si l'on ajoute à ces qualités que sa chair est blanche, ferme, agréable au goût, on s'expliquera la faveur dont ce poisson a joui chez les anciens.

Les Romains faisaient du rouget un objet de luxe. Ils ne reculaient pas, pour s'en procurer, devant les dépenses les plus extravagantes. Ils nourrissaient ces poissons dans leurs viviers, non-seulement pour les manger, mais aussi pour les admirer. Cet âpre amour de la beauté allait souvent jusqu'à la cruauté. Sénèque et Pline rapportent que les riches patriciens de l'Italie se donnaient le barbare plaisir de faire expirer entre leurs mains des rougets, afin de jouir de la variété des nuances pourpres, violettes ou bleues, qui se succédaient, depuis le rouge de cinabre jusqu'au blanc le plus pâle, à mesure que l'animal, perdant peu à peu ses forces, arrivait lentement à la mort.

Le rival de Cicéron, l'avocat Hortensius, qui attirait tout le peuple au forum par la beauté de ses harangues, avait une passion désordonnée pour ce petit habitant des eaux. Il faisait venir les rougets dans de petites rigoles jusque sous la table du festin ; et il se délectait, assis devant un somptueux banquet, du plaisir de voir un de ces malheureux poissons retiré du bassin et apporté sur sa table, palpitant et agité des convulsions de l'agonie, périr sous ses yeux, en se colorant de mille nuances irisées.

Fig. 97. L'agonie d'un rouget au banquet d'Hortensius.

La possession de ces pauvres animaux était devenue, chez les Romains, une mode, une passion furieuse. Aussi leur prix devint-il bientôt excessif. Asinius Celer en acheta un 8000 sesterces (1558 fr.). Sous Caligula, selon Suétone, trois rougets furent payés 30 000 sesterces (5844 fr.). On ne trouve que trop d'exemples, dans la Rome impériale, de ces plaisirs féroces et de cette ostentation sans goût.

Pour n'être plus l'objet de prodigalités et de soins insensés, les rougets n'en sont pas moins recherchés aujourd'hui, pour

Fig. 98. Rouget.

leur beauté et leurs excellentes qualités comestibles. On estime particulièrement ceux de Provence.

On trouve le rouget dans plusieurs mers, mais principalement dans la Méditerranée, où on le prend dans tous les parages, d'ordinaire sur les fonds limoneux. On le pêche à la ligne et au filet.

Joues cuirassées. — Les poissons qui composent cette famille, sont remarquables par la manière singulière dont leur tête est hérissée et cuirassée. Des épines, des plaques tranchantes, leur donnent une physionomie désagréable, hideuse même, qui leur a valu les surnoms de *Crapauds de mer*, *Diables*, *Scorpions*, *Chauve-souris de mer*. C'est chez les *Trigles* (et quelques genres voisins que ces caractères sont les plus marqués. Nous étudierons dans cette famille les *Trigles*, les *Dactyloptères*, les *Chabots*, les *Scorpènes*, et les *Épinoches*.

Les *Trigles* sont de resplendissants habitants des eaux ; rien n'égale la beauté de leur parure. Mais les dons qu'ils ont reçus

Fig. 99. Trigle rouge.

de la nature, leur sont funestes. Leur éclat les trahit et les perd. Ils comptent des ennemis aussi bien dans les eaux que dans l'air ; et sans leur prodigieuse fécondité, leur espèce aurait depuis longtemps disparu. Ce sont les poissons de cette famille qui justifient le mieux le nom de *Joues cuirassées*. Leurs os, surtout ceux de la tête, sont durs et grenus.

On connaît une quinzaine d'espèces de Trigles, les unes qui vivent dans nos mers, surtout dans la Méditerranée, les autres dans les mers des Indes.

Parmi les espèces européennes, nous citerons le *Trigle rouge* (fig. 99), que l'on nomme à Paris *Rouget commun*. Il est d'une belle couleur rouge clair ou rosé, plus pâle en dessous et plus vif sur les nageoires. Il abonde dans l'Océan qui baigne nos côtes. On le voit fréquemment sur nos marchés, et sa chair est de bon goût.

Le *Perlon*, à dos brunâtre ou rougeâtre, avec les nageoires pectorales noires, bordées de bleu du côté interne, est la plus grande espèce de nos côtes, tant dans l'Océan que dans la Méditerranée.

Le *Grondin* proprement dit, le *Gurnard* des Anglais, d'un gris brun, parfois rougeâtre en dessus, tacheté de blanc et de cette dernière couleur en dessous, est très-abondant sur nos côtes, et se trouve sur tous nos marchés.

Le nom de *Grondin* vient de ce que ces poissons font entendre sous les filets des pêcheurs un grognement plus ou moins fort.

Les *Dactyloptères* sont célèbres sous les noms de *Poissons volants*. Ils ressemblent beaucoup aux Trigles, mais s'en distinguent par leurs grandes nageoires pectorales, qui leur servent de parachutes, pour se soutenir lorsqu'ils sautent hors de l'eau. On en connaît plusieurs espèces. Les plus anciennement décrites sont le *Dactyloptère*, ou *Poisson volant de la Méditerranée* (fig. 100) et celui des Indes.

Toute la nature animée semble conspirer contre ces êtres singuliers qui ont le double pouvoir de nager et de voler. Le Poisson volant n'échappe aux ennemis qui le poursuivent au sein des flots, les bonites, les dorades et autres poissons voraces, que pour s'exposer aux attaques d'autres ravisseurs, habitants des plaines de l'air. Une foule d'oiseaux de mer, tels que les frégates, l'albatros, le phaéton, leur font une guerre acharnée. Ainsi la guerre poursuit le malheureux poisson, quel que soit l'élément auquel il se confie!

Cependant notre animal passe d'un élément dans l'autre, et se fait alternativement oiseau et poisson, avec une vivacité et une habileté qui déjouent souvent les attaques de ses adversaires.

Quand il s'élève au-dessus de la mer, à un ou deux mètres de hauteur, il peut parcourir une étendue de plusieurs centaines de mètres. Il ne peut toutefois changer la direction de sa

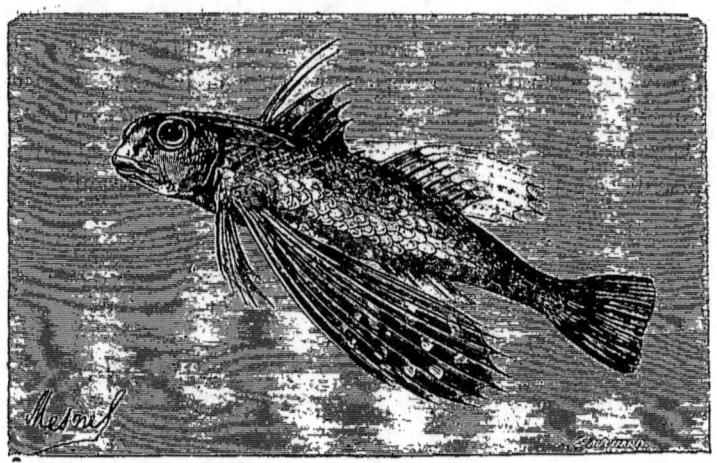

Fig. 100. Dactyloptère ou Poisson volant de la Méditerranée.

course ; ses nageoires étendues lui servent seulement de parachute. On a comparé avec raison le Poisson volant au Dragon volant chez les reptiles.

Les *Chabots* sont voisins des Trigles, mais ont la tête déprimée et armée d'épines ou de tubercules. Le *Chabot de rivière* est presque la seule espèce de ce genre.

Le *Chabot de rivière*, ou *Cotte-Chabot* (fig. 101), est connu dans nos provinces sous plusieurs noms, suivant la localité. Il est commun dans tous les cours d'eau vive dont le fond est pierreux. C'est un petit poisson de douze à quatorze centimètres, dont la peau nue, molle, un peu visqueuse, est grisâtre, avec des bandes et des taches d'un brun foncé. Il tire son principal caractère de sa forme étrange et de la grosseur de sa tête. Son nom de *Chabot* vient de notre vieux mot français *caboche* (tête). A partir de cette tête énorme, aplatie en dessus, arrondie en avant, munie de deux petits yeux et d'une large bouche, tout le corps s'amincit graduellement, jusqu'à l'origine de la queue. L'animal se tient souvent caché parmi les pierres ou dans un petit terrier. Il s'y tient en embuscade, et se précipite, avec une rapidité foudroyante, sur la proie qui passe à sa portée. Des larves d'insectes aquatiques forment sa nourriture habituelle ; mais il absorbe quelquefois des goujons ou des vairons.

Le *Chabot de rivière* a droit, du reste, à notre intérêt, car il est de ces rares poissons chez lesquels s'est développé le sentiment de la paternité. Le mâle amène les femelles pondre dans une petite cavité, qu'il a creusée sous une pierre, dans le sable ; il garde ensuite les œufs avec une sollicitude et une vigilance extrêmes.

Le chabot est peu recherché comme aliment, sans doute à cause de sa petite taille, car sa chair, qui rougit en cuisant, n'est

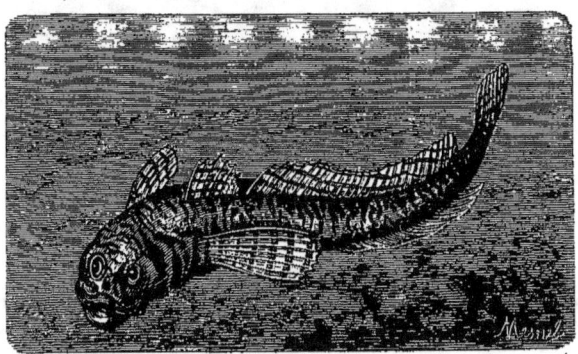

Fig. 101. Chabot de rivière.

pas désagréable à manger. On le prend à l'hameçon, à la nasse, à la fourche. Les pêcheurs le recherchent comme appât pour les anguilles.

Les *Chaboisseaux*, poissons de mer connus sous le nom de *Scorpions de mer*, *Diables de mer*, *Grogneurs*, etc., sont particulièrement épineux, et renflent beaucoup leur tête quand on les irrite. Ils ont des formes lourdes, disgracieuses. L'espèce la plus commune sur les côtes de l'Océan, est le *Cotte-Chaboisseau*, de vingt à vingt-quatre centimètres de longueur, d'une couleur gris-verdâtre, marbré de noir en dessus. C'est un poisson vorace, solitaire, qui nage avec force et rapidité. Comme notre *Chabot de rivière*, il s'établit en embuscade, parmi les rochers du rivage, dans des trous abrités sous des lits de varechs. Les pêcheurs redoutent les blessures qu'il fait avec ses longues épines.

Ce poisson peut vivre longtemps hors de l'eau. On assure

qu'il produit des sons, surtout à l'approche des tempêtes. Aussi l'a-t-on appelé encore *Coq de mer*, *Cob bruyant, grognant*, etc.

Les *Scorpènes* sont des poissons auxquels leur tête, grosse et épineuse, ainsi que la peau molle et spongieuse qui les enveloppe, donne un aspect étrange. Les piqûres de leurs épines les rendent redoutables. Cependant ce poisson est mangé par

Fig. 102. Scorpène Rascasse de la Méditerranée.

les pêcheurs, et sa chair n'est pas mauvaise. On en connaît une vingtaine d'espèces : deux qui sont propres à la Méditerranée, les autres particulières aux parages chauds et tempérés des deux Océans, et surtout aux mers d'Amérique et des Indes orientales. Les deux espèces européennes sont connues sous le nom de *Rascasses*. Nous représentons ici la *Scorpène Rascasse* de la Méditerranée.

Une autre espèce, la *Scorpène volante* (*Pteroïs volitans*), que nous représentons également (fig. 103), est un poisson d'eau douce que l'on a particulièrement observé dans les rivières du Japon et dont les nageoires pectorales dépassant la longueur du corps, lui donnent la faculté de s'élancer hors de l'eau, comme le *Dactyloptère*.

Les *Épinoches*, qui appartiennent, comme les Scorpènes, à la famille des *Joues-cuirassées*, doivent leur nom aux épines dont leur corps est armé. Ce nom varie légèrement, du reste, selon les localités : on les appelle en diverses parties de la France *épinocles*, *épinglottes*, *épinardes*, *échardes*, *picots*, et même *cordonniers* ou *savetiers*.

Les épinoches, qui sont communes dans la plupart des eaux douces de la France, vivent dans les eaux claires et courantes

Fig. 103. Scorpène volante (*Pterois volitans*).

des ruisseaux ou des petites rivières, là où des herbes aquatiques se développent en abondance. Leur corps, comprimé latéralement, atténué en fuseau, est bien approprié à la rapidité et à la grâce de leurs mouvements. La tête, dépourvue d'épines, porte de grands yeux d'un vert chatoyant. La nageoire ventrale des autres poissons est remplacée, chez elles, par une épine forte, acérée, denticulée, creusée d'un canal, et s'écartant du corps à la volonté de l'animal. Le dos est garni de plaques osseuses sur lesquelles s'articulent des épines libres, qui se couchent sur le dos lorsque le poisson est calme, et se dressent dès qu'il attaque ou se croit menacé.

Les épinoches vivent ordinairement par troupes : on les voit souvent former de longues colonnes. Des insectes, des vers, des mollusques, du frai de poisson, sont leur nourriture habituelle. Leur voracité est telle qu'on a vu une épinoche dévorer, dans l'espace de cinq heures, soixante-quatorze poissons naissants, de l'espèce vulgairement connue sous le nom de *vandoise*.

L'abondance de ces petits poissons dans nos eaux douces a permis à beaucoup d'observateurs d'étudier leurs habitudes, et l'on est arrivé ainsi à découvrir des actes vraiment surprenants, qui font regretter que les mœurs des poissons en général soient si difficiles à pénétrer.

Les observateurs qui se sont amusés à suivre les épinoches dans leurs capricieuses évolutions, ont constaté leur humeur irascible, le jeu de leurs épines dans l'attaque ou la défense, leurs chasses, leurs combats entre elles ou avec d'autres animaux. L'observation des épinoches, déjà si intéressante, devient vraiment saisissante pendant les mois de juin et de juillet : c'est l'époque où elles vont se reproduire.

Divers naturalistes ont décrit et admiré l'intelligence, l'industrie de ces petits habitants des eaux douces. Mais c'est particulièrement M. Coste qui a étudié, au Collége de France, leurs amours, leur ponte et leur nidification. C'est dans le mémoire de ce savant, publié dans le *Recueil des savants étrangers de l'Académie des sciences*, que nous puisons les curieuses révélations qui suivent.

Vers les premiers jours de juin, le mâle de l'épinoche cherche un endroit à sa convenance, et s'y arrête définitivement. Après avoir creusé dans la vase une petite cavité, il y apporte des brins d'herbes aquatiques, qu'il va souvent chercher au loin, et avec ces débris végétaux il commence à former une sorte de tapis. Mais comme les matériaux qui constituent cette première partie de son édifice, pourraient être entraînés par les courants, il a la prévoyance d'aller prendre du sable, dont il remplit sa bouche et qu'il dépose sur les brins. Pour donner ensuite une certaine cohésion à ces éléments, il les presse du poids de son corps, et les enduit d'un mucus qui suinte de sa peau. Pour s'assurer si toutes les parties sont suffisamment unies, l'épinoche agite rapidement ses nageoires pectorales, et produit des courants qu'il dirige contre le nid. S'il s'aperçoit que les brins d'herbe s'ébranlent, il les enfonce avec son museau, les tasse, les aplanit et les englue de nouveau. Les choses en étant à ce point, notre petit architecte, digne rival des femelles d'oiseaux, choisit des matériaux plus solides : ce sont des racines, des pailles, qu'il fiche dans l'épaisseur ou à la surface de la première construction, dans une direction toujours la même. Il les pose dans le sens longitudinal, de manière que l'une de leurs extrémités correspondra plus tard à l'entrée, et l'autre à la sortie de son domicile.

Après avoir formé le plancher et les parois latérales de sa maison, il s'occupe de la toiture, qu'il construit avec les mêmes matériaux et à l'aide des mêmes manœuvres. Il a soin d'y réserver

Fig. 104. Épinoche et son nid aquatique.

une ouverture bien circonscrite, et dont le bord est artistement englué et uni.

Ainsi construit, le nid de l'épinoche forme une voûte arrondie, de dix centimètres environ de diamètre. Mais il ne reste pas longtemps muni d'une seule ouverture. Le mâle ou la femelle en fait bientôt une seconde, en traversant le nid de part en part.

Tout ce que nous venons de dire s'applique aux épinoches proprement dites. Les *Épinochettes*, qui sont plus petites et plus effilées, et qui présentent quelques caractères distinctifs, sur lesquels nous ne saurions nous étendre ici, ne construisent pas leurs nids sur la vase. Elles les suspendent aux branches des végétaux aquatiques, et prennent beaucoup plus de soin pour les cacher.

Le mâle va chercher, avec sa bouche, une quantité suffisante de conferves, plantes aquatiques. Il les entasse dans le lieu dont il a fait choix, et les lie aux points qui doivent leur servir de support. Quand ces matériaux assemblés forment une masse suffisante, il plonge son corps dans leur épaisseur et s'en enveloppe comme d'une gaîne. Puis il traverse lentement cette gaîne, en exécutant sur lui-même un mouvement de rotation saccadée. A mesure qu'il accomplit cette révolution, les conferves qui l'enveloppent, engluées par le frottement de son corps, s'enroulent autour de lui en fibres circulaires, et le nid prend ainsi la forme d'un manchon. M. Coste pense que cette disposition en fibres annelées est produite par la nombreuse rangée d'épines qui, en se dressent le long du dos de l'animal, agissent circulairement sur les conferves, comme les dents de machines dont on se sert pour carder la laine en crin.

Lorsque la construction du nid est assez avancée pour recevoir les œufs, le mâle, qui a revêtu sa parure de noce, s'élance au milieu du groupe des femelles. Ses joues et sa face ventrale ont perdu leur pâleur habituelle, et sont devenues d'un orangé vif; son dos, jadis grisâtre, passe par les nuances successives du vert, du bleu, de l'argent. La femelle suit le mâle, qui, se précipitant vers son nid, plonge sa tête dans l'ouverture béante, l'élargit et cède la place à la femelle, qui s'y engage à son tour. Elle y reste deux ou trois minutes, y pond et perce le nid de part en part, pour en sortir. Le mâle entre à son tour dans le nid, glisse sur les œufs en frétillant, et sort bientôt. Il attire ensuite successivement, pendant plusieurs jours, ou la même femelle ou d'autres femelles qui sont prêtes à pondre, les aide dans cette douloureuse fonction, en les frottant avec son museau comme pour les encourager.

Le nid devient, de cette façon, le riche magasin de la postérité épinochienne, dans lequel les œufs entassés forment un bloc volumineux. Les femelles, toutefois, ne prennent aucun soin de leurs œufs. Bien plus, elles n'ont d'autre désir que de les dévorer. C'est alors au père épinoche, à celui qui a bâti le nid, à celui qui y a conduit la mère ou les mères, de prendre soin de la future génération, et il s'en acquitte à souhait. M. Coste a observé et décrit avec grand soin les manœuvres de ce petit animal veillant au salut de l'empire épinochien.

Notre conservateur commence par fortifier, en le recouvrant de pierres, son nid, dont le volume est quelquefois égal à la moitié de son corps. Il en défend ainsi l'entrée à tout venant, et n'en conserve que la porte, à travers laquelle il est presque toujours occupé à faire passer des courants d'eau, par le rapide mouvement de ses nageoires pectorales. Ces courants ont proba-

Fig. 105. Épinochettes.

blement pour but, selon M. Coste, en lavant sans cesse les œufs, d'empêcher que des byssus ne se déposent sur eux, et n'en arrêtent le développement. On le voit ensuite, chasser rudement toutes les épinoches, mâles ou femelles, qui tentent de s'approcher de son nid, pour l'attaquer. Si les assaillants ne sont pas au nombre de plus de quatre ou cinq, il les repousse par la force. Mais si l'ennemi augmente, il fait ce qu'il convient le mieux : il agit de ruse, il opère des diversions. Ses artifices pourtant ne lui réussissent pas toujours. M. Coste a vu des individus occupés à recommencer cinq ou six fois de suite, un nid, qui subissait toujours un sort fatal.

Lorsque le mâle a réussi à conserver son nid jusqu'aux approches de l'éclosion, on le voit redoubler de zèle. Il ôte les pierres, pour le rendre plus perméable à l'eau; il multiplie les courants, il remue les œufs, les amenant tantôt à la surface, tantôt au fond.

Quand, au bout de dix ou douze jours de fatigue et de soins, les petits sont éclos, le père doit les protéger longtemps encore, car leur volumineuse vésicule ombilicale les rend si impotents et si lourds, qu'ils ne pourraient échapper à leurs ennemis. Il ne permet à aucun des nouveau-nés de franchir les limites de son berceau. Si l'un d'eux s'en écarte, il le prend aussitôt dans sa bouche, et le reporte à domicile. Quand le nombre des déserteurs augmente, il en saisit plusieurs à la fois, sans jamais en blesser aucun. A mesure que les petits grandissent, le père leur laisse un plus grand espace pour s'exercer. Mais alors sa surveillance devient plus difficile, et par cela même plus active. « On le voit sans cesse aller et venir, dit M. Coste, comme ces chiens de berger, qui tournent autour des troupeaux, ramènent les brebis qui s'égarent, et sont toujours prêts à les défendre contre les attaques dont elles peuvent être l'objet. »

Toutes ces peines durent encore quinze à vingt jours. Alors le père les abandonne et reprend ses habitudes au milieu des autres épinoches.

Fait remarquable! ce père qui fait le nid, qui assiste ses femelles, qui soigne les œufs, qui défend et guide les petits, vit dans une abstinence presque complète, pendant les longs jours de la nidification, de l'incubation et de l'éducation.

Après les familles des *Percoïdes*, des *Mulles*, et des *Joues cuirassées*, dont nous venons de parler, nous signalerons, comme renfermant des espèces tout aussi importantes à connaître, les quatre familles des *Pharyngiens labyrinthiformes*, des *Scombéroïdes*, des *Pectorales pédiculées* et des *Bouches-en-flûte*, qui terminent l'ordre des Acanthoptérygiens. Les poissons, qui appartiennent à la petite famille des *Pharyngiens labyrinthiformes*, ont les os de la voûte du palais (os pharyngiens supérieurs) divisés en petits feuillets, nombreux et irréguliers, qui interceptent des cellules situées sous l'opercule, et qui servent à y retenir une certaine quantité d'eau. Cette eau maintient les branchies humides; lorsque l'animal est à sec, ce qui lui permet

POISSONS OSSEUX.

de se rendre à terre, et d'y ramper à une distance souvent assez grande de son milieu liquide et naturel.

Les *Anabas* présentent cette remarquable particularité d'organisation au plus haut degré; ils se trouvent très-communément dans la vase des mares et les petits cours d'eau de l'île de Bornéo, de l'île de Java et de presque tout l'archipel indien. Ils rampent à terre, pendant plusieurs heures, au moyen des inflexions de leur corps, des dentelures de leur opercule et des épines de leurs nageoires. On a même prétendu qu'ils peuvent grimper le long de l'écorce des arbres. Mais des voyageurs modernes n'ont pu être témoins de ce fait singulier, sur lequel M. Duméril a insisté dans son cours de 1867, au Muséum d'histoire naturelle de Paris.

La famille des *Scombéroïdes* est la plus importante de l'ordre qui nous occupe. Elle comprend les poissons qui sont le plus utiles à l'homme par leur volume, l'excellence de leur chair et leur abondance. Le *Thon*, le *Maquereau*, la *Bonite*, etc., ont offert, dès la plus haute antiquité, et offrent encore à l'homme d'immenses ressources alimentaires, soit à l'état frais, soit à l'état de salaison.

Le *Thon* ressemble assez au maquereau, par la forme générale

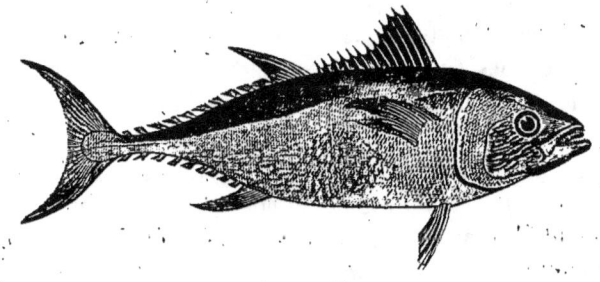

Fig. 106. Thon.

de son corps; mais il est plus rond, et atteint une taille de un à trois mètres, et un poids qui varie ordinairement de cinquante à deux cents kilogrammes La partie supérieure de son corps est d'un noir bleuâtre, et le ventre est gris avec des taches argentées.

Ces poissons se montrent quelquefois dans l'Océan; mais c'est dans la Méditerranée qu'ils se multiplient et qu'ils abondent. A certaines époques de l'année, ils longent les côtes, en légions innombrables, serrant leurs rangs nombreux, et constituant un bataillon immense, qui s'avance sur la mer, ou qui, se dérobant sous les flots, se trahit à l'extérieur par le bruit des ondes que refoulent tant et de si rapides voyageurs.

Dans beaucoup de localités, les bandes de thons se montrent au printemps, et se dirigent vers l'orient; on les voit suivre, à la fin de l'été ou en automne, une direction opposée. Aussi sur les côtes de la Provence, sur la côte de la Ciotat, fait-on une première pêche depuis le mois de mars jusqu'en juillet, et une seconde pêche depuis le milieu de juillet jusqu'à la fin d'octobre. Mais sur d'autres points, on voit les thons arriver à la fois de directions très-différentes. Ailleurs, enfin, c'est seulement en hiver qu'on les trouve.

La pêche des thons remonte à la plus haute antiquité. Les Phéniciens, ces premiers navigateurs connus, allaient l'exécuter sur les côtes d'Espagne. De nos jours, elle se fait avec une grande activité sur les côtes de la Provence, de la Sardaigne, de la Sicile, etc.

Les thons se pêchent de deux manières : à la *thonaire* et à la *madrague*.

On donne le nom de *thonaire* à une enceinte de filets que l'on forme avec promptitude dans la mer, pour arrêter les thons au moment de leur passage.

Lorsque des vedettes, postées à cet effet, ont signalé l'arrivée des bandes de thons, les pêcheurs en sont avertis par un pavillon indiquant l'endroit vers lequel se dirige la tribu nageante. Les patrons des bâtiments pêcheurs conduisent aussitôt leurs bateaux à l'endroit désigné, et les rangeant sur une ligne courbe, forment avec des filets lestés et flottés, une enceinte demi-circulaire, tournée vers le rivage, et dont l'intérieur s'appelle le *jardin* : on n'a jamais su pourquoi, car c'est un triste lieu pour les captifs qu'il attend. Les thons renfermés dans ce *jardin* s'agitent avec effroi, entre la rive et les filets. A mesure qu'ils s'avancent vers la plage, on resserre l'enceinte, ou plutôt on forme une nouvelle enceinte intérieure, avec d'autres filets tenus en réserve. On laisse à cette seconde enceinte une ouverture, jusqu'à ce que tous les thons aient passé dans l'espace qu'elle embrasse. En continuant de diminuer ainsi, par des clôtures successives, et toujours d'un plus petit diamètre, l'étendue dans laquelle les poissons sont renfermés, on parvient à les retenir sur un fond qui n'a pas plus de quatre mètres d'eau. Alors, on jette dans ce parc un filet, espèce de *senne*, dont le milieu est garni d'un manche. On amène ce filet, à force de bras, sur le rivage, et l'on prend les petits thons avec la main, les gros avec des crochets. On les charge sur des bateaux, que l'on amène au port. Une seule pêche produisit à Collioure plus de quinze mille myriagrammes de thons. On prit dans une autre et célèbre journée seize mille thons, chacun de dix à quinze kilogrammes.

Lorsque le parc destiné à la pêche du thon, au lieu d'être établi pour chaque pêche, comme la thonaire, est construit à demeure dans la mer, on le nomme en Provence *madrague*.

La *madrague* est une vaste enceinte distribuée en plusieurs chambres. Les cloisons qui forment ces chambres, sont soutenues par des flotteurs de liége, tendues par un lest de pierres, et maintenues par des cordes, dont une extrémité est attachée à la tête du filet, et l'autre amarrée à une ancre.

Les madragues sont destinées à arrêter les grandes troupes de thons, au moment où elles abandonnent les rivages pour revenir en pleine mer. C'est pour cela que l'on établit entre les rivages de la mer et le parc, ou madrague, une longue allée que l'on appelle *chasse*. Les thons suivent cette allée, arrivent à la madrague, passent de chambre en chambre, et parviennent à la dernière, que l'on nomme *corpou*.

Pour les forcer à se rassembler dans la madrague, on les pousse vers le rivage, au moyen d'un long filet que l'on tient tendu derrière eux, attaché à deux bateaux, dont chacun soutient un des angles supérieurs du filet. Lorsque les poissons sont rassemblés dans le dernier compartiment, des matelots soulèvent un filet horizontal, qui forme une sorte de plancher à ce compartiment, et de cette manière ils élèvent peu à peu les poissons jusque près de la surface de l'eau. Cette opération exige l'espace d'une nuit.

Le matin, les thons sont tous réunis dans un espace étroit, situé à une distance variable du rivage, et c'est alors que commence, de toutes parts, un combat acharné. On frappe les malheureux captifs avec des gaules, des crocs et autres armes meurtrières.

C'est un spectacle fort triste que celui de la pêche du thon à cette dernière et dramatique période. C'est avec un serrement de cœur que l'on voit ces énormes et beaux poissons se débattre, dans une enceinte étroite et sans issue, sous les coups d'une multitude de pêcheurs acharnés à leur tâche sanglante, et qui procèdent à un massacre général. La vue de ces pauvres animaux, dont quelques-uns, blessés, à demi morts, essayent en vain de lutter contre leurs féroces assaillants, est très-pénible à supporter. La mer, rougie de sang sur une grande étendue, conserve longtemps la trace de ce carnage affreux (fig. 107).

La chair du thon, ferme et saine, est très-estimée. Le thon est le saumon de la Provence, et nous le mettons, pour notre compte, bien au-dessus du saumon. Rien n'est comparable au thon frais, jeté dans une friture bouillante, puis rehaussé de fort vinaigre et de sel. Et quant au poisson de conserve, est-il rien de plus ferme et de plus savoureux, rien qui puisse rivaliser en ce genre, avec le thon mariné dans les ateliers de Marseille et de Cette?

Le thon jouissait, à juste titre, d'une grande réputation chez les Grecs et chez les autres habitants des rives de la Méditerranée, de la Propontide et de la mer Noire. Les Romains attachaient un grand prix à certaines parties du corps de ce poisson, comme la tête et le dessous du ventre. Ils faisaient peu de cas des morceaux voisins de la nageoire caudale, parce qu'ils ne les trouvaient pas assez gras.

Ces mêmes Romains conservaient très-bien les thons, en les coupant par morceaux et les renfermant dans des vases remplis de sel. On les marine aujourd'hui avec de l'huile et du sel, après les avoir cuits. C'est une préparation qui se fait dans beaucoup de ménages à Cette, à Montpellier, à Marseille, et qui constitue une admirable ressource pour l'année. Avec un pot de thon mariné dans du vinaigre de Lunel, une ménagère est prête à tout événement.

Le *Maquereau* est un poisson trop connu pour qu'il soit nécessaire d'en donner le signalement. Qui n'a admiré, sur l'étal des joyeuses commères de la Halle, ces poissons, au dos bleu d'acier, qui se changent en vert irisé, glacé d'or et de pourpre, relevé par des lignes ondulées du plus beau noir; à la tête

Fig. 107. Pêche du thon à la madrague, sur les côtes de Provence.

bleue en dessus et marquée de noir, le reste du corps étant d'un bleu nacré, irisé d'or et de pourpre ?

Il existe deux espèces de maquereaux : celui de l'Océan et de la Manche, qui n'a pas de vessie natatoire (*Scomber*, *Scombus*), et le maquereau particulier à la Méditerranée, qui a une vessie natatoire (*Scomber colias* ou *Pneumatophorus*).

Cet excellent poisson est désigné sous différents noms par les pêcheurs de nos côtes. On le nomme *Veirat* dans le Bas-Languedoc, *Aurion* en Provence, *Bretel* dans quelques parties de la Bretagne, etc. C'est le *Macarello* des Romains modernes, le *Scombro* des Vénitiens, le *Lacesto* des Napolitains, le *Cavallo* des Espagnols, le *Pisaro* des Sardes, le *Makarell* des Anglais, le *Makril* des Suédois, etc., etc.

C'est pour nos pays un poisson de passage. Selon Duhamel et

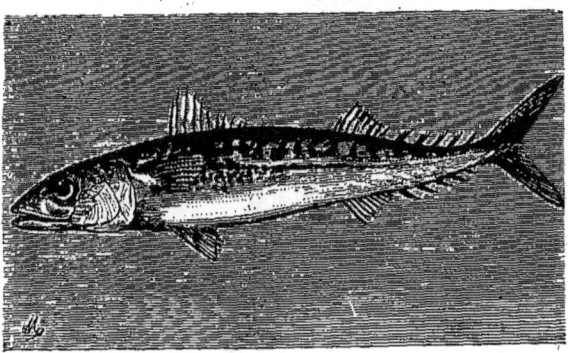

Fig. 108. Maquereau.

Anderson, les maquereaux se tiennent pendant l'hiver dans les mers du Nord. Ils en descendent au printemps, côtoient l'Islande, puis l'Écosse et l'Irlande, et se rendent dans l'océan Atlantique. Là leur armée se partage en deux : une colonne passe devant l'Espagne et le Portugal, pour se rendre dans la Méditerranée, pendant qu'une autre entre dans la Manche. Ces poissons paraissent en mai, sur les côtes de France et d'Angleterre, en juin sur celles de Hollande et de la Frise. En juillet, une partie se rend dans la mer Baltique, et une autre côtoie la Norvége, pour retourner dans le Nord.

Lacépède estime que cette marche si régulière, et dont toutes les étapes sont si rigoureusement indiquées, est inconciliable avec un grand nombre d'observations précises. Il croit donc que les maquereaux passent l'hiver dans les fonds de la mer plus ou moins éloignés des côtes, dont ils s'approchent vers le printemps; qu'au commencement de la belle saison ils s'avancent vers le rivage qui leur convient le mieux, se montrent souvent, comme les thons, à la surface de la mer, parcourent des chemins plus ou moins directs ou plus ou moins sinueux, mais ne suivent point le cercle périodique auquel on a voulu les astreindre.

M. Milne Edwards fait aussi remarquer que si ces légions de poissons descendaient toutes des mers polaires, elles devraient se montrer aux îles Orcades avant que d'apparaître dans la Manche, et entrer dans la Méditerranée plus tôt que dans la Manche; or, on assure que leur apparition n'est abondante aux Orcades qu'à une époque beaucoup plus avancée de la saison. Il paraît enfin que ce sont des variétés différentes qui hantent les divers parages où ces poissons abondent.

C'est à l'entrée de la Manche, entre les Sorlingues et l'île de Bas, que se prennent les plus gros maquereaux; mais ils sont moins estimés que ceux d'une plus petite taille. Les bancs de ces poissons ne paraissent pas entrer dans le golfe de Gascogne, mais ils abondent depuis l'extrémité de la Bretagne jusqu'à la mer du Nord. C'est, en général, vers le mois d'avril qu'on commence à en rencontrer; mais ils sont encore petits et non laités. Les plus communs et les plus estimés sont ceux qui se montrent pendant les mois de juin et de juillet. Vers la fin de septembre et en octobre, on pêche de petits maquereaux, qui paraissent être nés dans l'année. Enfin, en novembre et même en décembre, les pêcheurs de Dieppe en envoient parfois à Paris. Tout cela est, au reste, assez irrégulier.

Passons à la pêche de ces poissons.

Comme les maquereaux sont très-voraces, ils se jettent sur toutes sortes d'appâts et entrent facilement dans les parcs qu'on leur présente. On se sert le plus souvent, dans les grands passages de maquereaux, de grandes nasses de filets, nommées *manets*, dont les mailles sont calculées sur la grosseur de la tête de ces poissons, qui s'y prennent par les ouïes. Ces grands filets, qui sont tendus verticalement dans la mer, ou bien flottent entre deux eaux, plus ou moins près de la surface, ont deux

Fig. 109. Pêche du maquereau.

brasses de largeur, et jusqu'à deux mille brasses de longueur (fig. 109).

Sur les côtes de Normandie, aussitôt que les maquereaux arrivent, on va les pêcher dans les anses et les petites criques, en batelet, avec des lignes à canne à trois panneaux. Mais ce n'est là que la petite pêche, qu'on fait en partie de plaisir. La pêche en grand, dont nous avons parlé plus haut, se nomme le *petit métier* si elle se fait près des côtes, et *grand métier* lorsqu'elle se fait à trente ou quarante lieues en mer.

Lorsqu'on prend une trop grande quantité de poissons pour la consommation des pays voisins du lieu de la pêche, on prépare ceux que l'on veut conserver longtemps et envoyer à de grandes distances, en les vidant, en les mettant dans du sel, et en les entassant ensuite dans des barils, comme des harengs.

Leur chair est grasse et fondante. Chez les anciens, on l'exprimait, pour ainsi dire, et l'on en formait une sorte de substance liquide, préparation très-nourrissante, que l'on désignait sous le nom de garum. Le prix de ce liquide était assez élevé : en mesures modernes, il valait environ vingt francs le litre. Il était toujours âcre, à moitié putréfié et nauséabond, mais il avait la propriété de réveiller l'appétit et de stimuler l'estomac. Le garum jouait le rôle des épices, à une époque où le bataillon excitant des épices indiennes était inconnu. Sénèque lui reproche ce que nous reprochons au poivre et au piment, de ruiner l'estomac et la santé des gourmands. L'usage du garum s'est conservé pendant longtemps. Le naturaliste voyageur Pierre Belon, au seizième siècle, prétend que, de son temps, il était très-estimé à Constantinople.

Rondelet, l'auteur de l'ouvrage sur les *Poissons* (de Piscibus), publié en 1554, et très-remarquable pour son époque, ayant mangé du garum, chez Guillaume Pellicier, évêque de Maguelonne et savant naturaliste, s'occupa de rechercher l'espèce de poisson qui fournissait ce condiment. Il crut pouvoir l'attribuer, non au maquereau, mais au piccarel (*Sparus Smaris*), que l'on classe aujourd'hui dans la famille des Sparoïdes[1].

Les maquereaux sont au nombre des poissons phospho-

---

1. Voir dans notre ouvrage : *Vies des Savants illustrés*, tome III (*Savants de la Renaissance*), in-8°, Paris, la biographie de Rondelet.

rescents, c'est-à-dire qui brillent dans les ténèbres, surtout quand un commencement de putréfaction s'est emparé de leur corps, qui est toujours huileux.

Les maquereaux sont si voraces que, malgré leur petite taille, ils sont pleins de hardiesse et attaquent souvent des poissons plus gros et plus forts qu'eux. On a même prétendu qu'ils aiment la chair humaine. D'après l'évêque naturaliste Pontoppidan, qui vivait au seizième siècle, un marin appartenant à un vaisseau qui mouillait dans un des ports de la Norvége, se baignant un jour dans la mer, fut assailli par une troupe de maquereaux. On vint à son secours; on repoussa à grand'peine cette bande avide, mais il était trop tard : le malheureux expira quelques heures après.

Par un juste retour de la nature, de nombreux ennemis menacent les maquereaux. Les grands habitants des mers les dévorent à l'envi ; des poissons, en apparence assez faibles, tels que les murènes, les combattent avec avantage.

A côté des maquereaux et des thons, se range la *Bonite des tropiques*, animal de forte taille, célèbre par la chasse qu'il donne, en grandes troupes, aux poissons volants; le *Germon*, grand et bon poisson, qui arrive par troupes nombreuses, dans le golfe de Gascogne, vers le mois de juin, à la suite des sardines et des anchois, et dont les Basques et les habitants de l'île d'Yeu font une pêche active ; enfin l'*Espadon*.

L'*Espadon épée*, connu depuis les temps les plus anciens, a porté des noms particuliers qui rappellent le caractère saillant, soit dit sans jeu de mot, de sa structure organique. Il se reconnaît, en effet, au premier coup d'œil, à son museau prolongé horizontalement et tranchant comme une lame d'épée. Chez les anciens, c'était le Ξιφίας, le *Xiphius* et le *Gladius;* chez les modernes c'est l'*Épée*, le *Dard*, l'*Empereur*, le *Pesce spada* des côtes de la Méditerranée.

Ce poisson, qui peut acquérir une très-grande taille, se trouve dans la Méditerranée et dans l'Océan. Il accompagne les thons. Il semble éprouver le besoin de se servir envers et contre tous de l'arme dont la nature l'a muni. Il s'élance avec furie sur les obstacles et les grands corps mouvants, qu'ils soient de bois ou de chair, qu'ils soient vaisseau ou poisson.

En 1725, des charpentiers français examinant le fond d'un vaisseau qui revenait d'un voyage dans les mers tropicales, trouvèrent la lance d'un espadon enfoncée dans le bois de la carcasse du navire. Ils déclarèrent que pour enfoncer à cette profondeur, une pointe de fer de la même taille et de la même forme, il aurait fallu huit ou neuf coups d'un marteau pesant trente livres. D'après la position de l'arme, il était évident que le poisson avait suivi le navire quand il flottait à toutes

Fig. 110. Espadon épée.

voiles. Son épée avait pénétré à travers un pouce de doublage métallique du navire, trois pouces de planche et un demi-pouce de charpente solide.

L'espadon livre des combats opiniâtres au poisson-scie, et même au requin. Il est probable que lorsqu'il attaque la carène des vaisseaux, il prend leur sombre masse pour le corps d'un ennemi.

Ce terrible jouteur, ce paladin des abîmes, devient souvent lui-même la proie d'un ennemi. Un misérable petit parasite, le *Pennatula filesa*, pénètre dans sa chair et le rend fou de douleur.

La chair des jeunes espadons est blanche, compacte et d'un

goût excellent; celle des adultes devient plus ferme et ressemble davantage à celle des thons. Aussi est-il le but d'une pêche de quelque importance, qui se fait surtout dans le détroit de Messine.

Les pêcheurs de Messine et de Reggio sortent sur un grand

Fig. 111. Pêche de l'espadon dans le détroit de Messine.

nombre de barques, qui portent des fanaux brillants. Un homme monté sur un mât avertit de la présence de l'espadon, et les barques courent aussitôt, pour l'attaquer avec le harpon. Pendant cette pêche, les matelots chantent une mélodie particulière, mais sans paroles.

— La famille des *Pectorales pédiculées*, ainsi nommée parce que les poissons qui la composent ont leurs nageoires pectorales portées sur des espèces de bras que forme l'allongement des os du carpe, renferme la *Baudroie*, si remarquable par l'excès de grandeur du diamètre transversal de sa tête sur celui du corps; par sa large gueule, armée de dents pointues; par les lambeaux cutanés, déchiquetés de diverses longueurs, dont elle est comme hérissée en plusieurs points; par sa peau molle, lisse, sans écailles ni aspérités; par les sortes de membres qui supportent les nageoires pectorales. Tout cela forme un ensemble assez hideux et ressemble à ces images de démons et de lutins, par lesquelles on a effrayé pendant longtemps l'ignorance et la superstition des masses.

La dépouille de ce poisson, préparée de manière à être très-transparente, et rendue lumineuse par une lampe allumée ren-

Fig. 112. Baudroie.

fermée dans son intérieur, a servi plusieurs fois à faire croire à de fantastiques apparitions.

La baudroie, qui peut atteindre jusqu'à deux mètres de longueur, vit sur le sable, ou enfoncée dans la vase, et en laissant flotter au-dessus les filets longs et mobiles qui garnissent sa tête. Les lambeaux qui les terminent, forment comme des appâts naturels qu'elle agite en divers sens, et qui ressemblent à des vers ou autres animaux vivants. Les poissons qui nagent au-dessus d'elle, et qu'elle voit très-bien à l'aide de ses deux yeux, situés au sommet de la tête, sont attirés par ces trompeuses et singulières amorces. Lorsqu'ils arrivent assez près de son énorme gueule, qu'elle laisse presque toujours ouverte, elle les engloutit et les déchire à l'aide de ses dents fortes et crochues.

Cette manière de se tenir en embuscade, et de pêcher en quelque sorte à la ligne les poissons que sa conformation ne lui permet pas de poursuivre, a fait donner à la baudroie le nom de *grenouille pêcheuse*. Elle est plus ou moins répandue dans toutes les parties de la Méditerranée et dans beaucoup de parages de l'Océan ; nos pêcheurs en prennent dans le golfe de Gascogne, aussi bien que dans la Manche.

La *famille des Labroïdes* comprend : 1° les *Labres*, qui sont parés des plus vives couleurs, car le jaune, le vert, le bleu, le rouge,

Fig. 113. Vieille verte et Vieille rouge (Labres).

forment sur leur corps des bandes ou des maculatures, rehaussées de brillants reflets métalliques ; 2° les *Girelles*, dont une espèce méditerranéenne est remarquable par sa couleur violette, relevée de chaque côté par une bande orangée ; 3° les *Filous*, poissons de la mer des Indes, qui peuvent tout à coup avancer

POISSONS OSSEUX.

leur bouche et la transformer en un long tube, pour saisir au passage les petits animaux qui nagent à leur portée ; 4° les *Scares*, poissons des mers intertropicales, dont une' espèce, le *Scare de Crète*, était singulièrement estimée des anciens.

Nous représentons ici, comme type de la famille des Laboïdes, la *Vieille verte* et la *Vieille rouge* (fig. 113), variétés de la *Vieille commune*, appelée quelquefois *Perroquet de mer*, et qui vit dans l'Océan ; et dans la famille des Girelles, la *Girelle commune* (fig. 114), petit poisson remarquable par sa belle teinte violette,

Fig. 114. Girelle.

relevée de chaque côté par une bande en zigzag de couleur orangée, qui vit dans l'Océan et la Méditerranée.

Nous citerons encore parmi ces Acanthoptérygiens la famille des *Bouches en flûte* (fig. 115), ainsi nommée à cause du long tube que forment en avant du crâne, les os de la face. La bouche est placée à l'extrémité de ce tube ; c'est ce qui a valu à la famille dont ce poisson fait partie, le nom singulier qu'il porte.

La figure 115 représente le *Fistularia tabaccaria*, espèce type de genre *Fistulaire* (de *fistula*, flûte). Le tube du museau est long et aplati, et de la nageoire caudale part un filament terminal, presque aussi long que le corps.

Cette espèce de la famille des *Bouches en flûte* est commune dans la mer des Antilles; elle atteint jusqu'à un mètre et plus de longueur; mais sa chair est coriace et peu recherchée. Ce

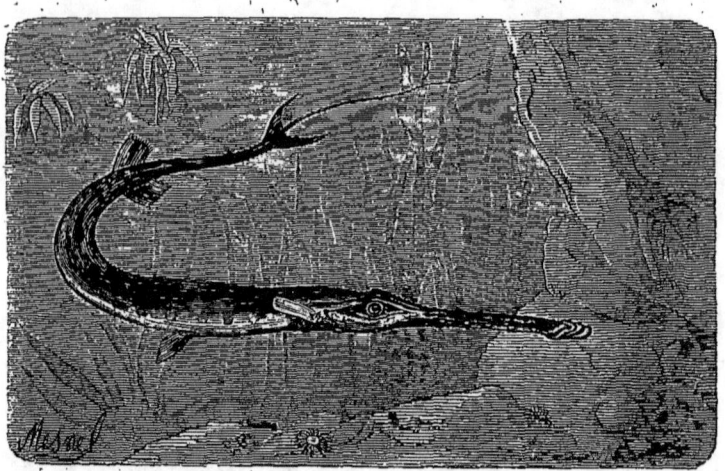

Fig. 115. Bouche en flûte, ou Fistulaire.

poisson se nourrit de crustacés et de poissons plus petits, qu'il va chercher sous les rochers et les pierres, grâce à son museau long et effilé.

Nous terminerons là cette histoire abrégée des principales espèces de poissons actuellement vivantes, et qui étaient de nature à intéresser nos lecteurs, par les habitudes de leur vie, par leur emploi dans l'industrie, ou par le rôle qu'elles jouent dans l'alimentation publique.

BATRACIENS ET REPTILES

BATRACIENS ET REPTILES.

Ces deux classes de vertébrés comprennent un certain nombre d'animaux qui ne sont ni vêtus de poils comme les mammifères, ni couverts de plumes comme les oiseaux, ni munis de nageoires comme les poissons.

Les *Reptiles* ont pour caractère essentiel d'être enveloppés d'écailles, en totalité ou en partie. Les uns se meuvent en rampant, par la simple adhérence de leurs écailles ventrales sur le sol : tels sont les serpents ; les autres, comme les tortues, les crocodiles, les lézards, tout en progressant à l'aide de pattes, paraissent cependant se traîner dans les différents milieux où ils vivent, parce que leurs jambes, excessivement courtes, n'ont pas le pouvoir de maintenir leur corps dans une position élevée. Les membres locomoteurs, lorsqu'ils existent, sont ordinairement au nombre de quatre; mais on connaît plusieurs espèces de lézards qui n'en possèdent que deux. Il existe même un petit reptile dont le mode de translation fait exception à la règle générale : c'est le dragon-volant. Cet animal est pourvu, outre ses quatre pattes, d'appendices membraneux, sortes de prolongement de la peau des flancs, qui sont supportés par les côtes, et lui permettent de se laisser tomber du haut d'un arbre, pour saisir les insectes dont il se nourrit.

Les *Batraciens* diffèrent des reptiles par leur peau nue. De plus, ils subissent des métamorphoses : ils mènent une vie purement aquatique dans leur jeune âge, et respirent alors par des branchies, à l'instar des poissons. Les petits des grenouilles, des crapauds, des salamandres, qui se nomment *têtards*, n'ont, en effet, aucune ressemblance avec leurs parents, à leur entrée dans le monde. Ce sont des êtres au corps mince et allongé, dénués de pattes et de nageoires, à la tête volumineuse, qui sillonnent, en quantités innombrables, l'eau croupissante des mares, et y vivent tout à fait à la manière des poissons. Mais peu à peu ils se transforment. Leurs membres et leurs poumons se développent, leurs branchies s'atrophient, et un jour arrive où, convenablement organisés pour une autre existence, ils s'élancent hors de leur humide retraite, et foulent cette terre, nouvelle pour eux. Pourtant ils n'oublient pas leur élément natal. Grâce aux palmures de leurs doigts, ils peuvent encore parcourir les lieux témoins de leur enfance; et ils y retournent, pour se livrer aux plaisirs de la natation. Quelques-uns, comme les Protées et les Sirènes, sont même à ce point favorisés de la nature, qu'ils conservent le privilège de s'ébattre au sein de l'onde, tout en gambadant à travers les prairies. Ce sont de véritables amphibies; ils doivent cette existence en partie double à la persistance de leurs branchies.

Chez les reptiles et les batraciens, comme chez les oiseaux et les mammifères, la respiration est aérienne et pulmonaire, mais beaucoup moins active. Les batraciens ont, en outre, une respiration cutanée très-considérable; quelques-uns, comme les crapauds, les reinettes, absorbent même plus d'oxygène par la peau que par les poumons.

La circulation est incomplète, par suite de la structure du cœur, qui ne présente qu'un ventricule. Le sang, après une régénération partielle dans les poumons, revient se combiner au sang non revivifié, et c'est ce mélange qui est lancé dans l'économie. Aussi les reptiles et les batraciens sont-ils considérés comme des animaux à *sang froid*, surtout les premiers, dont la fonction respiratoire, source de calorique intérieur, s'exerce très-faiblement.

En raison de la basse température de leur corps, les reptiles recherchent les climats brûlants, où le soleil darde des rayons d'une intensité inconnue dans nos régions tempérées. C'est pour cela qu'ils fourmillent sous les chaudes latitudes de l'Asie, de l'Afrique et de l'Amérique, tandis qu'ils sont rares en Europe.

C'est encore pour cela qu'ils s'engourdissent pendant l'hiver. Ne trouvant pas en eux assez de chaleur pour réagir contre le froid extérieur, ils s'endorment d'un sommeil de plusieurs mois, et ne se réveillent qu'aux premières caresses du printemps. Les serpents, les lézards, les tortues, les grenouilles, sont astreints à cette loi. Les uns hibernent sur la terre même, sous des amas de pierre ou dans des trous; les autres dans la vase; d'autres enfin au fond de l'eau.

Ces animaux ont les sens peu développés. Le toucher, le goût, l'odorat sont, chez eux, très-imparfaits. L'ouïe, quoique moins obtuse, laisse cependant beaucoup à désirer; mais la vue s'exerce assez convenablement, par de grands yeux, à prunelle

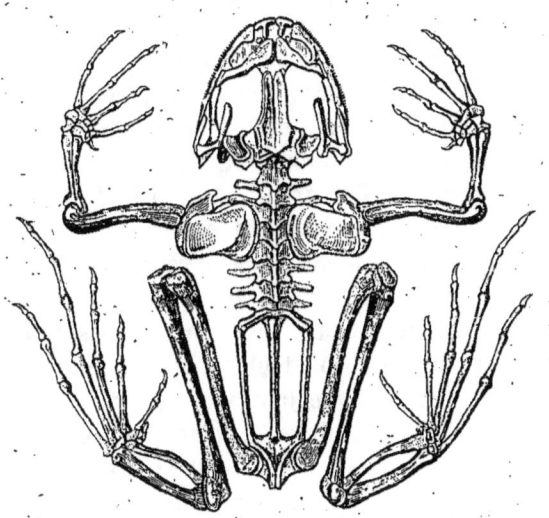

Fig. 116. Squelette de batracien (grenouille).

contractile, circonstance qui permet à certains reptiles, comme les geckos, de distinguer les objets dans l'obscurité. La voix est à peu près nulle chez les batraciens et les reptiles. Cependant les serpents poussent des sifflements aigus; quelques espèces de crocodiles font entendre des hurlements énergiques, et les grenouilles coassent.

Les reptiles et les batraciens ont le cerveau très-petit. Cette particularité explique leur peu d'intelligence, et l'impossibilité presque complète où l'on se trouve de les instruire. On parvient, il est vrai, à les apprivoiser, mais ils ne sont pas susceptibles d'affection.

Le faible volume de leur cerveau les rend fort insensibles, et leur permet de supporter des mutilations qui seraient immédiatement mortelles pour les autres animaux. Le lézard, par exemple, casse fréquemment sa queue dans ses brusques mouvements. S'en émeut-il? Non! Cet amoindrissement de son être ne semble pas l'affecter; il attend avec patience le retour de l'organe que la nature complaisante renouvelle aussi souvent qu'il le faut. On peut tout aussi impunément lui extirper les yeux, lui trancher une partie de la tête : ces organes se remplacent ou se complètent, au bout d'un certain temps, sans que l'animal ait cessé d'accomplir les fonctions qui lui sont encore permises dans son état d'amputé. Une tortue, privée de son cerveau, continua de vivre et de marcher pendant six mois ; et l'on a vu une salamandre dans un état de santé fort satisfaisant, quoique sa tête fût, pour ainsi dire, isolée du tronc, par une ligature extrêmement serrée autour du cou.

Une autre particularité curieuse de l'histoire des reptiles et des batraciens, c'est qu'au sortir de leur engourdissement ils se dépouillent de leur vieille enveloppe, et reprennent ainsi, chaque année, une nouvelle jeunesse. Il est certain, d'ailleurs, qu'ils restent jeunes fort longtemps. Leur croissance est très-lente, et se continue pendant presque toute la durée de leur existence. Aussi sont-ils doués d'une longévité remarquable. On s'en étonnera peu si l'on réfléchit qu'*existant sans vivre* durant plusieurs mois de l'année, ils s'usent moins vite que les autres animaux, et doivent, par conséquent, atteindre un âge plus avancé.

La faible activité de l'organisme chez les reptiles et les batraciens fait que leur estomac n'a point d'exigences; aussi ne prennent-ils qu'une rare nourriture, qui n'est digérée ensuite que lentement.

A l'exception des tortues, dont le régime est herbivore, les batraciens et les reptiles se nourrissent de proies vivantes. Les uns, comme les lézards, les grenouilles, les crapauds, etc., poursuivent les vers, les insectes, les petits mollusques terrestres ou aquatiques; les autres, comme les crocodiles et les serpents, se jettent sur les mammifères et les oiseaux. Les serpents de grande taille, grâce à la dilatabilité de leur œsophage, avalent des animaux beaucoup plus gros qu'eux. Le boa s'élance sur le taureau, l'étreint de ses replis sinueux, lui brise les os, et peu à peu l'engloutit tout entier.

Les reptiles, aussi bien que les batraciens, sont *ovipares*, et leur fécondité est très-grande. Leurs œufs sont tantôt recouverts d'une enveloppe calcaire : tels sont ceux des reptiles; tantôt mous et analogues au frai de poisson, comme chez les batraciens. Ils ne couvent pas leurs œufs, mais ils les enfouissent dans le

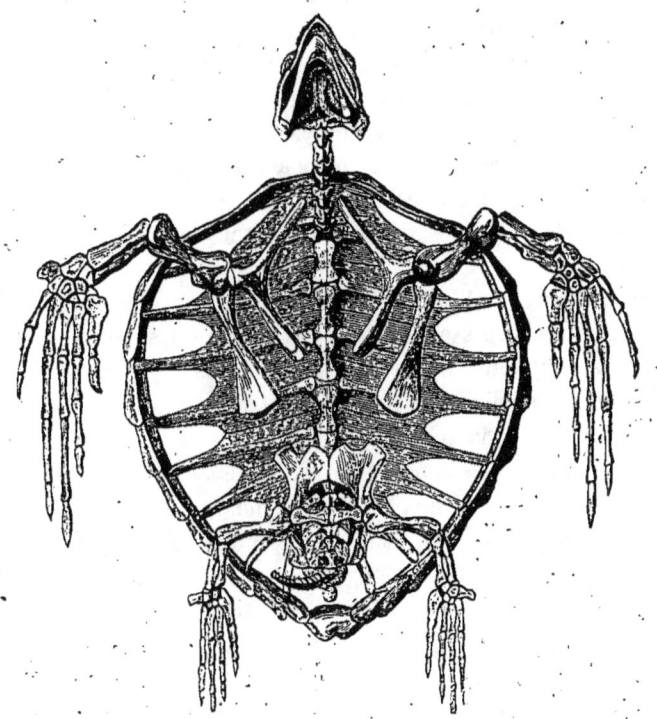

Fig. 117. Squelette de reptile (tortue).

sable, et confient à la chaleur solaire le soin de les faire éclore. Les batraciens se contentent de les répandre dans l'eau des mares, où bien ils les transportent sur leur dos, jusqu'au terme de l'éclosion.

Au sortir de l'œuf, les petits doivent pourvoir à tous leurs besoins; car les parents ne sont pas là pour leur apporter leur nourriture, et les défendre contre leurs ennemis. Cette protection, si manifeste parmi les animaux supérieurs, n'existe pas d avantage chez les espèces *ovovivipares*, c'est-à-dire chez lesquelles les œufs éclosent dans le corps de la mère; les jeunes sont, pour ainsi dire, pondus vivants et tout préparés pour la bataille de l'existence.

Les amours de ces animaux ne présentent pas ce caractère d'affection mutuelle et de tendre sympathie qui distingue ceux des mammifères et surtout des oiseaux. Dès qu'ils ont assuré la perpétuité de leur espèce, ils se séparent, et reprennent leur existence solitaire.

Certains reptiles atteignent des dimensions vraiment extraordinaires, et qui les rendent parfois très-redoutables. On rencontre des tortues marines qui pèsent jusqu'à 800 kilogrammes, et dont la carapace mesure jusqu'à 2 mètres de long. La taille ordinaire du crocodile est de 3 à 4 mètres, mais on en a vu de 8 et même de 10 mètres, qui ouvraient une gueule de 2 à 3 mètres de largeur.

On trouve dans l'Inde et en Amérique d'énormes boas, qui sont gros comme la cuisse d'un homme, et n'ont pas moins de 16 mètres de longueur. Les annales romaines font mention d'un serpent de 40 pieds de long, qui fut rencontré par Régulus en Afrique, lors de la guerre punique.

Ces gigantesques reptiles ne sont cependant pas les plus à craindre pour l'homme. Leur taille même les désigne à l'attention, de sorte qu'il est facile de les éviter. Bien autrement terribles sont les vipères, longues de 60 centimètres seulement, qui se glissent auprès de leur proie, sans être vues, et la mordent cruellement, en laissant dans la plaie un venin, qui déterminé la mort avec une rapidité foudroyante. Cette fatale puissance est sans doute l'origine du culte qui fut accordé à certains reptiles par quelques nations de l'antiquité, et qui leur est voué encore par plusieurs peuplades sauvages.

Les reptiles et les batraciens ont inspiré, de tous temps, à l'homme une répulsion insurmontable. M. Daudin cite l'exemple d'une femme qui tomba sans connaissance, pour avoir mis la main sur un crapaud dont elle ne soupçonnait pas la présence [1]. Combien de personnes ne peuvent retenir un mouvement d'effroi

---

1. *Histoire naturelle générale et particulière des reptiles.* Paris, an x; tome Ier, in-8°. *Introduction.*

à la vue d'une couleuvre, d'un lézard ou d'une grenouille, animaux bien inoffensifs pourtant! Plusieurs causes concourent à cette aversion. En premier lieu, la basse température de leur corps, dont le contact communique à celui qui en éprouve l'effet, un frisson subit, involontaire ; puis l'humeur gluante qui découle de leur gueule, comme chez les serpents, ou qui suinte de leur peau, comme chez les grenouilles, les crapauds et les salamandres. La fixité et l'atonie de leur regard impressionnent péniblement. L'odeur écœurante qu'ils exhalent, est d'une telle âcreté, qu'elle provoque quelquefois, à elle seule, l'évanouissement. Ajoutons la crainte d'un danger, réel ou souvent exagéré, et nous aurons le secret de cette sorte d'horreur instinctive que fait naître en nous la vue d'un reptile.

Cependant les espèces nuisibles sont exceptionnelles parmi les reptiles, et il n'en est aucune chez les batraciens ; car c'est à tort qu'on a pris pour un venin l'urine que le crapaud lance en s'enfuyant.

S'il est vrai que ces animaux soient, en général, d'un aspect repoussant, on ne peut néanmoins méconnaître leur utilité incessante dans l'économie de la nature. Habitants du limon, de la vase et des fanges impures, ils font une guerre incessante aux vermisseaux, aux insectes qui pullulent dans ces cloaques, et qui altéreraient l'atmosphère, si la nature n'y avait pourvu, par leur salutaire présence dans les mêmes lieux.

Ils trouvent, à leur tour, des ennemis acharnés dans les oiseaux des marais, qui mettent un frein à leur prodigieuse multiplication. Ainsi s'établissent l'équilibre et l'harmonie des êtres.

Les animaux qui nous occupent, rendent des services plus directs à l'homme, par la part que celui-ci leur accorde dans son alimentation. On mange les grenouilles dans le midi de l'Europe ; et dans quelques parties du même pays, on mange les couleuvres, sous le nom d'*anguilles de haies*. On sait la faveur dont jouissent en Angleterre les tortues, pour faire des potages. Dans certaines contrées, on mange les iguanes, les crocodiles et même les serpents à sonnettes. Il n'y a pas jusqu'au bouillon de vipère qui n'ait été préconisé longtemps par les Hippocrates des temps barbares.

Comme nous l'avons déjà fait remarquer, la nature particulière de leur organisation porte les reptiles et les batraciens à rechercher les régions où le soleil verse constamment des torrents d'une ardente lumière. C'est là qu'ils atteignent ces dimensions énormes qui distinguent les serpents africains; c'est là qu'ils distillent leurs poisons les plus subtils; c'est là qu'ils se parent de ces vives couleurs, qui, pour être moins riches que celles des oiseaux et des poissons, n'en sont pas moins d'un effet saisissant. Les serpents et les tortues brillent de reflets métalliques très-divers; les corps des iguanes et des lézards présentent des combinaisons et des nuances de couleurs extrêmement variées. C'est dans ces mêmes parages que vit le caméléon, animal remarquable par ses changements de coloration, phénomène qui se retrouve aussi chez nos grenouilles, mais à un degré extrêmement affaibli.

Les reptiles et les batraciens ont été extrêmement nombreux dans les premières périodes de l'existence de notre globe. C'est alors que vivaient ces sauriens monstrueux, dont les dimensions seules effrayent notre imagination. Chez les reptiles et les batraciens des premiers âges de la terre, les formes étaient bien plus nombreuses, les dimensions bien plus grandes, les moyens d'existence bien plus variés, que chez ceux de la création contemporaine. Les reptiles des temps actuels ne sont que les fils dégénérés de ceux des temps géologiques. Tandis qu'autrefois ils remplissaient les eaux de leurs effrayantes et gigantesques masses, et semaient la terreur au sein de la création vivante, tant par leurs armes redoutables que par leur nombre prodigieux, aujourd'hui ils sont réduits à un nombre d'espèces véritablement infime. On ne compte guère plus de 1500 espèces de reptiles et de batraciens, dont 100 seulement appartiennent à l'Europe.

C'est pour cela que nous abrégerons, dans cet ouvrage, l'histoire des batraciens et des reptiles.

BATRACIENS.

Les animaux qui composent cette classe ont été longtemps confondus avec les reptiles, dont ils diffèrent par une particularité fondamentale d'organisation. A leur naissance, ils respirent par des branchies, et ressemblent, par conséquent, aux poissons. Autant par leurs formes que par leurs mœurs et leur organisation, ces animaux sont, au point de vue physiologique, des poissons, à cette époque de leur vie. Par les progrès de l'âge, ils subissent une métamorphose essentielle : ils acquièrent des poumons, et dès lors ont une respiration aérienne. Il est donc facile de comprendre que cette classe d'animaux ne saurait se ranger, comme on l'a fait longtemps, parmi les reptiles qui sont des animaux à respiration aérienne, mais qu'ils doivent former une classe particulière de vertébrés.

Les Batraciens établissent la transition entre les Poissons et les Reptiles. Ils sont comme un trait d'union entre ces deux groupes d'animaux. On le voit, les classifications sont souvent en défaut : les savants font des divisions, la nature fait des transitions.

Les batraciens, à l'état adulte, sont des animaux à sang froid, à circulation incomplète, à respiration peu active, et dont la peau est nue. Nous avons donné, dans le chapitre qui précède, les caractères généraux qui leur appartiennent.

Les *Grenouilles*, les *Rainettes*, les *Crapauds*, les *Pipas*, les *Salamandres* et les *Tritons*, sont les représentants des principales familles de batraciens dont nous ferons l'histoire.

Grenouille. — La grenouille a reçu un irréparable dommage

de sa ressemblance avec le crapaud, car cette circonstance fait naître, dans l'esprit de beaucoup de personnes, de fâcheuses préventions contre ce petit et innocent batracien. Si le crapaud n'existait pas, la grenouille nous paraîtrait d'une conformation curieuse, et nous intéresserait par les phénomènes de transformation qu'elle présente dans les diverses époques de son développement. Nous y verrions un animal utile, inoffensif, aux formes sveltes, aux membres déliés et souples, au corps paré de cette couleur verte qui plaît tant à la vue et qui se confond harmonieusement avec le tapis de nos prés.

Le corps de la *Grenouille commune* (fig. 118) peut atteindre plus de deux décimètres de longueur, depuis l'extrémité du museau jusqu'au bout des pattes de derrière. Son museau se termine en pointe; ses yeux sont gros, brillants et entourés d'un cercle couleur d'or. Sa bouche est grande; son corps, rétréci par derrière, présente, sur le dos, des tubercules et des aspérités. Il est d'un vert plus ou moins foncé en dessus et blanc en dessous. Ces deux couleurs, qui s'accordent très-bien, sont relevées par trois raies jaunes, qui s'étendent le long du dos, et par des marbrures noires éparses.

Ce serait donc obéir à une prévention regrettable que de détourner le regard quand on rencontre dans la campagne ce petit être sautillant, à la taille légère, aux mouvements prestes et à l'attitude gracieuse. Il ne faut pas voir avec déplaisir les bords de nos ruisseaux embellis par les couleurs de ces petits êtres, et animés par leurs gambades. Suivons des yeux leurs manœuvres, au milieu de nos étangs, dont ils égayent la solitude sans en troubler la tranquillité.

Les grenouilles sortent souvent de l'eau, non-seulement pour chercher leur nourriture, mais encore pour se chauffer au soleil. Lorsqu'elles se reposent ainsi, la tête haute, le corps relevé sur les pattes de devant, et appuyées sur les pattes de derrière, elles présentent plutôt l'attitude d'un animal d'une espèce élevée, que celle d'un reptile bas et fangeux.

Les grenouilles se nourrissent de larves, d'insectes aquatiques, de vers, de petits mollusques. Elles choisissent toujours une proie vivante et en mouvement; elles se mettent à l'affût pour la guetter, et quand elles l'ont aperçue, elles fondent sur elle avec vivacité.

BATRACIENS. 203

Bien loin d'être muettes, comme plusieurs quadrupèdes ovipares, les grenouilles donnent de la voix. Les femelles ne font entendre qu'un grognement particulier et peu élevé, produit par l'air qui vibre dans l'intérieur de deux poches vocales, situées sur les côtés du cou ; mais le cri des mâles est sonore, et porte très-loin. C'est un coassement que le poëte grec Aristophane a cherché à imiter, par des consonnes inharmoniques : *brekekekikoax, coax!* C'est principalement lors des temps de

Fig. 118. Grenouille.

pluie, et dans les chaudes journées, le soir et le matin, que les grenouilles poussent ces sons confus. Elles chantent en chœur, et la monotonie de cette triste mélopée est des plus fatigantes.

Sous le régime féodal, pendant ce bon vieux temps du moyen âge, auquel certaines gens voudraient nous ramener, les châteaux des seigneurs et hobereaux de la contrée étaient entourés de fossés à demi pleins d'eau, et habités par un peuple de coassantes grenouilles. Il était ordonné aux vassaux et vilains de battre, matin et soir, l'eau de ces fossés, afin d'empêcher les grenouilles de troubler le sommeil des seigneurs et maîtres desdits châteaux.

Indépendamment des cris retentissants et longtemps prolongés dont nous venons de parler, la grenouille mâle se sert, à certaines époques, pour appeler sa femelle, d'une voix sourde et comme plaintive, que les Romains nommaient *ololo* ou *ololygo*, « tant il est vrai, dit Lacépède, que l'accent de l'amour est toujours mêlé de quelque douceur. »

Quand l'automne arrive, les grenouilles cessent de se livrer à leur voracité habituelle. Elles ne mangent plus ; et pour se garantir du froid, elles s'enfoncent assez profondément dans la vase, réunies par troupes, dans le même lieu. Ainsi enfouies, elles passent l'hiver dans un état continu d'engourdissement. Quelquefois le froid gèle leur corps sans les faire périr.

Cet état de torpeur se dissipe aux premiers jours du printemps. Dès le mois de mars, les grenouilles commencent à se réveiller et à s'agiter. C'est à cette époque qu'elles se multiplient. Leur race est si féconde, qu'une femelle peut pondre annuellement de six cents à douze cents œufs.

Ces œufs sont globuleux et formés d'une sphère glutineuse et transparente, au centre de laquelle est un petit globule noirâtre. Les œufs flottent, en formant comme des chapelets à la surface de l'eau.

Tous ceux qui ont regardé avec quelque attention, à cette époque, les petites mares des campagnes, ont vu nager, à la surface de l'eau, ces élégantes et légères embarcations. Au bout de quelques jours, plus ou moins, suivant la chaleur atmosphérique, le petit point noir qui était l'embryon et qui s'est développé à l'intérieur de l'œuf, aux dépens de la masse glaireuse qui l'enveloppe, se dégage et s'élance dans l'eau : c'est le *têtard* de grenouille.

Le corps du *têtard*, de forme ovoïde, se termine par une longue queue aplatie, qui forme une véritable nageoire. De chaque côté du cou, sont deux grandes branchies, en forme de panache. Le têtard n'a point de pattes. Bientôt ses panaches branchiaux se flétrissent, sans que la respiration cesse d'être aquatique, car le têtard possède en outre des branchies intérieures comme les poissons. Peu de temps après, les pattes commencent à se montrer. Ce sont les pattes postérieures, qui apparaissent les premières ; elles acquièrent une grande longueur, avant que les pattes antérieures commencent à se montrer. Celles-ci se développent sous la peau, qu'elles percent plus tard. Lorsque les pattes sont développées, la queue commence à se flétrir et s'atrophie peu à peu, de façon à disparaître com-

Fig. 119. Développement du têtard.

1. Œuf de grenouille. — 2. Œuf fécondé et entouré d'une vésicule. — 3. Premier âge du têtard. — 4. Apparition des branchies respiratoires. — 5. Développement des branchies du têtard. — 6. Formation des pattes postérieures du têtard. — 7. Formation des pattes antérieures, suppression graduelle des branchies. — 8. Développement des poumons, réduction de la queue. — 9. Grenouille parfaite.

plétement chez l'animal parfait. Vers la même époque, les poumons se développent et commencent à fonctionner. On peut suivre sur la figure 119 les phases successives de la transformation de l'œuf de grenouille en têtard, puis en batracien parfait.

A travers ces admirables modifications, on voit le poisson devenir peu à peu batracien. Pour suivre jour par jour cette étrange métamorphose, il suffit de recueillir des œufs de grenouille, et de les placer, avec quelques herbes aquatiques, dans un aquarium, ou dans un bocal à poissons rouges. C'est là un spectacle des plus intéressants, et nous engageons nos lecteurs à se donner ce plaisir, ce délassement instructif et facile.

On admet aujourd'hui l'existence de deux espèces de grenouilles européennes : la *Grenouille verte* et la *Grenouille rousse*.

La *Grenouille verte* est celle que nous avons décrite et représentée (fig. 118). Elle se trouve dans les eaux courantes et dormantes. C'est cette espèce que la Fontaine met en scène dans une de ses fables :

> Grenouilles aussitôt de sauter dans les ondes ;
> Grenouilles de rentrer dans leurs grottes profondes !

La *Grenouille rousse*, un peu plus petite que la précédente, habite les lieux humides, dans les champs et les vignes. Elle ne se rend dans l'eau que pour se reproduire ou pour hiverner.

La chair des grenouilles est très-tendre, très-blanche, très-délicate. C'est un mets peu estimé, mais à tort, nous en donnons l'assurance. Accommodées à la *poulette*, les grenouilles vertes ont un goût qui rappelle celui de la volaille très-jeune. Dans presque toute la France on dédaigne ce manger ; ce n'est guère que dans le Midi que l'on ose avouer ce goût, et que l'on pêche des grenouilles, pour les vendre au marché. Aussi n'ai-je jamais bien compris pourquoi nos bons voisins les Anglais, quand ils veulent se moquer de leurs amis les Français, les appellent *mangeurs de grenouilles!* C'est un reproche que l'on pourrait tout au plus adresser à des Provençaux et à des Languedociens, comme le très-humble auteur de ce livre.

On distingue aisément la *Raine verte*, ou *Rainette* (fig. 120) des Grenouilles, par de petites plaques qu'elle a sous ses doigts. Ces petits organes sont des espèces de ventouses, qui permettent à l'animal de s'appliquer fortement à tous les corps, quelque polis qu'ils soient. La branche la plus unie, la face inférieure d'une feuille, suffisent pour donner une prise et un point d'appui suffisant à ce délicat organe.

Le dessus du corps de la rainette est d'un beau vert : le dessous, où l'on voit de petits tubercules, est blanc. Une raie jaune, légèrement bordée de violet, s'étend de chaque côté de la tête et du dos, depuis le museau jusqu'aux pattes de derrière. Une raie semblable règne depuis la mâchoire supérieure jusqu'aux pattes de devant. Sa tête est courte, sa bouche ronde, ses yeux élevés. Beaucoup plus petite que la grenouille, elle n'en a que plus de gentillesse. Elle vit pendant l'été sur les feuilles des arbres, dans les bois humides, passe l'hiver au fond des eaux, et n'en sort vers le mois de mai qu'après y avoir déposé ses œufs. Elle se nourrit de petits insectes, de vers, de mollusques nus, et se place à l'affût, dans le même lieu, pendant des journées entières. Tant que brille le soleil, elle reste cachée sous les feuilles des arbres; mais dès que le crépuscule commence, elle se met en mouvement et grimpe aux arbres.

Il faut répéter pour les rainettes ce que nous avons dit sur

Fig. 120. Rainette ou Grenouille d'arbre.

les grenouilles : il faut se défaire de tout préjugé à leur sujet, et alors on examinera avec le plus grand plaisir leurs couleurs vives, qui se nuancent si bien avec le vert des feuilles; on remarquera leurs ruses et leurs embuscades; on les suivra des yeux dans leurs petites chasses; on les verra se tenir renversées sur les feuilles, dans une situation qui paraîtrait merveilleuse si l'on ne connaissait pas l'organe qui leur a été donné pour s'attacher aux corps les plus unis. On prendra à ce spectacle autant de plaisir que si l'on considérait le plumage, les manœuvres et le vol de plusieurs oiseaux.

Le coassement des rainettes est assez semblable à celui des grenouilles, quoique moins aigre et quelquefois plus fort dans les mâles; il peut assez bien se traduire par les syllabes *carac-*

carac, prononcées du gosier. Ce cri se fait entendre principalement le soir et le matin. Dès qu'une rainette a commencé de pousser son coassement, toutes les autres l'imitent. Dans les nuits tranquilles, la voix d'une troupe de ces petits batraciens parvient quelquefois jusqu'à plus d'une lieue.

Les *Crapauds* sont de forme ramassée et désagréable. On comprend difficilement comment la nature, qui a donné aux grenouilles et aux rainettes une parure élégante et une sorte de grâce, a pu imprimer aux crapauds une forme aussi repoussante.

Ces êtres disgraciés occupent une grande place dans l'ordre de la nature; ils sont répandus avec profusion, mais on ne saurait dire exactement dans quel but.

Le *Crapaud commun* (fig. 121) est lourd et trapu. Sa couleur est ordinairement d'un gris livide, tacheté de brun et de jaunâtre. Il est encore enlaidi par un grand nombre de pustules ou de verrues. Une peau épaisse et dure couvre son dos aplati. Son large ventre paraît toujours enflé; sa tête est un peu plus grosse que le reste du corps, sa gueule est grande, ses yeux gros et saillants. Il habite ordinairement au fond des fossés, surtout dans ceux où une eau fétide et corrompue croupit depuis longtemps. On le trouve dans les fumiers, dans les caves, dans les parties obscures et humides des bois. Combien de fois n'a-t-on pas été désagréablement surpris, lorsque, soulevant quelque gros caillou, on a découvert un crapaud, accroupi contre terre, affreux à voir, et, comme honteux de lui-même, se dérobant avec tristesse aux regards étrangers.

C'est dans ces divers asiles obscurs et fétides que le crapaud se tient renfermé pendant le jour. Il sort de préférence le soir, et marche, plutôt qu'il ne court. Quand on veut le saisir, il vide dans la main tout le contenu de sa vessie urinaire. Si on l'irrite davantage, une humeur laiteuse et venimeuse suinte des cryptes de son dos.

Une particularité de sa structure le défend un peu des attaques du dehors. Sa peau, très-extensible, adhère faiblement aux muscles, et peut, au gré de l'animal, laisser entre ce tégument et les chairs une notable quantité d'air, qui ballonne le corps, et le place au milieu d'une couche élastique de gaz, grâce à laquelle il est moins sensible aux chocs.

Les crapauds se nourrissent d'insectes, de vers et de petits mollusques. Ils font entendre, le soir, surtout à l'époque des amours, un chant plaintif et flûté. Ils se rendent dans les eaux des étangs ou dans de simples flaques d'eau, pour s'accoupler et y déposer leurs œufs. Après l'éclosion, les petits suivent les mêmes phases que les têtards de grenouilles.

Leur vie peu active est néanmoins très-tenace. Ils respirent peu, sont susceptibles d'hibernation, et peuvent ainsi rester pendant un temps assez considérable renfermés dans un espace très-resserré.

Il faut bien se garder toutefois de prendre à la lettre ce qu'on

Fig. 121. Crapaud.

a écrit sur la longévité du crapaud, et sur la découverte de ces animaux trouvés vivants au milieu d'un caillou. C'est une erreur d'observation, qui provient de ce que le crapaud se blottit avec une facilité singulière dans les moindres plis du terrain ou dans les plus petites anfractuosités des pierres placées dans des lieux sombres.

Cet animal aux formes repoussantes, et que la nature a muni d'une humeur venimeuse, arme offensive et défensive très-efficace, ce lépreux misérable, ce solitaire obscur qui fuit la vue de l'homme, comme s'il comprenait qu'il fait tache dans le brillant tableau de la nature, est pourtant susceptible d'éducation. Il se familiarise et s'apprivoise à l'occasion. Hélas! cette occasion est bien rare pour lui!

Le zoologiste Pennant a rapporté des détails curieux sur un pauvre crapaud qui, réfugié sous l'escalier d'une maison, s'était accoutumé à venir, tous les soirs, dès qu'il apercevait de la lumière, dans une salle à manger voisine du lieu de sa retraite. Il se laissait prendre et placer sur une table, où on lui donnait des vers, des cloportes et des insectes. Comme on ne lui avait

Fig. 122. Pipa d'Amérique.

jamais fait de mal, il ne s'irritait point lorsqu'on le touchait. Il devint bientôt par sa gentillesse (la gentillesse d'un crapaud!) l'objet d'une curiosité générale. Les dames mêmes tenaient à voir cet animal familier.

Le pauvre batracien vécut ainsi trente-six ans. Il aurait vécu plus longtemps encore, si un corbeau apprivoisé, et, comme lui, l'hôte de la maison, ne l'eût attaqué à l'entrée de son trou, et ne lui eût crevé un œil. Dès lors il devint languissant, et mourut au bout d'une année.

A côté des crapauds se placent les *Pipas*, dont la physionomie est aussi hideuse que bizarre. Leur tête est aplatie, triangulaire. Un cou très-court la sépare du tronc, qui est lui-même déprimé et aplati. Leurs yeux sont d'une petitesse extrême, d'une couleur olivâtre plus ou moins claire, et semée de très-petites taches rousses ou rougeâtres. Ils n'ont pas de langue.

Il n'existe qu'une seule espèce de Pipa, le *Pipa d'Amérique* (fig. 122), qui habite la Guyane et plusieurs provinces du Brésil.

Ce qui rend surtout ce batracien remarquable, c'est son mode de reproduction. Il est ovipare, mais il n'abandonne pas ses œufs dans l'eau comme les poissons. Quand la femelle a pondu, le mâle prend les œufs et étale sur le dos de sa compagne l'espoir de sa postérité; puis il les féconde. Les femelles, portant toujours sur le dos les œufs fécondés, gagnent ensuite les marais, et s'y plongent. Mais bientôt la peau du dos qui supporte les œufs, éprouve une inflammation érysipélateuse, sorte d'irritation déterminée par la présence des œufs, lesquels sont alors englobés dans la peau, et disparaissent sous ce tégument.

Les jeunes pipas se développent dans ces petites alvéoles maternelles. Bientôt ils éclosent, et restent dans ces alvéoles jusqu'à ce qu'ils aient pris un développement suffisant. Lorsqu'ils en sortent, ils ont la forme des adultes. Ce n'est qu'après s'être débarrassée de sa progéniture que la femelle abandonne sa résidence aquatique.

Urodèles. — Les *Salamandres* et les *Tritons* ont été appelés *Urodèles*, nom de la famille qui réunit ces deux espèces.

Le caractère extérieur constant qui distingue ces amphibiens d'une manière générale, c'est la présence de la queue pendant toute la durée de leur existence. Cependant ils sont soumis à la métamorphose que subissent tous les autres batraciens dépourvus de queue. C'est cette particularité qui leur a fait donner le nom d'*Urodèles* (οὐρά, queue, ὅηλος, manifeste).

Les Salamandres ont eu les honneurs de récits fabuleux. Les Grecs croyaient qu'elles pouvaient vivre dans le feu; et cette erreur, si longtemps accréditée, n'est pas entièrement dissipée de nos jours. Beaucoup de gens ont la naïveté de croire ces innocentes bêtes incombustibles. L'amour du merveilleux, soigneusement entretenu et excité par l'ignorance et la superstition, a conduit plus loin encore. On est allé jusqu'à prétendre que le feu le plus violent s'éteint quand on y jette une salamandre. Au moyen âge, cette opinion avait cours chez la plupart des hommes, et l'on aurait été mal venu de la contredire. La salamandre était l'animal obligé des conjurations des sorciers et sorcières. Les peintres ne manquaient pas de faire figurer dans leurs représentations symboliques une salamandre résistant au feu du plus violent brasier. Il a fallu que des physiciens, des philosophes, prissent la peine de prouver par l'expérience l'absurdité de pareils contes.

La *Salamandre terrestre*, ou *tachetée* (fig. 123), a le corps noir,

Fig. 123. Salamandre terrestre.

verruqueux, à grandes taches jaunes irrégulières, réparties sur la tête, le dos, les flancs, les pattes et la queue. Elle recherche les lieux humides et obscurs et ne sort guère de sa retraite que le matin ou la nuit. Marchant lentement et se traînant avec peine à la surface de la terre, elle vit de mouches, de scarabées, de limaçons et de vers de terre. Elle se tient dans l'eau pour pondre des petits, qui naissent tout vivants, et déjà munis de branchies très-développées.

La salamandre, du reste, a un privilége qui la fait redouter comme un animal malfaisant. Elle fait sortir de la surface de son corps une humeur gluante, âcre et laiteuse, d'une odeur forte, qui lui sert de défense contre plusieurs animaux qui voudraient l'attaquer. On s'est assuré par expérience que cette liqueur introduite dans le système circulatoire, par une petite plaie, est un poison très-actif pour de petits animaux et peut déterminer la mort.

Cette espèce se trouve dans toute l'Europe ; on l'a prise, mais rarement, aux environs de Paris.

La *Salamandre noire*, qui ne présente aucune tache, se trouve dans les hautes montagnes de l'Europe, au voisinage des neiges, principalement dans les Alpes.

Les *Tritons* ou *Salamandres aquatiques* n'ont pas la queue ar-

Fig. 124. Salamandre aquatique, ou Triton.

rondie et conique des salamandres, mais comprimée latéralement. On reconnaît principalement les mâles à la crête membraneuse et découpée qui s'étend le long du dos, depuis la tête jusqu'à l'extrémité de la queue.

Les tritons (fig. 124) sont des animaux essentiellement aquatiques, que l'on trouve dans les fossés, dans les marais, les étangs, et qui viennent rarement à terre. Ils sont très-carnassiers et se nourrissent de mouches, de divers insectes, du frai de la grenouille, et ils n'épargnent même pas les individus de leur propre espèce. Les femelles pondent des œufs isolés, qu'elles fixent au dessous des feuilles des végétaux aquatiques. Les jeunes têtards qui conservent longtemps leurs branchies, ne naissent qu'une quinzaine de jours après.

Ces animaux font entendre un petit bruit particulier, et lorsqu'on les touche, ils répandent une odeur tout à fait caractéristique

On a constaté que les tritons peuvent vivre assez longtemps, non-seulement dans une eau très-froide, mais même au milieu de la glace. Ils sont quelquefois saisis dans les glaçons qui se forment dans les fossés, ou dans les étangs qu'ils habitent. Lorsque ces glaçons se fondent, ils sortent de leur engourdissement et reprennent leurs mouvements, en même temps que leur liberté. Lacépède raconte qu'on a même trouvé, pendant l'été, des salamandres aquatiques renfermées dans des morceaux de glace tirés des glacières, et où elles avaient dû rester sans mouvement et sans nourriture, depuis le moment où on avait recueilli la glace des marais, pour en remplir ces glacières.

Les tritons présentent un autre fait remarquable, dans la facilité étonnante avec laquelle ils réparent les mutilations qu'on leur fait subir. Non-seulement leur queue repousse quand on l'a coupée, mais leurs pattes mêmes se reproduisent de la même manière, et plusieurs fois de suite.

On trouve très-fréquemment aux environs de Paris le *Triton à crête*, dont la peau du dos est rugueuse, d'un brun verdâtre avec de grandes taches noires et des points blancs saillants et dont le ventre présente des taches noires sur un fond orangé.

Le voyageur hollandais Sieboldt a fait connaître une espèce de salamandre aquatique qui habite les montagnes du Japon, et qui est remarquable par sa taille gigantesque. Au lieu d'être de la grosseur du doigt, comme nos espèces indigènes, ce batracien a plus d'un mètre de long et pèse plus de neuf kilogrammes.

Il existe actuellement une magnifique salamandre dans la ménagerie des réptiles du Muséum d'histoire naturelle de Paris.

REPTILES.

Les reptiles sont, comme on l'a dit dans un chapitre précédent, des animaux vertébrés, respirant par des poumons, ayant le sang rouge et froid, c'est-à-dire ne produisant pas assez de chaleur pour que leur température ne soit pas sensiblement supérieure à celle de l'atmosphère, dépourvus de poils, de plumes, de mamelles, et ayant un corps garni d'écailles.

C'est à l'occasion des espèces remarquables dont nous ferons l'histoire, que nous décrirons les allures si diverses, les mœurs si singulières, les formes extérieures si variées et si remarquables des reptiles.

On divise la classe des reptiles en trois ordres : les *Ophidiens*, les *Sauriens*, les *Chéloniens*.

Nous allons considérer successivement chacun de ces trois ordres. Seulement, pour ne pas effrayer nos jeunes lecteurs par ces noms quelque peu rébarbatifs, nous dirons tout de suite que les *Ophidiens* comprennent les serpents, les *Sauriens* le lézard, le crocodile, etc., et les *Chéloniens* les tortues. Que cette nomenclature vulgaire rassure ceux que pourraient rebuter les terminologies scientifiques qui précèdent.

ORDRE DES OPHIDIENS.

Les Ophidiens, connus vulgairement sous le nom de *Serpents*, ont le corps allongé, arrondi, étroit. Ils n'ont ni pattes, ni nageoires. Leur bouche est garnie de dents pointues, en crochets, séparées entre elles et non contiguës. Leur mâchoire inférieure est à branches dilatables, plus longues que le crâne ; ils n'ont pas de cou, leurs paupières sont immobiles. Leur peau est coriace, extensible, écailleuse ou granuleuse, recouverte d'un épiderme caduc, qui se détache en entier d'une seule pièce, et se reproduit plusieurs fois dans l'année.

Leurs mouvements sont souples et variés. Grâce aux sinuosités qu'ils impriment à leur corps, ils ne marchent pas : à proprement parler, ils rampent.

Avec beaucoup de naturalistes, nous diviserons les serpents en deux groupes : ceux qui sont venimeux et ceux qui ne le sont pas.

SERPENTS NON VENIMEUX.

Ces serpents ont les dents fixes et pleines, c'est-à-dire sans canal ni gouttières : tels sont les *Couleuvres*, les *Pithons* et les *Boas*.

Les *Couleuvres* n'ont aucun venin mortel, aucune arme funeste. Quand on se familiarise avec elles, on les rencontre sans déplaisir dans les bois, dans les champs et dans les jardins. L'œil peut se complaire à admirer la beauté des nuances de leur robe et la vivacité de leurs mouvements. Elles n'effarouchent point les oiseaux, qui les laissent se mêler à leurs jeux, et ne font point tache dans le tableau de la nature.

La *Couleuvre à collier* (fig. 125) se trouve souvent dans la belle saison auprès des habitations. Elle dépose quelquefois ses œufs, qui sont en chapelet et au nombre de dix à quinze, dans les meules de blé placées dans les champs. On la trouve aussi dans les prés humides, auprès des cours d'eau, où elle aime à se plonger. C'est pour cela qu'on l'a appelée *Serpent d'eau, Serpent nageur, Anguille de haies*.

Elle parvient quelquefois à la longueur de un mètre et plus. Le sommet de sa tête aplatie est recouvert de neuf grandes écailles, disposées sur quatre rangs. Le dessus du corps est d'un gris plus ou moins foncé, marqueté, de chaque côté, de

Fig. 125. Couleuvre à collier.

taches noires irrégulières. Au milieu de deux rangées formées par ces taches, s'étendent, depuis la tête jusqu'à la queue, deux autres rangées longitudinales de taches plus petites. Le dessous du ventre est varié de noir, de blanc et de bleuâtre. On voit sur le cou deux taches d'un jaune pâle ou blanchâtre, qui forment comme un demi-collier (de là est venu le nom de ce serpent); et ces deux taches sont d'autant plus apparentes qu'elles sont placées au devant de deux autres taches triangulaires et très-foncées.

Cette couleuvre rampe sur la terre avec une très-grande vitesse, et se jette volontiers à la nage. On la voit pendant la belle saison, dans les lieux humides comme dans les buissons ou sur les hautes branches sèches des saules, des érables ou sur les saillies des vieux bâtiments. Elle se nourrit d'herbes, de fourmis et d'autres insectes, comme aussi de lézards, de grenouilles, de petites souris. Elle peut même aller surprendre les jeunes oiseaux dans leurs nids, car elle grimpe avec facilité sur les arbres. Lorsque arrive la fin de l'automne, elle se rapproche des lieux les moins froids, vient auprès des maisons et se retire dans des trous souterrains, souvent au pied des haies, et presque toujours dans un endroit élevé au-dessus des plus fortes inondations.

La couleuvre à collier, que l'on trouve dans presque toutes les contrées de l'Europe, peut être, en général, maniée sans danger. Lacépède donne d'intéressants détails sur la douceur de ses mœurs. On peut la nourrir dans les maisons. Elle s'accoutume si bien à l'homme qui la soigne, qu'au moindre signe elle s'entortille autour de ses doigts, de ses bras et de son cou. Elle insinue sa tête entre ses lèvres, boit sa salive, et peut se cacher et glisser sous ses vêtements.

Lorsque la couleuvre à collier n'a pas été élevée ainsi en domesticité, qu'elle a vécu dans les champs et à l'état sauvage, qu'elle est adulte et forte, elle s'irrite si on l'attaque. Alors ses yeux s'animent, elle agite sa langue, se redresse avec vivacité, et mord même la main qui cherche à la saisir ; mais sa morsure est tout à fait inoffensive.

La *Couleuvre verte et jaune*, longue d'environ un mètre, se trouve dans le midi et dans l'ouest de la France. On l'a prise quelquefois dans la forêt de Fontainebleau. Les belles couleurs dont elle est revêtue, la font aisément distinguer des vipères. Ses yeux sont bordés d'écailles dorées ; le dessus du corps est d'une couleur verdâtre très-foncée, sur laquelle on voit s'étendre, d'un bout à l'autre, un grand nombre de raies, composées de petites taches jaunâtres de diverses figures, les unes allongées, les autres en losange, etc. Le ventre est jaune. Chacune des grandes plaques qui le couvrent, présente un point noir à ses deux bouts et se montre bordée d'une très-petite ligne noire.

Cet inoffensif animal se tient presque toujours caché, et se met à fuir avec rapidité quand il se voit découvert. Il se laisse apprivoiser aisément.

La *Couleuvre vipérine* (fig. 126) a le corps d'un gris verdâtre ou d'un jaune sale, portant au milieu du dos une suite de taches noirâtres très-rapprochées ou unies entre elles et formant

Fig. 126. Couleuvre vipérine.

une ligne sinueuse; les flancs sont garnis de taches isolées en losange dont le centre est d'une teinte verdâtre. Elle est plus petite que la couleuvre à collier, et habite comme elle toute l'Europe.

Les *Pithons* sont de grands serpents de l'Inde et de l'Afrique. C'est à une espèce de ce genre qu'il faut rapporter le fameux serpent de Régulus, dont nous avons parlé plus haut, et auquel on a attribué treize mètres de longueur. On s'explique l'exagération des récits des anciens concernant les serpents d'Afrique et les assertions extraordinaires de certains voyageurs modernes, quand on sait qu'il existe dans nos collections des serpents pithons longs de plus de huit mètres.

Les pithons ont le corps gros et arrondi. Ils vivent sur les arbres, dans les lieux chauds et humides, au bord des fontaines ou des cours d'eau, et attaquent les animaux qui viennent s'y désaltérer. Accrochés par leur queue, au tronc d'un arbre, ils se tiennent immobiles en embuscade, et s'élancent sur la proie qui passe à leur portée; la saisissent et la broient entre les replis de leur corps. Des animaux dont la taille égale celle des gazelles, et même des chevreuils, deviennent ainsi leurs victimes. C'est que leurs mâchoires sont extrêmement dilatables et que, dépourvus de sternum et de fausses côtes, ils peuvent aisément accroître le diamètre de leur corps, pour ingurgiter de volumineuses proies.

Le genre Pithon renferme actuellement cinq espèces, qui semblent toutes porter la même livrée. Sur leur corps se dessine une sorte de grande chaîne, brune ou noire, à mailles presque quadrangulaires, qui s'étend sur un fond clair, ordinairement jaunâtre, depuis la nuque jusqu'à l'extrémité de la queue. La région suscéphalique est en partie couverte par une énorme tache brunâtre ou noirâtre. Sur chaque côté de la tête est une bande noire, qui s'étend souvent depuis la narine, en passant par l'œil, jusqu'au-dessus de la commissure des lèvres.

Nous citerons comme type de ce genre le *Pithon de Séba*, nommé communément *Boa*, ou *Boa constrictor*, que l'on peut voir vivant dans la ménagerie des reptiles du Muséum d'histoire naturelle de Paris, et qui est propre à l'Afrique.

Les *Boas* ont le corps comprimé, la queue longue et prenante ; la tête relativement petite, renflée en arrière, rétrécie en avant, terminée par un museau court et par une bouche légèrement fendue. Les plus grands ont trois mètres de longueur. Ils vivent sur les arbres, loin des eaux, presque toujours au milieu des forêts.

Ce sont là les *Boas* proprement dits. D'autres genres du même groupe vivent au bord des fleuves et des ruisseaux, pour y guetter les animaux qui viennent boire ; ou bien ils se suspendent aux rameaux des arbres qui pendent sur l'eau, et lancent leur corps autour de leur victime. Celle-ci, pressée, écrasée dans les anneaux qui l'étreignent et se resserrent de plus en plus, n'est bientôt qu'un amas informe, que le reptile engloutit peu à peu.

Bien qu'ils ne soient pas venimeux, bien qu'ils n'attaquent que de petits animaux tels que de jeunes chèvres, des agoutis, des pacas, etc., les boas sont des serpents redoutables.

Ils pondent dans le sable des œufs membraneux, de forme elliptique, et de la grosseur d'un œuf d'oie. Les petits qui en sortent, sous l'influence de la chaleur solaire, n'ont que vingt à trente centimètres de longueur.

On connaît quatre espèces de boas.

Le *Boa constrictor*, ou *devin* (fig. 127), recherche de préférence

Fig. 127. Pithon de Séba, ou Boa constrictor.

les localités sèches des forêts, à une certaine distance dans l'intérieur. Propre à l'Amérique, il habite surtout la Guyane, le Brésil, les provinces du Rio de la Plata, etc. Sa coloration est assez variable : en dessus le fond est fauve clair, rose pourpre ou bien gris violacé, avec ou sans mouchetures noirâtres sur les deux premiers tiers de sa longueur et avec du blanc sur le dernier tiers. Les flancs sont d'un brun fauve ou grisâtre, et le dessous uniformément blanchâtre. On voit, en outre, des lignes brunâtres sur la tête, et le corps est marqué de taches noires plus ou moins développées et de formes variables. Sa longueur totale est de près de quatre mètres.

Les trois autres espèces sont le *Boa diviniloque* des Antilles, le *Boa empereur* du Mexique, et le *Boa chevalier* du Pérou.

SERPENTS VENIMEUX.

Plusieurs serpents sont pourvus d'un appareil à l'aide duquel ils tuent, avec une rapidité souvent foudroyante, les animaux et même l'homme, qui viennent à les irriter. Cet appareil est une glande située de chaque côté de la tête. Il sécrète un horrible venin, qui se rend, par un conduit spécial, dans deux dents de la mâchoire supérieure.

La conformation de ces dents est en rapport avec les usages auxquels elles sont destinées. Plus longues que les autres, elles sont tantôt percées d'un canal, tantôt creusées d'un simple sillon qui communique avec la glande.

Fait remarquable! ce venin, l'un des poisons les plus violents que l'on connaisse, peut être avalé impunément; il n'est ni âcre, ni brûlant, il ne produit sur la langue qu'une sensation analogue à celle qu'occasionnerait un corps gras. Mais si on l'introduit, en quantité suffisante, dans une plaie, il pénètre dans le sang, et donne la mort avec une rapidité effrayante. C'est là, du reste, un caractère propre à tous les virus morbides et vénéneux.

L'énergie du venin varie suivant les espèces de serpents, et suivant les circonstances dans lesquelles se trouve l'animal. La même espèce est plus dangereuse dans les pays chauds que dans les pays froids ou tempérés. La morsure est d'autant plus grave que le poison est plus abondant dans la glande de l'animal.

Nous citerons, parmi les serpents venimeux, les *Vipères*, les *Trigonocéphales*, les *Crotales*, et les *Najas*.

La *Vipère commune* (fig. 128) est longue de trente-cinq à soixante-dix centimètres, et son corps n'a que vingt-sept millimètres dans son plus grand diamètre. Sa couleur générale est brune ou roussâtre, passant tantôt au gris cendré, tantôt au gris noir. Une ligne flexueuse, brune ou noirâtre, règne sur son dos; une rangée de points inégaux, de même couleur, s'étend sur ses flancs. Son ventre est ardoisé; sa tête, presque triangulaire, un peu plus large que le cou, obtuse et tronquée en avant, est couverte d'écailles granulées. Six petites plaques, dont deux perforées pour les narines, qui forment une tache noirâtre, revêtent le museau; en dessus est une sorte de V, formé

Fig. 128. Vipère commune.

par deux bandes noires. La mâchoire supérieure est blanchâtre et tachetée de noir, l'inférieure jaunâtre. L'œil est petit, vif, bordé de noir. La langue est longue, fourchue et grisâtre.

La *Vipère commune* se rencontre dans les cantons boisés, montueux et pierreux de l'Europe méridionale et tempérée, en France, en Italie, en Angleterre, en Allemagne, en Prusse, en Suède, en Pologne et jusqu'en Norvége. Aux environs de Paris, on la rencontre surtout à Montmorency et dans la forêt de Fontainebleau. Elle se nourrit de lézards, de grenouilles, de mollusques, d'insectes et de vers. Elle chasse aussi les petits mammifères, comme les mulots, les taupes, les musaraignes. Elle passe l'hiver et le commencement du printemps, dans les lieux profonds, à l'abri du froid, et dans un état d'engourdissement. Souvent plusieurs vipères sont ainsi réunies ensemble, enroulées et intimement enlacées.

La marche de la vipère est brusque, pesante, irrégulière. Cet animal semble timide et peureux; il fuit le grand jour, et ne cherche sa nourriture que le soir.

Les petits naissent nus et vivants. Tant qu'ils sont maintenus dans le sein de la mère, ils sont renfermés dans des œufs, à parois membraneuses. Dès leur naissance, les *vipéraux*, dont la taille ne dépasse pas quinze à vingt centimètres, sont abandonnés à eux-mêmes; mais ils n'acquièrent leur entier développement qu'au bout de six ou sept ans (fig. 129).

La vipère est pour l'homme, comme pour les animaux, un juste objet de crainte et d'horreur. C'est qu'elle porte un formidable appareil de destruction, dont il importe de bien faire connaître la structure et le jeu.

Cet appareil venimeux se compose de trois parties : la *glande sécrétoire*, le *canal* et le *crochet*.

La glande est l'organe destiné à sécréter le venin. Située sur les côtés de la tête, en arrière, et en partie au-dessous du globe de l'œil, elle est formée d'un certain nombre d'ampoules, composées d'un tissu granuleux, et disposées avec beaucoup de régularité, le long des canaux excréteurs, comme les barbes d'une plume. Cette disposition n'est visible qu'au microscope.

Le canal destiné à conduire le venin sécrété par la glande, est étroit et cylindrique. Il aboutit, après être renflé dans son court trajet, à deux dents particulières, nommées *crochets*, aiguisées en forme de cornes, beaucoup plus longues que les autres, et placées à la mâchoire supérieure, l'une à droite et l'autre à gauche. La vipère a

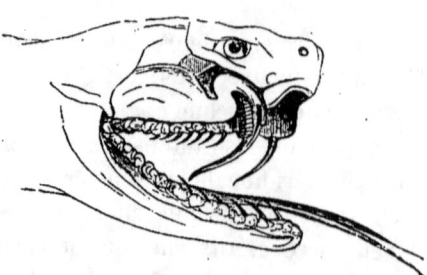

Fig. 129. Crochets et la langue de la Vipère.

donc deux crochets : ils sont courbes, très-pointus, convexes antérieurement, et munis d'un canal étroit, qui commence d'une part, par une fente placée à la partie antérieure de sa base, et se termine, d'autre part, à une seconde fente plus étroite vers sa pointe, et du même côté. Cette dernière fente est comme une petite rigole, un fin sillon, qui règne dans toute l'étendue de la convexité.

Les crochets sont entourés par un repli de la gencive, qui reçoit la dent et qui la cache en partie comme dans une gaîne, lorsque cette dent est à l'état de repos ou couchée. Attachés aux os maxillaires supérieurs, qui sont petits et très-mobiles, ils sont mis en mouvement par deux muscles.

Derrière les crochets se trouvent des germes dentaires destinés à les remplacer lorsqu'ils viennent à tomber. Les autres dents du haut de la bouche appartiennent au palais, où elles forment deux rangées.

Telle est l'arme terrible de la vipère. Ce n'est donc pas, comme beaucoup de personnes le croient encore aujourd'hui, avec leur langue que les serpents venimeux font de si terribles blessures. Ils se servent de la langue pour palper et pour boire, non pour *piquer*.

Nous avons dit qu'à l'état de repos les crochets étaient couchés. Quand l'animal veut s'en servir, il les sort de leur étui charnu, à peu près comme un homme qui, pour se défendre ou pour attaquer, tire son couteau. Seulement, ce couteau est empoisonné.

La vipère se sert de ses crochets pour s'emparer des petits animaux qui font sa proie. Elle n'attaque pas l'homme; elle fuit, au contraire, à son approche. Mais s'il met imprudemment le pied sur elle, s'il veut la saisir, elle se défend avec colère.

Voyons d'abord comment la vipère agit lorsqu'elle chasse, lorsqu'elle prend, sans irritation, un petit animal, pour sa nourriture. Dans ce cas, elle mord simplement. Elle enfonce ses crochets dans le corps de la victime. A mesure que ces crochets pénètrent dans le corps de l'animal, le poison coule dans le canal qui les conduit au crochet sous l'influence de la contraction des muscles, qui font relever ce crochet et pressent sur la glande, et par suite de mouvement que fait le serpent pour fermer la bouche. C'est ainsi que le venin est injecté dans la plaie.

La vipère mord de la même façon lorsqu'on la saisit par la

queue ou par le milieu du corps ; mais lorsqu'elle se croit attaquée et qu'elle est irritée par un adversaire, elle *frappe* plutôt qu'elle ne mord. Elle s'enroule d'abord sur elle-même, en formant plusieurs cercles superposés. Ensuite, elle débande son corps comme un ressort, l'allonge avec une vitesse excessive, et franchit un espace égal à sa longueur, car elle n'abandonne jamais le sol. Elle ouvre largement sa gueule, redresse ses crochets, et les enfonce par le choc de sa tête, qui frappe alors comme un marteau.

On a longtemps admis que la vipère a la faculté d'exercer, à distance, une sorte d'action magnétique, qu'on a nommée *fascination*. Cette sorte d'impression a été plus tard mise en doute, et attribuée, non sans raison, à une cause moins mystérieuse, c'est-à-dire au sentiment de terreur profonde que ce serpent inspire. Cette terreur se manifeste chez les animaux par des tremblements, des spasmes, des convulsions. La vue d'une espèce venimeuse rend quelquefois les animaux immobiles, incapables de fuir et comme pétrifiés. Ils se laissent alors saisir sans opposer la moindre résistance. D'autres se livrent à des mouvements désordonnés, qui, loin de les sauver, rendent leur capture plus facile.

M. Duméril père, dans une expérience qu'il faisait dans son cours au Muséum d'histoire naturelle pour démontrer l'action subite et mortelle que produit la morsure de la vipère sur de petits oiseaux, vit un chardonneret, qu'il tenait avec la plus grande précaution entre ses mains, mourir subitement à la seule vue de la vipère.

Les petites plaies produites par ce redoutable habitant de nos bois, s'enflent, deviennent rouges et ecchymosées, quelquefois livides. Bientôt, la personne blessée est saisie de syncopes, de fièvre, et d'une série de symptômes morbides qui souvent se terminent par la mort.

Quand un homme a été mordu par une vipère, il faut immédiatement opérer avec un lien, tel qu'un mouchoir roulé, une corde ou une ficelle, une ligature au-dessus de la partie piquée, de façon à interrompre toute communication de sang avec le reste du corps, et à prévenir ainsi l'absorption du venin. Il est bon de sucer la plaie, et de la faire saigner. Il importe aussi de pratiquer une incision, pour découvrir les parties internes, et, tout aussitôt, de cautériser la plaie, soit au fer rouge, soit au moyen d'un agent caustique.

On emploie avec avantage, comme agent caustique, une liqueur ainsi composée :

Perchlorure de fer	4 grammes.
Acide citrique	4 »
Acide chlorhydrique	4 »
Eau	24 »

dont on instille quelques gouttes sur la partie piquée, et qu'on recouvre d'un peu de charpie. On peut employer aussi l'iode ou iodure de potassium ioduré.

M. Viand-Marais a substitué, avec succès, à ces liquides la composition suivante :

Eau	50 grammes.
Iodure de potassium	4 »
Iode métallique	4 »

Pour faciliter l'introduction du caustique dans la plaie, le même naturaliste a imaginé un petit flacon fermant à l'émeri, dont le bouchon, long et conique inférieurement, plonge dans le liquide. Au moyen de ce bouchon, on peut faire pénétrer la substance médicamenteuse, par gouttes, jusqu'au fond des blessures, préalablement agrandies par le bistouri. Ce petit appareil remplacerait avec avantage le flacon d'alcali volatil dont se munissent tous les chasseurs de vipères.

Mais tous ces moyens ne sont bons qu'à la condition d'être appliqués immédiatement. Il faut, en outre, faire frotter le membre et les environs de la plaie, avec des liniments ammoniacaux; poser plus tard des cataplasmes émollients pour faire cesser le gonflement et l'engorgement, donner des toniques et des sudorifiques à l'intérieur, et quelquefois des potions ammoniacales[1].

Les *Cérastes* sont voisins des vipères; ils en diffèrent en ce que leurs plaques sourcilières se relèvent en pointe et simulent une paire de petites cornes.

---

1. M. Léon Soubeiran a publié sur la vipère (*Bulletin de la Société d'acclimatation*, tome X, page 396) un travail plein d'intérêt, auquel nous renvoyons pour compléter les renseignements qui précèdent.

Le *Céraste d'Egypte*, qui se trouve dans les lieux arides et sablonneux, est d'un gris jaunâtre en dessus, marqué de taches irrégulières plus foncées. On le trouve aussi dans le Sahara algérien et dans le Maroc. On prétend que sa piqûre est mortelle.

A côté des vipères se placent les *Crotales*, qui n'en diffèrent que par une seule particularité : ils présentent en dessous et en arrière des narines, des enfoncements particuliers. Dans cette division se rangent le *Serpent à sonnettes* et le *Trigonocéphale*.

Le redoutable *Serpent à sonnettes* habite l'Amérique ; il se ren-

Fig. 130. Serpent à sonnettes.

contre surtout aux États-Unis et au Mexique. Il parvient quelquefois à la longueur de deux mètres. La couleur du dos est gris mêlé de jaunâtre. Sur ce fond on voit s'étendre une rangée longitudinale de taches noires, bordées de blanc. Sa tête aplatie, est couverte, auprès du museau, de six écailles plus grandes que leurs voisines et disposées sur trois rangs transversaux, formés chacun de deux écailles. Les yeux sont étincelants, la gueule, bien ouverte, laisse souvent sortir une langue noire, déliée, partagée en deux. Les crochets, très-longs et très-apparents, sont situés au devant de la mâchoire supérieure. Les écailles du dos sont ovales et relevées, dans le milieu, par une arête qui s'étend dans le sens de leur plus grand diamètre. Le dessous du corps est garni d'un seul rang de grandes plaques.

Le *Serpent à sonnettes* doit son nom à une particularité remarquable de sa structure. L'extrémité de sa queue est garnie de petites capsules, emboîtées l'une dans l'autre. Lorsque l'animal s'avance, ces petites capsules résonnent légèrement, comme le feraient des gousses de haricots desséchés et contenant encore leurs graines. L'homme est ainsi averti de l'approche de cet ennemi terrible. Le bruit des capsules caudales n'est pas très-retentissant; mais il s'entend d'une trentaine de pas environ, et il décèle aux animaux et à l'homme l'approche du plus redoutable des reptiles.

Le serpent à sonnettes se nourrit de petits animaux, mammifères ou reptiles. Il les guette avec patience, et lorsqu'ils sont à sa portée, il projette contre eux son corps. Il est ovovivipare. Les petits viennent, quelque temps après leur naissance, chercher un refuge dans la gueule de leur mère.

Pendant l'été, le serpent à sonnettes se tient au milieu des montagnes pierreuses, incultes ou couvertes de bois sauvages. Il choisit ordinairement les expositions les plus chaudes, le bord d'une fontaine ou d'un ruisseau, où viennent boire les petits animaux. Il aime aussi à se mettre à l'abri sous un vieux arbre renversé. Audubon, célèbre voyageur et naturaliste américain, dit qu'on rencontre souvent les serpents à sonnettes enroulés sur eux-mêmes et dans un état de torpeur lorsque la température est basse.

Le serpent à sonnettes est révéré par quelques peuplades américaines, qui savent les éloigner de leur demeure sans les tuer. Fait singulier! on prétend que ce terrible animal n'est pas insensible aux sons de la musique. Chateaubriand a écrit à ce sujet quelques lignes que l'on lira avec intérêt :

« Au mois de juillet 1791, dit le célèbre écrivain, nous voyagions dans le Haut-Canada avec quelques familles sauvages de la nation des Ounoutagnes. Un jour que nous étions arrêtés dans une plaine au bord de la rivière Génédie, un serpent à sonnettes entra dans notre camp. Nous avions parmi nous un Canadien qui jouait de la flûte; il voulut nous amuser, et s'avança contre le serpent avec son arme d'une nouvelle espèce. A l'approche de son ennemi, le superbe reptile se forme tout à coup en spirale, aplatit sa tête, enfle ses joues, contracte ses lèvres, découvre ses dents envenimées et sa gueule rougie; sa langue fourchue s'agite rapidement au dehors; ses yeux brillent comme des charbons ardents; son corps gonflé de rage s'abaisse et s'élève comme un soufflet; sa peau dilatée est hérissée d'écailles, et sa queue, en produisant un son sinistre, oscille avec tant de rapidité qu'elle ressemble à une légère vapeur. Alors le Canadien commence à jouer sur sa flûte; le serpent fait un mouvement de surprise et retire sa tête en arrière; il ferme peu à peu sa gueule enflammée. A mesure que l'effet magique le frappe, ses yeux perdent de leur âpreté, les vibrations de sa queue se ralentissent, et le bruit qu'elle fait entendre s'affaiblit et meurt par degrés. Moins perpendiculaires sur sa ligne spirale, les orbes du serpent charmé s'élargissent et viennent tour à tour se poser sur la terre en cercles concentriques, les écailles de la peau s'abaissent et reprennent leur éclat, et, tournant légèrement la tête, il demeure immobile dans l'attitude de l'attention et du plaisir. Dans ce moment le Canadien marche quelques pas en tirant de sa flûte des sons lents et monotones; le reptile baisse son cou, entr'ouvre avec sa tête les herbes fines et se met à ramper sur les traces du musicien qui l'entraîne, s'arrêtant lorsqu'il s'arrête, et commençant à le suivre aussitôt qu'il commence à s'éloigner. Il fut ainsi conduit hors de notre camp au milieu d'une foule de spectateurs tant sauvages qu'Européens, qui en croyaient à peine leurs yeux. »

On s'accorde à dire que le serpent à sonnettes ne s'en prend à l'homme que lorsqu'il a été attaqué par lui. C'est toutefois un fort dangereux voisin, et il importe de connaître le moyen de l'écarter.

Le porc est un excellent auxiliaire pour obtenir ce résultat. Dans l'ouest et le sud de l'Amérique, quand un champ ou une ferme est infestée par ces féroces reptiles, on y met une truie, avec sa portée, et bientôt les serpents ont été croqués. Il paraît que, grâce à la matière graisseuse qui l'enveloppe, le corps de cet animal est à l'abri du venin. D'ailleurs il aime la chair de ce serpent et le poursuit avec ardeur. Lorsqu'un porc aperçoit un serpent à sonnettes, raconte le Dr Jonathan Franklin, il fait claquer ses mâchoires, et ses poils se hérissent. Le serpent s'enroule en spirale pour frapper son ennemi; le cochon s'approche sans crainte, et reçoit le coup dans les replis graisseux qui pendent sur le côté de sa mâchoire. Puis il pose un pied sur la queue du serpent; puis, avec ses dents, il dépèce la chair de son ennemi, et la mange avec des grognements de plaisir.

Le cochon n'est pas le seul animal que l'homme emploie pour faire la chasse aux serpents à sonnettes. M. le Dr Rufz de Lavison, qui a longtemps habité les Antilles françaises, et qui a été directeur du jardin d'acclimatation de Paris, a publié un ouvrage très-intéressant, dans lequel il raconte les services signalés que rendent certains oiseaux, particulièrement le *Secrétaire* ou *Serpentaire*, pour faire la chasse aux serpents à sonnettes dans les Antilles.

Les crotales sont, avons-nous dit, les plus dangereux de tous les serpents venimeux. Citons quelques faits qui indiquent l'effroyable puissance de leur venin.

Un crotale, long d'environ un mètre, tua un chien au bout de quinze minutes, un second au bout de deux heures, et un troisième au bout de quatre heures. Quatre jours après, il mordit un autre chien, qui ne survécut que trente secondes, et un autre qui ne résista que quatre minutes. Trois jours après, il piqua une grenouille, qui périt au bout de deux secondes, et un poulet qui périt au bout de huit minutes.

Un Américain, nommé Drake, arriva un jour à Rouen, avec trois serpents à sonnettes vivants. Malgré le soin qu'il avait pris pour les préserver du froid, l'un de ces serpents mourut. Il mit la cage qui contenait les deux autres, près d'un poêle, et les excita avec une baguette, pour s'assurer de leur état. Comme l'un des crotales ne faisait aucun mouvement, Drake le prit par la tête et par la queue, et s'approcha d'une fenêtre, pour voir s'il était mort. Aussitôt, l'animal tournant vivement la tête, mordit le malheureux Drake, à la partie externe de la main gauche. Comme il replaçait le crotale dans la cage, il fut mordu de nouveau à la paume de la même main.

« Un médecin! un médecin! » criait le malheureux. Il frotta sa main contre de la glace qui était sur le seuil de la porte, et deux minutes après, il se lia fortement le poignet avec une corde. Un quart d'heure après, un médecin arriva et cautérisa la blessure; mais bientôt des symptômes alarmants se produisirent : syncope, respiration bruyante, pouls presque nul, évacuations involontaires. Les yeux se fermèrent, les pupilles se contractèrent, les membres devinrent insensibles et le corps froid. Drake mourut au bout de neuf heures.

Le climat de la France étant peu différent de celui des États-

Unis, est, par conséquent, tout aussi convenable à la reproduction des serpents à sonnettes. D'un autre côté, si une femelle et un mâle vivants de ces dangereux crotales venaient à s'échapper d'une ménagerie, ils pourraient bientôt infester nos contrées de leur terrible progéniture. C'est pour ces raisons décisives que l'exhibition publique des serpents à sonnettes est interdite en France. On peut en voir pourtant deux ou trois, dans la collection du Muséum d'histoire naturelle de Paris, si misérablement installée d'ailleurs dans un hangar pauvre et bas, bien peu digne de cet établissement. Les serpents à sonnettes sont enfermés dans une double cage, et l'on prend toutes les mesures que réclame la prudence.

La défense d'exhiber en public, dans les ménageries, des serpents à sonnettes n'existe pas en Angleterre, comme elle existe en France. C'est ce qui fait qu'il peut se produire en Angleterre des accidents du genre de celui que nous allons raconter, et qui s'est passé au mois de juillet 1867.

Huit serpents à sonnettes avaient été débarqués à Liverpool, venant d'Amérique. Un montreur d'animaux, nommé W. Manders, les acheta, et les fit voir, à Northampton, dans sa ménagerie, en les enfermant dans une cage très-solide.

De Northampton, la ménagerie se rendit à Tundbridge-Wels, et c'est là qu'arriva l'accident dont nous allons parler.

Au-dessous de la cage des serpents à sonnettes était un récipient, que l'on entretenait plein d'eau chaude, pour maintenir autour de ces animaux une douce température. Le gardien des reptiles faisait chauffer cette eau, tout en surveillant la cage. L'eau étant venue à bouillir avec trop de violence, cet homme s'approcha un moment du foyer, pour arranger les tisons, et malheureusement il laissa la cage entr'ouverte. En revenant, il s'aperçut que l'un des huit serpents s'était échappé.

En effet le terrible crotale bondissait au milieu de la ménagerie, sifflait et dressait sa tête d'une façon menaçante. Le gardien s'empressa de fermer la porte de la cage, et d'appeler les autres gardiens, qui étaient en train de nettoyer les écuries et les cages. Une terreur panique s'empara d'eux, à l'exception du plus âgé, nommé Godfrey. Celui-ci finit par déterminer quelques hommes à rester avec lui, pour tâcher de ressaisir le reptile.

Armés de pioches, de pelles, de leviers, ces gardiens, ayant Godfrey à leur tête, allèrent droit au serpent.

Ils commencèrent par lui lancer un sac, espérant l'envelopper, mais le reptile se dégagea, et se dirigea vers le milieu de la salle, en sifflant d'une manière épouvantable. Différents animaux étaient enfermés dans les compartiments de la ménagerie. Le serpent à sonnettes passa devant ces animaux, sans leur faire aucun mal ; mais arrivé en face d'un magnifique buffle, du poids de 2000 kilogrammes, il s'arrêta tout court, bondit à l'intérieur de la cage du buffle qu'il mordit aux naseaux, puis se glissant entre les barreaux de la grille, il se dirigea vers une cour où les domestiques de M. Manders chargeaient de la paille sur une voiture.

A cette voiture était attelé un magnifique cheval de haras. Le serpent s'élança sur le cheval, qu'il piqua. Mais le cheval mordu se mit aussitôt à ruer et à se cabrer avec tant de violence qu'il parvint à faire tomber le reptile. Le serpent, étourdi par sa chute, était à peine remis de ce rude assaut, qu'il était broyé sous les fers du cheval, qui le piétinait avec fureur.

Peu d'instants après avoir été mordu par le reptile, on vit ce beau cheval trembler et frissonner. Ses yeux sortaient de leurs orbites, et il faisait entendre des hennissements plaintifs. Quelques minutes après, il expirait dans une effrayante agonie.

Au même moment, le buffle, qui avait été mordu le premier par le serpent, était en proie à d'horribles convulsions ; et bientôt, on entendit une lourde chute : c'était ce magnifique animal, qui s'affaissait sur lui-même, et expirait à son tour.

Les crotales ne sont pas seulement à craindre dans l'état de vie. Leurs crochets venimeux conservent, après la mort de cet ophidien, leur puissance meurtrière.

M. Rousseau, aide-naturaliste au Muséum d'histoire naturelle de Paris, a tué rapidement des pigeons, en leur enfonçant dans les muscles pectoraux les crochets d'un serpent à sonnettes mort depuis deux jours. Aussi les naturalistes ne doivent-ils manier qu'avec la plus grande précaution les squelettes de crotale, quoique préparés depuis plusieurs années, ou les individus conservés dans l'alcool. De semblables préparations ne sont pas, en effet, sans danger. Le fait suivant donne un exemple remarquable de la persistance des propriétés toxiques des crochets du crotale.

Un habitant des Antilles avait été mordu par un serpent à sonnettes, à travers de fortes bottes. Il mourut, sans que l'on put se rendre bien compte de la cause de sa mort. Son fils ayant trouvé ces bottes dans son héritage, les porta. Bientôt il tomba malade et mourut. Les effets du défunt furent vendus. Il se trouva qu'un de ses frères, ayant envie de ces malheureuses bottes, les acheta, les porta une seule fois, et mourut.

Les médecins recherchèrent alors les causes de ces morts successives, et l'on songea aux bottes. Quand on les examina de près, on trouva le crochet d'un serpent à sonnettes fixé dans le cuir. C'est ce crochet qui avait successivement piqué les trois malheureuses victimes.

Ce que nous avons dit du serpent à sonnettes se rapporte particulièrement au *Crotale Durisse* ou *Bisquira*. On connaît encore cinq espèces américaines, que nous passerons sous silence.

Les *Trigonocéphales* ont les formes et les apparences des crotales, mais leur queue est pointue et dépourvue de grelots. La principale espèce de ce groupe est le *Trigonocéphale jaune*, que l'on appelle aussi *Serpent jaune des Antilles*, et *Vipère fer de lance*.

Ce redoutable serpent se rencontre à la Martinique, à Sainte-Lucie, et dans la petite île de Boquin, près Saint-Vincent. Il parvient à une longueur de près de deux mètres. Sa robe n'est pas toujours jaunâtre; elle est quelquefois grisâtre, quelquefois marbrée de brun. Sa tête, qui est assez grosse, est remarquable par un espace triangulaire, dont les trois angles sont occupés par le museau et les deux yeux. Cet espace, relevé par ses bords antérieurs, représente un fer de lance, large à sa base et un peu arrondi à son sommet. De chaque côté de la mâchoire supérieure, on aperçoit un, quelquefois deux, et même trois crochets, dont l'animal se sert pour faire les blessures dans lesquelles il répand son venin.

Le *Serpent jaune des Antilles* se tient caché sous les feuilles sèches, dans des troncs d'arbres pourris, et se retire souvent dans les plantations de canne à sucre. Il se nourrit de lézards, de petits mammifères, particulièrement des rats. Sa blessure peut faire périr de grands animaux, comme les bœufs. Les Nègres qui travaillent à la culture des cannes à sucre, et les soldats de service à la Martinique sont souvent victimes du *Fer de lance*.

Fig. 131. Trigonocéphale, ou Serpent fer de lance.

Ce serpent est malheureusement très-fécond, et son venin est si subtil que les animaux qu'il a piqués, meurent, trois heures, douze heures, un jour ou plusieurs jours après l'accident. La morsure produit une douleur extrêmement vive, qui est suivie immédiatement d'une enflure plus ou moins livide. Le corps se refroidit et devient insensible. Le pouls et la respiration se ralentissent, les idées se troublent, le coma arrive et la peau devient bleuâtre. On éprouve quelquefois une soif ardente, des attaques de paralysie, des crachements de sang.

On trouve au Brésil une autre espèce de *fer de lance*, qui est la terreur des indigènes.

Les *Najas* sont extrêmement redoutés, car ils instillent dans les morsures un poison subtil. Leurs allures sont des plus singulières. Quand l'animal est au repos, le cou n'a pas plus de diamètre que la tête; mais sous l'influence des passions et d'une irritation vive, ce cou s'enfle; en même temps, l'animal élève verticalement la portion antérieure de son corps; celle-ci se tenant droite et rigide comme une barre de fer, l'autre partie du corps pose sur le sol et, servant de point d'appui, est mobile et permet la locomotion.

La faculté de dilatation du cou est le trait saillant de l'organisation du naja, comme la sonnette est celui des crotales; on les appelle souvent *Serpents à coiffe* ou *à chaperon*.

Les anciens habitants de l'Égypte adoraient ces serpents. Ils attribuaient à leur protection la conservation des graines, et les laissaient vivre au milieu des champs cultivés. Aujourd'hui le naja n'est plus un objet d'adoration dans l'Orient, mais il sert dans presque toutes les contrées de l'Asie, de la Perse et de l'Égypte à un très-curieux spectacle. Les gens du peuple s'assemblent autour de certains jongleurs, qui s'annoncent comme doués de pouvoirs surnaturels pour dompter et charmer ces redoutables reptiles.

Le *psylle*, c'est-à-dire le *charmeur de serpents*, prend dans sa main une racine, dont la vertu doit le préserver de la morsure venimeuse du *Naja*; puis, tirant l'animal du vase dans lequel il le tient renfermé, il l'irrite, en lui présentant un bâton. L'animal dresse la partie antérieure de son corps, enfle son cou, ouvre sa gueule, allonge sa langue fourchue, fait briller ses yeux et entendre son sifflement. C'est alors que commence une sorte de combat entre le serpent et le psylle, qui, entonnant une chanson monotone, oppose à son ennemi son poing fermé, tantôt à droite et tantôt à gauche. L'animal, les yeux fixés sur ce poing qui le menace, en suit tous les mouvements, balance sa tête et son corps, et simule ainsi une sorte de danse.

D'autres psylles obtiennent des najas un mouvement alternatif et cadencé du cou, à l'aide de sons qu'ils tirent de sifflets ou de petites flûtes. On dit encore que ces mystérieux jongleurs, grâce à certains attouchements, savent plonger ces dangereux ennemis dans une sorte de léthargie et de roideur cadavérique, et les faire sortir à volonté de cet état de torpeur momentanée. Il est certain, dans tous les cas, qu'ils ne pourraient manier impunément ces reptiles, dont la morsure est extrêmement dangereuse,

Fig. 132. Les Psylles égyptiens ou les charmeurs de serpents.

sans avoir neutralisé ou suspendu leur venin, d'une manière ou d'une autre.

On présume que les psylles ont la précaution d'épuiser, chaque jour, le venin du naja, en le forçant à mordre plusieurs fois un morceau d'étoffe. On croit aussi que, le plus souvent, ils arrachent les crochets, dont une seule piqûre peut tuer en un instant.

Les deux espèces les plus anciennement connues en ce genre sont le *Naja vulgaire* et le *Naja aspic*.

Fig. 133. Naja ou Serpent à coiffe.

Le *Naja vulgaire* ou *Serpent à coiffe*, a, comme nous l'avons dit, le cou très-dilatable. Sa couleur varie d'un jaune brunâtre, plus pâle en dessous, rarement avec des bandes noires transversales, le plus souvent portant en dessus la représentation d'une lunette dessinée par un trait noir. L'abdomen a des plaques longues transverses, le corps long de quatre pieds, cylindrique et recouvert d'écailles petites, ovales et lisses; il est très-répandu dans beaucoup de régions de l'Inde.

Le *Naja aspic*, où *Aje* a le cou moins dilatable. Il est de couleur verdâtre et marqué de taches brunâtres. Plus petit que le précédent, il se trouve dans l'ouest et le midi de l'Afrique. Il est surtout commun en Égypte. C'est la morsure de l'aspic qui produisit, on le sait, la mort de la reine Cléopâtre.

ORDRE DES SAURIENS.

La dénomination de Σχύρος (Saurien) donnée par Aristote au groupe des Lézards a été appliquée à un ensemble de reptiles qui ont le corps allongé, couvert d'écailles ou d'une peau fortement chagrinée; qui ont le plus souvent quatre pattes et les doigts garnis d'ongles crochus; dont les paupières sont mobiles et les mâchoires armées de dents enchâssées; qui ont un tympan distinct, un cœur à deux oreillettes et à un seul ventricule, quelquefois partiellement cloisonné; qui ont des côtes et un sternum, et ne présentent pas de métamorphoses; et qui tous enfin sont munis d'une queue.

Cet ordre comprend plusieurs familles, que nous désignerons par les noms de leur principal représentant. Telles sont, en remontant la série animale, les familles des *Orvets*, des *Lézards*, des *Iguanes*, des *Varaniens* (comprenant le *Basilic* et le *Dragon volant*), des *Geckos*, des *Caméléons* et des *Crocodiles*.

Orvets, — L'Orvet est un petit animal en forme de cylindre, allongé, ayant l'apparence extérieure des serpents. Les écailles qui garnissent le dessus et le dessous de son corps, sont très-petites, brillantes, bordées d'une couleur blanchâtre, et rousses dans leur milieu. Le ventre est d'un brun très-foncé, et la gorge marbrée de blanc, de noir et de jaunâtre. Deux taches plus grandes paraissent, l'une au-dessus du museau, et l'autre sur le derrière de la tête, et il part de ce point deux raies longitudinales noirâtres, qui s'étendent jusqu'à la queue, ainsi que deux autres raies, d'un brun châtain, qui partent des yeux. Cette livrée varie du reste avec le pays, et peut-être selon l'âge et le sexe.

L'orvet vit dans les bois, les landes, les endroits incultes et pierreux, un peu secs et sablonneux. Il se retire dans des trous, souvent sous la mousse, au pied des arbres. Vif, timide, et se cachant dès qu'on s'approche, il se nourrit de vers de terre, d'insectes et de petits mollusques. Complétement inoffensif, il ne saurait exciter la moindre méfiance, ni mériter les mauvais traitements des gens de la campagne. Chose singulière, il ressemble à un serpent, parce qu'il est sans membres, mais il suffit de le toucher avec une baguette pour s'apercevoir qu'il n'a pas la souplesse des Ophidiens, et qu'il est au contraire, pour ainsi dire, fragile. Les muscles courts qui meuvent sa queue, peuvent se

Fig. 134. Orvet.

détacher aisément de leur insertion. Aussi l'appelle-t-on *Orvet fragile* de son nom scientifique, et *Serpent de verre* de son nom vulgaire.

On place à côté des orvets, les *Seps* (fig. 135), qui s'en distinguent particulièrement, parce qu'ils ont des pattes. Mais ces pattes sont très-petites, presque rudimentaires, incomplètes quant au nombre des doigts. Ces animaux forment le passage aux Sauriens parfaits : tel est le *Seps Chalcide*, qu'on rencontre assez communément dans le midi de la France, dans toutes les îles de la Méditerranée, en Espagne, et sur les côtes africaines de la Barbarie.

Lézards. — Ce groupe de Sauriens comprend les *Sauvegardes*, les *Améiva*, genres propres à l'Amérique et que nous nous bornons à signaler, et les *Lézards* proprement dits.

Fig. 135. Seps.

La tête du *Lézard gris*, ou *Lézard des murailles*, est triangulaire et aplatie. Le dessus est couvert de grandes écailles, dont deux surmontent les yeux. Son petit museau est arrondi. Les ouvertures des oreilles sont assez grandes. Les deux mâchoires, garnies de larges-écailles, portent des dents fines, un peu crochues et tournées vers le gosier. Il a à chaque pied, cinq doigts, déliés et garnis d'ongles recourbés, qui lui servent à grimper aisément sur les arbres, et à courir avec agilité le long des murs. Le dessus de sa tête est d'un gris cendré, ainsi que le dos, qui est, en outre, régulièrement marqué de points et de traits bleuâtres. Son ventre et le dessous de la queue sont d'un blanc luisant, verdâtre et quelquefois piqueté de noir. Sa longueur totale peut atteindre 20 centimètres, sur lesquels la queue représente 4 centimètres.

Ce petit et inoffensif animal, si commun dans nos contrées, est svelte et agile. Sa course est tellement prompte, qu'il échappe à l'œil aussi rapidement que l'oiseau. Ayant besoin d'une température douce, il cherche les abris. Lorsque le soleil frappe en plein un mur, on le voit s'étendre avec délices sur cette surface échauffée. Il se pénètre de cette chaleur bienfaisante, et marque son plaisir par les molles ondulations de sa queue.

On dit communément que le lézard est ami de l'homme, parce que loin de s'enfuir à son approche, il paraît le regarder avec complaisance.

Le lézard passe l'hiver au fond d'un trou qu'il creuse dans la terre. Il s'y engourdit, et en sort pour s'accoupler, au commencement du printemps. Il ne va que par paires ; le mâle et la femelle vivent, dit-on, dans une union fidèle pendant plusieurs années, se partagent les arrangements du ménage, le soin de faire éclore les œufs, de les porter au soleil et de les mettre à l'abri du froid et de l'humidité.

Le lézard se nourrit d'insectes et principalement de fourmis et de mouches. Pour les saisir, il darde, avec vitesse, une langue rougeâtre, assez large, fourchue, et garnie de petites aspérités à peine sensibles, mais qui suffisent pour retenir leur proie.

Tous les enfants ont remarqué que la queue du lézard gris, dont les tendres vertèbres peuvent aisément se séparer. est extrêmement fragile, et reste dans la main de celui qui veut le saisir. Cette queue repousse quelquefois. Lorsqu'on cherche à le prendre sur un mur, le lézard gris se laisse tomber à terre, et y reste un moment immobile, avant de s'enfuir de nouveau.

Le lézard gris peut s'apprivoiser facilement, et semble se plaire en captivité. Par suite de la grande douceur de son caractère, il devient familier avec son maître. Il cherche à rendre caresse pour caresse ; il approche sa bouche de sa bouche, et il suce la salive entre les lèvres, avec une grâce que beaucoup de personnes ne lui laissent pas déployer impunément.

Nous signalerons deux autres espèces de lézards : le *Lézard vert* et le *Lézard ocellé* (fig. 136).

Rien de plus brillant, de plus diapré, que la parure du *Lézard vert*. Il vit dans les lieux peu élevés, boisés, mais où le soleil pénètre aisément ; on le trouve aussi dans les prairies. Il se nourrit de petits insectes, ne redoute pas la présence de l'homme, et s'arrête pour le regarder. Au contraire, il craint les serpents, et quand il ne peut les éviter, il sait les combattre avec courage. Sa taille est d'environ 40 centimètres.

On trouve le *Lézard vert* dans les contrées chaudes de l'Europe, et sur les côtes méditerranéennes de l'Afrique. Il n'est pas rare dans le midi de la France. Combien de fois n'avons-nous pas admiré dans les environs de Montpellier, les magnifiques couleurs du lézard vert, qui rivalise avec le vert des prairies, et qui reluit au soleil comme un écrin d'émeraudes resplendissantes.

Le *Lézard ocellé* a le dessus du corps vert, varié, tacheté, réticulé ou ocellé de noir. De grandes taches bleues arrondies sont

Fig. 136. Lézard vert et Lézard ocellé.

sur les flancs ; le dessous du corps est blanc, glacé de vert ; il atteint une taille de 43 centimètres. On le trouve à Fontainebleau, dans le midi de la France, et en Espagne. Il s'établit dans un sable dur, souvent entre deux couches d'une roche calcaire, et sur une pente rapide, exposée plus ou moins directement au midi. On le trouve aussi entre les racines des vieilles souches, soit dans les haies, soit dans les vignes. Il se nourrit presque exclusivement de vers et d'insectes. On dit cependant qu'il attaque les souris, les musaraignes, les grenouilles et même les serpents. On l'élève quelquefois en domesticité, en le nourrissant avec du lait.

Iguanes. — L'*Iguane tuberculeuse*, qui habite une grande partie de l'Amérique méridionale, est l'espèce la plus connue de cette famille. Il est aisé de reconnaître ce reptile à la grande poche qu'il porte au-dessous du cou, et à la crête dentelée qui s'étend depuis la tête jusqu'à l'extrémité de la queue. Cette queue, les pattes et le corps, sont revêtues de petites écailles. Sa couleur est, en dessus, d'un vert plus ou moins foncé, devenant quelquefois bleuâtre, d'autres fois ardoisé, et en dessous, d'un vert jaunâtre. Les côtés présentent des roues en zigzag, brunes,

Fig. 137. Iguane tuberculeuse.

bordées de jaune. La longueur totale de l'animal est de 75 centimètres.

L'*Iguane* est très-douce, ne cherche point à nuire, et ne se nourrit que de végétaux et d'insectes. On la chasse en Amérique, parce que sa chair est excellente. Elle est surtout commune à Surinam, aux environs de Cayenne et du Brésil.

Varaniens. — Nous signalerons dans la famille des Varaniens, le *Basilic* et le *Dragon volant*.

D'après les auteurs de l'antiquité, reproduits par les écrivains du moyen âge, le *Basilic*, quoique de petite taille, pourrait occasionner, par sa piqûre, une mort instantanée. L'homme, dont la prunelle venait à rencontrer la sienne, était tout à coup, disaient les anciens, dévoré d'un feu intérieur. Telles sont les fabuleuses idées que la tradition nous a transmises sur cet animal.

Celui qui porte aujourd'hui ce nom, n'est qu'un être inoffensif, vivant sous les arbres de la Guyane, du Mexique, de la Martinique, etc., et qui saute de branche en branche, pour cueillir les graines ou saisir les insectes dont il se nourrit.

Le *Basilic à capuchon* (fig. 138) est long d'environ 70 à 80 cen-

Fig. 138. Basilic.

timètres; sa queue, comprimée, a trois fois l'étendue de son corps. Sa tête porte, sur l'occiput, une sorte de corne, en forme de capuchon arrondi à son sommet, et un peu penchée sur le cou. Le dos et la queue sont ordinairement surmontés, chez les mâles, d'une crête élevée, soutenue dans son épaisseur par les apophyses épineuses des vertèbres. Il est d'un brun fauve en dessus et blanchâtre en dessous. Sa gorge porte des bandes d'un brun plombé; et de chaque côté de l'œil, règne une raie blanchâtre, lisérée de noir, qui va se perdre sur le dos.

Le *Dragon* des anciens auteurs grecs était un serpent ou un lézard, à la vue très perçante, qui gardait les trésors et qui dévorait les hommes. Le dragon des artistes du moyen âge était un être effrayant et bizarre, moitié chauve-souris, moitié quadrupède et serpent. Le petit saurien qui porte aujourd'hui le nom de Dragon, pour n'être pas un monstre, n'en est pas moins intéressant. Il se distingue de tous les autres reptiles par des espèces d'ailes que forme de chaque côté du corps un large repli de la peau. Ces ailes sont tout à fait indépendantes des membres, et soutenues par les six premières fausses côtes, qui n'entourent pas l'abdomen, mais s'étendent horizontalement.

Fig. 139. Dragon volant.

C'est là l'exemple, unique de nos jours, de cette disposition organique qui distinguait les reptiles des temps géologiques qui sont connus sous le nom de *Ptérodactyles*, et qui appartiennent à la période jurassique. Le *Dragon volant* actuel se sert de cet organe, comme d'un parachute, pour se soutenir en l'air, lorsqu'il saute de branche en branche, mais il ne peut le mouvoir comme l'oiseau fait de ses ailes. Ces remarquables appendices lui servent encore à chasser les insectes.

Les *Geckos* sont des reptiles de petite taille, au corps trapu, déprimé, bas sur jambes, à ventre traînant, à dos sans crête. Leur peau, presque toujours de couleur sombre, est couverte d'écailles granulées, petites, égales, parsemées d'autres écailles tuberculeuses. Leur tête est large, aplatie, à bouche grande, à gros yeux saillants, à peine entourés par des paupières courtes. Leurs pattes, munies en dessous de lames imbriquées, qui peuvent adhérer solidement sur la surface des corps même les plus lisses, leur permettent de courir avec rapidité sur tous les plans et dans toutes les directions. Le plus habituellement, des ongles crochus et rétractiles, comme ceux des chats, leur donnent la faculté de grimper le long des arbres, de gravir les rochers et les murailles à pic, et d'y rester immobiles pendant des heures entières. Leur corps flexible se moule dans les dé-

Fig. 140. Gecko.

pressions des surfaces, n'y formant presque aucune saillie, et se confondant souvent avec elles par sa couleur. Leur prunelle qui peut se dilater et se contracter, leur permet de se préserver de l'action des rayons du soleil, et de voir dans l'obscurité.

Les Geckos émettent des sons qui rappellent le bruit que produit un écuyer lorsque, voulant flatter son cheval, il fait claquer sa langue sur son palais. Ils recherchent les habitations, dans lesquelles ils trouvent à se nourrir. Ils sont timides, inoffensifs, incapables de nuire par leur morsure et par leurs ongles; mais leur aspect repoussant en fait un objet de répugnance ou d'horreur, et leur a fait attribuer, à tort, des propriétés malfaisantes. Aussi cherche-t-on à les détruire par tous les moyens possibles.

On connaît environ soixante espèces de Geckos répandues dans les régions chaudes du globe.

Le *Gecko des murailles* (fig. 140), d'un gris cendré et comme poussiéreux sur les parties supérieures du corps, et blanchâtre en dessous, habite les îles de la Méditerranée, ainsi que les pays qui forment le bassin de cette mer, tels qu'une partie de l'Italie, de la France, de l'Espagne, de l'Afrique, etc. Il se tient ordinairement dans les vieux murs ; on le voit cependant quelquefois courir sur ceux des habitations. Il se nourrit de toutes sortes d'insectes, particulièrement de diptères et d'arachnides.

Caméléon. — Des métaphores sans fondement, mais profondément arrêtées dans l'esprit du vulgaire, ont singulièrement altéré l'idée qu'il faut se faire de ce reptile. On croit communément que le caméléon change souvent de forme, qu'il n'a point de couleur en propre, et prend celle de tous les objets dont il approche. Cette singulière idée nous vient des anciens, qui avaient fait du caméléon un animal vraiment fantastique. Par une de ces comparaisons familières à la littérature, cet être fabuleux a dès lors servi de type, pour désigner la mobilité morale, pour peindre ces hommes vils et rampants qui, sans caractère et sans individualité, savent se plier à toutes les formes et embrasser toutes les opinions.

Si l'on écarte les attributs imaginaires accordés au caméléon par la fantaisie des anciens, et si on le peint tel qu'il est, on y voit encore un des animaux les plus dignes d'intéresser les naturalistes, tant par la singulière conformation des diverses parties de son corps, que par des habitudes remarquables, et même par quelques propriétés particulières, qui ont pu accréditer sur son compte les erreurs et les préjugés du vulgaire.

Les caméléons ont le corps comprimé, le dos saillant et la peau granulée. Leur tête anguleuse, à occiput saillant, est portée sur un cou gros et court. Leurs pattes sont grêles et élevées; leur queue est prenante et arrondie.

Son signalement général étant donné, étudions quelques-unes des particularités d'organisation les plus frappantes de cet animal.

Ses yeux sont très-gros et très-saillants. Le globe en est recouvert par une seule paupière, que l'animal peut dilater ou resserrer à volonté, mais qui ne laisse guère de libre qu'un petit trou percé au centre, au travers duquel on aperçoit une prunelle vive et brillante. Le caméléon a donc l'œil véritablement enveloppé, comme si cet organe était chez lui tellement délicat, qu'une lumière trop éclatante pût le blesser. Mais ce n'est pas tout : ses yeux jouissent d'une mobilité singulière. Par des dispositions musculaires spéciales, ils peuvent être dirigés ensemble ou séparément, vers des points différents. Quelquefois l'animal tourne ses yeux de telle manière, que l'un regarde en arrière et l'autre en avant. Avec un œil, il peut voir les objets placés au-dessus de lui, tandis qu'avec l'autre il aperçoit ceux qui sont situés au-dessous. C'est du caméléon, que l'on peut prétendre, selon le dicton vulgaire, « qu'il regarde en Champagne si la Picardie brûle. »

Sa langue offre une disposition non moins remarquable. Elle est ronde, longue de cinq à six pouces, et se termine par un appendice charnu, et comme englué, à l'aide duquel le caméléon attache les insectes, et les attire en sa gueule.

Les pattes offrent cinq doigts, très-longs, presque égaux, et garnis d'ongles forts et crochus. Mais la peau des jambes s'étend jusqu'au bout de ces doigts et les réunit d'une manière encore toute particulière. Non-seulement cette peau attache les doigts les uns aux autres, mais elle les enveloppe, et en forme comme deux paquets, l'un de trois doigts et l'autre de deux.

D'après cette structure, on doit s'attendre à l'extrême différence qui existe entre les habitudes des caméléons et celles des lézards. Ses deux paquets de doigts allongés sont placés de manière à pouvoir saisir aisément les branches sur lesquelles il aime à se percher. Il peut empoigner ces rameaux, en tenant un paquet de doigts devant et l'autre derrière, de la même manière que les pics, les coucous et les perroquets, saisissent les branches, en mettant deux doigts devant et deux derrière.

Les caméléons se trouvent donc dans une meilleure position d'équilibre sur les arbres que sur le sol. Aussi les voit-on le plus souvent dans ce domicile aérien. Au reste, leur queue longue, forte et prénante, leur sert de cinquième membre. Ils la replient comme le font les singes. Ils en entourent les petites branches, et s'en servent pour ne pas tomber du haut des arbres. Toutefois ils ne se déplacent qu'avec lenteur, pour aller d'un rameau à un autre. Leur marche devient encore plus difficile lorsqu'ils reposent sur une surface plane. Ce n'est qu'en tâtonnant à plusieurs reprises, qu'ils s'avancent sur le sol. Ils posent leurs pattes sur la terre, l'une après l'autre, avec la plus grande circonspection, et ils explorent également le terrain, à l'aide de leur queue. Dans sa marche, l'animal a une sorte de gravité, qui contraste avec la petitesse de sa taille et l'agilité qu'on pourrait lui supposer. Même lorsqu'il est perché sur un arbre, ses mouvements sont d'une lenteur et d'une paresse que l'on dirait affectées. Il est vrai que la disposition de ses yeux et les mouvements rapides de sa langue lui rendent toute agilité superflue pour la recherche de sa nourriture. Il aperçoit de loin et dans toutes les directions

Fig. 141. Caméléon.

sa proie et ses ennemis. Il peut éviter ces derniers; et quant à sa proie, il la saisit rapidement à l'aide de sa langue gluante, qu'il peut allonger à une distance qui dépasse quelquefois la longueur de son corps.

Chez les caméléons, la peau n'adhère pas partout aux muscles. Elle laisse des espaces libres, dans lesquels pénètre l'air, qui gonfle et qui soulève cette peau. Ce mécanisme est volontaire chez le caméléon, qui peut se gonfler considérablement et tout d'un coup, puis se désenfler. Quand cette grosse vessie vivante s'est ainsi vidée, l'animal ne ressemble qu'à un sac de baudruche dans lequel dansent quelques os.

Les caméléons peuvent varier beaucoup dans leur coloration,

c'est-à-dire être tantôt presque blancs, tantôt jaunâtres, d'autres fois verts rougeâtres et même noirs, soit partout, soit dans quelques parties de leur corps seulement. On a longtemps attribué ces changements de couleurs à la distension plus ou moins grande des vastes poumons de cet animal, et à des modifications correspondantes dans la quantité de sang envoyée à la peau. Mais cette explication est aujourd'hui abandonnée. Selon M. Milne Edwards, les causes de ces variations de teinte résident dans le mode particulier de structure de la peau du caméléon.

« On trouve dans cette membrane, dit M. Milne Edwards, diverses matières colorantes, dont les unes peuvent tantôt se montrer à la surface et masquer en quelque sorte les autres, d'autres fois se retirer en dessous et se cacher sous le pigment superficiel [1]. »

On connaît plusieurs espèces de caméléons. Le type est le caméléon ordinaire (fig. 141) qui présente deux variétés : l'une de l'Afrique septentrionale, de la Sicile et du midi de l'Espagne, l'autre particulière aux Indes orientales et à Pondichéry.

Crocodiles. — Si l'aigle est le roi des airs, le tigre et le lion les tyrans des forêts, et la baleine le monstre des mers, le crocodile a, pour étendre sa redoutable puissance, les rivages maritimes et les bords des fleuves. Vivant sur les confins de la terre et des eaux, cet énorme reptile est le fléau, tout à la fois, des habitants des plages marines et des riverains des fleuves. Plus grand que le tigre, le lion et l'aigle, il serait le plus énorme animal terrestre, si l'éléphant, l'hippopotame, et quelques serpents d'une longueur démesurée, n'existaient pas.

Les crocodiles ont la tête déprimée, qui s'allonge en un museau, au devant duquel se voient des narines rapprochées sur un tubercule charnu et garni de soupapes mobiles. La gueule s'ouvre jusqu'au delà des oreilles. Les mâchoires, d'une longueur démesurée, sont armées de dents coniques, pointues, courbées en arrière, et disposées de façon que quand la gueule est fermée, elles passent les unes au-dessus des autres. Ces dents sont implantées sur une seule rangée, et continuellement maintenues en bon état, par un système organique qui

[1] *Éléments de zoologie*, in-8°, 1841.

assure leur réparation immédiate. En effet, chaque dent est creuse à la base, de manière à devenir la cellule ou la gaine d'une autre dent, d'un plus fort calibre. La dent qui pousse, exerce une sorte d'absorption sur la base de la vieille dent creuse, de sorte qu'à mesure que la première se développe, la seconde dépérit. Dans quelques espèces, les dents placées au devant de la mâchoire inférieure sont tellement aiguës et allongées, qu'elles perforent le rebord de la supérieure, et apparaissent au-dessus du museau, quand la gueule est fermée. La mâchoire inférieure seule est mobile, et n'a qu'un mouvement de haut en bas. La gueule est dépourvue de lèvres; aussi le crocodile, lorsqu'il nage ou marche, laisse voir ses dents, espèce d'avertissement sinistre pour les victimes qu'il menace.

Toute cette conformation donne au crocodile un air terrible, qu'augmentent encore deux yeux étincelants, très-rapprochés l'un de l'autre, placés obliquement, et surmontés comme d'une espèce de sourcil, au terrifiant aspect.

La queue de ces animaux est très-longue, aussi grosse que le corps à son origine, et semblable, par sa forme aplatie, à un aviron; ce qui leur permet de se gouverner facilement dans l'eau et d'y nager avec vitesse.

Les crocodiles ont quatre pattes courtes, dont les postérieures ont les doigts réunis par une membrane natatoire, et trois ongles seulement à chaque patte. Leur peau est coriace, épaisse, résistante, protégée par des écussons très-durs, entremêlés de plaques, de grandeur différente, suivant les régions du corps. Au crâne et à la face, la peau est intimement collée aux os, et n'offre aucune trace d'écailles.

La nature a pourvu à la sûreté de ces animaux, en les revêtant d'une cuirasse, dont la résistance est à toute épreuve, au moins en certains points. Ainsi les écailles qui défendent le dos et le dessus de la queue, sont carrées et forment des bandes transversales. Elles sont d'une grande dureté, et jouissent d'une flexibilité qui les empêche de se briser. En leur milieu est une sorte de crête dure, qui ajoute à leur solidité. Cette cuirasse est en plusieurs points à l'épreuve de la balle d'un fusil. Les lames qui garnissent le ventre, le dessous de la tête, du cou, de la queue, des pattes, sont également disposées en bandes transversales, mais moins dures et sans crêtes. C'est par ces parties plus faibles que les habitants des eaux, ennemis des crocodiles, les attaquent et peuvent leur nuire.

La couleur générale des crocodiles est un brun obscur; quelquefois le vert se montre sur le dos; la tête et les flancs sont mêlés de verdâtre ou d'une teinte verte, avec des taches noirâtres; le dessous des pattes et le ventre sont d'un gris jaunâtre. Toutes ces nuances varient avec l'âge, le sexe et la nature des eaux dans lesquelles séjourne l'animal.

Les crocodiles sont ovipares, et leurs œufs sont pourvus d'une coque résistante. Ces œufs, déposés par les femelles, dans des lieux favorables, éclosent sans que la mère les couve, par la seule chaleur ambiante. Les femelles des crocodiles du Nil les déposent dans le sable sur les rivages : la chaleur solaire les fait ensuite éclore. Dans certaines contrées, comme aux environs de Cayenne et de Surinam, elles les ensevelissent sous des espèces de meules, qu'elles élèvent dans les lieux humides, en accumulant des feuilles et des tiges herbacées. Une sorte de fermentation se fait dans ces végétaux; et il en résulte une élévation de température, qui, jointe à celle de l'atmosphère, fait éclore les œufs.

Lacépède a décrit un œuf qui se trouvait au Muséum d'histoire naturelle de Paris, et qui provenait d'un crocodile de 14 pieds de longueur, tué dans la haute Égypte, au moment où il venait de pondre. Cet œuf n'a que deux pouces et cinq lignes dans son grand diamètre; et son petit diamètre est d'un pouce et onze lignes. Il est ovale et blanchâtre. Sa coque est d'une substance crétacée semblable à celle des œufs de poule, mais moins dure.

Au moment de leur naissance, les petits crocodiles n'ont que 15 centimètres environ de longueur; mais leur accroissement est très-rapide.

Les crocodiles se trouvent dans les grands fleuves et dans les endroits marécageux. Ils viennent souvent à terre, car d'après leur organisation ce sont de véritables amphibies.

La nuit, ils se mettent à l'affût, pour guetter et saisir leur proie. Ils se nourrissent exclusivement de chair, c'est-à-dire de poissons, de petits mammifères, d'oiseaux aquatiques ou même de reptiles. Quand ils ont saisi une proie volumineuse, ils l'entraînent sous l'eau, et, après l'avoir asphyxiée, ils la laissent macérer dans quelque endroit retiré, et la mangent ensuite par lambeaux. C'est ainsi que les hommes sont parfois enlevés par les crocodiles ; on croit à tort qu'ils sont immédiatement dévorés par ces animaux. Quand un crocodile a pu saisir un nègre ou un habitant des rives d'un fleuve africain, il ne le dévore pas sur-le-champ. Il le maintient sous l'eau pendant quelques jours, puis il le dépèce et s'en repaît tout à son aise. Aussi ce féroce animal répand-il la terreur sur les bords de tous les fleuves qu'il habite.

Par suite de la structure générale de leur charpente osseuse, les crocodiles ont de la peine à se mouvoir de côté. Cette circonstance donne à l'homme quelques chances d'échapper à la poursuite de cet ennemi vorace. Quand on est poursuivi par un crocodile, on le dépiste assez facilement en décrivant des cercles et revenant sur ses pas.

Sur les bords du lac de Nicaragua, en Amérique, un alligator poursuivait un Anglais, qu'il avait surpris sur le rivage. L'animal gagnait sur lui du terrain, et il allait atteindre sa proie, lorsque des Espagnols crièrent à l'Anglais de courir en décrivant un cercle. Heureusement averti, et ayant mis l'avis en pratique, notre Anglais parvint à dérouter le crocodile et à échapper à tout danger (fig. 142).

Les Crocodiles vivent en Afrique, en Asie et en Amérique. Il n'en existe ni en Europe, ni dans l'Océanie.

Les diverses espèces actuellement vivantes sont réparties d'une manière déterminée à la surface du globe. — Les *Caïmans* sont propres à l'Amérique, — les *Crocodiles* proprement dits vivent principalement en Afrique, — enfin les *Gavials* sont propres aux Indes orientales.

Les *Caïmans*, ou Crocodiles américains, ont pour principaux caractères : tête d'un tiers plus large que longue et à museau court ; — dents inégales entre elles ; les quatrièmes dents inférieures enfoncées dans des trous de la mâchoire supérieure, quand la bouche est fermée ; — les premières dents de la mâchoire inférieure perçant la supérieure à un certain âge ; — jambes et pieds de derrière arrondis et n'ayant ni crêtes, ni dentelures à leurs bords ; — intervalles des doigts remplis au plus à moitié par une membrane courte en pattes semi-palmées.

On admet généralement cinq espèces de ce genre, toutes

exclusivement américaines et dont le type est l'*Alligator* ou *Caïman à museau de brochet*. Ce crocodile, désigné par les naturalistes sous le nom d'*Alligator de la Floride de Catesby*, appartient en propre à l'Amérique septentrionale, dont il habite toute l'étendue. Il vit presque toujours en grandes troupes, dans les eaux du Mississipi et de ses affluents. On le trouve aussi dans les lacs et marais de la Louisiane, dans la Caroline et jusqu'au 32° degré de latitude nord.

Les *Alligators* ne semblent pas quitter les eaux douces. Pendant la mauvaise saison, ils s'ensevelissent dans la vase des marais, et attendent, dans un état de torpeur, le retour du printemps, qui est le signal de leur activité.

Dans le voisinage de Bagon Sarah, sur le Mississipi, s'étendent de vastes bas-fonds, des lacs et des marais. Chaque année, ces réservoirs sont submergés par les terribles débordements du fleuve, et reçoivent alors des myriades de poissons. La chaleur dessèche bientôt une partie de ces lacs, en n'y laissant que deux pieds de profondeur, et découvre ainsi une proie toute préparée aux oiseaux de rivage et aux crocodiles. Des millions d'ibis, de hérons, de grues, de cormorans, marchent dans l'eau, à la poursuite des poissons. Dans la partie la plus basse du lac s'accumulent les plus grandes quantités de poissons, et cette partie du marécage se nomme dans le pays le *trou des Alligators*. Là, en effet, se pressent ces reptiles, serrés les uns contre les autres, à la curée facile du poisson qui remplit les marécages, et qui s'y trouve emprisonné par l'évaporation de la plus grande partie de l'eau. Les alligators les poursuivent et les dévorent, tandis que l'ibis détruit ceux qui cherchent à fuir vers le rivage.

Les alligators pêchent surtout pendant la nuit. Ils se rassemblent par grandes troupes, aux heures de silence et d'obscurité, chassent le poisson devant eux, et le poussent dans quelque crique retirée. C'est alors qu'ils se donnent à cœur joie, des malheureux habitants de l'eau, qu'ils amènent par le mouvement de leur queue, jusque dans leur gueule, largement ouverte. On entend à un mille de distance le cliquetis de leurs mâchoires.

Les alligators se trouvent par milliers au Mexique, dans les eaux belles et transparentes du Claro, qui s'épanchent en un lac tranquille. Ils sont tellement serrés les uns contre les autres, qu'ils ressemblent à des trains de bois ou à des arbres récem-

Fig. 142. L'Anglais et le Caïman, ou la fuite en cercle.

ment tombés, et revêtus de leur verte écorce. Lorsque réunis et immobiles ils attendent leur proie, ils ne se dérangent pas si un bateau vient à tomber au milieu de leur troupe. Ils ne cherchent point à envahir ces bateaux ; seulement ils se jettent sur tout ce qui tombe ou est jeté dans le lac. Combien d'enfants, de pauvres femmes, de nègres, sont devenus dans ces parages la proie des caïmans. Ces reptiles monstrueux ne poursuivent pas l'homme, mais ils ne manquent pas de le dévorer lorsqu'une imprudence le met à portée de l'arsenal dentaire de leurs terribles mâchoires.

Les indigènes du Mexique chassent le caïman. Quand ils rencontrent un individu isolé, endormi ou renversé sur le dos après un repas copieux, ils jettent un lacet (*lasso*) autour du corps du reptile endormi. Avec des bâtons, ils maintiennent les cordes, bâillonnent le caïman et lui brisent la tête.

Il est un autre moyen dont les Indiens font usage pour s'emparer d'un caïman. Que l'on se figure quatre pièces de bois dur, longues d'un pied, grosses comme le petit doigt, et pointues à chaque bout. On les noue autour d'une corde de telle manière que si on se représente cette corde sous la figure d'une flèche, les quatre bâtons formeront la tête de la flèche. Puis on attache l'autre bout de la corde autour d'un arbre, et l'on amorce cette sorte d'hameçon avec de la viande. Lorsqu'un caïman a happé la proie, les pointes de l'hameçon pénètrent dans ses chairs. Alors on attend que l'animal soit mort pour le tirer de l'eau, ou on l'achève à coups de pierres et de bâtons.

Les alligators sont très-voraces, mais, comme les serpents et les tortues, ils peuvent supporter de longs jeûnes. Dans son *Histoire naturelle de la Jamaïque*, Browne assure qu'on a vu des caïmans vivre plusieurs mois de suite sans nourriture. On a fait plusieurs fois à la Jamaïque l'expérience suivante. On lie fortement la bouche d'un alligator, et on le jette, ainsi muselé, dans un bassin. Ces animaux, à la gueule scellée, vivent ainsi un temps considérable. On les voit s'élever de temps en temps, à la surface de l'eau, et leur mort se fait beaucoup attendre. Ajoutons que les crocodiles que l'on élève en captivité dans la ménagerie du Muséum d'histoire naturelle de Paris, demeurent quelquefois plusieurs mois de suite sans manger.

La femelle de l'alligator prend plus de soin de ses petits que ne le font les femelles du crocodile proprement dit et du gavial. Elle les conduit à l'eau et dans la vase. Là, elle dégorge une nourriture à demi digérée, qui sert à leur alimentation.

Fig. 143. Alligator ou Caïman.

Les vrais-*Crocodiles* sont propres à l'Afrique; mais ils existent aussi en Amérique et dans l'Inde. Leur tête a une longueur à peu près double de sa largeur. Les quatrièmes dents de la mâchoire inférieure, les plus longues et les plus grosses de toutes, passent dans des échancrures creusées sur les bords de la mâchoire supérieure, et restent apparentes au dehors. Les pattes de derrière ont leur bord externe garni d'une crête dentelée et les intervalles de leurs doigts, au moins les externes, sont entièrement palmés.

Le principal type est le *Crocodile vulgaire*, qui peut atteindre plus de trois mètres de longueur. Tout le dessus du corps de cet énorme reptile est d'un vert olive, piqueté de noir sur la tête et le cou, jaspé de la même couleur sur le dos et la queue;

deux ou trois larges bandes obliques noires se montrent sur les flancs. Le dessous du corps est d'un jaune verdâtre.

Ce crocodile est extrêmement répandu en Afrique ; on le trouve dans toute l'étendue du Nil, dans les fleuves Sénégal et Niger, en Cafrerie, à Madagascar. La plupart des auteurs le nomment *Crocodile du Nil*. On trouve cette espèce jusque dans l'Inde.

Le crocodile était dans l'ancienne Égypte un animal sacré. On trouve encore aujourd'hui, dans les temples en ruine, des momies de crocodiles en parfait état de conservation. Les Romains faisaient paraître des crocodiles vivants dans les jeux nautiques du Colisée. Les premiers furent apportés, au nombre de cinq seulement, sous l'édilité de Scaurus. Sous l'empereur Auguste, on en fit périr trente-six dans le cirque de Flaminius. Diverses médailles anciennes représentent ce même reptile, dont le corps est parfaitement semblable à celui qui vit aujourd'hui dans les eaux et sur les rivages du Nil.

Il y a dans l'histoire naturelle du crocodile un fait vraiment merveilleux. Écoutons, à cet égard, le plus ancien des historiens : nous avons nommé Hérodote.

« Lorsque le crocodile, dit Hérodote, prend sa nourriture dans le Nil, l'intérieur de sa gueule est toujours couvert de *bdella* (mouches). Tous les oiseaux, à l'exception d'un seul, se sauvent du crocodile ; mais cet oiseau unique, le *trochylus*, bien loin de fuir, vole vers le reptile avec le plus grand empressement et lui rend un très-grand service. Chaque fois que le Crocodile gagne la terre pour dormir, et au moment où il gît étendu les mâchoires ouvertes, le *trochylus* entre dans la gueule du terrible animal et le délivre des *bdella* qui s'y trouvent. Le crocodile se montre reconnaissant, et ne fait jamais aucun mal au petit oiseau qui lui rend ce bon office. »

Le fait rapporté par Hérodote fut longtemps considéré comme une fable. Mais le naturaliste Étienne Geoffroy Saint-Hilaire, qui faisait partie de la Commission de savants que le général Bonaparte emmena avec lui dans l'expédition d'Égypte, eut plusieurs fois l'occasion de reconnaître la vérité de la narration d'Hérodote.

« Il est parfaitement vrai, dit Geoffroy Saint-Hilaire dans un mémoire lu le 28 janvier 1828 à l'Académie des sciences, qu'il existe un petit oiseau qui vole perpétuellement çà et là, cherchant partout, même dans la gueule du crocodile, les insectes qui forment la partie principale de sa nourriture. »

Cet oiseau, qui est très-commun sur les rives du Nil, Geoffroy Saint-Hilaire l'a reconnu pour une espèce déjà décrite sous le nom de *Charadrius ægyptius*.

Il existe en France un oiseau qui ressemble extrêmement au *Charadrius ægyptius* : c'est le Pluvier.

Les *bdelles*, qui tourmentent le crocodile et même lui font une guerre acharnée, ne sont autre chose que nos *cousins* d'Europe. Des myriades de ces insectes bourdonnent sur les bords du Nil, et lorsque le géant de ce fleuve repose, se chauffant au soleil, il devient la proie de ces misérables pygmées : c'est la guerre du Lion et du Moucheron, décrite par la Fontaine. Les bdelles s'introduisent dans sa gueule, en si grand nombre, que la surface du palais en est couverte, et y forme comme une croûte brunâtre. Tous ces petits suceurs lardent de leurs aiguillons la langue du reptile. C'est alors que le petit oiseau vient les chasser jusque dans la gueule du monstre, qu'il délivre ainsi de ses innombrables ennemis. Le crocodile, d'un coup de dent, croquerait sans peine l'oiseau, mais il sait trop, pour en agir ainsi, ce qu'il doit à cet ami familier.

Les crocodiles du Nil sont plus voraces que l'alligator de l'Amérique. Hasselquist rapporte que dans la haute Egypte ils dévorent souvent les femmes qui viennent puiser de l'eau dans le Nil, et les enfants qui jouent sur les bords de ce fleuve. Geoffroy Saint-Hilaire dit, de son côté, que l'on rencontre fréquemment dans la Thébaïde des Arabes à qui il manque une jambe ou un bras, et qui accusent les crocodiles de ce méfait.

Le célèbre voyageur Livingstone, qui a malheureusement péri en 1867, après avoir exploré avec tant de succès l'Afrique équatoriale, a eu bien des occasions de se rencontrer avec ce féroce habitant du Nil. Écoutons l'un de ses récits.

« Le crocodile, dit le célèbre voyageur, fait chaque année beaucoup de victimes parmi les enfants qui ont l'imprudence de jouer au bord du Liambie quand ils vont chercher de l'eau. Le crocodile étourdit sa proie d'un coup de queue et l'entraîne dans le fleuve, où elle est bientôt noyée.... En général, quand un crocodile aperçoit un homme, il plonge et se dirige furtivement du côté où l'homme se trouve ; quelquefois néanmoins il se précipite avec une agilité surprenante, vers la personne qu'il a découverte, ainsi qu'on en peut juger par les rides qu'il imprime à la surface de la rivière. Une antilope que l'on chasse et qui prend l'eau dans les lagunes de la vallée Barotsé, un homme ou un chien qui vont y chercher leur gibier, n manquent jamais d'être saisis par un crocodile dont ils ne soupçonnaient pas la présence. Il arrive souvent qu'après avoir dansé au clair de lune, les jeunes gens qui habitent les bords du fleuve vont se plonger dans l'eau pour se débarrasser de la poussière qui les couvre, et ne reparaissent jamais. »

Les crocodiles qui n'ont jamais mangé de l'homme, sont, du reste, beaucoup moins dangereux que ceux qui, en ayant mangé, ont pris goût à cette proie. C'est ce qui résulte des renseignements pris sur les lieux par plusieurs voyageurs.

« Un habitant de Khartoum, dit M. Combes, m'assura qu'avant l'arrivée des troupes égyptiennes, c'est-à-dire avant les horreurs commises par le desterdar (il s'agit ici de Mehemet-Bey, qui avait été gouverneur du Soudan quelque temps avant le voyage de M. Combes), les Crocodiles se montraient peu friands de chair humaine ; mais depuis les noyades ordonnées par Mehemet-Bey, me dit l'homme que j'interrogeais, depuis que le Nil a charrié les cadavres de mes frères, les monstres qui l'habitent se sont habitués à une nourriture substantielle qu'ils connaissaient à peine ; et aujourd'hui on s'expose à des dangers imminents en traversant le fleuve à la nage, et même en se baignant sur ses bords. »

Les nègres d'Afrique chassent le crocodile à coups de fusil, ou avec une espèce de javeline dentée : ils visent à l'attache des pattes de devant. Certains Égyptiens sont assez hardis pour nager jusque sous le crocodile, et lui percer le ventre d'un coup de poignard.

Les nègres du Sénégal ont le même courage. S'ils surprennent l'animal dans des parties du fleuve qui ne renferment pas assez d'eau pour qu'ils puissent y nager, ils vont droit au monstre, armés d'une lance, et le bras gauche enveloppé d'un lambeau de cuir. Ils commencent par l'attaquer à coups de lance, dans les yeux et au gosier. Puis ils enfoncent dans sa gueule leur bras gauche, enveloppé de cuir, l'empêchent ainsi de la refermer et la maintiennent ouverte jusqu'à ce que leur ennemi soit suffoqué ou qu'il expire sous les coups de leurs compagnons.

La ruse et les piéges remplacent quelquefois ces attaques audacieuses. En Égypte, on creuse un fossé profond sur la route d'un crocodile, route que l'on reconnaît facilement aux traces qu'il laisse sur le sable. On couvre cette fosse de branchages et de terre. On effraye ensuite à grands cris le crocodile qui, revenant au fleuve, par la même route qu'il avait suivie pour s'écarter de ses bords, passe sur la fosse et y tombe. Là on l'assomme où on le prend dans des filets.

D'autres fois, on attache une grosse corde à un gros arbre, et on lie à l'autre extrémité de cette corde un agneau retenu par un crochet saillant. Les cris de l'agneau attirent le crocodile qui, en voulant enlever cet appât, se prend au crochet.

Les *Gavials*, ou crocodiles de l'Inde, ont le museau rétréci, cylindrique, extrêmement allongé, un peu renflé à l'extrémité. Les dents sont presque semblables, par le nombre et par la forme sur l'une et l'autre mâchoire; les deux premières et les quatrièmes de la mâchoire inférieure, passent dans des échancrures de la supérieure, et non dans des trous. Les pattes de derrière sont dentelées et palmées comme dans les crocodiles d'Afrique.

Ce genre remarquable, surtout par sa tête très-allongée, a pour type le *Gavial du Gange* ou *Gavial longirostre*. Il est d'un vert d'eau foncé en dessus, avec de nombreuses taches irrégulières brunes; il est jaune pâle en dessous, et sa longueur totale peut aller jusqu'à cinq mètres ou six mètres.

ORDRE DES CHÉLONIENS.

Les *Tortues* qui composent l'ordre des Chéloniens, se reconnaissent au premier coup d'œil à la singulière armure dont la nature les a pourvues. Un double bouclier enveloppe de toutes parts leur corps, ne laissant passer que la tête, le cou, les quatre pattes et la queue. Tous ces organes peuvent se cacher dans cette double cuirasse.

Si l'on rencontrait pour la première fois une tortue, ne serait-on pas profondément surpris?

Le double bouclier des tortues est composé d'os élargis et intimement soudés entre eux. Le bouclier supérieur, qui se nomme *carapace*, résulte de la réunion des côtes et des vertèbres dorsales; le *plastron*, ou bouclier inférieur, n'est que le sternum très-développé. Ces organes ne sont qu'une portion du squelette, qui, au lieu d'être logé dans la profondeur des parties molles, est devenu superficiel et n'est recouvert que par une peau sèche et mince.

Pour présenter cette disposition si insolite, la charpente osseuse de l'animal a dû être profondément modifiée. Cependant on y retrouve les mêmes pièces que chez les vertébrés ordinaires; seulement la forme et le volume de plusieurs de ces pièces ont été changées.

La peau qui recouvre tout le corps de ces animaux, conserve quelquefois de la mollesse et n'est point revêtue d'écailles. Mais chez presque tous elle est garnie d'une couche cornée, d'une très-grande consistance. Sur le plastron et sur la carapace, ces écailles forment de larges lames, dont la disposition et l'aspect varient suivant les espèces, et qui souvent sont d'une beauté remarquable.

La carapace de la tortue est un objet d'ornement, qui donne

lieu à une grande industrie. Convenablement redressée, travaillée et polie, elle porte le nom d'*écaille*.

On divise les tortues en quatre groupes : les *Tortues terrestres*, les *Tortues de marais*, les *Tortues de fleuve* et les *Tortues de mer*.

Les *Tortues terrestres* se reconnaissent à leurs pattes, en forme de moignons. Ces organes sont gros et courts. Leurs doigts, presque égaux et immobiles, sont réunis par une peau épaisse, en une masse arrondie, et ne se montrent au dehors que par des ongles courts, gros et coniques. Dans ce groupe, la carapace est très-bombée et quelquefois plus haute que large ; elle forme une voûte solide, le plus souvent immobile, sous lequel l'animal peut retirer entièrement ses membres et sa queue. Ce *bouclier* est recouvert de grandes plaques cornées.

Les *Tortues terrestres* ont été connues de tout temps. On les voit représentées sur une foule de monuments, produits de l'art antique. Personne n'ignore que la carapace de la tortue était considérée chez les anciens comme ayant servi à former les premières lyres, et qu'elles avaient été en conséquence consacrées à Mercure, dieu de la musique et inventeur de la lyre.

Les *Tortues terrestres* forment plusieurs genres qui comprennent plus de trente espèces. Nous parlerons seulement des principales, c'est-à-dire de la *Tortue bordée*, la *Tortue mauresque*, la *Tortue grecque* et la *Tortue éléphantine*.

La *Tortue bordée*, que l'on a longtemps confondue avec la *Tortue grecque*, se trouve assez abondamment répandue en Morée, et se rencontre également en Égypte et sur les côtes de Barbarie. Sa carapace est de forme ovale, oblongue, bombée, à bord postérieur très-dilaté et presque horizontal. Le plastron est mobile en arrière, la queue grosse et conique dépasse à peine la carapace. Les plaques du disque sont d'un brun noirâtre, présentant vers le centre des taches d'une belle couleur jaune ; les lames marginales offrent le plus habituellement deux taches triangulaires, l'une jaune et l'autre noire ; le dessous du corps est d'un jaune sale avec une large tache triangulaire noire sur six ou huit des écailles sternales ; sa taille est moyenne.

La *Tortue Mauresque* se trouve communément aux environs d'Alger, d'où sont envoyées toutes celles qui se vendent aujourd'hui chez les marchands de comestibles de Paris. Sa carapace est ovale, bombée, son sternum mobile en arrière. Sa coloration générale est olivâtre. Les plaques du disque sont marquées de taches noirâtres, et parfois d'une boucle de même

Fig. 144. Tortue mauresque (tortue terrestre).

couleur, qui couvre leur pourtour au devant et sur les côtés seulement. Les plaques du plastron dont le fond est olivâtre, présentent chacune une large tache noire. Cette espèce est un peu plus petite que la *Tortue bordée*.

La *Tortue grecque* est de petite taille, car elle ne dépasse pas 28 centimètres de longueur. Elle habite la Grèce, l'Italie, quelques iles de la Méditerranée, et le midi de la France, où elle fut importée d'Italie. Elle se nourrit d'herbes, de racines, de limaces et de lombrics. Elle s'engourdit pendant l'hiver, et passe cette saison dans des trous, qu'elle creuse dans le sol, parfois à plus de 60 centimètres de profondeur. Elle en sort vers le mois de mai, et va se chauffer aux rayons du soleil, dans les lieux sablonneux et boisés. Vers le mois de juin, les femelles pondent de douze à quatorze œufs, blancs, sphériques, gros comme de petites noix. Elles déposent ces œufs dans un trou, qu'elles recouvrent de terre, et qui est exposé au soleil.

Sa carapace est ovale, très-bombée. Ses plaques marginales sont au nombre de vingt-cinq; son plastron, presque aussi long que sa carapace, est séparé en deux grandes portions, par un sillon longitudinal. Les plaques de la carapace sont tachetées de noir et de jaune verdâtre, par de grandes marbrures. Le centre des plaques du disque est, en outre, relevé par une petite tache noire irrégulière. Les plaques du plastron sont jaunes à tache noire centrale.

Ces trois espèces sont recherchées à cause de leur chair, qui donne un bouillon d'un goût agréable.

Nous citerons encore parmi les Tortues terrestres, la *Tortue éléphantine*, dont la longueur totale est de plus de 1 mètre, et qui habite la plupart des îles situées dans le canal de Mozambique, c'est-à-dire entre la côte orientale de l'Afrique et de l'île de Madagascar. Le Muséum d'histoire naturelle de Paris a possédé des échantillons de cette espèce, qui vécurent pendant plus d'un an, et qui pesaient environ 300 kilogrammes. Leur chair était très-bonne à manger.

Chez d'autres tortues terrestres, dont on a formé le genre *Dixides*, la portion antérieure du plastron est mobile, et peut, lorsque la tête et les pattes sont rentrées, s'appliquer contre les bords de la carapace comme une porte sur son chambranle. Telle est la *Dixide arachnoïde* du continent et de l'archipel indien.

Il est aussi des tortues terrestres dont on a formé des genres particuliers. La carapace est flexible et peut s'abaisser en arrière comme le plastron : ce sont les *Cinixys*.

Enfin chez d'autres, il n'existe à toutes les pattes, que quatre doigts, tous onguiculés : tels sont les *Homopodes*.

Les *Tortues de marais* établissent le passage des tortues terrestres aux tortues essentiellement aquatiques. Elles ont une carapace plus ou moins déprimée, ovalaire, évasée en arrière. Leurs pieds ont des doigts distincts, flexibles, garnis d'ongles crochus, et dont les phalanges sont réunies à la base, au moyen d'une peau élastique, qui leur permet de s'écarter les uns des autres, tout en conservant leur force et en prenant une plus grande surface. Aussi peuvent-elles marcher sur la terre, nager à la surface ou dans la profondeur des eaux, et grimper sur les rivages des lacs ou des autres eaux tranquilles, qui sont leur demeure habituelle.

Ces tortues sont ordinairement de petite taille. Carnassières, elles se nourrissent de petits animaux vivants Comme elles

CHÉLONIENS. 269

exhalent une odeur nauséabonde, on ne les recherche pas pour s'en nourrir; et d'autre part, leur carapace n'est ni assez épaisse, ni assez belle, pour qu'on puisse s'en servir pour fabriquer l'écaille. Elles sont donc peu recherchées.

On connaît une centaine d'espèces de tortues de marais, qui sont réparties dans toutes les parties du globe, mais principalement dans les régions chaudes et tempérées. Telles sont : les *Cistules*, les *Emydes*, les *Trionyx*, etc.

La *Cistule commune*, qui porte les noms de *Tortue bourbeuse* ou *Tortue jaune* (fig. 145), est très-répandue en Europe. On la trouve en Grèce, en Italie, en Espagne, en Portugal et dans les pays

Fig. 145. Tortue cistule (tortue de marais).

méridionaux de la France; on la trouve aussi en Hongrie, en Allemagne et jusqu'en Prusse. Elle habite les lacs, les marais et les étangs, au fond desquels elle se tient enfoncée dans la vase. Elle vient quelquefois à la surface de l'eau, et y reste des heures entières. Elle vit particulièrement d'insectes, de mollusques, de vers aquatiques et de petits poissons. Bien que la chair de la *Cistule* soit loin d'avoir un excellent goût, on la mange partout où elle est commune.

Nous nous contenterons de représenter ici, l'*Émyde Caspienne* (fig. 146), et la *Tortue Matamata* (fig. 147), dont l'aspect est si singulier, en raison de ses narines prolongées en trompe, de son cou garni de longs appendices cutanés, et des deux barbillons qu'elle porte au menton. C'est une tortue qui a de la barbe !

Fig. 146. Emyde Caspienne (tortue de marais).

Les *Tortues de fleuve* ont la carapace très-élargie et très-plate, les pattes déprimées, et les doigts réunis jusqu'aux ongles, par de

Fig. 147. Tortue Matamata (tortue de marais).

larges membranes flexibles. Ces membranes changent les mains et les pieds en véritables palettes, qui font l'office de rames.

Ces tortues si bien accommodées au milieu qu'elles habitent, font une guerre continuelle aux poissons, aux reptiles et aux mollusques. Leur carapace est molle, couverte d'une peau flexible et cartilagineuse, soutenue sur un disque osseux très-déprimé, à surface supérieure ridée par des sinuosités rugueuses. Comme elles sont dépourvues d'écailles, ces tortues sont dites *molles.*

Les tortues de fleuve ne se trouvent pas en Europe; elles habitent les rivières, les fleuves ou les lacs d'eau douce; des régions chaudes du globe, tels que le Nil et le Niger en Afrique, le Mississipi et l'Ohio en Amérique, l'Euphrate et le Gange, en Asie. Elles peuvent atteindre une grande taille, et par conséquent un grand poids. Elles nagent avec facilité pendant le jour, en poursuivant leur proie. Elles viennent, pendant la nuit, s'étendre et dormir sur le sol. Comme leur chair est très-estimée, on leur fait une chasse active, dans les pays qu'elles habitent.

Nous citerons parmi les espèces de ce groupe, le *Trionyx d'Égypte* (fig. 148), tortue d'assez grande taille, qui vit dans le Nil, et le *Trionyx spinifère* caractérisé par une rangée d'épines sur le bord antérieur du limbe, qui vit dans les rivières de la Géorgie et des Florides (Amérique septentrionale).

Les *Tortues de mer* se distinguent surtout par la conformation des membres, dont les extrémités libres sont aplaties. Ces pattes sont tellement déprimées, que les doigts, quoique formés de pièces distinctes, ne peuvent exécuter les uns sur les autres aucune sorte de mouvement, et constituent de véritables rames, admirablement disposées pour la natation. Leur carapace est aussi excessivement aplatie; elle s'échancre en avant, s'allonge et se rétrécit en arrière, et est disposée de telle sorte que la tête et les pattes ne peuvent complétement s'y cacher.

Les tortues marines sont celles qui présentent la plus grande taille. Elles nagent et plongent avec une aisance surprenante, et peuvent rester longtemps sous l'eau. L'orifice externe de leur canal nasal est, en effet, muni d'une sorte de soupape, que l'animal soulève lorsqu'il est dans l'air, et ferme lorsqu'il est sous l'eau. Il ne sort guère de l'élément liquide qu'à l'époque de la ponte. Cependant quelques espèces se traînent, pendant la nuit, sur les rivages des îles désertes, pour y brouter quelques plantes marines, quoique leur marche soit difficile et même pénible. Dans les mers tranquilles, on les voit parfois flotter comme une barque, et dans l'immobilité la plus absolue, à la surface des eaux. Elles dorment. Avec leurs gencives cornées, dures et tranchantes comme le bec d'un oiseau de proie, les unes broutent des algues marines, telles que les varechs, les algues; tandis que d'autres se nourrissent d'animaux vivants, c'est-à-

Fig. 148. Trionyx d'Égypte (tortue de fleuve).

dire de crustacés, de zoophytes et de mollusques, par exemple des sèches.

Les *Tortues de mer* sont ovipares. Les femelles, accompagnées des mâles, parcourent souvent, pour aller déposer leurs œufs, des espaces de plus de 200 kilomètres. D'autres femelles se rendent, à des époques à peu près fixes, sur les bords sablonneux de quelque île déserte. Là, elles se traînent, pendant la nuit, assez loin du rivage, et avec leurs pattes de derrière, fonctionnant comme de larges pelles, elles creusent des trous de soixante centimètres environ de profondeur. Elles y pondent jusqu'à cent œufs. Elles les recouvrent ensuite, avec le sable amoncelé derrière elles, en nivellent parfaitement le sol, puis elles retournent à la mer.

Les œufs des tortues marines sont arrondis, déprimés, et munis d'une coque coriace. Grâce à la température élevée que les rayons du soleil communiquent au sable du rivage, ils éclosent quinze jours après la ponte. Les petites tortues, faibles, blanchâtres, grosses comme des grenouilles, se hâtent de gagner la mer, cette puissante nourrice, et s'y développent rapidement. Les femelles font jusqu'à trois pontes, à deux ou trois semaines d'intervalle.

On rencontre les tortues marines en bandes, plus ou moins nombreuses, dans toutes les mers des pays chauds, principalement vers la zone torride, dans l'Océan équinoxial, sur les rivages des Antilles, de Cuba, de la Jamaïque, de Saint-Domingue, dans l'océan Indien, aux îles de France et de Madagascar, aux Séchelles, dans le golfe du Mexique, etc., comme dans l'océan Pacifique, aux îles Sandwich et Galapagos. Celles que les navigateurs trouvent, assez rarement d'ailleurs, isolées, dans le grand Océan et dans la Méditerranée, semblent s'être égarées et provenir de bandes voyageuses.

De tous les reptiles, les tortues de mer sont les plus utiles à l'homme. Dans les pays où elles sont communes, et où elles atteignent des dimensions énormes, on se sert de leur carapace comme de pirogue, pour naviguer le long des côtes. Leur chair constitue un aliment sain et nutritif. La graisse de plusieurs espèces, lorsqu'elle est fraîche, peut remplacer le beurre et l'huile. Quand l'odeur musquée de ce corps gras le fait repousser pour l'apprêt des aliments, on l'emploie à la préparation des cuirs ou à l'éclairage. Les œufs de presque toutes les tortues sont recherchés pour leur saveur. Enfin, les carapaces de diverses espèces constituent une substance précieuse très-employée dans les arts, à cause de sa dureté, de sa transparence, et du beau poli qu'elle peut recevoir.

Il est facile de comprendre qu'un animal dont les diverses parties sont si bien utilisées, soit de la part de l'homme l'objet d'une chasse active.

On emploie différents procédés pour s'emparer des tortues.

Dans certains parages, on profite de l'époque de la ponte. On descend dans les îles désertes, afin d'y guetter les tortues qui s'y rendent à cette époque. On les suit, à la piste, sur le sable. Quand on les a rencontrées, on leur coupe la retraite, en les cernant, et on les renverse sur le dos, soit avec les mains, soit avec des pieux. Comme en cet état elles ne peuvent plus se relever, on est certain de les retrouver dans la même position, lorsqu'on viendra les chercher, pour les tuer et les emporter. On les laisse donc sur le sable du rivage, le ventre en l'air, et on continue la chasse jusqu'au soir (fig. 149). Le lendemain, les chasseurs procèdent au massacre de ces pauvres animaux, coupables d'être utiles à l'industrie de l'homme.

En 1802, une tortue femelle fut surprise dans l'île de Lobos, par l'équipage d'un navire français. Les hommes eurent beaucoup de peine à la renverser sur le dos; car elle était si forte, qu'elle les entraînait, en voulant fuir vers la mer. On en vint enfin à bout. Sa tête était grosse comme celle d'un enfant et son bec quatre fois plus grand que celui d'un perroquet. Elle pesait 130 kilogrammes et fournit à manger à tout l'équipage. Elle avait dans le corps 347 œufs.

On prend encore les tortues en tendant de grands filets à larges mailles, dans lesquelles la bête engage sa tête et ses nageoires. Ainsi prisonnière, elle ne peut venir respirer à la surface de l'eau, et périt asphyxiée.

Certains pêcheurs harponnent les tortues marines lorsqu'elles viennent respirer l'air, à la surface des eaux de la pleine mer. Le harpon, attaché à une corde, pénètre dans les écailles. On laisse aller la corde quelque temps, puis on l'attire à bord.

Une méthode de pêche plus curieuse encore se pratique sur les côtes de la Chine et du canal de Mozambique. Ici les chasseurs ne sont plus des hommes, mais des poissons. Ces poissons, voisins du *Rémora* dont nous avons parlé en son lieu, sont connus sous le nom de *poissons pêcheurs* ou *Sucets*. Ils portent au sommet de la tête une plaque ovale, qui offre une vingtaine de lamelles parallèles, formant deux séries, garnies, sur leurs bords, de petits crochets. Les pêcheurs tiennent plusieurs de ces *sucets* vivants, dans des baquets d'eau. Quand ils voient une tortue endormie, ils s'en approchent et jettent un sucet à la mer. Le poisson se précipite sous le reptile, et s'y cramponne,

Fig. 149. Chasse à la Tortue.

à l'aide de son disque céphalique. Comme il est attaché par une longue corde, au moyen de l'anneau dont sa queue est garnie, on tire à bord le poisson-pêcheur et sa victime. C'est, on le voit, une pêche à la ligne d'une nouvelle espèce, dans laquelle l'hameçon est vivant, et poursuit lui-même sa proie au sein des eaux.

On ne connaît encore qu'une dizaine d'espèces de tortues de mer, que l'on répartit en deux genres : les *Chélonées* et les *Sphargis*.

Les *Chélonées* ont le corps recouvert d'écailles cornées, et un ou deux ongles à chaque patte.

La *Chélonée franche*, ou *Tortue franche* (fig. 150), était connue des anciens. Pline dit que les habitants des bords de la mer Rouge s'en nourrissaient presque exclusivement. Sa carapace est en forme de cœur, peu allongée, de couleur fauve, avec un grand nombre de taches de couleur marron, mais glacées de verdâtre. Son dos est arrondi, ses écailles vertébrales sont hexagones. Sa longueur totale est de 1 mètre 60 centimètres à 2 mètres, sur une largeur moindre d'un quart. Son poids varie de 350 à 450 kilogrammes.

Ce dernier poids est celui d'une tortue franche qui fut rejetée par la mer dans le port de Dieppe, en 1752. On en prit une autre, en 1754, dans les parages d'Antioche, qui pesait à peu près autant, et qui mesurait 2^m,60 depuis le museau jusqu'à la queue. La carapace seule avait plus de 1^m,50 de longueur. Elle fournit cinquante kilogrammes de graisse.

La *Tortue franche*, que l'on nomme encore *Tortue verte*, en raison de la couleur verte de sa graisse, vit dans l'océan Atlantique. Elle habite de préférence le voisinage des îles et des côtes désertes. C'est l'espèce la mieux connue de cette famille, et celle à laquelle se rapportent presque exclusivement les détails des mœurs que nous avons donnés plus haut. On l'amène aisément vivante en Europe, et la ménagerie du Muséum d'histoire naturelle de Paris en a possédé plusieurs.

La tortue franche, dont la chair est très-délicate et la graisse très-fine, sert à confectionner ces fameuses *soupes à la tortue*, dont les Anglais sont si friands, et qui est beaucoup moins connue en France. La *soupe à la tortue* est la gloire de la cuisine britannique, mais son invention est récente; c'est l'amiral

Anson, qui, en 1752, apporta la première tortue qui fut mangée à Londres. La soupe à la tortue fut longtemps un plat coûteux. Mais les progrès de la navigation ont rendu l'animal qui la fournit infiniment plus commun qu'autrefois, car il abonde aujourd'hui sur les marchés de Londres.

La plus grande partie de l'écaille du commerce provient de la

Fig. 150. Tortue franche.

Tortue franche. C'est la carapace, c'est-à-dire la partie supérieure, qui sert à préparer l'écaille : le bouclier, ou la partie inférieure, est rejetée.

Le *Caret*, ou *Chélonée imbriquée* (fig. 151) fournit une écaille plus estimée encore que celle de la tortue franche. Chez cet animal, les plaques du disque sont imbriquées, et non simplement juxtaposées, c'est-à-dire qu'elles se prolongent en arrière les unes au-dessus des autres, se recouvrant comme les tuiles d'un toit. Les mâchoires de la tortue caret sont fortes, allongées et recourbées vers leur extrémité; ses nageoires sont pourvues de deux ongles. Sa taille et son poids sont un peu moins considérables que celle de la tortue franche.

On rencontre la *Tortue caret* dans l'océan Indien, ainsi que dans les mers d'Amérique. Elle se nourrit de plantes marines, de mollusques et de petits poissons. Ses œufs sont bons à manger, mais sa chair est mauvaise. On ne la recherche que pour sa carapace.

L'écaille qui forme la carapace des tortues est une substance qui diffère de la corne des ruminants, en ce qu'elle n'est point fibreuse ni lamelleuse. Elle est aussi plus transparente et plus

Fig. 151. Tortue caret.

dure. Elle paraît consister en une exsudation de matière muqueuse et albumineuse, parfaitement homogène dans sa nature, et qui affecte pourtant les couleurs les plus agréables.

Dans les pays où l'on chasse la tortue franche ou le caret, on arrache la carapace de l'animal, et on l'envoie en Europe.

Pour obtenir l'écaille, on ramollit cette carapace par la chaleur de l'eau bouillante. Ensuite on la redresse et on l'aplatit en la mettant sous des presses. Les tablettes que l'on obtient ainsi, constituent l'écaille *brute*, qui est ensuite polie et travaillée. Cette écaille brute, ramollie par la chaleur, prend toutes les formes désirées. Elle entre dans la composition d'objets de fantaisie : des peignes, des boîtes et autres petits objets.

La *Tortue Caouane* (fig. 152) a, comme la *Tortue franche*, des écailles simplement juxtaposées. De couleur brune ou marron foncé, elle habite la Méditerranée et l'océan Atlantique. Sa lon-

Fig. 152. Tortue caouane.

gueur est d'environ 1^m,25, et son poids varie de 150 à 200 kilogrammes.

La tortue caouane est très-vorace et se nourrit principalement de mollusques. Sa chair est mauvaise, et l'on ne se sert de sa graisse que comme d'huile à brûler.

Les tortues du genre *Sphargis* ont le corps enveloppé d'une peau coriace, tuberculeuse chez les jeunes sujets, complétement lisse chez les adultes. Les pattes sont dépourvues d'ongles. On ne connaît qu'une seule espèce de ce genre, le *Sphargis luth* ou *Tortue luth* (fig. 153), ainsi nommée à cause de la forme de sa carapace, qui a plus ou moins de ressemblance avec le luth des anciens, ou parce que cette même carapace aurait, dit-on, servi à composer les premiers luths chez les Grecs.

Cette tortue marine, qui se trouve dans la Méditerranée et l'océan Atlantique, a les mêmes habitudes que la tortue franche. Son corps est d'un brun clair, avec les carènes de la carapace fauves. Sa tête est brune, ses membres noirâtres bordés de jaune. Elle atteint de 2 mètres à 2ᵐ,50 de longueur totale sur

Fig. 153. Tortue luth.

une largeur d'environ un cinquième de sa longueur. Son poids est considérable, car il s'élève jusqu'à 700 ou 800 kilogrammes.

OISEAUX

OISEAUX.

Les Oiseaux sont les enfants gâtés de la nature, les favoris de la création. Leur brillante parure étincelle souvent des plus resplendissantes couleurs. Ils ont l'heureux privilége de se mouvoir dans l'espace, soit pour voltiger, cherchant l'insecte qui butine de fleur en fleur; soit pour planer au plus haut des airs, et fondre sur la victime qu'ils convoitent; soit enfin pour franchir, avec une prodigieuse rapidité, des distances considérables. Les hommes se sont pris d'une profonde sympathie pour ces petits êtres ailés, qui les charment par l'éclat de leurs formes, par la mélodie de leur voix et par l'impétuosité gracieuse de leurs mouvements.

Les oiseaux se rattachent aux mammifères, par la structure intérieure du corps. Leur squelette peut se comparer à celui des mammifères, car ce sont à peu près les mêmes os, seulement modifiés pour le vol.

Chez les oiseaux, la circulation est double. Le cœur est formé de deux moitiés, la partie gauche et la partie droite, et leur sang est même plus riche en globules que celui de l'homme, parce qu'il est abondamment pénétré par l'air, non-seulement dans les poumons, comme chez les mammifères, mais dans les derniers rameaux de l'arbre artériel, du tronc et des membres. Ce qui distingue, en effet, l'oiseau, ce n'est pas le vol, car certains quadrupèdes, comme la chauve-souris, et même certains poissons, comme l'exocet, peuvent parcourir les airs, mais bien son mode de respiration. On ne trouve pas chez les oiseaux cette cloison mobile appelée *diaphragme*, qui, chez les mammifères, arrête l'air à la poitrine; de sorte que l'air extérieur pénètre dans toutes les parties de leur corps, par les voies respiratoires, qui se ramifient dans tout le tissu cellulaire, et jusque dans les plumes, dans l'intérieur des os, et même entre les muscles.

Fig. 154. Squelette de Cygne.

Leur corps, dilaté par l'air inspiré, étant allégé d'une portion considérable de son poids, ils se trouvent comme ballonnés, et peuvent nager, pour ainsi dire, dans l'élément gazeux.

Les ailes seules n'auraient pas suffi à l'oiseau pour se maintenir dans l'espace. Il lui fallait une respiration double, pour donner à son corps une suffisante légèreté spécifique, et de plus une circulation activée, réchauffée, par l'oxygène de l'air, qui pénètre dans toutes les cavités de son corps; car la chaleur vitale est, chez les animaux, toujours en rapport avec la respiration. Aussi les oiseaux, grâce à leur riche organisation, peuvent-ils vivre dans les régions les plus froides de l'atmosphère.

Nous représentons ici les organes respiratoires d'un oiseau, savoir (fig. 155) : la trachée-artère, conduit qui apporte l'air aux deux poumons, et qui se subdivise en deux branches, à l'intérieur de la poitrine, pour aboutir aux *sacs aériens*, et (fig. 156) les deux poumons d'un pigeon. L'air apporté par la

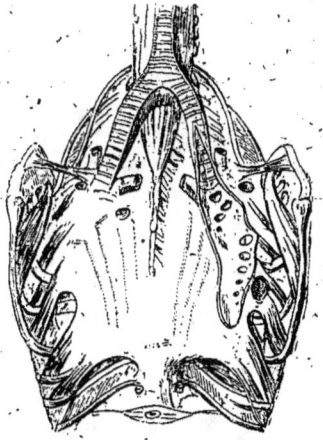

Fig. 155. Trachée-artère de Pigeon et sa distribution aux deux poumons dans les *sacs aériens*.

trachée-artère, et qui doit agir sur le sang, à travers la faible épaisseur des cellules qui composent le tissu pulmonaire, tra-

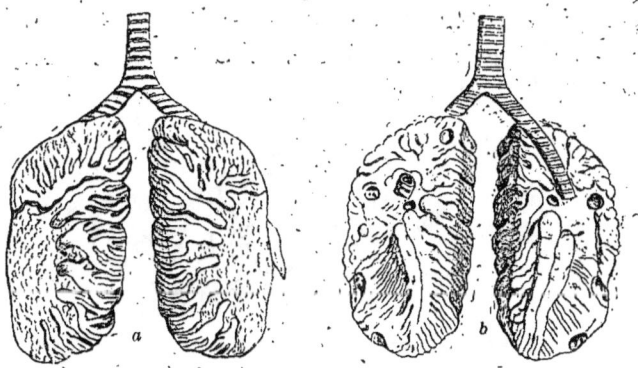

Fig. 156. Poumons de Pigeon.
a Côté antérieur. — b Côté postérieur.

verse ce tissu dans une infinité de petits vaisseaux, dont la mince tunique est perméable au gaz.

Les ailes servent de rames aux oiseaux pour se diriger, monter ou descendre à leur gré, suivant l'impulsion qu'ils leur donnent.

Tous les oiseaux ne volent pas : citons en exemple l'Autruche.

Cet oiseau possède une sorte d'ailes rudimentaires, qui ne lui servent qu'à repousser l'air en marchant.

Les ailes des oiseaux sont aiguës ou obtuses. Plus l'aile est

Fig. 157. Aile de Rapace.

aiguë, c'est-à-dire plus les longues pennes vont en décroissant à partir du bord de l'aile, plus l'animal est bon *voilier* et peut se

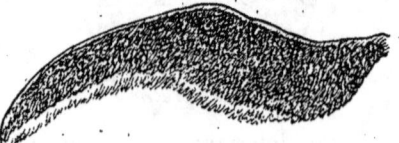

Fig. 158. Aile de Gorfou.

mouvoir énergiquement dans toutes les directions. La queue, composée de douze pennes, appelées *rectrices*, sert de gouvernail pour diriger la marche.

Fig. 159. Aile de Kamichi.

Les oiseaux réunissent tous les degrés d'organisation; car ils volent, ils marchent, ils nagent, suivant leurs habitudes aériennes, ou terrestres, ou aquatiques. Toutes les parties de leur corps, quoique se ressemblant dans toutes les espèces, sont modifiées suivant le genre de vie que la nature leur a départi.

Il est à remarquer que partout où la peau de l'oiseau est revêtue de plumes, cette peau consiste en un derme peu dense; tandis qu'elle est plus forte et même recouverte d'écailles, dans toutes les parties où les plumes n'existent pas.

Avant de parler des fonctions physiologiques des oiseaux, nous devons dire quelques mots des organes qui les caractérisent, c'est-à-dire des *plumes*, du *bec*, des *ongles*, etc.

   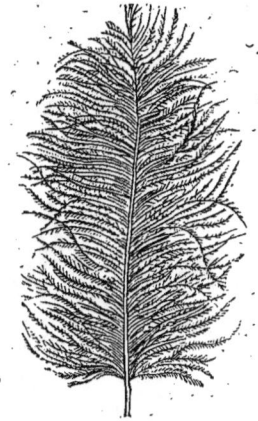

Fig. 160. Plumes de Hocco.   Fig. 161. Plume de Marabout.

Les *plumes* sont des productions cornées, composées d'un *tube* ou *tuyau*, d'une *tige*, qui lui fait suite, enfin de *barbes* et de *bar-*

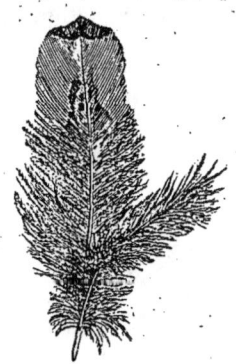  

Fig. 162.   Fig. 163.   Fig. 164.
Plume de Faisan.   Plume de Manucode.   Plume de Canéliphage.

bules, pourvues de crochets qui relient ces barbes entre elles. On appelle *pennes* les plumes des ailes et de la queue.

Les plumes les plus brillantes se remarquent chez les oiseaux des climats chauds ; et plus ils appartiennent à des contrées chaudes, plus leur plumage a de couleur et d'éclat. Dans

19

quelques espèces, les mâles ont une parure étincelante, tandis que les femelles portent une robe terne et sombre. Cependant le plumage est souvent le même dans les deux sexes. Les jeunes ne ressemblent aux adultes qu'après leur première mue.

Tous les oiseaux quittent leurs vieilles plumes au moins une fois l'an, pour en endosser de plus brillantes. C'est ce qu'on appelle la *mue*, qui se fait ordinairement en automne, et quelquefois au printemps et à l'automne. Pendant tout le temps de la mue, le volatile est plongé dans la tristesse et le silence. Mais

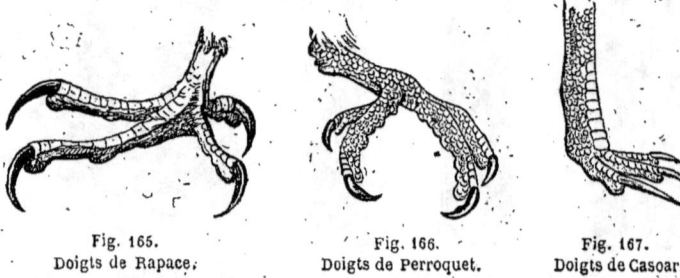

Fig. 165. Doigts de Rapace.   Fig. 166. Doigts de Perroquet.   Fig. 167. Doigts de Casoar.

quand il est sorti de cette période critique, il étale fièrement les vives couleurs qui le font rival des fleurs qui l'environnent.

Dans les Gallinacés, et surtout dans les espèces aquatiques, il

Fig. 168. Doigts de Foulque.   Fig. 169. Doigts de Coq de Bruyère.

existe au-dessus du coccyx quelques cryptes ou reliefs de la peau, distillant une matière huileuse, que l'animal prend avec son bec pour oindre et lustrer ses plumes.

Les ongles varient suivant les mœurs des espèces. Ainsi, la serre d'un oiseau de proie est puissante et crochue; l'ongle chez l'oiseau marcheur, est droit, gros et aplati (fig. 165, 166, 167). L'ongle du pouce est ordinairement le plus fort, mais ce n'est

OISEAUX. 291

pas une loi absolue. Un ongle qui se trouve parfois au poignet de l'aile de certains oiseaux, est désigné sous le nom d'*éperon*; c'est une arme redoutable dans quelques espèces. Quand cet ongle est saillant au tarse du pied, on le nomme *ergot* (fig. 168, 169).

Le bec est composé de deux pièces osseuses, appelées *mandi-*

Fig. 170. Bec d'Aigle.

bules, entourées elles-mêmes d'une substance cornée. Il diffère

Fig. 171. Bec de Toucan.

suivant les habitudes de l'animal, et prend une infinité de

Fig. 172. Bec de Cormoran.

formes, selon qu'il est destiné à déchirer une proie, à triturer

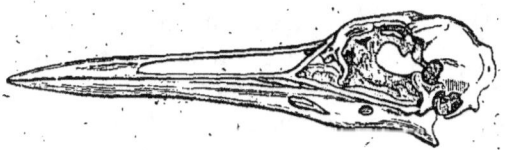

Fig. 173. Bec de Grue.

une semence ou à briser un corps dur. C'est l'arme la plus sérieuse de l'oiseau, pour attaquer sa victime ou se défendre contre ses ennemis. C'est encore avec son bec qu'il prépare la couche où ses petits doivent éclore.

Fig. 174. Bec d'Oie.

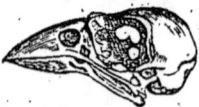
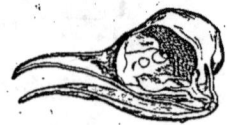

Fig. 175. Bec de Moineau.   Fig. 176. Bec d'Engoulevant.

Le bec n'est, avec la langue, que l'accessoire de l'appareil digestif, car si le bec sert à la préhension et à la trituration, la langue ne sert qu'à la déglutition.

La digestion est si active chez les oiseaux, que quelques-uns peuvent engraisser dans un temps excessivement rapide. Les ortolans et les grives s'engraissent au bout de cinq ou six jours.

Dans un renflement de l'œsophage, appelé *jabot* (fig. 177, *a*), ou premier estomac, qui est extrêmement développé chez les oiseaux granivores, les aliments séjournent d'abord, pour y subir quelques modifications, propres à faciliter la digestion. En passant dans un second estomac, le *ventricule succenturié* (*b*), les aliments s'imbibent de suc gastrique. Enfin, ils se transforment en *chyme* dans le *gésier* (*c*), ou troisième estomac, qui jouit d'une puissance musculaire énorme; car il peut agir sur les corps les plus solides, et triturer jusqu'aux cailloux, que les Gallinacés avalent et broient pour aider à leur digestion.

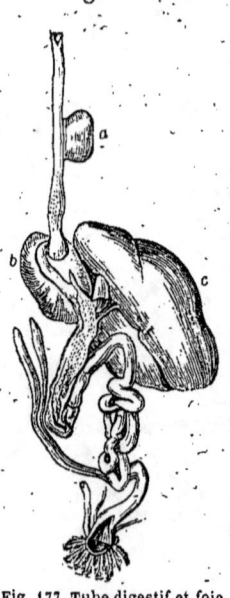

Fig. 177. Tube digestif et foie de la Poule commune.

Un fait curieux, c'est qu'une semence, introduite dans l'estomac, peut être digérée sans altération, et-

rejetée dans des pays où elle se développera, si elle ne rencontre pas d'obstacles à sa végétation. C'est pour cela que l'on trouve quelquefois certains arbres dans des contrées où leur espèce paraît étrangère.

Le chyle est reçu par l'intestin grêle, où se rendent aussi la bile du foie et la salive du pancréas.

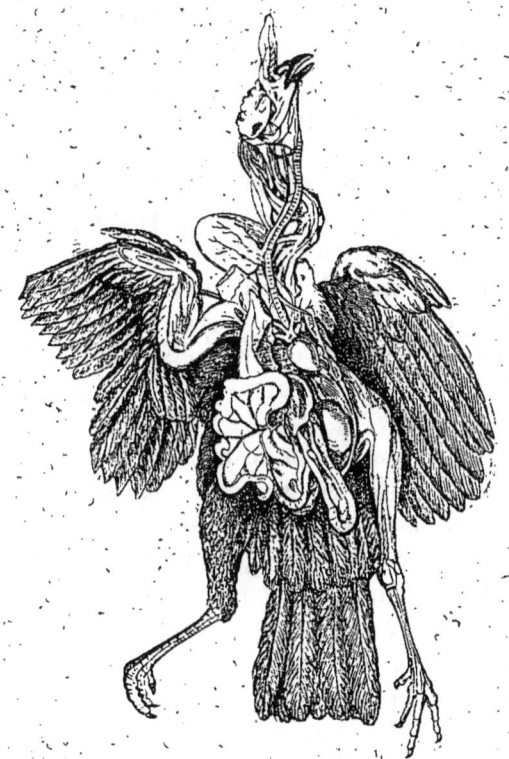

Fig. 178. Ensemble du tube digestif chez le Dindon.

L'appareil de dépuration urinaire est composé des reins, qui sont au nombre de deux, gros et irréguliers, distincts l'un de l'autre, aboutissant à l'intestin qui se termine lui-même par une espèce de poche, ou *cloaque*. C'est par là que s'évacuent alternativement l'urine, les excréments et les œufs.

Les sens du toucher, de l'odorat, du goût, de l'ouïe, sont très-peu développés chez les oiseaux. Certains historiens ont vanté, il est vrai, la délicatesse de l'odorat des oiseaux de proie, que l'on voit accourir en quelques heures sur un champ de bataille, dans un lieu où se trouve un cadavre. Mais des expériences faites par de savants voyageurs, tels qu'Audubon et Levaillant, ont prouvé que ces animaux étaient alors attirés surtout par leur vue.

La vue possède, en effet, un grand degré de perfection chez les oiseaux; ce sens est plus remarquable dans cette classe d'animaux que dans toute autre. D'abord, le volume de l'œil est très-grand, comparé à la tête. Il renferme un organe particulier, qui semble n'appartenir qu'aux oiseaux, le *peigne*, de forme généralement carrée et lamelleuse. C'est une membrane noire, plissée, très-riche en vaisseaux sanguins, située au fond du globe oculaire, et qui s'avance vers le cristallin. L'anatomie n'a pu encore en expliquer l'usage, mais on suppose que son but est de donner à l'oiseau la faculté de voir de loin ou de près, en faisant avancer ou reculer le cristallin. Les autres parties de l'œil, telles que la choroïde, l'iris, la rétine, n'offrent rien de remarquable. Le blanc de l'œil est entouré d'un cercle de matières osseuses ou cartilagineuses, qui le protégent, en formant un anneau assez dur.

Outre les deux paupières ordinaires, l'une supérieure, l'autre inférieure, les oiseaux en possèdent une troisième, qui consiste en un repli fort étendu de la conjonctive. Ce repli transparent, disposé verticalement, vient recouvrir l'œil comme un rideau, et le garantir d'une lumière trop vive. C'est cette paupière, ou *membrane clignotante*, qui permet à l'aigle de regarder en face le soleil, et aux rapaces nocturnes de ne pas être éblouis lorsqu'ils affrontent l'éclat du jour.

La perfection de la vue des oiseaux est surabondamment prouvée, quand on voit le vautour, perdu comme un point dans l'espace, fondre tout à coup sur la victime qu'il a aperçue du haut des airs; ou l'hirondelle distinguer, malgré la rapidité de son vol, le petit insecte qu'elle happe au passage. D'après Spallanzani, le martinet a une vue tellement perçante, qu'il peut apercevoir un objet de cinq lignes de diamètre, à la distance de plus de trois cents pieds.

L'oiseau est le seul être de la création qui puisse parcourir d'immenses distances avec une rapidité surprenante. Tandis que les meilleurs coureurs, parmi les mammifères, fournissent à peine cinq ou six lieues à l'heure, certains oiseaux franchissent facilement vingt lieues dans le même intervalle de temps. En moins de trois minutes, on perd de vue un gros oiseau, un milan, ou un aigle qui s'élève, et dont le corps a plus d'un mètre de longueur. Il faut conclure de là que ces oiseaux parcourent plus de 1460 mètres par minute ou 86 lieues par heure.

En Perse, selon Pietro Delle Valle, le pigeon messager fait en un jour plus de chemin qu'un piéton ne peut en faire en six jours. Un faucon de Henri II s'étant emporté à la poursuite d'une outarde, à Fontainebleau, fut pris, le lendemain, à l'île de Malte. Un autre faucon, envoyé des îles Canaries au duc de Lerme, en Espagne, revint d'Andalousie au pic de Ténériffe, en seize heures, ce qui représente un trajet de 250 lieues.

Du reste, tout contribue à donner à l'oiseau la remarquable légèreté qui facilite son vol. Sans parler des plumes qui le couvrent partout, ses os sont creusés de vastes cellules, nommées *sacs aériens*, qui se remplissent d'air à volonté, et son sternum est pourvu, à sa face antérieure, d'une crête osseuse, appelée *bréchet*. Cette crête en forme de carène de navire, sert d'insertion aux muscles pectoraux, qui sont très-développés et d'une contractilité extrême chez les oiseaux voiliers.

L'appareil vocal des oiseaux (fig. 179 et 180) est assez compli-

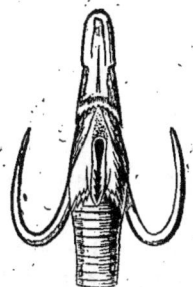
Fig. 179.
Glotte et partie supérieure
de la trachée de l'Aigle royal.

Fig. 180.
Cartilages du larynx supérieur et premiers anneaux
de la trachée, séparés, vus de profil et de face.

qué, et différent de celui de l'homme. Il consiste en une espèce de chambre osseuse, qui n'est qu'un renflement de la trachée-artère, à l'endroit où celle-ci se bifurque, en pénétrant dans la poitrine, pour former les bronches. C'est cet organe, nommé *larynx inférieur*, qui constitue l'organe du chant chez les oiseaux. Cinq paires de muscles attachés aux parois de cette chambre tendent ou relâchent les cordes vocales par leurs contractions ou leur relâchement, agrandissant ou diminuant ainsi la cavité du larynx. C'est en modifiant de mille manières les dimensions et la tension des cordes vocales et du larynx, que les oiseaux font entendre ces modulations merveilleuses dont la puissance et la perfection sont pour nous un sujet d'étonnement continuel.

Le chant des oiseaux est l'expression de leurs sentiments. Les oiseaux chantent, autant pour leur plaisir particulier, que pour charmer ceux qui peuvent les entendre. Pendant qu'ils font retentir les bois de leurs mélodieux accents, ils semblent se complaire, comme de gracieux artistes qui seraient fiers de leurs talents, à faire admirer leur voix : ils regardent de tous les côtés, pour attirer l'attention.

Les oiseaux varient leurs chants selon la saison; mais c'est surtout dans les premiers jours du printemps que l'on admire la grâce de leurs accents, et l'harmonieux ensemble de leurs concerts. Est-il rien de plus délicieux que le gazouillement de la fauvette, retentissant sous la feuillée, au lever de l'aurore; ou les mélodies cadencées du rossignol, qui troublent, d'une manière si poétique, le silence des bois, pendant les nuits sereines du mois de juin?

Nos paysages seraient tristes et muets sans ces gracieux habitants de l'air, qui donnent l'animation et la vie aux campagnes et aux forêts solitaires. Lorsque, dans le silence de la nuit, tout dort dans la nature, et que la vie semble partout suspendue, tout à coup des accents s'élèvent de l'épaisseur du feuillage, comme pour protester contre la mort apparente de la création animée. C'est tantôt un cri plaintif, qui se prolonge comme un soupir étouffé; tantôt un gazouillement contenu, comme un rêve de tendresse; tantôt des chants vifs, gais et mélodieux, que répètent avec joie les échos.

Quand les ténèbres de la nuit ont disparu pour faire place aux premières clartés de l'aube, quand les douces lueurs de l'aurore naissante ont apparu à l'horizon, tout se transforme,

OISEAUX.

tout se vivifie, tout renaît sur la terre, tout à l'heure endormie, et déserte en apparence. Les grands oiseaux planent au plus haut des airs et se perdent dans les nuages. Les petits oiseaux des bois sautillent de branche en branche, et prenant leurs ébats joyeux, communiquent à la nature le mouvement et le bonheur. Quelle variété de tons, quel brillant éclat, dans leurs parures diverses! Quel charme dans ces espèces de fleurs vivantes et volantes; aux splendides couleurs, qui parsèment, traversent et embellissent les airs! C'est la mésange, toujours suspendue aux rameaux des arbustes; le gobe-mouche, toujours perché, au contraire, sur la cime des arbres; l'alouette, qui décrit dans l'air ses cercles gracieux; le merle, qui court sur le gazon, guettant et poursuivant les moucherons qui volent, le grillon qui s'enfuit, ou les vers qui se cachent sous une motte de terre. Partout ces petits vagabonds ailés animent et remplissent le paysage de leurs délicieux ébats.

Les oiseaux possèdent assurément un langage qu'ils comprennent seuls. Quand un danger les menace, il suffit que l'un d'eux fasse entendre un cri particulier, pour que tous les individus de la même espèce, ainsi avertis, se tiennent cachés, jusqu'à ce que leurs craintes soient dissipées. La présence d'un oiseau de proie, annoncée par le sifflement plaintif d'un merle, fait tenir dans une immobilité complète tous les volatiles des lieux d'alentour.

Les oiseaux de proie, aux instincts carnassiers, vivent dans des lieux solitaires, parce que leur nourriture est difficile à découvrir. L'aigle habite toujours seul, retiré dans son aire inabordable, suspendue aux flancs de quelque montagne escarpée, ou cachée dans les profondeurs d'un inaccessible ravin. On ne voit aller de compagnie que les oiseaux de proie se repaissant de voiries : ils vont en foule se disputer un funèbre butin.

Il est difficile pour nous d'apprécier le degré d'intelligence des oiseaux. Les mammifères, dont l'organisation a de plus grands rapports avec celle de l'homme, nous font comprendre leurs joies ou leurs douleurs; tandis que nous sommes réduits à des conjectures pour expliquer les sensations des oiseaux. Ne pouvant expliquer ce profond mystère, on a inventé un mot qui satisfait les esprits peu difficiles : on a appelé *instinct* le sentiment qui porte les oiseaux aux actions admirables dont nous sommes témoins. La tendresse de la mère pour ses petits, cette affection si remplie de délicatesse et de prévenances, n'est, dit-on, que le résultat de l'instinct. Il faut convenir que cet instinct ressemble singulièrement à de l'intelligence, et, selon nous, n'est pas autre chose.

La reproduction s'opère chez les oiseaux à des époques régulièrement fixées par la nature. Les oiseaux se distinguent parmi tous les autres êtres vivants par la fidélité de leurs amours. On voit fréquemment un mâle s'attacher à une femelle, et vivre avec elle jusqu'à la mort de l'un d'entre eux.

Quand arrive l'époque de la ponte, la femelle modifie ses habitudes. Elle enchaîne sa liberté, et reste invariablement sur ses œufs, malgré la faim ou malgré les dangers, jusqu'à ce que la

Fig. 181. Nid de Roitelet.

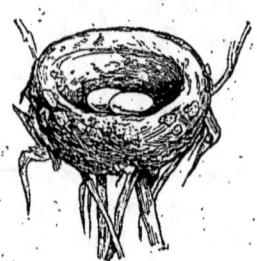
Fig. 182. Nid d'Oiseau-mouche.

chaleur égale et prolongée que leur communique le contact de son corps ait amené leur éclosion. Le mâle prend soin de sa femelle, occupée à la couvée, ensuite des petits, encore dans le nid, ou qui commencent à essayer leurs ailes.

La sollicitude de l'oiseau pour ses petits se manifeste dès que l'emplacement du nid est choisi, et qu'il a commencé la construction du berceau futur de sa progéniture. Mais toute cette tendresse disparaît dès que les petits n'ont plus besoin de la protection maternelle.

C'est au printemps que les oiseaux, réunis par couples, se mettent à l'ouvrage, pour recueillir les matériaux nécessaires à la fabrication de leur nid. Chacun apporte son brin d'herbe, ou sa tige de mousse. Les grands oiseaux se contentent d'un nid de structure grossière : quelques gros copeaux ou quelques grandes ramures entrelacées au milieu d'un buisson. Mais les petites espèces déploient un art admirable pour façonner une charmante miniature de corbeille, qu'ils garnissent, à l'intérieur, de laine, de crin ou de duvet. Le mâle et la femelle travaillent en commun. Ils veulent que l'œuf à venir puisse être

Fig. 183. Nid de Moineau.

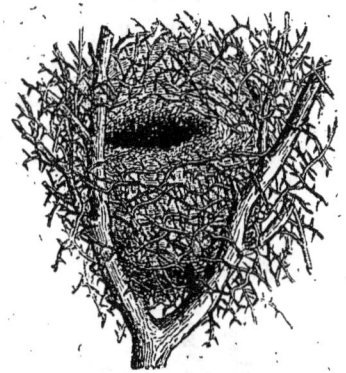
Fig. 184. Nid de Pie.

déposé sur une couche moelleuse, chaude et solide. La mère imagine des ruses sans nombre, pour dérober son nid aux

Fig. 185. Nid de Chardonneret.

Fig. 186. Nid de Hibou.

regards indiscrets, pour le cacher dans un buisson ou sur une branche fourchue, au pied ou dans le creux d'un arbre, sur les cheminées, contre les murs, sur les toits, etc.

Les nids d'une même espèce sont toujours façonnés de la même manière.

Quelles merveilles produisent ces petits architectes! On dirait que c'est en prenant pour modèles ces charmants édifices, que les hommes ont appris à être maçons, charpentiers, mineurs, tisserands, vanniers, etc. Le loriot suspend, par quelques brins de racine, son nid en forme de panier, à l'extrémité flexible d'une branche horizontale, pour le mettre hors de l'atteinte de tout petit quadrupède ravisseur. La pie creuse le sien dans le tronc des vieux arbres. Les nids des hirondelles salanganes, mets délicat, très-recherché par les gourmets dans l'extrême Orient, sont de nature toute végétale. Ils sont faits avec un fucus ou plante marine du genre *gelidium*, dont la sub-

Fig. 187. Nid d'Orthotonie. Fig. 188. Nid de Républicains.

stance gélatineuse, cimentée avec la salive de l'oiseau, forme une sorte de pâte très-bonne à manger.

Quand le nid est terminé, quand l'oiseau en a cimenté les parois, avec une sorte de mastic fait avec de l'argile, et une salive visqueuse, que sécrètent les glandes placées sous la langue, la ponte a lieu.

Les œufs sont d'autant plus nombreux que l'espèce est plus petite. L'aigle, par exemple, ne pond que deux œufs, tandis que la mésange en pond quinze à dix-huit.

Arrive ensuite, pour la femelle, le travail long et pénible de l'incubation. Le mâle se tient aux aguets, dans les environs, pour défendre sa couvée contre l'ennemi qui voudrait l'attaquer. Il ne craint pas même d'engager des combats avec des animaux plus grands que lui : l'amour de la famille lui crée des armes nouvelles. La femelle ne quitte son nid que pour aller chercher sa nourriture. Souvent même l'époux protecteur lui apporte sa subsistance pendant qu'elle reste accroupie sur les œufs...

Bien des dangers menacent ces doux produits d'une mutuelle tendresse. Les oiseaux de proie, les petits quadrupèdes, les serpents, qui s'insinuent traîtreusement, et les enfants, aux instincts destructeurs, sont leurs ennemis naturels.

Si rien ne vient à troubler le bonheur calme et paisible dont il jouit, le mâle, perché sur une branche voisine, exprime sa félicité par ses chants. Il semble adresser à sa compagne un hymne de remercîment et d'amour, pour son dévouement et sa constance. Dans certaines espèces, le mâle lui-même remplace la femelle, et couve les œufs, quand elle s'absente pour chercher sa nourriture.

Enfin les petits sont éclos. Incapables de se servir de leurs pattes, sans plumes et les yeux encore fermés, ils sont nourris dans le nid par les parents, jusqu'à ce que, couverts de plumes, ils puissent commencer à essayer leurs ailes, et trouver eux-mêmes la nourriture qui leur convient. La mère dirige leurs premiers pas, et pousse un cri particulier, pour les appeler, quand elle a découvert du butin. Elle les défend avec acharnement s'ils sont attaqués, et déploie une admirable sollicitude, une abnégation sans égale, pour donner le change à l'impitoyable ennemi. Quelquefois elle pousse le dévouement jusqu'à s'offrir pour victime. Entendez-vous les lamentables accents, les cris de détresse, de cette pauvre hirondelle, dont le nid est accroché près du toit d'une maison qui vient d'être atteinte par un incendie! Elle ne craint pas de traverser les flammes, pour voler au secours de ses petits; elle veut les sauver ou périr avec eux, sous le toit embrasé. Voyez encore cette malheureuse perdrix que le chasseur a surprise. Elle n'hésite pas à s'offrir au chasseur, pour éviter à sa couvée la mort qui la menace. Elle fuit loin du sillon où ses petits sont réfugiés, et se montrant à l'extrémité du champ, elle cherche à entraîner, au prix de sa vie, l'impitoyable ennemi de sa progéniture!

Quand les petits sont assez forts pour s'envoler, ils échappent aux liens de la famille, et vont se perdre dans le grand monde de la nature, peu soucieux des angoisses paternelles. L'ingratitude de leurs premiers-nés ne décourage point le couple abandonné. Le père et la mère vont bientôt s'occuper d'une nouvelle ponte, et ils auront les mêmes soins, les mêmes sollicitudes, la même affection, pour ceux qui vont éclore. La nature est une intarissable source, un éternel foyer de tendresse et d'amour.

La plupart des espèces d'oiseaux se livrent à des voyages périodiques. Ces migrations sont presque toujours si régulières, qu'elles ont donné lieu à une sorte de calendrier naturel.

On attache divers pronostics, dans les campagnes, au passage ou au retour de certaines troupes d'oiseaux. Les unes annoncent la fin de l'hiver et le retour du printemps. Les autres permettent de faire de véritables prédictions météorologiques. En effet, les oiseaux, qui traversent constamment les couches supérieures de l'atmosphère, peuvent apprécier mieux que nous les modifications qui se préparent dans la température, ou dans l'état d'humidité de l'air. Ils nous font ainsi connaître ce qui se passe dans les régions inaccessibles à l'homme.

Le principal mobile qui pousse les oiseaux à partir, c'est le désir de trouver des conditions climatériques appropriées aux besoins de leur vie. A l'approche de l'hiver, ils désertent les régions du nord, pour aller demander aux contrées méridionales une chaleur tutélaire. D'autres fois c'est pour fuir la chaleur qu'ils entreprennent leur émigration régulière.

Cependant tous les oiseaux n'abandonnent pas le sol natal. S'il est des oiseaux migrateurs, il en est beaucoup de sédentaires, qui se fixent, pour toute la durée de leur vie, dans le pays qui les a vus naître, ou ne s'en écartent qu'à de très-faibles distances.

Les migrations sont tantôt annuelles et régulières, tantôt irrégulières ou accidentelles, c'est-à-dire entreprises par nécessité, ou par suite d'une perturbation atmosphérique.

Il n'est pas rare de voir de nombreuses troupes d'oiseaux, réunies sous la conduite d'un chef de bandes, franchir de prodigieuses distances, traverser les mers, et passer d'un continent à l'autre, avec une étonnante rapidité. Ils partent quand le temps leur convient et que le vent leur est favorable, se dirigeant, dans l'ancien monde, vers le sud-ouest en automne et le nord-est au printemps; et en Amérique vers le sud-est. Ces bandes voyageuses savent toujours retrouver la même contrée, souvent le même canton; et quelquefois chaque femelle vient pondre dans le même nid.

Comment de si petits êtres peuvent-ils exécuter de si lointains voyages, ne s'arrêtant qu'à certaines stations pour chercher leur nourriture, et passant sans un instant de sommeil toute une route, longue et fatigante? Comment la caille, par exemple, peut-elle se hasarder à traverser, deux fois par an, la Méditerranée; comment peut-elle, partie de la côte d'Afrique, venir s'abattre sur les rivages de la Provence ou du Languedoc, et *vice versa* ? C'est un fait inexpliqué, malgré les hypothèses, plus ou moins vraisemblables, qui ont été mises en avant par divers naturalistes.

L'homme a peu d'influence sur les oiseaux. Il lui est donc difficile d'étudier leur vie intime et leurs mœurs, comme il étudie celles des mammifères. Il peut retenir certains oiseaux en captivité; mais, sauf deux ou trois espèces, il ne réussit pas à en faire des animaux domestiques, de dociles serviteurs. On ne possède donc que des données assez restreintes sur la vie et les mœurs des oiseaux.

La durée de leur vie, par exemple, est très-peu connue. Des auteurs anciens, comme Hésiode et Pline, attribuent à la corneille neuf fois la vie de l'homme, et au corbeau trois fois la même durée; en d'autres termes, sept cent vingt ans à la corneille et deux cent quarante ans au corbeau. Le cygne peut, dit-on, vivre jusqu'à deux cents ans. Cette longévité est plus que douteuse, et l'on doit reléguer parmi les contes de telles affirmations. On a vu pourtant des perroquets vivre plus d'un siècle, et des chardonnerets, des pinsons, des rossignols, rester plus de vingt-quatre ans en cage. Un héron, dit Girardin, vécut cinquante-deux ans, ce qu'attestaient les anneaux qu'il portait à l'une de ses jambes; et encore vint-il à perdre la vie accidentellement, dans toute sa vigueur. On a vu aussi un couple de cigognes nicher au même lieu, pendant plus de quarante ans. Tout ce que l'on peut affirmer, c'est que les oiseaux vivent beaucoup plus longtemps que les mammifères.

On peut facilement fixer à l'habitation des mammifères une circonscription géographique, en d'autres termes, assigner une patrie à chaque espèce : peut-on imposer aux oiseaux une distribution semblable ? Cela paraît difficile au premier abord; car leurs puissants organes de locomotion leur permettent de voyager rapidement; et d'un autre côté leur nature, essentiellement mobile, et leur humeur vagabonde, doivent les porter au déplacement; enfin, leur organisation les rend capables de supporter des températures extrêmes. Tout cela pourrait donc les faire considérer comme cosmopolites. Cependant beaucoup d'oiseaux ont une résidence habituelle dans une étendue de pays bien limitée. On dirait qu'une main souveraine a tracé les limites du globe qu'ils ne doivent pas dépasser. Les colibris ne se trouvent que dans une partie très-bornée de l'Amérique du Sud. Le rossignol ne se voit pas en Écosse; tandis qu'on le trouve en Suède, pays cependant plus froid, plus avancé dans le nord. Le toucan, au brillant plumage, n'habite que l'Amérique méridionale. L'hirondelle, au vol si rapide, car elle fait jusqu'à vingt lieues par heure, pourrait, en désertant nos climats, atteindre aussi bien l'Amérique que l'Afrique; mais elle ne dévie jamais de la route qui semble lui avoir été tracée au milieu des airs par un maître souverain.

On peut donc avancer que les grandes zones de la terre diffèrent par les oiseaux, comme par les mammifères auxquels elles donnent asile : ce qui veut dire qu'on trouve dans les régions comprises dans ces zones climatériques, des oiseaux ou des groupes d'oiseaux d'espèce distincte, et qu'on n'en trouve plus hors de cette même zone. En jetant les yeux sur les diverses contrées d'une même région, on reconnaît des types particuliers d'oiseaux. Ainsi l'Afrique seule possède la grande autruche, mais l'Amérique du Sud possède une espèce plus petite, le nandou. L'Afrique a les saumeongas, aussi brillants que des pierres précieuses, et l'Amérique jouit exclusivement des colibris et des oiseaux-mouches, remarquables par l'éclat de leur plumage. Si l'Afrique est la patrie du vautour, l'Amérique est celle du condor.

Cependant l'acclimatation des oiseaux n'est pas hors de notre puissance. L'expérience a prouvé qu'en portant un oiseau loin de son pays natal, et en le plaçant dans des conditions qui se rapprochent de celles qui lui sont naturelles, il peut vivre et se multiplier, puis servir aux besoins de l'homme, s'acclimater, en un mot, dans sa nouvelle patrie.

L'Europe ne possède aucun type ornithologique qui lui soit spécial. Ce n'est qu'en Afrique, en Asie et en Amérique, qu'on trouve cette riche variété de formes et de couleurs qui caractérisent les habitants de l'air. L'île de Madagascar est la terre qui nourrit le plus grand nombre de types ornithologiques, peut-être simplement parce que cette vaste contrée renferme plusieurs espèces d'oiseaux dont les ailes rudimentaires ne leur permettent pas de se disperser bien loin. Quoi qu'il en soit, ces espèces ne se trouvent dans aucun autre pays. C'est dans l'île de Madagascar qu'existait le dronte, ou *dodo*, animal dont l'espèce est éteinte depuis la fin du siècle dernier.

L'oiseau ne servirait-il qu'à égayer notre esprit, à charmer nos oreilles et à flatter nos yeux, que nous devrions déjà une véritable reconnaissance à ces gracieux et brillants habitants de l'air. Mais ils ne bornent pas à cela les services qu'ils nous rendent. Les oiseaux de basse-cour fournissent à l'homme une nourriture excellente. Les œufs, qu'ils produisent avec abondance, donnent lieu à un commerce de plusieurs milliards de francs chaque année. Certaines contrées trouvent, pour la vie animale, une ressource inestimable dans la chasse aux oiseaux sauvages, soit résidants, soit passagers. Du reste tous les oiseaux en général servent d'aliment à l'homme. Les pays pauvres ou peu civilisés n'ont pas, comme le nôtre, la faculté de choisir les oiseaux qui servent à les nourrir; il est des peuplades sauvages qui sont heureuses de recueillir à leur profit les espèces que méprise l'homme civilisé.

Les oiseaux ne nous donnent pas seulement une nourriture exquise, et à juste titre appréciée, ils nous fournissent encore un moelleux et délicat duvet, sans parler de leurs plumes aux brillantes couleurs et aux lumineux reflets : plumes de marabouts, de paons, d'oiseaux de paradis, etc., qui donnent d'élégantes parures à nos dames.

Mais les oiseaux sont surtout utiles à l'homme, en détruisant les insectes, les larves, les chenilles, qui infestent continuellement ses cultures. Sans eux, l'agriculture serait impossible. On a longtemps accusé certains passereaux de nuire aux récoltes, et on leur a fait, en conséquence, une guerre acharnée. C'est ainsi que les pauvres moineaux ont été bien souvent proscrits, sous prétexte qu'ils ravageaient les champs nouvellement ensemencés.

Mais on a été forcé de revenir sur ce préjugé fâcheux. On n'a pas tardé à reconnaître que l'absence des petits oiseaux livre les moissons à la formidable multitude des insectes voraces. On s'est ainsi convaincu que ces vives et joyeuses créatures, ces gamins effrontés qui voltigent dans les airs, font plus de bien que de mal aux produits de la terre. La chasse aux petits oiseaux ne doit donc s'exercer que sous le bénéfice d'observations antérieures et intelligentes.

On croirait, à le voir agir, que l'homme est né pour détruire. Rien ne trouve grâce devant lui, pas même ces oiseaux chanteurs, dont les échos de nos jardins et de nos bois répètent à l'envi les cris joyeux et les concerts d'harmonie. Heureusement, il commence à comprendre qu'il agit avec une grande imprudence en s'attaquant à ces hôtes inoffensifs des campagnes, et la conscience de son intérêt arrête quelquefois un plomb meurtrier.

Quelques échassiers purgent la terre de serpents et d'autres animaux immondes et venimeux. Les vautours et les cigognes se jettent en grandes troupes sur les charognes et sur les immondices, et débarrassent le sol de tous les objets en putréfaction. Ainsi, de concert avec les insectes, les oiseaux assainissent la terre; ils nous préservent de maladies pestilentielles, et sont, pour ainsi dire, les gardiens de la santé publique.

Le faucon servait autrefois à une chasse aristocratique, privilège des grands seigneurs et des nobles dames, qui subsiste encore en Perse et dans quelques autres contrées de l'Orient. Les Persans font même avec le faucon la chasse à la gazelle.

En Chine et au Japon, le cormoran et le pélican servent à pêcher dans les rivières.

Il n'y a pas longtemps encore, certains oiseaux, les pigeons par exemple, étaient employés comme messagers rapides.

En Amérique, on dresse l'agami pour garder les troupeaux, et il s'acquitte de ses fonctions avec autant de fidélité et d'intelligence que le chien. A Cayenne, on confie, le matin, à cet oiseau docile une bande d'oiseaux de basse-cour, dindons ou canards; il les mène au pâturage, ne les laisse pas s'écarter trop loin, et les ramène, le soir, comme le ferait le meilleur chien de berger. On pousse quelquefois la confiance jusqu'à le charger d'un troupeau de moutons; et il manifeste son plaisir par des cris joyeux, quand, pour toute récompense de son zèle, il obtient une caresse du maître. Le kamichi, qui appartient, comme l'agami, à l'ordre des échassiers, possède les mêmes caractères d'intelligence. Sociable et susceptible de recevoir le même genre d'éducation, il devient un auxiliaire très-utile pour l'habitant de l'Amérique du Sud.

Après ces considérations rapides sur l'organisation et les mœurs des oiseaux, nous décrirons particulièrement chaque espèce. Pour que cette revue soit plus régulière et que nos observations soient mieux détachées, nous suivrons la classification adoptée par les naturalistes. Seulement, comme nous le faisons toujours dans cet ouvrage, nous remonterons la série zoologique, c'est-à-dire l'échelle de la perfection relative des êtres.

Nous allons donc considérer successivement :

1° Les *Palmipèdes*, ou oiseaux de rivage ;
2° Les *Échassiers*, ou oiseaux de marais ;
3° Les *Gallinacés*, ou oiseaux de basse-cour ;
4° Les *Grimpeurs* ;
5° Les *Passereaux* ;
6° Les *Rapaces*, ou oiseaux de proie.

ORDRE DES PALMIPÈDES
OU OISEAUX DE RIVAGE.

Voués par leur organisation à la vie aquatique, les Palmipèdes recherchent constamment les eaux des fleuves, des lacs, ou celles de la mer. La forme de leurs pattes caractérise cet ordre d'oiseaux. Les doigts et quelquefois le pouce sont réunis entre eux, par une membrane molle et lobée ; de là leur nom de *Palmipèdes*. Ces pieds palmés et rejetés en arrière sont d'admirables rames. L'oiseau n'a qu'à rapprocher les doigts, pour ramener les pattes en avant, et en frappant l'eau, donner à son corps une vigoureuse impulsion, qui détermine sa progression au sein du liquide.

Quelques Palmipèdes volent, mais avec peine ; d'autres ne peuvent pas même s'élever dans les airs, car ils n'ont que des rudiments d'ailes, en forme de nageoires. Certains d'entre eux possèdent pourtant une puissance de vol extraordinaire. Leurs ailes, bien développées, leur permettent de fendre l'espace avec une rapidité extraordinaire ; et on les rencontre dans la haute mer, à d'énormes distances de la côte. D'autres se plaisent dans les mers agitées par les tempêtes. Au milieu des tourmentes, ils aiment à mêler leurs cris sauvages au bruit de la mer furieuse et des éléments en courroux. Le matelot, qui voit avec inquiétude poindre à l'horizon le nuage prêt à fondre en pluie torrentielle sur son navire, est certain de l'approche de la tempête quand il aperçoit en même temps les blanches ailes de l'albatros, qui se dessinent sur le fond d'un ciel obscur et menaçant.

Tous les Palmipèdes peuvent nager et plonger dans l'eau sans se mouiller, car leurs plumes sont enduites d'un liquide huileux, fourni par des glandes qui existent à l'intérieur de la peau. Ce produit graisseux rend les plumes imperméables à l'humidité. Le même avantage résulte pour eux de la disposition des plumes, qui sont très-lisses et très-cornées, et dont les barbules fort serrées et entrecroisées laissent glisser l'eau sur leur surface polie. Les Palmipèdes sont pourvus, en outre, d'un duvet extrêmement fin, qui enveloppe leur corps d'une chaude et abondante fourrure, et maintient leur chaleur naturelle au point de les faire résister aux froids des plus rigoureux hivers.

Très-nombreux en espèces, les Palmipèdes vivent dans tous les pays. Suivant le prince Charles Bonaparte, qui était un des plus savants ornithologistes de l'Europe, ceux qui fréquentent la mer composent à eux seuls la quatorzième partie de tous les oiseaux du globe; et d'après le même naturaliste, le nombre de toutes les espèces d'oiseaux du globe serait de 9400.

Les Palmipèdes se nourrissent de végétaux, d'insectes, de mollusques et de poissons. Ils gagnent le rivage, pour y établir leur nid : les oiseaux d'eau douce autour des rivières, les oiseaux marins sur les grèves et les rochers abruptes des îles désertes.

Au printemps, les oiseaux de mer se réunissent en troupes, et vont déposer leurs œufs dans des nids, construits sans art, mais toujours tapissés d'un fin duvet à l'intérieur. Ils arrachent de leur poitrine ce duvet, qui forme à leurs œufs un lit moelleux et chaud. Certaines îles sont fréquentées de préférence par les Palmipèdes, et au moment de la ponte, les rives solitaires où vont nicher ces oiseaux de mer sont occupées par d'innombrables troupes, qui vivent d'ailleurs en parfaite intelligence.

Les Palmipèdes sont une ressource précieuse pour l'homme. Dans nos basses-cours, les oies, les canards, fournissent à l'économie domestique une chair excellente et une graisse recherchée. Les cygnes, à l'élégante parure et au port gracieux, ornent nos bassins et nos lacs. Le duvet des oiseaux aquatiques, d'une grande valeur et d'une grande utilité, est, dans les pays du Nord, l'objet d'un commerce considérable. Les œufs d'oiseaux de mer sont assez bons à manger, et dans beaucoup de pays les habitants en consomment en grande quantité.

Ce sont les oiseaux marins qui produisent cet engrais merveilleux, appelé *guano*, qui n'est autre chose qu'une accumulation séculaire de fiente d'oiseaux, formant des bancs immenses dans plusieurs îles des mers australes. On a peine à comprendre qu'un amas successif d'excréments d'oiseaux de mer ait pu produire des couches de guano offrant jusqu'à 90 mètres de profondeur. On se rend toutefois compte de ce résultat, quand on sait que plus de vingt-cinq mille oiseaux viennent dormir, chaque nuit, dans certains de ces îlots, et que chacun de ces oiseaux fournit à peu près 25 grammes de guano par jour.

Le guano, dont la couleur est d'un brun grisâtre sur les couches supérieures, est jaunâtre à l'intérieur. L'île de Cincha, située non loin des rivages du Pérou, est une des localités les plus riches en guano. L'agriculture tire un admirable parti de cet engrais sans rival, qui doit sa puissance aux sels ammoniacaux, au phosphate de chaux et à des détritus ou des plumes d'oiseaux.

L'ordre des Palmipèdes se divise en quatre sous-ordres : les *Plongeurs* ou *Brachyptères*, les *Lamellirostres*, les *Totipalmes* et les *Longipennes*.

Plongeurs. — Les oiseaux qui composent ce sous-ordre des Palmipèdes sont caractérisés par des ailes tellement minces et courtes, qu'elles ne peuvent être d'aucun usage à certaines espèces, pour la locomotion aérienne. Aussi, les a-t-on surnommés *Brachyptères*, mot qui signifie *ailes courtes* (βραχύς, court, πτέρα, aile). Ce sont d'habiles plongeurs et des nageurs infatigables, quand ils veulent se servir de leurs ailes comme nageoires. Leur plumage, à surface lisse et soyeuse, est impénétrable à l'eau, à cause de l'abondante quantité d'huile qui l'enduit. Ils vivent dans la haute mer, et ne viennent jamais sur le rivage que pour nicher. Leurs jambes, implantées tout à fait en arrière du corps, les obligent à se tenir, à terre, dans une position verticale, ce qui rend leur marche pénible et difficile.

Les principales familles de ce sous-ordre sont les *Plongeons*, les *Manchots*, les *Grèbes*, les *Guillemots* et les *Pingouins*.

Les *Plongeons* (*Colymbus*) se distinguent des autres Brachyptères par le bec, qui est plus long que la tête, droit, robuste, presque cylindrique, un peu rétréci sur les côtés, aigu, à mandibule supérieure plus longue que l'inférieure. Leurs doigts, au lieu d'être munis de membranes découpées, sont réunis entre eux par une membrane unique.

Ce sont d'intrépides nageurs; ils plongent dans l'eau avec

PALMIPÈDES.   311

tant de promptitude, que souvent ils évitent le coup de fusil du chasseur, en s'enfonçant, à la vue de l'éclair de feu, et à l'instant même où part le coup. Aussi les chasseurs cherchent-ils quelquefois à leur dérober la lumière produite par l'explosion de l'arme à feu, en appliquant un morceau de carton près du bassinet.

Les *Plongeons*, qui habitent les mers septentrionales, passent toute leur vie dans l'eau. Sur terre, ils ne peuvent se maintenir que dans une position verticale et extrêmement gênante. Il leur arrive parfois de tomber à plat ventre, et de ne pouvoir se relever qu'avec infiniment de peine. Ils ne viennent à

Fig. 189. Plongeon.

terre que pour faire leur ponte, qui consiste seulement en douze œufs oblongs, à fond plus ou moins coloré. Ils choisissent, pour faire leurs nichées, les îlots et les promontoires déserts.

Leur nourriture se compose de poissons, qu'ils poursuivent même jusqu'au fond de l'eau, de frai de poissons, d'insectes aquatiques, et même de productions végétales. Leur chair, très-coriace, est d'un goût détestable. Dans les climats froids ou tempérés, ils habitent les rivières et les étangs, et retournent, après le dégel, dans les contrées septentrionales. Les jeunes diffèrent beaucoup des adultes, et ne prennent qu'après trois ans le plumage stable des vieux.

On distingue trois espèces de plongeons : le *Plongeon imbrin* ou *grand Plongeon (Colymbus glacialis)*; le *Plongeon arctique* et le *Plongeon cerf marin*.

Le *Plongeon imbrin* est un bel oiseau, au plumage noirâtre, nuancé de blanc, avec le ventre et un collier de cette dernière couleur. La tête est d'un noir changeant en vert. Lorsqu'il a des petits, au lieu de s'enfoncer sous les eaux pour se soustraire à ses ennemis, il les attaque lui-même à coups de bec. Sa peau sert d'habillement à certaines peuplades, et surtout aux Groënlandais. Cette espèce, qui habite les mers arctiques des deux mondes, est très-abondante aux Hébrides, en Norwége, en Suède, et même dans le nord de la Grande-Bretagne. Son apparition en France est irrégulière; on le voit sur nos côtes maritimes, le plus souvent après de forts ouragans.

Le *Plongeon arctique* (Colymbus arcticus) a le bec et la gorge noirs, avec le sommet de la tête d'un gris cendré; le devant et les côtés du cou blancs avec des taches noires, le dos et le croupion noirs; les couvertures des ailes parsemées de taches blanches, toutes les parties inférieures d'un blanc pur. Cet oiseau, très-rare en Angleterre et en France, est très-commun dans le nord de l'Europe. On le trouve sur les lacs de la Sibérie, de l'Islande, du Groënland, dans la baie d'Hudson, et quelquefois aux Orcades. Les Lapons se font des bonnets avec sa dépouille. En Norwége, on considère comme une impiété de le détruire, parce que ses différents cris servent, dit-on, de présage pour le beau temps ou pour la pluie.

Le *Plongeon cerf marin* ou à *gorge rouge* (Colymbus septentrionalis) a la gorge, les côtés de la tête et du cou d'un gris de souris; l'occiput et le derrière du cou sont marqués de raies noires et blanches, et le devant du cou est d'un rouge marron très-vif; la poitrine et le dessous du corps sont blancs, et tout le dessus est noirâtre, taché de blanc. Cet oiseau habite les mers arctiques. Il abonde en hiver sur les côtes d'Angleterre, de Hollande, d'Allemagne et de Suisse. En France, il arrive avec les macreuses et se prend souvent dans les filets que les pêcheurs tendent à ces oiseaux. Il remonte avec la marée jusqu'aux embouchures des fleuves pour trouver sa nourriture qui consiste principalement en petits merlans, et en frai d'esturgeons et de congres.

Les *Manchots* (Aptenodytes) ont une si grande analogie de forme et de structure avec les Pingouins, dont nous parlerons plus loin, que la plupart des voyageurs les ont confondus. Cependant il y a entre ces deux espèces des différences extrêmement sensibles.

Les *Manchots*, dont le nom est assez significatif, sont ces singuliers oiseaux des mers australes, chez lesquels les ailes, atrophiées et tout à fait impropres au vol, ne sont que des espèces de moignons aplatis et très-courts. Ces sortes de nageoires sont privées de plumes proprement dites, recouvertes de très-petit duvet, ayant l'apparence de poils, et qu'on prendrait pour des écailles.

Placés entre les poissons et les oiseaux, les manchots sont

Fig. 190. Grand Manchot.

d'habiles nageurs, et des plongeurs incomparables. Aussi est-il très-difficile de les tuer à la chasse. Leur peau est d'ailleurs assez résistante pour renvoyer le plomb.

Tout, chez ces oiseaux, a été disposé pour la vie aquatique. Leurs pattes sont placées tout à l'extrémité du corps, disposition qui les rend gauches et pesants, quand ils sont à terre. Du reste, ils n'y viennent que pour pondre. Ils se réunissent, pour nicher, en troupes immenses, au commencement d'octobre. Ils se contentent de creuser dans le sable des trous assez profonds pour y déposer deux œufs, et souvent l'œuf unique que pond la femelle.

Malgré leur peu de fécondité, le nombre de ces oiseaux dans

les îles du nord de l'Europe est vraiment prodigieux. Quand les matelots débarquent dans les contrées boréales, ils peuvent prendre ou tuer autant de manchots qu'ils en veulent. Narborough rapporte que dans une île, près de la côte des Patagons, son équipage en prit trois cents dans l'espace d'un quart d'heure, et qu'on aurait pu en prendre tout aussi facilement trois mille. « On les chassait devant soi, dit ce navigateur, comme des troupeaux, et chaque coup de bâton en abattait un. »

Dans une autre île, près du détroit de Magellan, les matelots du capitaine Drake en tuèrent plus de trois mille en un jour.

Ces faits n'ont rien d'exagéré. La terre visitée par ces navigateurs était pour ainsi dire vierge, et ces oiseaux qui avaient pu s'y propager en toute sécurité, s'étaient succédé, de génération en génération, en nombre incalculable.

Les manchots n'ont pas peur de l'homme : ils l'attendent de pied ferme, et se défendent à coups de bec, lorsqu'il veut mettre la main sur eux. Quand on les poursuit, ils feignent quelquefois de fuir de côté, pour se retourner aussitôt, et se jeter sur les jambes de l'assaillant. D'autres fois, « ils vous regardent, dit Pernetty, en penchant la tête sur un côté, puis sur l'autre, comme s'ils se moquaient de vous. » Ils se tiennent debout, sur leurs pattes, le corps redressé en ligne perpendiculaire avec la tête et le cou. Dans cette attitude, on les prendrait de loin pour de petits bons hommes portant des tabliers blancs, ou pour des enfants de chœur en surplis et en camail noir.

Lorsque les manchots crient, on croirait entendre le braiement d'un âne. Les navigateurs qui passent, dans les soirées de calme, devant les îles des mers australes, croient que ces parages sont habités, car la bruyante voix de ces oiseaux produit un bruit qui rappelle celui de la foule un jour de fête.

La chair des manchots est un médiocre manger, mais elle est une ressource précieuse pour les marins qui voyagent dans ces parages incultes, après avoir épuisé leurs provisions. Comme la plupart des œufs des Palmipèdes, leurs œufs sont très-bons.

Les *Grèbes* ont la tête petite, le cou allongé, le corps ovale, les jambes entièrement engagées dans l'abdomen, la queue rudimentaire, les tarses comprimés, et les doigts antérieurs réunis à leur base par une membrane, puis lobés dans le reste de leur étendue.

PALMIPÈDES.

Ces oiseaux vivent sur la mer, mais ils habitent de préférence les eaux douces. Ils se nourrissent de petits poissons, de vers, de mollusques, d'insectes et de végétaux aquatiques. S'ils plongent et nagent admirablement, ils volent aussi fort bien. Ils font toutefois très-peu usage de leurs ailes. Ils ne s'enlèvent dans les airs que lorsqu'ils sont poursuivis, ou lorsqu'ils émigrent à l'automne et au printemps; à l'automne, pour se disperser sur les lacs intérieurs; et au printemps, pour choisir un endroit favorable à leur ponte.

Les *Grèbes* nichent le plus souvent dans une touffe de roseaux

Fig. 191. Grèbe.

au bord de l'eau. Leur nid est composé, à l'extérieur, de grandes herbes grossièrement entrecroisées, et à l'intérieur de débris végétaux délicatement arrangés. Le nombre de leurs œufs varie de trois à sept.

Sur terre, ils ne marchent pas, ils rampent pour ainsi dire. Ils sont obligés de se tenir presque droits, appuyés sur le croupion, les doigts et les tarses étendus latéralement. Mais, autant ils sont disgracieux à terre, autant ils sont élégants dans l'eau.

Ces oiseaux sont couverts d'un duvet si serré, si ferme et si bien lustré, qu'on fait avec la peau de leur poitrine des manchons d'un blanc argenté, qui sont impénétrables à l'eau. L'industrie emploie encore leur dépouille comme fourrure.

On trouve des grèbes dans l'ancien et le nouveau continent.

En Europe, on en compté cinq espèces, savoir : le *Grèbe huppé* (*Podiceps cristatus*) gros comme un canard, armé d'une double huppe noire ; le *Grèbe sirus-gris* ou à joues grises ; le *Grèbe cornu* ou *esclavon*, pourvu de deux longues touffes de plumes, en forme de cornes ; le *Grèbe oreillard*, qui se distingue par son bec, dont la base est déprimée et la pointe relevée en haut ; le *Grèbe castagneux*, qui habite principalement les eaux douces.

Parmi les grèbes exotiques, nous citerons : le *Grèbe de l'île de Saint-Thomas*, le *grand Grèbe*, le *Grèbe des Philippines* et le *Grèbe de Saint-Domingue*.

Les *Guillemots* (*Uria*) ont le bec long, droit, convexe en dessus, anguleux en dessous, un peu courbé et échancré à l'extrémité de chaque mandibule. Leurs jambes sont courtes, comprimées et placées à l'arrière du corps. Les trois doigts antérieurs sont engagés dans la même membrane, les ongles recourbés et pointus ; le pouce est nul. Les ailes sont étroites, la queue est courte.

Fig. 192. Guillemot.

Ces oiseaux qui, placés à terre, ont grand'peine à se relever, à cause de la conformation de leurs jambes, ne viennent sur le rivage que si le mauvais temps les pousse sur les côtes, ou lorsqu'ils sentent le besoin de pondre. Ils ont le soin alors de choisir des éminences de rochers, du haut desquels ils puissent facilement se jeter dans la mer, s'ils sont inquiétés. Les écueils les plus escarpés qui se dressent à pic au-dessus des flots, sont couverts des nids de ces oiseaux. C'est là qu'il faut aller les chercher au prix de tous les dangers. Chaque femelle ne pond qu'un œuf très-gros.

Les guillemots se nourrissent de poissons, d'insectes et de crustacés. Ils habitent les contrées boréales ; mais ils émigrent sur nos côtes, et dans les régions tempérées lorsque les glaces ont envahi les mers septentrionales. Pour exécuter leurs migrations, ils sont obligés de se servir de leurs ailes, qui sont très-courtes. Aussi sont-ils de mauvais voiliers ; ils rasent en volant la surface de l'eau, et ne s'élèvent jamais très-haut dans les airs.

On distingue parmi les guillemots : le *Guillemot Troïle*, vulgairement nommé *Grand Guillemot*, ou *Guillemot à capuchon*, dont le bec est plus long que la tête, et le *Guillemot Ana*, vulgairement appelé *Guillemot gros bec*, plus petit que le précédent.

Les *Pingouins*, dont le nom vient du mot latin *pinguis*, qui

Fig. 193 Pingouin.

signifie graisse, ont le corps abondamment imprégné d'une graisse huileuse.

Ces oiseaux appartiennent exclusivement aux pays froids. Ils quittent fort rarement les côtes, et ne paraissent sur le rivage qu'au temps de la ponte, à moins que des rafales ou des brisants ne les obligent à abandonner leur élément favori. A terre, ils se tiennent droits et assis sur le croupion. Ils portent la tête très-haute et le cou tendu, tandis que leurs petits ailerons s'avancent comme deux bras. Quand ils marchent en troupe, le long de quelque saillie de rochers, ils ressemblent de loin à des soldats alignés.

A certaines époques de l'année les pingouins se réunissent sur le rivage, et se mettent à délibérer. Ces assemblées, qui durent un jour ou deux, ne manquent pas d'une certaine solennité ; car ces volatiles ont l'air tout à fait grave. Quand ils se sont entendus sur l'objet de la réunion, ils se mettent à l'œuvre avec activité. Sur un terrain assez uni, d'environ deux hectares, ils tracent un carré, dont un des côtés, parallèle au bord de l'eau, reste toujours ouvert, pour servir d'entrée et de sortie. Puis, avec leur bec, ils ramassent les pierres de l'enceinte, qu'ils entassent en dehors des lignes, et s'en servent pour bâtir de petits murs, percés seulement de quelques portes. Pendant la nuit, ces portes sont gardées par des sentinelles. Ils divisent ensuite le terrain en carrés assez larges pour recevoir un certain nombre de nids, et laissent un chemin entre chaque carré. Un architecte ne ferait pas mieux.

Ce qu'il y a d'étrange, c'est que d'autres oiseaux, c'est-à-dire les *Albatros*, êtres essentiellement aériens, s'associent, à l'époque de la couvée, aux pingouins, ces demi-poissons, pour nicher avec eux. A côté d'un nid de pingouins, on voit un nid d'albatros. Tout ce peuple d'oiseaux, divers par leur conformation et leurs mœurs, vit dans les meilleurs termes d'intimité. Chacun est chez soi. S'il y avait par hasard quelque reproche à faire, on pourrait tout au plus accuser le pingouin de voler parfois le nid de son voisin l'albatros.

D'autres oiseaux de mer viennent aussi demander l'hospitalité à cette petite république animale. Avec la permission des maîtres du logis, ils placent leurs nids dans les carrés inoccupés.

La femelle du pingouin ne pond qu'un œuf, et elle ne l'abandonne que peu d'instants. Le mâle la remplace, quand elle va chercher sa nourriture.

Ces oiseaux sont en si grande abondance dans les mers arctiques, que, dans une seule descente, le capitaine Mood put ramasser cent mille de leurs œufs.

On distingue deux espèces de pingouins : le *Pingouin commun* (*Alca torda*) de la taille du canard, qui habite les mers glaciales, passe sur les côtes maritimes du nord-ouest de la France, et se reproduit dans quelques îlots de la Normandie; et le *Pingouin brachyptère*, vulgairement nommé *grand Pingouin* (*Alca impennis*), qui est presque de la taille de l'oie, qui habite les mers glaciales, et ne paraît en France qu'accidentellement, lorsqu'il est entraîné par des tempêtes. L'œuf du grand pingouin est le plus volumineux de tous ceux qui sont propres à l'Europe.

Tous les oiseaux aquatiques, dont nous venons de parler, plongeons, manchots, grèbes, guillemots et pingouins, sont une précieuse ressource dans les pays du Nord, où la végétation est presque nulle. Les pauvres gens, destinés à vivre au milieu des îles incultes des mers boréales, trouvent dans les plumes, la peau, l'huile et les œufs de ces oiseaux, le vêtement, la nourriture et la lumière pour leur hiver long et ténébreux. Seulement, pour atteindre ce qu'ils considèrent, avec raison, comme un bienfait du ciel, ils ont à surmonter des difficultés sans nombre. Ces volatiles nichent souvent dans des îlots presque inabordables, à cause des rochers qui surplombent de tous côtés. C'est sur les assises étagées de ces îlots, que de courageux chasseurs vont, à l'époque de la ponte, recueillir les œufs, et faire, pour ainsi dire, la moisson des oiseaux de mer. Des hommes marchent le long des falaises, munis d'un filet conique attaché au bout d'une perche, et qui leur sert à prendre les oiseaux voltigeant autour d'eux, à peu près comme les enfants attrapent, chez nous, les papillons dans nos prairies.

Mais ces chasses gracieuses au pied de la falaise ne sont, pour ainsi dire, que les roses du métier. Le péril, le drame et l'émotion palpitante, sont au haut de l'escarpement des rochers.

Les intrépides habitants des îles Fœröé, îles danoises situées au nord de l'Écosse, entre la Norwége et l'Islande, dans l'océan Atlantique, procèdent comme il suit à la recherche des œufs et des jeunes oiseaux de mer.

Ils commencent par se hisser, en grimpant le long d'une perche, jusqu'au premier étage du rocher taillé à pic. Quand ils ont atteint ce point, ils jettent une corde à nœuds à leurs compagnons, qui viennent les rejoindre sur cette corniche aérienne. Ils exécutent la même manœuvre, d'étage en étage, jusqu'à ce qu'ils soient arrivés au sommet de la falaise.

Mais ceci n'est rien. Il s'agit maintenant de visiter les cavernes où se trouvent les nids.

Sur le bord du rocher, on place horizontalement une poutre. A cette poutre on attache un câble, de six centimètres de diamètre, et qui n'a pas moins de trois cents mètres de longueur. Au bout de cet immense fil, se trouve une planchette, sur laquelle s'assied le chasseur d'oiseaux, ou *fuglemond*, comme on le nomme dans le pays. Cet homme tient à la main une corde légère, pour faire à ses compagnons des signaux convenus. Alors six hommes le descendent le long des rochers qui surplombent la mer. Le chasseur, suspendu à l'extrémité de cette immense corde, descend de récif en récif, de roc en roc; il visite tous les entablements et fait une ample moisson d'œufs et d'oiseaux, en les prenant à la main, ou en les attrapant avec son filet. Il place dans un sac, qu'il porte en bandoulière sur l'épaule, le produit de cette expédition périlleuse. Quand il veut changer de place, il imprime à la corde un fort mouvement d'oscillation, qui le lance vers la partie du rocher qu'il veut visiter. Quand la récolte est suffisante, quand la chasse est terminée, il avertit par un signal ses compagnons, qui le hissent au sommet de la falaise.

Quelle incroyable adresse, et quel courage ne faut-il pas à l'homme, ainsi suspendu par un frêle lien, au-dessus d'un précipice affreux! Que d'obstacles à surmonter, que de périls à craindre! La corde peut être coupée en frottant quelque temps et s'usant sur le roc; elle peut se tordre, et le malheureux tourne sur lui-même, exposé à se briser la tête contre les rochers. Quand il imprime à la corde un brusque balancement, pour changer de place, il risque de se briser la tête ou les membres contre une saillie de rochers, ou d'être écrasé par les pierres qui se détachent au contact de la corde!

Quelquefois on entend retentir un grand cri, le cri suprême du désespoir. Effrayés, les hommes qui tiennent la corde, se penchent en rampant, sur l'abîme, pour distinguer au-dessous d'eux; mais ils n'aperçoivent rien; ils n'entendent que la grande voix de la mer, qui domine tous les bruits. Ils se hâtent alors de retirer la corde. Mais hélas! elle est devenue légère: elle est vide! Le chasseur a dû être saisi de vertige; ou bien il aura perdu l'équilibre sur ces pierres glissantes, et le flot qui mugit à la base de cet

Fig. 194. Les oiseaux de mer, aux îles Fœroé.

effrayant mur de rochers, se sera ouvert, puis refermé sur lui, pour l'ensevelir.

Aussi l'habitant des îles Fœroë, quand il part pour une expédition de ce genre, fait-il ses adieux à sa famille. Cependant les catastrophes ne sont pas trop fréquentes. L'homme qui vit dans ces climats deshérités par la nature, a l'habitude de lutter contre les éléments, et de triompher presque toujours des périls qui l'environnent. Il sait qu'il va demander aux abîmes la nourriture de sa femme et de ses enfants : cette idée ranime et soutient son courage.

Lamellirostres. — Ces palmipèdes se distinguent de tous les autres par leur bec lamelleux, épais, revêtu d'une peau molle, et pourvu de petites dents, par côté. La langue est charnue, large et dentelée sur les bords. Ces volatiles sont aquatiques et vivent principalement sur les eaux douces. Leur ailes peu développées ne leur permettent pas, en général, un vol bien soutenu. Leur nourriture est principalement végétale.

Ce sous-ordre comprend les genres *Canards*, *Oies* et *Cygnes*.

De nombreuses espèces de *Canards* peuplent, dans toutes les parties du monde, les rivages de la mer et les rivières. Nul oiseau n'est répandu avec plus de profusion autour du domaine des eaux. Quelques espèces sont remarquables par la beauté et par l'éclatante variété de leurs couleurs. Sur terre, la démarche dandinante et gênée des canards est assez disgracieuse, mais sur l'eau ils sont élégants et agiles. Voyez-les glisser légèrement à la surface de l'onde, ou bien plonger, en faisant des culbutes, pour se baigner ou chercher leur nourriture. Tous leurs mouvements s'exécutent avec facilité, leurs évolutions se font avec grâce; on voit qu'ils sont dans leur élément naturel. Ils aiment à barboter dans la vase, où ils trouvent un continuel aliment à leur voracité. Du reste, toute nourriture leur est bonne. Ils engloutissent insectes d'eau, vers, limaces, escargots, petites grenouilles, pain, viande fraîche ou gâtée, poisson vivant ou mort. Ils sont en général si goulus, qu'on en a vu souvent deux tiraillant et se disputant, pendant plus d'une heure, la peau d'une anguille, ou tout autre débris de ce genre que l'un avait déjà avalé, tandis que le second tenait ferme à l'autre bout.

Nous parlerons d'abord du *Canard ordinaire*, ou *Canard sauvage* (*Anas boschas*), si répandu dans nos pays pendant l'hiver.

Le mâle a la tête, la gorge et la moitié supérieure du cou d'un vert d'émeraude, à reflets violets, et la poitrine d'un brun pourpré; le dos est d'un cendré brun, semé de zigzags gris blancs. Les quatre plumes du milieu de la queue, recourbées en demi-cercle, sont d'un noir à reflets verts. La femelle, toujours plus petite, est privée des belles couleurs qui parent le mâle; son plumage est varié de brun et de gris roussâtre.

Les canards sauvages (fig. 195) sont la souche de toutes nos races de canards domestiques. Ils ont pour véritable patrie ces contrées hyperboréennes que l'homme ne peut habiter, à cause de la rigueur du climat. Les rivières de la Laponie, du Groënland, de la Sibérie, en sont littéralement couvertes, et au mois

Fig. 195. Canards sauvages.

de mai leurs nids s'y trouvent en quantités telles, que l'imagination a peine à se les représenter. Aux premiers froids, les éclaireurs commencent à arriver chez nous, et vers la première quinzaine d'octobre, ces bandes voyageuses augmentent en nombre.

Les canards ont le vol rapide, puissant et soutenu. D'un seul coup d'aile, ils s'enlèvent de terre, aussi bien que de l'eau, et montent perpendiculairement jusqu'au-dessus de la cime des plus grands arbres; puis ils volent horizontalement. Ils se tiennent à de grandes hauteurs, et font de longs trajets sans prendre de repos. On les voit se diriger, en colonnes triangu-

Fig. 196. Vol de Canards sauvages.

laires, vers le but de leur voyage, et l'on entend le sifflement de leurs ailes d'une distance considérable. Celui qui dirige la marche, et qui prend toute la peine, en fendant l'air le premier, est bientôt fatigué; il passe alors au dernier rang, pendant qu'un autre prend sa place (fig. 196).

Les canards sauvages sont d'une méfiance extrême. Quand ils vont s'abattre sur un point, ou passer d'un étang à un autre, ils décrivent dans l'air des courbes concentriques, descendant et remontant jusqu'à ce qu'ils aient fait une reconnaissance complète de leur nouvelle station.

C'est principalement sur le bord des eaux douces de nos étangs, de nos lacs et de nos marais, que se tiennent les canards sauvages, tant que les rigueurs de l'hiver ne les privent pas des insectes aquatiques. Mais quand la gelée a solidifié les eaux stagnantes, ils se transportent dans des pays plus tempérés, tout en suivant les rivières et les eaux courantes. Quand ils repassent après le dégel, c'est-à-dire vers le mois de février, ils se tiennent isolément, par couples, dans les joncs, dans les roseaux et les herbes. Quelquefois ils demeurent parmi nous, et nichent dans nos pays.

Il ne faut pas demander l'élégance au nid des canards sauvages. Souvent ils font choix d'une épaisse touffe de joncs, grossièrement tassée, et se contentent d'en couper ou d'en plier les tiges. Cependant ils garnissent l'intérieur d'une bonne couche de duvet. On trouve même leurs nids assez loin de l'eau, au milieu des bruyères. Parfois, la femelle s'empare des nids de pies ou de corneilles, abandonnés par ces oiseaux sur les arbres.

Elle pond de dix à quinze et jusqu'à dix-huit œufs, d'une coloration différente, mais le plus souvent d'un blanc verdâtre. La femelle couve seule et ne quitte le nid que pour aller chercher sa nourriture. Quand elle rentre, notre rusée s'abat à une centaine de pas, pour se glisser à travers les herbes jusqu'au nid, regardant de toutes parts si elle n'est pas épiée.

L'incubation dure un mois environ. Au bout de ce temps, les petits viennent à éclore, généralement tous le même jour. Aussitôt éclos, la mère les conduit à l'eau, et les encourage par son exemple. Ils ne rentrent plus dans le nid; le soir, la mère cache ses petits sous ses ailes, et les nourrit d'abord de tous les moucherons qui passent à leur portée.

Les canetons sont couverts d'un petit duvet jaunâtre, qui les empêche de voler. Ce n'est qu'au bout de trois mois que les pennes des ailes sont poussées, et qu'ils peuvent prendre leur vol.

A l'approche d'un danger, la mère fait entendre un cri particulier, et à l'instant ses petits se cachent sous l'eau. Quand elle aperçoit le *grand Goëland*, le plus cruel ennemi de sa race, elle bat l'eau de ses ailes, comme pour attirer toute l'attention de l'agresseur. D'autres fois, elle s'élance sur lui, avec tant de force, qu'elle l'oblige à se retirer, honteux et battu.

Audubon raconte un trait remarquable de l'amour maternel de cet oiseau des marais. Le naturaliste américain avait trouvé, dans les bois, une femelle à la tête de sa jeune couvée. En s'approchant d'elle, il vit ses plumes se hérisser, et l'entendit siffler d'un air menaçant, à la manière des oies. Pendant ce temps, les petits décampaient dans toutes les directions. Son chien, parfaitement dressé, lui rapporta les canetons, un à un, sans leur faire aucun mal. Mais, dans toutes ses marches et démarches, il était épié par la mère, qui passait et repassait devant lui, comme pour le troubler dans ses recherches. Quand les canetons furent tous dans la gibecière, où ils criaient et se débattaient, la mère vint, d'un air triste et chagrin, se poser tout près du chasseur : elle ne pouvait résister à son désespoir. Audubon, saisi de pitié, en la voyant se rouler presque sous ses pieds, lui rendit sa jeune famille et s'éloigna. « En me retournant pour l'observer, ajoute Audubon, je crus réellement apercevoir dans ses yeux une expression de gratitude, et cet instant me procura l'une des plus vives jouissances que j'aie jamais éprouvées. »

Pendant que la mère s'est livrée à l'éducation de la couvée, le père ne s'est guère occupé de sa progéniture. Fatigué et maigri, il vit immobile, dans l'isolement, plus triste et plus sauvage que jamais. C'est qu'il a subi une mue presque subite. La femelle perdra aussi ses plumes après l'éclosion des petits. Et ce n'est que vers la fin de l'automne qu'ils reprendront tous les deux leur robe éclatante.

De nombreux exemples prouvent que les canards sauvages sont susceptibles de s'attacher à l'homme. On peut facilement les apprivoiser.

La chair du canard sauvage est très-estimée. Mais ces oiseaux sont fort difficiles à prendre, à cause de leur extrême défiance ; il

Fig. 197. Chasse au Canard à l'affût, avec des canards appelants.

PALMIPÈDES.   331

faut, avec eux, faire assaut de ruse. On ne peut les tirer que de fort loin, car ils se laissent difficilement approcher, et le plomb se perd souvent dans les couches épaisses de leur duvet. Aussi emploie-t-on, pour les prendre, divers moyens, qui tous exigent beaucoup de finesse. On les chasse à l'affût, au moyen de canards domestiques (fig. 197) qui servent d'appeaux, à la hutte, au réverbère, au moyen d'appels, aux filets, à la nasse, au lacet, à l'hameçon, etc.

La chasse ordinaire, qui se fait au fusil et à découvert (fig. 198), est loin d'être aussi productive que les précédentes, mais elle est

Fig. 198. Chasse du Canard sauvage au fusil.

bien plus attrayante. Il n'est pas de chasse plus accidentée, plus féconde en surprises.

La *chasse à la hutte* (fig. 199) est la plus répandue. Des chasseurs cachés dans une hutte, construite au bord des eaux, ou dressée au milieu d'un étang, sur de gros pieux, attendent ces oiseaux, pour les tirer de près. On emploie généralement des fusils longs et de gros calibre, nommés *canardières*.

Sur la Saône, un chasseur et un rameur se placent dans un bateau léger, long, étroit et pointu, appelé *fourquette*. Les deux hommes, couchés dans le fond du bateau, sont cachés par un fagot placé sur le devant ; le bout de la canardière passe à travers le fagot. En descendant ainsi la rivière, ils trouvent l'occasion de tirer les canards, sans être aperçus.

Pour déjouer les instincts méfiants des canards sauvages, les chasseurs emploient quelquefois un artifice bizarre : ils se déguisent en vache, au moyen d'une vache artificielle, appareil grossier fabriqué avec de mauvais carton. A la faveur de ce travestissement, on s'approche des canards sauvages, sans exciter leur défiance, quand on sait s'en servir, c'est-à-dire quand on décrit, selon l'art, de lentes et gracieuses courbes, pour avancer peu à peu vers ces craintifs palmipèdes. Cette chasse est assez productive, mais elle n'est pas sans dangers. Un chasseur qui s'était affublé d'un costume de vache, étant tombé, par mégarde, au milieu d'un troupeau de bœufs, ceux-ci se mirent à le poursuivre avec fureur dans la prairie. Il fut heureux d'en être quitte en abandonnant son déguisement à la rage de ses assaillants cornus.

On prend de grandes quantités de canards au moyen de filets ou de pièges divers, dont nous passerons l'énumération sous silence.

Les *Canards domestiques* (*Anas domestica*) descendent des canards sauvages. Le premier canard domestique, ancêtre d'une famille si prodigieusement multipliée, naquit certainement d'un œuf qui fut enlevé aux roseaux d'un marais, et donné à couver à une poule.

Réduits en domesticité depuis un temps fort reculé, les canards sont d'une grande utilité pour l'économie culinaire, et occupent dans nos basses-cours une place distinguée. Leurs œufs sont un manger sain et agréable, leur chair est savoureuse. Les gourmets recherchent avec raison, les pâtés de foie de canard de Toulouse, de Strasbourg, de Nérac, et d'Amiens (nous les rangeons ici, selon leur ordre de mérite, non de par le baron Brisse, mais d'après nos faibles capacités gastronomiques). Leurs plumes, sans valoir celles de l'oie, sont l'objet d'un commerce considérable.

Les canards procurent de bons bénéfices à ceux qui les élèvent. En effet, ils sont peu difficiles pour les aliments. Tout leur convient : les graines répandues dans la basse-cour et dédaignées par les autres volailles, et les résidus les plus infimes de la desserte des tables ou des cuisines. Tout ce qu'ils exigent, c'est un peu d'eau à leur portée, pour barboter à leur aise.

Fig. 199. Chasse du Canard sauvage à la hutte.

On donne souvent des œufs de cane à couver à une poule. Tout en cherchant sa nourriture, elle conduit ses petits au bord de l'eau, et leur fait entrevoir le danger. Mais les canetons, poussés par leur instinct, se jettent dans leur élément de prédilection. Alors la pauvre mère, inquiète sur le sort de ces jeunes étourdis, qu'elle aime comme ses propres enfants, jette des cris d'épouvante. Elle se jetterait résolûment dans l'eau et s'y noierait, si elle ne se tranquillisait en les voyant nager, gais et agiles. A ce signe, la poule ne reconnaît plus son sang.

On compte plusieurs variétés du canard domestique, mais la race normande et la race picarde sont les plus avantageuses.

Tous les peuples de la terre élèvent des canards ; mais ceux qui excellent dans cet art, sont sans contredit les Chinois. Ils ont recours, pour les faire éclore, à une chaleur artificielle. Les Chinois possèdent de superbes variétés, qui, importées récemment en France, font aujourd'hui la gloire de nos pièces d'eau. On peut admirer de magnifiques couples de canards de la Chine au jardin d'acclimatation de Paris.

Le *Canard ordinaire*, que nous venons de décrire, est l'espèce type du genre canard ; mais on compte environ soixante-dix autres espèces. Les plus remarquables sont les *Garrots*, les *Milouins*, les *Souchets*, les *Tadornes*, l'*Eider*, la *Sarcelle*, la *Macreuse* et les *Harles*.

Le *Canard Garrot* (*Anas clangula*) est désigné parfois sous le nom de *Canard aux yeux d'or*, à cause de l'éclat de l'iris de son œil. Dans quelques provinces, on lui a donné le surnom de *canard pie*, parce que son plumage, vu d'une certaine distance, semble uniquement composé de noir et de blanc.

Le vol du garrot est bas et rapide. Au mois de novembre, il arrive en France, par petites troupes, pour y séjourner jusqu'au printemps. Puis il retourne dans sa patrie, la Suède, la Norwége, la Laponie. Comme il se laisse facilement approcher, les chasseurs du littoral de la Picardie, de la Normandie et des Landes prennent de grandes quantités de ces oiseaux.

Le *Canard Milouin* (*Anas ferina*, fig. 200) est la variété la plus multipliée dans nos climats, après celle du canard ordinaire. Presque aussi gros que ce dernier, il fait son nid sur les joncs des étangs, et se nourrit presque exclusivement de vers, de mollusques et de petits poissons.

Cet oiseau arrive en France, au mois d'octobre, par troupes de vingt à quarante individus, et se laisse prendre assez aisément au filet.

Fig. 200. Canard Milouin.

Le *Canard Souchet* (*Anas clypeata*) est fort commun sur la Seine et sur la Marne, où il est désigné sous le nom de *Rouge de*

Fig. 201. Canard Souchet (rouge de rivière).

rivière. Plus petit que le canard ordinaire, il a un bec très-long, à mandibule supérieure demi-cylindrique, et dilatée à son extrémité en forme de spatule. Cet oiseau est charmant. Il a la tête et le cou d'un vert clair, et les ailes variées de bleu clair, de vert, de blanc et de noir. On l'appelle *rouge*, parce qu'au ventre, son plumage est roux. Au mois de février, il abandonne les contrées du Nord, pour fréquenter nos cours d'eau et nos étangs. Un assez grand nombre de souchets restent dans nos pays pour y nicher. Leur ponte est de huit à douze œufs. Les petits sont d'une laideur extrême en naissant; leur bec est presque aussi large que le corps. La chair des Souchets est tendre et délicate, et conserve sa couleur rosée, même après la cuisson.

Le *Canard Tadorne* (*Anas Tadorna*) est le plus remarquable de tous les canards, par sa taille, par la beauté et l'élégante variété de son plumage. Il est plus gros et plus haut de jambes que le canard ordinaire. Son plumage a des couleurs très-vives. Il est blanc, avec la tête verte ; autour de la poitrine, il a une ceinture couleur cannelle, et ses ailes sont variées

Fig. 202. Canard-Tadorne.

de noir, de blanc, de roux et de vert. Le Tadorne abonde sur les bords de la mer Baltique et de la mer du Nord ; on le retrouve en Amérique, sur les mers Australes, comme sur l'océan Boréal. La femelle choisit pour nicher, les trous de lapin qui sont dans les dunes, et les pauvres lapins, dépossédés de leur terrier, ne se hasardent plus d'y rentrer.

Le *Canard Eider* (*Anas mollissima*) est l'oiseau du Nord qui fournit ce duvet si doux, si léger et si chaud, qui fut connu d'abord sous le nom d'*Eider-don* ou duvet d'*Eider*, d'où l'on a fait

22

le nom d'*édredon*. Son plumage est blanchâtre, mais la calotte, le ventre et la queue sont noirs.

L'*Eider* habite les mers glaciales du nord de l'Europe. Les poissons et les vers aquatiques composent sa nourriture. Il niche au milieu des rochers baignés par la mer. Quelquefois deux femelles couvent dans le même nid, qui en renferme alors dix, neuf au moins, car chacune d'elles n'en pond que de cinq à six. Le nid est grossièrement fabriqué avec des plantes marines, mais il est garni à l'intérieur d'une couche très-épaisse de duvet, que l'oiseau arrache de son ventre.

Le lieu où nichent les eiders est toujours d'un difficile accès. Cependant les habitants de l'Islande, de la Laponie et des rivages de la mer du Nord, savent bien découvrir leur refuge, et la moisson qu'ils font de ces oiseaux, à l'époque de la ponte, leur procure un important revenu. L'édredon est, en effet, l'objet d'un grand commerce. Les rochers où vont nicher les eiders, sont des propriétés privées, qui se transmettent précieusement dans les familles, comme autant de précieux avantages.

Fig. 203. Sarcelle commune.

Le *Canard Sarcelle* (*Anas Crecca*) est plus petit que le *Canard ordinaire*.

Cet oiseau paraît en France au printemps et en automne. Il niche dans toute l'Europe tempérée, et s'avance un peu vers le midi.

Le groupe des Sarcelles présente plusieurs variétés. On divise celles de nos climats en trois sortes : la *Sarcelle commune*, la *Sarcelle d'été* et la *petite Sarcelle*.

Les Romains avaient domestiqué la sarcelle, comme on peut le voir dans Columelle (*De re rustica*). Aujourd'hui, cet oiseau a repris l'état sauvage, et c'est là une perte regrettable pour nos basses-cours. La chair de la sarcelle est fort estimée.

Les sarcelles, moins craintives que les canards, se laissent facilement approcher par le chasseur.

Le *Canard Macreuse* (*Anas nigra*) est presque aussi grand que le *Canard ordinaire*, mais plus court et plus ramassé. Son plumage est entièrement noir; il est grisâtre dans la jeunesse.

La *Macreuse* passe sa vie à la surface des eaux, et ne s'aventure sur la terre que poussée par la tempête, ou pour venir nicher dans les marécages. Elle ne fait que voleter au-dessus de la mer, et ne se sert de ses ailes que pour fuir un danger, ou pour se transporter plus rapidement d'un point à un autre.

Fig. 204. Macreuse.

Ses jambes, pendantes, rasent continuellement la surface des eaux; elle semble toujours abandonner à regret son élément favori.

Sur terre, les macreuses marchent lentement et sans grâce; mais dans l'eau, elles sont infatigables. Comme les pétrels, elles ont le singulier privilège de courir sur les vagues. Elles habitent les deux continents. Vers le mois d'octobre, poussées par les vents du nord et du nord-ouest, elles descendent des contrées septentrionales de l'Europe, sur les côtes maritimes de l'Océan et de la Méditerranée.

Les macreuses affectionnent les étangs avoisinant la mer et les anses maritimes, où elles trouvent un abri contre les tempêtes. C'est là qu'on leur fait la terrible chasse dont nous allons parler.

Deux ou trois fois pendant l'hiver, de grandes affiches, placardées dans certaines villes du département de l'Hérault, à à Montpellier, à Cette, à Agde, font savoir qu'un vol considérable de macreuses (appelées *foulques* dans le pays) s'étant abattu dans l'étang voisin, une grande chasse aura lieu à tel jour indiqué. C'est pour les chasseurs une véritable fête, qui attire un concours extraordinaire de personnes. Tout le monde se met en route, au milieu de la nuit, les uns en voiture, les autres en charrette, et les plus modestes sur un âne. On arrive ainsi au point du jour, au bord de l'étang. Là, chacun monte dans un bateau loué d'avance, et pourvu d'un rameur. A un signal donné, toutes les barques quittent le rivage et s'avancent lentement vers la partie de l'étang où se trouvent les macreuses.

Ces apprêts inusités étonnent ces oiseaux, qui poussent de petits cris, et qui bientôt se serrent les uns contre les autres, avec frayeur. Les barques des chasseurs les cernent de tous les côtés, et rétrécissant peu à peu le cercle, les tiennent enfermées dans cet espace. Les macreuses, qui voient ainsi l'ennemi s'avancer en bon ordre, plongent et replongent avec inquiétude. Mais bientôt, se sentant trop pressées, elles déploient leurs ailes, pour s'enlever et passer au-dessus des chasseurs. C'est alors que commence une épouvantable fusillade. Les coups de feu ne cessent de retentir, car cinq cents chasseurs sont d'habitude réunis sur la surface d'un étang assez petit, comme celui de Mauguio ou de Palavas. Le massacre dure des heures entières. En effet, la macreuse, qui ne vole jamais bien loin, est sans cesse poursuivie de place en place par l'impitoyable barque qui se charge de morts, comme celle du vénérable Caron. Quand il n'y a plus de macreuses sur les eaux de l'étang, les bateaux virent de bord, et reviennent le long du rivage poursuivre les blessées. Trois mille macreuses tombent, dans l'espace de quelques heures, sous le plomb meurtrier.

De fréquentes querelles s'élèvent entre les chasseurs. Souvent on se dispute une pièce, qui a été, en effet, tirée de plusieurs barques lancées en même temps à sa poursuite ; et grâce à la vivacité des têtes méridionales, ces querelles, commencées par des injures et des cris, se terminent quelquefois par un coup de fusil.

Ainsi le tumulte est partout à son comble, et cette chasse est aussi féconde en dangers qu'en plaisirs. Tantôt c'est un bateau qui chavire, par l'empressement excessif des rameurs ; tantôt c'est un chasseur qui est blessé par un maladroit voisin ; d'autres fois ce sont deux hommes qui tombent à l'eau, en s'arrachant leur proie.

Voilà ce que j'ai vu bien souvent,dans ma jeunesse, la chasse aux macreuses étant le bonheur suprême des enfants du *Clapas* (Montpellier).

Nous ajouterons que la même chasse se fait à Hyères (Var) et dans l'étang de Berre, près de Marseille.

Sur les côtes de la Picardie, où les macreuses abondent pendant l'hiver, on leur fait une chasse très-destructive. On tend horizontalement des filets, à quelques pieds au-dessus des bancs de coquillages, dont ces oiseaux font leur nourriture, et que la mer laisse à découvert pendant le reflux. Quand elles plongent, pour saisir leur proie, les macreuses demeurent empêtrées dans les mailles du filet.

La macreuse est l'objet de chasses particulières, quand elle ne paraît pas en bandes voyageuses. On la chasse alors en bateau, comme tout gibier d'eau de son espèce.

La macreuse fait mauvaise figure sur une table aristocratique. Sa chair, qui n'est pas toujours tendre, conserve un goût de marais très-prononcé. Elle était autrefois très-recherchée, mais ce n'était pas précisément pour ses qualités culinaires. La macreuse était alors en grande faveur, par la raison qu'il était permis de la manger en carême, comme le poisson.

Voici sur quelles considérations, assez singulières, l'Église catholique avait fondé cette tolérance, qui d'ailleurs subsiste encore et reçoit sa pleine exécution de nos jours.

Les conciles du douzième siècle permirent aux laïques, comme aux religieux, de manger des macreuses en carême, parce qu'on admettait généralement alors, sur la foi d'Aristote, que ces oiseaux ne sortaient pas d'un œuf, mais qu'ils tiraient leur origine des végétaux. Les savants du moyen âge et de la Renaissance voyant paraître subitement des quantités considérables de ces oiseaux, dont on ne connaissait ni les nids ni les œufs, s'étaient livrés à toutes sortes de conjectures pour expliquer ce fait mystérieux. Ils prêtèrent à la macreuse des modes de génération tout à fait inusités. Les uns voyant une apparence de plumes dans les tentacules ciliés du mollusque qui habite la coquille, appelée *Anatife*, voulaient que ce coquillage se changeât en macreuse. D'autres s'imaginaient que les macreuses provenaient du bois du sapin pourri, qui avait longtemps flotté dans la mer ; ou bien des champignons et des mousses marines, qui s'attachent aux débris des navires. Quelques-uns même soutenaient qu'en Angleterre, et particulièrement dans les îles Orcades, il existe un arbre dont les fruits, quand ils tombaient dans la mer, se changeaient en un oiseau qu'on appelait, pour rappeler son origine, *Anser arboreus*, et que l'on croyait être la macreuse.

Les naturalistes du moyen âge et de la Renaissance qui développaient ces vues transcendantes, pouvaient se vanter d'avoir Aristote de leur côté, car ce philosophe illustre croyait à la génération spontanée de bien des animaux divers; il admettait que les rats, par exemple, naissent de la pourriture végétale, et que les abeilles proviennent du cadavre d'un bœuf. Qui ne connaît l'admirable épisode du quatrième livre des *Géorgiques*: *Pastor Aristæus*..., où Virgile développe en beaux vers cette dernière et poétique fiction?

A la vérité, le pape Innocent III, mieux avisé qu'Aristote, sur le chapitre de l'histoire naturelle des macreuses, avait fait justice de tous ces contes, en interdisant l'usage de ce gibier pendant le carême; mais personne, ni dans les monastères, ni dans les châteaux, ni dans les tavernes, n'avait voulu prendre au sérieux l'interdiction du souverain pontife.

Il arriva pourtant sur cette question controversée un éclaircissement inattendu. Un navigateur hollandais, Gérard Veer, trouva, dans un de ses voyages au nord de l'Europe, des œufs de macreuses. Il les rapporta, les fit couver par une poule, et en vit sortir des macreuses, en tout semblables à celles que les anciens déclaraient provenir de la pourriture des plantes. Gérard Veer annonçait que ces oiseaux nichent dans le Groënland; ce qui expliquait l'absence complète de leurs œufs dans nos contrées.

Cette découverte du navigateur hollandais fut assez mal accueillie. L'usage était depuis longtemps établi de manger des macreuses en carême; l'Église l'autorisait, et tout le monde s'en trouvait bien. On renvoya donc Gérard Veer à ses galiotes, et l'on chercha toutes sortes d'autres raisons pour dégager les consciences et les estomacs, également alarmés.

Ces raisons d'ailleurs ne manquèrent pas. On prétendit que les plumes des macreuses sont d'une nature bien différente de celles des autres oiseaux, — que leur sang est froid, — qu'il ne se condense pas, quand on le répand, — que leur graisse a, comme celle des poissons, la propriété de ne jamais se figer, etc.

L'analogie entre les poissons et les macreuses étant ainsi mise en lumière, la permission des conciles persista plus que jamais.

Enfin, comme les écrivains du moyen âge et de la Renaissance, assez mauvais naturalistes, avaient très-vaguement défini la macreuse, il s'en suivit que l'on étendit à plusieurs autres oiseaux de marais le même mode fabuleux de reproduction, et, par conséquent la même tolérance en temps de carême. Si bien que l'on mangeait sous le nom usurpé de *macreuses,* différents oiseaux de marais, tels que l'*Oie Cravantet,* l'*Oie Bernache.* Personne ne songea à réclamer contre une assimilation qui mettait d'accord, à la satisfaction générale, la dévotion et la gourmandise.

Il faut ajouter que la même confusion dure encore, car sur les côtes de l'Océan, on appelle aujourd'hui *Macreuses* plusieurs variétés du genre Canard.

On distingue cinq espèces principales de Macreuses. Les plus remarquables sont la *Macreuse commune* et la *Macreuse à large bec.*

Le *Harle* (*Mergus,* de *mergere,* submerger), dont on fait quelquefois un genre séparé du genre Canard, se reconnaît à son bec grêle, presque cylindrique, armé sur les bords de pointes dirigées en arrière, et ressemblant à des dents de scie. Du reste, par le port, le plumage et les mœurs, le harle a beaucoup d'analogie avec le canard.

Les harles viennent très-rarement à terre; ils sont exclusivement aquatiques, et fréquentent les rivières, les lacs et les étangs. Les Latins leur avaient donné le nom de *Mergus,* à cause de leur habitude de nager le corps submergé, la tête paraissant seulement au-dessus de l'eau.

Ces oiseaux se nourrissent de poissons, et en détruisent une énorme quantité. Comme ils jouissent de la faculté d'accumuler beaucoup d'air dans leur trachée, ils peuvent rester quelques instants sans respirer. Ils en profitent pour plonger jusqu'au fond de l'eau, où ils vont chercher leur nourriture, et ne reparaissent qu'après avoir parcouru un grand espace. Leur agilité est extrême dans la poursuite de leur proie; car, pour accélérer leur nage, ils se servent non-seulement de leurs pieds, mais en-

Fig. 205. Harle huppé.

core de leurs ailes. Les harles ont l'habitude d'avaler le poisson par la tête; aussi arrive-t-il souvent que le reste du corps est trop gros pour que la déglutition puisse s'en faire aisément. Loin de le rejeter, ils l'avalent peu à peu; et quelquefois la digestion de la tête du poisson est commencée dans l'estomac de l'oiseau, quand la queue entre à peine dans l'œsophage.

Le vol des harles est rapide et soutenu, sans cependant s'élever bien haut. Leur démarche à terre est vacillante et embarrassée. Ils habitent d'ordinaire les régions tempérées pendant l'hiver, et retournent au printemps dans les contrées boréales où ils vont nicher. Leur ponte, qui est de huit à quatorze œufs blanchâtres, se fait, soit sur le rivage entre deux pierres roulées, soit sur le bord des étangs et des rivières dans les buissons et les herbes, quelquefois dans le creux d'un arbre.

Le harle est de passage régulier en hiver sur nos côtes, sur les lacs de l'intérieur. Sa chair est détestable.

L'*Oie* (*Anser*) forme un genre particulier parmi les Palmipèdes. C'est un oiseau fort mal à propos dédaigné, car il nous rend de très-grands services.

Les oies se rapprochent des canards et des cygnes, mais elles sont moins aquatiques. Elles s'éloignent des eaux à des distances considérables; recherchent les prairies humides et les marais, où elles trouvent des plantes de leur goût et des graines diverses. Elles nagent assez peu et ne plongent pas. Elles nichent à terre, et pondent de six à huit œufs, qu'elles couvent un peu plus d'un mois. Les petits, en sortant de la coquille, commencent par marcher et se nourrissent eux-mêmes. Les oies, surtout les mâles, subissent deux mues par an, en juin et en novembre.

On entend de fort loin une bande d'oies qui cherchent leur nourriture, en se livrant à de bruyants ébats. Leur cri, qu'elles répètent fréquemment, est comme un son de trompette ou de clairon (*clangor*). Elles ne cessent de grommeler des accents plus brefs, mais plus continus, qui annoncent leur approche.

Deux membranes, juxtaposées au bas de la trachée-artère, produisent le son nasillard de la voix des oies et des canards. Ces deux membranes sont placées l'une à côté de l'autre, aux deux embouchures osseuses et allongées du larynx interne, qui donnent entrée aux deux premières bronches. Un examen attentif

Fig. 206. Oie cravant.

de cet organe chez les oies a pu contribuer à l'invention de certains instruments à vent, comme le hautbois, le basson, la cornemuse, la clarinette et même l'orgue.

Lorsqu'elles sont attaquées, les oies font entendre un sifflement semblable à celui de la couleuvre. On a cherché à exprimer ce son par les trois mots latins *strepit*, *gratitat*, *stridet*. Le bruit le plus léger les éveille, et elles font alors entendre un cri unique, mais unanime, qui semble avertir la troupe d'un danger imminent. Aussi certains auteurs ont-ils avancé que l'oie est plus vigilante que le chien.

Tout le monde connaît l'histoire des oies du Capitole, qui sauvèrent les Romains de l'assaut tenté par les Gaulois. Le peuple romain, dans sa reconnaissance, fixait tous les ans une somme destinée à l'entretien des oies du Capitole, et au jour anniversaire du succès triomphant des gardiens emplumés, on fouettait des chiens devant le Capitole, en punition de leur coupable mutisme.

Les Gaulois n'ont jamais pardonné aux oies d'avoir fait avorter leur attaque. Nous-mêmes, les descendants des fiers compagnons de Brennus, ou les conquérants de leur territoire, paraissons avoir hérité de la haine de nos ancêtres. Dans beaucoup de fêtes de village, on attache quelques oies par les pattes, pour leur couper le cou avec un sabre, ou pour les abattre, en leur lançant à la tête, des pierres ou des bâtons. L'animal éprouve, à chaque coup, de terribles angoisses; et pourtant on le laisse souffrir jusqu'à ce qu'il ait rendu son dernier souffle. Alors le vainqueur l'emporte triomphalement à sa table, pour dévorer avec ses compagnons ce corps affreusement mutilé. L'Assemblée nationale avait proscrit cette coutume sanguinaire, comme déshonorante pour une nation civilisée.

On ne saurait dire pourquoi les oies ont été, de tout temps, considérées comme le symbole de la stupidité. Elles jouissent d'une vue perçante, d'une remarquable finesse d'ouïe, et leur odorat est comparable à celui des corbeaux. Jamais leur vigilance n'est en défaut. Pendant qu'elles dorment ou qu'elles mangent, l'une d'elles, placée en vedette, le cou tendu et la tête en l'air, scrute de tous les côtés, jusqu'au plus lointain horizon, pour donner, à la moindre alerte, le signal du danger au reste de la bande.

Le vol des oies sauvages dénote une grande intelligence. Elles se placent sur deux lignes obliques, formant un angle en forme de V, ou sur une seule ligne, si la troupe est peu nombreuse. Cet arrangement permet à chacune de suivre le gros de l'armée avec le moins de fatigue possible, et de garder son rang. Quand celle qui fend l'air la première, commence à être fatiguée, elle va se placer à la queue, et les autres, chacune à son tour, conduisent la bande.

Ces oiseaux seraient trop nombreux pour voyager par grandes troupes; aussi paraissent-ils adopter des points de partage, d'où ils se séparent pour se répandre en différents pays. Les oies viennent surtout de l'Asie ; arrivées en Europe, leurs bandes se dispersent dans diverses contrées. Celles qui viennent en France sont les messagères des frimas, et l'on sait que lorsqu'elles apparaissent de bonne heure, l'hiver sera rude. Elles habitent, avons-nous dit, les contrées orientales ; mais dans leurs migrations elles traversent surtout l'Allemagne.

Bien qu'elles vivent très-peu dans l'eau, les oies sauvages se rendent tous les soirs dans les étangs et dans les rivières, pour y passer la nuit ; de sorte que les canards ne se jettent à l'eau que lorsque les oies en sortent.

Ces oiseaux sont très difficiles à attraper, parce qu'ils volent très-haut, et qu'ils ne s'abattent que lorsqu'ils voient de l'eau pour se reposer. Même alors, leur extrême défiance rend à peu près inutiles les stratagèmes des chasseurs. On les attend parfois le soir, pour les prendre avec des filets, au moyen d'oies apprivoisées, qui servent d'appeaux.

Les Ostiaques des bords de l'Obi (Sibérie) amoncèlent la neige, et font des huttes avec des branchages. Près de ces cabanes, ils placent sur l'eau des oiseaux empaillés, sur lesquels les oiseaux sauvages viennent fondre à coups de bec. Les chasseurs les tuent alors facilement, ou les prennent au filet.

Mais la chasse la plus difficile et la plus curieuse est faite par les industrieux habitants d'une petite île de l'Écosse, Kilda.

Les oies nichent, par grandes familles, au pied des rochers et des écueils, baignés par la mer qui entoure cette île. Les habitants ont une longue corde tressée avec des lanières de cuir de vache, recouverte de peaux de mouton, pour qu'elle puisse résister davantage. Deux hommes montent au haut d'un rocher. Là, après s'être ceints de la corde, chacun par un bout, l'un se laisse tomber le long de la falaise, tandis que l'autre se tient accroché à une aspérité. Le premier remplit un sac d'œufs, et prend tous les oisillons qu'il peut suspendre par la patte, aux diverses parties de ses vêtements. Cette récolte faite, son compagnon le hisse au haut du rocher, à force de bras et de tours qu'il fait faire à la corde, en l'enroulant autour de son corps.

Cette chasse aérienne est très-productive. La corde de lanières constitue en majeure partie la dot des jeunes Kildanes, et le plus souvent elle est l'unique ressource du nouveau ménage. Il arrive fort rarement des accidents à ces hardis chasseurs, tant ils ont de sang-froid et de puissance nerveuse.

Sous le rapport de l'économie rurale, c'est de l'*Oie commune* (*Anser sylvestris*) que l'on a su tirer le meilleur parti.

Dans nos basses-cours, les oies domestiques commencent au mois de mars à pondre de huit à douze œufs. Quand elles gardent plus longtemps que de coutume le nid où elles pondent, on peut en conclure qu'elles ne tarderont pas à couver. L'incubation dure un mois.

Rien de plus facile que l'éducation de l'oie, le plus utile et le plus productif de tous nos oiseaux de basse-cour. Quand les petits sont sortis de leur coquille, pleins de vie, mais couverts d'un duvet délicat, il faut avoir le soin de les tenir enfermés les premiers jours de leur naissance. Mais si le temps le permet, on peut bientôt les faire sortir. Pour les nourrir, on leur donne une pâtée formée avec de l'orge grossièrement moulue et du son, détrempés et cuits dans du lait, avec quelques feuilles de laitue un peu hachées. Il faut avoir le soin, lorsqu'ils sortent, de détruire sur leur route la ciguë et la jusquiame, qui sont pour eux des poisons.

Les Celtes, les Gaulois et les Francs, nos pères, élevaient un grand nombre de ces volatiles, et en faisaient un commerce considérable, surtout avec l'Italie. Pline, dans son *Histoire naturelle*, nous apprend qu'il a vu d'immenses troupeaux d'oies qui, de différents cantons de la Gaule, et notamment du pays des Morins (formant aujourd'hui les départements du Nord et du Pas-de-Calais), se rendaient à pied, jusqu'à Rome. Les conducteurs de ces convois emplumés plaçaient les plus fatiguées au premier rang, afin que, la colonne les poussant en avant, elles fussent forcées d'avancer, même contre leur gré. Nos départements du Lot, de la Dordogne, de Lot-et-Garonne, du Gers, du Tarn, etc., conduisent encore de nos jours, de la même façon, en Espagne de nombreuses bandes d'oies.

L'oie démocratique et grossière avait suffi aux Romains de la république; mais plus tard ce peuple, devenu raffiné dans ses goûts, inventa la méthode barbare de l'engraissement. En privant les oies d'eau, de mouvement et de lumière, on sut obtenir le développement extraordinaire des foies de cet oiseau, qui leur donne un goût spécial et savoureux. Cette invention, qui fait les délices de la gastronomie moderne, remonte à l'époque d'Auguste et de Varron : deux personnages consulaires s'en disputent l'honneur.

Pour engraisser les oies, on leur donne une nourriture abondante, tout en les privant de lumière et de mouvement. La nourriture consiste en boulettes de maïs et de froment, dont on *gave* le pauvre animal trois fois par jour. Dans certains pays, on lui fait avaler de force les grains de maïs tout entiers. Au bout de quatre ou cinq semaines environ, l'engraissement est parfait. On le reconnaît, du reste, quand le malheureux palmipède commence à étouffer. Voilà une méthode assez cruelle : ce n'est pourtant que de cette façon qu'on obtient la belle graisse et les foies gras si appréciés des gastronomes. Le foie subit une altération qui serait mortelle pour l'animal : il prend un développement énorme. Ainsi les gourmets, qui l'ont en si haute estime, se délectent avec un foie malade !

Bien que l'importation du dindon ait fait un peu négliger en Europe l'éducation de l'oie, elle est encore de nos jours une source de prospérité pour beaucoup de contrées de la France. Il n'y avait guère autrefois, dans notre pays, de repas, ou de fête de famille, sans que l'oie traditionnelle apparût sur la table du festin. En Angleterre, l'oie est encore fêtée. Une coutume qui se rattache à l'histoire de la nation, veut que tout bon Anglais mange une oie le jour de Noël.

La chair et la graisse d'oie salées se conservent fort bien. Dans certains pays on les emploie à des usages culinaires. Les foies énormes et succulents que portent ces précieux volatiles, après leur engraissement forcé, servent à confectionner les beaux pâtés de Strasbourg. Ceux de Nérac, comme ceux de Toulouse, sont confectionnés surtout avec les foies de canard, car on engraisse les canards à peu près de la même façon que les oies.

Le duvet et les plumes de cet oiseau sont l'objet d'un commerce important. Avant l'invention des plumes métalliques, on ne se servait pour écrire que des plumes arrachées aux ailes des oies. On avait soin de les *hollander*, c'est-à-dire d'en passer le tuyau sous la cendre chaude, ou bien de le plonger dans l'eau bouillante.

Quant au duvet, on le recueille sous le cou, sous les ailes, et sous le ventre de l'animal. On procède à cet enlèvement de deux mois en deux mois, à partir du mois de mars jusqu'en automne.

Les oies ne sont certainement pas stupides, comme on le prétend. Les faits suivants permettent d'apprécier les qualités morales qui les distinguent.

En Écosse, une oie s'était tellement attachée à son maître, qu'elle le suivait partout, comme un chien. Un jour, le gentleman passe à travers la foule qui remplissait la ville, et il entre dans la boutique d'un barbier, pour se faire raser. Le palmipède l'avait suivi, et attendait à la porte la sortie de son maître, pour l'accompagner dans de nouvelles courses et rentrer avec lui dans sa maison. Cet intelligent oiseau reconnaissait son maître rien qu'à la voix, sous tous les déguisements.

En Allemagne, un *jars* (c'est le mâle de l'oie) conduisait, tous

Fig. 207. Oie marbrée.

les dimanches, à l'église, une vieille femme aveugle. Il la tirait par le bas de sa robe, et la menait jusqu'à la place qu'elle occupait ordinairement à l'église. Puis il se retirait au cimetière, pour paître l'herbe, et revenait, comme un docile caniche, prendre sa maîtresse, lorsque le service était terminé. Un jour le pasteur ne trouvant pas cette dame chez elle, s'étonne de ce que cette pauvre aveugle sorte ainsi toute seule. « Ah! monsieur, nous ne craignons rien, lui répond sa fille, le *jars* est avec elle! » Nos aveugles feraient fortune, s'ils remplaçaient leur traditionnel caniche par ce guide d'un nouveau genre.

L'*Oie commune*, dont nous venons de parler (*Anser sylvestris*), paraît descendre de l'*Oie cendrée* (*Anser cinereus*), qui s'apprivoise assez facilement quand on la prend jeune. Elle habite les plages et les marais des contrées orientales de l'Europe, et vient en France dans ses migrations.

Parmi les variétés les plus connues, nous citerons l'*Oie sauvage* (*Anser segetum*), qui émigre des régions arctiques et passe dans nos pays, en très-grand nombre; l'*Oie marbrée* (fig. 207), l'*Oie rieuse*, l'*Oie de Neige*, l'*Oie à cravate*, l'*Oie à bec court*, l'*Oie Cravant*, etc. L'*Oie Bernache*, qui habite les contrées situées au delà du cercle polaire arctique, arrive en France pendant l'hiver. Elle s'apprivoise assez facilement, et se multiplie en captivité. C'est cet oiseau que les naturalistes du moyen âge faisaient naître, ainsi que la macreuse, sur des arbres comme un fruit.

Le *Cygne* (*Cycnus*) a été admiré de tous les temps. Ses proportions nobles et élégantes, la gracieuse courbure de son cou, et les formes arrondies de son corps, ont inspiré les poëtes : on en a fait l'oiseau des dieux et des déesses. L'imagination poétique des Grecs attachait à son nom les plus souriantes idées. On allait jusqu'à dire qu'avant de rendre le dernier soupir, le cygne célébrait sa mort par un chant mélodieux.

Buffon lui-même a fait de cet oiseau une peinture poétique.

« Le Cygne, dit-il, règne sur les eaux à tous les titres qui fondent un empire de paix, la grandeur, la majesté, la douceur.... Il vit en ami plutôt qu'en roi au milieu des nombreuses peuplades des oiseaux aquatiques, qui toutes semblent se ranger sous sa loi.... »

L'immortel naturaliste s'est laissé entraîner trop loin dans ses inspirations littéraires, car le cygne, élégant et majestueux, il est vrai, dans ses formes, et souple dans ses mouvements sur l'eau, devient gauche et maladroit sur terre; de plus il est méchant et querelleur. Il s'attaque à tous les animaux, et même à l'homme. Les cygnes du jardin du Luxembourg à Paris, avaient pris tous les gardiens en aversion; quand ils en apercevaient un, ils sortaient tous du bassin pour lui chercher noise.

La force principale du cygne n'est pas dans son bec, mais dans ses ailes, arme offensive puissante, dont il se sert avec avantage.

En dépit de tous leurs défauts, les cygnes sont les plus beaux et les plus grands de tous les oiseaux aquatiques. Leur bec est rouge, bordé de noir, et leur plumage d'un blanc de neige. Ils nagent avec aisance, et volent parfaitement. Leur nourriture consiste en plantes, fucus, petits insectes aquatiques ; ils attaquent même des poissons.

Ils vivent par troupes, en Europe, en Asie, dans les deux Amériques et à la Nouvelle-Hollande. Au mois de février, ils se séparent par couples, pour aller nicher.

Leur ponte est de six à huit œufs, d'un blanc verdâtre, et l'in-

Fig. 208. Cygnes.

cubation dure à peu près six semaines. Les petits, couverts d'abord d'un duvet gris, ne prennent leur plumage d'adultes qu'à leur troisième année. Les cygnes s'inquiètent peu de cacher leur couvée, parce qu'ils sont certains de la défendre contre tout ennemi. Ils combattent jusqu'à l'aigle lui-même, et le harcèlent à coups de bec et à coups d'ailes, jusqu'à ce qu'il ait fait une retraite plus ou moins honorable.

Ils déploient, pour protéger leurs petits, un courage extraordinaire. Une femelle de cygne couvait sur le bord d'une rivière, lorsqu'elle aperçut un renard qui nageait vers elle de la rive opposée. Jugeant qu'elle se défendrait mieux dans son élément naturel que sur la terre, elle se jette à l'eau, et court à la rencontre de l'ennemi, qui menace sa progéniture. Elle l'atteint, fond sur lui avec tant de fureur, et le frappe d'une aile si vigoureuse, que le renard meurt sur le coup, au milieu de l'eau.

Le cygne soigne ses petits avec un rare dévouement. Il les porte sur son dos, les cache sous son aile pour les réchauffer, et ne les abandonne jamais dans leur première jeunesse. Qu'il est beau à contempler, lorsque, voguant sur l'onde, en avant de sa jeune couvée, il porte au loin un œil investigateur, prêt à briser tous les obstacles qui pourraient se présenter; tandis que la mère se tient, à quelque distance, prête à protéger l'arrière-garde! Admirez-les encore, quand ils voguent à la surface de quelque lac solitaire. Si vous vous cachez derrière d'épais roseaux, pour qu'ils ne se doutent point de votre présence, vous pouvez apercevoir ces nobles oiseaux décrivant, avec leur cou, les courbes les plus gracieuses, plongeant la tête dans l'eau, rejetant en arrière l'eau qu'ils ont prise avec leur bec, et qui retombe autour de leur corps, en pluie scintillante. Vous les verrez battre des ailes, pour faire rejaillir autour d'eux l'onde écumeuse; puis, tout à coup, s'élancer vivement, et glisser avec majesté à la surface des eaux, que leur corps gracieux entr'ouvre devant lui, comme le laboureur ouvre un sillon sur la terre avec le soc de sa charrue.

Ces oiseaux, si ravissants, se livrent quelquefois entre eux des combats terribles, qui vont jusqu'à amener la mort de l'un des adversaires. Les cygnes domestiques, personnages civilisés et bien appris, ne poussent pas les choses à cette extrémité, mais les cygnes sauvages, qui vivent en liberté dans les contrées du Nord, c'est-à-dire sur les lacs de l'Islande et de la Laponie, tiennent de sanglants tournois en l'honneur de leurs belles. Un combat de cygnes est un duel à mort, dans lequel l'un et l'autre adversaire déploient non-seulement une force et une furie sans égales, mais une grande adresse et beaucoup de patience. La lutte dure quelquefois plusieurs jours; elle ne se termine que lorsqu'un des champions a réussi à enrouler avec le sien le cou de son adversaire, et peut le tenir dans l'eau le temps nécessaire pour que mort s'en suive. Le combat finit alors faute de combattants.

Détournons les yeux de ce spectacle guerrier, pour admirer les cygnes au moment où, sous l'aiguillon de l'amour, ils déploient toutes les grâces dont la nature les a doués. Leurs cous souples et longs, s'enlacent comme des guirlandes de neige, leurs plumes se soulèvent mollement, et c'est alors qu'ils étalent tout l'éclat de leur beauté.

De cette beauté et de cette grâce, le cygne a certainement conscience, car il est constamment occupé soit à nettoyer, soit à lisser son plumage. Le cygne est le plus coquet de tous les volatiles. Aussi fait-il l'ornement de nos pièces d'eau. Il joint encore l'utile à l'agréable, en extirpant du fond des eaux les plantes qui y croupissent, et en transformant en limpides miroirs des eaux souvent fétides.

Son chant, ou plutôt son cri, est loin d'être harmonieux; c'est un sifflement sourd et strident, fort peu agréable à entendre. Tous les poëtes, du reste, n'ont pas ajouté foi à la fable qui prête à ces oiseaux une voix mélodieuse et sonore. Virgile savait fort bien que les cygnes ont la voix rauque :

Dant sonitum rauci per stagna loquacia cycni.

Lucrèce dit à son tour :

Parvus cycni canor.

Les poëtes grecs prétendaient que le cygne, au moment d'expirer, fait entendre lui-même son chant funèbre, et exhale, en ce moment suprême, des sons mélodieux. Cette fiction devait séduire bien des écrivains, des orateurs et des philosophes. De nos jours encore on aime à redire, en parlant des derniers élans d'un beau génie prêt à s'éteindre : C'est le chant du cygne. Il ne faut pas avoir beaucoup entendu retentir sur les eaux le cri rauque et guttural de ces oiseaux, pour trouver la comparaison peu flatteuse envers le génie.

Les cygnes, qui appartiennent surtout aux contrées boréales, émigrent vers la fin d'octobre, en troupes serrées et disposées en forme de coin. Dans les hivers rigoureux, ils descendent par bandes nombreuses dans l'Europe centrale, et reprennent le chemin des contrées polaires vers la fin du mois de mars. Leur vol est en général fort élevé.

La chasse de ces oiseaux se fait au fusil : ils se laissent plus facilement approcher que les canards. En Islande et au Kamtschatka, la chasse aux cygnes s'effectue au temps de la mue, parce qu'alors ils ne peuvent pas voler. Des chiens dressés à cette chasse les poursuivent, les forcent ; et on abat à coups de bâtons ces oiseaux, épuisés de fatigue.

Les Russes chassent autrement les cygnes. A la fonte des neiges, ils les attirent, au moyen d'oies et de canards empaillés. Les cygnes se précipitent avec fureur sur cet appât. Alors les chas-

Fig. 209. Cygne noir d'Australie.

seurs, cachés dans une hutte qu'ils ont construite avec du feuillage ou avec la neige amoncelée, les tuent facilement.

La chair du cygne est d'un goût très-médiocre. Les anciens la mangeaient, mais par ostentation, car on ne la servait que sur la table des grands seigneurs. Aujourd'hui les peuples du Nord ne la dédaignent pas ; mais c'est apparemment en raison de ce dicton philosophique : Faute de grives, on mange des merles.

On distingue trois espèces de cygnes : l'une domestique, et deux sauvages. Il en est une autre particulière à l'Australie, qui est entièrement noire et que l'on a cherché à naturaliser en Europe. Nous représentons ici (fig. 209) le *Cygne noir d'Australie*.

Totipalmes. — Les oiseaux qui forment ce sous-ordre des Palmipèdes ont le pouce réuni aux doigts par une membrane commune. Doués d'un vol extrêmement puissant, ils sont en même temps de bons nageurs.

Les principaux genres de ce sous-ordre sont : les *Frégates*, les *Phaétons*, les *Anhingas*, les *Fous*, les *Cormorans* et les *Pélicans*.

Les *Frégates* (fig. 210) ont pour caractères principaux : un bec plus long que la tête, avec les deux mandibules courbées au bout, le devant du cou dépourvu de plumes, des ailes très-longues, une queue longue et fourchue, des pieds à palmures échancrées.

Les frégates ont une envergure de 3 mètres ; aussi leur vol est-il très-puissant. Elles habitent les mers intertropicales des deux mondes, et les navigateurs assurent qu'on les rencontre à deux ou trois cents lieues de toute terre. Quand une tempête éclate, elles s'élèvent au-dessus de la région des orages, et attendent, dans ces sphères empyréennes, que le calme soit rétabli. Grâce à leurs ailes immenses, elles peuvent se soutenir des journées entières dans les airs, sans prendre aucun repos.

Leur vue est si perçante, qu'elles aperçoivent d'une distance où elles échappent à notre vue, des colonnes d'exocets, ou poissons volants. Elles s'élancent du haut des airs sur cette proie ailée, inopinément sortie de son élément naturel, et tenant les pattes et le cou dans une situation horizontale, elles happent, en rasant les flots, la malheureuse victime, qui ne s'attendait guère à trouver un tel ennemi. Souvent elles ravissent au Fou le poisson qu'il vient de pêcher ; de sorte que ce malheureux oiseau est leur pourvoyeur naturel, mais involontaire.

Les frégates ont l'humeur si guerrière, et elles ont une telle confiance dans leur force, qu'elles ne craignent pas de braver l'homme. On en a vu s'approcher des marins, pour leur arracher le poisson qu'ils tenaient à la main. Un marin français, M. de Kerhoënt, rapporte que, pendant son séjour à l'île de l'Ascension, une nuée de frégates entouraient ses matelots. Elles voltigeaient jusqu'à quelques pieds au-dessus de la chaudière des cuisines dressées en plein air, pour en enlever la viande, sans se laisser intimider par la présence de l'équipage. M. de Kerhoënt terrassa d'un coup de canne un de ces volatiles indiscrets.

Lorsqu'elles sont bien repues de poissons ou d'autres animaux marins, qui composent leur nourriture, les frégates prennent leur essor vers le rivage, et vont se percher sur un arbre, pour accomplir en paix leur digestion.

Elles se réunissent par grandes troupes, dans les îles, où elles

Fig. 210. Frégate.

ont coutume de nicher. Au mois de mai, elles commencent à réparer leurs nids, ou à en construire de nouveaux. Elles coupent avec leur bec, de petites branches sèches, et forment leur nid avec ces morceaux de bois entre-croisés. Dans ces nids, suspendus aux arbres qui s'inclinent sur les eaux, elles déposent deux ou trois œufs.

Ces oiseaux sont communs au Brésil, à l'île de l'Ascension, à Timor, aux îles Mariannes, aux Moluques. On les trouve dans les contrées tropicales. Les navigateurs, frappés de la légèreté de leur vol et de leurs formes élancées, leur ont donné le nom qu'elles portent, pour les comparer aux plus élégants et aux plus rapides de nos vaisseaux de guerre.

Linné donna au palmipède dont nous allons parler le nom mythologique de *Phaéton* par allusion au fils d'Apollon et de Clymène, qui eut la prétention téméraire de conduire le char du Soleil. Les marins les nomment beaucoup plus prosaïquement *Paille-en-queue*, à cause de deux plumes très-longues, et très-minces, qui se trouvent à la queue, et qui simulent deux brins de paille

L'apparition des phaétons annonce aux navigateurs le voisinage de la zone torride, car ces oiseaux ne dépassent jamais les limites de cette région. Cependant ils s'avancent quelquefois au large, à une centaine de lieues. Lorsqu'ils sont fatigués, ils se servent de leur grande palmure pour se reposer sur la mer. Comme beaucoup d'oiseaux marins, ils ne peuvent, à cause de leur organisation, s'abattre sur la terre. Aussi sont-ils obligés de raser continuellement l'eau, pour s'emparer des poissons ou des poulpes, dont ils font leur principale nourriture. L'immense envergure de leurs ailes les force, lorsqu'ils sont à terre, à choisir des positions élevées, telle que la cime des arbres ou le sommet des rochers. Et lorsqu'ils se sont abattus sur les ondes, ils attendent, pour reprendre leur vol, qu'une vague les soulève. Leur manière de voler est assez curieuse : ils impriment à leurs ailes une sorte de tremblement, comme s'ils étaient épuisés de fatigue.

Les phaétons recherchent, pour nicher, les îles isolées et solitaires. Ils placent leurs nids dans des trous d'arbres élevés, dans des anfractuosités de rochers, mais toujours dans des positions d'un accès difficile. Leur ponte est de deux ou trois œufs. Les petits à peine éclos ressemblent, grâce à leur duvet éblouissant, à des houppes à poudrer.

On connaît trois espèces appartenant au genre Phaéton : 1° le *Phaéton à brins rouges* (Phaeton Phœnicurus), blanc, mais nuancé d'une légère teinte rose, avec les deux longues pennes de la queue rouges ; il habite les mers de l'Inde et de l'Afrique, Madagascar, l'île de France et l'océan Pacifique ; 2° le *Phaéton à brins blancs*, (Phaeton æthereus) à plumage blanc : les deux longues pennes de sa queue sont blanches, à tiges brunes et il habite l'océan,

Atlantique ; 3° le *Phaéton à bec jaune* (*Phaeton flavirostris*), caractérisé par la couleur de son bec, et qui habite les îles Bourbon et Maurice.

Fig. 211. Phaéton.

Les *Anhingas* (fig. 212) ont le bec droit, pointu, avec des dentelures à la pointe, dirigées en arrière. Leur tête, effilée et cylindrique, termine un cou grêle et excessivement long, ce qui les fait ressembler à un serpent enté sur un oiseau. Dans tous ses mouvements, le cou imite les ondulations du reptile ; aussi leur a-t-on donné aux États-Unis le nom d'*Oiseaux-serpents*. Ce sont des nageurs infatigables et d'excellents plongeurs. Quand un danger les menace, ils plongent entièrement, et ne reparaissent qu'à une très-grande distance, quelquefois plus de deux mille mètres plus loin, jusqu'à ce qu'ils aient trouvé des roseaux, pour se cacher. D'un naturel défiant et sauvage, ces oiseaux se tiennent constamment dans les lieux solitaires. Ils perchent sur les arbres qui bordent les mares ou les rivières, pour s'élancer de là sur le poisson qu'ils aperçoivent. Ils le saisissent avec une adresse extraordinaire, et l'avalent tout entier, s'il est assez petit. S'il est trop gros, ils l'emportent sur un rocher, pour le dépecer avec leur bec et leurs ongles crochus.

Les anhingas construisent leur nid sur les branches les plus élevées des arbres, avec des bûchettes et des roseaux, et le garnissent à l'intérieur d'une couche épaisse de duvet.

On ne connaît que deux espèces d'anhingas : l'*Anhinga de Levaillant* (*Plotus Levaillantii*), espèce africaine, dont le plumage est noir depuis la poitrine jusqu'à la queue, et l'*Anhinga à ventre noir* (*Plotus melanogaster*), espèce américaine.

Fig. 212. Anhinga.

Les *Fous* (fig. 213) sont des oiseaux massifs, de forme peu gracieuse, plus gros qu'un canard, et d'un plumage blanc.

Ils ont reçu la dénomination de *Fous*, à cause de la stupidité qu'on leur attribue, à tort ou à raison. Quand on les trouve obstruant un passage, ils n'opposent aucune résistance à l'homme, et se laissent assommer, plutôt que d'abandonner le terrain. Les frégates, d'un caractère audacieux, les forcent à dégorger le poisson qu'ils ont capturé. Leur organisation imparfaite explique ce défaut de résistance. La brièveté de leurs jambes et la longueur excessive de leurs ailes, les empêchent de se soustraire par la fuite aux attaques de leurs ennemis.

Mais quand ils se sont élevés dans les airs, ils planent admirablement, le cou tendu, la queue étalée et les ailes presque immobiles. Bien qu'ils possèdent un vol rapide, ils s'écartent peu des terres, car on ne les rencontre jamais au delà d'une vingtaine de lieues en mer. Aussi leur présence annonce-t-elle au navigateur le voisinage de la terre. Ils effleurent, en volant, la surface de l'eau, et saisissent les poissons, harengs ou sardines, qui nagent à découvert. La peau de leur gorge est si dilatable, qu'ils

Fig. 213. Fous.

peuvent avaler leur proie, malgré son volume. Du reste, les fous sont assez bons plongeurs pour rester plus d'une minute sous l'eau, à la poursuite des poissons.

Ces oiseaux se trouvent sur tous les points du globe. Ils habitent de préférence les contrées tropicales; mais ils sont très-abondants aux îles Hébrides, en Norwége, en Écosse, et même jusqu'au Kamtschatka. Quand le froid approche, ils émigrent vers le sud, et dans les hivers rigoureux ils sont de passage en Hollande et en Angleterre.

On en connaît trois espèces : 1° le *Fou de Bassan* (*Sula Bassana*), très-commun sur une petite île de ce nom, qui se trouve dans le golfe d'Édimbourg ; c'est la seule espèce que nous possédions en Europe ; 2° le *Fou commun* (*Sula dactylatra*), vulgairement appelé *Mouche de velours*, plus petit que le précédent, et qui est dans l'île de l'Ascension ; 3° le *Fou brun* (*Sula fusca*) qui habite l'Amérique méridionale.

Les *Cormorans* (fig. 214) ont le corps massif et sans grâce, des pieds courts et rentrés dans l'abdomen, la tête petite et aplatie, la poche gutturale très-petite. Leur taille varie, suivant les espèces, depuis la grosseur d'une oie jusqu'à celle d'une sarcelle. Leur plumage noirâtre a fait trouver un rapprochement entre eux et les corbeaux ; delà leur nom de *Cormorans*, qui signifie *Corbeaux marins*.

Ces oiseaux, disséminés sur toutes les parties du globe, fréquentent constamment les bords de la mer et l'embouchure des rivières. Ce sont d'excellents nageurs et d'habiles plongeurs, qui poursuivent avec une rapidité extraordinaire les poissons, dont ils font leur nourriture. Rarement leur victime échappe à leur voracité.

Le cormoran avale toujours sa proie par la tête. Quand il l'a saisie du mauvais côté, il la fait sauter en l'air, et la reçoit dans son bec, la tête la première. Il s'écoule quelquefois une bonne demi-heure avant qu'il réussisse à introduire convenablement une anguille dans son estomac. On peut le voir alors faire des efforts violents pour engloutir sa capture ; et au moment où l'on croit que le glissant morceau est absorbé avec succès, soudain la proie remonte du fond de son sépulcre vivant, et fait des efforts inouïs pour s'échapper. Le cormoran l'avale derechef, l'anguille se rebiffe encore, et montre sa queue, qui sort du bec de l'oiseau. Épuisée par cette longue et inutile résistance, la victime se résigne enfin à son malheureux sort.

L'appétit de ce palmipède est insatiable ; il se gorge jusqu'à n'en pouvoir plus. Le dégât qu'il commet dans les rivières est considérable, car il peut dévorer en un seul jour trois à quatre kilogrammes de poissons.

— L'habileté que les cormorans déploient à la pêche, et la facilité avec laquelle on les apprivoise, font que, dans certaines régions de l'Asie orientale, on les élève en domesticité. Les Chinois et les Japonais sont les peuples qui utilisent le mieux, pour la pêche,

Fig. 214. Cormoran.

le talent de ces oiseaux. Ils leur mettent un anneau au cou, pour les empêcher d'avaler le poisson, et les lâchent dans les endroits poissonneux. Les cormorans, dressés à obéir à la voix de leur maître, lui rapportent l'aquatique butin.

Le vol de ces oiseaux est rapide et soutenu; mais, autant ils sont agiles dans l'eau, autant ils paraissent gauches et lourds lorsqu'ils sont à terre. D'un naturel doux et confiant, ils se laissent facilement approcher, quand ils se sont placés pour se reposer sur les arbres ou parmi les rochers.

On trouve le Cormoran dans les deux mondes, et il n'est pas rare en France. C'est un oiseau migrateur; mais on le voit dans nos pays, en toutes saisons.

On distingue en Égypte quatre espèces de cormorans : 1° le *Grand Cormoran* (*Carbo Cormoranus*), de la taille de l'oie : c'est l'espèce qui a été réduite en domesticité, et qui se rencontre assez souvent en France, 2° le *Cormoran nigaud* (*Carbo graculus*), au plumage noir, plus petit que le précédent et qui habite les parages arctiques et antarctiques; 3° le *Cormoran larcup* (*Carbo cristatus*), dont le plumage est vert foncé; 4° le *Cormoran de Desmarest* (*Carbo Desmarestii*), espèce que l'on a observée en

Corse, et qui est d'un vert noirâtre. Il existe une dizaine d'espèces étrangères. Les plus remarquables sont le *Cormoran de Gaimard* et le *Cormoran à ventre blanc*.

Les *Pélicans* (fig. 215) ont le bec long, large et aplati. La mandibule inférieure porte une membrane nue, qui peut se dilater en sac volumineux. Ce sont des oiseaux aquatiques, qui vivent indifféremment sur les rivages de la mer et des fleuves, sur les bords des lacs et des marais. Quand les poissons trahissent leur présence, soit en sautillant, soit en faisant miroiter leurs écailles au soleil, les pélicans cinglent aussitôt vers ce butin facile. Ils n'ont qu'à ouvrir leur large bec, pour engloutir dans cette énorme poche tout ce qui se présente.

Cet oiseau a un appétit si grand et un estomac si vaste, qu'il fait provision, en une seule pêche, d'autant de poisson qu'il en faudrait pour nourrir six hommes. Les Égyptiens l'ont surnommé *Chameau de rivière*, parce qu'il absorbe à la fois plus de vingt pintes d'eau. Il ne fait que deux repas par jour; mais quels repas !

Les pélicans voyagent souvent en société, à l'embouchure des fleuves, ou sur les bords de la mer. Quand ils ont choisi un endroit convenable, ils se mettent à battre la surface de l'eau, avec leurs ailes déployées, afin de chasser le poisson devant eux. Rétrécissant leur cercle à mesure qu'ils se rapprochent d'une anse ou du rivage, ils réunissent le poisson dans un petit espace. Alors commence le repas commun. Quand ils ont mangé à satiété, ils se rendent sur le rivage, pour laisser la digestion s'opérer, dans toute la quiétude requise. Les uns se reposent, le cou sur le dos; les autres s'occupent à lisser, à lustrer leurs plumes. Tous attendent, avec patience, que la digestion se termine, et que le retour de la faim les convie à un festin nouveau. De temps en temps, un de ces oiseaux vide sa poche, bien garnie, et étale devant lui le poisson qu'elle contient, pour se délecter de la vue de sa capture. Quand il l'a contemplée avec bonheur, il l'absorbe définitivement.

Ce sac guttural, qui joue un si grand rôle dans l'existence du pélican, est composé de deux peaux, dont l'externe n'est qu'un prolongement de la peau du cou; l'interne est contiguë à la paroi de l'œsophage.

Malgré sa grande taille, le pélican vole facilement et d'une manière soutenue.

Les pélicans placent leurs nids dans les anfractuosités des rochers voisins de l'eau. Ils se contentent quelquefois de déposer leurs œufs, qui sont ordinairement de deux à quatre, dans une excavation qu'ils ont grossièrement garnie de brins d'herbe.

Après une incubation de quarante ou quarante-cinq jours, les petits viennent à naître, couverts d'un duvet gris. La femelle les nourrit. Elle n'a qu'à presser son sac guttural contre sa poitrine pour dégorger le poisson dans le bec des jeunes. C'est probablement là ce qui a accrédité cette fable absurde que la femelle du pélican se perce la poitrine, pour nourrir ses enfants de son sang maternel.

On peut facilement apprivoiser les jeunes individus. On pré-

Fig. 215. Pélican.

tend qu'ils sont susceptibles d'une certaine éducation, et qu'on peut, comme aux cormorans, leur enseigner à pêcher.

On trouve les pélicans plutôt dans les pays chauds que dans nos contrées. Ils sont très-communs en Afrique, à Siam, en Chine, à Madagascar, aux îles de la Sonde, aux Philippines, à Manille, en Amérique, depuis les Antilles jusqu'au sud des terres Australes.

Les espèces les mieux connues sont les suivantes :

1° Le *Pélican blanc* (*Pelecanus onocrotalus*), qui est gros comme le cygne. Son bec a un pied et demi de longueur. Son plumage est d'un blanc légèrement rosé.

Ce pélican fut nommé par les anciens *Onocrotale*, parce qu'on trouvait dans ses cris une ressemblance avec le braiement de l'âne. Il est très-commun sur les lacs et sur les rivières de la Hongrie et de la Russie, comme sur les bords du Danube. Il habite également l'Afrique et l'Amérique. On ne le rencontre que fort accidentellement en France. Il vole quelquefois très-haut, mais ordinairement il se balance au-dessus des vagues. Malgré ses pieds palmés, il perche souvent sur les arbres.

2° Le *Pélican huppé* ou *frisé* (*Pelecanus crispus*) a le plumage blanc, les tiges des plumes du dos et des ailes noires; les plumes de la tête et de la partie supérieure du cou croisées entre elles, de façon à former une touffe assez volumineuse, ce qui lui a valu le nom qu'il porte. Il habite les parages de la mer Noire, et les îles voisines de l'embouchure du Danube ; on l'a aussi rencontré au Sénégal. Sa taille est à peu près celle du pélican blanc.

3° Le *Pélican brun* (*Pelecanus fuscus*) est de plus petite taille que les précédents. Il a la tête et le cou variés de blanc et de cendré, tout le plumage d'un brun gris marqué de blanchâtre sur le dos, la poche d'un bleu cendré rayé de rougeâtre. On le trouve dans les grandes Antilles, sur les côtes du Pérou, au Bengale et à la Caroline du Sud.

4° Le *Pélican à lunettes* (*Pelecanus conspicillatus*), qui est confiné dans les terres Australes, est ainsi nommé parce que la peau nue qui embrasse l'œil, dans une assez grande étendue, rappelle des lunettes, par sa forme plus ou moins circulaire. Son plumage est blanc.

Longipennes. — Les *Longipennes*, ou *Grands voiliers*, ont reçu ce nom à cause de leur vol puissant et étendu. Les navigateurs les rencontrent partout, et les reconnaissent facilement à leurs ailes longues et pointues, à leur queue fourchue, à leur pouce libre ou nul, et à leur bec sans dentelures. Ils vivent toujours à de très-grandes distances de la terre, et ne s'approchent du rivage que pour nicher. C'est à ce sous-ordre qu'appartiennent les *Hirondelles de mer*, les *Becs-en-ciseaux*, les *Mouettes* et *Goëlands*, les *Labbes* ou *Stercoraires*, les *Pétrels*, les *Albatros*, etc.

Les *Sternes*, appelées communément *Hirondelles de mer*, à cause de leurs ailes longues et pointues et de leur queue fourchue, paraissent, autant que les hirondelles proprement dites, ennemies du repos. Elles ont des pattes très-courtes, et un bec droit, effilé, tranchant, aussi long ou plus long que la tête. On les voit s'élever dans les airs, à une très-grande hauteur, puis tomber tout à coup sur la proie que leur vue perçante a découverte à la surface de l'eau. Souvent on les voit raser les flots, avec une

Fig. 216. Hirondelle ou Sterne.

rapidité étonnante, et saisir au vol le poisson qui s'aventure au-dessus de l'eau. Elles ne s'arrêtent pas dans leur course sur la mer, et rarement elles se décident à nager. Quand elles ont besoin de repos, elles gagnent des rochers isolés au milieu de la mer.

Les sternes vivent en troupes plus ou moins nombreuses. Elles montrent tant d'attachement pour les individus de leur espèce, que lorsque le plomb du chasseur a blessé une d'elles, toutes les autres l'entourent, et ne l'abandonnent qu'après avoir reconnu qu'il n'y a plus d'espoir de la sauver.

Ces oiseaux jettent, en volant, des cris perçants et aigus, qui produisent un vacarme assourdissant. Ces cris se répètent avec plus de force encore, lorsque les sternes se disposent à entreprendre de longues courses. Ils se font surtout entendre discordants et perçants, au temps des nichées.

Comme les hirondelles de terre, celles de mer arrivent au printemps, sur nos côtes maritimes. Les unes y restent pendant l'été, les autres se dispersent sur les lacs et les grands étangs, où elles se nourrissent de toutes les substances animales qu'elles trouvent : matières fraîches ou en putréfaction, poissons, mollusques, insectes. Elles se retirent le soir fort tard; longtemps encore après le coucher du soleil, elles cherchent leur pâture.

Les sternes nichent par troupes, sur les bords de la mer et des lacs, dans les marécages, et dans les lieux boisés, placés à l'embouchure des fleuves. Leurs nids sont tellement rapprochés les uns des autres, que les couveuses se touchent. Elles déposent leurs œufs, au nombre de deux ou trois, sur les rochers, ou à terre dans une petite cavité, qui n'a nullement l'apparence de nid.

Ces œufs sont un mets très-délicat; on en fait, aux États-Unis, un commerce considérable.

Les hirondelles de mer sont répandues dans toutes les contrées des deux continents. On les trouve jusqu'aux terres Australes et dans les îles de l'océan Pacifique.

Les espèces européennes sont fort nombreuses. Les principales sont : la *Sterne Pierre Garin* (*Sterna hirundo*), qui est très-commune en France, sur les bords de l'Océan et de la Méditerranée ; — la *petite Sterne* (*Sterna minuta*), qui est très-abondante sur les côtes maritimes de Hollande, d'Angleterre et de France, où elle se nourrit du frai des poissons et des petits insectes ailés ; — la *Sterne épouvantail* (*Sterna nigra*), qui fréquente les rivières et les bords des lacs, mais particulièrement les marais, où elle niche parmi les roseaux et les feuilles de nénufar : — c'est l'espèce la plus abondante en Europe ; — la *Sterne leucoptère* (*Sterna leucoptera*), qui habite les baies et les golfes de la Méditerranée, et visite accidentellement le nord de la France ; — la *Sterne arctique* (*Sterna arctica*), qui habite les régions du cercle arctique, et passe régulièrement sur les côtes maritimes du nord de la France. Citons encore la *Sterne-Moustac* (*Sterna Leu-*

cupareia), la *Sterne Hausel* (*Sterna Anglica*), la *Sterne Dougals* (*Sterna Dougalli*), la *Sterne Caujek* (*Sterna Cautiaca*) et la *Sterne Tschegruna* (*Sterna Caspia*), espèces qui ne se montrent que rarement en France.

Les espèces étrangères sont aussi en très-grand nombre.

Les *Becs-en-Ciseaux* ont reçu ce nom de la conformation de leur bec, qui est aplati latéralement en deux lames superposées, et formé de deux mandibules, comprimées en lames

Fig. 217. Bec-en-Ciseaux.

tranchantes; seulement, la mandibule supérieure est d'un tiers plus courte que l'inférieure. Pour pêcher les crevettes et les petits poissons dont ils se nourrissent, ces oiseaux sont obligés de raser la surface des eaux, en plongeant dans l'eau la mandibule inférieure; la mandibule supérieure étant ouverte et hors de l'eau, ils n'ont qu'à la refermer, lorsqu'un insecte aquatique, ou tout menu fretin, vient frapper l'inférieure. Ce bec singulier leur sert aussi pour ouvrir les coquilles bivalves. Ils se tiennent ordinairement près de ces mollusques, et quand ils les voient entr'ouvrir un peu leur coquille, ils y plongent leur long bec; ensuite ils brisent le ligament de la coquille, en le frappant sur la grève, et peuvent alors dévorer sans obstacle l'habitant de la maison détruite.

24

La seule espèce remarquable est le *Bec-en-Ciseaux noir* (*Rhynchops nigra*), vulgairement nommé *Coupeur-d'eau*. De la taille d'un pigeon, il est blanc, à calotte et à manteau noirs, avec une bande blanche sur l'aile.

Ces oiseaux sont très-nombreux dans les mers des Antilles. Ils volent avec lenteur, et forment avec les mouettes et quelques autres oiseaux de mer, des bandes tellement épaisses, que souvent elles obscurcissent le ciel dans un espace d'une lieue.

Nous réunirons dans la même description les *Mouettes* et les *Goëlands*, parce qu'ils ont les mêmes caractères génériques : ils ne diffèrent entre eux que par la taille. Les *Goëlands* désignent les espèces qui sont au moins aussi grandes que les canards ; les *Mouettes* celles dont la taille est inférieure.

On trouve les mouettes et les goëlands (*Larus*) dans tous les pays, sur toutes les plages, en pleine mer, et quelquefois dans les eaux douces. Ces oiseaux fourmillent sur les bords de la mer, où ils se gorgent de toute pâture qu'ils rencontrent. Poisson frais ou gâté, chair récente ou corrompue, vers, coquillages, peu leur importe, pourvu qu'ils puissent satisfaire leur voracité. S'ils aperçoivent un cadavre d'animal, flottant sur la mer ou échoué sur le rivage, la proie est bien vite nettoyée par ces *vautours de la mer*, comme les appelle Buffon. Quand l'un d'eux a découvert la carcasse d'une baleine morte, il avertit le reste de la bande ; et aussitôt tous fondent sur le butin, en faisant entendre des cris discordants. Ils se remplissent jusqu'à la gorge. Mais leur estomac a bientôt digéré les aliments corrompus qu'ils choisissent de préférence. Et comme ils aiment la variété dans leur nourriture, ils vont raser la surface des flots, pour enlever le menu poisson.

Souvent ils s'envolent vers quelques îles, où ils sont sûrs de trouver des milliers d'œufs et de jeunes oiseaux. Malgré les cris de douleur des parents, malgré les cris plaintifs des petits, ils sacrifient tout à leur gloutonnerie, soit en suçant les œufs, soit en dévorant les jeunes à peine éclos. Mais lâches dans toute occasion, ces vagabonds de la mer ne songent qu'à se cacher ou à fuir de toute la vitesse de leurs longues ailes, lorsqu'ils voient venir un oiseau plus guerrier qu'eux, serait-il plus petit. L'apparition d'un labbe suffit pour leur faire dégorger leurs aliments.

Ces oiseaux, qui ne vivent que d'une pâture offerte par le hasard, sont souvent fort en peine de leurs aliments, surtout en temps d'orage. Aussi peuvent-ils supporter la faim pendant plusieurs jours de suite.

Les goëlands et les mouettes se trouvent partout, mais ils sont plus nombreux sur les plages du Nord, où les cadavres des gros poissons et des baleines leur offrent une proie abondante. Ils aiment à nicher sur les îles désertes, des mers polaires, où l'homme ne vient pas les inquiéter.

Ils se contentent de déposer leurs œufs, au nombre de deux

Fig. 218. Goëland à manteau gris.

ou trois, dans un trou creusé dans le sable ou dans une anfractuosité de rocher.

Ces oiseaux s'apprivoisent facilement, et prennent bientôt des habitudes domestiques. Mais leur chair, dure et coriace, est détestable. Pour les rendre mangeables, les marins, après les avoir écorchés, les suspendent par les pattes, et les laissent exposés au serein, pendant deux ou trois nuits. De cette façon, ces animaux perdent un peu de leur mauvaise odeur.

Les espèces de Goëlands les plus remarquables sont les suivantes :

Le *Goëland à manteau gris* (*Larus glaucus*) (fig. 218) est tout blanc, le manteau seul est d'un cendré bleuâtre. On le trouve plus fréquemment vers l'Orient, il est plus rare sur les côtes de l'Océan.

Le *Goëland à manteau noir* (*Larus marinus*) (fig. 219) est d'un blanc pur, avec le manteau noir. Il est très-commun dans les régions septentrionales, et passe habituellement sur les côtes de l'Océan, au nord de la France.

Le *Goëland à manteau bleu* (*Larus argentatus*) est blanc, avec le manteau bleu. On le voit, pendant toute l'année, sur les côtes de la Méditerranée et de l'Océan.

Fig. 219. Goëland à capuchon noir.

Les espèces de mouettes qu'il faut signaler sont :

La *Mouette blanche* ou *Sénateur* (*Larus eburneus*), qui ne paraît qu'accidentellement dans l'Europe tempérée. Elle se trouve très-communément au Groënland et dans la baie de Baffin. Son plumage est entièrement blanc, teinté de rose en dessous ; les pieds sont noirs, le bec est bleuâtre.

La *Mouette à masque brun* (*Larus capistratus*), qui a le haut de la tête et la gorge d'un brun clair, la partie intérieure des ailes d'un cendré clair ; le reste du corps est blanc, le bec et les tarses sont d'un brun rouge. Cette espèce est commune en Angleterre.

La *Mouette rieuse* (*Larus ridibundus*), de couleur blanche au cou, à la queue et aux parties inférieures. Le dos et les couvertures des ailes sont d'un cendré bleuâtre ; le bec et les pieds d'un rouge vermillon. C'est l'espèce la plus facile à apprivoiser. On l'appelle *Mouette rieuse* à cause de son cri. Très-répandue en Europe, elle niche sur les bords de la mer, à l'embouchure des rivières. Elle n'est que de passage en France et en Allemagne, tandis qu'on la trouve en toute saison en Hollande.

La *Mouette cendrée* (*Larus cinereus*) (fig. 220) est vulgairement nommée *Pigeon de mer*. Elle a son plumage d'un beau blanc, à manteau cendré. Cette espèce se répand en troupes dans les terres, à l'approche des tempêtes. Elle est commune en été, dans les régions du cercle arctique; en automne et en hiver, elle se répand sur les côtes maritimes de l'Europe tempérée et méridionale.

Fig. 220. Mouettes cendrées.

Les *Labbes* ou *Stercoraires* (fig. 221) sont remarquables par leur bec robuste, presque cylindrique, recouvert d'une membrane, depuis la base jusqu'aux narines; la mandibule supérieure est convexe, crochue, et armée à son extrémité d'un onglet qui paraît surajouté.

Ces oiseaux se tiennent le plus souvent sur les bords de la mer; mais à la suite d'une tempête, ils s'aventurent dans les terres. Leur vol est très-rapide, même contre le vent le plus violent. Ils poursuivent avec le plus grand acharnement les mouettes et les sternes, parfois même les fous et les cormorans, pour leur enlever leur proie. Mais ce sont surtout les mouettes et les sternes qui deviennent leurs pourvoyeurs habituels. Ils ne cessent de les poursuivre, de les harceler, de les frapper, jusqu'à ce qu'ils aient rendu gorge et lâché leur butin. Avant que le poisson tombe dans la mer, ils le saisissent au vol. Cette singulière habitude avait fait croire qu'ils se nourrissaient des excréments des mouettes; et c'est pour cela qu'on leur avait donné le nom de *Stercoraires*.

Dans certaines contrées, comme dans les îles Shetlands, ces oiseaux sont tenus en vénération. On leur confie presque entièrement le soin et la protection des brebis; car ils nourrissent une haine invétérée contre les aigles. Dès que le roi des airs apparaît à leurs yeux, ils se réunissent trois ou quatre ensemble, pour le combattre. Ils ne l'attaquent jamais en face, mais le harcèlent impitoyablement, jusqu'à ce qu'ils aient affaibli ses forces, et qu'ils l'aient complétement abattu, ou du moins l'aient

Fig. 221. Labbe ou Stercoraire.

forcé à la retraite. En récompense de leurs services, les habitants de ces contrées jettent aux labbes le rebut de leur pêche.

Les labbes vivent presque toujours isolés, pour se procurer plus aisément leur nourriture, qui consiste en poissons, en mollusques, en œufs, en jeunes oiseaux de mer, en petits mammifères. Habitant les régions arctiques de l'Europe et de l'Amérique, ils nichent dans les bruyères. Leur ponte est de deux à quatre œufs, que la femelle et le mâle couvent alternativement. Ils sont courageux, au point de défendre leur couvée contre tout animal, et même contre l'homme.

On reconnaît quatre espèces européennes : le *Labbe parasite* (*Lestris parasiticus*), qui habite le Groënland, Terre-Neuve, et le

Spitzberg, et qui vient visiter assez souvent les côtes de l'Océan;
— le *Labbe Richardson* (*Lestris Richardsonii*), qui est très-abondant en Suède, en Norwége, en Laponie, dans l'Amérique du nord;
— le *Labbe pomarien* (*Lestris pomarineus*), qui est très-commun à Terre-Neuve, en Irlande et à Féroë; — le *Labbe cataracte* (*Lestris cataractes*), appelé vulgairement *Stoëland brun*.

Les *Pétrels* ont un bec renflé, dont l'extrémité, qui est crochue, semble faite d'une pièce, articulée au reste de la man-

Fig. 222. Pétrel.

dibule supérieure. Ces oiseaux ne plongent pas et nagent rarement; mais, dans leur vol rapide, ils effleurent les vagues, et semblent courir sur les eaux. Cette habitude leur a valu le nom de *Pétrel*, c'est-à-dire *Petit Pierre*, par allusion au miracle de saint Pierre, qui marcha sur les eaux agitées du lac de Génézareth.

La famille des Pétrels contient plusieurs espèces, de taille très-variable. Ils parcourent des trajets immenses, dans leur vol puissant et rapide, presque toujours en planant. Ils ne se rapprochent des côtes que pour faire leurs nids. Ils choisissent alors une petite crevasse, dans quelque rocher escarpé, et y pondent un œuf blanc et gros qu'ils couvent en faisant entendre un bruit sourd et continu, comparable à celui d'un rouet.

En général, les pétrels sont d'un aspect peu engageant, mais ils sont une précieuse ressource pour les pauvres habitants des îles situées dans les mers Australes, qui ne dédaignent pas de manger leur chair, mais qui les estiment surtout pour leur duvet chaud, et pour l'huile que l'on extrait de leur estomac.

La quantité d'huile que ces oiseaux possèdent est si grande qu'ils en alimentent leurs petits. Aux îles Féroë on fabrique

Fig. 223: Pétrel Tempête.

des chandelles avec cette matière oléagineuse. Souvent même les insulaires font de l'oiseau lui-même le flambeau naturel qui éclaire leurs veillées. Ils passent une mèche à travers le corps de l'oiseau qu'ils viennent de tuer, l'allument, et s'en servent comme d'une lampe. C'est l'éclairage économique par excellence.

Ces oiseaux aiment avec passion la tempête : ils courent sur les vagues agitées, et semblent se jouer, en suivant les pentes de ces montagnes d'écume. Quand elle est trop violente, ils se réfugient sur les écueils les plus voisins ou sur les vergues des navires. Aussi les marins, simples et supertitieux, qui ne les voient apparaître qu'au moment de la tourmente, les prennent-ils pour des mauvais esprits, pour des oiseaux du diable, messagers des orages. Leur plumage noirâtre les confirme dans cette opinion.

Quand les bâtiments envoyés à la pêche de la baleine ont passé les îles Shetland et entrent dans les mers septentrionales, dont les flots sont si souvent agités, on voit les pétrels voler au milieu des tourbillons d'écume formés par le sillage du navire. Ils attendent qu'on leur jette quelque chose par-dessus le bord, car ils sont extrêmement voraces et très-avides de graisse, surtout du gras de baleine. Lorsque les pêcheurs commencent à dépecer une baleine, les pétrels accourent, au nombre de plusieurs milliers. Ils ne craignent pas de s'approcher jusqu'à portée de la main; de sorte qu'on peut les prendre ou les tuer d'un coup de gaffe. Un coup de fusil perce difficilement leur plumage épais, et du reste la détonation les intimide fort peu.

Les pétrels marchent très-péniblement à terre. Pour se reposer en pleine mer, ils montent sur un glaçon, et la tête sous l'aile, ils se laissent aller au gré des vents.

Les espèces les plus remarquables sont : le *Pétrel géant* (*Procellaria gigantea*), appelé vulgairement *Briseur d'os*, qui habite depuis le cap Horn et au delà, jusqu'au cap de Bonne-Espérance; — le *Pétrel damier* (*Procellaria capensis*), vulgairement nommé *Damier Pintado*, propre aux mers du Sud; — le *Pétrel Fulmar* (*Procellaria glacialis*), qui habite les mers Arctiques; — le *Pétrel Tempête* (*Procellaria pelagica*), vulgairement dit *Oiseau des Tempêtes* (fig. 223); il fréquente les mers d'Europe, et apparaît sur les côtes du nord de la France, à la suite des ouragans; — le *Pétrel de Forster* (*Procellaria Forsteri*), vulgairement nommé *Pétrel bleu*, qui habite les mers antarctiques.

Sous le nom de *Puffins*, on distingue des espèces de Pétrels dont le bec est quelquefois plus long que la tête, ou du moins aussi long; les narines s'ouvrent en deux tubes distincts.

On connaît le *Puffin cendré* (*Puffinus cinereus*), qui est très-commun sur la Méditerranée, et niche en Corse ; — le *Puffin des Anglais* (*Puffinus Anglorum*), qui habite les régions septentrionales de notre hémisphère ; — le *Puffin brun* (*Procellaria æquinoxialis*), qui habite l'Océan méridional, et qu'on rencontre fréquemment au Cap.

Les *Albatros* sont les plus grands et les plus massifs de tous les oiseaux qui volent à la surface des mers. Ils appartiennent à l'hémisphère austral. Les matelots ne les connaissent que sous le nom de *Moutons du Cap* et *Vaisseaux de guerre*, à cause de leur taille énorme. Leurs ailes étendues ont jusqu'à cinq mètres d'envergure. Leur plumage est généralement blanc, le manteau seul est noir.

Mais le courage ne se mesure pas à la taille; on le reconnaît chez ces oiseaux, qui, malgré leur force étonnante, leur bec grand, fort, tranchant, crochu, sont d'une couardise et d'une lâcheté révoltantes. De faibles mouettes les attaquent et les harcèlent, s'efforçant de leur déchirer le ventre. Les albatros n'ont pas de meilleur moyen, pour s'en débarrasser, que de plonger dans l'eau. Bien qu'ils soient d'une voracité extrême, à l'approche d'espèces beaucoup plus petites, telles que les goëlands et les mouettes, ils préfèrent fuir que de disputer leur butin.

Leur nourriture se compose de petits animaux marins, de mollusques, de zoophytes mucilagineux, d'œufs et de frai de poissons. Ils avalent même d'assez gros poissons sans les dépecer. Lorsqu'ils sont repus, ne pouvant dévorer tout entier le poisson qu'ils ont saisi, ils sont forcés d'en tenir une partie hors du bec avant de l'avaler, jusqu'à ce que la première moitié soit digérée. C'est ce que font, comme on le sait, plusieurs serpents. Ainsi gorgé, l'albatros n'a qu'une ressource pour fuir, si on vient alors à le poursuivre : c'est de rejeter les aliments dont son estomac est surchargé.

Doués d'une puissance de vol extraordinaire, ces oiseaux s'avancent à des distances énormes de toute terre, surtout dans les temps orageux. Ils semblent se plaire au milieu des éléments en fureur. Ils peuvent rester plusieurs semaines sans dormir. Quand la fatigue s'empare d'eux, ils se reposent sur la surface de la mer, la tête cachée sous l'aile. Comme ils se laissent approcher de très-près, les marins, pour les prendre, n'ont qu'à les assommer avec une gaffe, ou les harponner avec un croc.

Les navigateurs ont eu l'occasion d'observer ces oiseaux dans les contrées polaires, là où la nuit n'existe pas, pendant une moitié de l'année. On voyait alors les mêmes troupes voltiger

Fig. 224. Albatros.

autour des vaisseaux, pendant plusieurs jours de suite, sans qu'on aperçût chez eux la moindre fatigue, ni le plus léger ralentissement de leurs mouvements. Ce qu'il y a de curieux dans leur vol, c'est que, soit qu'ils s'élèvent, soit qu'ils s'abaissent, ils semblent ne faire que planer; on ne s'aperçoit pas qu'ils impriment le moindre battement à leurs ailes.

Ils s'attachent à suivre le sillage des navires, sans doute parce que l'agitation des flots amène à la surface les petits animaux marins dont ils font leur pâture. Ils s'abattent aussi sur tout corps qui tombe du vaisseau dans la mer, serait-ce même un homme. Un homme qui était tombé à la mer, d'un navire français, ne put être secouru immédiatement, parce que les appareils de sauvetage manquaient. Avant qu'on eût le temps de détacher une embarcation, les albatros qui suivaient le bâtiment, se jetèrent sur le malheureux, lui déchirant la tête et les bras. Ne pouvant résister à la fois à la mer et aux ennemis qui l'entouraient, l'homme succomba, sous les yeux de l'équipage.

Les albatros et les pétrels sont les vautours de l'Océan. On dirait qu'ils sont destinés à purger les mers de tous les animaux morts ou en putréfaction, qui flottent à leur surface.

Les albatros arrivent vers la fin de juin, en grandes troupes, sur les côtes du Kamtschatka, dans la mer d'Okhost et dans l'île de Behring. De maigres qu'ils étaient à l'arrivée, ils deviennent très-gras en peu de temps, à cause de la nourriture abondante qu'ils trouvent à l'embouchure des rivières. Ils se rendent à terre, vers la fin de septembre, pour nicher. Ils choisissent de préférence l'île Tristan d'Acunha, où ils se réunissent en très-grand nombre. Leurs nids, hauts d'environ un mètre, sont construits avec de la boue. La chair de ces animaux est très-dure, et ne peut être rendue mangeable qu'après avoir été salée un certain temps, bouillie et relevée par une sauce piquante. Encore les marins et les habitants du Kamtschatka n'en usent-ils que dans les moments de disette.

Les espèces les plus remarquables sont : l'*Albatros commun* (*Diomedea exulans*), qui fréquente de préférence les mers qui baignent l'Afrique méridionale; — l'*Albatros à sourcil noir* (*Diomedea melanophrys*), qui habite aussi les mers du cap de Bonne-Espérance; — l'*Albatros brun* (*Diomedea fuliginosa;* — l'*Albatros à bec jaune et noir* (*Diomedea chlororinches*) qui, comme l'espèce précédente, habite les mers du pôle austral, ainsi que les parages de la Chine et du Japon.

ORDRE DES ÉCHASSIERS.

Le caractère saillant des *Échassiers* réside dans la nudité et la longueur de leurs tarses, qui atteignent parfois des dimensions vraiment extraordinaires ; de sorte que ces oiseaux paraissent montés sur des *échasses*. Cette conformation spéciale est, du reste, parfaitement appropriée à leurs conditions d'existence. Habitant, pour la plupart, des rivages ou des marais, et contraints d'y subsister, ils ne doivent pas craindre d'entrer dans l'eau et dans la vase qui recèlent leur nourriture. Ils ne sont cependant pas tous aquatiques : les agamis, les outardes, les autruches, vivent dans l'intérieur des terres, et leur régime est herbivore ou granivore.

Chez ces oiseaux, le bec affecte les formes les plus diverses. Il est généralement long ; mais il est également gros ou mince, conique ou plat, émoussé ou pointu, robuste ou faible, suivant les genres ; et chez certaines espèces, comme le flamant, la spatule, le savacou, il défie, pour ainsi dire, toute description. Il est toujours porté par un cou grêle et en parfaite harmonie avec la longueur des jambes.

Presque tous les Échassiers sont d'excellents voiliers, et entreprennent, deux fois l'an, des voyages considérables, qu'ils accomplissent par grandes troupes, comme les canards, les oies et les cygnes. Il est cependant certaines exceptions à cette règle. Quelques-uns, comme l'outarde, se meuvent difficilement dans l'air, mais sans que leur infériorité, sous ce rapport, devienne de l'ineptie ; d'autres, comme les Brévipennes, sont dans l'impossibilité absolue de voler, et leurs ailes, tout à fait rudimentaires, ne servent qu'à accélérer leur course et à exalter leur allure, à un tel point, qu'aucun autre animal ne peut les dépasser à la course.

Leur régime nutritif varie avec la forme et la vigueur du

bec, ainsi qu'avec le milieu qu'ils habitent : il consiste surtout en poissons, batraciens, mollusques, vers, insectes, quelquefois en petits mammifères et en reptiles, plus rarement en herbes et semences. Il faut croire que ce régime est merveilleusement propre à développer les qualités savoureuses de la chair, car c'est dans cet ordre qu'on trouve les plus succulents gibiers : il suffit de citer la bécasse, la bécassine, le pluvier, le vanneau, l'outarde, pour faire tressaillir d'aise toute une légion de gourmets. Certaines espèces, complétement dépourvues de qualités culinaires, rachètent ce défaut par un plumage auquel la parure féminine emprunte ses plus brillants atours. Les plumes d'autruche, de marabout, de héron, sont vivement appréciées de nos élégantes, dont elles contribuent à rehausser la beauté.

C'est ainsi qu'après avoir charmé les palais délicats, cet ordre d'oiseaux réussit encore à contenter les esprits frivoles : le goût et la vue, la gourmandise et la coquetterie, y trouvent leur compte, et viennent y puiser leurs sensations les plus agréables. Ce sont là évidemment des dons inestimables, et l'on ne peut raisonnablement demander rien de plus. Sans doute il serait désirable, qu'au lieu de pousser des cris aigus et malsonnants, ces oiseaux fussent doués de toutes les séductions de la voix, et fissent retentir les airs de chants mélodieux. Mais ne serait-ce pas trop exiger, puisque la perfection n'est pas de ce monde?

Les Échassiers sont monogames ou polygames, suivant les espèces, et leur histoire nous fournira des traits touchants d'attachement conjugal. Ils établissent leurs nids, soit sur les arbres, soit sur les édifices, soit sur le sol, soit enfin au milieu des eaux, parmi les joncs et les herbes aquatiques. En général, ils montrent peu de soin dans la construction de leurs abris. Le plus souvent ils se bornent à rassembler sans art des substances diverses; quelquefois même, ils creusent un simple trou en terre et, sans autre préambule, y déposent leurs œufs.

Nous partagerons les Échassiers en six grandes familles, d'après la classification de Cuvier, légèrement modifiée : les *Palamodactyles*, les *Macrodactyles*, les *Longirostres*, les *Cultrirostres*, les *Pressirostres* et les *Brévipennes*.

Palamodactyles. — Chez ces oiseaux, les doigts antérieurs sont réunis par une large membrane, le pouce est nul ou presque nul, les jambes sont très-hautes. Bien que par leurs pieds palmés ils se rattachent aux Palmipèdes, ils nous présentent, par la disposition de leurs doigts, les types les plus caractéristiques des Échassiers.

Le *Flamant* est l'un des plus curieux échassiers. L'imagination la plus fantaisiste ne pourrait rien enfanter d'aussi bizarre que le corps de cet oiseau. Des jambes interminables supportant un tout petit corps; un cou à l'avenant; un bec plus

Fig. 225. Flamant.

haut que large, brusquement courbé, et comme cassé vers le milieu, inventé probablement pour le désespoir de ceux qui seraient tentés de le décrire; des ailes médiocres; une queue courte : tels sont les traits distinctifs de cette singulière physionomie, que complètent des pieds largement palmés, un pouce court, élevé, et une splendide couleur rose, passant au rouge vif sur le dos et les ailes.

C'est parce qu'ils avaient été frappés de cette coloration des ailes, que les anciens avaient baptisé cet oiseau du nom de *phénicoptère* (ailes de feu), expression que nous avons rendue par le mot *flambant* ou *flamont*, moins joli que celui des Grecs, mais qui ne signifie pas autre chose.

Les flamants habitent les bords des lacs et des étangs, et plus rarement les rivages de la mer ou des fleuves. Ils se nourrissent de vers, de mollusques, d'œufs de poissons, qu'ils saisissent de la manière suivante : ils font prendre à leur cou et à leur tête une position telle, que la mandibule supérieure de leur bec se trouve en dessous; remuant alors la vase en tous sens, ils y trouvent facilement leur subsistance. Ils se servent aussi de leurs pieds, pour fouler le limon, et mettre à découvert les petits animaux nécessaires à leur alimentation. Ils aiment la société et vivent en troupes, soumises à une stricte discipline. Lorsqu'ils pêchent, ils s'alignent en longues files droites et régulières, et posent une sentinelle, chargée de signaler le danger. Survient-il quelque cause d'alarme, la vedette fait entendre un cri bruyant, analogue au son d'une trompette; et toute la bande s'envole aussitôt dans un ordre parfait.

Les flamants sont donc très-défiants, mais à l'égard de l'homme seulement; la vue des animaux n'a pas le privilége de les mettre en fuite. Lorsqu'on connaît ce fait, on peut parfaitement l'exploiter, pour faire un grand carnage de ces beaux oiseaux. En se dissimulant adroitement dans la peau d'un cheval ou d'un bœuf, on peut s'en approcher et les fusiller à coup sûr. Tant qu'ils n'ont pas aperçu le chasseur, ils ne s'effrayent pas du bruit de l'arme et se laissent tuer stupidement, sans changer de place, bien qu'ils voient tomber leurs camarades à leurs côtés.

Quelques auteurs ont prétendu que le flamant se sert de son cou comme d'une troisième jambe, et qu'il marche en appuyant sa tête sur le sol. Ce qui a sans doute donné lieu à cette supposition, c'est le mouvement que lui impose sa manière toute particulière de pêcher, mouvement que nous avons décrit plus haut, et qui a pu causer l'illusion de certains observateurs. On raconte, il est vrai, qu'un flamant élevé en captivité, et privé accidentellement d'un de ses membres, remédia lui-même à son infirmité en marchant sur une jambe et s'aidant de son bec comme d'une béquille; ce que voyant, son maître lui fit adapter une jambe de bois, dont il se servit avec le plus grand succès. Mais ce récit, qui s'applique à un oiseau incomplet, placé par conséquent dans des conditions spéciales, n'infirme en rien l'observation précédente.

Le flamant construit un nid, aussi original que sa personne. Il consiste en un cône tronqué, haut d'environ cinquante centimètres, et fait de vase séchée au soleil. C'est dans la cavité peu profonde, ménagée au sommet de ce monticule, que la femelle dépose deux œufs, allongés et d'un blanc mat. Pour couver, elle s'assied à califourchon sur ce trône d'un nouveau genre, en laissant pendre ses jambes de chaque côté. Les petits peuvent courir peu de temps après leur naissance, mais ils ne sont capables de voler que plus tard, alors qu'ils sont revêtus de toutes leurs plumes; et ce n'est que vers l'âge de deux ans qu'ils se parent des brillantes couleurs des adultes.

Les flamants se trouvent dans toutes les régions chaudes et tempérées du globe. Certaines îles de l'Amérique en possèdent une si grande quantité, que les navigateurs leur ont donné le nom d'*îles des Flamants*. Dans l'ancien continent, ils sont très-répandus au-dessous du quarantième degré de latitude, principalement en Égypte et en Sardaigne; pendant l'été, ils vont chercher un climat moins ardent : c'est alors que nous en voyons des troupes nombreuses arriver sur nos côtes méridionales. Le cou tendu et les jambes pendantes, ces magnifiques oiseaux, dont la taille atteint jusqu'à cinq pieds, figurent dans le ciel de gigantesques triangles de feu et présentent un spectacle admirable.

Les anciens recherchaient avidement la chair du flamant, qu'ils regardaient comme un délectable gibier. La langue surtout était considérée comme un mets exquis, et l'empereur Héliogabale l'appréciait à tel point, qu'il voulait en avoir en tous temps, de sorte qu'un corps de troupes était exclusivement chargé d'immoler des Phénicoptères à ses caprices gastronomiques.

Aujourd'hui, on ne mange plus le flamant, dont la viande est huileuse et conserve une odeur de marais très-désagréable; quant à sa langue, les Égyptiens, dit-on, se contentent d'en extraire une huile, qui sert à assaisonner les aliments. Ajoutons, pour compléter l'histoire de cet oiseau, qu'il possède un duvet analogue à celui du cygne et qui est employé aux mêmes usages; tandis que l'os de son fémur sert, dans certains pays, à faire des flûtes.

L'*Avocette* (fig. 226) est caractérisée par un bec très-long, très-grêle, flexible et recourbé vers le haut, ce qui lui a valu, de la part des savants, le nom de *Recurvirostre* (bec recourbé). Cet étrange instrument lui sert à fouiller la vase jusqu'à une assez grande profondeur, pour y saisir les vers, les petits mollusques et le frai de poisson dont elle fait sa principale nourriture. Ses

Fig. 226. Avocette.

longues jambes lui permettent d'ailleurs de parcourir sans danger les marécages et les lagunes; de plus, elle nage avec la plus grande facilité. Aussi n'est-il pas rare de la voir chercher sa subsistance au sein même des eaux.

L'avocette mesure environ cinquante centimètres de haut, quoique son corps ne soit guère plus gros que celui du pigeon. C'est un joli oiseau, à la taille élancée, au plumage blanc en dessous, noir sur la tête et le dos. On le rencontre sur les deux continents; l'espèce d'Europe est commune en Hollande et sur tous les rivages de la France. D'un naturel sauvage et d'une humeur farouche, elle se laisse rarement approcher, sait éviter les pièges qu'on lui tend et échappe aux poursuites des chasseurs, soit par le vol, soit par la nage. Elle ne fait pas grands frais pour la construction de son nid : elle se contente de porter quelques brins d'herbe dans le premier creux qu'elle trouve sur le sable, et y dépose deux ou trois œufs, qu'on lui ravit souvent pour les manger, car on assure qu'ils sont excellents; quant à sa chair, elle est passable.

Les *Échasses* (fig. 227) sont ainsi nommées à cause de l'excessive longueur de leurs jambes, tellement minces et flexibles qu'elles peuvent subir sans se rompre une courbe très-prononcée. Elles n'ont pas les pieds aussi complétement palmés que les espèces précédentes, les deux membranes qui réunissent les doigts antérieurs étant inégales. Le bec est long, mince et pointu comme celui de l'avocette, mais droit ; les ailes sont longues et aiguës, la queue courte. Elles sont à peu près de la grosseur de l'avocette et atteignent jusqu'à soixante-cinq centimètres. Elles volent fort bien, mais marchent difficilement à terre. En re-

Fig. 227. Échasse

vanche, elles sont à l'aise dans la vase des marais, où elles plongent leur bec, pour en retirer les insectes, les vermisseaux, les petits mollusques, le frai des grenouilles, toutes choses dont elles sont très-friandes.

Ce sont des oiseaux tristes, défiants, menant une vie solitaire, excepté à l'époque de la reproduction. Réunis alors en grand nombre, ils construisent leurs nids dans les marais, sur de petites éminences très-rapprochées les unes des autres : l'herbe en est l'élément principal. Leur ponte est ordinairement de quatre œufs verdâtres, semés de taches cendrées. Les mâles font sentinelle pendant que les femelles couvent; à la moindre alerte, ils poussent un cri qui fait lever toute la bande, laquelle s'envole au plus vite, pour revenir, quand le danger est passé.

Les échasses sont peu communes en Europe; c'est surtout dans les marais de la Russie et de la Hongrie qu'on les rencontre. Pendant l'été, elles viennent quelquefois visiter nos côtes méditerranéennes ; mais il est très-rare d'en voir sur la côte de l'Océan. Elles ont peu de valeur comme gibier.

Macrodactyles. — Les oiseaux qui composent la famille des *Macrodactyles* (à grands doigts) sont remarquables par l'extrême

Fig. 228. Poule d'eau.

longueur de leurs doigts, tout à fait indépendants ou faiblement palmés; aussi peuvent-ils marcher sur les herbes qui flottent à la surface de l'eau. En général, la brièveté de leurs ailes ne leur permet qu'un vol très-faible.

Cette famille comprend les Poules d'eau, les Talèves ou Poules sultanes, les Râles, les Foulques, les Glaréoles, les Jacanas, les Kamichis.

Les *Poules d'eau* sont caractérisées par un bec court, robuste, épais à la base, pointu à l'extrémité, envoyant un prolongement sur le front, et par quatre doigts très-développés, munis d'ongles aigus, dont les trois antérieurs sont garnis d'une membrane étroite et fendue. Répandues sur une partie du globe, elles se plaisent au milieu des marais, sur les bords des lacs et des rivières, où elles se nourrissent de vers, d'insectes, de mollusques et de petits poissons. Ce sont des oiseaux sémillants et gracieux, qui se tiennent toute la journée parmi les roseaux, et aiment à se promener sur les larges feuilles des nénufars. Ce n'est que le soir et le matin, qu'ils se hasardent à sortir de leur retraite, pour chercher leur nourriture.

Quoique leur vol ne soit ni élevé ni rapide, les poules d'eau savent éviter le chasseur avec beaucoup d'adresse. Harcelées de trop près, elles se jettent à l'eau, plongent, et ne reparaissent à la surface, que quelques pas plus loin ; encore ne montrent-elles de leur corps que ce qui est strictement nécessaire pour respirer et examiner la situation ; elles ne s'envolent que lorsque tout péril est écarté.

Dans certains pays, elles sont sédentaires ; dans d'autres, au contraire, elles accomplissent des migrations, et dans ce cas, elles varient leurs plaisirs, en voyageant tantôt à pied, tantôt à la nage, tantôt à tire-d'aile. Elles suivent tous les ans la même route, et reviennent constamment faire leur nid au lieu témoin de la première ponte.

Les œufs, au nombre de sept ou huit, sont couvés alternativement par le mâle et la femelle, qui ne manquent jamais, lorsqu'ils s'éloignent, de recouvrir d'herbes leur doux trésor, afin de le soustraire à la voracité du corbeau.

Immédiatement après leur éclosion, les petits sortent du nid, suivent la mère, et bientôt ils sont en état de pourvoir eux-mêmes à leurs besoins. Ils ne sont revêtus que d'un duvet rare et grossier ; mais ils courent avec vitesse, nagent et plongent parfaitement et savent se cacher à la moindre apparence de danger. Cet accroissement rapide de leur progéniture permet à chaque couple de poules d'eau de faire jusqu'à trois pontes par an.

La *Poule d'eau commune* (fig. 228) habite l'Europe, où on la trouve surtout en France, en Italie, en Allemagne et en Hollande. Une autre espèce, la *Poule d'eau ardoisée*, est originaire de Java.

Le *Talève*, ou *Poule sultane* (fig. 229), est l'oiseau-type de la famille des Macrodactyles ; on pourrait le définir : une exagération de la poule d'eau. Il a, en effet, le bec plus épais et plus robuste, la plaque frontale plus étendue, les doigts plus longs que celle-ci; mais ses mœurs sont les mêmes. Il est cependant moins exclusivement aquatique, ce qui tient à ce qu'il est très-friand de céréales. Il mange en se tenant sur un pied, et en se servant de l'autre comme d'une main, pour porter sa nourriture à son bec.

C'est un magnifique oiseau dont tout le corps est bleu indigo,

Fig. 229. Poule sultane.

tandis que le bec et les pattes sont roses. Les anciens qui le connaissaient et l'élevaient en domesticité, l'avaient nommé *Porphyrion* (couleur de pourpre), sans doute à cause de cette coloration rose. Il serait à désirer qu'on l'introduisît en France, où il ferait le plus bel ornement de nos jardins.

Il existe plusieurs espèces de poules sultanes, différant les unes des autres, et habitant toutes les régions chaudes de l'ancien continent. L'espèce ordinaire se trouve en Afrique et dans le midi de l'Europe; sa grosseur est celle d'une poule.

Les *Râles* se distinguent par un bec plus long que la tête, des tarses allongés, terminés par des doigts grêles complétement séparés, des ailes moyennes et une queue très-courte.

Ils ont une certaine analogie d'habitudes avec les poules d'eau.

Comme ces dernières, ils sont craintifs, et se cachent tout le jour dans les joncs, les broussailles, les herbes des marais et des prairies. Les trous creusés par les rats d'eau leur servent aussi de refuges lorsqu'ils sont poursuivis de trop près. Les petits sentiers qui bordent la plupart des rivières, sont leurs lieux de prédilection. Peu favorisés sous le rapport des ailes, ils ne sont capables que d'un vol assez lourd, s'exécutant ordinairement en ligne directe et à une faible distance du sol. Aussi est-ce par la course qu'ils cherchent le plus souvent à échapper au chasseur, et leurs nombreux détours parviennent quelquefois à les sauver. Mais, dans certains cas, ils résistent si mollement, que les chiens les rapportent vivants, ou que les chasseurs les prennent à la main.

Fig. 230. Râle commun.

Les râles ne se réunissent jamais en troupes. Différant en cela des autres oiseaux, qui s'assemblent pour émigrer en commun, ils exécutent séparément leurs longs voyages.

Ils construisent, parmi les joncs et les roseaux, un nid assez grossier, où ils pondent de six à huit œufs. Les petits courent en naissant et se développent très-vite. Ces oiseaux aiment les vers, les insectes, les crevettes, et mangent même les graines qu'ils rencontrent sur les bords des rivières. Leur chair est généralement bonne et bien supérieure à celle des poules d'eau ; à l'automne, elle est d'un goût exquis.

Les râles sont très-communs en France. L'espèce la plus répandue est le *Râle des genêts*, ainsi nommé, à cause de son existence plus terrestre qu'aquatique, et de sa préférence pour les champs, les taillis, les genêts et les prairies. Il est vulgairement appelé *Roi des Cailles*, parce qu'il vit dans la société des cailles, et qu'il les accompagne dans leurs migrations. D'aucuns prétendent même qu'il a la haute direction des voyages. C'est à la fin de l'été qu'il acquiert toute sa saveur ; c'est à ce moment qu'il convient de le tuer. On compte une vingtaine d'espèces de râles répandues dans les diverses contrées du globe. Leurs caractères sont partout à peu près les mêmes.

Les *Foulques* (fig. 231) ont le bec médiocre, avec une plaque frontale très-développée, les doigts grêles et bordés d'une membrane festonnée. Leur plumage est lustré et imperméable à l'eau.

Les foulques, — qu'il ne faut pas confondre avec les macreuses ou *Foulques* des habitants du midi de la France, — sont essentiellement aquatiques. Elles habitent les lacs, les étangs, les marais et quelquefois les rivages maritimes ou fluviatiles. des baies et des golfes. Comme celle des poules d'eau et des râles, leur existence est semi-nocturne. Cachées pendant le jour au sein des roseaux, elles ne sortent que le soir, pour chercher

Fig. 231. Foulque.

leur nourriture, consistant en vers, insectes, petits poissons et jeunes pousses de végétaux aquatiques. Elles viennent rarement à terre, car elles s'y meuvent très-difficilement. En revanche, elles nagent et plongent avec une aisance pleine de grâce ; leur vol, quoique moins faible que celui des râles, est cependant encore assez médiocre.

Les foulques vivent en société ; elles établissent leurs nids au milieu des eaux, dans les joncs, et y déposent de huit à quatorze œufs. Les petits se jettent à l'eau en naissant, mais deviennent souvent la proie des busards qui en dévorent une grande quantité. Il arrive souvent que toute la couvée est ainsi détruite : la femelle en fait alors une seconde, qu'elle abrite dans les lieux les plus solitaires et les moins accessibles aux ennemis de sa race.

On trouve les foulques dans toutes les contrées de l'Europe, dans l'Amérique septentrionale, en Afrique et en Asie. Leur chair, qui sent le marais, n'est pas fort estimée. On en connaît trois espèces : la *Foulque morelle* ou *macroule*, très-commune dans le nord de la France; la *Foulque à crête*, indigène de Madagascar, mais visitant le midi de l'Europe; la *Foulque bleue*, qui habite le Portugal.

Les *Glaréoles*, ou *Perdrix de mer*, ont le bec court et arqué, les tarses longs et minces, le doigt médium uni à l'externe par une petite membrane, les ailes longues et aiguës, la queue four-

Fig. 232. — Glaréoles à collier.

chue. Elles vivent par troupes sur les bords du Danube, du Volga, et sur les rives de la mer Noire et de la mer Caspienne. Elles se nourrissent de vers, d'insectes aquatiques et surtout de sauterelles qu'elles attrapent au vol pour en aspirer les liquides.

Les *Jacanas* (fig. 233) sont caractérisés par un bec droit et médiocre, des ailes armées d'éperons pointus, des doigts pourvus d'ongles longs et acérés, celui du pouce dépassant en longueur le doigt lui-même. Ces oiseaux habitent l'Asie, l'Afrique et l'Amérique méridionale. On leur donne au Brésil le nom de *Chirurgiens*, par allusion à l'ongle de leur pouce qui ressemble à une lancette. Ils se tiennent dans les marécages, les lagunes et sur les bords des étangs. Tandis qu'ils marchent, avec la plus grande facilité, sur les larges feuilles des plantes aquatiques, ils ne nagent que très-imparfaitement; certains natu-

Fig. 233. Jacana à longue queue.

ralistes affirment même qu'ils ne nagent pas du tout. Leur vol est assez rapide, mais peu élevé.

Les jacanas vivent par couples. Ils sont très-sauvages, et on ne peut les approcher que par ruse et à l'aide des plus grandes précautions. D'un naturel remuant et querelleur, ils entament avec les autres oiseaux des luttes, dans lesquelles ils se servent avec avantage de leurs éperons. Ils défendent leur progéniture même contre l'homme, et sacrifient sans hésiter leur vie pour la défendre.

Le mâle et la femelle ont le plus grand attachement l'un pour l'autre; une fois unis, ils ne se quittent plus. Ils établissent leur nid au milieu des herbes aquatiques, et y déposent quatre ou cinq œufs, qu'ils ne couvent que durant la nuit; car la tem-

ÉCHASSIERS.

pérature élevée du jour, dans les climats qu'ils habitent, suppléé très-bien à leur propre chaleur. Dès leur naissance, les petits abandonnent le nid, et suivent leurs parents.

Le *Jacana commun* est noir, avec le manteau roux et les pennes des ailes vertes.

Les *Kamichis* ont le bec plus court que la tête, un peu comprimé et recourbé à la pointe; les ailes très-amples et pour-

Fig. 234. Kamichi cornu.

vues à l'épaule de deux forts éperons ; les doigts séparés et munis d'ongles robustes, longs et pointus. Leur plumage est noirâtre. Ils sont à peu près de la grosseur du dindon. Ce sont des oiseaux de l'Amérique méridionale, qui vivent dans les lieux humides et marécageux, dans les savanes inondées et sur les bords des rivières peu profondes. Ils ne nagent pas, mais entrent dans l'eau, pour s'y repaître d'herbes et de graines aquatiques. Plusieurs naturalistes, se fondant sur l'existence des éperons chez le kamichi, ont prétendu que ces oiseaux attaquent les reptiles et s'en nourrissent; c'est une erreur aujourd'hui reconnue.

Ces oiseaux vivent isolément, par paires; ils sont d'un caractère doux et pacifique, et c'est seulement à l'époque de la reproduction, qu'ils songent à faire usage de leurs armes. Les mâles se livrent alors des combats meurtriers, pour la possession d'une compagne. L'union des époux est indissoluble, elle ne se termine qu'avec la mort de l'un d'eux; et l'on assure que le survivant se consume dans l'affliction, près des lieux où la Parque cruelle trancha l'existence d'un être chéri.

Par ses tarses relativement courts et gros, par sa coupe

Fig. 235. Kamichi fidèle.

générale et par sa démarche, ainsi que son régime et son naturel inoffensif, le kamichi a plus d'un point de rapprochement avec les Gallinacés : il n'est donc pas étonnant que l'homme ait pu le domestiquer et s'en faire un auxiliaire utile.

Le genre Kamichi comprend deux espèces : le *Kamichi cornu* et le *Kamichi fidèle*.

Le *Kamichi cornu* (fig. 234) est ainsi nommé, parce qu'il porte sur la tête une tige cornée, droite, mince et mobile, longue de près de trois pouces.

Le *Kamichi fidèle* (fig. 235) porte au lieu de corne, une huppe de plumes disposées en cercle sur la nuque. C'est cette espèce qui est susceptible d'éducation. Il s'apprivoise facilement, devient très-familier avec l'homme, et se montre pour lui un serviteur actif, intelligent et dévoué. Il est à la fois le camarade et le protecteur des autres oiseaux de la basse-cour; si bien que, dans certaines contrées, les habitants ne craignent pas de lui confier la garde de leurs troupeaux de volailles. Le kamichi les accompagne aux champs le matin, et les ramène au logis à l'entrée de la nuit. Si quelque oiseau de proie s'approche du troupeau de volatiles, avec des intentions suspectes, il déploie ses larges ailes, s'élance sur l'intrus et lui fait durement sentir ce que peut le bon droit servi par quatre solides éperons.

Longirostres. — Les oiseaux qui composent la famille des *Longirostres* (long bec) sont caractérisés par un bec long, flexible, qui n'est guère propre qu'à fouiller la vase et les terrains mous. Ce sont des oiseaux de rivage, ou plutôt de marais.

Ils comprennent les genres *Chevalier, Tourne-pierre, Combattant, Maubêche, Bargo, Bécasse, Bécassine, Courlie, Isis*.

Les *Chevaliers* ont le bec droit, long et mince, flexible à la base, solide vers la pointe; les tarses grêles et allongés; les ailes suraiguës; les pieds à demi palmés; le pouce court et ne touchant à terre que par le bout. Ils vivent par petites troupes, sur le bord des eaux douces et sur le rivage de la mer. Certaines espèces fréquentent les bois marécageux; d'autres, les terrains secs et sablonneux. Ils se nourrissent de vers, d'insectes, de frai de poisson, quelquefois même de menu fretin et de crustacés. Leurs mœurs sont paisibles, leurs allures libres et dégagées. On les voit sans cesse en mouvement sur les grèves et les rives des fleuves, courant, nageant et plongeant avec une égale facilité. Ils ont la vue fort perçante : le plus petit insecte, dans un rayon de quelques pas, ne saurait échapper à leurs regards. Dès que l'un d'eux a découvert une proie, tous se précipitent à l'envi, pour la lui disputer.

Les chevaliers habitent le nord des deux continents et passent en France deux fois l'an, au printemps et à l'automne. C'est dans les pays septentrionaux qu'ils font leur ponte, composée de trois à cinq œufs. Leur chair, très-délicate, les fait rechercher des gourmets; aussi les chasse-t-on ardemment et par tous les moyens possibles : au fusil, au filet, aux gluaux et au piége.

On connaît en France sept espèces de chevaliers, dont la taille

Fig. 236. Chevalier Gambette.

varie entre celles de la grive et du moineau. Ce sont : le *Chevalier brun,* appelé aussi *Chevalier arlequin;* — le *Chevalier aboyeur;* — le *Chevalier gambette* (fig. 236), vulgairement le *Chevalier aux pieds rouges;* — le *Chevalier stagnatile;* — le *Chevalier sylvain*, communément *Bécasseau des bois;* — le *Chevalier cul-blanc;* — le *Chevalier guignette.* Cette dernière espèce est la plus petite et la plus estimée.

Le *Tourne-pierre* habite les plages maritimes des deux continents, et doit son nom au moyen tout particulier qu'il emploie pour trouver sa nourriture : il soulève les galets et les petites pierres qui émaillent ses domaines, pour dévorer les vers et les insectes qui se cachent sous leur ombre. Il est pourvu, pour cet usage, d'un bec de moyenne longueur, conique, pointu et résistant, qui lui sert de levier. Il vit solitairement, et ne se rapproche même pas de ses semblables pour émigrer : il aime à voyager seul. Ce n'est que dans le Nord, où il va se reproduire, qu'il montre quelques instants de sociabilité. Sa ponte est de trois ou quatre œufs, assez gros, d'un gris cendré, qu'il laisse tomber au fond d'un trou creusé dans le sable du rivage. Les petits sont très-précoces, et courent avec le père et la mère, dès leur sortie du nid, pour se mettre en quête de leur subsistance.

L'espèce unique du genre, le *Tourne-pierre à collier* (fig. 237), est de passage en France ; sa chair n'est pas sans saveur.

Fig. 237. Tourne-pierre à collier.

Le *Combattant* se recommande à l'attention de l'observateur, par la subite métamorphose qui révolutionne tout son être, vers les premiers jours de mai, à l'aurore de ce mois charmant où la nature entière s'épanouit en splendeurs de toutes sortes, comme pour rendre hommage au Créateur. A cette époque, les tourments d'amour opèrent dans le costume de cet oiseau, jusqu'alors sombre et sans éclat, une transformation des plus brillantes. Son cou s'entoure d'une étincelante collerette, qui s'étend peu à peu sur les épaules et la poitrine. Sur son chef, à droite et à gauche, se dressent deux gracieux panaches qui rehaussent sa physionomie et contribuent à la majesté de l'ensemble. Le jaune, le blanc, le noir, disposés de cent façons, selon les individus, éclatent en leur parure, pour le plus grand plaisir des yeux (fig. 238).

Ce travestissement physique n'est pas sans avoir un certain retentissement dans l'esprit du combattant. Affolé d'orgueil, enivré de sa propre magnificence, notre héros se sent tout à coup agité des sentiments les plus belliqueux.

Mais quel objet frappe ses regards? Un autre combattant, un rival? Aussitôt il se précipite à la rencontre du nouveau venu, qui, de son côté, le charge à fond de train. Le bec tendu, la crinière hérissée, les deux adversaires se choquent impétueusement. Un duel furieux s'engage alors, sous les yeux du sexe faible, qui juge les coups, approuve ou blâme, et par des cris lancés à propos, sait ranimer l'ardeur défaillante des preux. Les coups de bec succèdent aux coups de bec, le sang coule et l'arène est rougie, jusqu'à ce qu'enfin les deux champions épuisés roulent, côte à côte, dans la poussière. Ces duels qui se renouvellent fréquemment, pendant deux ou trois mois, ne laissent pas que de faire de nombreux vides dans les rangs de l'espèce.

Avec le mois d'août, les riches vêtements disparaissent, et cette fièvre de guerre s'apaise. Le combattant redevient un oiseau tout ordinaire, de mœurs paisibles, uniquement occupé à chercher des vers et des insectes sur les plages de l'Océan. C'est alors qu'il tombe sous le plomb du chasseur, ou dans les filets de l'oiseleur.

Il s'habitue assez bien à la domesticité : en Angleterre et en Hollande, où ils sont très-nombreux, on élève les combattants, et on les engraisse pour la table. Mais on a soin de les tenir dans l'obscurité, durant la saison des amours, afin d'ôter tout prétexte à leur humeur tapageuse, qui s'enflamme au moindre sujet, sous l'influence de la lumière.

Ces oiseaux habitent les contrées septentrionales et tempérées de l'Europe et de l'Asie ; en France, ils sont très-communs sur les côtes du nord et nord-ouest. Au printemps, ils s'établissent dans les prairies humides et marécageuses, et y pondent quatre ou cinq œufs pointus, d'un gris verdâtre, constellé de petits points bruns ; à l'automne, ils se répandent sur le littoral. Leur taille égale à peu près celle des plus grands chevaliers.

Les *Maubêches* ont le bec aussi long que la tête, les doigts

Fig. 238. Duel de Chevaliers Combattants.

libres, le pouce court, les ailes aiguës, les formes lourdes et trapues. Elles vivent sur les bords de la mer et dans les marais salés, et ce n'est qu'accidentellement qu'elles s'aventurent dans l'intérieur du continent. Elles sont indigènes du cercle polaire arctique, et passent sur nos côtes au printemps et à l'automne. Leur ponte, qui se fait dans le nord, se compose de quatre ou cinq œufs.

Les sanderlings, les pélidnes, les courlis sont des genres très-voisins des *Maubêches*, mais ils en diffèrent par les mœurs et par les caractères physiques. Ils visitent toutes les côtes de l'Europe, allant sans cesse par petites troupes à la recherche d'une douce température. L'abondance de la nourriture ne suffit même pas pour les retenir longtemps dans le même lieu ; le mouvement est la loi de leur existence.

Les *Bécasses* ont le bec très-long, droit, grêle, mou et à pointe renflée ; la tête comprimée, les tarses courts et les jambes garnies de plumes. Elles habitent, non les rivages, mais les bois. Elles s'éloignent donc, par certains côtés, de la plupart des Échassiers ; néanmoins, comme elles s'en rapprochent par l'ensemble de leurs caractères, on a dû les maintenir dans cet ordre.

Les bécasses habitent, pendant l'été, les hautes montagnes boisées du centre et du nord de l'Europe. Chassées par les grands froids, elles descendent dans les plaines, et arrivent dans nos contrées, vers le mois de novembre. D'un naturel méfiant et farouche, elles se cachent toute la journée, dans les bois les plus couverts, s'occupant à retourner les feuilles sèches avec leur bec, pour saisir les vers et les larves. D'ailleurs l'éclat du jour les offusque, et c'est le soir seulement, ou le matin, qu'elles recouvrent toute la plénitude de leurs facultés visuelles. Elles sortent alors de leur obscurité et vont butiner dans les champs cultivés, dans les prairies humides, ou aux alentours des fontaines.

Toutes les bécasses n'émigrent pas ; beaucoup sont sédentaires dans nos contrées, et prennent leurs quartiers d'hiver dans le voisinage des sources que les froids les plus rigoureux n'ont pas le pouvoir de congeler. Elles vivent solitairement pendant la plus grande partie de l'année, s'apparient au printemps, et construisent leur nid à terre avec des herbes et des racines, près d'un tronc d'arbre ou d'un buisson de houx. La femelle pond quatre ou cinq œufs oblongs, un peu plus gros que ceux

Fig. 239. Bécasse commune.

du pigeon. Les petits courent au sortir de l'œuf; le père et la mère les accompagnent avec sollicitude, et témoignent en toute occasion le plus grand attachement pour eux. Si quelque danger

Fig. 240. Bécasse (variété blanche et isabelle).

les menace, ils les prennent les uns après les autres sous leur cou et, les maintenant à l'aide du bec, les transportent ainsi à des distances assez considérables.

Ces oiseaux semblent affectionner les lieux qu'ils ont une fois habités, et ils y reviennent volontiers les années suivantes. Le

Fig. 241. Chevaliers Combattants en plumage de noces.

fait suivant peut, du moins, le donner à penser. Un garde-chasse, ayant pris une bécasse dans ses filets, lui rendit la liberté, après lui avoir attaché un anneau de cuivre à la jambe. Un an après il reconnut parfaitement, à l'aide de cette marque, la bécasse qu'il avait capturée et qui était revenue dans les mêmes parages.

La bécasse est sans voix pendant dix mois de l'année ; ce n'est qu'avec les premières feuilles qu'elle fait entendre un petit cri : *pitt-pitt-corr!* pour appeler sa compagne.

Le plumage de la bécasse est remarquable par l'harmonie de ses nuances; c'est un heureux assemblage de brun, de roux, de gris, de noir et de blanc. Il n'est pas très-rare de rencontrer des bécasses complétement blanches : ce sont les albinos de l'espèce. D'autres portent un vêtement fond blanc, avec quelques taches grises ou brunes.

La bécasse est un oiseau très-propre, et qui, pour rien au monde, ne voudrait se lever ou s'endormir sans faire sa toilette. Chaque matin et chaque soir on la voit se diriger, d'un vol rapide, vers les fontaines et les ruisseaux, pour se désaltérer et pour se laver le bec et les pattes.

On trouve cet oiseau dans la plupart des départements de la France, mais principalement dans l'Ain et dans l'Isère. On le poursuit, nous n'avons pas besoin de le dire, avec une ardeur que ne décourage aucun obstacle. On ne se figure pas jusqu'à quel degré d'héroïsme peuvent atteindre les fanatiques chasseurs de bécasse. Se condamner à une promenade de dix ou douze heures, dans la boue; abandonner les lambeaux de ses habits à toutes les broussailles du chemin; déployer des prodiges de tactique et de ruse, et pour récompense de tant d'efforts, faire souvent un magnifique buisson creux : telle est l'histoire sommaire de la chasse à cet oiseau des bois.

La principale difficulté, dans la chasse de la bécasse, consiste à la découvrir et à la faire lever. Toujours cachée au sein des buissons les plus touffus, sans mouvement et sans voix, elle n'envoie pas d'émanations au nez du chien, qui erre de tous côtés, et peut se rebuter à ce travail. Il ne réussira qu'à la condition de fouiller tous les halliers, les uns après les autres, et de se déchirer plus ou moins la peau aux épines qui se croisent en un inextricable fouillis. Lorsque le chasseur voit ou suppose son chien en arrêt, il s'approche doucement, et, déterminant par induction la remise de la bécasse, il se placera dans la situation la plus convenable pour la tirer, dès qu'elle s'envolera (fig. 245). S'il la manque, libre à lui de la poursuivre, car elle peut aller se poser à une faible distance; mais il aura affaire à forte partie. Les crochets, les détours, les croisements de voie; toutes pratiques familières à cet oiseau, mettront plus d'une fois l'homme et le chien en défaut; et si la bécasse succombe enfin dans la lutte, ce ne sera pas sans avoir fatigué chasseurs et chiens.

En Bretagne, les bécasses étaient si communes, il y a quelques années, qu'on les chassait au filet par le singulier expédient que voici. Deux hommes se réunissaient pendant la nuit : l'un porteur d'une lanterne, l'autre d'un petit filet, fixé au bout d'un long bâton. Ils se rendaient dans les parties du bois où les cerfs avaient pâturé, lieux fréquentés par les bécasses, parce qu'elles trouvent des vers et des insectes sous les bousards de ces animaux. Tout à coup les rayons de la lanterne étaient projetés sur les oiseaux, qui, éblouis par l'éclat de la lumière, se laissaient emprisonner dans les mailles du filet, avant de songer à prendre leur vol (fig. 242).

La bécasse est un gibier délicieux qui exhale un fumet exquis; elle tient le haut du pavé, parmi les volatiles, pour la succulence de la chair.

La *Bécassine* ressemble beaucoup à la bécasse, mais elle est plus petite et a les tarses plus hauts. Elle en diffère aussi par ses mœurs. Habitant les marais, elle se nourrit de vermisseaux, quelquefois même de plantes aquatiques. Elle vole la nuit, aussi bien que le jour; et c'est le plus souvent dans les moments sombres et pluvieux qu'elle effectue ses passages.

On trouve les bécassines dans toutes les parties du globe et sous toutes les latitudes. Quelques-unes sont sédentaires en France. Elles placent leur nid au milieu des joncs, dans un endroit bourbeux et d'un accès difficile à l'homme et aux bestiaux; elles y pondent ordinairement quatre à cinq œufs. Les petits quittent le nid dès leur naissance, et sont nourris, pendant quelque temps, par le père et la mère; la faible consistance de leur bec ne leur permettant pas de chercher eux-mêmes leur nourriture.

Les Bécassines ne vivent pas solitaires comme les bécasses:

Fig. 242. Chasse nocturne de la Bécasse en Bretagne.

on les voit presque toujours par troupes, et lorsqu'elles prennent leur vol, elles font entendre des petits cris facilement reconnaissables. Elles nous arrivent, à l'automne, des marais de la Pologne et de la Hongrie, et y retournent au printemps. Les espèces les plus communes sont la *bécassine ordinaire* (fig. 243 *b*), la *double bécassine* et la *bécassine sourde* (fig. 243 *a*).

La bécassine ordinaire n'est pas plus grande que la grive, et a le bec un peu plus long que la bécasse. Elle porte sur la tête deux larges bandes longitudinales noires, a le manteau noirâtre et la poitrine blanche. Elle est en butte aux attaques des petits oiseaux de proie, tels que l'émerillon, le hobereau, la crécerelle. Mais de tous ses ennemis, le plus terrible, c'est l'homme,

Fig. 243. — *a*. Bécassine sourde. — *b*. Bécassine ordinaire.

qui l'estime à l'égal de la bécasse, et qui, pour ce motif, la poursuit avec un acharnement extraordinaire. Il paye quelquefois bien cher, il est vrai, le plaisir de tuer ce gibier; car, non-seulement la chasse de la bécassine est encore plus fatigante que celle de la bécasse, mais elle est vraiment dangereuse. Sans parler des chutes qu'il risque de faire dans les terrains perfides des marais, qui peuvent l'enterrer tout vif dans la fange, le chasseur de bécassine n'a-t-il pas en perspective l'horrible rhumatisme venant s'asseoir à son chevet, dans un âge où la plupart des hommes sont encore vigoureux? Certes une pareille pensée peut donner à réfléchir ; mais comme les rhumatismes ne font généralement traite qu'à longue échéance, on ne s'en inquiète guère, lorsqu'on est jeune, sauf à le regretter plus tard. Outre l'attrait du rhumatisme, la chasse de la bécassine possède encore celui de la difficulté. Cet oiseau exécute, dès son départ, deux ou trois crochets qui déroutent le chasseur même le plus habile, et dont peut triompher seulement une longue expérience, servie par une grande sûreté de main et de coup d'œil.

La *Double bécassine* est d'un tiers environ plus grosse que la précédente. La *Sourde* est ainsi nommée, parce qu'elle n'entend pas venir le chasseur, et lui part littéralement sous les pieds.

Les *Barges* sont de beaux oiseaux, à la taille élancée et aux

Fig. 244. Barge.

longues jambes ; elles sont plus grosses que les bécasses et ont le bec plus long.

Les barges habitent le nord de l'Europe, et sont de passage régulier en France. Elles font leur nid dans les prairies voisines de la mer, au milieu des herbes et des joncs, et pondent quatre œufs très-gros, eu égard au volume de l'oiseau. Leur chair est très-estimée et sans contredit la meilleure dans le groupe des oiseaux maritimes. Elle est toutefois loin de valoir celle de la bécasse ou de la bécassine.

Dans ce genre, le mâle est toujours plus petit que la femelle.

Fig. 245. Chasse de la Bécasse dans les taillis. (Voir p. 407-408.

On en connaît deux espèces : la *Barge à queue noire* et la *Barge à queue barrée* (fig. 244).

Les *Courlis* (fig. 246) sont remarquables par la longueur démesurée de leur bec, grêle, arqué et rond dans toute sa longueur. Ils ont les ailes médiocres et la queue courte. Leur plumage est un mélange de gris, de roux, de brun, de fauve et de blanc. Ils tirent leur nom du cri triste et lent qu'ils poussent en prenant leur vol.

Ces oiseaux habitent les bords de la mer, dans le voisinage des marais et des prairies humides, se nourrissant de vers,

Fig. 246. Courlis cendré.

d'insectes aquatiques et de petits mollusques. Ils plongent leur bec dans le sol, auquel ils communiquent ainsi un certain ébranlement ; les vers, dérangés dans leur demeure souterraine, montent alors à la surface pour être aussitôt avalés.

La démarche des Courlis, en temps ordinaire, est grave et mesurée ; mais dès qu'on les inquiète, ils se mettent à courir avec une étonnante rapidité, et prennent leur essor. Ils sont capables d'un vol soutenu, mais s'aventurent peu dans l'intérieur des terres ; c'est toujours sur les côtes qu'on les rencontre. Ils vivent par troupes nombreuses, excepté à l'époque de la reproduction. Ils s'isolent alors, pour nicher dans des endroits secs, au milieu des herbes. La ponte de la femelle est de quatre ou cinq œufs. Les petits vont chercher leur nourriture en sortant de la coquille, et ne reçoivent aucun soin de leurs parents.

Le courli est d'un naturel défiant et sauvage. Au Sénégal on est cependant parvenu à le réduire en domesticité, sans grands avantages, il est vrai, car sa chair conserve un goût de marécage assez prononcé.

Les courlis sont répandus sur toute la surface du globe. Très-communs en France, ils arrivent au mois d'avril pour repartir vers la fin d'août, et passent même quelquefois l'hiver sur nos côtes. On peut très-facilement les tirer : il suffit d'imiter leur cri, pour les approcher jusqu'à une portée de fusil.

Les *Ibis* ont le bec long, courbé vers la terre, presque carré à la base, arrondi vers la pointe ; la tête et le cou en grande partie nus ; quatre doigts, dont les trois antérieurs, réunis à leur base par une membrane, le pouce s'appuyant sur le sol, dans presque toute sa longueur.

Ces oiseaux habitent les régions chaudes de l'Afrique, de l'Asie et de l'Amérique ; une seule espèce, l'*Ibis vert*, se trouve en Europe. On les rencontre, par bandes de sept ou huit individus, dans les terrains humides et marécageux et sur le bord des grands fleuves, où ils saisissent les vers, les insectes aquatiques et les petits mollusques qui forment la base de leur nourriture. Ils mangent aussi des herbes tendres, qu'ils arrachent du sol. D'un caractère doux et paisible, ils ne se déplacent pas avec cette pétulance qui caractérise certains Échassiers : on les voit souvent pendant des heures entières à la même place, occupés à fouiller la vase qui renferme leur pâture. Comme presque tous les oiseaux de cette famille, ils émigrent chaque année, et entreprennent de longs voyages d'un continent à l'autre. Ils sont monogames, se jurent une fidélité éternelle, et la mort seule peut trancher des liens fortifiés par l'amour et l'habitude. Ils nichent ordinairement sur des arbres élevés, quelquefois à terre, et pondent deux à trois œufs blanchâtres, dont l'incubation dure vingt-cinq à trente jours.

Il existe dix-huit à vingt variétés d'ibis, dont trois seulement méritent de fixer l'attention : ce sont l'*Ibis sacré*, l'*Ibis vert* ou *noir*, et l'*Ibis rouge*.

L'*Ibis sacré* (*Ibis religiosa*) est de la taille d'une poule. Son plumage est blanc, avec du noir à l'extrémité des ailes et sur la croupe. Il jouit d'une célébrité fort ancienne, à cause de la vénération dont il fut autrefois l'objet de la part des Égyptiens. Ceux-ci l'élevaient dans des temples, comme une divinité, et le laissaient se multiplier dans les villes à tel point qu'il était, au dire d'Hérodote et de Strabon, un embarras pour la circulation. Quiconque tuait un ibis, même par mégarde, devenait immédiatement la proie d'une foule en délire, qui le lapidait sans pitié. Après leur mort, ces oiseaux étaient recueillis et embaumés avec le plus grand soin, puis placés dans des pots de terre hermétiquement clos, que

Fig. 247. Ibis sacré.

l'on rangeait dans des catacombes spéciales. On a retrouvé un grand nombre de ces momies d'ibis dans les nécropoles de Thèbes et de Memphis, et l'on peut en voir quelques échantillons au muséum d'Histoire naturelle de Paris.

Le culte des Égyptiens pour l'ibis est un fait certain, incontestable; ce qui l'est moins, c'est l'origine de pareils honneurs. Hérodote en a donné le premier une explication, assez obscure, il est vrai, qui, adoptée et commentée arbitrairement par ses successeurs, fut longtemps acceptée par les savants.

« Les Arabes assurent, dit Hérodote, que c'est en reconnaissance des services qu'il rend au pays en détruisant les *serpents ailés*, que les Égyptiens ont une grande vénération pour l'ibis, et ils conviennent eux-mêmes que c'est là la raison pour laquelle ils l'honorent. »

Suivant la tradition, ces serpents ailés venaient d'Arabie en Égypte, chaque année, au commencement du printemps. Ils suivaient toujours le même itinéraire, et s'engageaient invariablement dans un défilé où les ibis allaient les attendre, et en faisaient un carnage effroyable. Hérodote ajoute que, s'étant rendu en Arabie pour avoir des renseignements exacts sur les serpents ailés, il aperçut, gisant sur le sol, près de la ville de

27

Buto, « une quantité prodigieuse d'os et d'épines du dos de ces serpents. »

Après lui, et probablement sur sa seule autorité, un certain nombre d'écrivains ont reproduit cette fable, enrichie de variations plus ou moins fantaisistes : Cicéron, Pomponius Méla, Solin, Ammien, Élien, en ont parlé. Suivant ce dernier auteur, l'ibis inspirait aux serpents une telle épouvante, que la vue seule de ses plumes suffisait pour les faire fuir, et que leur contact les frappait de mort, ou tout au moins de stupeur.

Il n'en fallut pas davantage pour que tous les naturalistes admissent que les Égyptiens vénéraient l'ibis à cause des services qu'il leur rendait, en détruisant une grande quantité de *serpents venimeux*. Comme on le voit, c'était la version d'Hérodote, dans laquelle les serpents *ailés* étaient remplacés par des serpents *venimeux*. La traduction est un peu libre, avouons-le. C'est aussi l'avis de M. Bourlet, qui a écrit un mémoire tendant à prouver qu'Hérodote a voulu désigner, par la dénomination de serpents ailés, les sauterelles qui traversent fréquemment, en bandes innombrables, l'Égypte et les contrées environnantes, en dévastant tout sur leur passage. Cette explication nous paraît meilleure que la précédente. On sait, en effet, avec certitude, que l'ibis n'attaque pas les serpents, car son bec est trop faible pour un tel usage.

Après l'opinion de M. Bourlet, voici celle du naturaliste Savigny, dont les études sur ce sujet ont été consignées dans un ouvrage intitulé : *Histoire mythologique de l'Ibis* :

« Au milieu de l'aridité et de la contagion, dit-il, fléaux qui de tous temps furent redoutables aux Égyptiens, ceux-ci s'étant aperçus qu'une terre rendue féconde et salubre par les eaux douces était incontinent habitée par l'ibis, de sorte que la présence de l'un indiquait toujours celle de l'autre (autant que si ces deux choses fussent inséparables), leur crurent une existence simultanée et supposèrent entre elles des rapports surnaturels et secrets. Cette idée, se liant intimement au phénomène général duquel dépendait leur conservation, je veux dire aux épanchements périodiques du fleuve, fut le premier motif de leur vénération pour l'ibis, et devint le fondement de tous les hommages qui constituèrent ensuite le culte de cet oiseau. »

Ainsi, suivant Savigny, l'ibis n'aurait été vénéré des Égyptiens que parce qu'il leur annonçait chaque année le débordement du Nil. Cette explication est généralement admise aujourd'hui.

Cet oiseau, dont l'attachement pour l'Égypte était autrefois si grand, qu'au dire d'Élien il se laissait mourir de faim lorsqu'on l'en déplaçait, ne se voit plus guère aujourd'hui dans cette contrée. Cet abandon provient probablement de ce que les Égyptiens modernes, foulant aux pieds les croyances de leurs pères, chassent et mangent l'ibis comme tout autre gibier, sans se préoccuper autrement de son rang de divinité déchue. Privé de cette antique protection qui lui avait rendu l'Égypte si chère, l'ibis a déserté la terre ingrate des Pharaons. Il y fait encore de courtes apparitions, à l'époque de la crue du Nil, tant est grande la force de l'habitude; mais il s'enfuit bientôt au fond de l'Abyssinie, avec ses souvenirs et ses regrets. On le trouve aussi au Sénégal et au cap de Bonne-Espérance.

L'*Ibis vert*, désigné par Hérodote sous le nom d'*ibis noir*, a le plumage d'un noir nuancé de vert en dessus. Il habite le nord de l'Afrique et le midi de l'Europe. De même que le précédent, il était honoré des Égyptiens.

L'*Ibis rouge* est indigène dans l'Amérique méridionale, et principalement à la Guyane, où il se tient par troupes à l'embouchure des fleuves. Son plumage est tout entier d'un beau rouge vermillon taché de noir à l'extrémité des ailes ; mais il n'apporte pas cette brillante livrée en naissant : il ne l'endosse que vers l'âge de deux ans. Les jeunes s'apprivoisent très-aisément, et leur chair est d'un assez bon goût.

Famille des Cultrirostres. — Les *Cultrirostres* (bec en couteau) ont le bec long, fort et tranchant. Généralement doués de robustes tarses, ils fréquentent les bords des marais et des fleuves. Beaucoup d'entre eux jouissent de la propriété de se tenir sur une seule jambe, durant des heures entières. Cette singulière attitude est rendue possible, grâce à un mécanisme curieux, qui a été dévoilé par Duméril. Le tibia, dans son articulation avec le fémur, présente une tubérosité saillante, qui roidit avec force les ligaments du genou, et forme une sorte d'engrènement, analogue à celui du ressort d'un couteau.

Les genres principaux de cette famille sont : les *Spatule, Cigogne, Jabiru, Ombrette, Bec-Ouvert, Drome, Tantale, Marabout, Savacou, Héron, Grue, Agami, Courlan, Caurale.*

La *Spatule* est remarquable par la forme étrange de son bec, qui est plat, large et arrondi à son extrémité, comme l'instrument de pharmacie qui porte ce nom. Elle s'en sert pour saisir, dans la vase et dans l'eau, les vers, et surtout les petits poissons, dont elle est très-friande; elle se nourrit aussi d'insectes aquatiques qu'elle prend en plaçant son bec à demi ouvert à la surface de l'eau, et happant tous ceux qui passent à sa portée. Elle habite, en petites troupes, les lieux voisins des rivages maritimes, et devient facilement domestique.

On en connaît deux espèces : la *Spatule blanche*, répandue

Fig. 248. Spatule.

dans toute l'Europe, mais qui ne se rencontre guère en France que dans le Midi et qui porte une aigrette sur la nuque; et la *Spatule rose*, propre à l'Amérique méridionale et dont le plumage présente des teintes roses du plus bel effet.

Les *Cigognes* ont le bec long, droit, large à la base, pointu et tranchant; le pouce inséré haut, portant sur le sol; les ailes larges et concaves; la queue courte. Elles habitent toutes les parties du monde; certaines espèces émigrent très-régulièrement. Elles sont, d'ailleurs, organisées pour parcourir de grandes distances, car, sous un gros volume, elles présentent un poids relativement minime, la plupart de leurs os étant creux.

Les cigognes vivent dans les lieux humides et inondés, sur les bords des étangs et des rivières. Leur alimentation est fort complexe : elles se nourrissent principalement de reptiles, de batraciens et de poissons ; mais elles mangent aussi des oiseaux, de petits mammifères, des mollusques, des vers et des insectes, entre autres des abeilles ; elles ne dédaignent même pas les charognes et les immondices. Elles marchent gravement, et on les voit rarement courir ; en revanche, elles volent avec aisance, le cou et les jambes tendus, disposition qui, avec leurs grandes ailes déployées, leur donne l'apparence de croix ambulantes. Privées de voix, elles ne font entendre d'autre bruit qu'un craquement résultant du choc de leurs mandibules l'une contre l'autre. Ce bruit, cri de colère ou d'amour, est quelquefois très-fort ; et dans des circonstances favorables, on peut le distinguer à une lieue de distance. Elles pondent de deux à quatre œufs, leur fécondité croissant en raison inverse de leur taille. La durée de leur existence varie entre quinze à vingt ans.

On connaît plusieurs espèces de Cigognes.

La *Cigogne blanche* mesure de 1^m à $1^m,20$ de hauteur ; son plumage est blanc, avec les ailes frangées de noir. C'est l'espèce la plus répandue en Europe : on la rencontre principalement en Hollande et en Allemagne. En France, c'est l'Alsace qui les accapare presque toutes ; on la voit si rarement en Angleterre, qu'elle est presque passée, dans ce pays, à l'état légendaire. Elle est très-commune dans les parties chaudes et tempérées de l'Asie. Chaque année, au mois d'août, elle nous quitte pour aller visiter l'Afrique, et revenir au printemps suivant. La cause de ces émigrations réside, non dans une raison de température, car la cigogne résiste aux froids les plus rigoureux, mais dans une raison de subsistance : se nourrissant surtout de reptiles qui restent plongés dans un complet engourdissement durant nos hivers, elle est bien forcée d'aller se pourvoir ailleurs.

La cigogne est d'un naturel très-doux et se familiarise aisément. Comme elle détruit une foule d'animaux nuisibles, elle est devenue un auxiliaire utile de l'homme, qui a su reconnaître ses services et lui a accordé de tout temps aide et protection. En Égypte, elle était anciennement vénérée au même titre que l'ibis ; il existait, en Thessalie, une loi qui condamnait à mort tout meurtrier d'un de ces oiseaux. Aujourd'hui encore les Hollandais et les Allemands considèrent comme un heureux présage que la cigogne choisisse leur maison pour y établir son gîte. Ils lui en facilitent même les moyens, en plaçant sur leur toit une caisse ou une grande roue posée horizontalement : c'est là la charpente du nid, que l'oiseau garnit ensuite de roseaux, d'herbes et de plumes, selon sa fantaisie.

Lorsque la cigogne a adopté un logis et qu'elle y est bien traitée, elle finit par perdre l'habitude des migrations. Elle ne peut pourtant se défendre d'une certaine agitation aux époques de départ; il arrive même quelquefois que, cédant aux appels de ses compagnes sauvages et au besoin de se reproduire (car elle reste stérile en captivité), elle se laisse entraîner et se joint aux bandes voyageuses. Mais cette séparation n'est que momentanée; l'année suivante, notre échappée revient au logis, et reprend possession de son domicile, avec force clappements qui témoignent de sa joie. Elle revoit avec plaisir les habitants de la maison, et se remet promptement sur le pied d'intimité avec tous ses commensaux. Elle folâtre avec les enfants, caresse les parents, lutine les chiens et les chats; en un mot, montre une gaieté et une sensibilité qu'on ne soupçonnerait guère sous son air morne et taciturne. Elle assiste aux repas de famille et en prend sa part. Si son maître travaille la terre, elle le suit pas à pas, et dévore les vers que met au jour le fer de la bêche ou de la charrue.

La cigogne peut être proposée comme modèle à toutes les mères, son amour pour ses petits atteint parfois jusqu'à l'héroïsme. En voici deux exemples touchants.

En 1536, un incendie se déclara dans la ville de Delft, en Hollande. Une cigogne dont le nid se trouvait placé sur l'un des édifices en proie aux flammes, fit d'abord tous ses efforts pour sauver sa progéniture. Mais, reconnaissant son impuissance, elle se laissa consumer avec ses enfants, plutôt que de les abandonner.

En 1820, dans un autre incendie, celui de Kelbra, en Russie, des cigognes, menacées par le feu, réussirent à préserver leur nid et leurs petits, en les arrosant sans relâche d'eau qu'elles apportaient dans leur bec. Ce dernier fait prouve jusqu'à quel point peut être excitée l'intelligence de ces animaux, sous l'influence de l'amour maternel.

Non-seulement la cigogne est bonne mère, mais elle est encore incomparable épouse. L'attachement que ces oiseaux accouplés éprouvent l'un pour l'autre, leur a valu dès longtemps une grande réputation de fidélité conjugale. C'est ainsi que dans le Vorarlberg (Tyrol) on vit un mâle, violentant ses habitudes et ses penchants, passer plusieurs hivers près de sa compagne, qui, par suite d'une blessure à l'aile, était dans l'impossibilité de voler.

Il faut ajouter pourtant que certaines dames cigognes se consolent bien vite, le cas échéant, de la perte d'un mari, qui devait leur laisser des regrets éternels. Quelques larmes pour la forme, et c'est tout. Sprüngli a vu une veuve cigogne contracter de nouveaux

Fig. 249. Cigogne.

liens au bout de deux jours de deuil. Une autre fit preuve d'une perversité bien coupable. Elle commença par tromper la confiance de celui qui l'avait unie à sa destinée; ensuite sa présence lui devint insupportable, et elle le tua avec l'aide de son complice.

Du reste, les erreurs de la femelle servent souvent à mettre en relief la haute moralité du mâle, témoin l'histoire suivante rapportée par Neander.

Dans le bourg de Tangen, en Bavière, habitait une troupe de cigognes. L'harmonie régnait dans tous les ménages, et leur vie s'écoulait heureuse et libre. Malheureusement, une femelle, jusque-là la plus honnête des cigognes, se laissa séduire par les propos galants d'un jeune mâle, en l'absence de son époux, occupé à chercher la nourriture de la famille. Cette liaison coupable dura jusqu'au jour où le mâle, revenu à l'improviste, put se convaincre de son malheur. Il ne voulut cependant pas se faire justice lui-même : il lui répugnait de tremper son bec dans le sang de celle qu'il avait tant aimée. Il la traduisit devant un tribunal, composé de tous les oiseaux qui étaient en ce moment réunis pour le départ d'automne. Après avoir exposé les faits, il requit contre l'accusée toute la sévérité du tribunal. Condamnée à mort d'un accord unanime, l'épouse infidèle fut immédiatement mise en pièces. Quant au mâle, quoique trahi et vengé, il courut ensevelir sa douleur au fond d'un désert, et depuis lors on n'en entendit plus parler.

Les cigognes du Levant font preuve d'une susceptibilité plus grande encore. Les habitants de Smyrne, qui savent jusqu'à quel point les mâles ont le sentiment de l'honneur conjugal, en ont fait la base d'un divertissement assez cruel. Ils s'amusent à mettre des œufs de poule dans les nids de cigogne. A la vue de ce produit insolite, le mâle sent un horrible soupçon lui mordre le cœur. L'imagination aidant, il se persuade bientôt qu'il est trahi par sa compagne; et malgré les protestations de la pauvrette, il la livre aux autres cigognes attirées par ses cris. La victime innocente et malheureuse est écharpée, pour la plus grande distraction des bons habitants de Smyrne.

Outre les nombreuses vertus que nous venons d'énumérer, amour paternel, fidélité conjugale, chasteté, gratitude, les anciens avaient attribué aux cigognes le monopole de la piété filiale. Ils croyaient que ces oiseaux soutenaient leurs parents sur leurs vieux jours, et s'appliquaient, par les soins les plus tendres, à adoucir leurs dernières années. De là le nom de loi *Pelargonia* (du grec πελαργός, cigogne) donné par les Grecs à la loi qui obligeait les enfants à nourrir leurs parents, lorsque l'âge les avait rendus incapables de travailler. Ce dernier trait n'a pas peu contribué à la célébrité universelle de la cigogne.

La chair de la *Cigogne blanche* est un pauvre aliment : on ne voit donc pas pourquoi les chasseurs de notre pays s'obstinent à la tirer, chaque fois qu'ils en trouvent l'occasion. Cette manie stupide qui distingue les Nemrods français, de massacrer indistinctement tout ce qui se présente à portée de leur fusil, ne profite ordinairement à personne; elle est même souvent nuisible. C'est ce qui est arrivé pour la cigogne, qui, ne trouvant que mauvais procédés en échange de ses bons et loyaux services, se retire peu à peu de notre patrie, et l'aura bientôt abandonnée complétement.

La *Cigogne noire* est un peu plus petite que la précédente ; elle habite l'Europe orientale et se voit rarement en France. Elle se nourrit presque exclusivement de poissons, qu'elle saisit avec beaucoup d'adresse. Très-farouche, elle fuit la société de l'homme, et niche solitairement sur les arbres verts.

La *Cigogne à sac*, ou *Marabout*, nommée aussi *Argala, Adjudant,*

Fig. 250. Marabout.

Philosophe, est reconnaissable à son bec très-fort et très-volumineux, et à la nudité de son cou, qui est pourvu, à sa partie inférieure, d'une poche qui ressemble assez à un saucisson.

Les marabouts habitent les Indes et le Sénégal ; ils se nourrissent de reptiles et d'immondices, et ont su captiver, par ce seul fait, la bienveillance des habitants. Dans les grandes villes de l'Inde, ils sont aussi apprivoisés que nos chiens, et débarrassent les rues des débris de toutes sortes qui les encombrent. Ils ne manquent jamais, aux heures de repas, de se ranger en ligne, devant les casernes, pour y dévorer les restes que leur jettent les soldats ; et ils sont d'une telle gloutonnerie qu'ils avalent d'un seul coup des os énormes. A Calcutta et à Chander-

Fig. 251. Jabiru.

nagor, ils sont protégés par la loi, qui inflige une amende de dix guinées à quiconque tue un marabout.

Les plumes blanches si longues, si fines et si légères tout à la fois, qui sont employées pour la parure des chapeaux de dames, et sont connues dans le commerce sous le nom de *Marabout*, proviennent de cet oiseau, qui les porte sous les ailes. Aussi, malgré leur laideur peu ordinaire, élève-t-on des marabouts en domesticité, pour leur arracher, de temps à autre, ces jolies plumes dont les Européennes raffolent.

ÉCHASSIERS. 427

On peut rapprocher des cigognes plusieurs genres qui ne s'en distinguent que par la forme un peu différente du bec. Nous nous bornerons à les nommer, en indiquant leur lieu d'habitation. Ce sont : le *Jabiru* (fig. 251), qui réside dans l'Amérique méridionale; l'*Ombrette*, qui se trouve au Sénégal; le *Bec-ouvert*, qui habite l'Inde et l'Afrique (Sénégal et Cafrerie); le *Drome*, qu'on rencontre sur les rivages de la mer Noire et du Sénégal; enfin le *Tantale*, qui vit dans les régions chaudes des deux continents.

Quiconque a vu une fois le *Savacou*, ne peut ni l'oublier ni le

Fig. 252. Savacou.

confondre avec d'autres oiseaux. Qu'a-t-il donc de si caractéristique? Pas autre chose que son bec, qui est bien l'instrument le plus bizarre qu'on puisse imaginer. Qu'on se figure deux larges et longues cuillers, à bords tranchants, appliquées l'une contre l'autre par leur côté concave, dont l'une, la supérieure, est munie de deux dents aiguës à son extrémité, et l'on aura une idée de cet étrange magasin, dans lequel son propriétaire peut entasser des provisions pour toute une journée. Si l'on ajoute à cela que le savacou est possesseur d'une belle huppe noire, qui pend derrière sa tête, qu'il a la taille d'une poule, les ailes larges, la queue courte et qu'il repose solidement sur le sol par ses quatre doigts, on aura un portrait assez exact du sujet. Cet oiseau, qui habite les savanes de l'Amérique équatoriale, se fixe au bord des rivières, où il se nourrit de poissons, de mollusques et quelquefois de crabes. Il niche dans les buissons.

Chez les *Hérons*, qui forment tout un genre dans la famille des *Cultrirostres*, le bec est long, pointu, largement fendu et très-robuste; les jambes sont en partie dépourvues de plumes; les doigts sont longs et munis d'ongles aigus, sans en excepter le pouce, qui repose sur le sol dans toute son étendue; le cou est long et grêle; enfin le derrière de la tête est garni de longues plumes qui retombent en panache sur le dos, tandis que celles du devant, étroites et pendantes, simulent une espèce de barbe au bas du cou.

Ces oiseaux, dont l'existence est demi-nocturne, habitent les bords des lacs, des marais, des rivières, et s'y nourrissent de reptiles, de grenouilles et de poissons. Généralement d'humeur farouche, ils vivent solitairement au fond de leur domaine. Pour guetter leur proie, ils entrent dans l'eau jusqu'à mi-jambes, et là, le cou ramené sur la poitrine, la tête enfoncée entre les épaules, ils restent quelquefois des heures entières, dans une immobilité de statue. Quelque poisson passe-t-il à leur portée, ils détendent leur cou, comme par un ressort; et de leur bec projeté avec force, ils transpercent l'imprudent. Lorsque la pêche est peu productive, ils foulent la vase avec leurs pieds, pour en faire surgir les grenouilles et autres animaux qu'elle renferme. Au besoin, ils se jettent sur les rats, les mulots et les campagnols, et si la faim les presse, ils ne montrent pas une répugnance invincible pour la chair morte. Du reste, ils peuvent supporter l'abstinence pendant un temps assez long.

La plupart des hérons sont doués d'un vol puissant. Ils émigrent généralement par troupes nombreuses, les jeunes et les vieux voyageant séparément. Néanmoins, comme ils s'accommodent de toutes les températures, certaines espèces sont séden-

ÉCHASSIERS.

taires, et on les rencontre, toute l'année, dans les contrées les plus disparates.

Les principales espèces de hérons sont le *Héron cendré* ou

Fig. 253. Héron cendré et Héron garzette.

commun (fig. 253), le *Héron pourpré*, le *Héron blanc*, le *Héron butor*, le *Bihoreau*, le *Crabier* et le *Blongios*.

Tout le monde connaît le *héron cendré*, au moins de réputation, ne fût-ce que par ce vers de La Fontaine :

Le héron au long bec emmanché d'un long cou.

Sa taille est d'un mètre, et il est répandu sur toute la surface du globe. C'est le plus commun des hérons de France, et le seul qui se rapproche de ses semblables dans la saison des amours, pour nicher, couver et élever ses petits en société. Le lieu affecté à la réunion est ordinairement un massif d'arbres élevés, situé dans le voisinage de grands lacs ou d'un cours d'eau. C'est au sommet de ces arbres et aux points de jonction des branches.

que les hérons établissent leurs nids, faits tout uniment de branchages entrelacés, et sans aucune de ces superfluités, telles que mousse, brins d'herbe, etc., dont les petits oiseaux aiment à tapisser leurs demeures. La femelle y dépose trois ou quatre œufs, et le mâle partage avec elle le soin de l'incubation. Après l'éclosion, c'est lui qui se charge de la nourriture de la jeune famille. Tantôt il dégorge, dans le bec de ses petits, les grenouilles et le menu fretin qu'il vient d'avaler ; tantôt il leur partage un gros poisson qu'il a rapporté dans son bec, de l'étang voisin ou de lointains rivages. Il accomplit quelquefois, en effet, de véritables voyages, pour assurer le bien-être de sa progéniture, et ses excursions embrassent une étendue de pays souvent très-considérable.

Lorsque les héronneaux sont en état de voler, ils quittent le nid et pourvoient eux-mêmes à leurs besoins.

Mais l'époque de l'émigration est arrivée. Vers le commencement d'août, et toujours à la même date, la colonie, qui compte alors cinq ou six cents individus, se met en ordre et quitte la *héronnière*. L'année suivante, elle y revient, et l'arrivée, comme le départ, se fait à jour fixe. Il est à remarquer que le nombre des couples est à peu près le même que celui des nids, de façon que chacun puisse trouver sa place. La dernière génération est donc allée fonder une colonie nouvelle, en quelque autre lieu.

Les *héronnières* deviennent de plus en plus rares. M. Toussenel dit n'en avoir rencontré qu'une seule en France, celle d'Écury (Marne), entre Épernay et Châlons.

Le *Héron cendré* a pour ennemis les aigles, les faucons et les corbeaux. Ceux-ci se réunissent pour lui dérober ses œufs ; quant aux premiers, c'est au héron lui-même qu'ils en veulent, sa chair étant fort de leur goût. Lorsqu'il se voit poursuivi par l'un de ces rapaces, il commence par se délester de tout ce qui l'alourdit, puis il essaye de prendre le dessus en volant : c'est à peu près son seul moyen de salut. Il y parvient quelquefois, car il peut s'élever à des hauteurs prodigieuses. S'il est serré de trop près, il se sert admirablement de son bec, pour se défendre. Sa tactique la plus ordinaire consiste à attendre son ennemi, la lance en arrêt, et à le laisser s'enferrer par sa propre impétuosité. S'il peut cependant lui décocher quelque bon coup dans l'œil, il ne néglige pas une si belle occasion d'utiliser ses petits talents ;

c'est sa botte secrète, son coup de Jarnac, et plus d'un chien, quêtant dans les roseaux, a senti le poids de cette arme offensive.

Disons toutefois que le héron n'est pas toujours aussi heureux, et que le plus souvent il devient la proie de l'aigle et du faucon, ses ardents adversaires.

C'est à la magnificence de son vol et à ses belles dispositions dans la défense, que le héron a dû, autrefois, d'être honoré de l'attention toute spéciale des rois et des princes : ceux-ci le faisaient chasser par des faucons dressés à cet exercice. Le pauvre héron n'était sans doute que médiocrement touché d'une si haute estime, et sans doute il bénit l'obscurité dans laquelle il végète aujourd'hui.

Il en coûte trop cher pour briller dans le monde,

dit La Fontaine.

Quoi qu'il en soit, la chair du héron, autrefois réputée *vyande royalle*, ne se servait que sur la table des puissants de la terre, bien qu'elle fût d'ailleurs aussi désagréable que possible. Pour se procurer plus facilement cette viande exquise, on imagina même, par une disposition artificielle de certaines parties des forêts, d'attirer les malheureux oiseaux dans ces retraites qui réalisaient l'idéal de la héronnière naturelle. Ces oiseaux y jouissaient de toutes les commodités de la vie, jusqu'à ce qu'ils en fussent brutalement arrachés par la fantaisie du prince. On avait, hâtons-nous de le dire, la précaution de leur enlever leurs petits, dans l'intérêt de la cassette royale ; car Pierre Belon nous apprend que « *l'on a coustume de faire grand traffic de ses petits qui montent iusques à de grandes sommes d'argent.* » François Ier fit établir à Fontainebleau des héronnières, qui, au dire des connaisseurs, ne laissaient rien à désirer.

Le héron est susceptible d'éducation, lorsqu'il a été pris très-jeune. Mais ce n'est guère alors qu'un oiseau de luxe ; car les services qu'il rend dans une habitation se réduisent à peu de chose. A l'âge adulte, il est tout à fait intraitable, refuse toute nourriture, et meurt au bout de quelques jours.

Le *Héron pourpré* a les mêmes mœurs que le précédent, mais il est un peu plus petit. Il doit son nom aux nombreuses taches rousses qui maculent sa livrée. On le rencontre rarement en

France; mais il est assez commun aux embouchures du Danube et du Volga et sur le bord des lacs de la Tartarie.

Le *Héron blanc* est remarquable par son plumage, tout entier d'un blanc pur. On en connaît deux variétés : la plus grande, vulgairement nommée *Grande Aigrette*, est à peu près de la taille du héron cendré ; elle est commune dans l'est de l'Europe, et dans le nord de l'Afrique et de l'Amérique ; la plus petite, désignée sous les noms de *Héron Garzette* (fig. 253), *Petite Aigrette*, n'est pas plus grosse qu'une corneille ; habitant les confins de l'Asie, l'Europe orientale, elle est de passage régulier dans le midi de la France.

Ces deux espèces sont pourvues, pendant la saison des amours, de plumes fines et soyeuses qui naissent sur les épaules, s'étendent sur le dos et retombent de chaque côté de la queue en panaches élégants. Ce sont ces plumes dont aiment à se parer les femmes, en Europe, qui ont valu à ces oiseaux le nom d'Aigrettes.

L'Afrique septentrionale possède un joli héron blanc, de la taille d'un pigeon, dont les fonctions sont on ne peut plus intéressantes : c'est le *Garde-bœuf*. Il accompagne les bœufs dans les champs, et se donne pour mission de les débarrasser des insectes parasites qui les tourmentent. En France, on ne le trouve guère qu'à l'embouchure du Rhône.

Le *Héron Butor* a le cou, ainsi que les tarses, plus courts que le héron commun, et son plumage est de couleur sombre. Habitant les pays entrecoupés de marais, il se tient caché tout le jour parmi les roseaux, dans l'immobilité et le silence. C'est là aussi qu'il établit son nid, presque à terre et tout près de l'eau. Ce n'est que le soir qu'il quitte son poste, pour s'élever dans les airs à perte de vue. Son cri d'amour est effrayant ; il ressemble au mugissement du taureau ; on l'entend à plus d'une demi-lieue. C'est pour cela que les anciens l'appelaient *Bos Taurus*, d'où, par corruption, nous avons fait *butor*.

Le butor est très-courageux : il se défend énergiquement contre les oiseaux de proie, contre les chiens et même contre l'homme. Il est très-répandu par toute l'Europe.

Les *Grues*, qui forment un genre dans la famille des *Cultrirostres*, sont caractérisées par un bec aussi long ou plus long que la tête, suivant les espèces, mais toujours médiocrement fendu; par un pouce court ne touchant pas la terre ; par des ailes longues et aiguës. Ces oiseaux sont essentiellement migrateurs, et l'on n'aura pas lieu de s'en étonner, lorsqu'on saura qu'ils joignent à un vol excessivement puissant la précieuse faculté de supporter l'abstinence la plus complète pendant plusieurs jours, faculté qui, pour le dire en passant, est commune à la plupart des grands Échassiers.

Il en existe trois espèces : la *Grue cendrée*, la *Grue couronnée*, et la *Demoiselle de Numidie*.

La *Grue cendrée* (fig. 254) est un bel oiseau, dont la taille atteint 1^m,53. A l'exception du cou, qui est noir, toutes les parties du corps sont d'un gris cendré uniforme. Son port est noble et gracieux, et les plumes de la croupe, qui se relèvent en touffes ondoyantes, ajoutent encore à sa bonne mine.

Ces grues sont de passage périodique en France ; elles arrivent en Europe au mois d'avril ou de mai, et vont passer la

Fig. 254. Grue cendrée.

belle saison dans les contrées les plus septentrionales. Dès les premiers froids, vers la mi-octobre, elles repartent, pour aller hiverner en Égypte, en Abyssinie et jusque dans le sud de l'Asie Elles voyagent par bandes, plus ou moins nombreuses, dont l'effectif s'élève parfois jusqu'à deux ou trois cents individus, et se rangent ordinairement sur deux lignes, de manière à figurer un triangle isocèle, une sorte de coin, dont la pointe occupe l'avant, disposition la plus commode pour fendre l'air sans trop de fatigue. On s'est plu à répéter, depuis un temps immémorial, que ces oiseaux confient le soin de les diriger à un chef, qui, après leur avoir frayé la route pendant un certain temps, transmet son mandat à l'un de ses compagnons, lorsque ses forces sont épuisées, et passe à l'arrière de la bande, où, nouveau Cincinnatus, il redevient simple citoyen. La vérité est que le chef de file change dix fois en une minute, et que le sommet de l'angle est successivement occupé par toutes les grues, dans un espace de temps très-court.

Les grues voyagent presque toujours la nuit, et s'abattent pendant le jour, pour chercher leur nourriture. Quelquefois cependant elles ne s'arrêtent pas et continuent à fendre l'espace, en poussant des cris éclatants, qui ne sont probablement que des signes de ralliement à l'adresse de ceux de la compagnie qui seraient tentés de s'amuser en route. Lorsqu'elles aperçoivent un oiseau de proie, ou qu'elles ont à lutter contre un ouragan, elles abandonnent leur ordre habituel, et se groupent en masse circulaire, pour mieux résister à l'ennemi.

Les grues se tiennent dans les grandes plaines entrecoupées de marais et de cours d'eau. Elles se nourrissent de poissons, de reptiles, de grenouilles, de mollusques, de vers, d'insectes et même de petits mammifères. Les graines ont aussi pour elles un certain attrait; et il n'est pas rare de les voir envahir les champs nouvellement ensemencés, pour y dévorer les graines que le cultivateur vient de confier à la terre.

A l'époque des amours, elles rompent leur pacte de société. Chaque couple s'isole, pour se reproduire, et vaquer à l'éducation de ses petits.

Leurs nids, grossièrement construits, sont placés sur de petites éminences, au milieu des marais ; elles y déposent le plus souvent deux œufs. Le mâle partage avec la femelle les soins de l'incubation. Ces oiseaux, ordinairement timides et s'effarouchant à la moindre apparence de danger, deviennent très-courageux, dès qu'il s'agit de défendre leur progéniture; ils ne craignent pas, dans ce cas, d'attaquer l'homme lui-même

Les grues ont mérité de devenir l'emblème de la vigilance, par l'habitude suivante : lorsqu'elles dorment, la tête cachée sous l'aile, l'une d'elles est spécialement chargée de veiller à la sûreté commune, et d'avertir toute la troupe en cas d'alerte.

Elles s'apprivoisent très-facilement lorsqu'on les a prises jeunes, et montrent en peu de temps une grande familiarité ; aussi sont-elles très-recherchées dans certains pays, tant à cause de leurs jolies formes, que de la surveillance qu'elles exercent autour des habitations.

Ces oiseaux étaient connus dès les temps les plus anciens : Homère, Hérodote, Aristote, Plutarque, Élien, Pline, Strabon, ont noté leurs migrations. Malheureusement, à côté d'observations vraies, ils ont donné créance aux fables les plus ridicules, imaginées en Grèce et en Égypte, terres classiques du merveilleux. C'est ainsi que, pour les Égyptiens, les grues allaient combattre, aux sources du Nil, les Pygmées, « sortes de petits hommes, dit Aristote, montés sur de petits chevaux, et qui habitent des cavernes. » D'après Pline, ces petits hommes sont armés de flèches et montés sur des béliers ; ils habitent les montagnes de l'Inde et descendent, au printemps, pour venir guerroyer contre les grues, dont l'unique souci est de les exterminer. Le naturaliste romain pense même qu'elles y parvinrent ; car la ville de Gerania, déjà ruinée et déserte de son temps, était habitée autrefois, dit-il, par la race des Pygmées, qu'on croit en avoir été chassés par les grues. Suivant les commentateurs modernes, ces Pygmées ne seraient autre chose que les singes, qui vont en grandes troupes, dans les forêts de l'Afrique et de l'Inde, et se montrent hostiles, en toute occasion, à la plupart des oiseaux.

Les Grecs ont aussi inventé deux histoires, très ingénieuses assurément, mais qui ont le tort d'attribuer une trop large place à de simples cailloux. Suivant eux, les grues se mettent un caillou dans la bouche, lorsqu'elles traversent le mont Taurus, pour s'obliger à rester muettes, et éviter d'éveiller l'attention des aigles, habitants de ces parages, qui sont disposés à leur faire un mauvais parti. De même, la grue, placée en sentinelle dans l'intérêt de la compagnie endormie, doit se tenir sur une patte, et porter dans l'autre un caillou, dont la chute aurait pour effet de la rappeler à elle-même, s'il lui arrivait de se laisser gagner par le sommeil. C'est, on le sait, l'expédient du jeune Aristote tenant une boule d'airain au-dessus d'un bassin de métal, pour se réveiller s'il venait à succomber au sommeil. Il faut prêter bien de l'imagination à une grue, pour lui attribuer une action d'Aristote !

Les grues passent encore pour avoir dévoilé à Palamède plusieurs caractères de l'alphabet. Ce serait, dit-on, en examinant les invariables dispositions du vol des grues, que ce judicieux observateur aurait imaginé les lettres V et Y ; d'où le nom d'*oiseau de Palamède*, donné en Grèce à l'oiseau qui nous occupe.

Ces intéressants volatiles possédaient, en outre, certaines vertus qui avaient bien leur mérite. Un os de grue conférait à celui qui pouvait se le procurer une vigueur et une élasticité de jarret remarquables. Sa cervelle était une espèce de philtre amoureux. Elle transformait l'homme le plus laid en Adonis, et lui attirait les faveurs de toutes les femmes.

C'est encore aux grues que les Grecs devaient une de leurs danses favorites. Mais ici nous rentrons en pleine réalité. Ces jeux et ces danses auxquels se livrent les grues entre elles, ne sont pas des contes faits à plaisir ; des observateurs dignes de foi en ont démontré, de nos jours, la complète authenticité. Il est très-vrai que ces oiseaux se groupent en diverses façons, s'avancent les uns vers les autres, se font des espèces de salutations, prennent les poses les plus étranges, en un mot se livrent à des pantomimes tout à fait burlesques et amusantes. C'est là, il faut l'avouer, un côté curieux de leur nature. Il a été exploité par les Chinois, qui apprennent aux grues à danser, selon les règles de l'art.

Les anciens faisaient grand cas de la chair de la grue, qui est pourtant mauvaise. Les Grecs surtout s'en montraient friands ; ils engraissaient ces oiseaux, après leur avoir crevé les yeux ou cousu les paupières : cette cruauté était, selon eux, nécessaire pour obtenir un embonpoint convenable.

Aux beaux temps de la fauconnerie, la grue jouissait, avec le héron, de l'estime des princes. Aujourd'hui encore, au Japon, elle est réservée aux plaisirs du *taïcoun* (roi), et le peuple la traite avec tous les égards qui lui sont dus.

Nous manquerions à toutes les traditions si nous ne rapportions ici l'histoire des grues d'Ibycus, célèbre dans le monde entier.

ÉCHASSIERS.

Ibycus, de Rhegium, était un poëte lyrique qui jouissait, de son temps, d'une certaine réputation. Un jour qu'il se rendait aux Jeux Olympiques, pour y disputer le prix de la poésie, il s'égara dans une forêt, et devint la proie de deux malfaiteurs, qui l'assassinèrent lâchement. Avant de mourir, il tourna ses regards vers le ciel, et, apercevant une troupe de grues qui passait, il s'écria : « Oiséaux voyageurs, soyez les vengeurs d'Ibycus! »

Le lendemain, les deux brigands assistaient tranquillement aux luttes d'Olympie, où la nouvelle de l'assassinat, parvenue dans la journée, avait excité une douloureuse émotion. Tout à coup une bande de grues passe au-dessus de l'arène, en poussant de grands cris. « Vois-tu les grues d'Ibycus? » dit l'un des meurtriers, à son camarade, d'un ton plaisant. Ce propos, entendu de quelques voisins, et commenté par mille bouches, devint la perte des deux scélérats. Immédiatement arrêtés et pressés de questions, ils furent contraints d'avouer leur crime, et mis à mort aussitôt. Ainsi s'accomplit le vœu d'Ibycus.

Fig. 255. Demoiselle de Numidie.

La *Grue* ou *Demoiselle de Numidie* est remarquable par deux jolis faisceaux de plumes blanches qui lui tombent derrière la tête et par une touffe noire pendante, dont la nature a paré sa poitrine. Sa taille est celle de l'espèce précédente, et ses formes sont plus élégantes encore. Elle jouit aussi à un plus haut degré de la faculté mimique. Ses moindres mouvements respirent la pose et l'affectation, comme si elle voulait fixer l'attention à tout prix : de là le nom de *Demoiselle* qui lui a été donné. On la trouve en Turquie et dans la Russie méridionale, dans le nord de l'Afrique et dans quelques parties de l'Asie voisines de cette dernière région.

La *Grue couronnée*, ou *Oiseau royal*, a le sommet de la tête garni

Fig. 256. Grue couronnée.

d'une gerbe de plumes, qu'elle peut étaler en éventail, de manière à s'en faire un diadème resplendissant. Elle est svelte et gracieuse, et aussi grande que ses deux sœurs. Sa voix est très-éclatante. Elle recherche la société de l'homme, et se familiarise aisément. Elle habite les côtes orientales et septentrionales de l'Afrique, ainsi que certaines îles de la Méditerranée. Suivant les anciens, elle était autrefois commune dans les îles Baléares.

L'*Agami* a le bec conique, robuste et plus court que la tête, les tarses longs et les doigts médiocres, le pouce ne touchant le sol que par son extrémité. Ses ailes sont courtes ; aussi vole-t-il difficilement. En revanche, il court très-vite. Il n'est guère plus gros qu'une poule ; il pousse par intervalles des cris perçants qui paraissent ne pas provenir de lui (ce qui lui ferait attribuer un certain talent de ventriloque) et qui lui ont valu le nom d'*Oiseau-trompette*. Il niche à terre, dans un trou creusé au pied d'un arbre, et se nourrit d'herbes, de graines et de petits insectes. Il n'est pas farouche, et se soumet sans répugnance à la captivité ; il s'attache à son maître, dont il sollicite les caresses, comme pourrait le faire un chien. La comparaison est d'autant plus juste qu'il rend à l'homme les mêmes services : on lui confie la garde des troupeaux au dehors ; le soir, il les ramène au logis, où son activité trouve encore à s'exercer dans la basse-cour.

A l'état sauvage, l'agami habite les forêts de l'Amérique méridionale. Sa chair est agréable, et on la mange.

Le *Caurale*, qui forme un genre dans la famille qui nous occupe, est un oiseau de la taille de la perdrix, à la queue large et étalée. Ses belles couleurs lui ont valu, à la Guyane, les noms de *Petit paon des rues*, *Oiseau du soleil*. Il est très-sauvage.

Fig. 257. Caurale.

Pressirostres. — Les oiseaux qui composent la famille des *Pressirostres* (bec comprimé) sont caractérisés par un bec médiocre, mais non dépourvu de force, et par un pouce tout à fait rudimentaire, et qui est même supprimé dans certaines espèces. Ils sont généralement vermivores; quelques-uns cependant sont granivores ou herbivores. On a rangé dans cette famille un certain nombre d'oiseaux assez disparates, dont les uns sont franchement Échassiers, tandis que d'autres se rapprochent des Gallinacés par l'ensemble de leurs habitudes. Ce sont le *Cariama*

Fig. 258. Cariama.

(fig. 258), l'*Huîtrier*, le *Court-vite*, l'*Édicnème*, le *Vanneau*, le *Pluvier*, l'*Outarde*.

Les *Huîtriers* sont remarquables par un bec long, pointu et vigoureux, dont ils se servent, comme d'une pince, pour ouvrir les huîtres, moules et autres coquillages, que la mer laisse en se retirant, à seule fin d'en dévorer le contenu. Rien n'est plus intéressant que de les voir suivre, dans l'air, le mouvement du flot : avançant et reculant successivement avec les vagues. Comme ils ont les doigts réunis, à la base, par une membrane, ils possèdent la faculté de se reposer sur l'eau,

Fig. 259. Huitrier d'Europe.

sans pourtant avoir celle de nager. Ils en profitent pour se laisser, de temps en temps, porter par les flots, à une petite distance du rivage. Ils volent parfaitement et courent avec la plus grande aisance. On les trouve, par bandes nombreuses, sur toutes les plages du globe qu'ils font résonner de leurs cris aigus.

À l'époque des amours, les différents couples se séparent. Les femelles déposent de deux à quatre œufs, ou sur la grève, dans des trous creusés négligemment, ou dans des anfractuosités de roches, ou dans des prairies marécageuses éloignées du rivage.

Ils se rassemblent en troupes considérables pour émigrer, si toutefois un tel mot peut servir à désigner les petits voyages qu'ils entreprennent annuellement. Ce sont bien plutôt de joyeuses excursions, des espèces de revues de leurs domaines, quelque chose comme la tournée d'un préfet dans son département ou d'un souverain dans ses États : ce qu'on pourrait appeler ici le tour de France.

Il existe trois ou quatre espèces d'huîtriers, dont une seule habite l'Europe. Celle-ci a le plumage noir et blanc, ce qui, joint à son bavardage, l'a fait surnommer *Pie de mer*. Son bec et ses pieds sont d'un beau rouge, d'où le nom d'*Hamatopus* (pieds couleur de sang) donné par Linné au genre tout entier, alors que les autres variétés étaient encore inconnues. On la trouve en toutes saisons sur la plupart de nos côtes; comme gibier, elle laisse beaucoup à désirer.

Le *Court-vite* a le bec grêle, pointu et légèrement courbé vers la pointe, les tarses longs, le pouce nul, les ailes suraiguës; il est de couleur isabelle et mesure trente centimètres environ. Comme le dit son nom, il court avec une rapidité

Fig. 260. Court-vite.

surprenante. Il habite le nord de l'Afrique et l'Asie; ce n'est qu'accidentellement qu'il apparaît en Europe. Ses mœurs ne sont pas connues.

Les *Vanneaux* ont le bec renflé en dessus et occupé, dans les deux tiers de sa longueur, par les fosses nasales, le pouce excessivement court, les ailes aiguës. Ils produisent, en volant, un bruit qui n'est pas sans analogie avec celui du blé retombant sur le van : de là leur nom.

Ce sont des oiseaux essentiellement voyageurs, qui descendent du Nord, en grandes troupes, au commencement de l'automne, et y retournent au printemps. Ils habitent les bords des marais et des étangs, et en général tous les terrains mous qui abondent en vers de terre, larves d'insectes, limaces, etc. Aussi les voit-on assez souvent s'abattre sur les plaines récemment labourées, où ils trouvent une ample provision de vers. Ils emploient un procédé assez ingénieux pour faire sortir de terre leurs victimes. Ils frappent le sol du pied, et lui communiquent ainsi un ébranlement, que le ver est tenté d'attribuer au voisinage d'une taupe; il se hâte de remonter à la surface pour échapper à son ténébreux ennemi; c'est à ce moment que l'oiseau le happe.

Le vanneau est un modèle de propreté. Lorsqu'il a bien foulé la terre pendant deux ou trois heures, il court se laver le bec et les pieds au lac voisin; il répète ces ablutions plusieurs fois dans la journée; le plus rigide mahométan n'aurait rien à lui envier sous ce rapport.

Les vanneaux vivent en communauté, excepté pendant la saison d'amour, où chaque couple s'isole, pour se consacrer entièrement aux soins de l'éducation des petits. La femelle dépose trois ou quatre œufs dans un nid des plus simples, et placé à découvert, sur de petites élévations, au milieu des marais. Ces œufs sont, dit-on, d'un goût exquis, et dans certaines contrées, notamment en Hollande, on en fait un grand commerce.

La chair du vanneau est excellente, mais dans certains mois de l'année seulement. C'est aux environs de la Toussaint qu'elle acquiert toutes ses qualités; c'est à ce moment qu'il convient de la mettre à la broche. Au printemps c'est un piètre gibier, et l'on s'explique que l'Église en ait permis l'usage pendant le carême, car c'est alors assurément un aliment on ne peut plus *maigre*. Il est un vieux dicton qui consacre, en les exagérant, les vertus culinaires du vanneau et du pluvier, son voisin :

> Qui n'a mangé ni pluvier ni vanneau
> Ne sait pas ce que gibier vaut.

Le vanneau peut être rangé parmi les auxiliaires les plus utiles de l'homme : il détruit une quantité prodigieuse de vers, de chenilles et d'insectes nuisibles. Le lecteur va peut-être s'imaginer, d'après cela, qu'il a trouvé aide et protection auprès de l'homme. Point; on le tue aussi souvent que possible, et l'on sait mettre des limites à sa multiplication, en lui dérobant ses œufs. On semble ne pas s'apercevoir que cet oiseau si gai, si vif, si gracieux, brûle d'envie de conclure un pacte d'amitié avec l'homme, comme les pigeons, poules, canards et autres. Quand donc l'homme se décidera-t-il à comprendre ses véritables intérêts?

L'Europe possède les deux espèces de ce genre : le *Vanneau huppé* et le *Vanneau suisse* ou *Squatarole*.

Le *vanneau huppé* (fig. 261) est de la taille du pigeon; il a le ventre blanc et le dos noir à reflets métalliques. Il est pourvu d'une aigrette dont il se pare coquettement le crâne. Il est assez abondant en France, mais affectionne plus particulièrement la

Fig. 261. Vanneau huppé.

Hollande. Le *Vanneau suisse* se distingue du précédent par un plumage moins sombre et par l'absence de huppe.

Les *Pluviers* ont le même bec que les vanneaux, et n'en diffèrent que par l'absence du pouce. Ils ont, du reste, ensemble plus d'un lien de parenté. Comme les vanneaux, ils vivent par troupes nombreuses, dans les lieux humides; comme eux, ils se nourrissent de vers qu'ils prennent de la même façon; comme eux, ils éprouvent le besoin d'ablutions fréquentes; enfin ils les coudoient à tout instant du jour, et se réunissent à eux pour voyager. Mais ils ne poussent pas la ressemblance avec les vanneaux jusqu'à se comporter, à leur exemple, en bons pères de famille, vivant bourgeoisement et se contentant d'une seule épouse une fois choisie. Ils entendent la vie d'une autre façon; ils ont d'autres aspirations, d'autres désirs; la fidélité en amour n'est pas leur fait, et ils pratiquent la polygamie sur la plus grande échelle.

On pourrait croire qu'un oiseau de mœurs aussi frivoles se laisse difficilement émouvoir par les malheurs de ses semblables, et qu'il s'entoure, le cas échéant, de cette triple cuirasse d'airain dont parle le poëte; il n'en est rien. Abattez un pluvier volant de compagnie; vous verrez toute la troupe revenir sur lui, pour lui prêter assistance, et si vous n'êtes pas trop novice, il vous sera facile de mettre cette circonstance à profit et d'anéantir toute la bande.

Les pluviers, qui émigrent du nord de l'Europe, jusqu'en Afrique, et *vice versâ*, sont deux fois de passage en France, au printemps et à l'automne : c'est leur apparition à ces époques de pluies qui leur a valu leur nom. On en distingue cinq espèces principales : le *Grand Pluvier de terre*, le *Pluvier guignard*, le *Pluvier doré*.

Le *Grand Pluvier de terre* est de la taille du corbeau; il est très-rare, fort agile et fort méfiant; aussi ne peut-on le tirer que le soir, au moment où il vient se laver sur le bord des étangs et des rivières. Sa chair est peu estimée.

Le *Pluvier guignard* est un peu plus gros que le merle. Il arrive chez nous en mars et en septembre, et parcourt, par bandes nombreuses, les grandes plaines du beau pays de France. C'est cet oiseau surtout qui persiste à s'offrir au fusil du chasseur, lorsqu'un frère est tombé sous le plomb meurtrier. Il a aussi la simplicité de croire les gens ivres animés des meilleurs sentiments à son égard; de sorte qu'il suffit de donner les signes extérieurs de l'excitation bachique, pour le plonger dans une trompeuse sécurité, et s'en approcher à quelques pas.

C'est le *Pluvier guignard* qui a fondé la réputation du pâté de Chartres, et il a pu se convaincre, par sa propre expérience, combien parfois est lourd à porter le fardeau de la renommée. Il s'est vu, en effet, tellement goûté qu'il a été bientôt traqué, cerné de toutes parts, par des pâtissiers avides. Il a dû alors chercher son salut dans la fuite, et abandonner un pays où décidément on l'aimait trop. C'est sans regrets, comme sans envie, qu'il a vu alouettes et cailles le remplacer dans la faveur populaire pour la confection des pâtés.

Le *Pluvier à collier* (fig. 262) est moitié moins grand que le guignard. Il est reconnaissable, autant à son collier noir, qu'à ses yeux dorés et extraordinairement brillants. On lui attribuait anciennement la propriété de guérir la jaunisse. Il suffisait pour cela que le malade le regardât fixement dans les yeux, avec une foi profonde dans la réussite de l'expérience ; moyennant quoi

Fig. 262. Pluvier à collier.

l'oiseau le débarrassait obligeamment de son mal, qu'il accaparait à son profit. Cette opinion superstitieuse de la médecine du moyen âge est allée rejoindre toutes les autres.

Le *Pluvier à demi-collier*, ainsi nommé à cause de son collier

Fig. 263. Pluvier doré.

coupé en deux parties, est un peu plus petit que le précédent ; on le trouve en Europe et en Asie.

Le *Pluvier doré* (fig. 263) est de la taille de la tourterelle ; le fond de son plumage est de couleur jaune semée de taches brunes. Il entre pour une large part dans l'approvisionnement de nos marchés, ce qui s'explique par la facilité avec laquelle il se laisse tirer et prendre au filet.

On peut rapprocher des pluviers un petit oiseau, le *Pluvian*, qui n'en diffère que d'une manière tout à fait insignifiante. Nous tenons à le nommer, à cause de ses habitudes fort curieuses que nous avons déjà fait connaître en parlant des reptiles. Il habite l'Égypte et le Sénégal, et a conclu avec les crocodiles du Nil un traité d'alliance qui s'impose aux méditations des philosophes. Le *Pluvian* rend au crocodile le service de lui nettoyer les dents. Cette assistance prêtée par le petit oiseau au terrible reptile des bords du Nil n'est-elle pas fort touchante, et ne semble-t-elle pas avoir inspiré à La Fontaine sa fable du Lion et du Rat?

Les *Outardes* sont voisines des Gallinacés, par leur bec court, leurs formes trapues et par l'ensemble de leurs habitudes; mais leurs tarses allongés et leurs jambes en partie nues leur assignent une place parmi les Échassiers. Elles ont les doigts courts, le pouce nul, et courent avec une extrême rapidité en s'aidant de leurs ailes. En revanche, leur vol est lourd et embarrassé. Elles habitent les plaines arides et découvertes, et nichent à terre. Elles se nourrissent de vers, d'insectes, d'herbes, voire même de grains, et voyagent par grandes troupes sur des espaces assez restreints. Les mâles, moins nombreux que les femelles, tranchent du sultan et s'adonnent à la polygamie. Ces oiseaux sont timides et craintifs, et leur chair constitue un excellent gibier.

Il existe trois espèces d'outardes : la *Grande Outarde*, l'*Outarde canepetière* (fig. 264) et l'*Outarde houbara*.

La *Grande Outarde* est le plus gros des oiseaux d'Europe; son poids atteint jusqu'à seize kilogrammes. Elle est jaune sur le dos, avec des raies noires, et d'un blanc grisâtre par devant. Chez le mâle, la tête est parée, à droite et à gauche, de plumes frisées, qui simulent des moustaches, ce qui lui a fait donner le nom d'*Outarde barbue*. Elle vole très-difficilement, et ne s'y résout que dans les cas de nécessité absolue. C'est parmi les blés et les herbes qu'elle dépose ses œufs, au nombre de deux ou trois; son nid n'est autre chose qu'un petit trou creusé en terre, à peine garni à l'intérieur.

La *Grande Outarde*, très-commune autrefois en Champagne, y est devenue aujourd'hui d'une rareté extraordinaire. C'est pourtant la seule province de notre pays où on la rencontre encore : on peut donc dire qu'elle a presque complétement disparu du sol français; elle habite en troupes innombrables les steppes de la Tartarie et de la Russie méridionale.

Fig. 264. Outarde canepetière.

Famille des Brévipennes. — Les oiseaux de cette famille se distinguent des autres Échassiers par des caractères tellement tranchés, qu'un certain nombre de naturalistes ont cru devoir en former un ordre à part, sous le nom de *Coureurs*. Tout en maintenant la division établie par Cuvier, afin de ne pas compliquer la classification, nous devons néanmoins reconnaître que la distinction introduite par d'autres savants a bien sa raison d'être. Par certains traits anatomiques, ainsi que par leurs mœurs, les Brévipennes s'éloignent, en effet, de la généralité des oiseaux. Ils ont des ailes, il est vrai, mais elles sont si peu développées qu'elles sont tout à fait impropres au vol, et ne peuvent servir qu'à accélérer la marche. En revanche, leurs jambes longues, robustes, et capables d'un grand effort musculaire, leur permettent de courir avec une rapidité extraordinaire.

La conséquence à tirer de ces faits, c'est que les brévipennes sont essentiellement terrestres et restent constamment attachés au sol. Ce changement de milieu a nécessité une modification au sternum, qui, au lieu d'offrir une arête saillante, comme chez tous les autres volatiles, n'est plus qu'un plastron uni. Ajoutons que la plupart des brévipennes sont de très-grande taille et qu'ils font preuve, en certains cas, d'une vigueur remarquable.

Cette famille comprend les genres *Autruche*, *Nandou*, *Casoar* et *Aptéryx*.

Les *Autruches* ont la tête chauve, calleuse, pourvue d'un bec court, déprimé et arrondi à la pointe; les jambes demi-nues, très-musculeuses et charnues; les tarses longs et gros, terminés par deux doigts dirigés en avant, dont l'un, plus court que l'autre, est privé d'ongle; les ailes très-courtes, formées de plumes molles et flexibles; la queue en forme de panache.

Ce genre ne comprend qu'une seule espèce, très-répandue dans l'intérieur de l'Afrique et jusqu'au cap de Bonne-Espérance; on la trouve peu en Asie, si ce n'est en Arabie. C'est l'oiseau le plus grand de la classe des échassiers : il mesure ordinairement deux mètres de hauteur, et peut atteindre trois mètres vingt-cinq centimètres; son poids varie entre 40 et 50 kilogrammes.

L'autruche était connue dès la plus haute antiquité. Il en est question dans la Bible; car Moïse interdit sa chair aux Hébreux, comme une nourriture immonde.

Les Romains, bien loin de partager les vues du législateur juif, estimaient fort un pareil aliment. A Rome, du temps des empereurs, il y en avait toujours des quantités considérables, et l'on vit le fastueux Héliogabale pousser la magnificence jusqu'à faire servir, dans un festin, un plat de six cents cervelles d'autruches, qui coûtait quelques centaines de mille francs de notre monnaie. Autrefois les peuplades du nord de l'Afrique mangeaient aussi l'autruche. Aujourd'hui, les Arabes se contentent d'employer sa graisse en frictions dans certaines maladies, notamment dans les affections rhumatismales, et ils en retirent, disent-ils, de fort bons résultats.

Les indigènes de l'Afrique appellent l'autruche le *Chameau du désert*, de même que les Latins la nommaient *Struthio-Camelus* (Autruche-Chameau). Il y a, en effet, entre ces deux animaux une analogie éloignée, qui se révèle dans la longueur du cou et des jambes, dans la forme des doigts et dans les callosités qui, chez l'autruche comme chez le chameau, se remarquent sur le bas-ventre. Ajoutons que l'autruche se couche à la manière du chameau, en pliant d'abord le genou, puis s'appuyant sur la partie calleuse du sternum, et laissant enfin tomber l'arrière-train.

On ferait un volume avec toutes les fables qui ont été débitées sur l'autruche. Suivant les Arabes, elle est issue d'un oiseau et d'un chameau. Elle est aquatique, dit un écrivain arabe. Elle ne boit jamais, soutient un autre. Sa principale nourriture se compose de pierres, de morceaux de fer, disait-on encore. Buffon lui-même ne niait pas qu'elle avalât du fer rouge, pourvu que ce fût en petite quantité. Lorsqu'elle est poursuivie, dit Pline, et après lui le naturaliste de la Renaissance, Pierre Belon, elle se croit sauvée si elle peut cacher sa tête derrière un arbre; le reste du corps lui importe peu. Cette croyance absurde est tellement enracinée dans l'esprit des masses, qu'il faudra sans doute encore bien des années pour la détruire.

Ce qu'il y a de certain, c'est que l'autruche est d'une voracité extrême. Si les sens de la vue et de l'ouïe sont très-développés chez elle, car elle voit, dit-on, jusqu'à la distance de deux lieues, et le moindre son frappe son oreille, les sens du goût et de l'odorat sont très-imparfaits. C'est ce qui explique la facilité avec laquelle elle se jette sur tout ce qu'elle aperçoit. Dans l'état sauvage, elle avale de gros cailloux, pour augmenter la puissance digestive de son estomac; en captivité, elle engloutit bois, métaux, morceaux de verre, plâtre, chaux, etc. Les morceaux de fer, trouvés dans le corps d'une autruche disséquée par Cuvier, « n'étaient pas seulement usés, dit le grand naturaliste, comme ils auraient pu l'être par la trituration avec d'autres corps durs, mais ils avaient été évidemment rongés par quelque suc, et ils présentaient tous les marques d'une vraie corrosion. »

La principale nourriture de l'autruche consiste en herbages, auxquels elle adjoint des insectes, des mollusques, des reptiles, de petits mammifères; et jusqu'à de jeunes poulets, lorsqu'elle est réduite en domesticité. Elle supporte la faim et surtout la soif, pendant plusieurs jours, faculté on ne peut plus avantageuse dans des déserts arides et brûlants; mais il est inexact de dire qu'elle ne boive jamais, car elle fait quelquefois quatre ou cinq jours de marche, à la recherche de l'eau, lorsqu'elle en a été longtemps privée, et elle s'abreuve alors avec un plaisir évident.

La force musculaire de l'autruche est vraiment surprenante. A l'état domestique, elle porte parfaitement un homme sur son dos; on l'habitue très-aisément à se laisser monter, comme un cheval, et à tirer des fardeaux. Le tyran Firmius, qui régnait en Égypte au troisième siècle, se faisait traîner par un attelage d'autruches. Les nègres s'en servent fréquemment comme monture.

Lorsqu'elle sent le poids de son cavalier, l'autruche prend le petit trot; peu à peu elle s'échauffe, et bientôt, étendant les ailes, elle se met à courir avec une si grande rapidité qu'elle semble ne pas toucher terre. Par la seule force de son pied, elle résiste à tous animaux qui parcourent le désert. La vigueur de cette arme est telle qu'un coup bien appliqué dans la poitrine suffit pour déterminer la mort d'un homme. M. Édouard Verreaux a vu mourir un nègre de cette façon.

L'homme seul triomphe de l'autruche; encore n'est-ce que par la ruse. Jamais l'Arabe, au coursier rapide, ne parviendrait à l'atteindre, s'il ne suppléait par l'intelligence à l'insuffisance de ses moyens physiques. « On ne voit pas plus, dit le voyageur Livingstone, les jambes de l'autruche qui court à toute vitesse, qu'on ne voit les rayons d'une roue de voiture entraînée par un galop rapide. » Suivant le même auteur, l'autruche peut faire 43 kilomètres à l'heure, vitesse bien supérieure à celle du meilleur cheval.

Bien instruits de ce fait, les Arabes procèdent à la chasse des autruches de la manière suivante. Ils les suivent à distance, sans trop les presser, pendant un jour ou deux, tout en les empêchant de prendre leur nourriture. Quand ils les ont ainsi fatiguées et affamées, ils les poursuivent à toute vitesse, en mettant à profit ce fait, que leur a révélé l'observation, à savoir que l'autruche ne s'enfuit jamais en ligne droite, mais qu'elle décrit une courbe, plus ou moins étendue. Les cavaliers suivent donc la corde de cet arc, et par ce stratagème plusieurs fois répété, ils se rapprochent insensiblement de leurs victimes jusqu'à une très-faible distance. Imprimant alors un dernier élan à leurs montures, ils fondent impétueusement sur les autruches harassées, et les assomment à coups de bâtons. On évite, autant que possible, l'effusion du sang, qui déprécie les plumes de l'oiseau.

Certaines peuplades arrivent au même but par un artifice assez singulier. Le chasseur se couvre d'une peau d'autruche, en ayant soin de passer le bras dans le cou de l'animal, afin de rendre ses mouvements plus naturels. A la faveur de ce déguisement, il s'approche des autruches sans défiance, et les tue.

Les Arabes chassent encore l'autruche avec des chiens, qui la poursuivent jusqu'à épuisement complet. Au moment de la ponte, ils pratiquent aussi la chasse à l'affût. Ils vont à la recherche des nids d'autruches, et lorsqu'ils les ont découverts, ils creusent, à portée de fusil, un trou, dans lequel un homme peut se cacher. Celui-ci, armé d'un fusil, tue successivement le mâle et la femelle, sur leurs œufs. D'autres fois, on va les attendre près de l'eau, et on les tire lorsqu'elles viennent se désaltérer.

Les autruches sont éminemment sociables : on les rencontre quelquefois dans le désert, par troupes de deux ou trois cents, mêlées à des bandes de zèbres, couaggas, etc. Elles s'accouplent vers la fin de l'automne.

Le nid de l'autruche a plus d'un mètre de diamètre. C'est un simple trou, pratiqué dans le sable, et entouré d'un rempart construit avec la terre extraite du sol ; extérieurement est creusé un canal pour l'écoulement des eaux.

La ponte de chaque femelle varie de quinze à trente œufs, suivant les circonstances. Ces œufs pèsent de un kilogramme à un kilogramme et demi, et équivalent chacun, à environ vingt-cinq œufs de poule. Ils ont bon goût, et sont souvent d'un grand secours pour les voyageurs : un seul peut largement suffire au déjeuner de deux personnes.

L'incubation dure ordinairement six semaines et est partagée par le mâle et les femelles. Celles-ci pondent toutes, en effet, dans le même nid, et vivent en bonne intelligence, sous la haute domination du mâle. Levaillant en a vu quatre se relayer pour couver trente-huit œufs déposés dans la même excavation. Elles ne couvent que pendant la nuit, la chaleur brûlante du jour étant suffisante pour maintenir les œufs à une température convenable. Durant les nuits froides, elles se mettent deux à la fois sur le nid, qu'elles ont d'ailleurs à défendre contre les incursions

Fig. 265. Autruche.

des chats-tigres et des chacals. Levaillant a observé qu'un certain nombre d'œufs ne sont pas couvés et sont mis de côté pour servir de nourriture aux jeunes aussitôt après leur éclosion.

On a reproché depuis longtemps à l'autruche de n'avoir pas l'amour de sa progéniture, et l'on a cru faire acte de justice en la traitant de marâtre. C'est ainsi que les Hébreux en avaient fait le symbole de l'insensibilité, parce qu'elle abandonne ses œufs sur le sable, sans s'inquiéter, dit Job, des périls auxquels ils sont exposés. Jérémie lui-même se lamente à son sujet, et dit qu'elle n'a pas l'instinct de la famille. Ces accusations sont sans fondement ; l'autruche n'abandonne pas ses œufs, nous venons de le voir ; elle n'abandonne pas davantage ses petits, bien qu'ils soient couverts, en naissant, d'un épais duvet, bien qu'ils puissent courir et subvenir eux-mêmes à leurs besoins. Elle les garde près d'elle jusqu'à l'âge adulte et les défend contre toute attaque. M. Cumming surprit un jour une douzaine d'autruches qui n'étaient pas plus grosses que des pintades :

« La mère, dit-il, chercha à nous tromper à l'instar du canard sauvage ; elle partit, étendant les ailes, puis se laissa tomber à terre comme si elle eût été blessée, tandis que le mâle s'éloignait sournoisement avec les petits dans une direction opposée. »

Livingstone a plusieurs fois rencontré de jeunes couvées conduites par un mâle, qui s'efforçait de paraître boiteux, afin de détourner sur lui l'attention des chasseurs.

Mâles et femelles se prêtent aussi un appui mutuel, comme le prouve le trait suivant, raconté dans un rapport adressé à la *Société d'acclimatation* :

« Si-Djelloul-Ben-Hamza et son frère Si-Mohammed-Ben-Hamza, chassant un jour l'autruche, rencontrèrent les traces de toute une famille conduite par un mâle et deux femelles. Arrivé le premier en vue des autruches, Si-Mohammed tira un coup de feu et blessa une des femelles. Le mâle se précipita alors sur lui et frappa à coups de pied le poitrail du cheval qui, effrayé, renversa son cavalier et prit la fuite. L'autruche tourna alors ses coups contre Si-Mohammed, et ne l'abandonna que privé de connaissance, et en voyant venir Si-Djelloul au secours de son frère. »

Tous ces faits prouvent surabondamment que l'autruche n'est pas aussi égoïste qu'on l'a dit, en même temps qu'ils réduisent à néant l'accusation de stupidité qu'on a cru pouvoir lancer contre cet oiseau.

Malgré leur grande force, et peut-être même à cause de leur grande force, les autruches sont les êtres les plus pacifiques du monde, et en raison de leur naturel inoffensif, se plient facilement à la domesticité. Prises jeunes, elles s'apprivoisent en fort peu de temps. Le général Daumas prétend qu'elles jouent avec les enfants, folâtrent avec les cavaliers, les chiens, etc. Dans le pays de Sennaar, on les élève, comme nous élevons la volaille. On les laisse errer librement, et il est sans exemple que l'une d'elles ait cherché à s'enfuir. Elles accompagnent le bétail aux pâturages, et reviennent à la maison, à l'heure des repas. La douceur et les caresses suffisent pour s'attacher cet oiseau ; il faut bien se garder de le brusquer ou de le frapper. Il n'a qu'un défaut, qui dérive de sa voracité : il est très-voleur, et dévore tout ce qu'il trouve. Aussi les Arabes font-ils grande attention lorsqu'ils comptent de l'argent, l'autruche faisant très-lestement disparaître les pièces de monnaie mal surveillées.

De tout temps, les dépouilles de l'autruche ont été l'objet d'un grand commerce. Ce n'est pas seulement pour leur chair, leur graisse ou leurs œufs, c'est surtout pour leurs plumes, qu'on chasse et qu'on élève ces oiseaux. Chacun d'eux fournit deux cent cinquante grammes de plumes blanches, et un kilogramme et demi de plumes noires. Ces plumes fines, ondoyantes et flexibles, qui se trouvent à la queue et aux ailes, ont servi, à toutes les époques, de parure, soit aux hommes, soit aux femmes. Les soldats romains en paraient leurs casques, les janissaires en ornaient leurs turbans, lorsqu'ils s'étaient signalés par quelque action d'éclat. Aujourd'hui on en fait une très-grande consommation pour la toilette des dames, pour les éventails et divers autres objets. Les plumes des mâles sont plus estimées que celles des femelles, et l'on préfère celles qui ont été arrachées à un animal vivant.

Plusieurs peuplades de la Libye employaient autrefois la peau de l'autruche en guise de cuirasse ; actuellement certaines tribus arabes la font servir au même usage. L'industrie utilise même la coquille des œufs d'autruche, qui est très-dure ; on en fait de belles coupes qui ressemblent à des vases d'ivoire. Les Africains font une grande destruction de ces animaux ; cependant leur race ne paraît pas diminuer. C'est un oiseau fort utile, et l'on ne peut qu'encourager les essais qui ont été faits en

Algérie et dans d'autres contrées pour l'élève de troupeaux d'autruches.

Les *Nandous* (fig. 266) ont la plus grande analogie avec les autruches, qu'ils représentent dans le nouveau monde ; ils sont

Fig. 266. Nandou.

seulement de moitié plus petits que ces dernières, et leur pied porte trois doigts antérieurs. Leur couleur est d'un gris uniforme.

Les nandous habitent les pampas de l'Amérique méridionale. Les vallées les plus fraîches du Brésil, du Chili, du Pérou et de la terre de Magellan, sont leurs demeures de prédilection. On les voit errer dans les plaines découvertes, par troupes d'une trentaine d'individus, au milieu des troupeaux de bœufs, de chevaux et de moutons, qui fréquentent les mêmes parages. Comme ces animaux, ils broutent l'herbe, et recherchent les graines.

Ils courent aussi rapidement que l'autruche, et savent échapper, par une prompte fuite, aux poursuites de leurs ennemis. Lorsqu'une rivière se présente devant eux, ils ne craignent pas de s'y jeter, car ils sont excellents nageurs; ils prennent même beaucoup de plaisir à se baigner, et entrent fréquemment dans l'eau.

Les nandous pondent et couvent de la même façon que les autruches. Ils sont de mœurs très-douces et s'apprivoisent avec la plus grande facilité. Ils deviennent très-familiers, visitent les appartements, se promènent dans les rues et jusque dans la campagne, mais retournent toujours au logis.

La chair des nandous adultes est peu agréable, celle des jeunes est, au contraire, tendre, sapide, et constitue un assez bon aliment. Leur peau, convenablement assouplie, sert à confectionner des bourses, et leurs plumes, à faire des panaches et des balais. Il y a tout lieu de penser que ces oiseaux pourraient s'acclimater dans nos contrées.

Les *Casoars* forment un genre d'oiseaux voisins de l'autruche; ils en diffèrent cependant par quelques particularités. Leurs formes sont moins élégantes, et ils sont encore plus mal conformés que l'autruche pour le vol. Leurs ailes, beaucoup plus courtes, sont totalement inutiles, même pour la course. Leurs plumes longues, noirâtres et presque dépourvues de barbes, sont assez semblables à des crins; leurs pieds sont à trois doigts. On en distingue deux espèces : le casoar à casque et le casoar de la Nouvelle-Hollande.

Le *Casoar à casque* (fig. 267) porte sur la tête une espèce de casque, produit par un renflement des os du crâne, revêtu d'une substance cornée. C'est un oiseau massif, qui tient le milieu, pour la taille, entre l'autruche et le nandou, et qui habite les îles de l'Archipel indien, les Moluques, Java, Sumatra. C'est surtout dans les forêts profondes de l'île de Ceylan qu'il est abondant. Le premier individu de cette espèce qui ait été vu en Europe, fut apporté de Java par les Hollandais, en 1597. C'est un animal stupide et glouton qui se nourrit d'herbes, de fruits et quelquefois de petits animaux. Il est farouche, vigoureux, brutal, et l'on ne provoque pas sans danger sa colère. Ses ailes, quoique fort courtes, peuvent servir à la défense, car elles sont pourvues chacune de cinq baguettes piquantes, dont celle du milieu a un pied de longueur. Son cri habituel consiste en un faible grognement, qui fait place, dans la colère, à un bourdonnement ronflant, analogue au bruit d'une voiture ou du tonnerre entendu de loin.

La Ménagerie du Muséum d'histoire naturelle de Paris a possédé un *casoar à casque*, qui consommait tout ce qu'on lui don-

Fig. 267. Casoar a casque.

nait, pain, fruits, légumes, et qui buvait quatre à cinq litres d'eau par jour.

Le *Casoar à casque* court très-rapidement et d'une manière toute particulière, car il lance des ruades à chaque pas. Il vit par couples; à l'époque des pontes, le mâle manifeste une violence qui le rend très-redoutable. La femelle dépose trois ou quatre œufs dans le sable et les couve seule, pendant un mois environ. Les petits sont couverts d'un léger duvet en naissant, et sont dépourvus du casque, qu'ils ne revêtent que plus tard.

Le naturel sauvage de ces oiseaux les rend peu propres à la domesticité; on doit peu le regretter, car leur chair est de mauvais goût, et sous aucun autre rapport ils ne peuvent nous être de quelque utilité.

Le *Casoar de la Nouvelle-Hollande* (fig. 269) se distingue du précédent par une taille plus élevée, ainsi que par l'absence de casque, de caroncules et de baguettes piquantes aux ailes. Il était autrefois très-commun dans les forêts d'eucalyptus de la Nouvelle-Galles du Sud, mais les défrichements des colons l'ont repoussé au delà des Montagnes Bleues. Très-robuste, il résiste fort bien aux lévriers que l'homme lance à sa poursuite. Il s'apprivoise beaucoup plus facilement que le casoar à casque, et témoigne de l'attachement à son maître. C'est une excellente acquisition pour l'homme. Sa chair, agréable au goût, est estimée en Australie. Les quelques individus de cette espèce qui ont été amenés en Europe, y ont parfaitement vécu, et s'y sont reproduits sans difficulté. Il serait donc désirable qu'on poursuivît l'acclimatation de cet oiseau sur une grande échelle.

L'*Aptéryx*, dont le nom, tiré du grec, veut dire *sans ailes*, est un singulier oiseau, qui a peu d'analogie avec les précédents. Il

Fig. 268. Aptéryx.

n'est pas plus gros qu'une poule, et réunit au bec de la bécasse les pattes des gallinacés. La brièveté de ses ailes, tout à fait impropres au vol, est le seul caractère qui ait pu le faire ranger dans cet ordre.

Fig. 269. Casoar de la Nouvelle-Hollande.

Le plumage de l'aptéryx est brun ; sa queue nulle, et ses moignons d'ailes sont munis d'un ongle fort et arqué. Il habite la Nouvelle-Zélande, et se tient toute la journée parmi les marécages, où il se nourrit de vermisseaux. D'humeur farouche, il ne sort de sa retraite que le soir. Il court très-vite, malgré ses petites jambes, et se défend habilement contre ses agresseurs, soit avec ses pattes, armées d'ongles longs et acérés, soit avec les pointes qui terminent ses ailes. Il construit grossièrement son nid, entre les racines des arbustes marécageux, et y dépose un seul œuf, de la grosseur d'un œuf de canard. Les naturels l'appellent *Kiwi*. Ils lui faisaient autrefois une chasse très-active, autant pour sa chair que pour ses plumes, dont ils se servaient pour fabriquer leurs nattes. Ils ont aujourd'hui renoncé à cette industrie, dont les profits ne compensent pas les fatigues qu'elle entraîne. Cet oiseau est, du reste, devenu fort rare, et il est maintenant excessivement difficile de se le procurer. La Société zoologique de Londres en possède trois spécimens.

On peut rattacher à la famille des Brévipennes quelques oiseaux, actuellement disparus de la surface du globe, mais qui ont été évidemment contemporains de l'homme. Les débris qu'on a retrouvés au sein d'alluvions modernes, ne permettent aucun doute à cet égard.

En première ligne se place le *Dronte*, ou *Dodo* (fig. 270), indigène des îles de France et de Bourbon, où il était autrefois très-répandu, suivant les témoignages des compagnons de Vasco de Gama, qui visitèrent ces îles en 1497. Il existait encore dans ces deux îles, à la fin du dix-septième siècle. Plusieurs voyageurs nous en ont laissé des descriptions, qui, avec quelques débris et une peinture à l'huile appartenant au Muséum britannique, constituent les seuls renseignements que l'on possède sur cet animal, de monstrueuse mémoire.

Le dronte, gras et lourd, ne pesait pas moins de vingt-cinq kilogrammes. Ce gros corps, porté par de petites jambes et pourvu d'ailes dérisoires, était aussi incapable de courir que de voler, et se trouvait dès lors condamné à une destruction rapide. Enfin et brochant sur le tout, il avait une physionomie stupide, peu propre à lui concilier les sympathies de l'observateur. Terminé à l'arrière par trois ou quatre plumes frisées, simulant une queue, il présentait à l'avant un bec énorme, fortement recourbé, occupant la presque totalité de la tête.

Fig. 270. Dronte.

Cet oiseau n'avait même pas le mérite d'être utile après sa mort, car sa chair était répugnante et de mauvais goût. Il n'y a donc pas lieu de le regretter.

On a découvert récemment, à l'état fossile, dans l'île de Madagascar, des œufs et des ossements d'oiseau appartenant à une espèce aujourd'hui éteinte, et dont les proportions étaient tout à fait colossales. Un de ces œufs équivaut à plus de six œufs d'autruche, et sa capacité est de près de neuf litres. M. Isidore Geoffroy Saint-Hilaire évaluait à trois ou quatre mètres la taille de cet oiseau, et le désigna sous le nom d'*Épiornis*.

En 1867, M. Joly, professeur à la Faculté des Sciences de Toulouse, a publié de très-intéressantes observations sur la structure et les habitudes probables de cet oiseau gigantesque.

On ne saurait affirmer que cette espèce ait complétement disparu aujourd'hui : les Malgaches assurent qu'il en reste dans leur île quelques représentants, très-rares il est vrai. On trouve chez ce peuple une tradition fort ancienne, relative à un oiseau colossal qui terrasse un bœuf et en fait sa nourriture. Cette tradition, toutefois, manquerait d'exactitude, car l'examen des pièces osseuses retrouvées démontre que l'épiornis ne possédait ni serres ni ailes, et devait se nourrir, par conséquent, de substances végétales.

Enfin, on a également mis à jour, à la Nouvelle-Zélande, des ossements provenant d'une espèce voisine de l'autruche, mais supérieure en taille, et qui devait atteindre quatre mètres. L'oiseau auquel appartenaient ces ossements a été désigné sous le nom de *Dinornis* (grand oiseau). Peut-être en existe-t-il encore dans ce pays. Dans tous les cas, sa disparition est fort récente, car les ossements qu'on a découverts renfermaient encore une très-grande proportion de gélatine. Deux Anglais auraient, dit-on, aperçu dans les marécages de la Nouvelle-Zélande un dinornis de plus de quatre mètres de haut; mais ils n'osèrent point en approcher assez pour le tuer. Nous ne donnons que sous toutes réserves ce récit, dont l'authenticité ne nous paraît pas suffisamment établie.

ORDRE DES GALLINACÉS.

On a réuni, sous le nom de *Gallinacés*, un certain nombre d'oiseaux présentant la plus grande analogie avec la poule (*gallina*).

Les gallinacés sont des oiseaux essentiellement terrestres, qui se plaisent sur le sol, y cherchent leur nourriture, et y nichent même le plus souvent. Ils aiment à gratter la terre, et à se rouler dans la poussière. La marche est leur mode de progression habituel : ce que l'on devine à la seule inspection de leurs jambes robustes, de leurs ongles courts et peu recourbés. Quelques-uns, comme la perdrix, sont de très-agiles coureurs. En revanche, leurs ailes, courtes et obtuses, ne leur permettent qu'un vol pénible et lourd. Aussi ne trouve-t-on, dans cet ordre d'oiseaux, que deux ou trois espèces voyageuses.

Les gallinacés ont le bec court, voûté, en général assez fort. Ils s'en servent pour briser les enveloppes des graines qui font leur principale nourriture, et auxquelles ils adjoignent des vermisseaux, des insectes et des herbes. Leur gésier épais et musculeux, revêtu intérieurement d'une tunique très-résistante, est parfaitement approprié à une telle nature d'aliments. Sa force de trituration est encore augmentée par l'habitude qu'ont les gallinacés, d'avaler de petits cailloux, pour faciliter l'écrasement des graines.

Dans certaines espèces (coq, faisan, dindon, etc.), les mâles sont armés, au-dessus du pouce, d'un ou plusieurs ergots coniques, sortes d'éperons très-robustes, dont ils se servent pour attaquer ou se défendre. Chez un plus grand nombre, la tête est ornée de crêtes et de caroncules, diversement colorées. Ces appendices existent aussi chez les femelles, mais ils y sont beaucoup moins accentués.

C'est parmi les gallinacés qu'on rencontre les oiseaux aux plus brillants plumages. Le paon, l'argus, le lophophore, le faisan, portent avec éclat la bannière de l'ordre, et rivalisent avec les plus splendides passereaux. Cette richesse de couleurs est l'apanage exclusif du mâle, car les femelles ont toujours des teintes grises ou ternes.

Mais si les gallinacés peuvent charmer les yeux, ils sont loin de satisfaire l'oreille. Leurs cris aigus déchirent désagréablement le tympan.

La plupart de ces oiseaux, surtout les mâles, sont sauvages, méchants, querelleurs et peu intelligents. Ils sont polygames. Les femelles pondent un grand nombre d'œufs, qu'elles couvent seules, sans l'assistance du mâle, lequel ne s'occupe pas davantage de l'éducation des petits. Ils vont ordinairement par bandes, composées d'un mâle, des femelles et des jeunes; mais on voit rarement plusieurs familles se réunir pour vivre en commun.

Les gallinacés sont de tous les oiseaux ceux qui fournissent à l'homme les meilleures ressources. Certaines espèces, réduites en domesticité, peuplent ses basses-cours, et lui apportent, outre leur chair, qui est excellente, des œufs d'un goût exquis. D'autres constituent un gibier aussi abondant que délicat.

Presque tous les gallinacés sont originaires des régions chaudes de l'Asie et de l'Amérique; quelques-uns comme la poule, le faisan, le dindon sont aujourd'hui acclimatés dans toutes les parties du monde.

L'ordre des gallinacés comporte deux grands sous-ordres, savoir : les *Gallinacés proprement dits*, auxquels s'appliquent spécialement les différents caractères que nous venons d'énumérer, et les *Pigeons*, séparés des premiers par certains détails d'organisation et de mœurs que nous ferons connaître.

GALLINACÉS PROPREMENT DITS.

Ce sous-ordre comprend six familles : les *Tétraonidés*, les *Perdicidés*, les *Tinamidés*, les *Chionidés*, les *Mégapodidés* et les *Phasianidés*.

Famille des Tétraonidés. — Les oiseaux composant cette famille se caractérisent comme il suit : tarses totalement emplumés ;

Fig. 271. Tétras de plaine, ou grand Coq de bruyère.

bande nue et verruqueuse, de couleur rouge, tenant lieu de

Fig. 272. Tétras à queue ourchue, ou petit Coq de bruyère.

sourcils; corps massif; ailes courtes. Cette famille comprend trois genres: les *Coqs de bruyère (Tétras)*, les *Gélinottes*, les *Lagopèdes*.

Les *Coqs de bruyère*, ou *Tétras*, habitent les forêts de pins et de bouleaux des hautes montagnes. Certaines espèces se tiennent de préférence dans les plaines couvertes de bruyères. Ils se nourrissent un peu de tout : fruits, baies, bourgeons de sapins et de bouleaux, insectes, vermisseaux leur sont également bons. Ce sont des oiseaux au port fier et belliqueux, aux formes robustes, au plumage noir, taché de blanc, avec des reflets bleuâtres. Ils sont polygames et vivent par familles. Ils se réfugient volontiers sur les arbres, soit pour dormir, soit pour se soustraire à leurs ennemis, lorsqu'ils sont poursuivis.

C'est de là qu'aux premières effluves du printemps, les mâles jettent à tous les échos leurs notes discordantes, pour appeler les femelles. Chaque matin et chaque soir, pendant un mois ou deux, ils font entendre, pendant une heure, une horrible cacophonie, qui retentit jusqu'à une lieue aux alentours.

Les femelles se retirent dans d'épais taillis, pour faire leur ponte et vaquer aux soins de l'incubation et de l'éducation des petits, qui leur incombent entièrement. Elles déposent de huit à seize œufs, sur un lit d'herbes et de feuilles, quelquefois sur la terre nue. Les petits courent en sortant de l'œuf et restent plusieurs mois avec leur mère, qui les entoure, en toutes occasions, de la plus tendre sollicitude.

La chair des coqs de bruyère est très-estimée, autant à cause de sa succulence que de sa rareté, car ces oiseaux ne se laissent approcher qu'à l'époque des amours. On en connaît plusieurs espèces, dont deux habitent l'Europe; ce sont le *grand Coq de bruyère* ou *Tétras de plaine* (fig. 271), dont la taille est celle du dindon, et le *petit Coq de bruyère* ou *Tétras à queue fourchue* (fig. 272), de la grosseur du faisan, reconnaissable à sa queue divisée en deux parties contournées. Mentionnons encore les *Tétras Cupidon*, qui habitent le nord de l'Amérique.

La *Gélinotte*, ou *Poule des coudriers* (fig. 273), a les mêmes mœurs et habite les mêmes régions que les tétras. Comme eux, elle est défiante et craintive, et se cache à la moindre apparence de danger, au sein des massifs d'arbres verts. Elle vole lourdement, mais court très-vite. Sa chair, délicate et savoureuse, est cotée dans les marchés à un très-haut prix. Beaucoup moins rare en France que le coq de bruyère, on la rencontre assez communément dans les Vosges et les Ardennes. Elle a la taille

Fig. 273. Tétras gélinotte.

de la perdrix. Son plumage, où dominent le roux et le blanc, est varié de gris et de brun; le mâle porte une large plaque noire sous la gorge.

Les *Lagopèdes* (fig. 274) ont quelque chose du lièvre dans la patte : de là leur nom, qui signifie *pied de lièvre* (λαγώς, lièvre, *pes*, *pedis* pied). Ces oiseaux ne se contentent pas, en effet, d'avoir les tarses emplumés; il leur faut de la fourrure sur les doigts, nous pourrions dire aussi sous les doigts, et jusqu'à la naissance des ongles, absolument comme le lièvre.

Les régions glaciales des deux continents et les cimes des hautes montagnes sont leurs domaines; la neige est leur élément. Ils s'y roulent avec volupté; ils y pratiquent, avec leurs pieds, des trous, dans lesquels ils passent la nuit et s'abritent contre les ouragans.

La couleur des lagopèdes est parfaitement assortie à celle des solitudes qu'ils habitent. Leur plumage est d'une éclatante blancheur, sauf un trait noir sur la face, et quelques pennes de même couleur. C'est là leur costume d'hiver. En été, lorsque la neige a disparu sous les feux brûlants du soleil, ils revêtent un habit grisâtre, parsemé de taches brunes et rousses.

Comme les coqs de bruyère et les gélinottes, ils sont sociables

Fig. 274. Tétras Lagopède.

et supportent mal la servitude. Réduits en captivité, ils s'étiolent et succombent bientôt au *mal du pays*.

La chair de ces oiseaux est excellente et très-recherchée. Ils abondent sur nos marchés; l'Écosse, la Norwége et la Laponie en expédient, chaque année, des quantités considérables en France et en Angleterre. Les deux espèces principales sont le *Lagopède Ptarmigan* ou *Perdrix des neiges*, commun dans les Alpes, les Pyrénées, le nord de l'Europe et de l'Amérique; le *Lagopède rouge* ou *Graus*, qui ne se trouve que dans l'Écosse.

Famille des Perdicidés. — Les traits distinctifs des oiseaux qui composent cette famille sont : le bec court, la tête petite, le corps arrondi et massif, la queue courte, les tarses nus, munis d'éperons plus ou moins développés, le pouce médiocre. Les ailes sont obtuses ou aiguës, suivant les genres. Cette famille comprend les genres *Ganga*, *Syrrhapte*, *Caille*, *Perdrix*, *Colin*, *Francolin*, *Turnix*.

Les *Gangas* sont essentiellement voyageurs et pourvus, à cet effet, d'ailes longues et aiguës; mais leurs excursions sont peu considérables. Par leur vol élevé, rapide et soutenu, ils se rapprochent des pigeons. Ils habitent les plaines arides de l'Europe méridionale, de l'Asie et de l'Afrique.

Le *Ganga unibande* apparaît annuellement en Espagne et dans

Fig. 275. Ganga Cata.

le midi de la France ; il est indigène des steppes de la Russie méridionale et du nord de l'Afrique ; il se reproduit dans les Pyrénées.

Les *Syrrhapties*, ou *Hétéroclites*, sont caractérisés par l'absence complète du pouce. Une étroite parenté les unit aux gangas : comme eux ils ont l'aile pointue et l'amour des voyages, mais leur vol est moins soutenu, car ils prennent terre très-fréquemment. Ils habitent les steppes de la Tartarie et s'aventurent rarement dans nos contrées.

Les *Cailles* ont le bec menu, le pouce court, ou inséré haut, les tarses pourvus d'un rudiment d'éperon, sous forme de tubercule corné, le corps épais, les ailes médiocres et aiguës, la queue presque nulle. On en connaît plusieurs espèces, dont une seule habite l'Europe.

La *Caille vulgaire* (fig. 276) est célèbre par ses migrations. Chaque année, elle part, en troupes innombrables, des régions les plus reculées de l'Afrique, traverse la Méditerranée, et vers les premiers jours de mai se répand dans toute l'Europe. Elle

Fig. 276. Cailles et Cailleteaux.

reprend au mois de septembre le même chemin, et refait en sens contraire ce voyage immense. L'instinct qui la pousse à se déplacer ainsi est tellement puissant, qu'il se manifeste même chez les cailles nées en captivité. Aux époques des passages, on voit les cailles prisonnières s'agiter, aller et venir dans leur cage, et se précipiter contre les barreaux avec une telle force qu'elles retombent tout étourdies et se brisent quelquefois la tête. Si l'on considère, de plus, que les cailles ont le vol très-lourd, et qu'elles n'acccomplissent ces traversées qu'au prix des plus grandes fatigues, on restera convaincu que, dans la cause de leurs voyages, outre la nécessité de se soustraire aux rigueurs de l'hiver ou de pourvoir à leur alimentation, il y a une sorte de besoin naturel, aussi impérieux que celui de la faim, et auquel ces oiseaux obéissent d'une manière irrésistible.

La fécondité des cailles est extraordinaire, ce qui est heureux pour les chasseurs qui vouent leur espèce à l'extermination, en raison de leur vol embarrassé, et de leur incroyable accumulation sur certains points, aux époques des passages. L'évêque de l'île Capri, située dans le golfe de Naples, se fait un revenu annuel de 40 000 francs, avec la dîme qu'il perçoit sur le commerce des cailles abattues dans l'île, et que l'on va vendre au marché de Naples. Aussi a-t-il reçu le nom d'*évêque aux cailles*.

Sur les rives du Bosphore, en Morée et dans quelques îles de l'Archipel, les cailles arrivent en masses tellement compactes, qu'il n'y a, suivant une locution populaire, qu'à se baisser pour en prendre. Elles tombent d'épuisement sur le rivage, et l'on assiste alors à une véritable pluie de ces oiseaux. Les habitants, qui les attendent depuis plusieurs jours, les ramassent, les salent, les empilent dans des barils, et les expédient en divers pays.

Les cailles voyagent le soir et pendant la nuit. Elles s'élèvent assez haut, mais ne volent jamais contre le vent. Elles se font, au contraire, pousser par la brise, pour traverser la Méditerranée. C'est ainsi que les vents du sud nous les amènent, et que ceux du nord les reportent en Afrique. Si quelque tempête survient le long de la route, elles n'ont pas la force d'y résister, et tombent par milliers dans les flots.

Les cailles se tiennent dans les plaines couvertes de moissons et dans les pâturages fertiles. Elles se roulent avec délices dans la poussière, et ne perchent jamais. Leur nourriture se compose de graines et d'insectes. Elles sont peu sociables : les sexes ne se rapprochent que dans la saison des amours, et se séparent aussitôt que les soins de la mère ne sont plus nécessaires aux *cailleteaux*. Ce terme est rapidement atteint, car les petits se développent très-vite.

Les femelles font deux pontes par an, l'une en Europe, l'autre en Afrique, qui se composent chacune de dix à quatorze œufs.

La caille court avec vitesse, et elle emploie fréquemment ce mode de locomotion, pour échapper aux poursuites du chasseur. Ce n'est qu'en cas de péril imminent qu'elle a recours au vol. Elle part alors en ligne droite et en rasant la terre. Elle possède à fond l'art d'entremêler les voies et de dépister les chiens. Cachée dans les touffes de luzerne, elle se rit des chasseurs novices ; mais la persévérance en a toujours raison.

Elle est moins grosse que la perdrix. Tuée en bon temps, c'est-à-dire lorsqu'elle est reposée des fatigues du voyage, elle apparaît bardée d'une couche de graisse, qui n'a d'égale chez aucun autre oiseau. Sa chair, suave et délicate, exhale un fumet exquis et fait les délices des gourmets. Elle se classe immédiatement, comme gibier, après la bécasse et la bécassine.

On chassait autrefois la caille de plusieurs façons. On la prenait, soit au filet, soit au piége, en se servant d'appeaux vivants ou artificiels, soit enfin au fusil, avec un chien d'arrêt (fig. 277). Cette dernière manière est la seule tolérée aujourd'hui en France. Grâce à cette restriction, on détruit maintenant la caille sur une moins grande échelle que par le passé, et cette espèce ne sera pas un mythe pour les générations futures.

Les *Perdrix* ont le bec fortement recourbé, les formes trapues, les ailes obtuses, la queue courte et pendante. Les tarses sont, chez les mâles, pourvus ou dénués de tubercules, suivant les espèces.

Les perdrix vivent constamment sur le sol, ne perchant que lorsqu'elles y sont absolument forcées. Elles ont l'instinct *pulvérateur*, comme les cailles, et courent avec une légèreté et une vitesse remarquables. Leur vol est aussi très-rapide, mais bas et peu soutenu. Aussi usent-elles plus fréquemment de leurs jambes que de leurs ailes, pour se transporter d'un point à un autre.

Fig. 277. Chasse aux Cailles.

Éminemment sociables, elles vivent, durant la plus grande partie de l'année, par troupes, ou *compagnies*, composées de parents et de jeunes de la dernière couvée. Elles sont sédentaires et se cantonnent, c'est-à-dire qu'elles adoptent une certaine étendue de pays, où s'écoule leur existence, et dont elles ne s'écartent qu'accidentellement. Elles choisissent aussi dans cette zone un endroit particulier où elles viennent constamment chercher un abri lorsqu'elles sont poursuivies : ces lieux de refuge sont ce que le chasseur appelle des *remises*.

Les perdrix sont monogames; leur union, contractée au printemps, ne cesse qu'au printemps suivant.

Dans certaines espèces, comme la perdrix rouge, où les femelles sont moins nombreuses que les mâles, un plus ou moins grand nombre de mâles restent en disponibilité. De là des luttes entre les mariés et les célibataires; car ces derniers ne se résignent pas facilement à leur isolement, et s'efforcent d'entrer en ménage aux dépens du voisin. Cependant ces combats prennent fin, la stabilité se fait dans les couples, et les déshérités, qui ne peuvent se décider à vivre en ermites, se rapprochent et forment entre eux des compagnies, uniquement composées de mâles.

Rien n'est comparable à l'attachement du mâle pour sa femelle.

Au moment de la ponte, la femelle creuse d'abord un trou en terre; elle le garnit d'herbes et de feuilles, et y dépose ses œufs, au nombre de douze ou quinze, quelquefois même de vingt et plus. Puis vient le moment de l'incubation, qui ne dure pas moins de vingt jours. Pendant ce temps, le mâle veille sur sa compagne, et la prévient au moindre danger. Bientôt les *Perdreaux* brisent leur coquille. L'amour de l'époux, devenu père, se transforme alors, et se reporte en partie sur ses enfants. Il accompagne leurs premiers pas, leur apprend à saisir les vermisseaux, recherche pour eux les œufs de fourmis, et se montre aussi ingénieux que la mère pour les soustraire aux attaques de leurs ennemis. A l'apparition du chasseur ou de son chien, un cri d'alarme est poussé, qui avertit les perdreaux et les invite à se cacher. Puis le mâle s'envole ostensiblement, traînant l'aile, afin d'attirer le chasseur sur ses traces. En même temps la femelle part dans une autre direction; elle s'abat à une grande distance, revient en courant auprès de sa famille, la rassemble et l'emmène en un lieu sûr, où le mâle les rejoindra plus tard. C'est par ces ruses ingénieuses que la jeune couvée est défendue des attaques des chasseurs.

Quelques semaines après leur éclosion, les perdreaux sont en état de voler et de pourvoir eux-mêmes à leurs besoins. Nous avons dit plus haut qu'ils ne quittent pas pour cela leurs parents : ils continuent à vivre avec eux, dans la plus étroite intimité, jusqu'en février ou mars, époque à laquelle ils s'en séparent pour s'apparier. Ce moment marque aussi le terme de l'union des père et mère, qui convolent vers d'autres amours.

Les perdrix sont d'un naturel timide et craintif, qui se manifeste en maintes circonstances : elles voient des ennemis partout. Cette défiance ne paraîtra pas exagérée si l'on songe que, sans parler de l'homme, le renard et les oiseaux de proie leur font une guerre à outrance. Ces derniers, c'est-à-dire les oiseaux rapaces, leur inspirent une frayeur extraordinaire. A leur vue elles s'arrêtent, comme frappées de stupeur, se pelotonnent et se dissimulent de leur mieux, et se condamnent à une immobilité absolue ; ce n'est que lorsque le tyran des airs s'est éloigné, qu'elles sortent de leur torpeur.

Quand l'oiseau de proie fond sur l'une d'elles, la pauvrette cherche à lui échapper, en se précipitant vers le buisson le plus proche. Si elle y parvient, nulle puissance humaine n'est capable de lui faire abandonner sa retraite : on peut alors s'en emparer sans qu'elle oppose la moindre résistance. On en a vu se laisser enfumer dans des broussailles, plutôt que de s'exposer encore une fois à la serre du milan ou du vautour.

La connaissance de ces faits a suggéré un moyen très-simple et très-efficace pour détruire de grandes quantités de perdrix, et qui est surtout usité en Angleterre. Ce procédé consiste à les effrayer, à l'aide d'un oiseau de proie artificiel, attaché à la ficelle d'un cerf-volant, et qui semble ainsi planer à une certaine hauteur au-dessus du sol. Pendant que les perdrix, clouées à terre par l'épouvante, s'efforcent d'échapper aux regards du faux rapace, les chasseurs s'approchent, les font lever et les tirent presque à bout portant.

Malgré leur naturel sauvage, les perdrix sont susceptibles d'éducation ; avec beaucoup de soins et de douceur on peut les rendre très familières. Girardin rapporte qu'une perdrix grise, élevée

Fig. 278. Chasse à la perdrix rouge.

par un chartreux, était si bien apprivoisée qu'elle suivait son père nourricier comme un chien.

Willoughby affirme qu'un habitant du comté de Sussex avait réussi à apprivoiser une couvée de perdrix, qu'il menait devant lui comme un troupeau d'oies.

Tournefort raconte qu'on élevait autrefois, dans l'île de Chio, des compagnies de perdrix rouges qui se laissaient conduire absolument de la même façon. Enfin, Sonini parle de deux bartavelles qu'un habitant d'Aboukir avait su rendre très-familières. Tous ces faits démontrent suffisamment qu'avec de la patience il serait possible d'élever la perdrix à la dignité d'oiseau de basse-cour.

Les perdrix sont fort estimées des gourmets; elles font aussi la joie des chasseurs, parce qu'elles offrent une proie facile à leur fureur cynégétique. On pourrait dire de la perdrix qu'elle est le gibier officiel de l'empire français, tant elle y est abondante, surtout la perdrix grise. C'est en tirant la perdrix que se forme le chasseur novice. C'est de la même manière que le chien acquiert les qualités qui en feront plus tard l'auxiliaire intelligent du disciple de saint Hubert.

Passons à l'examen rapide des différentes espèces de perdrix. La *Perdrix grise* est l'espèce la plus commune du genre; elle est très-répandue dans toute l'Europe centrale. Le nord de la France, la Belgique, la Hollande sont ses demeures de prédilection. C'est là qu'elle trouve les terres cultivées, les grandes plaines couvertes de moissons, les prairies artificielles où elle aime à vivre et à nicher. Elle n'est pas sans causer quelques dégâts à l'agriculture; car, après les semailles, elle recherche non-seulement les grains restés sur le sol, mais encore ceux qui sont enfouis. De plus, elle dévore les jeunes pousses des céréales, et s'attaque aux épis lorsqu'ils sont parvenus à maturité. Sa multiplication sur une vaste échelle pourrait donc présenter de sérieux inconvénients, qui ne seraient pas suffisamment compensés par les services qu'elle rend, d'autre part, en détruisant des vers, des insectes et des colimaçons.

La perdrix grise fournit une variété de moindre taille, la *Perdrix de passage*, remarquable par son humeur vagabonde, qui contraste singulièrement avec les habitudes casanières du genre. On la voit, en effet, apparaître par grandes troupes, sous les latitudes et aux époques les plus diverses. Mais elle n'accomplit pas, à proprement parler, de migrations : la constance, la régularité manquent à ses voyages, entrepris sous l'empire d'une cause inconnue. Elle ne suit pas toujours les mêmes routes, et ses passages sont intermittents. Cette perdrix qui est très-farouche, se rencontre fréquemment en Orient (Turquie, Syrie et Égypte), et on l'a souvent observée en France. On l'appelle quelquefois *Perdrix de Damas*.

Contrairement à la *perdrix grise*, la *perdrix rouge* et celles qui vont suivre, ont les tarses pourvus de tubercules.

La *Perdrix rouge* doit son nom à la couleur prédominante de son costume, ainsi qu'à la nuance rose du bec, des tarses et des pieds. Les landes incultes, couvertes de maigres bruyères, et les coteaux accidentés où fleurit la vigne, sont ses lieux d'habitation ordinaires. Elle se trouve dans le midi de la France, mais elle y est beaucoup moins répandue que ne l'est la perdrix grise dans les départements du Nord. Elle habite aussi l'Espagne et l'Italie; elle est fort commune en Asie et en Afrique.

La *Bartavelle* ou *Perdrix grecque* (fig. 282, page 489), se plaît dans les lieux élevés et rocailleux. La montagne est sa véritable patrie, et dans la belle saison elle s'aventure jusqu'aux confins de la région des neiges. Elle est très-friande de raisins et d'escargots. On la trouve assez rarement en France : le Jura, les Basses et les Hautes Alpes, les monts d'Auvergne, les Pyrénées sont les seules contrées où elle apparaisse. Elle est plus répandue en Grèce, en Turquie et en Asie Mineure.

La *Perdrix de roche*, ou *Gambra*, qui diffère peu de la perdrix rouge, est presque inconnue en France. Son habitat comprend l'Espagne, la Corse, la Sicile et la Calabre.

Les *Colins* (fig. 280) ont le bec gros et bombé, les tarses lisses et la queue plus longue que les perdrix. Ces caractères seraient peu propres à les différencier des perdrix proprement dites, si l'étude de leurs mœurs ne révélait certains détails qui ont conduit à en former un genre distinct.

Lorsqu'on fait lever des colins, ils ne volent pas tous ensemble vers le même endroit : ils se dispersent dans toutes les directions et se réfugient, soit dans les broussailles, soit sur les arbres. Ils se croient alors en telle sûreté, si l'on parvient à les apercevoir, qu'on peut les tuer tous successivement, sans

Fig. 279. Perdrix grises et perdreaux.

qu'un seul cherche à s'échapper. Ils sont beaucoup plus féconds que les perdrix, mais moins méfiants, et tombent facilement dans les piéges qu'on leur tend.

Suivant Audubon, les colins prennent pour dormir des dispositions fort curieuses. Tous les individus d'une même compagnie se placent d'abord en cercle et à une certaine distance les uns des autres. Puis ils marchent tous à reculons, en convergeant vers un centre commun, jusqu'à ce qu'ils se trouvent dos à dos : c'est

Fig. 280. Colin de la Californie.

dans cette position qu'ils passent la nuit. Grâce à cette précaution, toute la troupe peut s'envoler sans encombre, en cas de danger. En effet, chaque individu a l'espace libre devant lui, et aucun ne court le risque d'être gêné dans sa fuite, par ses compagnons.

Les colins se distinguent encore des perdrix, par leurs habitudes voyageuses. Ils se rapprochent, sous ce rapport, des cailles, quoique leurs pérégrinations se fassent moins régulièrement et embrassent une étendue de terrain beaucoup plus restreinte.

Originaires de l'Amérique, les colins y sont répandus à profusion. Ils abondent tellement aux États-Unis, que pendant un seul hiver et dans un arrondissement de cinq à six lieues on a pu en détruire jusqu'à douze mille, sans que l'espèce en parût diminuée au printemps suivant.

Importé en Angleterre et entouré de soins intelligents, le *Colin de Virginie* ou *Perdrix boréale*, s'y est prodigieusement multiplié et y est devenu, pour ainsi dire, indigène. Les mêmes tentatives faites en France ont beaucoup moins réussi, faute de persévérance. Le colin, qui a la chair délicate, serait pour notre table une excellente recrue.

Les *Francolins* se distinguent des perdrix par un bec plus robuste et plus long, par une queue plus développée, et par l'existence, chez les mâles, d'un ou deux éperons très-aigus. Ils en diffèrent encore par leurs mœurs. C'est ainsi qu'ils se tiennent dans les terrains boisés et marécageux, où ils se nourrissent de baies, de graines, de vers, d'insectes et de jeunes plantes bulbeuses. En outre, ils sont presque continuellement perchés sur les arbres et ne descendent point à terre pour passer la nuit. Sauf ces particularités, ils vivent absolument comme les perdrix. Leur chair est estimée; le *francolin d'Europe* est même un gibier supérieur à la perdrix.

Malheureusement, cette espèce tend à disparaître, et son naturel farouche ne semble pas devoir s'accommoder de la domesticité. On la trouve sur les côtes méridionales de la mer Noire, en Sicile et dans l'île de Chypre. Les autres espèces habitent l'Afrique et les Indes.

Les *Turnix* ont les plus grands rapports avec les cailles ; ils

Fig. 281. Turnyx tachydrome.

ne s'en distinguent guère physiquement que par l'absence du pouce. Ils habitent les terrains sablonneux et les plaines couvertes de hautes herbes. Ils courent très-vite, volent rarement,

Fig. 282. Chasse à la bartavelle.

et lorsqu'ils s'y décident, ne s'élèvent que d'un ou deux mètres, pour redescendre presque immédiatement ; après quoi ils restent obstinément sur le sol et se laissent saisir plutôt que de prendre un nouvel essor. Leur chair est excellente.

L'espèce d'Europe ou *Turnix tachydrome* (*coureur rapide*) (fig. 281, p. 468) habite la Sicile, le sud de l'Espagne et le nord de l'Afrique. Les îles de la Sonde nourrissent une espèce de turnix dont les instincts belliqueux fournissent un aliment à la barbare curiosité des habitants. Ces intéressants insulaires lancent deux turnix l'un contre l'autre, parient pour tel ou tel champion et engagent même dans ces luttes des sommes considérables, absolument comme les Anglais dans les combats de coqs.

Famille des Tinamidés. — Tous les oiseaux de cette famille appartiennent à l'Amérique méridionale. Ils sont les représentants des perdrix sur ce continent. Leurs caractères essentiels sont : bec grêle et médiocre, tarses assez longs et pourvus de nodosités, pouce court ou nul, impropre à la marche par sa position élevée ; ailes et queue courtes, cette dernière quelquefois nulle.

Ils comprennent quatre genres, très-voisins les uns des autres ; ce sont les *Tinamous*, les *Nothures*, les *Rhyncotes*, et les *Eudromies*. Nous présentons leur histoire d'une manière collective.

Les tinamidés sont d'un caractère timide et farouche, et ne s'accoutument pas à la captivité. Ils vivent par petites troupes, excepté à l'époque des amours. Ils volent lourdement et en ligne droite, mais courent très-rapidement. Quelques-uns montrent une telle paresse, qu'ils restent presque toute la journée sans bouger et ne se dérangent même pas pour éviter leurs ennemis ; de sorte qu'on peut les prendre à la main très-facilement. Ils sont pulvérateurs et habitent, soit les terres cultivées et les prairies herbues, soit les bois touffus. Sauf quelques rares exceptions, ils perchent à une faible hauteur pour dormir. Ils sont crépusculaires, en ce sens qu'ils cherchent leur nourriture le matin et le soir, et même au clair de la lune. Leur régime est à la fois frugivore, granivore, insectivore et vermivore. Ils nichent à terre et font deux pontes par an, de sept à huit œufs chacune. Leur chair est bonne et assez recherchée.

Famille des Chionidés. — Les oiseaux appartenant à cette famille sont caractérisés par un bec court, voûté, robuste; des ailes longues et aiguës; une queue médiocre, un pouce rudimentaire. La taille des Chionidés varie entre celle de la perdrix et celle du pigeon. On compte dans cette famille les genres *Chionis*, *Tinochore* et *Attagis*.

Les *Chionis* sont remarquables par leurs habitudes maritimes; ils se tiennent sur les plages et se nourrissent d'algues et de débris d'animaux. On les trouve sur toutes les terres australes. Les *Tinochores* et les *Attagis* sont des oiseaux de mœurs inconnues, qui habitent le Chili et le Paraguay.

Famille des Mégapodidés. — Les traits distinctifs des Mégapodidés sont les suivants : bec droit et grêle; tarses longs et forts; pieds tétradactyles, munis d'ongles allongés et robustes. Cette famille comprend trois genres : *Mégapode*, *Alecthélie* et *Talégalle*.

Les *Mégapodes* ne sont pas très-bien connus. On sait seulement qu'ils habitent les lieux marécageux, volent peu et courent comme les perdrix. Ils déposent chacun de leurs œufs dans des cavités séparées, et les laissent éclore au soleil. Les petits peuvent se passer de la protection maternelle, et pourvoir eux-mêmes à leurs besoins dès leur naissance. Ces oiseaux habitent les îles de l'Océanie.

Les *Alecthélies* ont la plus grande ressemblance avec les Mégapodes et habitent les mêmes parages. Leurs mœurs n'ont pas encore été étudiées.

Les *Talégalles* habitent l'Australie et la Nouvelle-Guinée. Ils vivent dans les broussailles, à proximité de la mer. Leur mode de nidification est bizarre. Ils rassemblent une grande quantité de feuilles vertes et en forment un monceau conique, de cinq à six pieds de hauteur. C'est dans un trou pratiqué au sommet de ce cône, que la femelle dépose deux ou trois œufs, placés perpendiculairement, les uns à côté des autres. La chaleur produite par la fermentation, combinée avec celle du soleil, est ensuite suffisante pour les faire éclore.

Famille des Phasianidés. — Cette famille se subdivise en plusieurs genres, ou tribus, savoir : les *Faisans*, les *Paons*, les *Pintades*, les *Dindons* et les *Alectors*.

La tribu des *Faisans* comprend, non-seulement les *faisans*

Fig. 283. Faisan doré.

proprement dits, mais encore les *Coqs*, les *Argus*, les *Houppifères*, les *Tragopans*, les *Roulouls*. Leurs caractères sont les suivants :

Fig. 284. Faisan commun.

tête nue, bec robuste; ailes courtes et vol lourd; queue très-développée; plumage extrêmement brillant, quelquefois splendide.

Tous ces oiseaux sont originaires de l'Asie. Les uns, comme les coqs, sont naturalisés sur toute la surface du globe depuis un temps immémorial; les autres, comme les faisans, sans être aussi répandus, n'en sont pas moins aujourd'hui fort communs dans un grand nombre de pays.

Les *Faisans* sont remarquables par la longueur démesurée de leur queue, dont les pennes médianes atteignent parfois jusqu'à $1^m,50$. Ce sont des oiseaux à la taille élancée, aux formes élégantes, au plumage éclatant, au moins chez les mâles, car les *faisanes* revêtent un costume beaucoup plus modeste. Ils ont les joues, ainsi que le tour des yeux, nus et verruqueux. Le sexe fort porte l'éperon.

On connaît quatre espèces de faisans, dont les mœurs ne diffèrent pas sensiblement : nous nous bornerons donc à présenter l'histoire du *faisan commun* (fig. 284), qui est le plus répandu en Europe.

L'introduction du faisan en Europe date de loin, s'il est vrai qu'elle remonte à l'expédition des Argonautes, c'est-à-dire 1300 ans avant Jésus-Christ. Les compagnons de Jason rencontrèrent cet oiseau sur les rives du Phase, en Colchide (d'où le nom de *faisan*). Frappés de sa beauté, ils le rapportèrent en Grèce, d'où il se répandit successivement sur tout le continent. Comme ils le croyaient propre au fleuve Caucasien, les Grecs l'appelèrent *oiseau du Phase*; mais on reconnut plus tard qu'il habite aussi toute la région méridionale de l'Asie (Chine, Cochinchine, Bengale, etc.).

On trouve aujourd'hui cet oiseau en France, en Angleterre, en Hollande, en Allemagne et jusqu'en Suède.

Les faisans se tiennent dans les plaines boisées et marécageuses. Leur nourriture, très variée, se compose de graines, de baies, de vers, d'insectes et d'escargots. D'un naturel farouche, ils s'envolent à la moindre apparence de danger. Ils vivent solitairement jusqu'au moment de la ponte. Alors les mâles se mettent en devoir de se composer un harem, car ils sont polygames. Ils se livrent, pour la possession des femelles, des combats tellement acharnés, que les plus faibles restent parfois sur le carreau.

Les faisans pondent à terre, au sein d'épais fourrés, douze à vingt-quatre œufs, dont l'incubation dure vingt-cinq jours.

La mère n'entoure pas ses petits de cette sollicitude qui est si remarquable chez d'autres oiseaux; elle semble même ne pas les connaître, car elle soigne indifféremmen tous les *faisandeaux* qui l'entourent. On ne peut guère s'attendre d'ailleurs à une tendresse maternelle bien vive de la part d'une femelle qui ne craint pas de briser ses œufs pour s'éviter l'ennui de couver.

Les faisans ne brillent pas par l'intelligence; aussi, malgré leur défiance, tombent-ils très facilement dans tous les pièges qu'on leur tend. Pour les tuer, les braconniers rôdent le soir autour des grands arbres qui leur servent de perchoirs pen-

Fig. 285. Chasse du Faisan.

dant la nuit. Lorsqu'ils sont *branchés*, ils se laissent fusiller sans chercher à s'enfuir.

En général, les faisans ne se reproduisent pas tout à fait librement sur le sol européen. On les élève dans de vastes enclos nommés *faisanderies*, où ils trouvent les conditions nécessaires à leur existence. Comme les femelles sont mauvaises couveuses, on a soin de faire couver leurs œufs par des poules.

Pendant les deux premiers mois de leur existence, les *faisandeaux* doivent être entourés des plus grands soins, car ils sont exposés à de nombreuses maladies. On les nourrit d'œufs de fourmis.

On ne rencontre le faisan à l'état sauvage que dans la Touraine, l'Alsace et le Berri. Sa chair est très-savoureuse : les gourmets prétendent qu'elle ne doit être mangée que lorsqu'elle a atteint un degré avancé de putréfaction ; on dit alors qu'elle est *faisandée*, qualification qui a été étendue par analogie à une foule d'autres gibiers.

Une particularité très-curieuse propre à certains oiseaux appartenant à la famille dont nous parlons et qui est surtout remarquable chez le faisan, c'est que les vieilles femelles, quand elles sont devenues infécondes, prennent la voix et le plumage des mâles. On s'est assuré que les jeunes faisanes subissent les mêmes vicissitudes toutes les fois qu'elles sont privées accidentellement des organes reproducteurs.

Le *Faisan doré* (fig. 283 [page 493]) et le *Faisan argenté* sont deux splendides oiseaux, originaires de la Chine et du Japon, qui commencent à se naturaliser en Europe. Le premier, revêtu de pourpre et d'or, porte sur la tête une belle huppe jaune ; le second, au costume blanc et noir, n'est pas inférieur en beauté au précédent. Linné l'a nommé *Nyctémère* (la nuit et le jour).

Citons encore le *Faisan à collier*, peu différent du *Faisan commun*, qui se propage rapidement en Europe depuis quelques années ; — le *Faisan vénéré*, indigène en Chine, où il est pourtant assez rare et très-recherché pour la beauté de son plumage et la longueur extraordinaire de sa queue, qui mesure, chez certains individus, jusqu'à 1^m,50 : l'exportation de cet oiseau est, dit-on, sévèrement interdite ; — le *Faisan de lady Ammherst*, ainsi nommé parce que cette dame anglaise en apporta deux spécimens vivants en Europe, présente aussi les tons les plus riches.

J'en passe et des meilleurs, comme il est dit dans *Hernani*, à la Comédie-Française.

A côté du *Faisan*, se place l'*Argus* (fig. 286), oiseau au magnifique plumage, qui habite les forêts de Java et de Sumatra. Il ne diffère du faisan que par les tarses, plus longs et dépourvus d'éperons, et par le développement extraordinaire des pennes secondaires des ailes; la queue est large, arrondie, et les deux pennes médianes sont extrêmement longues et toutes droites. Lorsqu'il piaffe autour de sa femelle, étale ses ailes et fait la roue, cet oiseau présente à l'œil ébloui du spectateur deux splendides éventails d'une teinte bronzée, sur lesquels sont répandues à profusion les taches ocellées à reflets de satin qui lui ont valu son nom d'*Argus*. Dans les circonstances ordinaires, les ailes sont repliées sur les flancs et n'attirent point le regard. Ce luxuriant plumage n'appartient qu'au mâle.

L'argus est très-farouche; ses mœurs sont peu connues.

Les caractères généraux du *genre Coq* sont les suivants : bec médiocre, courbé et robuste; tête surmontée d'une crête charnue, rouge et dentelée; mandibule inférieure garnie de deux barbillons pendants, également rouges et charnus; tarses assez longs, armés d'un éperon acéré; ailes courtes, concaves et obtuses; queue tectiforme, arquée et retombant en panache, à pennes médianes très-développées; plumage brillant, à reflets métalliques.

Ce signalement s'applique exclusivement aux mâles. Les poules, plus humbles en leur toilette, méprisent ces avantages extérieurs. Leur costume est terne et sans apparat; leur queue, droite et légèrement relevée, se maintient dans des proportions raisonnables. Leur crête est réduite à sa plus simple expression et elle disparaît même complétement chez certaines espèces. Enfin leurs jambes sont dépourvues d'arme meurtrière. Elles sont aussi de moindre taille et vocifèrent moins vigoureusement que les coqs.

La domestication du coq remonte aux temps anté-historiques : on ne peut donc faire que des conjectures sur la patrie primitive et l'espèce d'où sont sorties les nombreuses variétés actuellement répandues dans toutes les contrées du monde. Cette

Fig. 286. Argus.

espèce paraît être l'une de celles qui vivent encore à l'état sauvage, dans l'Inde et les îles de l'Archipel indien. Peut-être même celles-ci constituent-elles autant de types qui ont donné naissance à nos principales races domestiques, et qui se sont partagées plus tard en un certain nombre de variétés.

Quelle que soit l'opinion que l'on adopte, on doit reconnaître que, parmi les espèces indigènes en Asie, c'est le *coq Bankiva* qui se rapproche le plus de notre coq de village. Cet oiseau habite Java, Sumatra et les Philippines. Viennent ensuite le *coq Sonnerat*, le *coq Lafayette*, le *coq Ayam-Alas*, le *coq Sans queue*. Le *Coq géant* ou *Jago* est la plus grande espèce du genre. On le considère, non sans raison, comme la souche de nos races les plus volumineuses (*coq russe, coq de Padoue, coq de Caux*). Il vit à l'état sauvage à Java et à Sumatra, mais les Mahrattes l'ont réduit en domesticité. Le *Coq nègre* offre un cas très-remarquable de mélanisme : la crête, les barbillons, l'épiderme, le périoste et les plumes de cette espèce sont noirs ; mais la chair est blanche. Le *coq nègre*, très-répandu en Belgique et en Allemagne, vit encore aujourd'hui en liberté dans les Indes. Toutes ces espèces habitent d'épaisses forêts, et leurs mœurs sont complétement inconnues. En conséquence, arrivons sans plus tarder à l'histoire du coq domestique.

Le coq est épais et massif, mais sans lourdeur. Sa démarche, fière et assurée, n'est pas dépourvue de quelque noblesse. Sans être habile coureur, il se meut avec une certaine vitesse ; mais dès qu'il s'agit de voler, son incapacité se révèle : c'est à peine s'il peut s'élever à quelques mètres, comme si la nature l'avait destiné à vivre toujours à côté de l'homme, attaché au sol qui les nourrit l'un et l'autre.

Le coq est le parfait modèle du sultan : il traîne tout un sérail à sa suite. Son amour est un curieux mélange d'attentions délicates et de brutalités révoltantes. Voyez-le se promenant au milieu de ses compagnes : il n'est pas de petits soins auxquels il ne se croie obligé pour leur être agréable. Il les dirige, les protége, veille sur elles, avec une tendresse inquiète ; s'il trouve quelque morceau succulent, il veut les en faire profiter. Quand arrive l'heure des repas, il adoucit sa voix, pour les engager à venir becqueter le grain répandu sur la terre. Mais quelquefois il est cruel et brutal, tant pour les poules que pour les poussins.

D'un caractère ardent, le coq ne peut souffrir un rival à ses côtés. Aussi la guerre est-elle inévitable lorsque deux coqs habitent la même basse-cour. L'œil étincelant, la tête baissée, les plumes du cou hérissées, les deux adversaires s'observent quelque temps en silence. Enfin l'orage qui gronde en eux, éclate avec violence. Ils se précipitent l'un contre l'autre et s'accablent mutuellement de coups de bec et d'éperon : la terre est rougie de leur sang. Ces luttes, qui durent quelquefois une heure, ne cessent que pour recommencer le lendemain ; elles ne prennent fin que lorsqu'un des champions succombe ou que, reconnaissant la suprématie du vainqueur, il lui abandonne la place.

Le coq emploie quelquefois son courage et sa force à des luttes plus nobles. Il ne craint pas, en certaines occasions, d'exposer sa vie pour la défense de la basse-cour.

L'homme, qui sait utiliser jusqu'aux mauvais instincts des animaux, n'a pas manqué d'exploiter, en vue de ses plaisirs, le naturel batailleur du coq. Dans l'antiquité, les Grecs se plaisaient singulièrement aux combats de coqs ; les coqs de Rhodes étaient particulièrement renommés pour leurs qualités guerrières. On raconte que Thémistocle, marchant contre les Perses qui avaient envahi la Grèce, et voyant ses troupes découragées avant la bataille, leur fit remarquer l'acharnement qu'apportaient les coqs dans leurs combats. Puis il ajouta :

« Ces animaux ne déploient tant de courage que pour le seul plaisir de vaincre ; et vous, soldats, vous allez combattre pour vos dieux, pour les tombeaux de vos pères, pour vos enfants, pour votre liberté ! »

Ces paroles ranimèrent l'ardeur défaillante des phalanges grecques, et les Perses furent vaincus. En mémoire de cet événement, les Athéniens consacrèrent un jour spécial, dans l'année, aux combats de coqs.

Les Romains empruntèrent ce passe-temps à la Grèce. Aujourd'hui les combats de coqs sont encore en honneur dans une partie de l'Orient, de l'Asie, dans toutes les îles de la Sonde, chez les Chinois. A Java et à Sumatra, ce divertissement est poussé jusqu'à la folie. Les habitants de ce pays ne voyagent presque jamais sans porter un coq sous le bras. Il n'est pas rare de voir des parieurs engager, non-seulement leur fortune, mais encore leur femme ou leur fille, sur la force et l'adresse d'un coq réputé invincible.

Fig. 287. Coq, poule et poussins. (Espèces communes de France.)

Personne n'ignore que les combats de coqs sont un des grands plaisirs des Anglais.

Henri VIII avait institué des règlements pour ce spectacle populaire. A son exemple, la plupart des rois d'Angleterre protégèrent ces amusements. Charles II et Jacques II le prirent sous leur protection spéciale. A cette époque, les combats de coqs étaient une véritable science, qui avait son code et ses lois. De volumineux règlements déterminaient les circonstances du combat et fixaient les intérêts des parieurs. Aujourd'hui, ce plaisir est devenu, en Angleterre, le privilége à peu près exclusif des gens du peuple. C'est la grande joie de John Bull.

Les combats de coqs sont annoncés à son de trompe, par les crieurs publics, qui font connaître avec précision le jour, l'heure et jusqu'au nom des champions emplumés. La foule accourt, les paris s'établissent, et s'élèvent souvent à des sommes considérables. L'assistance contemple avec une joie barbare les péripéties du combat acharné que se livrent les deux adversaires, se jetant avec fureur l'un contre l'autre, armés chacun d'un éperon d'acier tranchant et aigu, attaché à la patte (fig. 288). La lutte ne se termine que par la mort de l'un des combattants, et le vainqueur est promené en triomphe dans la foule. Mais son triomphe est de peu de durée. Ramené au combat, l'éperon d'un nouvel adversaire ne tarde pas à l'atteindre, et il tombe à son tour, expirant, dans l'arène. Le vainqueur sur lequel reposaient tout à l'heure tant d'intérêts, qui excitait tant d'admiration et d'éloges enthousiastes, n'est plus maintenant qu'un vil gibier destiné au repas de quelque goujat du canton.

Sous des dehors modestes et pacifiques, les poules cachent un caractère assez turbulent. On les entend sans cesse caqueter et se quereller entre elles. On peut même leur reprocher une certaine dose de cruauté. Si quelqu'une de leurs compagnes est malade ou blessée, elles se réunissent pour l'achever; elles mettent un terme tout à la fois à la souffrance et à la vie. Lorsqu'une étrangère survient dans le poulailler, on lui fait le plus mauvais accueil, on l'accable de coups, et on ne cesse les hostilités qu'au bout de plusieurs jours, ou dans le cas de protection déclarée de la part du coq, seigneur et maître en ces lieux.

Les poules se nourrissent de tout. C'est ce qui les rend si précieuses pour l'habitant de la campagne, car elles donnent des profits sans occasionner d'autre dépense que celle de quelques poignées de grains le matin et le soir. Graines, herbes, vers, insectes, chair morte ou vivante, débris de toutes sortes, leur conviennent parfaitement.

En France, les poules commencent à pondre vers le mois de février, et cessent vers les premiers jours d'automne, à l'époque de la mue; on peut même les faire pondre en hiver, en leur donnant une nourriture échauffante. Leur ponte comporte quotidiennement un œuf; quelquefois, mais rarement, deux. L'accouplement n'exerce aucune influence sur la ponte, c'est-à-dire que les poules pondent parfaitement sans coq; mais alors leurs œufs sont *clairs* ou inféconds, et ne peuvent être utilisés que comme aliments.

Tout le monde connaît le cri de la poule, lorsqu'elle vient de pondre. Quand elle a pondu une vingtaine d'œufs, elle manifeste

Fig. 288. Un combat de coqs, en Angleterre.

le besoin de couver. Si on veut lui donner cette satisfaction, on lui laisse quinze ou vingt œufs, qu'on place dans un panier garni de paille. Elle s'accroupit alors sur son trésor, en poussant un gloussement particulier, étend ses ailes, et couve avec tant de persévérance, qu'elle en oublie, pour ainsi dire, le boire et le manger, si bien qu'on est obligé de lui porter sa nourriture. Pendant vingt et un jours, les œufs sont ainsi maintenus à une température uniforme d'environ 40° centigrades. Au bout de ce temps, les poulets brisent leur coquille, et font quelques pas en chancelant.

La poule remplit ses devoirs de mère avec un dévouement et une tendresse incomparables. Elle suit ses poussins pas à pas, les rappelle lorsqu'ils s'écartent trop, cherche leur nourriture et ne songe à elle-même qu'autant qu'ils sont rassasiés. Elle les réchauffe, les protége et les défend contre toute entreprise agressive. Un oiseau de proie se montre-t-il, elle se précipite à sa rencontre, crie, saute, s'agite, et prend une attitude si menaçante qu'elle réussit quelquefois à mettre en fuite le ravisseur.

Les poulets se développent assez promptement. Au bout d'un mois ils prennent la crête. A six mois les coqs ont déjà acquis la vigueur nécessaire pour la reproduction. Les poules commencent à pondre vers la même époque.

L'âge de trois mois est celui qu'on choisit pour transformer les poulets en *chapons* et *poulardes*. On nomme ainsi des individus, qui, préalablement privés des organes sexuels, et engraissés ensuite d'une manière spéciale, acquièrent une saveur et une délicatesse de chair toutes particulières.

Les poulardes et les chapons, en perdant la faculté génératrice, perdent aussi les caractères inhérents à leur sexe. La poule tourne au coq, et l'humeur de ce dernier s'adoucit à tel point qu'il consent à élever des poussins, et à remplacer leur mère, absente pour cause de ponte.

On arrive à ce résultat en lui arrachant les plumes du ventre, et en le lui frottant ensuite avec des orties. Les poulets, en se glissant sous lui, adoucissent les douleurs que lui causent les piqûres; aussi reçoit-il avec plaisir ses jeunes consolateurs; bientôt il s'attache à eux, et leur tient lieu de mère. C'est dans les départements de la Sarthe et de l'Ain qu'on élève les poulardes les plus renommées.

On remplace quelquefois les poules couveuses par l'*incubation artificielle*.

Dès les temps les plus anciens, on eut recours à ce moyen, en Égypte, pour augmenter la production des poulets. Le procédé qui servait, et qui sert encore dans l'Égypte moderne, à obtenir ce résultat, consiste à placer les œufs dans des fours, maintenus pendant 21 jours à une température uniforme de 40°. On produit annuellement, par ce moyen, cent millions de poulets en Égypte. Il faut croire que l'opération, quelque simple qu'elle paraisse, n'est pas sans difficulté, ou que le climat de l'Afrique joue ici un certain rôle, car les essais tentés en France n'ont jamais été couronnés de succès.

Dans les îles de la Sonde, l'incubation artificielle s'accomplit d'une autre façon. On trouve des hommes qui, moyennant un faible salaire, se résignent à rester pendant trois semaines, étendus et immobiles, sur des œufs placés dans des cendres.

L'antiquité nous a légué le récit d'une curieuse incubation, faite à Rome par l'impératrice Livie. Cette princesse étant grosse et désirant avoir un fils, imagina de couver un œuf dans son sein, afin de tirer un pronostic du sexe du poulet. L'opération fut menée à bien, et l'œuf ayant produit un coq, Livie en conclut que ses vœux seraient exaucés : ce qui se réalisa, car elle mit au monde Tibère, un assez vilain oiseau comme chacun sait.

Les genres *Houppifères*, *Tragopan*, *Rouloul*, appartiennent à l'Inde ou aux îles de la Sonde et sont tous remarquables par l'éclat de leurs couleurs.

Le *Houppifère*, dont le nom veut dire *porteur de huppe*, a beaucoup de ressemblance avec le coq. Le *Tragopan*, que Buffon appelle *faisan cornu*, tient du coq et du faisan ; il est reconnaissable à deux petites cornes grêles qui garnissent la tête du mâle. Enfin le *Rouloul*, ou *Cryptonyx*, a le chef orné d'une huppe fuyante d'un beau rouge. Tous ces oiseaux vivent à l'état sauvage et n'ont pas encore reconnu l'empire de l'homme ; on est peu renseigné sur leurs mœurs ; mais elles s'éloignent peu probablement de celles des coqs et des faisans.

Les *Pintades* ont la tête petite, le bec et le cou courts, la queue également courte et pendante, les tarses très-bas et dépourvus d'ergots, le corps arrondi, les ailes courtes et concaves. La tête porte une crête calleuse d'un bleu rougeâtre, remplacée parfois par une huppe. Des barbillons charnus pendent sous le bec.

La *Pintade ordinaire* (fig. 289) a le plumage ardoisé, couvert de taches blanches; elle est originaire d'Afrique, et son introduction en Europe date de fort loin. Elle était très-connue des Grecs et des Romains. Les premiers en avaient fait l'emblème de l'attachement fraternel. Suivant eux, les sœurs de Méléagre

Fig. 289. Pintade.

ressentirent une telle douleur de la mort de leur frère, que Diane les changea en pintades, pour terminer leurs maux. La déesse voulut, en outre, que leur plumage portât la trace de leurs larmes; c'est pourquoi leur plumage est semé de taches blanches!

Les Romains qui estimaient beaucoup la chair de ces oiseaux, les élevaient avec le plus grand soin, pour les faire figurer dans leurs festins. Mais, à la suite de l'invasion des Barbares, elles disparurent de l'Europe, et pendant tout le moyen âge on n'en entendit plus parler. Les Portugais, qui les retrouvèrent en Afrique en se rendant aux Indes, les réimportèrent en Europe, où elles se sont depuis multipliées dans nos basses-cours.

Cependant le caractère turbulent et querelleur des pintades, leurs cris bruyants et désagréables, sont des obstacles sérieux à leur propagation. Elles ont sans cesse maille à partir avec les poules et les dindons, et quoique moins fortes que ceux-ci, elles ne craignent pas de les combattre. On les voit se précipiter sur les poussins des autres oiseaux, et leur fendre le crâne, d'un coup de bec. Elles montrent plus d'attachement pour les leurs; mais il en est qui s'occupent si peu de leur jeune famille, qu'on est obligé de la faire élever par des poules ou des dindons. Ce sont, en général, de mauvaises couveuses; mais leur fécondité est très-grande, et lorsqu'elles sont bien nourries, elles peuvent fournir jusqu'à cent œufs par an. Ces œufs sont excellents; certains amateurs les trouvent même supérieurs à ceux de la poule. Leur chair, pourtant fort bonne, n'est pas très-recherchée.

Les pintades, dont on connaît maintenant plusieurs espèces, vivent, à l'état sauvage, dans certaines parties de l'Afrique; elles sont très-nombreuses en Arabie. On les trouve par petites bandes, composées d'un mâle et de plusieurs femelles, dans les lieux voisins des marécages. Transportées en Amérique, après la découverte de ce continent, elles s'y sont parfaitement acclimatées, et s'y reproduisent aujourd'hui en pleine liberté, au sein des forêts et des savanes.

Les *Dindons* sont des oiseaux de grande taille, qui se distinguent facilement des autres gallinacés, par les caractères suivants. Ils ont la tête et le cou nus, décorés d'appendices charnus; celui de la tête, qui retombe en avant sur le bec, est susceptible de se gonfler et de se redresser, sous l'influence de la colère ou de l'amour. A la base du cou, pend un pinceau de poils, longs et roides, semblables à des crins. Les tarses sont robustes, et pourvus d'un éperon peu développé; enfin la queue est arrondie, de longueur moyenne, et peut s'épanouir en éventail : on dit alors que l'oiseau *fait la roue*.

Le *Dindon commun* est originaire de l'Amérique septentrionale, où il vit encore à l'état sauvage. On le rencontre fréquemment dans les forêts qui bordent les grands fleuves de ce pays, tels que le Mississipi, le Missouri et l'Ohio. C'est là qu'il faut l'étudier, pour s'en faire une idée exacte. Le dindon dégénéré par la servitude, ne peut nous offrir qu'une notion bien imparfaite de la primitive espèce.

La couleur du dindon sauvage est le brun, à reflets bleus et

Fig. 290. Dindon sauvage.

verts, d'un éclat métallique. Le mâle mesure ordinairement 1ᵐ,30, et pèse en moyenne de 8 à 9 kilogrammes. Le naturaliste américain Audubon dit en avoir vu un qui pesait 18 kilogrammes. La femelle est beaucoup plus petite, et son poids ne dépasse guère 5 kilogrammes; son plumage est moins riche que celui du mâle.

On comprend sans peine qu'un oiseau aussi lourd vole difficilement. Le dindon sauvage peut parcourir en l'air une distance assez grande; mais il ne s'y décide que lorsque tout autre moyen de locomotion lui est refusé. En revanche, il court avec une rapidité surprenante : il distance le chien le plus rapide, et ne se laisse forcer qu'après une poursuite de plusieurs heures. Il accomplit à pied de longs voyages, qui n'ont rien de périodique, et dont la cause déterminante paraît être le manque de subsistance, à un moment donné, dans la contrée qu'il habite.

C'est ordinairement vers les premiers jours d'octobre que commencent ses migrations. Les dindons se réunissent alors, par troupes de dix à cent individus, et s'acheminent vers les régions qu'ils ont choisies pour leur demeure nouvelle. Les mâles forment des groupes séparés des femelles, qui marchent de leur côté, entourées de leur jeune famille. Cette habitude est inspirée aux femelles par la nécessité de soustraire leurs petits à la brutalité des vieux mâles, qui les tuent lorsqu'ils les rencontrent.

Il arrive quelquefois que les bandes émigrantes sont arrêtées par un cours d'eau. Les dindons montrent alors une grande agitation ; ils font la roue, poussent de fréquents *glouglous*, en se livrant à des démonstrations extravagantes. Au bout d'un ou deux jours seulement, après avoir inspecté les alentours, ils montent sur la cime des plus hauts arbres, et prennent leur essor, pour traverser l'obstacle. Il y en a toujours quelques-uns, parmi les jeunes, qui tombent à l'eau ; mais ils savent parfaitement s'en tirer à la nage. Lorsqu'ils ont atteint le bord opposé, ils courent çà et là, comme atteints de délire, et il est très-facile de les tuer.

C'est vers le milieu du mois de février que ces oiseaux s'apparient. Les femelles pondent vers le milieu d'avril.

A cette époque, elles s'enfuient en un lieu ignoré du mâle, car celui-ci briserait leurs œufs. Chacune creuse un trou en terre, le garnit de feuilles sèches, et y dépose de dix à quinze œufs, qu'elle couve avec une persévérance digne d'éloges. Sous ce rapport, elle est supérieure à tous les gallinacés, même à la poule domestique. Lorsqu'elle quitte ses œufs, pour aller chercher sa nourriture, elle a toujours soin de les recouvrir de feuilles, afin de les soustraire aux regards du renard, du lynx et de la corneille, qui en sont très-friands.

L'incubation dure trente jours environ. Lorsque approche l'époque de l'éclosion, aucune puissance ne peut forcer la mère à abandonner son nid, aucun péril n'est capable de lui faire négliger ses douces fonctions.

Les dindonneaux courent en naissant, grandissent sous les ailes maternelles, et ne s'en séparent qu'au bout de plusieurs mois.

Les dindons sauvages ont des ennemis très-redoutables. L'homme d'abord, puis le lynx et les grands-ducs leur font une guerre acharnée. Aussi leur méfiance est-elle grande; ils s'enfuient quand ils sont à terre, à la moindre apparence de danger. Il en est tout autrement s'ils sont accroupis sur les branches des arbres : on peut alors s'en approcher et les tuer. Lorsque la lune brille dans un ciel clair, les chasseurs américains vont se poster sous les arbres où les dindons perchent en commun. Dans cette situation, ils reçoivent plusieurs décharges, sans faire le moindre mouvement, et se laissent abattre les uns après les autres. On a peine à s'expliquer une pareille apathie, surtout lorsqu'on connaît leur empressement à décamper devant le hibou. C'est au peu d'intelligence qu'ils montrent en cette circonstance, ainsi qu'à leur port disgracieux et à leurs attitudes embarrassées, qu'il faut sans doute attribuer la réputation de stupidité faite aux dindons.

Cet oiseau donne pourtant quelquefois des preuves d'intelligence, comme le prouve le fait suivant, rapporté par Audubon.

Il avait élevé, dès sa plus tendre jeunesse, un dindon sauvage, qui était devenu d'une familiarité extrême; mais chez cet oiseau l'amour de l'indépendance était resté assez vif pour qu'il ne pût s'accoutumer à la vie cloîtrée des dindons domestiques. Aussi jouissait-il de la plus grande liberté; il allait, venait, passait presque tout son temps dans les bois, et ne rentrait au logis que le soir. Un jour, il ne revint pas, et depuis ce moment il ne parut plus. A quelque temps de là, Audubon, étant en chasse, aperçut un superbe dindon sauvage, sur lequel il lança son chien. Mais, à sa grande surprise, l'oiseau ne prit pas la fuite, et le chien, au lieu de le saisir lorsqu'il l'eut rejoint, s'arrêta, et tourna la tête vers son maître. Plus grande encore fut la stupéfaction du chasseur, lorsque, s'étant rapproché, il reconnut son ancien pensionnaire. Ainsi ce dindon avait reconnu le chien de son maître, et il avait compris qu'il ne lui ferait aucun mal : sans cela il eût détalé tout de suite.

Les dindons se nourrissent d'herbes, de céréales, de fruits et de baies de toutes espèces. Ils aiment beaucoup les glands ; et leur goût pour le blé et le maïs est tel, qu'ils entrent fréquemment dans les champs cultivés, pour s'en repaître, et y causent les plus grands ravages. Ils prennent aussi, à l'occasion, des insectes coléoptères, des grenouilles et des lézards. A l'état domestique, on en voit même qui tuent et mangent des rats.

Une particularité curieuse de l'histoire du dindon, c'est son horreur du rouge. La vue d'un objet écarlate le fait entrer dans des fureurs comiques, qu'on s'amuse souvent à provoquer, dans les basses-cours.

Nous n'avons pas à vanter les qualités comestibles du dindon domestique, chacun est fixé à cet égard. Nous dirons seulement que, d'après le témoignage de plusieurs voyageurs et naturalistes, qui ont été à même de l'apprécier, la chair du dindon sauvage, tué en hiver ou au printemps, avant la ponte, est bien supérieure à celle de l'oiseau domestique.

Le dindon étant propre à l'Amérique, ne fut naturellement pas connu des anciens ; ce n'est qu'après la découverte du nouveau monde qu'on le transporta dans notre hémisphère. On n'est pas d'accord sur la date précise de son importation en France. Il y fut introduit, suivant les uns, dès la fin du quinzième siècle, suivant d'autres, au commencement du seizième seulement. Anderson prétend que les premiers dindons élevés et mangés en France furent servis aux noces de Charles IX, en 1570.

Le *Dindon ocellé* est un des plus beaux gallinacés ; son plumage est magnifique ; sa queue est émaillée de larges miroirs bleus, entourés de cercles d'or et de rubis. Il habite la baie de Honduras, où on l'a découvert récemment.

La *Tribu des Paons* comprend les genres *Paon, Éperonnier, Lophophore*.

Ce qui distingue essentiellement les *Paons* des autres gallinacés, c'est la queue immense et splendide dont la nature les a doués. Cette queue, formée de plumes longues, larges et touffues, colorées des nuances les plus riches, est susceptible de se relever, comme celle du dindon. Lorsqu'on contemple ce magnifique manteau, où la pourpre et l'or se marient aux tons les plus chatoyants de l'émeraude ; lorsqu'on arrête ses regards sur les yeux innombrables et brillants dont il est parsemé ; lorsque embrassant dans son ensemble la physionomie de ce bel oiseau, on détaille avec ravissement une taille élevée et bien prise, des formes élégantes, un port noble, et par-dessus

Fig. 291. Paon domestique

tout une aigrette mobile et déliée, emblème de royauté, couronnant le sommet de la tête, on ne peut se défendre d'une vive admiration, et l'on accorde spontanément la palme de la beauté à l'être privilégié qui réunit tant de merveilles.

Le paon était connu dès la plus haute antiquité ; car il est cité dans la Bible comme un des produits les plus précieux rapportés d'Asie par les flottes du roi Salomon. C'est à la suite de l'expédition d'Alexandre dans l'Inde qu'il fit son apparition en Grèce. Alexandre fut, dit-on, si émerveillé à la vue de ces oiseaux, qu'il défendit de les tuer, sous les peines les plus sévères. Ils furent longtemps très-rares à Athènes et d'un prix fort élevé; le peuple des villes voisines accourait en foule pour les contempler. Des Grecs ils passèrent chez les Romains, et ce peuple, plus amoureux des plaisirs de la table que d'un pur spectacle des yeux, ne tarda pas à les faire figurer dans ses festins. Bientôt ils se multiplièrent dans les basses-cours des riches patriciens, et l'on vit des empereurs, tels que Vitellius et Héliogabale, se faire servir des plats de têtes ou de cervelles de paons. Aussi le prix de ces oiseaux devint-il excessif à Rome. Peu à peu l'usage s'en répandit dans tout l'empire, et c'est ainsi que le paon se naturalisa en Europe.

Pendant plusieurs siècles, sa chair, exquise et délicate, fut en très-grande faveur; mais l'importation du faisan, et plus tard celle du dindon, lui portèrent un coup funeste. Ce n'est guère que pour récréer la vue qu'on élève aujourd'hui le paon, et même quand on le fait paraître dans les repas de cérémonie, le maître d'hôtel prend-il soin d'étaler sa brillante queue, comme le plus bel ornement de la table.

Le *Paon domestique*, qui fait aujourd'hui l'orgueil de nos jardins et de nos parcs, est originaire de l'Inde et des îles de l'Archipel indien. C'est là qu'il vit encore, par grandes troupes, dans l'épaisseur des bois. Il y est très-abondant, au dire du colonel Williamson. Ce voyageur, s'étant arrêté un jour dans le district de Jungleterry, ne compta pas moins de douze à quinze cents de ces oiseaux, à portée de sa vue.

Le paon court avec une telle rapidité, qu'il échappe souvent aux poursuites des chiens; mais il prend difficilement son essor, et vole lourdement, bien qu'il soit capable de parcourir en volant des distances assez considérables. Il se nourrit de grains de toutes sortes, qu'il avale sans les broyer. Le soir, il va se percher à la cime des plus hauts arbres, pour s'y livrer au repos de la nuit.

Ce penchant pour les lieux élevés persiste dans l'état de domesticité. Le paon affectionne les toits des maisons, sur lesquels il s'acharne, par parenthèse, d'une terrible façon, dispersant les tuiles ou dévorant le chaume, suivant les cas. L'instinct dévastateur paraît d'ailleurs très-développé chez lui. Il commet d'affreux dégâts dans les champs cultivés, toutes les fois qu'il en trouve l'occasion. Il peut alléguer, il est vrai, dans cette circonstance, la nécessité de pourvoir à sa nourriture; mais il est sans excuse lorsque, se ruant sur les plates-bandes de l'horticulteur, il y porte le désordre, et semble prendre plaisir à déterrer les semences et à arracher les fleurs.

Le paon pousse, de temps à autre, un cri assourdissant, qui contraste désagréablement avec son étincelant plumage. On voudrait un organe plus harmonieux, dans un corps aussi magnifique; mais quel est l'animal qui peut réunir toutes les perfections?

Il est polygame. Dès les premiers jours du printemps, le mâle fait miroiter aux yeux des femelles toutes les splendeurs de son costume; il se pavane, fait la roue, se complaît dans la vue de sa personne, et recueille avec bonheur les cris d'admiration qu'arrache la vue de ses charmes. Sa vanité est sans bornes : l'encens de ses poules ne lui suffit pas, il lui faut encore les éloges de l'homme. Lorsqu'il s'aperçoit qu'on le regarde, il étale avec complaisance toutes les richesses de son prodigieux écrin. Passé maître en l'art de plaire, il sait se ménager d'habiles transitions d'ombre et de lumière, afin de se présenter sous son jour le plus avantageux; et lorsqu'on l'admire selon ses vœux, il se trémousse d'aise, et marque son contentement par des trépignements réitérés.

A la fin d'août ses belles plumes tombent, pour ne repousser qu'au printemps. On a dit à ce propos que le paon, honteux d'avoir perdu ce qui faisait son orgueil, fuit les regards de l'homme. On s'expliquera mieux le fait, si l'on songe que l'époque de la mue est, pour cet oiseau comme pour tous les autres, une période de véritable maladie. Il se retire dans la solitude, pour y trouver le calme et la tranquillité que réclame cet état critique.

La femelle du paon sauvage dépose de vingt à trente œufs dans un trou creusé en terre. Elle est beaucoup moins féconde en domesticité; sa ponte varie alors entre six et dix œufs. Elle prend les plus grandes précautions pour dérober son nid aux investigations du mâle, qui brise ses œufs quand il les trouve.

L'incubation dure de vingt-sept à trente jours. Les petits suivent leur mère en naissant. A six mois, ils sont réputés adultes, et ils ont atteint à trois ans leur développement complet.

Les femelles des paons, comme celles des faisans et des coqs, prennent le plumage des mâles, lorsque l'âge les a rendues infécondes, ou qu'une atrophie prématurée des ovaires les a frappées de stérilité.

Le paon vit de vingt-cinq à trente ans; c'est à tort que certains auteurs lui ont attribué une longévité d'un siècle.

Les *Éperonniers* doivent leur nom à la surabondance d'éperons dont ils sont armés; les mâles en possèdent toujours deux, quelquefois trois. Ces oiseaux ont, comme le paon, le plumage parsemé d'ocellations éclatantes; mais leur queue est moins longue et n'est pas susceptible de s'épanouir. On en connaît trois ou quatre espèces, qui habitent l'Inde, la Chine, les îles de Sumatra et de Bornéo; leurs mœurs n'ont pas encore été étudiées.

Les *Lophophores*, dont le nom veut dire *porte-aigrette*, ne sont

Fig. 292. Lophophore resplendissant.

guère mieux connus que les Éperonniers. On sait seulement qu'ils aiment les climats froids, ce que démontre suffisamment leur prédilection pour les sommets élevés de l'Himalaya. On n'a pas encore réussi à les acclimater en Europe.

Le *Lophophore resplendissant* (fig. 292) est un des plus brillants gallinacés; son plumage, chamarré des couleurs les plus vives, lui a valu dans l'Inde un nom très-significatif : on l'appelle l'*oiseau d'or*.

Cuvier a réuni, sous le nom d'*Alectors*, un certain nombre d'oiseaux d'Amérique qui ont quelque ressemblance avec le coq (en grec ἀλέκτωρ), et les a répartis en plusieurs genres, à savoir : les *Hoccos*, les *Pauxis*, les *Pénélopes*, les *Parraquas*, les *Hoazins*.

Les *Hoccos* sont analogues, pour la forme et la taille, aux

Fig. 293. Hocco.

dindons, dont ils sont les représentants dans l'Amérique méridionale. Dépourvus d'éperons, ils portent sur le crâne une large huppe, formée de plumes contournées et érectiles. Ils vivent par troupes nombreuses, au sein des forêts, et cherchent ensemble les graines, les baies et les bourgeons, dont ils se nourrissent. D'un naturel très-doux, ils se plient parfaitement à la domesticité; alors ils deviennent très-familiers et se montrent sensibles aux caresses de leur maître. Sonnini raconte qu'il en a vu errer librement dans les rues de Cayenne, retrouver sans hésitation leur gîte et sauter sur les tables pour y prendre leurs repas. Leur chair est exquise, et digne, en tous points, de la faveur des gastronomes.

Ces qualités diverses assigneraient aux hoccos une place honorable dans nos basses-cours. Il est donc fâcheux qu'on n'ait pas cru devoir renouveler les tentatives d'acclimatation de cet oiseau, que fit au commencement de notre siècle l'impératrice Joséphine.

Les *Pauxis* diffèrent peu, physiquement, des hoccos, dont ils ont aussi le caractère et les habitudes; comme eux, ils s'habituent très-facilement à la servitude.

Les *Pénélopes* et les *Parraquas* sont deux genres d'oiseaux très-voisins l'un de l'autre, qui ont de l'analogie avec les faisans, mais seulement sous le rapport des formes générales. Ils possèdent, en effet, le caractère confiant et paisible des hoccos et des pauxis, et supportent aisément la domination de l'homme. Leur chair est délicieuse; ils mériteraient donc d'être acclimatés.

Les *Hoazins* habitent les savanes humides de la Guyane. Leur chair qui exhale une forte odeur, due sans doute au végétal dont ils se nourrissent exclusivement, est loin d'être agréable.

PIGEONS.

Les *Pigeons* établissent une transition entre les vrais gallinacés et les passereaux : ils participent, en effet, des uns et des autres. Tandis qu'ils se rapprochent des premiers par les caractères anatomiques et purement matériels, comme la structure du bec, du sternum et du jabot, ils se rattachent aux seconds par leurs formes élégantes, leurs mœurs paisibles et l'ensemble de leurs habitudes.

Comme les passereaux, ils sont monogames; le mâle et la femelle procèdent ensemble à l'édification du nid, et partagent les soins de l'incubation et de l'éducation des petits. Ceux-ci naissent aveugles, couverts seulement d'un léger duvet, et complétement incapables de courir, comme le font les jeunes gallinacés.

Les pigeons naissent ordinairement au nombre de deux, parmi lesquels, fait très-curieux, il y a presque toujours un mâle et une femelle. Ils ne quittent le nid que lorsqu'ils ont acquis assez de vigueur pour voler de leurs propres ailes. Dès les premiers temps de leur existence, ils ne reçoivent de leurs parents d'autre nourriture qu'une sorte de bouillie, sécrétée par les parois de l'œsophage. Mais au bout de quelques jours le père ou la mère leur dégorge dans le bec les aliments qu'il vient d'ingérer, et c'est ainsi que les *pigeonneaux* croissent et prospèrent. Lorsqu'ils sont suffisamment développés, ils se réunissent aux adultes, et tous ensemble s'en vont, par grandes troupes, à la recherche d'un climat plus doux, ou d'une nourriture plus abondante. Le départ a lieu au printemps.

Ce qui les distingue encore des vrais gallinacés, c'est qu'ils ont le pouce inséré au niveau des autres doigts, et qu'ils peuvent conséquemment percher. Presque tous les pigeons, en effet, passent leur vie sur les arbres. Leur nourriture se compose principalement de graines, de baies et de fruits, quelquefois d'insectes, et même de petits colimaçons, comme cela a été constaté dans l'Ile de France. Leur chair, généralement bonne, acquiert, chez certaines espèces, comme chez le *Goura couronné*, une saveur exquise. Aussi entrent-ils pour une part immense dans l'alimentation publique, soit comme animaux domestiques, soit comme gibier. On les chasse très-activement aux époques de leurs passages. Bien que leur vol soit bruyant et présente même quelque apparence de lourdeur, il est facile et très-soutenu, à ce point qu'on voit des pigeons accomplir en quelques heures des trajets d'une longueur surprenante.

Nous partagerons les pigeons en trois familles : les *Colombi-gallines*, les *Colombes* ou *Pigeons proprement dits*, et les *Colombars*.

Famille des Colombi-gallines. — On range dans cette famille un certain nombre d'oiseaux qui, avec les formes générales des pigeons, conservent encore les mœurs des gallinacés : d'où le nom mixte de *Colombi-gallines*. C'est ainsi qu'ils vivent constamment à terre, y établissent leur nid, et ne se réfugient sur les arbres que pour passer la nuit ou fuir quelque danger. Ils courent parfaitement, mais volent mal, et sont sédentaires. Enfin certaines espèces ont des nudités céphaliques et des caroncules charnus, ou de longues plumes mobiles autour du cou, comme le coq. Physiquement ils sont caractérisés par un bec droit et grêle, et par des tarses assez élevés.

Cette famille comprend un très-grand nombre d'espèces, répandues dans l'Amérique centrale et méridionale, dans les îles de l'océan Indien et dans une grande partie de l'Afrique. Le cadre de cet ouvrage ne nous permettant pas de les examiner toutes, nous citerons seulement la plus remarquable, le *Goura*

Fig. 294. Goura couronné.

couronné, très-commun dans la Nouvelle-Guinée et les Moluques.

Le plumage de cet oiseau est d'un beau bleu ardoisé, et sa tête est ornée d'une jolie huppe de plumes roides, longues et effilées. Il est presque aussi gros que le dindon et très-recherché pour les qualités de sa chair. Aussi les habitants de Java l'élèvent-ils dans leurs basses-cours.

Famille des Colombes. — Les *Colombes* ont le bec mince et grêle, les ailes longues et les tarses courts. Les espèces principales sont le *Pigeon ramier*, le *Pigeon colombier*, le *Pigeon biset*, la *Tourterelle* et le *Pigeon voyageur*. Les quatre premières espèces sont propres à l'Europe.

Le *Pigeon ramier* (fig. 295) est la plus grande espèce de cette famille; son plumage est gris-ardoisé, avec des reflets bleuâtres, verts et roses. Il est répandu dans toute l'Europe, mais surtout dans ses parties chaudes et tempérées. Il est très-commun en

France. Il y arrive vers le commencement du mois de mars, par bandes nombreuses, et il en repart en octobre ou en novembre, pour aller passer ses quartiers d'hiver en Italie, en Espagne. Aux époques de passage, les chasseurs des Alpes et des Pyrénées leur font une guerre acharnée, et en détruisent de grandes quantités.

Les ramiers habitent les forêts, et se plaisent sur les cimes des grands arbres. Ils se nourrissent de glands, de faînes, et sont très-friands de fraises. Quand ces aliments leur manquent, ils se jettent sur les terres cultivées, et cherchent à déterrer, avec leur bec, les céréales qui commencent à germer ; ce qui occasionne de grands dégâts.

Fig. 295. Pigeon ramier.

Ils établissent leur nid dans les arbres touffus. La femelle, après en avoir choisi l'emplacement, s'occupe de le construire, avec les matériaux que le mâle lui apporte. Ces matériaux sont de petites branches mortes, que le pigeon détache des arbres, à l'aide de ses pattes ou de son bec : jamais il ne ramasse les branches qui jonchent la terre. Ce nid n'est d'ailleurs qu'un abri grossier, à peine assez grand pour contenir les deux oiseaux, et qui s'écroule quelquefois avant que les jeunes soient capables de voler. Dans ce cas la couvée se maintient comme elle peut, sur les grosses branches qui supportent le logis de la femelle.

Les ramiers font ordinairement en mars et en août des pontes, qui se composent chacune de deux œufs. La durée de l'incubation est de quinze jours, et les *Ramereaux* peuvent prendre leur essor au bout du même délai. Pendant tout le temps de l'incubation et de l'éducation des petits, le mâle reste auprès de sa femelle, et charme ses loisirs par ses roucoulements.

A l'état sauvage, les ramiers sont défiants et farouches, mais leur caractère se modifie par la domesticité, ou même par une vie indépendante, s'écoulant dans le voisinage de l'homme. Aussi les petits, pris dès leur naissance, se familiarisent-ils sans peine et ne semblent pas regretter leur liberté. Dans ces conditions ils ne se reproduisent pas, ou du moins, nous ne savons pas les faire reproduire en captivité ; les anciens connaissaient, dit-on, cet art.

On voit à Paris des ramiers qui ont élu domicile depuis un temps immémorial dans le jardin des Tuileries, au Luxembourg et dans les Champs-Élysées. Ils montrent une grande familiarité, et viennent s'abattre presque sous les pieds des promeneurs. Quel est l'habitant de la capitale qui n'ait vu, aux Tuileries, le spectacle charmant d'un vieillard qui attire autour de lui une légion de ramiers et de moineaux, auxquels il distribue des miettes de pain ? La confiance qu'ils témoignent à ce tendre ami, en reconnaissance de ses bons procédés, est sans égale. Ils se posent sur les épaules du bonhomme, viennent prendre le pain entre ses doigts et jusque dans sa bouche ; ils se laissent saisir et caresser par lui, sans manifester la moindre frayeur. De là résulte, avec évidence, la possibilité d'élever en domesticité le ramier.

Le *Pigeon colombier* a de grands traits de ressemblance avec le ramier, mais il est plus petit, et cette circonstance justifie le nom de *Petit ramier* qu'on lui donne quelquefois. Ses mœurs sont les mêmes que celles de l'espèce précédente, sinon qu'il établit son nid dans le creux des arbres, au lieu de le construire sur les branches. Très-répandu dans le midi de l'Europe et en Afrique, il passe régulièrement en France, au mois d'octobre.

Le *Pigeon biset* ne se plaît que dans les lieux rocailleux et arides. Il dépose ses deux œufs dans les fentes des rochers et des habitations en ruines. On le rencontre peu en Europe, dans l'état de complète liberté, si ce n'est sur quelques côtes d'Angleterre, de Norwége et dans certaines îles de la Méditerranée. Il fait volontiers le sacrifice de son indépendance pour vivre dans les demeures, appelées *colombiers*, que l'homme sait lui préparer. Aussi s'accorde-t-on généralement à le regarder comme la souche des nombreuses races de nos pigeons domestiques.

Les *Pigeons domestiques*, issus probablement du *Biset*, sont de deux sortes : les *Pigeons de colombier* et les *Pigeons de volière*. Les premiers jouissent d'une liberté presque entière : ils parcourent tout le jour la campagne, pour chercher leur nourriture, et quelquefois même retournent à la vie sauvage. Les seconds sont complétement apprivoisés, et l'on peut sans danger laisser ouverte la porte de leur habitation. Ils s'éloignent peu et reviennent toujours à leur domicile.

Si les pigeons domestiques causent quelque mal à nos récoltes, ils compensent largement ces dégâts par les services qu'ils rendent à l'agriculture. Ils sont également précieux pour l'éleveur et pour le consommateur ; car le premier en retire un bénéfice certain, et le second y trouve un aliment agréable et économique. Nous donnerons une idée suffisante des ressources qu'ils apportent à l'alimentation publique, en disant que certaines espèces font jusqu'à dix pontes par an ; ce qui donne un total de vingt œufs pour chaque couple. Ils fournissent de plus un engrais, la *colombine*, très-efficace pour certaines terres.

L'élève des pigeons nécessite certaines précautions, qu'il ne faut pas négliger, sous peine d'arriver à de mauvais résultats. On doit s'attacher à ce que la plus grande propreté règne dans le colombier ou la volière ; il faut en exclure les individus turbulents, qui sèment le désordre, et nuisent souvent à la fécondité des femelles. On doit aussi, autant que possible, séparer les races les unes des autres, afin d'éviter la production des variétés stériles.

C'est parmi les espèces domestiques qu'on peut étudier à loisir les mœurs des pigeons, et se former une idée exacte de leur naturel et de leurs penchants. On les voit naître et grandir, on assiste à leurs premiers pas, à leurs timides tentatives pour s'élancer dans les airs. Plus tard, on observe les évolutions des sexes, entraînés l'un vers l'autre, et l'on admire leur fidelité pendant de longues années.

Nous examinerons rapidement les races principales de pigeons domestiques. La première est, comme nous l'avons dit, le *Biset de colombier*, peu différente du *Biset sauvage*, qui alimente presque exclusivement la population des colombiers ; on l'appelle quelquefois *Pigeon fuyard*.

Le *Mondain* n'est qu'une modification du biset ; ses formes sont plus élégantes et son plumage plus joli ; c'est l'une des espèces les plus fécondes.

Le Pigeon *grosse-gorge* doit son nom à la faculté qu'il possède d'enfler prodigieusement son jabot, par l'introduction de l'air. Cette propriété lui est souvent fatale : en effet, lorsqu'il nourrit ses petits, il éprouve une telle difficulté à faire remonter dans son bec les graines qu'il a avalées, qu'il contracte une maladie, presque toujours mortelle.

Le *Pigeon romain*, ainsi nommé parce qu'il est très-commun en Italie, se reconnaît facilement au cercle rouge qui entoure ses yeux.

Le *Pigeon volant* est de petite taille ; son vol est léger, rapide, et sa fécondité très-grande.

C'est à cette race qu'appartient le *Pigeon messager*, célèbre par son attachement pour les lieux qui l'ont vu naître ou qui recèlent sa progéniture, et par l'intelligence admirable qui le ramène au pays natal, quand il en est éloigné. Transporté à des distances considérables de son domicile, même dans un panier bien clos, puis rendu à la liberté, après un temps plus ou moins long, il retourne, sans hésiter un moment, à son point de départ.

Cette faculté précieuse a été longtemps utilisée, surtout en Orient. Chez les Romains, on fit quelquefois usage de pigeons messagers. Pline dit que ce moyen fut employé par Brutus et Hirtius, pour se concerter ensemble, pendant le siége d'une ville par Marc-Antoine.

Au siége de Leyde, en 1574, le prince d'Orange employa le même procédé pour correspondre avec la ville assiégée, et il parvint à la dégager. Pour marquer sa reconnaissance envers les pigeons libérateurs, le prince d'Orange voulut qu'ils fussent nourris aux frais de la ville, et qu'après leur mort leurs corps fussent embaumés et conservés.

Pierre Belon, le naturaliste de la Renaissance, nous apprend que de son temps les navigateurs d'Égypte et de Chypre emportaient des pigeons sur leurs trirèmes, et les lâchaient lorsqu'ils étaient arrivés au port de destination, afin d'annoncer à leurs familles leur heureuse traversée. Dans notre siècle on a fait quelquefois usage de ce moyen. C'est ainsi que le cours de la Bourse fut expédié pendant quelque temps, de Paris à Bruxelles, par des *pigeons messagers*.

Le *Pigeon culbutant* doit son nom à sa curieuse manière de voler : il a l'habitude, après qu'il s'est élevé à une certaine hauteur, de faire cinq ou six culbutes, la tête en arrière.

Le *Pigeon tournant* décrit des cercles comme les oiseaux de proie; il est turbulent et doit être proscrit des colombiers.

Le *Pigeon nonnain* se reconnaît à une espèce de capuchon, formé de plumes relevées, qui lui couvre le derrière de la tête et le cou, et qui lui a valu son nom. Il vole lourdement, mais est très-familier et très-fécond.

Le *Pigeon-paon*, ou *trembleur*, se fait remarquer par sa queue, qui est très-large et relevée comme celle du paon, et par le tremblement convulsif dont il est agité, surtout à l'époque des amours. Il réussit mal en volière, et n'est guère élevé qu'à titre de curiosité.

Il existe deux espèces de tourterelles : la *Tourterelle des bois* et la *Tourterelle à collier*.

La *Tourterelle des bois* est la plus petite espèce de la famille des colombes; on la trouve dans toute l'Europe, mais au midi bien plus qu'au nord. En France, elle arrive au printemps, et repart à la fin de l'été, pour des climats plus chauds. Elle établit son nid sur les grands arbres, dans les parties les plus sombres et les plus retirées des bois. Elle se nourrit de graines et de baies. Après les moissons, elle se tient dans les champs de blé et autres céréales. La nourriture abondante qu'elle y trouve lui communique un embonpoint qui en fait, à cette époque, un succulent gibier. Quoique naturellement farouche, la tourterelle s'apprivoise facilement lorsqu'elle est prise jeune, et elle montre alors une assez grande familiarité.

La *Tourterelle rieuse*, ou *Tourterelle à collier*, est originaire d'Afrique, où elle vit en liberté. C'est cette espèce qu'on élève en Europe, dans des cages et dans des volières.

Dans certaines villes d'Égypte, particulièrement à Alexandrie et au Caire, ces tourterelles sont si bien apprivoisées qu'elles se promènent dans les rues, et pénètrent même dans les maisons, sans s'effrayer de la présence de l'homme. Elles sont très-fécondes, car elles couvent tous les mois, excepté pendant la mue. Elles produisent un roucoulement plaintif et monotone, qui ressemble quelque peu au rire : d'où le nom qui leur a été donné.

Les anciens avaient fait de la tourterelle l'emblème de la tendresse. Cette remarque est bien justifiée par les témoignages de sympathie ardente que se donnent le mâle et la femelle, et surtout par l'essence de cet amour, qui est moins brutal et moins grossier que chez les autres oiseaux.

Le *Pigeon voyageur* (fig. 296) habite l'Amérique du Nord. Il est remarquable par la force, la rapidité de son vol, et par les migrations qu'il entreprend à certaines époques. Il se meut avec une vitesse inimaginable.

« Des pigeons, dit le naturaliste américain Audubon, ont été tués dans les environs de New-York, ayant le jabot encore plein de riz qu'ils ne pouvaient avoir pris, au plus près, que dans les champs de la Géorgie et de la Caroline. Or, comme leur digestion se fait assez rapidement pour décomposer entièrement les aliments dans l'espace de douze heures, il s'ensuit qu'ils devaient, en six heures, avoir parcouru de trois à quatre cents milles ; ce qui montre que leur vol est d'environ un mille à la minute. A ce compte, l'un de ces oiseaux, s'il lui en prenait fantaisie, pourrait visiter le continent européen en moins de trois jours. »

Ce n'est pas pour chercher un climat plus chaud que ces pigeons accomplissent leurs voyages, mais pour se procurer de la nourriture lorsque les glands viennent à manquer dans les forêts qu'ils habitent. Leurs migrations n'ont donc rien de régulier.

Le spectacle des masses innombrables et serrées de pigeons qui prennent part à ces voyages, confond l'esprit. Audubon voulut, un jour, compter les troupes qui passeraient au-dessus de lui pendant une heure ; il en compta cent soixante-trois en vingt minutes, et il dut bientôt y renoncer tant les colonnes se succédaient rapidement.

« Plus j'avançais, dit Audubon, plus je rencontrais de pigeons. L'air en était littéralement rempli ; la lumière du jour, en plein midi, s'en trouvait obscurcie comme par une éclipse ; la fiente tombait semblable aux flocons d'une neige fondante, et le bourdonnement des ailes m'étourdissait et me donnait envie de dormir. »

Ces pigeons sont doués d'une vue extrêmement perçante. Bien qu'ils volent à une hauteur considérable, ils distinguent parfaitement les lieux qui peuvent fournir à leur subsistance. Lorsqu'ils rencontrent une contrée favorable, ils s'abattent sur un espace de terrain immense, et en peu d'instants ils l'ont complétement ravagé. On peut alors en détruire des quantités effroyables, sans que leur nombre paraisse diminué.

Quelques heures après la descente, ils reprennent leur essor,

Fig. 296. Pigeon voyageur.

et regagnent leur domicile nocturne, éloigné quelquefois de vingt ou trente lieues.

C'est là qu'il s'en fait un carnage épouvantable. Longtemps avant le coucher du soleil, les habitants des contrées environnantes les attendent, avec des chevaux, des charrettes, des fusils et des munitions. Quelques-uns même amènent des troupeaux de porcs pour les engraisser de la chair des pigeons qu'ils ne pourront emporter. Audubon qui assista à l'une de ces tueries l'a retracée en ces termes :

« Chacun se tenait prêt, dit-il, et le regard dirigé vers le ciel. Soudain un cri général a retenti : « Les voici! » Le bruit qu'ils faisaient, bien qu'éloigné, me rappelait celui d'une forte brise de mer parmi les cordages d'un vaisseau dont les voiles sont ferlées. Quand ils passèrent au-dessus de ma tête, je sentis un courant d'air qui m'étonna. Déjà des milliers étaient abattus par les hommes armés de perches; mais il continuait d'en arriver sans relâche. On alluma les feux, et alors ce fut un spectacle fantastique, merveilleux et plein d'une magnifique épouvante. Les oiseaux se précipitaient par masses et se posaient où ils pouvaient, les uns sur les autres, en tas gros comme des barriques; puis les branches, cédant sous le poids, craquaient et tombaient, entraînant par terre et écrasant les troupes serrées qui surchargeaient chaque partie des arbres. C'était une lamentable scène de tumulte et de confusion. En vain aurais-je essayé de parler, ou même d'appeler les personnes les plus rapprochées de moi. C'est à grand'peine si l'on entendait les coups de fusil; et je ne m'apercevais qu'on eût tiré qu'en voyant recharger les armes.

« Les pigeons venaient toujours, et il était plus de minuit que je ne remarquais encore aucune diminution dans le nombre des arrivants. Le vacarme continua toute la nuit. Enfin, aux approches du jour, le bruit s'apaisa un peu, et, longtemps avant qu'on ne pût distinguer les objets, les pigeons commencèrent à repartir dans une direction tout opposée à celle par où ils étaient venus le soir. Au lever du soleil, tous ceux qui étaient capables de s'envoler avaient disparu.

« C'était maintenant le tour des loups, dont les hurlements frappaient nos oreilles: renards, lynx, couguars, ours, ratons, opossums et fouines bondissant, courant, rampant, se pressaient à la curée, tandis que des aigles et des faucons de différentes espèces se précipitaient du haut des airs pour prendre leur part d'un aussi riche butin.

« Les chasseurs firent à leur tour leur entrée au milieu des morts, des mourants et des blessés. Les pigeons furent entassés par monceaux, chacun en prit ce qu'il voulut, puis on lâcha les cochons pour se rassasier du reste. »

Ces massacres ne compromettent en rien l'existence de l'espèce : en effet, d'après Audubon, le nombre de ces pigeons devient double ou quadruple dans une même année.

Famille des Colombars. — Cette famille, établie par Levaillant, comprend quelques espèces qui appartiennent toutes aux brûlantes régions de l'Asie et de l'Afrique. Ces oiseaux sont caractérisés par un bec épais, vigoureux, à mandibules recourbées dont ils se servent, comme de tenailles, pour briser les enveloppes des fruits dont ils font leur nourriture. Ils volent moins rapidement que les oiseaux de la famille des colombes et roucoulent d'une manière différente. Ils habitent les bois et nichent dans les trous des arbres. Leur chair est de bon goût. Les principales espèces se trouvent dans l'Abyssinie, le Sénégal et l'Archipel indien.

ORDRE DES GRIMPEURS.

On s'abuserait étrangement si l'on croyait que tous les oiseaux rangés dans cet ordre possèdent la faculté de grimper. Elle n'est, en réalité, le privilége que de quelques-uns, auxquels elle n'appartient même pas exclusivement, car on la retrouve chez certains passereaux. Le caractère essentiel des *Grimpeurs* réside dans cette disposition organique, que le doigt externe, au lieu d'être dirigé en avant, comme chez les autres oiseaux, est placé à l'arrière, à côté du pouce. C'est pour cela qu'on a substitué à la dénomination de grimpeurs celle de *Zygodactyles*, qui a l'avantage d'exprimer parfaitement le caractère distinctif de l'ordre, car ce mot veut dire *doigts disposés par paires.*

Grâce à la conformation de leur pied, les Grimpeurs peuvent étreindre fortement les branches des arbres; aussi sont-ils presque continuellement perchés. Leur vol est médiocre; il n'a ni la puissance de celui des Rapaces, ni la légèreté de celui des Passereaux. Ces oiseaux se nourrissent de fruits ou d'insectes, suivant la force de leur bec. Ils habitent, pour la plupart, les pays chauds, et leurs couleurs sont assez généralement brillantes. Enfin ils sont tous monogames, à l'exception du coucou. Cet ordre est un des moins nombreux de la classe des oiseaux : il ne comprend que quelques familles, parmi lesquelles nous citerons : les *Perroquets*, les *Toucans*, les *Coucous*, les *Pics* et les *Jacamars*.

Famille des Perroquets. — Les *Perroquets* ont le bec gros, robuste et arrondi; la mandibule supérieure, fortement recourbée et aiguë à l'extrémité, déborde l'inférieure, qui présente une échancrure assez profonde. La langue, épaisse, charnue et mobile, est terminée par un faisceau de papilles nerveuses, ou par un gland cartilagineux. Les tarses sont très-courts et les pieds perfectionnés à ce point, qu'ils deviennent de véritables mains capables de saisir, porter et retourner en tous sens, les objets d'un petit volume, ce qui a valu aux perroquets le nom de *Préhenseurs*. Leurs doigts sont munis d'ongles forts et crochus qui font de ces oiseaux les grimpeurs par excellence.

Sauf une seule espèce, la *Perruche ingambe*, dont les tarses sont assez longs et les ongles assez droits pour lui permettre de courir avec quelque vitesse, les perroquets marchent difficilement; ils se traînent avec tant de peine sur le sol, qu'ils n'y descendent que rarement, et sous l'empire de circonstances graves. C'est sur les arbres, d'ailleurs, que se trouvent réunies toutes les conditions de leur existence. Ils ne sont pas favorisés, non plus, sous le rapport du vol, et l'on comprend qu'il en soit ainsi : vivant dans des bois épais, ils n'ont à effectuer que des déplacements insignifiants, pour passer d'un arbre à l'autre. Cependant certaines espèces, surtout les petites, sont susceptibles d'un vol assez rapide. Il en est même, d'après Levaillant, qui émigrent, et parcourent chaque année des centaines de lieues. Mais c'est là une exception. En général les perroquets sont sédentaires et se cantonnent volontiers dans des zones qu'ils ne quittent jamais.

Sociables, ils se rassemblent en bandes, plus ou moins nombreuses, qui font retentir de leurs cris assourdissants les échos des forêts. Quelques espèces éprouvent même un besoin si impérieux de se rapprocher, pour vivre en commun, qu'elles ont reçu des naturalistes le nom d'*inséparables*.

A l'époque des amours, les couples s'isolent, pour se consacrer à l'œuvre de la reproduction. Le mâle et la femelle montrent le plus grand attachement l'un pour l'autre. Celle-ci dépose ses œufs dans les creux des arbres, ou les anfractuosités des rochers.

Les petits naissent tout nus, après vingt jours d'incubation; c'est au bout de trois mois seulement qu'ils revêtent toutes leurs plumes. Les parents veillent sur eux avec la plus grande sollicitude, et deviennent menaçants lorsqu'on les examine de trop près.

Essentiellement frugivores, les perroquets recherchent surtout les fruits du palmier, du bananier, du caféier, du goyavier, pour en dévorer les amandes. On les voit alors, perchés sur un pied, se servir de l'autre, pour porter les aliments à leur bec, et les retourner jusqu'à ce qu'ils puissent être brisés facilement. Après qu'ils ont extrait l'amande, ils la débarrassent de ses enveloppes, et l'avalent par petits morceaux. Ils s'abattent souvent sur les plantations avoisinant leurs retraites, et y causent de grands ravages.

En domesticité, ils sont à peu près omnivores. Outre des semences et des graines, ils mangent du pain et même de la viande, cuite ou crue, et c'est avec un plaisir manifeste qu'ils reçoivent des os à ronger. Ils sont aussi très-friands de sucre.

Tout le monde sait que les amandes amères et le persil sont, pour eux, des poisons très-violents.

Ils boivent et se baignent très-fréquemment; en été, ils éprouvent une véritable volupté à se plonger dans l'eau. Les perroquets captifs s'habituent très-bien à l'usage du vin. Cette boisson produit même sur eux le même effet que sur l'homme : elle excite leur bavardage et leur gaieté.

Ils grimpent d'une manière toute particulière, qui n'a rien de la brusquerie apportée dans cette fonction par d'autres oiseaux du même ordre. Leurs mouvements, lents et méthodiques, s'accomplissent à l'aide du bec et des pieds, qui se prêtent un appui réciproque.

Comme presque tous les oiseaux des régions tropicales, les perroquets sont ornés des plus belles couleurs; c'est le vert qui domine, puis vient le rouge, enfin le bleu et le jaune. Ils ont assez souvent la queue très-développée.

Malgré leur caquetage bruyant et désagréable, les perroquets ont su captiver la faveur de l'homme, par leur remarquable talent d'imitation. Ils retiennent et répètent, avec une grande facilité, les paroles qu'on leur apprend, ou qu'ils ont entendues par hasard. Ils imitent aussi, quelquefois, avec une vérité saisissante, les cris des animaux, les sons de divers instruments de musique, etc.

Par les mots qu'il lance d'une manière inattendue, le perroquet contribue à l'amusement et à la distraction de l'homme, et devient pour lui un véritable compagnon. Il ne faut donc pas s'étonner que cet oiseau ait été avidement recherché, dès son introduction en Europe. C'est Alexandre le Grand qui rapporta en Grèce le perroquet, qu'il avait trouvé dans l'Inde. Ces oiseaux étaient devenus si communs à Rome, au temps des empereurs, qu'on les faisait figurer dans les repas somptueux. Ils sont aujourd'hui fort répandus dans toute l'Europe à l'état de domesticité.

Les espèces les plus remarquables sous le rapport des facultés mnémoniques, babillardes et imitatives, sont le *Perroquet cendré*, ou *Jaco*, le *Perroquet vert* et les *Perruches*.

Au dix-septième siècle, un cardinal paya cent écus d'or un perroquet, parce qu'il récitait correctement le Symbole des apôtres. M. de la Borde raconte qu'il a vu un perroquet suppléer l'aumônier sur un navire. En effet, il récitait aux matelots la prière et le rosaire. Levaillant a entendu une perruche dire le *Pater*, en se tenant couchée sur le dos, et joignant les doigts des deux pieds, comme nous joignons les mains, dans l'action de la prière.

Willoughby cite un perroquet qui, lorsqu'on lui disait : *Riez, perroquet!* éclatait de rire aussitôt, et s'écriait un instant après : *O le grand sot qui me fait rire!*

Un marchand de cristaux en possédait un qui, lorsqu'un commis brisait ou heurtait quelque vase, disait invariablement, en simulant un ton de colère : *Le maladroit! il n'en fait jamais d'autres!*

« Nous avons vu un perroquet, dit Buffon, qui avait vieilli avec son maître, et partageait avec lui les infirmités du grand âge : accoutumé à ne plus guère entendre que ces mots, *je suis malade*, lorsqu'on lui demandait, *qu'as-tu, Perroquet, qu'as-tu? — Je suis malade*, répondait-il d'un ton douloureux et en s'étendant sur le foyer, *je suis malade*.

« Un perroquet de Guinée, dit le même auteur, endoctriné en route par un vieux matelot, avait pris sa voix rauque et sa toux, mais si parfaitement, qu'on pouvait s'y méprendre. Quoiqu'il eût été donné ensuite à une jeune personne, et qu'il n'eût plus entendu que sa voix, il n'oublia pas les leçons de son premier maître, et rien n'était si plaisant que de l'entendre passer d'une voix douce et gracieuse à son vieux enrouement et à sa toux du matin. »

Goldsmith raconte qu'un perroquet appartenant au roi Henri VIII, et toujours renfermé dans une chambre donnant sur la Tamise, avait retenu plusieurs phrases, qu'il entendait répéter par les mariniers et les passagers. Un jour qu'il s'était laissé choir dans la Tamise, il cria d'une voix forte : *Un ba-*

teau! à moi, un bateau! vingt livres pour me sauver! Un bâtelier se précipita aussitôt dans le fleuve, croyant que quelqu'un se noyait, et il fut bien surpris de ne trouver qu'un oiseau. L'ayant reconnu pour le perroquet du roi, il le reporta au palais, en réclamant la récompense promise par l'oiseau en détresse. On raconta la chose à Henri VIII, qui rit beaucoup et paya de bonne grâce.

Le prince Léon, fils de l'empereur Basile, ayant été condamné à mort par son père, ne dut la conservation de sa vie qu'à son perroquet, dont les accents lamentables en répétant plusieurs fois : *Hélas! mon maître Léon!* finirent par toucher le cœur de ce père barbare.

« Dans une ville de Normandie, dit M. Lemaout, une bouchère battait impitoyablement tous les jours son enfant, à peine âgé de cinq ans; l'enfant succomba sous les mauvais traitements. La justice des hommes ne s'en émut pas; mais un perroquet gris qui habitait la maison d'un cordonnier, située en face de celle de la bouchère, se chargea du châtiment de cette mère dénaturée. Il répétait continuellement le cri que poussait le pauvre enfant, quand il voyait sa mère courir sur lui, la verge à la main : *A cause de quoi? à cause de quoi?* Cette phrase était articulée par l'oiseau avec un accent si douloureux et si suppliant, que les passants indignés entraient brusquement dans la boutique du cordonnier et lui reprochaient sa barbarie; le cordonnier se justifiait en montrant son perroquet et en racontant l'histoire de l'enfant ; après quelques mois, la bouchère, poursuivie par la phrase accusatrice et par les murmures de l'opinion publique, se vit obligée de vendre son fonds et d'abandonner la ville. »

Dans son *Voyage en Espagne*, le marquis de Langle s'exprime ainsi :

« J'ai vu à Madrid, chez le consul d'Angleterre, un perroquet qui a retenu une foule de choses, un nombre incroyable de contes, d'anecdotes qu'il débite, qu'il articule sans hésiter. Il parle espagnol, il écorche le français, il sait quelques vers de Racine, le Benedicite et la fable du Corbeau. Il a coûté trente louis. On ose à peine suspendre sa cage aux fenêtres : lorsqu'il y est, qu'elles sont ouvertes et qu'il fait beau, ce perroquet ne cesse de parler; il dit tout ce qu'il sait, apostrophant tous les passants (excepté les femmes); il parle politique. En prononçant le mot Gibraltar, il rit aux éclats; on jurerait que c'est un homme qui rit. »

Un gentilhomme anglais avait acheté, à Bristol, un *perroquet cendré*, dont l'intelligence était vraiment extraordinaire. Il demandait tout ce dont il avait besoin, et donnait ses ordres. Il chantait plusieurs chansons, et sifflait très-bien quelques airs en battant la mesure ; lorsqu'il faisait une fausse note, il recommençait et ne se trompait plus.

J'ai bien souvent entendu, à Montpellier, en passant dans la rue *Four-des-Flammes*, un perroquet, qui chantait et articulait de la manière la plus distincte, les deux vers de cette chanson :

> Quand je bois du vin clairet,
> Tout tourne, tout tourne au cabaret.

Les perroquets imitent non-seulement les paroles, mais encore les gestes des personnes avec lesquelles ils sont en contact. Scaliger en a connu un qui répétait les chansons des jeunes Savoyards et contrefaisait leurs danses.

Ces oiseaux sont tous plus ou moins susceptibles d'éducation. Les uns, d'un naturel paisible, se familiarisent promptement ; d'autres, plus récalcitrants, supportent difficilement la servitude. En général, et lorsqu'ils sont pris jeunes, ils s'attachent fortement aux gens qui les soignent.

Les perroquets ont la manie d'exercer leur bec sur tout ce qu'ils trouvent à leur portée. Si on les enferme, pour prévenir leurs déprédations, ils poussent des cris insupportables, et tournent leur fureur contre les barreaux de leur cage, ou contre eux-mêmes : on les voit alors s'arracher les plumes et les mettre en pièces. On ne parvient à les calmer qu'en leur fournissant un hochet, c'est-à-dire en leur donnant quelque morceau de bois, sur lequel ils puissent s'acharner tout à leur aise.

Ces grimpeurs sont doués d'une longévité remarquable. Les *Mémoires de l'Académie des Sciences de Paris* font mention d'un perroquet qui vécut, à Florence, plus de cent dix ans, dans la famille du grand-duc de Toscane. Veillot dit en avoir vu un près de Bordeaux, qui était âgé de quatre-vingts ans. On ne peut cependant déterminer exactement la durée moyenne de leur vie.

Les perroquets se reproduisent rarement en Europe ; ils pondent assez souvent, il est vrai, mais leurs œufs sont *clairs* ou inféconds. On en a vu pourtant quelques-uns, sous l'influence de circonstances favorables, perpétuer leur espèce en France. En général, tous ceux qu'on voit dans nos régions tempérées, sont apportés des contrées où ils vivent en liberté. La plupart ont été pris au nid. Quant aux adultes, on emploie, pour s'en emparer, divers procédés qui ont tous pour but de les étourdir pendant un instant, afin de paralyser leurs mouvements.

La famille des perroquets comprend quatre groupes princi-

Fig. 297. Ara.

paux : les *Aras*, les *Perruches*, les *Perroquets proprement dits* et les *Kakatoès*.

Les *Aras*, les plus gros de tous les perroquets, sont reconnaissables à leurs joues nues et à leur queue longue et étagée. Ils habitent l'Amérique méridionale, et sont parés des plus éclatantes couleurs. Les principales espèces sont l'*Ara rouge*, l'*Ara bleu*, l'*Ara vert* et l'*Ara noir.* Leur nom provient du cri assourdissant qu'ils font entendre. Très-familiers, ils s'apprivoisent facilement et n'abusent pas de la liberté qu'on leur accorde, car, s'ils s'éloignent du logis, ils y reviennent toujours. Ils aiment les caresses et les soins des gens qu'ils connaissent, mais n'accueillent pas celles des étrangers. L'*Ara vert* est remarquable par son aversion pour les enfants. Ce sentiment provient sans doute de ce qu'il est très-jaloux, et de ce qu'il voit souvent les enfants recevoir les caresses de sa maîtresse.

Les aras n'ont qu'à un faible degré le don de l'imitation; ils parviennent à peine à retenir quelques mots, qu'ils articulent mal.

Fig. 298. Perruche à épaulette.

Les *Perruches*, beaucoup plus petites que les aras, ont également la queue longue et étagée, mais leurs joues sont emplumées. Quelques espèces, qui se rapprochent du groupe précédent, par le tour des yeux plus ou moins dénué de plumes, ont reçu, pour cette raison, le nom de *Perruches-Aras*.

Les perruches sont recherchées pour leur vivacité, leur gentillesse, et la facilité avec laquelle elles apprennent à parler. Leur plumage est le plus souvent d'un vert uniforme; quelquefois il est varié de rouge ou de bleu. Elles habitent l'Amérique méridionale, les îles de l'Océanie, les Indes et, en Afrique, le Sénégal.

C'est au groupe des perruches qu'on rattache le *Pézopore*, ou *Perruche ingambe*, de Levaillant, qui habite l'Australie. Cet oiseau constitue une exception curieuse dans l'ordre des grimpeurs par ses habitudes toutes terrestres. D'après M. J. Verreaux, il

Fig. 299. Perruche à tête bleue.

ne perche jamais; lorsqu'on le poursuit, il se réfugie, non sur les arbres, mais parmi les herbes.

Les *Perroquets proprement dits* se distinguent des autres groupes de la même famille, par leur queue courte et carrée. Ils ont les joues emplumées comme les perruches, et varient, pour la taille, entre celles-ci et les aras. Ils sont fort appréciés à cause de leur mémoire et de leur habileté à répéter tout ce qu'ils entendent.

On divise les perroquets en plusieurs sections, fondées sur la taille et la couleur dominante du plumage. La première est celle des espèces dont la teinte générale est grise. Elle ne comprend que le *Perroquet cendré*, ou *Jaco*, indigène de la côte occidentale d'Afrique; auquel se rapportent la plupart des anecdotes que nous avons racontées dans les pages qui précèdent. Viennent ensuite les espèces dont le fond du plumage est vert. La plus remarquable de ces espèces est le *Perroquet amazone*. Les *Loris* sont des perroquets dont la couleur saillante est le rouge: ils

Fig. 300. Perroquet Jaco.

habitent les Moluques et la Nouvelle-Guinée. Les *Psittacules* sont les plus petits oiseaux du groupe; leur plumage affecte des nuances diverses suivant les climats. On les rencontre dans l'Amérique et l'Afrique méridionales et dans les îles de l'Océanie.

Les *Kakatoès* ont la queue médiocrement longue, les joues emplumées et la tête surmontée d'une huppe blanche, jaune ou rouge, qu'ils peuvent abaisser et relever à volonté. Ce sont les plus gros perroquets de l'ancien continent : ils habitent les Indes et les îles de l'Océanie.

GRIMPEURS.

Ils sont très-jolis, très-gracieux, très-dociles et très-caressants ; mais ils ne peuvent parvenir à parler.

Une espèce très-remarquable de ce groupe est le *Microglosse*

Fig. 301. Perroquet vert.

(petite langue), appelé par Levaillant *Ara à trompe*, à cause de

Fig. 302. Kakatoès.

la conformation de sa langue. Cette langue est cylindrique et terminée par un petit gland, légèrement creusé à son extrémité. Lorsque l'oiseau a réduit en petits fragments, à l'aide de ses mandibules, les amandes des fruits dont se compose sa nourriture, il saisit ces fragments au moyen du creux qui termine la langue, et en perçoit ainsi la saveur ; puis, projetant sa trompe en avant, il la fait passer sur une saillie du palais qui a pour fonction de dégager et de faire tomber dans le gosier les aliments que contient le petit vide de la langue. Ce curieux mécanisme a été dévoilé par Levaillant.

Famille des Toucans. — Ce qui caractérise les oiseaux qui composent la famille des *Toucans*, c'est leur bec, démesurément grand et volumineux. Ce bec, plus long que la tête, est courbé à son extrémité, dentelé sur ses bords et présente une arête saillante, sur le milieu de la mandibule supérieure. Il n'est pourtant pas aussi lourd qu'on pourrait le supposer, et gêne peu les mouvements de l'oiseau, car il est formé d'un tissu spongieux, dont les nombreuses cellules sont remplies d'air. Aussi est-il très-faible et ne peut-il servir à briser quoi que ce soit, ni même à écraser des fruits, malgré l'idée qu'on se fait tout d'abord de sa force. Il n'est pas davantage capable d'attaquer l'écorce des arbres, comme l'ont avancé certains auteurs.

Ce bec étonnant renferme une langue plus étrange encore. Prodigieusement étroite et aussi longue que le bec, elle est garnie, de chaque côté, de barbes serrées en tout semblables à celles d'une plume, et constitue ainsi elle-même une véritable plume, dont le rôle reste complétement mystérieux pour nous. Cet instrument bizarre a tellement frappé les naturalistes du Brésil, où se trouvent beaucoup de toucans, qu'il leur a servi à nommer ces oiseaux, car en brésilien, *toucan* veut dire *plume*.

Fig. 303. Toucan de Bauharnais.

GRIMPEURS.

Les toucans, qui se nourrissent de fruits et d'insectes, vivent par bandes de six à dix individus, dans les lieux humides où fleurit le palmier; car le fruit de cet arbre est leur aliment favori. Pour manger, ils saisissent le fruit ou l'insecte avec l'extrémité du bec, le font sauter en l'air, le reçoivent dans le gosier, et l'avalent d'une seule pièce. S'il est trop gros, vu l'impossibilité où ils sont de le diviser, ils le rejettent, et en prennent un autre. On les voit rarement à terre; et bien que leur vol soit lourd et pénible, ils s'élèvent jusqu'à la cime des plus grands arbres, où ils sont sans cesse en mouvement. Leur voix est une sorte de sifflement, qu'ils font entendre assez fréquemment. Très-défiants, ils se laissent difficilement approcher. Pendant la saison des couvées, ils attaquent les oiseaux plus faibles qu'eux, les chassent de leurs nids, et dévorent les œufs ou les petits nouvellement éclos qu'ils renferment.

Ils font leur nid dans les trous des arbres creusés par les pies, et y déposent deux œufs. Ils ont tous un plumage très-brillant et habitent le Paraguay, le Brésil et la Guyane.

On divise cette famille en *Toucans proprement dits* et en *Aracaris*. Ceux-ci se distinguent des premiers par leur plus petite taille, par leur bec plus solide et par leur queue plus longue. L'espèce la plus belle de la famille est le *Toucan du Brésil*, décrit par Buffon sous le nom de *Toucan à gorge jaune*

Fig. 304. Toucan à gorge jaune.

(fig. 304). On employait autrefois, pour la parure des dames, les belles plumes orangées qui couvrent la gorge de cet oiseau. Du Brésil et du Pérou, cette mode passa en Europe, et l'on y vendit fort cher des manchons faits de gorges de toucans.

Famille des Coucous. — Les caractères généraux des oiseaux rangés dans cette famille, sont : un bec légèrement courbé, de dimensions moyennes, des ailes ordinairement courtes et concaves, une queue étagée. On y comprend les genres *Coucou, Ani, Barbu, Couroucou, Touraco.*

Les *Coucous* ont des formes élégantes, le bec presque aussi long que la tête, largement fendu, comprimé et peu courbé, la queue assez longue et arrondie. Contrairement aux autres oiseaux de la même famille, ils ont les ailes longues et aiguës. Ils varient, pour la taille, entre celle des merles et celle de l'alouette. Leur vol est rapide et léger, mais ils sont incapables de résister aux vents un peu forts ; aussi ne peuvent-ils accomplir de longs trajets sans se reposer.

On en connaît un grand nombre d'espèces appartenant toutes à l'ancien continent. L'Afrique entière, l'Asie méridionale et certaines îles de l'Océanie, sont habitées par les coucous. L'Europe n'en possède qu'une espèce, le *coucou gris*, qui a été étudiée avec soin, et à laquelle se rapporte ce que nous avons à dire de ce groupe d'oiseaux.

Le coucou est essentiellement voyageur. Il passe la belle saison en Europe, et l'hiver en Afrique, ou dans les parties chaudes de l'Asie. Il arrive en France au mois d'avril, et repart à la fin d'août, ou dans les premiers jours de septembre. Il voyage pendant la nuit, non par bandes nombreuses, mais seul, ou par groupes de deux ou trois individus au plus. Il se tient dans les parties les plus touffues des bois ; mais souvent aussi il parcourt la campagne, pour chercher sa nourriture, qui se compose d'insectes et principalement de chenilles. Il est d'une voracité effrayante, ce qui tient à l'énorme capacité de son estomac. D'un naturel hargneux et tyrannique, il ne souffre aucun rival de son espèce dans le canton qu'il a choisi ; si quelque intrus élève la prétention de s'y installer, il le poursuit sans trêve ni merci, jusqu'à ce qu'il ait abandonné la place.

Avec des dispositions aussi peu sociables, il doit peu s'accommoder du joug de l'homme. En effet, les adultes se laissent mourir de faim dans la captivité. Les jeunes sont moins rétifs et s'accoutument peu à peu à la servitude ; mais ils sont toujours désagréables à cause de leur humeur querelleuse, qui les empêche de vivre en captivité avec aucun autre oiseau.

Les coucous sont célèbres par leur manière toute particulière d'élever leur progéniture. Les femelles ne font pas de nid, ne couvent pas et n'ont pas soin de leurs petits. Elles déposent leurs œufs dans les nids des autres oiseaux, généralement dans ceux des petits passereaux insectivores, tels que l'alouette, la fauvette, le troglodyte, le rouge-gorge, le rossignol, la grive, le merle, etc., quelquefois aussi dans ceux de la pie, de la tourterelle et du ramier. Elles confient à ces étrangers le soin de faire éclore leurs œufs, puis de nourrir leur progéniture, jusqu'à son complet développement. On a proposé diverses explications pour justifier cette anomalie, qui semble

Fig. 305. Coucou gris.

faire du coucou femelle une vraie marâtre. C'est à M. Florenf-Prevost qu'on doit de posséder des renseignements certains sur ce point, resté longtemps obscur.

Suivant ce naturaliste, les coucous sont polygames, mais en sens inverse des autres oiseaux. Tandis que parmi ceux-ci les mâles ont plusieurs femelles, ce sont, chez les coucous, les femelles qui ont plusieurs mâles, parce que le sexe fort y est beaucoup plus nombreux que le faible. Ces dames n'ont pas de domicile fixe. A l'époque des amours, elles errent d'un canton à l'autre, résident deux ou trois jours avec le mâle de l'endroit, puis l'abandonnent, pour obéir à leur inconstance. C'est à ce moment que les mâles font entendre si fréquemment le cri que tout le monde connaît, et d'où ces oiseaux ont tiré leur nom. C'est une sorte d'appel ou de provocation pour les femelles, qui répondent, à leur tour, par un gloussement particulier.

Celles-ci pondent huit ou dix œufs, dans l'espace de six ou sept semaines. Elles en déposent ordinairement deux, presque simultanément, sur le sol, à deux ou trois jours d'intervalle. Lorsqu'elle a pondu un œuf, la femelle du coucou le saisit dans son bec, et va le porter furtivement dans le nid de quelque petit oiseau du canton, mais en profitant de l'absence des propriétaires, qui s'opposeraient certainement à son entreprise. On a vu des rouge-gorges, survenus à l'improviste, forcer l'étrangère à s'enfuir avec son fardeau. Le second œuf est également placé dans un nid du voisinage, mais jamais dans le même que le premier. La mère a sans doute conscience de la mauvaise situation qu'elle ferait aux deux nourrissons si elle agissait autrement; car les pauvres petits passereaux seraient assurément dans l'impossibilité de subvenir aux besoins de deux êtres aussi voraces que les jeunes coucous.

Nous ferons connaître à ce propos un fait que nous n'avons trouvé cité dans aucun ouvrage d'histoire naturelle. Il arrive souvent que la femelle du coucou a l'attention de tirer du nid un des œufs de passereau, de le briser avec son bec, et d'en disperser les coquilles, afin que la mère, en rentrant, retrouve le même nombre d'œufs qu'elle avait laissé au départ. C'est pour cela qu'aux alentours des nids où les coucous ont déposé leur progéniture, on voit fréquemment des morceaux de coquilles d'œufs. Cette action dénote de la part de l'oiseau qui nous occupe, un raisonnement parfait, et par conséquent une véritable intelligence, quoi qu'en disent les grands philosophes qui refusent cette faculté aux animaux.

Quand elle a ainsi placé ses œufs en nourrice, la femelle du coucou vient plusieurs fois vérifier s'ils sont bien soignés, et elle ne quitte le canton que lorsqu'elle a acquis une certitude à cet égard. Elle n'est donc pas aussi dépourvue de sollicitude à l'endroit de sa progéniture qu'on pourrait le croire tout d'abord.

On comprend maintenant pourquoi la femelle du coucou ne remplit pas elle-même ses fonctions maternelles. Pondant ses œufs à des intervalles très-éloignés, elle se trouverait dans la nécessité de couver plusieurs œufs et d'élever un petit dans le même temps; or, ces deux occupations sont incompatibles, car la dernière entraîne des sorties fréquentes, dont s'accommodent fort mal les œufs, auxquels il faut, pendant l'incubation, une température égale et constante. Ce n'est donc pas par indifférence, mais par une action réfléchie, qu'elle confie à d'autres les soins maternels.

A peine éclos, le jeune coucou emploie ses forces naissantes à se débarrasser des véritables enfants de sa nourrice, afin d'être le seul à profiter de ses soins. Il se glisse sous les frêles créatures, les charge sur son dos, où il les maintient au moyen de ses ailes relevées, et se traînant jusqu'au bord du nid, il les précipite, l'un après l'autre, dans le vide. Le plus souvent la mère, si péniblement frappée dans ses affections, conserve sa tendresse à ce perfide enfant d'adoption, et pourvoit à tous ses besoins jusqu'à l'époque du départ. Quelquefois pourtant elle ressent une telle colère de la perte de ses petits, qu'elle n'apporte aucune nourriture au monstre, et le laisse périr d'inanition.

A côté des coucous, se placent les *Indicateurs*, petits oiseaux qui habitent l'intérieur de l'Afrique. Ils se nourrissent d'insectes, et recherchent surtout les nymphes d'abeilles. Ils emploient, pour se les procurer, un manége fort curieux, qui dénote une parfaite intelligence.

Lorsque l'un d'eux a découvert une ruche, il s'efforce d'attirer l'attention de la première personne qu'il rencontre, par des cris fréquemment répétés. Puis il la précède, en volant, et la conduit ainsi quelquefois à de fort grandes distances, jusqu'à l'emplacement de la ruche, qu'il prend soin de lui indiquer par tous les moyens dont il dispose. Pendant qu'on s'empare du miel, il reste aux alentours, observant ce qui se passe, et quand le travail est terminé, il vient recueillir le fruit de ses peines. Il s'émeut fort peu du bourdonnement des abeilles, qui voltigent autour de lui en cherchant à le piquer, car sa peau est à l'épreuve de l'aiguillon. Pourtant ces insectes l'attaquent souvent aux yeux, et parviennent quelquefois à l'aveugler. Le malheureux, incapable de se diriger, périt alors devant les lieux témoins de son triomphe. Les Hottentots estiment beaucoup les *Indicateurs*, à cause des services qu'ils leur rendent, en leur révélant les demeures des abeilles; aussi se font-ils scrupule d'attenter à leur vie.

Le groupe des coucous est complété par plusieurs genres, très-voisins du genre coucou proprement dit, sur lesquels il est inutile de nous étendre. Ce sont les *Malcohas*, les *Courols*, les *Coucals*, les *Couas*, les *Taccos* et les *Guiras*. Tous ces oiseaux sont étrangers. Les trois premiers genres appartiennent à l'ancien continent, et les trois derniers au nouveau monde.

Les *Anis* ont le bec gros, court, très-comprimé, surmonté d'une crête mince et tranchante. Ils habitent les contrées de l'Amérique équatoriale, et vivent par troupe de trente à quarante, au milieu des savanes et des marécages. Ils se nourrissent de petits reptiles et d'insectes; on les voit souvent s'abattre sur les bestiaux, pour dévorer les insectes parasites qui les tourmentent. De là leur est venu le nom scientifique de *Crotophages*, ou mangeurs d'insectes. Ils sont d'un naturel très-doux, très-confiant, et la vue de l'homme ne les épouvante pas; il n'y a d'ailleurs aucun avantage à les tuer, car leur chair exhale une odeur repoussante. Pris jeunes, ils deviennent très-familiers et aussi habiles que les perroquets dans l'art de parler.

Ils possèdent au plus haut degré l'instinct de la sociabilité, à ce point qu'ils ne s'isolent même pas, comme tous les autres oiseaux, à l'époque de la pariade. Ils construisent, soit dans les arbres, soit dans les buissons, un nid commun, dans lequel toutes les femelles viennent pondre et couver leurs œufs. Ce nid est quelquefois partagé, par des cloisons, en un certain nombre de cases, dont chacune appartient à une femelle; mais la plupart du temps tous les œufs sont mélangés, et les femelles les couvent tous indistinctement.

Cette admirable entente ne cesse pas après la naissance des petits : ceux-ci sont nourris par toutes les mères, qui considèrent chacun d'eux comme son propre enfant. Ces petites républiques ne sont-elles pas des modèles de paix et de concorde, et l'homme n'y trouverait-il pas de salutaires exemples de concorde et de sociabilité?

Les deux principales espèces du genre sont l'*Ani des savanes* et l'*Ani des palétuviers:* le premier, de la grosseur d'un merle, le second, de la taille du geai.

Les *Barbus* (fig. 306) doivent leur nom aux faisceaux de poils roides qu'ils portent sous le bec. Leurs formes sont massives et leur vol lourd. Habitant les contrées chaudes des deux con-

Fig. 308. Barbu à gorge jaune.

tinents, ils se tiennent dans d'épaisses forêts, solitairement, ou par petites bandes. Ils se nourrissent de fruits, de baies et d'insectes ; certaines espèces attaquent et dévorent même les jeunes oiseaux. Ils nichent dans les troncs d'arbres et y déposent un petit nombre d'œufs.

Levaillant prétend que les barbus vieux et infirmes sont soignés et nourris par ceux qui jouissent de toute leur vigueur. Il dit qu'ayant pris, dans un nid de républicains, cinq barbus, dont l'un était si vieux qu'il était incapable de se tenir sur ses jambes, et les ayant renfermés dans une cage, il vit « les quatre barbus bien portants s'empresser de donner à manger au moribond, relégué dans un des coins de la cage. » Il ajoute que le nid où il avait pris les barbus était rempli de noyaux et de débris d'insectes ; ce qui donne à penser que le vieil invalide était depuis longtemps nourri par les compatissants oiseaux. Si le fait est vrai, il est digne d'attirer l'attention des moralistes!

Les *Couroucous* ont, comme les barbus, la base du bec garnie de poils. Leur plumage, doux et soyeux, brille des couleurs les plus éclatantes, et leur queue est extrêmement longue. Ils se

Fig. 307. Couroucou resplendissant.

rapprochent beaucoup des oiseaux de nuit, par leur naturel peu sociable, par leur humeur triste, par leur vie solitaire, qui se passe dans les parties les plus sauvages des bois. Comme eux aussi ils ne sortent que le matin et le soir, pour chercher les insectes et les chenilles, dont ils font leur principale nourriture. La présence de l'homme ne les effarouche pas, et cette confiance entraîne souvent leur trépas, car on les chasse très-activement pour leur chair qui est, dit-on, excellente, ainsi que pour leurs belles plumes. Leur nom leur vient du cri qu'ils poussent dans la saison des amours.

Les couroucous habitent les régions intertropicales des deux continents. L'espèce la plus remarquable est le *Couroucou resplendissant* (fig. 307), indigène au Mexique et au Brésil. Cet oiseau, dont le plumage est d'un magnifique vert d'émeraude, glacé d'or, a la tête surmontée d'une belle huppe de même couleur. Les filles des caciques du nouveau monde utilisaient autrefois ses plumes dans leurs parures. Aujourd'hui encore les créoles les font servir aux mêmes usages. L'espèce la plus commune est le *Curucui* (fig. 308).

Fig. 308. Curucui.

Les *Touracos* sont des oiseaux d'Afrique, dont les formes générales ont une certaine analogie avec celles des hoccos. Ils vivent dans les forêts, et se plaisent sur les plus hauts arbres, dont ils parcourent les branches en sautillant, avec une légèreté surprenante; mais leur vol est lourd et peu soutenu

Famille des Pics. — Les oiseaux qui composent cette famille, sont caractérisés par un bec assez long, conique, pointu, et par une langue très-extensible. Ils forment deux genres : les *Pics* et les *Torcols*.

Les *Pics* excellent dans l'art de grimper, mais ils ne grimpent pas à la manière des perroquets. Ils accomplissent leurs ascensions en étendant leurs doigts, munis d'ongles recourbés, sur les troncs des arbres, et s'y maintenant accrochés; puis se portant un peu plus loin, par un saut brusque et saccadé, et ainsi de suite. Ces mouvements sont facilités par la disposition de la queue, formée de pennes roides, résistantes, et légèrement usées à leur extrémité, lesquelles, s'appuyant contre l'arbre, servent, pour ainsi dire, d'arcs-boutants à l'oiseau. Grâce à cette organisation, les pics peuvent parcourir les arbres dans tous les sens, aussi bien de haut en bas que de bas en haut, ou horizontalement.

Les pics sont d'un naturel timide et craintif. Ils vivent solitairement, au milieu ou sur la lisière des grandes forêts. Les insectes et leurs larves composent leur nourriture. C'est dans les troncs et les fentes des arbres qu'ils les cherchent. Leur langue est merveilleusement appropriée à ce travail d'exploration. Elle est très-longue, et peut, par un mécanisme spécial, être projetée assez loin au dehors, pour atteindre des corps éloignés du bec de plus de cinq centimètres. Elle se termine, à

Fig. 309. Pic noir.

son extrémité libre, par une pointe cornée, hérissée de petits crochets; de plus, elle est enduite d'une humeur visqueuse, sécrétée par deux glandes volumineuses, dont l'effet est d'engluer, pour ainsi dire, les insectes qui s'y aventurent. Lorsque l'oiseau darde cette langue dans les anfractuosités qu'il rencontre, il la retire plus ou moins chargée d'insectes. S'il en aperçoit un qu'il ne puisse atteindre au moyen de cet organe, il a recours à son robuste bec. Frappant l'arbre à coups redoublés, il entame l'écorce et s'empare de la proie convoitée. Souvent aussi il donne des coups de bec pour sonder l'arbre, et s'assurer s'il n'y existe pas intérieurement quelque cavité qui serve de refuge aux insectes. Si le tronc rend un son creux, il l'examine de toutes parts, pour trouver l'issue du trou ainsi dévoilé. Lorsqu'il l'a découverte, il y introduit sa langue, et si le canal n'est pas assez large pour lui permettre d'explorer la cachette avec succès, il l'agrandit, au moyen de son bec, jusqu'à ce qu'aucun coin ne puisse échapper à ses investigations.

Ce n'est pas seulement pour chercher leur nourriture que les pics pratiquent des trous dans les troncs d'arbres; c'est aussi pour y établir leurs nids. Certaines espèces, il est vrai, s'accommodent des anfractuosités naturelles qu'elles rencontrent; mais d'autres tiennent essentiellement à creuser des nids sui-

Fig. 310. Pic mar.

vant leurs goûts. C'est alors qu'on les voit inspecter les arbres de bois tendre, tels que les hêtres, les trembles, etc., pour reconnaître ceux qui sont intérieurement viciés. Lorsqu'ils ont fait leur choix, le mâle et la femelle attaquent, à tour de rôle, l'écorce de l'arbre, et ne cessent de perforer que lorsqu'ils ont atteint la partie cariée. Le conduit qu'ils percent est ordinairement si oblique et si profond que l'obscurité la plus complète y règne. C'est là, sans doute une mesure de sûreté contre les petits mammifères, et surtout contre les rongeurs, ennemis naturels de leur famille. La femelle dépose ses œufs sur un lit de mousse, ou de poussière de bois vermoulu.

Les petits croissent lentement, et reçoivent longtemps, dans le nid, les soins de leurs parents. En général, ils n'ont pas de voix, ou ne poussent que des cris désagréables. A l'époque des amours, ils emploient fréquemment, pour s'appeler, un langage qui leur est propre : ils frappent de leur bec les troncs des arbres morts, et ces coups, qui s'entendent de très-loin, suffisent pour attirer tous les pics du voisinage.

On considère généralement les pics comme des oiseaux nuisibles, parce qu'ils dégradent, dit-on, les arbres des forêts et des vergers; et on leur fait, pour ce motif, une guerre acharnée. On devrait au contraire les protéger, car ils détruisent les insectes, les véritables ennemis des arbres. D'ailleurs ils n'attaquent presque jamais les arbres sains; ils réservent leurs coups pour ceux qui sont vermoulus.

On connaît un grand nombre d'espèces de pics, qui sont répandues sur les deux continents. L'Europe en possède huit, sur lesquelles sept vivent en France, soit à l'état sédentaire, soit comme oiseaux de passage. Les principales sont le *Pic noir*, le *Pic épeiche*, le *Pic mar* et le *Pic vert*.

Le *Torcol* doit son nom à la curieuse propriété qu'il possède de tordre son cou, de manière à tourner la tête dans tous les sens. Il répète ce mouvement à chaque instant, surtout sous l'influence de la surprise ou de la colère. En même temps ses yeux deviennent fixes; les plumes de sa tête se hérissent et sa queue s'épanouit.

Il peut, comme les pics, s'accrocher aux arbres; et s'y tenir verticalement, pendant un temps assez long; mais il est incapable de grimper.

Fig. 311. Torcol.

La faiblesse de son bec ne lui permet pas non plus de fouiller les arbres. Aussi cherche-t-il sa nourriture à terre, principalement parmi les fourmilières. Il mène une existence solitaire, dont il ne sort qu'au moment de la pariade, pour se rapprocher de sa femelle. Il conserve cependant un caractère confiant, n'évite guère la présence de l'homme, et devient très-familier en captivité. Il niche dans les trous naturels des arbres, ou dans ceux creusés par les pics. Son plumage est agréable, et sa taille égale celle de l'alouette. Il habite tout l'ancien continent, et n'est pas sédentaire en France.

Les *Jacamars* (fig. 312) habitent l'Amérique équatoriale. Ils sont caractérisés par un bec long et pointu, des tarses courts et des ailes courtes ou obtuses. Ils ont trois ou quatre doigts, suivant les espèces.

Leurs mœurs sont peu connues. On sait seulement qu'ils vivent isolés ou par paires; qu'ils sont lourds, se donnent peu de

Fig. 312. Jacamar vert.

mouvement et ne s'écartent que rarement du canton où ils ont élu domicile. Toutes les espèces ne fréquentent pas les mêmes lieux : les unes affectionnent les bois épais, les autres préfèrent les plaines, d'autres enfin se plaisent dans les lieux humides ; mais toutes sont insectivores. Par leurs mœurs, comme par leurs caractères physiques, les jacamars paraissent se rapprocher des martins-pêcheurs, dont nous parlerons dans l'ordre suivant.

ORDRE DES PASSEREAUX.

Les *Passereaux* (de *passer*, nom latin du moineau franc) forment la division la moins naturelle de la classe des Oiseaux. On chercherait vainement dans cet ordre le caractère d'homogénéité qui distingue les précédents. Il est bien difiicile d'apercevoir les liens qui rattachent, par exemple, les corbeaux aux hirondelles et surtout aux oiseaux-mouches. Ces volatiles si divers appartiennent tous cependant à la famille des Passereaux. On peut dire que cet ordre ne présente que des caractères négatifs : il réunit, en un bizarre assemblage, tout ce qui n'est ni Palmipède, ni Échassier, ni Gallinacé, ni Grimpeur, ni Rapace.

Le seul trait physique, mais sans grande valeur, qui soit commun à tous les Passereaux, c'est d'avoir le doigt externe uni à celui du milieu, sur une longueur plus où moins étendue.

En général, les grains, les insectes ou les fruits subviennent à leur nourriture. Ils vivent seuls, ou par paires, volent avec aisance, marchent en sautillant, dorment et nichent sur les arbres.

C'est parmi les Passereaux qu'on trouve ces aimables chanteurs, dont les concerts nous charment si délicieusement sous la feuillée. On en rencontre même quelques-uns qui possèdent, à un certain degré, le don d'imiter le langage humain, et les cris des autres animaux. Beaucoup d'entre eux flattent agréablement la vue par leurs brillantes parures; quelques espèces constituent d'excellent gibier, fort apprécié des gourmets. L'homme a réduit en captivité un grand nombre de Passereaux, mais il n'a pu parvenir à en faire des oiseaux domestiques.

Cuvier a divisé les Passereaux en cinq grandes familles : les *Syndactyles*, les *Ténuirostres*, les *Cornirostres*, les *Fissirostres*, et les

Dentirostres. La première est fondée sur la structure du pied, les quatre autres sur la forme du bec. Mais ce dernier caractère est assez arbitraire et il n'est pas toujours facile d'assigner une place à tel ou tel Passereau dans la classification, si l'on se borne à la seule inspection du bec. Nous suivrons toutefois cette distribution, qui est encore généralement adoptée.

Famille des Syndactyles. — Les *Syndactyles* (à doigts unis) sont des oiseaux chez lesquels le doigt externe, presque aussi long que le doigt du milieu, lui est soudé, jusqu'à l'avant-dernière articulation. Les oiseaux qui composent cette famille ont entre eux peu d'analogie, le caractère physique que nous venons de signaler étant purement artificiel.

Dans cette famille se trouvent les genres *Calao*, *Todier*, *Martin-pêcheur*, *Ceyx*, *Guêpier*, *Momot*.

Les *Calaos* sont remarquables par l'énorme développement de leur bec, qui est dentelé, et surmonté, chez certaines espèces, de proéminences volumineuses. Ce bec est cependant léger, car il est de nature celluleuse, comme celui des toucans.

Les calaos ont quelque chose du port des corbeaux; ils marchent mal, ne volent pas mieux, et se tiennent presque constamment perchés sur les arbres élevés. Ils habitent, en troupes nombreuses, les forêts des contrées chaudes de l'ancien continent, principalement de l'Afrique, des Indes et de l'Archipel océanien, et nichent dans les creux des arbres. Ils sont omnivores, et quoique les fruits, les graines et les insectes, forment le fond de leur nourriture, ils se repaissent aussi de chair vivante ou morte. Dans les Indes, on les élève en domesticité, à cause des services qu'ils rendent en purgeant les habitations des rats et des souris. Leur plumage est de couleur noire ou grise, variée de blanc. Leur chair est délicate, surtout lorsqu'ils se nourrissent de graines aromatiques.

On en connaît un grand nombre d'espèces, très-variables de taille. La plus digne de fixer l'attention est le *Calao rhinocéros* (fig. 313). Cet oiseau est ainsi nommé parce qu'il a le bec surmonté d'une sorte de casque énorme, rappelant la corne du rhinocéros. Il habite les Indes orientales.

Les *Todiers* ont le bec long, grêle, aplati, les tarses assez élevés et la queue courte. Ils vivent presque toujours à terre, et se nourrissent d'insectes, qu'ils attrappent en volant. Ils établissent

Fig. 313. Calao rhinocéros.

leur nid sur le bord des rivières, dans des crevasses, ou dans des pierres tendres, qu'ils creusent à l'aide du bec et des pieds. Ils sont de petite taille; d'où leur nom de Todiers (*todus*, petit oiseau). On les rencontre dans les régions équatoriales de l'Amérique.

Les *Martins-pêcheurs* (fig. 314) sont des oiseaux assez singuliers. Leur bec, droit, anguleux et robuste, d'une longueur et d'une grosseur hors de proportion avec leur petite taille; leur tête forte et allongée; leurs formes épaisses et trapues; leurs ailes et leur queue médiocres; leurs tarses courts, placés à l'arrière du corps; leurs riches couleurs, où domine le bleu: tout, chez eux, contribue à attirer les regards. Ils ne sont pas moins intéressants par leurs mœurs que par leurs dehors physiques. Vivant sur le bord des eaux, ils se nourrissent, comme leur nom l'indique, presque exclusivement de poissons, qu'ils savent attendre et saisir avec une patience et une adresse admirables. Perché sur une branche morte, ou sur une pierre qui surgit du milieu de l'eau, le martin-pêcheur reste des heures entières dans une immobilité absolue. Dès qu'il aperçoit une proie à la surface, il fond sur elle, l'étreint de ses puissantes mandibules, et,

Fig. 314. Martin-pêcheur.

après l'avoir brisée, soit par compression, soit par choc contre une pierre ou un tronc d'arbre, il l'avale, la tête la première. Lorsque les poissons lui font défaut, il se rabat sur les insectes aquatiques; mais alors il chasse en volant. Ses mouvements dans l'air sont vifs et peu soutenus; il se déplace par saccades, et s'élève peu au-dessus du sol. La brièveté de ses tarses lui rend la marche fort difficile.

Les martins-pêcheurs sont anti-sociables; ils vivent constamment dans la solitude, excepté au printemps, où les sexes se rapprochent.

Comme les todiers, ils nichent sur les berges des rivières, dans les anfractuosités naturelles ou les trous creusés par les rats d'eau, et ils encombrent leur demeure des restes de leurs repas.

Le père et la mère couvent alternativement, et nourrissent les petits du produit de leur pêche. Ces oiseaux ne chantent point, et leur chair est désagréable.

Les martins-pêcheurs sont les *alcyons* des anciens. Quantité de fables ridicules ont couru sur leur compte. On leur attribuait autrefois la propriété d'indiquer le vent après leur mort, de faire sécher le bois sur lequel ils s'arrêtaient. On accordait à leur corps desséché la faculté d'écarter la foudre, de donner en partage la beauté, d'amener la paix et l'abondance. Aujourd'hui encore, dans certaines provinces, on s'imagine que leur dépouille préserve les draps et autres étoffes des attaques des teignes : les dénominations d'*oiseaux-teignes*, de *drapiers*, *garde-boutique*, qu'on leur a données, consacrent cette croyance.

Les martins-pêcheurs sont répandus sur toute la surface du globe.

Ils comprennent un grand nombre d'espèces, qui habitent surtout les régions chaudes de l'Afrique et de l'Asie. L'Europe en possède une espèce qui n'est pas plus grosse qu'un moineau et qui est une des plus jolies, sous le point de vue des couleurs.

Quoi de plus brillant que de voir le martin-pêcheur tracer un sillon d'azur et d'émeraude, en partant subitement le long d'un ruisseau !

Il faut distinguer les *Martins-pêcheurs proprement dits*, ou *riverains*, des *Martins-chasseurs*, ou *sylvains*. Ces derniers, en tout semblables aux premiers par les caractères physiques, en diffèrent essentiellement par leurs habitudes. En effet, ils habitent les bois, se nourrissent d'insectes et nichent dans les trous creusés par les pics.

Les *Ceyx* sont des martins-pêcheurs dont le doigt interne est supprimé. Ils ont le même régime et les mêmes mœurs que les précédents.

Les *Guêpiers* ont le bec long, mince, arqué et pointu, pourvu d'une arête tranchante ; les tarses très-courts ; les ailes longues et aiguës ; la queue développée, égale, étagée ou fourchue. Ce sont des oiseaux sveltes, légers et criards, qui parcourent incessamment les airs d'un vol rapide et soutenu. Ils tirent leur nom de leur genre de nourriture, qui se compose d'hyménoptères, et surtout d'abeilles et de guêpes. Ils saisissent ces insectes, soit au vol, à la manière des hirondelles, soit en s'embusquant à l'entrée de leurs demeures, et happant tous les individus qui entrent ou qui sortent. Ils sont, d'ailleurs, assez habiles pour éviter leurs piqûres. Vivant par bandes nombreuses, même au temps de la reproduction, ils purgent rapidement un canton des espèces d'hyménoptères qu'ils recherchent ; ils passent alors dans un autre, pour subvenir à leur alimentation.

Ils établissent leur nid sur les berges des fleuves et des rivières, à l'extrémité de profondes galeries, qu'ils creusent

Fig. 315. Guêpier commun.

eux-mêmes et qui atteignent parfois jusqu'à deux mètres de longueur. Certaines espèces sont de très-estimables gibiers.

Les guêpiers habitent les régions brûlantes de l'ancien continent, particulièrement le Sénégal, le Cap et le Bengale. On en trouve en Europe une espèce, le *Guêpier commun* (fig. 315), qui émigre régulièrement chaque année. Elle arrive en mai, repart en automne et s'aventure rarement plus haut que le midi de la France.

On désigne sous le nom de *Momots* (fig. 316) des oiseaux encore peu connus, qui se distinguent par des formes massives, par un vol lourd et difficile, par un bec long, robuste, crénelé sur les bords, et par une langue étroite et barbelée comme celle des Toucans. Ils sont très-sauvages, vivent isolés

Fig. 316. Momot.

dans les épaisses forêts de l'Amérique du Sud, et nichent dans des trous creusés par certains mammifères.

Famille des Ténuirostres. — Les *Passereaux Ténuirostres* sont caractérisés par un bec long et grêle, droit ou arqué, mais toujours sans échancrure. C'est dire qu'ils sont insectivores. Ils comprennent les genres *Huppe*, *Colibri*, *Grimpereau* et *Sittelle*.

Les *Huppes* ont le bec très-long, grêle, triangulaire et un peu arqué.

On a placé dans ce genre un certain nombre d'oiseaux dont les formes générales présentent la plus grande analogie, mais qui empruntent chacun aux dispositions particulières de leur plumage une physionomie spéciale. C'est ce qui a nécessité sa subdivision en plusieurs sous-genres : les *Huppes proprement dites*, les *Épimaques*, les *Promérops* et les *Craves*.

Les *Huppes proprement dites* sont facilement reconnaissables à la double rangée de longues plumes qui surmontent leur tête, et qu'elles peuvent redresser à volonté. Elles vivent solitairement, dans les terres basses et humides, à la recherche des vers, des insectes et des petits mollusques terrestres. On les voit souvent fouiller les excréments des bestiaux, pour y saisir les insectes qu'ils renferment. Elles marchent avec grâce et légèreté; aussi passent-elles presque toute leur existence sur le sol. Elles ne perchent que rarement, et ne se soutiennent en l'air que par de visibles efforts. Elles ne chantent point, et poussent assez souvent deux cris, qui peuvent se rendre par *zi, zi ; houp, houp*. Elles nichent dans les fentes des rochers ou des murs et dans les trous des arbres; c'est là aussi qu'elles se retirent pour passer la nuit. Leur nid exhale une odeur infecte, due aux déjections des jeunes. Prises très-jeunes, elles s'apprivoisent facilement et sont susceptibles d'un grand attachement pour la personne qui les soigne.

Les huppes habitent les parties chaudes de l'Afrique. L'une d'elles, la *Huppe commune* ou *Puput* (fig. 317), vient chaque

Fig. 317. Huppe commune.

année passer la belle saison en Europe. Pendant le printemps et l'été, elle est assez répandue en France. A l'époque de son départ, c'est-à-dire au mois de septembre, elle possède assez d'embonpoint pour être un morceau délicat.

Les *Épimaques* sont de beaux oiseaux, chez lesquels les plumes des flancs sont développées en fils déliés ou en panaches élégants. Leur plumage, richement coloré, brille des reflets métalliques les plus éclatants. On ne connaît rien encore de leurs mœurs. Ils habitent la Nouvelle-Guinée et l'Australie. L'espèce la plus remarquable est l'*Épimaque à douze filets* ou *Multifil* (fig. 318), qui porte six longs filets de chaque côté du corps.

Fig. 318. Épimaque multifil.

Les *Promérops* se distinguent des *Huppes proprement dites* par l'absence de huppe, par leur queue très-longue et par leur langue fourchue et extensible. Ils habitent l'Afrique et n'ont pas été plus étudiés que les précédents.

Enfin les *Craves* ont quelque chose des allures et des habitudes des corbeaux. C'est ce qui a déterminé plusieurs naturalistes à les placer à côté de ces derniers, malgré leur bec long et grêle.

Le genre *Colibri* se subdivise en *Oiseaux-Mouches*, ou espèce à bec droit, et *vrais Colibris*, ou espèce à bec arqué. Sauf cette légère différence, les oiseaux-mouches et les colibris sont parfaitement semblables : ils ont la même exiguïté, le même éclat, les mêmes habitudes. Parler des uns, c'est en même temps décrire les autres : on nous permettra donc de ne pas séparer leur histoire.

Les oiseaux-mouches sont les plus ravissants des êtres ailés. La nature s'est plu à les combler de tous ses dons. En les créant, elle semble avoir fait effort sur elle-même, et épuisé pour eux toutes les séductions dont elle dispose : grâce, élégance, célérité, costume splendide, courage indomptable, elle leur a tout dispensé. Qu'on ne lui demande pas davantage, après un pareil tour de force ! Elle a mis toute son âme dans ces délicieux bijoux, et en voulant les surpasser, elle se montrerait peut-être inférieure à elle-même. Quoi de plus adorable, en effet, que ces petits lutins, étincelant des feux réunis du rubis, de la topaze, du saphir et de l'émeraude, qui voltigent de fleur en fleur, au milieu de la riche végétation des tropiques, et qui semblent, par leur bourdonnement continu, venir en aide à la chaleur du jour, pour plonger dans un repos bienfaiteur et réparateur les habitants de ces régions brûlantes ! Leur légèreté est si grande, leur vol si rapide, et leur taille si faible, dans certaines espèces, que l'œil ne peut suivre les battements précipités de leurs ailes effilées. Lorsqu'ils planent, ils semblent complétement immobiles : on les croirait suspendus par d'invisibles fils.

Créés spécialement pour une vie aérienne, ils sont sans cesse en mouvement, occupés à chercher leur nourriture dans les calices des fleurs. Leurs petits yeux, vifs et brillants, en scrutent les recoins les plus cachés; et dès qu'ils y ont découvert quelque insecte, leur bec aigu va le saisir avec tant de délicatesse, que la plante en est à peine effleurée. Ils s'abreuvent aussi du suc et du miel des fleurs, mais ils n'en font pas leur aliment exclusif, comme l'ont affirmé beaucoup d'auteurs. Ce régime, peu substantiel, serait insuffisant pour soutenir la prodigieuse activité qu'ils déploient à tous les moments de leur existence.

Leur langue, dont ils se servent comme d'une trompe, est un microscopique instrument, merveilleusement agencé. Elle se compose de deux demi-tubes, placés l'un contre l'autre, et susceptibles de s'écarter ou de se rapprocher, comme les branches d'une pince; de plus elle est constamment humectée par une salive gluante qui a pour objet de retenir les insectes. On voit qu'elle n'est pas sans analogie avec celle du pic.

Fiers de leur parure, les oiseaux-mouches en prennent le plus grand soin. Ils passent fréquemment leur bec dans leurs plumes, pour les lisser et en maintenir l'éclat. Ils sont d'une vivacité, d'une pétulance indescriptibles, et ils manifestent souvent des sentiments belliqueux qu'on serait loin d'attendre d'aussi chétives créatures. Ils attaquent des oiseaux beaucoup plus gros qu'eux, les harcèlent, les poursuivent sans relâche, les menacent aux yeux, et parviennent toujours à les mettre en fuite. Ils se combattent même mutuellement. Si deux mâles se rencontrent sur le calice d'une fleur, ils se précipitent quelquefois l'un sur l'autre, et s'élèvent, en jetant des cris, jusqu'à perte de vue. Après quoi, le vainqueur revient à la fleur, cause première du conflit et juste prix de sa vaillance.

Le nid de l'oiseau-mouche est un chef-d'œuvre d'architecture. Il est gros comme la moitié d'un abricot ou d'un œuf de poule. Les matériaux en sont apportés par le mâle, et disposés ensuite par la femelle. Tissu de lichens artistement entrelacés et collés

Fig. 319. Oiseau-mouche. (Topaze et son nid).

ensemble par la salive de l'oiseau, il est garni intérieurement de ouate ou de fibres soyeuses arrachées à diverses plantes.

Ce joli berceau est suspendu, soit à une feuille, soit à une petite branche, soit même à un simple fétu de paille, attenant au toit de la case d'un indigène. C'est là que la mère dépose, deux fois l'an, une paire d'œufs, tout blancs, et comparables à des pois pour la grosseur.

Les petits brisent leur coquille, après six jours d'incubation; une semaine plus tard, ils sont capables de voler. Durant toute la saison des amours, les époux se prodiguent les plus tendres caresses; ils ont aussi beaucoup d'affection pour leur progéniture.

Tous les peuples ont eu recours à de vives images pour désigner les oiseaux-mouches. Le nom que nous leur avons donné, prend sa source dans leur excessive petitesse; les Anglais, ayant égard à leurs bourdonnements, les appellent *Humming birds* (*oiseaux bourdonnants*); les créoles des Antilles et de Cayenne, *Murmures*, *Bourdons* et *Frous-frous;* les Espagnols les ont nommés *Picaflores* ou *Becque-fleurs*, et les Brésiliens *Chupaflores* ou *Succe-fleurs;* enfin, pour les Indiens, ces êtres aériens sont des *Cheveux de soleil* ou des *Rayons de soleil*.

Les oiseaux-mouches sont fort recherchés, non à cause de leur chair, qui est d'un trop faible volume, mais pour leurs plumes, dont les femmes se composent divers ornements, tels que colliers, pendants d'oreilles, etc. Certaines peuplades d'Indiens, converties au christianisme, savent s'en servir pour fabriquer de très-curieuses figures de saints. Les Mexicains et les Péruviens les employaient de même autrefois dans la confection de riches manteaux et de petits tableaux, pleins de fraîcheur et d'éclat. Tous les soldats de notre expédition du Mexique ont rapporté de ces petits tableaux, représentant des oiseaux, des cages, etc., exécutés avec des plumes de colibris.

Il est très-difficile de les conserver longtemps en captivité, non pas qu'ils ne soient très-familiers et très-caressants, mais leur nature vive, frêle et délicate, ne s'accommode pas de l'horizon borné d'une cage. Ils meurent au bout de quelques mois, malgré tous les soins qu'on peut leur prodiguer.

On les chasse, dans le pays, soit avec de la cendrée ou une sarbacane, soit avec un filet à papillons, si l'on veut les prendre vivants.

Il faut citer parmi leurs ennemis les plus redoutables une monstrueuse araignée, la *mygale aviculaire*, qui tend sa toile autour de leur nid, et dévore les œufs ou les petits, en l'absence des parents, qu'elle immole aussi quelquefois.

Les colibris et les oiseaux-mouches habitent toute l'Amérique méridionale et une partie de l'Amérique septentrionale, jusqu'à l'État de Massachussets; mais c'est au Brésil et à la Guyane qu'ils sont le plus abondants. On en connaît au moins cent cinquante espèces, dont les plus remarquables sont : parmi les colibris, le *Topaze*, le *Grenat*, le *Hausse-col doré*, le *Hausse-col vert*, le *Plastron bleu*; et parmi les oiseaux-mouches, l'*Oiseau-mouche géant*, qui atteint la taille de l'hirondelle; le *plus petit oiseau-mouche*, dont la grandeur n'excède pas celle d'une grosse mouche; le *Huppe-col*, le *Rubis-topaze*, l'*Améthyste*, l'*Oiseau-mouche Delalande* ou *Plumet*

Fig. 320. Oiseau-mouche de Sapho.

bleu, l'*Oiseau-mouche de Sapho* (fig. 320), et l'*Oiseau-mouche à raquettes*, ainsi nommé à cause de sa queue, d'où partent deux longs brins rectilignes qui s'élargissent à leur extrémité en forme de raquettes.

Les *Grimpereaux* sont caractérisés par un bec arqué, et par une queue usée, finissant en pointe roide, comme celle des pics. Ils comprennent plusieurs sous-genres, dont les principaux sont : les *Grimpereaux proprement dits*, les *Échelettes*, les *Picucules*, les *Fourniers*, les *Sucriers* et les *Soui-Mangas*.

Les *Grimpereaux proprement dits* (fig. 321) sont de petits oiseaux qui grimpent aux arbres, à la manière des pics, pour découvrir sous l'écorce les insectes qui y sont installés. Ils nichent dans les trous des arbres, et profitent sans doute, quoi qu'en disent certains auteurs, de ceux pratiqués par les pics : il est peu probable, en effet, d'après la forme et la faiblesse de leur bec, qu'ils

Fig. 321. Grimpereau familier.

puissent entamer eux-mêmes un bois aussi dur que le chêne, pour lequel ils ont une préférence marquée. Le *grimpeureau familier* est répandu dans presque toutes les contrées de l'Europe ; il est assez commun en France.

Les *Échelettes*, appelés aussi *Grimpereaux des murailles*, doivent leur nom à l'habitude qu'ils ont de grimper le long des murs des édifices, ou des rochers coupés à pic. Leur désignation scientifique est *Tichodrome* (*coureur de murailles*). Ils ne trouvent pas dans leur queue un point d'appui, comme les vrais grimpereaux. Ils se cramponnent simplement avec les pieds, et s'aident, pour monter, d'un petit mouvement des ailes. Ils se nourrissent d'insectes et surtout d'araignées, vivent solitairement sur les hautes montagnes, et ne descendent dans les plaines qu'aux premiers froids. On les trouve dans toute l'Europe méridionale.

Les *Picucules*, ou *Pics-Grimpereaux*, ont les mêmes formes et les mêmes habitudes que les grimpereaux; seulement ils ont le bec beaucoup plus fort et plus hardiment courbé dans quelques espèces. Les picucules habitent le Brésil et la Guyane.

Les *Fourniers* (fig. 322) vivent seuls, ou, par paires, dans les plaines découvertes du Chili, du Brésil et de la Guyane. Ils se nourrissent de graines, mais mangent aussi des insectes. D'un

Fig. 322. Fournier et son nid.

naturel confiant, ils ne fuient pas le voisinage de l'homme, et s'approchent même fréquemment des habitations. Ce qui les rend dignes d'intérêt, c'est le nid remarquable qu'ils construisent, soit sur les arbres, soit sur les poteaux, les palissades ou les fenêtres des maisons. Cet ouvrage considérable, eu égard à la petite taille de l'oiseau, ne mesure pas moins de trente centimètres de diamètre. Il est tout entier en argile, et présente la forme d'un four, divisé, à l'intérieur, en deux compartiments, par une cloison partant de l'ouverture; c'est dans la chambre inférieure que la femelle dépose ses œufs. Le mâle et la femelle apportent, alternativement, de petites boules de terre glaise, pour l'édification du nid, et travaillent si rapidement qu'ils ont quelquefois tout terminé en deux jours. Certaines espèces construisent sur les arbres des abris plus grands encore, entremêlés de branches épineuses, et pourvus d'une ou plusieurs entrées : celui de l'*Annumbi* a quarante centimètres de diamètre sur soixante de hauteur.

Les *Sucriers* sont des oiseaux d'Amérique, ainsi nommés parce qu'ils aiment beaucoup les substances de saveur douce; aussi sont-ils souvent occupés à sucer le miel des fleurs et à pomper le suc des cannes, par les crevasses de la tige. Ils ont, comme les colibris, la langue divisée en deux filets, s'en servent avec

Fig. 323. Soui-Manga.

avantage pour saisir les insectes qui font la base de leur nourriture. Leur taille est médiocre, et leur plumage éclatant.

C'est parmi les sucriers qu'on range les *Guits-guits*, ingénieux petits êtres, qui construisent un nid en forme de cornue, et le suspendent à des branches flexibles, l'ouverture en bas, afin de soustraire leur progéniture aux attaques de leurs ennemis.

Les *Soui-Mangas* (fig. 323) ont le même goût que les précédents pour le sucre ; cette prédilection justifie leur nom, qui signifie *mangeurs de sucre* en langue malgache. Ils habitent l'Afrique méridionale et les Indes, et représentent, dans l'ancien continent, les colibris du nouveau monde. Ils en ont la gaieté, la vivacité, les brillantes couleurs. Comme eux, ils aiment à plonger dans la corolle des fleurs leur langue extensible et bifide. Ils ne revêtent leur éclatant costume que pendant la saison des amours.

Fig. 324. Sittelle torche-pot.

Les *Sittelles* ont le bec droit, pyramidal et pointu, couvert à sa base de petites plumes dirigées en avant ; les doigts longs, munis d'ongles forts et crochus. Leurs habitudes tiennent beaucoup de celles des grimpereaux.

On trouve les sittelles dans l'Amérique et les îles de l'Océanie.

Famille des Cornirostres. — Les *Passereaux Cornirostres* sont caractérisés par un bec fort, plus ou moins conique et sans échancrure. Ils sont généralement granivores ; mais quelques espèces sont insectivores ou carnivores. Ils comprennent les genres *Paradisier, Corbeau, Rollier, Étourneau, Cassique, Pique-Bœuf, Coliou, Bec-Croisé, Moineau, Bruant, Mésange, Alouette.*

Les *Paradisiers*, vulgairement nommés *Oiseaux de Paradis*, ont le bec droit, comprimé, robuste, et les narines recouvertes de plumes veloutées. Ces oiseaux, dont le costume ne le cède en rien, pour l'éclat et la variété des couleurs, à celui des colibris, sont remarquables par des plumes longues et diversement situées, qui font leur plus belle parure. Tantôt ce sont des panaches légers et gracieux, qui retombent le long des flancs ; tantôt des plumes fines et déliées, ou *filets*, qui garnissent soit les côtés de la tête, soit la queue de l'oiseau.

Les paradisiers ont un habitat fort restreint : on ne les trouve qu'à la Nouvelle-Guinée, ou Terre des Papous, située au nord de l'Australie. Ils vivent dans d'épaisses forêts, se nourrissent de fruits et d'insectes et sont surtout friands de muscades. Quelques-uns aiment la solitude, mais la plupart se réunissent en bandes nombreuses, et voyagent de canton en canton, à l'époque des moussons. Leur vol, léger et rapide, est comparable à celui des hirondelles, d'où le nom d'*Hirondelles de Ternate* qu'on

Fig. 325. Oiseau de Paradis (Émeraude).

leur donne quelquefois[1]. C'est surtout à leurs longues plumes latérales qu'ils doivent de se mouvoir avec tant de facilité dans l'air ; mais ce sont aussi ces plumes latérales qui paralysent leurs mouvements lorsqu'un vent violent les prend en queue. Elles s'enchevêtrent et s'embrouillent alors à tel point, que les

[1]. *Ternate* est une des îles de l'Océanie qui font partie de l'archipel des Moluques, au nord-ouest de la Nouvelle-Guinée.

malheureux oiseaux, forcés de se laisser choir sur le sol, deviennent souvent la proie des indigènes, attirés par leurs cris.

Fig. 326. Maucodé royal.

Dès qu'on les connut en Europe, les paradisiers furent le texte des fables les plus extraordinaires, écloses, soit sous leur ciel natal et importées avec eux, soit dans la cervelle des naturalistes de cette époque. On assura qu'ils n'avaient pas de pieds. On affirma ensuite qu'ils se suspendaient aux arbres par leurs filets; — qu'ils dormaient, pondaient et couvaient au sein de l'air; — que la femelle déposait ses œufs dans une cavité, sur le dos du mâle; — qu'ils passaient la saison des amours dans le Paradis, et autres fables *ejusdem farinæ*.

Les Papous chassent très-activement les paradisiers, pour s'emparer de leurs plumes, qui ont une grande valeur commerciale. Nos dames en font une consommation immense, pour orner leurs chapeaux. Les rajahs indiens et malais, les riches Chinois, les estiment également beaucoup, et en parent nonseulement leurs coiffures, mais encore leurs épées.

Fig. 327. Lophorine superbe.

D'après les dispositions de leur plumage, on a divisé les paradisiers en plusieurs sections : les *vrais Paradisiers*, les *Maucodes*, les *Sifilets*, les *Lophorines* et les *Difillodes*.

Les espèces les plus remarquables, parmi ces différents

groupes, sont l'*Émeraude* (fig. 325), dont la gorge et le cou sont d'un vert émeraude éclatant, tandis que les flancs sont ombragés de leurs faisceaux jaunâtres; — le *Paradis rouge*, dont les faisceaux sont d'un beau vermillon et la gorge d'un splendide vert doré; — le *Maucode royal* (fig. 326); — la *Lophorine superbe* (fig. 327); — le *Sifilet à gorge dorée* (fig. 328), ainsi

Fig. 328. Sifilet à gorge doré.

nommé à cause des trois filets, épanouis en palette à leur extrémité, qui lui font une garniture de chaque côté de la tête; — enfin le *Difillode magnifique*.

Les oiseaux qui composent le genre *Corbeau*, sont caractérisés par un bec très-fort, à bords tranchants, bombé à la base, aplati latéralement et crochu vers la pointe; par des narines recouvertes de plumes roides, dirigées en avant, par des doigts robustes et des ailes longues et aiguës.

Ils se répartissent en quatre sous-genres principaux : les *Corbeaux proprement dits*, les *Pies*, les *Geais*, et les *Casse-noix*.

Les *Corbeaux proprement dits* comprennent : les *Grands corbeaux*, ou simplement *Corbeaux*, les *Corneilles*, *Freux*, *Choucas*, *Corbivaux* et *Choquarts*.

Toutes ces espèces ont, à peu de chose près, le même caractère, les mêmes aptitudes et les mêmes mœurs. A l'exception du *grand corbeau* qui vit solitairement avec sa femelle, elles se réunissent toutes par bandes, soit pour chercher leur nourriture, soit pour passer la nuit dans les bois de haute futaie, soit

37

pour pondre et élever leurs petits. Elles ont aussi la même intelligence, la même finesse, la même malice, le même don d'imitation, et la même habitude d'amasser des provisions en des lieux secrets. Cette habitude dégénère, dans la domesticité, en une manie spéciale, qui les porte à prendre et à cacher tout ce qui frappe leurs regards, surtout les objets brillants, tels que l'argenterie, les bijoux, les instruments d'acier, de cuivre, etc. Toutes ces espèces sont susceptibles de domestication.

Les corbeaux, surtout le *grand Corbeau* et la corneille, sont les omnivores par excellence. Chair vivante ou morte, poissons échoués, insectes, œufs, fruits, graines, tout leur convient. Leurs déprédations sont énormes. C'est ainsi que le grand corbeau, non content de lever un tribut sur les taupes, mulots et levrauts de la plaine, s'introduit dans les basses-cours, et s'approprie, sans façon, poulets, canetons et jeunes faisans. Buffon prétend même que, dans certains pays, il se crampone sur le dos des buffles, et les dévore en détail, après leur avoir crevé les yeux. Quant à la corneille, il est certain, d'après Lewis, qu'elle attaque les agneaux, dans les pâturages d'Écosse et d'Irlande. Enfin, tous les corbeaux se plaisent à fouiller les terres nouvellement ensemencées, pour se nourrir des grains que le cultivateur vient d'y déposer. Aussi trouvent-ils dans les habitants des campagnes d'irréconciliables ennemis, toujours prêts à les poursuivre ou à les attirer dans des piéges. Dans certains pays, tels que la Norwége, où leur rapine dépasse toutes les bornes, la loi ordonne leur extermination.

Cependant si l'on envisage le sujet sans prévention, on restera convaincu que, dans la plupart des contrées, les corbeaux sont plus utiles que nuisibles : il serait donc plus sage de les protéger que de les détruire. Outre qu'ils contribuent à l'assainissement de l'atmosphère, en dévorant les charognes capables de l'infecter par leurs émanations, ils suppriment, chaque année, des quantités prodigieuses de vers, de larves et d'insectes. Ces services compensent largement les dégâts qu'ils causent à l'agriculture.

La chair du grand corbeau et de la corneille exhale une mauvaise odeur, due à la prédilection de ces oiseaux pour la viande corrompue; aussi n'est-elle guère comestible. Mais les *Freux* et les *Choucas*, qui ont un autre régime, constituent des gibiers très-convenables.

Les corbeaux ont un vol vigoureux et soutenu ; ils ont aussi l'odorat très-fin et la vue perçante. C'est grâce à l'excellence de ces deux sens qu'ils peuvent, des régions élevées où ils planent avec aisance, découvrir les victimes que la mort fait chaque jour dans la nature animée. Ils font entendre des cris, ou *croassements*, assez désagréables, qui n'ont pas moins contribué que leur costume funèbre à leur faire une réputation d'oiseaux de mauvais augure. Les anciens leur attribuaient le don de divination, et surtout celui de prédire les catastrophes. C'est pourquoi les aruspices les consultaient, et tiraient des pronostics de leurs diverses façons de croasser et de se mouvoir dans l'air.

Pris jeunes, au nid, les corbeaux s'apprivoisent avec une facilité remarquable. Quoiqu'ils jouissent d'une entière liberté, ils n'abandonnent jamais la maison qui fut leur berceau. Ils s'éloignent, il est vrai, dans la campagne, pour chercher leur nourriture; mais ils reviennent au logis tous les soirs. Ils ont beaucoup d'attachement pour leur maître, et sont susceptibles de le reconnaître après plusieurs années de séparation. Leur audace et leur malice sont incroyables. Lorsqu'ils ont de l'antipathie pour quelqu'un, il n'est pas de tour qu'ils n'imaginent pour la lui témoigner. Ils ne peuvent souffrir ni les chiens ni les chats, et les harcèlent sans cesse, à coups de bec, pour leur arracher le morceau de viande qu'ils se disposent à manger. Enfin ils pratiquent des cachettes, et vont y porter tout ce qui tente leur cupidité ou excite leur convoitise. De plus, ils apprennent à répéter des mots et des phrases, et ils imitent les cris de quelques animaux.

Un grand nombre de faits consignés dans les ouvrages d'histoire naturelle témoignent de la vérité de cette assertion.

Pline parle d'un corbeau qui, installé sur les places publiques de Rome, appelait chacun par son nom, depuis l'empereur jusqu'au plus humble citoyen.

On a ri maintes fois au récit de cette aventure arrivée à un chasseur maladroit. Comme il avait manqué un corbeau perché sur un arbre, celui-ci lui cria, d'une voix solennelle : *Imbécile!*

Le docteur Franklin parle en ces termes d'un corbeau élevé dans une auberge :

« Il avait, dit-il, la mémoire des personnes et connaissait parfaitement les cochers, avec lesquels, d'ailleurs, il vivait sur un pied d'intimité.

Avec ses amis particuliers, il prenait certaines libertés innocentes, comme celle, par exemple, de monter sur le haut d'une voiture pour aller faire de petites promenades, jusqu'à ce qu'il rencontrât une autre voiture dont il connût également le cocher, et qui le ramenait à la maison [1]. »

Le même corbeau avait la plus grande sympathie pour les chiens, en général, et en particulier pour les chiens estropiés, qu'il accablait d'attentions délicates : il allait leur tenir compagnie et leur portait des os à ronger. Cette excessive bienveillance pour un animal qui est rarement dans les bonnes grâces de messieurs les corbeaux, provenait de ce qu'il avait été élevé avec un chien, pour lequel il s'était pris d'une tendre affection, et dont il s'était constitué le garde-malade assidu, alors que le pauvre quadrupède avait eu le malheur de se casser la patte.

Le même auteur raconte l'histoire d'un corbeau qui, capturé en Russie et incarcéré au Jardin des Plantes de Paris, reconnut parfaitement le docteur Monin, arrêté fortuitement devant sa cage, et auquel il avait appartenu, dix ans auparavant. Mis en présence de son ancien maître, il lui sauta sur l'épaule, et le couvrit de caresses et de baisers. Celui-ci réclama sa propriété, et l'oiseau fit bientôt l'ornement de sa maison de campagne, près de Blois, où il apostrophait les paysans en ces termes peu polis : *Gros cochon*.

Le docteur Franklin a élevé lui-même un corbeau, dont la faculté d'imitation était inouïe :

« Il s'appelle Jacob, dit le docteur Franklin. Quelquefois il fait un tel bruit de voix au bas des escaliers, que vous vous imagineriez volontiers deux ou trois enfants en train de se quereller avec violence. D'autres fois l imite le chant du coq, miaule comme un chat, aboie comme un chien ou reproduit le son de la crécelle pour effrayer les oiseaux qui pillent les champs de blé. Puis tout redevient silencieux ; mais bientôt un enfant de deux ans crie : Jacob! Jacob! un autre de dix ans répond par le même nom, d'abord sur un ton grave, puis sur des tons plus élevés, plus criards. Autre silence ; mais, tout à coup, un homme semble frapper à la porte : si l'on ouvre, Jacob entre, court çà et là dans la chambre, puis se met à table.

« Jacob est voleur, c'est là son moindre défaut. Cuillers, couteaux, fourchettes, assiettes, viande, pain, sel, pièces de monnaie, surtout les neuves, il emporte tout, il cache tout dans quelque trou noir ou quelque

---

1. *La vie des animaux*, par le docteur Jonathas Franklin. In-18. (*Oiseaux*.)

coin. Une blanchisseuse du voisinage avait coutume de pendre son linge près de notre fenêtre et de le fixer sur la corde avec des épingles. L'oiseau travailla avec une rare persévérance à détacher les épingles. La femme lui lança des malédictions en ramassant son linge tombé ; mais lui, de fuir dans le jardin en poussant les croassements les plus malicieux. Un jour, je trouvai sous quelques morceaux de bois la cachette du voleur : elle était pleine d'aiguilles et d'épingles. »

Les corbeaux sont répandus sur toute la surface du globe.

Le *Grand Corbeau* (fig. 329) et la *Corneille noire*, ou *Corbine*, sont sédentaires, et n'abandonnent point les localités où ils ont

Fig. 329. Grand Corbeau.

élu domicile ; mais la *Corneille mantelée* ou *cendrée*, le *Freux* et le *Choucas*, sont des oiseaux migrateurs, qui ne visitent nos contrées septentrionales qu'aux approches de l'hiver. Les *Choquarts* habitent les hautes montagnes de l'Europe et de l'Afrique, et descendent en plaine pendant l'hiver. Enfin les *Corbivaux* se trouvent exclusivement en Afrique.

Les *Pies* se distinguent des corbeaux par des ailes plus courtes, par une queue longue et étagée, et par un costume moins lugubre ; sauf ces légères différences, elles leur sont en tout semblables. Comme les corbeaux, elles sont omnivores, sans se nourrir pourtant de proies mortes. Elles ont la même manie, soit à l'état sauvage, soit en domesticité, de faire des provisions, et de cacher tous les corps qui brillent. L'instinct du vol est même si développé chez elles, qu'il leur a valu dès longtemps une grande célébrité. Tout le monde connaît le drame populaire de la *Pie voleuse*, qui fit jadis verser des larmes à tous les cœurs sensibles. C'est la véridique histoire d'une servante qui, accusée d'avoir volé des couverts d'argent, mise en jugement et déclarée coupable, fut pendue bel et bien pour ce fait, et plus tard, mais trop tard, hélas! reconnue innocente. L'auteur du vol, c'était la pie de la maison. Le fait arriva à Paris, chez un fondeur de cloches de la paroisse de Saint-Jean-en-Grève.

La pie est très-méfiante; l'homme a surtout le privilége de la mettre en fuite. Mais elle attaque avec beaucoup de hardiesse le chien, le renard et tous les oiseaux de proie. Survient-il un de ces animaux, elle le poursuit vigoureusement, ameute par ses cris tous les oiseaux de son espèce, et autant par son propre élan que par les efforts combinés de ses semblables, réussit la plupart du temps à l'éloigner. Elle s'agite sans cesse, et court avec légèreté, mais son vol est difficile. Elle crie et caquète continuellement, quelquefois d'une manière assourdissante, ce qui a fait naître le proverbe : *Bavard comme une pie*. Elle construit, sur la cime des plus hauts arbres, ou des buissons élevés, un nid, fait de branches épineuses, de bûchettes et de sable, et qui est remarquable par sa forme, sa grandeur et sa solidité (fig. 330). Elle en commence même plusieurs à la fois, les uns d'une manière ostensible, le dernier avec des précautions infinies, pour n'être pas observée. Suivant M. Nordmann, elle n'agit ainsi que pour donner le change aux personnes qui épient ses démarches; car c'est dans ce dernier nid qu'elle dépose ses œufs. Si le fait était vrai, il supposerait une grande ruse chez cet oiseau.

La pie pond sept ou huit œufs, qui sont couvés alternativement par le mâle et la femelle. Ils montrent tous les deux le plus grand attachement pour leur progéniture et lui continuent très-longtemps leurs soins.

La pie s'apprivoise avec une extrême facilité, et devient très-familière. On en voit solliciter les caresses de leur maître, et l'accompagner en tous lieux, avec une telle insistance, qu'on est obligé de les renfermer pour éviter leurs importunités. Elle apprend à parler, et se plaît surtout à répéter le mot *Margot*. On

Fig. 330. Nid de la Pie d'Europe.

augmente son habileté de prononciation en lui coupant le *filet*, c'est-à-dire cette bride fibreuse et molle qui relie inférieurement la langue au palais.

Fig. 331. Pie d'Europe.

On rencontre la pie dans toutes les parties du monde. La *Pie d'Europe* (fig. 331), très-commune dans tous les pays de plaines,

Fig. 332. Geai commun.

est un bel oiseau, au plumage noir velouté, avec la poitrine et une partie des ailes d'un blanc pur. On trouve au Brésil et au

Paraguay une autre espèce, dont le plumage est tout entier d'un beau bleu de ciel, à l'exception de la tête et de la gorge, qui sont noires.

Les *Geais* diffèrent des corbeaux par un bec court, légèrement échancré à la pointe, et par la faculté qu'ils possèdent de hérisser les plumes de leur tête, lorsqu'ils sont irrités. Ils se nourrissent surtout de fèves, de glands, de noisettes, mais mangent aussi des vers et des insectes, et recherchent, comme les corbeaux et les pies, les œufs et les petits des autres oiseaux. D'un naturel irascible et querelleur, ils s'apprivoisent

Fig. 333. Casse-noix.

cependant très-aisément, et apprennent à prononcer quelques mots. Ils sont répandus en Europe, en Amérique et aux Indes. Le *Geai d'Europe* (fig. 332, page 585) est une très-jolie espèce, qui porte de petites plumes bleues à la naissance des ailes.

Les *Casse-noix* (fig. 333) sont munis d'un bec droit, long et fort, qui leur sert à soulever les écorces des arbres, pour y chercher des insectes, et à ouvrir les cônes des pins et des sapins, dont ils mangent les amandes. A défaut de ces aliments, ils se nourrissent de noisettes et de baies diverses; c'est là ce qui leur a valu leur nom. Ils habitent les forêts montagneuses de l'Europe et de l'Asie et nichent dans les troncs des arbres, contre lesquels ils sont susceptibles de se cramponner, mais non de grimper.

Les *Rolliers* (fig. 334) ont, par leurs formes générales, beaucoup d'analogie avec les geais; mais ils en diffèrent par un bec plus robuste et par des narines découvertes ; ils sont aussi beaucoup plus sauvages et se retirent dans des bois épais. Ils ne s'apprivoisent qu'imparfaitement, et quoiqu'ils connaissent les personnes qui les soignent, ils ne deviennent jamais familiers. Ils se nourrissent d'insectes, de vers et de petits reptiles; au besoin, ils mangent des baies, des graines et des racines.

Fig. 334. Rollier d'Europe.

Leur plumage est fort brillant. Ils habitent l'Europe, l'Afrique et l'Asie méridionale.

Les *Étourneaux* (fig. 335) vulgairement nommés *Sansonnets*, sont caractérisés par un bec droit, et déprimé vers la pointe. Ce sont des oiseaux pleins de grâce et de vivacité, reconnaissables à leur sombre plumage, qui brille de reflets métalliques verts ou bleus. Ils vivent en troupes nombreuses, dans les plaines et les bois, qu'ils parcourent en tourbillonnant. Ils se groupent en figures régulières, pour aller gagner leur gîte de nuit : tantôt en triangle, tantôt en quadrilatère, en cercle, en ellipse ou en sphère. Ils se nourrissent de graines, de baies, d'insectes, de vers et de petits mollusques terrestres. Ils choisissent, pour nicher, les endroits les mieux abrités, tels que les creux des arbres, les crevasses des murs, les clochers, les rebords des toits, des maisons, quelquefois même l'intérieur des colombiers. A ce propos, on les a accusés de sucer les œufs des pigeons : c'est là une pure calomnie.

Les étourneaux sont répandus sur toute l'étendue du globe; l'Europe en possède deux espèces. Ils ne sont sédentaires que dans quelques contrées. En général, ils émigrent chaque année. On les recherche, non pour leur chair qui est désagréable au goût, mais à cause de leur aimable naturel et de la facilité avec laquelle ils apprennent à parler.

Fig. 335. Étourneau.

Les *Cassiques* ont le bec gros à la base, exactement conique et très-pointu, la mandibule supérieure se prolongeant sur le front. Ce sont des oiseaux d'Amérique, qui se rapprochent beaucoup des étourneaux par leurs habitudes. Comme eux, ils vivent en troupes nombreuses, pendant presque toute l'année. Ils se nourrissent de graines, de baies et d'insectes, et font souvent de grands ravages dans les champs cultivés et les vergers. Vifs, légers et très-rapides dans leur vol, ils sont remarquables par l'industrie qu'ils apportent dans la construction de leur nid. Ce nid représente une espèce de bourse, longue d'environ un mètre et large de trente centimètres, dont l'entrée est pratiquée, soit au sommet, soit latéralement.

Le genre Cassique a été subdivisé en plusieurs groupes, dont les plus importants sont les *Cassiques proprement dits*, les *Troupiales* et les *Carouges*. Il faut citer, parmi les troupiales, une espèce de l'Amérique septentrionale, le *Commandeur* (fig. 336), très-recherchée à cause de la belle plaque rouge, ou *épaulette*, qu'elle porte à la naissance de l'aile. Ces *épaulettes* ont été fort à la mode au dernier siècle : les dames en garnissaient leurs robes.

On range encore dans ce genre les *Pits-pits* (ainsi nommés

Fig. 336. Troupiale commandeur.

à cause de leur cri), qui sont très-voisins des précédents et habitent la zone torride du nouveau continent.

Les *Pique-bœufs* (fig. 337) doivent leur nom à une singulière habitude, qui ne leur est cependant pas exclusive parmi les oiseaux : ils s'abattent sur les bœufs, les buffles, les gazelles et autres grands mammifères, qui vivent par troupes, dans les plaines africaines, et s'ingénient à dévorer les larves des mouches (*œstres*) qui déposent leurs œufs dans la peau de ces ruminants. Cramponnés sur le dos de leurs pourvoyeurs, ils attaquent, à coups de bec, les tumeurs qui recèlent les larves, en extraient fort habilement les futurs insectes et les mangent. Les animaux qu'ils délivrent ainsi de parasites incommodes, sont reconnaissants de ce service et se prêtent avec complaisance à l'opération.

Les pique-bœufs ne bornent pas leur alimentation aux larves des œstres : ils se nourrissent aussi de punaises de bois et d'autres insectes. Ils vont ordinairement par bandes de six ou huit individus, sont très-farouches et s'envolent, avec un cri aigu, dès qu'on les approche.

Fig. 337. Pique-bœuf.

A côté des pique-bœufs se placent les *Colious*, qui habitent également l'Afrique. Ce sont de petits oiseaux, de la taille du bruant, qui ont la tête couverte d'une huppe. Ils vivent par bandes de quinze ou vingt, nichent en commun et se nourrissent de fruits et de bourgeons. D'après Levaillant, ils grimpent aux branches des arbres, la tête en bas, situation assez étrange, et dorment ainsi, serrés les uns contre les autres. Leur chair est fort délicate.

Les *Becs-Croisés* (fig. 338) sont remarquables par la forme de leur bec, dont les mandibules sont comprimées et recourbées en sens contraire, de manière à se croiser. Ils s'en servent pour briser les cônes des arbres résineux, et en général tous les fruits à pepins. Aussi font-ils de grands ravages parmi les pommiers de la Normandie, lorsqu'ils passent en grandes troupes dans cette contrée de la France. Après les avoir entr'ouverts avec leur bec, ils s'accrochent aux cônes résineux, à l'aide de leurs ongles robustes, et en dévorent les amandes. Ils présentent cette particularité, presque unique dans la classe des oiseaux, qu'ils nichent et pondent en toutes saisons.

Fig. 338. Bec-croisé.

Les becs-croisés habitent les montagnes boisées du nord de l'Europe et de l'Amérique. La France en voit quelquefois une espèce, qui passe d'ailleurs très-irrégulièrement.

Le genre *Moineau* est le mieux caractérisé de la famille des *Passereaux cornirostres*, car il renferme un grand nombre d'espèces à bec conique et plus ou moins gros à la base. Nous allons les passer en revue successivement.

Le *Gros-Bec* (fig. 339) est le type du genre. Cet oiseau est, en effet, possesseur d'un bec d'une grosseur et d'une force extraordinaires, si on le compare à sa taille, qui ne dépasse pas celle du merle. Il se nourrit de graines, de baies, et quelquefois d'insectes; les amandes les plus dures ne résistent pas au vigoureux outil dont il est armé. Répandu dans toute l'Europe, il se rencontre constamment en France. Il se tient selon la température, dans les lieux découverts ou dans les bois. Il est méchant, querelleur et partant peu sociable; aussi ne peut-on le conserver en cage avec d'autres oiseaux, car il les maltraite et les tue.

Fig. 339. Gros-Bec commun.

L'Amérique possède plusieurs espèces de gros-becs huppés, dont le plumage est d'une belle couleur rouge.

Le *Bouvreuil vulgaire* est un joli oiseau, à la poitrine rouge, qui porte le manteau gris et la calotte noire. Il se nourrit de graines, de baies et de bourgeons. On aime à l'élever en cage, à cause de son heureux caractère, de l'attachement qu'il porte à son maître et de la facilité avec laquelle il apprend à chanter et même à parler. A l'état sauvage, il construit, avec beaucoup d'art, un nid en forme de coupe.

Au bouvreuil se rattache le *Dur-Bec*, qui n'en diffère pas sensiblement, si ce n'est par le bec qui est un peu plus fort. Il habite les forêts de sapins des régions septentrionales de l'Europe, et se nourrit des amandes des *pommes de pin.*

Viennent ensuite les *Moineaux proprement dits,* parmi lesquels l'espèce la plus intéressante est le *Moineau franc* ou *Moineau domestique* (fig. 342), qui habite toute l'Europe, depuis les contrées les plus méridionales jusqu'à l'extrême Nord.

Chacun connaît ce petit oiseau vif, audacieux et rusé, vrai gamin de la gent ailée, qui vit par troupes, dans le voisinage de nos habitations, et au sein même de nos grandes villes. Il est familier, mais d'une familiarité circonspecte et narquoise. Il encombre à tout instant nos rues et nos places publiques; mais il a toujours soin de se tenir à une distance respectueuse de l'homme. Il sait que l'amitié des grands est dangereuse, et sa prudence lui conseille de se dérober à une intimité qui pourrait avoir pour lui des conséquences fâcheuses. Ce n'est qu'après des épreuves multipliées et une longue suite de bons procédés,

Fig. 340. Gros-bec Tarin.

Fig. 341. Bouvreuil dur-bec.

qu'il conclut avec l'homme, sans arrière-pensée, un traité d'alliance. Alors il appartient tout entier à celui qui a su gagner son affection. Témoin ce moineau franc, cité par Buffon, dont le maître était soldat, et qui, non-seulement le suivait partout, mais encore le reconnaissait au milieu de tout le régiment.

Les moineaux sont éminemment sociables : ils vont, par petites bandes, à la recherche de leur nourriture, et nichent, non loin les uns des autres, soit dans les trous des murailles ou sous les rebords des toits, soit dans les arbres, soit même dans des nids d'hirondelles qu'ils s'approprient effrontément. Ils y déposent, deux ou trois fois par an, de quatre à huit œufs, sur un lit de plumes et d'herbes molles. Leur fécondité est donc très-grande. Ils sont omnivores, mais préfèrent à tout autre aliment les graines et les larves d'insectes.

Fig. 342. Moineau franc.

On a versé des flots d'encre pour démontrer, tantôt, que les moineaux font des ravages considérables dans les champs cultivés, et méritent, par conséquent, d'être exterminés; tantôt, qu'ils doivent être conservés, à cause de la grande quantité de chenilles qu'ils dévorent. Aujourd'hui leur procès est gagné : on s'accorde à les ranger dans la catégorie des oiseaux utiles. Cette opinion a d'ailleurs en sa faveur l'autorité des faits. N'a-t-on pas vu le gouvernement du Palatinat, après avoir proscrit les moineaux, être obligé de les réimporter, afin d'arrêter les ravages des insectes, qui avaient pullulé d'une manière effroyable, depuis la destruction de ces oiseaux?

Les *Chardonnerets* sont de gentils et paisibles oiseaux, qui tirent leur nom de leur prédilection pour les graines de chardon. En général, ils recherchent les graines des plantes parasites qui s'opposent au développement des céréales et autres végétaux utiles : ils ont donc leur importance dans l'économie de la nature. Ils vivent et voyagent en troupes nombreuses.

Le *Chardonneret élégant* (fig. 343) est l'une des plus jolies espèces d'Europe. Il a le dos brun, la face rouge, et il porte une belle tache jaune sur l'aile. Sa voix est agréable et sa docilité très-grande. Élevé en cage, ou en volière, il devient très-familier, témoigne de l'attachement à son maître; il apprend à chan-

Fig. 343. Chardonneret élégant.   Fig. 344. Linotte.

ter et même à faire divers exercices. C'est ainsi qu'on voit des chardonnerets tirer de petits seaux contenant leur boire et leur manger, mettre le feu à la lumière d'un canon, faire le mort et toutes sortes de gentillesses analogues.

Les *Linottes* (fig. 344) ont la plus grande analogie avec les chardonnerets. Elles sont, comme eux, extrêmement sociables, et restent unies toute l'année, en bandes parfois considérables, excepté à l'époque de la reproduction. Elles font deux ou trois pontes par an. Les mâles ne prennent aucune part à la construction du nid ni au travail de l'incubation; mais ils veillent avec sollicitude sur leurs femelles et leur apportent à manger.

Les linottes se nourrissent principalement de graines de

chanvre, de lin, etc.; c'est même de là que leur vient leur nom; à la fin de l'hiver, elles s'attaquent aussi aux bourgeons des arbres. Leur chant est doux, brillant et varié; et comme en même temps elles sont dociles et susceptibles d'affection, on les recherche pour les élever en captivité. On en connaît plusieurs espèces, répandues dans toute l'Europe et l'Amérique septentrionale.

Les *Pinsons* (fig. 345) vivent par troupes, comme les linottes et les chardonnerets; mais ils en diffèrent en ce que leur vol est moins serré et qu'ils s'éparpillent davantage pour chercher leur

Fig. 345. Pinson.

nourriture. On les rencontre partout en Europe, soit comme oiseaux de passage, soit à l'état sédentaire. Ils se nourrissent de diverses sortes de graines, et habitent indifféremment les bois, les jardins ou les hautes cimes des montagnes.

Dès les premiers jours du printemps, le pinson jette aux échos ses joyeuses chansons. Sa pétulance, son humeur enjouée, ses éternels refrains, en ont fait la personnification de la gaieté; d'où le proverbe : *Gai comme un pinson*.

Les *Serins* sont reconnaissables à leur plumage jaune, plus ou moins varié de vert, qui empêche de les confondre avec aucun autre oiseau. Originaires des îles Canaries, et importés en Europe au quinzième siècle, ils charmèrent tellement, par

PASSEREAUX.

leur naturel facile, par la douceur et l'agilité de leur voix, que chacun les désira, et qu'ils se propagèrent avec une rapidité extrême. Aujourd'hui, ils sont à ce point rompus à la captivité, qu'ils se reproduisent et élèvent leur progéniture en cage. Véritables musiciens de chambre, ces petits êtres se trouvent à tous les degrés de notre échelle sociale, ils lancent leur gaie mélodie dans la mansarde du pauvre, comme dans les fastueux appartements du riche.

Fig. 346. Serin des Canaries.

Il existe un grand nombre de variétés de serins, qui, accouplées à des espèces voisines, telles que le chardonneret, la linotte, le cini, le tarin, etc., donnent naissance à des chanteurs agréables, mais complétement stériles.

Le *Serin des Canaries* (fig. 346) a pour représentant, en Europe, le *Cini*, qui vit en liberté dans toutes les régions tempérées de cette partie du monde. Cette espèce est celle dont le chant a le plus de force.

Les *Veuves* (fig. 347) n'offrent rien de particulier dans leurs mœurs. Ces petits passereaux, qui habitent l'Afrique et les Indes, doivent leur nom aux taches sombres qui émaillent leur plumage. Ils sont remarquables par l'extrême allongement des pennes de la queue chez les mâles.

A côté des veuves se placent les *Sénégalis* et les *Bengalis* (fig. 348), oiseaux chanteurs, qui, comme leur nom l'indique, sont originaires du Sénégal et du Bengale. On aime à les posséder en cage, à cause de leurs vives couleurs et de leurs refrains harmonieux.

Les *Tisserins* ferment la série des oiseaux appartenant au genre moineau. Ils vivent par troupes dans l'Afrique et les

Fig. 347. Veuve à collier.

Indes, où ils se nourrrissent de céréales et de bourgeons. Ils crient, mais ne chantent point. Ils doivent leur nom à l'art inimitable qu'ils déploient dans la composition et le *tissage* de leur nid. Ce nid, dans lequel entrent comme éléments des brins d'herbes, des joncs, de la paille, varie de forme suivant les espèces; il est ordinairement suspendu aux branches des arbres, et l'entrée s'en fait par le bas. Tantôt il est contourné en spirale, tantôt roulé en boule, tantôt tourné en forme d'alambic; quelquefois c'est un cylindre élargi dans son milieu. Le *Néli-Courvi*, ou *Tisserin du Bengale*, attache chaque année un nouveau nid à celui de l'année précédente, et rien n'est plus pittoresque que ces grappes de nids ainsi suspendues aux rameaux des arbres.

Mais les tisserins les plus curieux sous le rapport de la nidification sont, sans contredit, les *Républicains*. Ces oiseaux s'établissent, au nombre de cinq ou six cents, sur le même arbre, construisent leurs nids sous un abri commun, adossés les uns

Fig. 348. Sénégali et Bengali.

aux autres, comme les cellules d'une ruche, et vivent, ainsi, dans la meilleure intelligence.

Les *Bruants* forment, dans la famille des *Cornirostres*, un genre caractérisé par un bec court, à mandibule supérieure plus étroite que l'inférieure, et par un tubercule saillant, placé dans le palais, qui a pour fonction de broyer les graines dont ces oiseaux font leur principale nourriture. Ils habitent, en général, les champs et les haies sur la lisière des bois; quelques espèces se plaisent dans les lieux aquatiques. Leur nid repose sur la terre ou sur un buisson peu élevé; ils y font plusieurs pontes composées chacune de quatre ou cinq œufs. Ils sont très-étourdis et donnent à l'aveugle dans tous les piéges qu'on leur tend. Leurs couleurs sont peu brillantes, mais leur chant n'est pas sans attrait. A l'automne, lorsqu'ils quittent les régions tempérées pour descendre vers le sud, leur chair, chargée de graisse, possède une saveur des plus délicates; aussi les chasse-t-on beaucoup à cette époque.

On partage les bruants en *Bruants proprement dits*, ou

espèces chez lesquelles l'ongle du pouce est court et crochu, et *Bruants éperonniers*, qui ont le même ongle long et droit.

Fig. 349. Bruant des marais.   Fig. 350. Bruant zizi ou Bruant des haies.

Fig. 351. Ortolan.

C'est à la première section qu'appartiennent le *Bruant commun* ou *Bruant des marais* (fig. 349), type du genre, très-répandu et sédentaire en France, le *Bruant zizi*, ou *Bruant des haies* (fig. 350), et l'*Ortolan* (fig. 351), bien connu des gourmets et des chasseurs de nos contrées méridionales, qu'il visite périodiquement. Dans la seconde section, on remarque le *Bruant des neiges*, qui habite les régions boréales de l'Europe et se montre rarement en France.

Les passereaux cornirostres appartenant au genre *Mésange* ont le bec droit, court et menu, garni de petits poils à la base; mais leur individualité s'accuse bien plutôt par des mœurs spéciales que par les traits particuliers de leur physionomie. L'originalité de leur nature et l'ensemble de leurs habitudes suffiraient, en effet, pour caractériser nettement ces petits êtres.

Fig. 352. Mésange huppée.

La pétulance, l'audace, le courage, l'instinct de la sociabilité, poussés à leurs extrêmes limites, sont autant de qualités qui leur assurent une place bien définie dans l'ordre que nous étudions.

Qui découvre la chouette pendant le jour? Qui l'assiège de ses clameurs? Qui la poursuit de ses coups de bec? Qui ameute contre le tyran nocturne la foule des petits oiseaux? C'est la mésange. Batailleuse autant qu'on peut l'être, elle donne carrière à ses instincts belliqueux, toutes les fois que l'occasion s'en présente, compensant la force qui lui manque par la hardiesse des coups. La mésange est l'incarnation du mouvement. Elle va et vient continuellement sur les branches des arbres, à la recherche de sa nourriture, introduisant son bec sous l'écorce, ou

Fig. 353. Nid de la Mésange à longue queue.

se suspendant aux rameaux les pattes en l'air, pour saisir les insectes qui sillonnent la surface inférieure des feuilles. Du reste, elle varie son alimentation suivant les saisons et les circonstances. Non-seulement elle dévore les insectes les plus divers, sans même en excepter les abeilles ni les guêpes, mais encore des graines, des fruits à enveloppe ligneuse ou charnue. Elle est même carnivore; car elle tue souvent des oiseaux faibles ou malades, pour leur dévorer la cervelle. Certaines espèces se délectent lorsqu'il leur est donné de manger du suif ou de la graisse rance : voilà certes un goût étrange et peu naturel, mais il ne nous appartient pas de le discuter.

La mésange est très-sociable, et montre un grand attachement pour ses semblables : à ce point qu'une bande de mésanges se laisse décimer et même anéantir complétement, plutôt que d'abandonner une camarade blessée. Au printemps, chaque couple s'isole pour les besoins de la reproduction.

La position du nid varie suivant les espèces. Il est des mésanges qui se blottissent dans les fentes des murailles, dans des trous d'arbres et dans des nids abandonnés. D'autres construisent leurs demeures au sein des arbres ou les suspendent à l'extrémité des branches; quelques-unes enfin les cachent au milieu des roseaux. Elles apportent ordinairement beaucoup d'art dans leurs constructions. Le nid de la *Mésange à longue queue* (fig. 353) affecte une forme ovale, et est percé de deux ouvertures, une pour l'entrée, l'autre pour la sortie. Cette disposition facilite les mouvements de l'oiseau alentour de son nid : il serait gêné dans ses évolutions, par le développement des plumes de sa queue.

Les mésanges abondent dans toute l'Europe; on en trouve aussi en Asie et dans l'Amérique septentrionale. Les espèces les plus remarquables sont: la *Mésange charbonnière*, la *Mésange à tête bleue*, la *Mésange huppée* (fig. 352), la *Mésange à longue queue* (fig. 353), la *Mésange à moustache* et la *Mésange rémiz*. Les cinq premières sont sédentaires ou de passage en France.

Le genre *Alouette* termine la famille des *Passereaux cornirostres*.

Ce qui caractérise l'*Alouette*, c'est son pied. L'ongle du pouce long, droit et fort, parfois plus long que le doigt lui-même, indique un oiseau marcheur, incapable d'étreindre les rameaux des arbres et conséquemment ne perchant pas. L'alouette vit, en effet, à terre, au sein des grandes plaines couvertes de moissons, et rend d'éminents services au cultivateur, par l'énorme quantité de vers, de chenilles et de sauterelles qu'elle détruit chaque jour. Elle établit son nid dans un sillon, entre deux mottes de terre, sans beaucoup d'art, il est vrai, mais avec assez d'intelligence pour le dérober à la vue de ses ennemis. Elle y dépose quatre ou cinq œufs, et fait jusqu'à trois pontes par an, lorsque la saison est favorable. Les petits, éclos au bout de quinze jours d'incubation, sont en état de quitter leur berceau au bout de quinze autres jours. La mère continue néanmoins à les surveiller, à guider leurs pas, à satisfaire leurs besoins, tout en voltigeant autour d'eux, et c'est seulement lorsque les soins d'une nouvelle famille la réclament qu'elle les abandonne à eux-mêmes. Ceux-ci sont d'ailleurs assez développés à ce moment pour que la protection maternelle ne leur soit plus nécessaire.

L'alouette est le vivant symbole de la paix et du travail, le

Fig. 354. Alouette huppée

barde des terres cultivées et des épis jaunis par le soleil. Dès les premières lueurs de l'aube, le mâle s'élève, en un vol perpendiculaire et tournoyant, égrène dans l'air ses notes joyeuses, et appelle le cultivateur aux champs. Il monte, monte toujours en chantant; il a disparu à nos yeux, que sa voix se fait entendre encore. Ce chant a une signification : c'est un hymne d'amour et un appel à toutes les femelles de la plaine.

Après la saison des couvées, les alouettes se rassemblent en troupes nombreuses, et n'ayant plus d'autres soucis que celui de leur nourriture, elles acquièrent un embonpoint, qui, pour le plus grand nombre, équivaut à un arrêt de mort. C'est alors que de tous côtés les chasseurs se mettent en campagne, pour faire une razzia de ces *mauviettes* si généralement estimées.

Les moyens ne manquent pas pour accomplir cette œuvre de mort. Collets, filets, gluaux, miroirs, poudre et plomb, tous ces engins concourent à la diminution de l'espèce, et finiront peut-être par amener sa disparition totale.

La *chasse au miroir* est basée sur la curiosité naturelle de l'alouette, curiosité qui la pousse invinciblement vers tout ce qui reluit. Le chasseur place dans un champ un miroir de verre, ou d'autre matière propre à réfléchir les rayons du soleil, et se tient à l'affût, non loin de là, en se dissimulant de son mieux. Les alouettes, sollicitées par ce foyer de lumière, viennent s'offrir à ses coups, et se succèdent auprès du miroir, sans que l'exemple de leurs compagnes foudroyées puisse les tenir à distance.

On n'est pas d'accord sur la question de savoir si les alouettes sont des oiseaux migrateurs ou sédentaires. Certains naturalistes, adoptant un moyen terme, croient qu'une partie d'entre elles voyagent, et que l'autre portion ne se déplace pas. Ce qui est certain, c'est que le sol français nourrit des alouettes en tous temps.

Parmi toutes les espèces qu'on connaît, l'*Alouette commune* est la seule qui puisse se prêter à la captivité; encore demande-t-elle beaucoup de ménagements. En cage, elle ne cesse pas de chanter, et imite même les accents des autres oiseaux.

Les alouettes sont répandues dans tout l'ancien continent, surtout en Europe et en Asie. Les principales espèces sont l'*Alouette commune* ou *Alouette des champs*, l'*Alouette huppée* ou *Cochevis* (fig. 354), dont la tête est surmontée d'une petite huppe érectile, et l'*Alouette des bois* ou *lulu*, qui habite les bois pendant la saison des amours, et perche sur les grosses branches des arbres.

Famille des Fissirostres. — Les *Passereaux Fissirostres* sont caractérisés par un bec court, large, aplati horizontalement, un peu crochu, non échancré et fendu très-profondément. Ils sont essentiellement insectivores.

Ils comprennent deux genres: les *Hirondelles* et les *Engoule-vents*.

Les *Hirondelles* sont reconnaissables à leurs ailes longues et aiguës, à leur queue fourchue, et à leurs tarses excessivement courts. L'air est leur véritable élément: elles volent avec une facilité, une légèreté, une rapidité inconcevables. Leur existence est un vol éternel : elles mangent, boivent, se baignent même, en volant. C'est encore en volant qu'elles nourrissent leurs petits, lorsqu'ils commencent à essayer leurs ailes. On les voit s'élever, s'abaisser, tracer des courbes, qui se croisent et s'entrecroisent, et modérer leur allure, alors même qu'elle est le plus violente, pour suivre dans leurs capricieux méandres les insectes ailés, dont elles font leur nourriture exclusive. La vitesse de leur vol est telle, que certaines espèces font jusqu'à trente lieues à l'heure.

Mais la faculté du vol qu'elles possèdent à un si haut degré, ne se développe chez elles qu'aux dépens d'une autre faculté : celle de la marche. Avec leurs jambes courtes, il leur est presque impossible de marcher, et si par hasard elles se posent à terre, elles éprouvent la plus grande difficulté à reprendre leur essor. En revanche, leur vue est si bonne, qu'elles ne le cèdent en rien, sous ce rapport, à l'aigle ou au faucon. D'après Spallanzani, qui fit des expériences très-nombreuses et très-précises sur les hirondelles, le martinet aperçoit la fourmi ailée qui passe dans les airs, à une distance de plus de cent mètres !

Les hirondelles sont célèbres par leurs migrations. Dès les premiers jours du printemps, elles arrivent en Europe, non par troupes, mais isolément ou par couples, et s'occupent presque aussitôt, soit de réparer leurs anciens nids, soit d'en construire de nouveaux, s'ils ont été détruits. Il existe d'ailleurs parmi elles beaucoup de jeunes de l'année précédente, qui n'ont jamais niché en Europe. Il pourra paraître extraordinaire que ces oiseaux, après six mois d'absence, retournent à leur domicile sans la moindre incertitude ; le fait a cependant été constaté trop souvent pour qu'on puisse élever le moindre doute à cet égard.

La forme, la nature et l'emplacement du nid, varient suivant les espèces. L'*Hirondelle de cheminée* maçonne le sien contre les parois intérieures des cheminées ; l'*Hirondelle de fenêtre*, dans les angles des fenêtres et sous les rebords des toits. D'autres s'établissent au sein des arbres morts, en nombre quelquefois considérable. Audubon estime à onze mille la quantité d'hirondelles qui résidaient dans un grand sycomore, qu'il eut l'occasion d'observer, près de Louisville. Il en est qui s'installent dans les anfractuosités des rochers, ou sous les voûtes des cavernes. Enfin l'*Hirondelle de rivage* creuse, dans les berges escarpées de rivières, une galerie, de deux ou trois pieds de profondeur, à l'extrémité de laquelle elle se retire, sur un lit de plumes.

Fig. 355. Hirondelle de fenêtre, et son nid.

Le plus souvent, le nid est fait de terre gâchée avec de la paille, et tapissé intérieurement de plumes et de duvet ; tels sont ceux de l'*Hirondelle de cheminée* et de *Hirondelle de fenêtre* (fig. 355). Quelquefois le nid est construit avec de petites bûchettes, arrachées par l'oiseau aux branches desséchées des arbres, et agglutinées au moyen d'un liquide visqueux, qui découle de sa bouche : le *Martinet noir* ne procède pas autrement.

Lorsque après un mois de travail les hirondelles ont achevé leur nid, la femelle y dépose de quatre à six œufs ; elle fait ainsi deux ou trois pontes par an. La durée de l'incubation est de douze ou quinze jours, pendant lesquels le mâle montre la plus grande sollicitude pour sa femelle : il lui apporte à manger dans le nid, passe la nuit près d'elle, et gazouille à tout instant du jour, pour charmer son oisiveté.

Dès que les petits sont éclos, les parents les entourent de tous les soins que réclame leur faiblesse, et font même preuve, à leur endroit, d'une affection remarquable. Ils les nourrissent, aussi longtemps qu'ils gardent le nid. Lorsque les *Hirondeaux* se sentent assez forts pour essayer leurs ailes, ils guident leurs premières tentatives, et leur enseignent à poursuivre l'insecte dans l'air. Boerhaave cite une hirondelle qui, voyant au retour d'une excursion la maison où elle avait établi son nid devenue la proie des flammes, n'hésita pas à se jeter dans le brasier, pour aller retrouver et sauver ses petits.

Dans quelque lieu que les hirondelles s'établissent, elles se préoccupent toujours d'être à proximité, soit d'un lac, soit d'une rivière. La surface des eaux est, en effet, le rendez-vous d'une foule d'insectes, parmi lesquels elles peuvent moissonner largement. Extrêmement sociables, elles se rassemblent en troupes nombreuses, et qui paraissent unies par une profonde affection, car elles s'aident mutuellement en maintes circonstances.

« J'ai vu, dit Dupont de Nemours, une hirondelle qui s'était malheureusement, et je ne sais comment, pris la patte dans le nœud coulant d'une ficelle, dont l'autre bout tenait à une gouttière du collège des Quatre-Nations. Sa force épuisée, elle pendait et criait au bout de la ficelle qu'elle relevait quelquefois en voulant s'envoler.

« Toutes les hirondelles du vaste bassin entre le pont des Tuileries et le pont Neuf, et peut-être plus loin, s'étaient réunies au nombre de plusieurs milliers ; elle faisaient nuage ; toutes poussaient le cri d'alarme. Toutes celles qui étaient à portée vinrent à leur tour, comme à une course de bagues, donner, en passant, un coup de bec à la ficelle. Ces coups, dirigés sur le même point, se succédaient de seconde en seconde, et plus promptement encore. Une demi-heure de ce travail fut suffisante pour couper la ficelle et mettre la captive en liberté. »

Voici un autre fait rapporté par Linné, qui prouve jusqu'à

PASSEREAUX.

l'évidence l'esprit de confraternité de ces oiseaux. Lorsque les hirondelles de fenêtres reviennent, au printemps, prendre possession de leurs nids, elles en trouvent quelquefois un certain nombre occupés par des moineaux. La légitime propriétaire, ainsi dépouillée de son bien, s'évertue, par tous les moyens possibles, à rentrer dans sa demeure; mais elle n'y réussit pas toujours. Dans ce cas, elle demande appui à ses compagnes, et

Fig. 356. — Martinet à moustaches.

toutes ensemble viennent assiéger l'intrus. S'il résiste et se retranche dans son fort, pour se venger, elles apportent de la boue dans leur bec, et murent l'entrée de la citadelle, qui devient ainsi le tombeau de l'usurpateur.

C'est ordinairement au mois de septembre que les hirondelles nous quittent, pour aller à la recherche d'une température meilleure et d'une nourriture plus abondante.

Quelques jours avant leur départ, elles s'agitent, poussent des cris et s'assemblent fréquemment dans les lieux élevés, comme pour délibérer et fixer l'époque du voyage. Enfin, le

39

jour choisi étant arrivé, toutes les hirondelles de la contrée se réunissent en un lieu convenu. Elles commencent par s'élever en tournoyant dans les airs ; et, après quelques évolutions, destinées sans doute à reconnaître leur route, elles s'avancent, en masse, vers les rivages de la Méditerranée, puis passent en Afrique. Quoiqu'elles soient de tous les oiseaux ceux dont le

Fig. 357. Martinet à ventre blanc.

vol est le plus soutenu, elles ne font pas ce long parcours sans s'arrêter. Aussi les navires qui traversent la Méditerranée, à cette époque, en reçoivent-ils presque toujours quelques-unes, qui viennent chercher, dans un repos de quelques instants, la force nécessaire pour continuer leur voyage.

Les retardataires, que les devoirs de la maternité ou toute autre cause ont empêchés de suivre le gros de l'émigration, partent quelques jours plus tard, isolément ou par petites troupes. Il en est même qui ne quittent pas nos climats, et qui possèdent le secret d'y passer, sans inconvénient, la saison rigoureuse.

Des témoignages nombreux et dignes de foi prouvent, en effet, que certaines hirondelles s'engourdissent pendant l'hiver, à la façon des animaux hibernants, et se réveillent dès qu'une température convenable les ramène aux conditions ordinaires de leur existence. Ce fait, fort controversé, est pourtant un des plus curieux de l'ornithologie.

Les hirondelles ont eu, de tous temps, le privilége de captiver la sympathie et la bienveillance des hommes. Quelques peuples anciens regardaient ces oiseaux comme sacrés, et aujourd'hui encore, chacun se sent pris pour elles d'une tendre pitié. Les services qu'elles nous rendent, en détruisant une prodigieuse quantité d'insectes, la douceur de leurs mœurs, la vivacité de leur affection mutuelle et de celle des parents pour leur progéniture, l'heureux présage qu'elles nous apportent, quand elles nous annoncent le retour du printemps, tout cela a contribué à nous les rendre chères, et à dicter nos bonnes résolutions à leur égard.

Cependant les habitants de certains pays ne se piquent pas de si beaux sentiments, et ne se font pas scrupule de leur envoyer quelques grains de plomb, surtout à l'automne, lorsque leur rotondité les désigne à leurs coups. On rencontre même des chasseurs — on a peine à le croire! — qui assassinent ces innocentes créatures, par désœuvrement, par passe-temps, comme pour s'entretenir la main, et de crainte de perdre l'habitude de donner la mort!

Les hirondelles ont, en général, le ventre blanc et les autres parties noires, avec des reflets bleuâtres ou violets. On en connaît soixante-dix espèces, répandues sur toute la surface du globe, et dont six seulement habitent l'Europe. On les a partagées en *Hirondelles proprement dites* et *Martinets*. Ces derniers, qui sont de taille plus forte que les vraies hirondelles, ont les ailes plus longues, conséquemment le vol plus rapide et plus soutenu, enfin les doigts beaucoup plus forts, pourvus d'ongles robustes et crochus, et le pouce versatile.

Les principales espèces d'Europe, sont : dans la première section, les *Hirondelles de fenêtre* (fig. 355, page 607), l'*Hirondelle* ou *Martinet à moustaches* (fig. 356, page 609), de *cheminée*, de *rivage*, de *rochers*, et dans la seconde section, le *Martinet* et le *Martinet à ventre blanc* (fig. 357).

Parmi les espèces étrangères nous mentionnerons l'*Hirondelle salangane*, qui habite Java et Sumatra, et qui est célèbre dans le monde entier, par l'importance alimentaire de son nid.

Cet oiseau habite les rochers et les cavernes des rivages maritimes. Lorsqu'il veut nidifier, il avale des fucus, plantes marines fort communes en ces parages, les élabore dans son estomac, et les dégorge ensuite, pour en constituer les parois de son nid. Les fucus ainsi digérés contiennent des principes nutritifs,

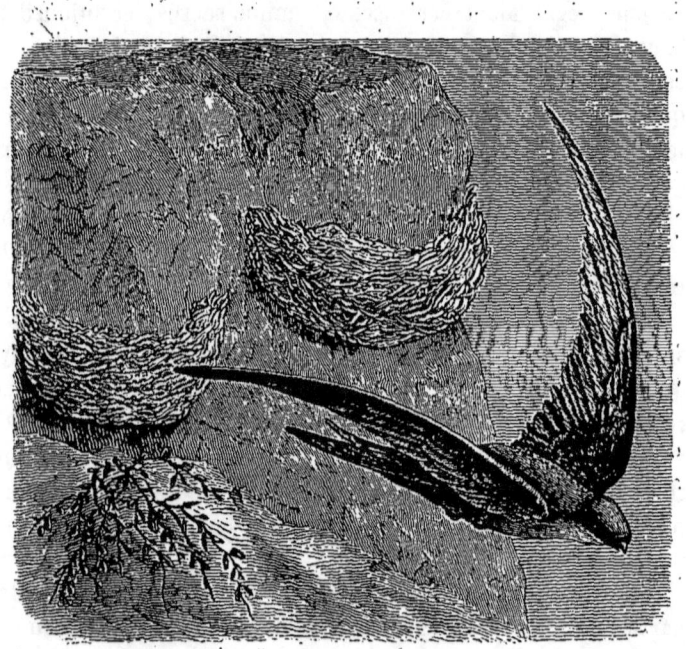

Fig. 358. Hirondelle Salangane.

qui sont du meilleur effet sur les personnes épuisées par les excès de différente nature. C'est pour cela que les Chinois font une si grande consommation de nids de salangane, malgré leur prix élevé. Du temps de Buffon, on exportait, chaque année, des côtes de Cochinchine, quatre millions de nids de salanganes, qui représentaient une somme considérable ; et le propriétaire d'une caverne située dans l'île de Java en retirait, annuellement, plus de 50 000 florins de rente. Aujourd'hui cet état de choses ne paraît pas avoir changé.

Les traits distinctifs des *Engoulevents* sont : un bec encore plus fendu que celui des hirondelles ; des tarses courts ; un pouce versatile ; des ailes longues ; la physionomie et le plumage mous et duveteux des oiseaux de nuit. Ce sont des oiseaux tristes et solitaires, qui vivent par couples, dorment pendant le jour, et ne sortent qu'au coucher du soleil, pour se livrer à la chasse des insectes crépusculaires et nocturnes. Ils volent ainsi toute la

Fig. 359. Nid d'Hirondelle salangane.

nuit, le bec largement ouvert, et engloutissent leur proie, qu'une salive gluante, humectant leur palais, empêche de s'échapper. Les insectes qui fournissent à leur alimentation sont surtout les phalènes, les sphynx, les libellules ou demoiselles, les grillons, les courtillères, les hannetons, les bourdons, les mouches, etc. Ils sont donc d'une utilité aussi grande que les hirondelles, et ont droit aux mêmes égards. Malheureusement comme ils sont très-gras et très-délicats à l'automne, les chasseurs les sacrifient volontiers à leur gourmandise.

Ils sont migrateurs et voyagent lentement, pendant la nuit. Leur nom leur vient du bruit qu'ils font en volant et qui paraît dû à l'engouffrement de l'air dans leur bec.

Ils se subdivisent en *Engoulevents proprement dits*, *Ibijaux*, *Podarges* et *Guacharos*.

Les *Engoulevents proprement dits* sont les plus petits du genre. Ils sont reconnaissables aux plumes décomposées, ou mousta-

Fig. 360. Engoulevent d'Europe.

ches, qui garnissent la base de leur bec, et à l'ongle du doigt médian, qui est dentelé. On croit généralement que cette espèce de peigne leur sert à se gratter la tête, et à se débarrasser des insectes qui débordent de leur bec et les dévorent. Ils habitent la montagne ou la plaine, et se tiennent blottis, tout le jour, dans les genêts et les bruyères. Ils ne nichent pas, et déposent leurs œufs sur la terre nue ou sur des feuilles sèches. Ces œufs, au nombre de deux, sont couvés par la femelle et éclosent au bout de quatorze jours.

L'espèce type des vrais engoulevents est l'*Engoulevent d'Europe* (fig. 360), dont la taille est celle du merle. Cet oiseau s'approche fréquemment des troupeaux, pour saisir les insectes qui les incommodent. La croyance populaire à ce sujet est qu'il va traire pendant la nuit les vaches, les chèvres et les brebis; d'où le nom absurde de *Tête-chèvre* qu'on lui a donné. On l'a nommé aussi *Crapaud volant*; mais on ne voit pas bien l'origine de ce mot.

Les *Guacharos* sont de singuliers oiseaux qui furent découverts, en 1799, par MM. de Humboldt et Bonpland, dans l'intérieur d'une vaste caverne de la Colombie, la grotte de Caripe. Leur bec crochu et l'ensemble de leurs formes, plus robustes que celle des engoulevents, les rapprochent des oiseaux de proie. Ils habitent, par milliers, les profondes cavernes de la chaîne de Cumana et se maintiennent accrochés, à l'aide de leurs griffes aiguës, aux parois des rochers; c'est là aussi qu'ils établissent leurs nids. Ils ne sortent que le soir et pendant la nuit; mais, contrairement à leurs congénères, ils ne se nourrissent que de graines et de semences. Les Indiens de Caripe pénètrent, de temps à autre, dans leurs sombres domaines, et en font des razzias considérables.

Famille des Dentirostres. — Les *Passereaux Dentirostres* sont caractérisés par un bec plus ou moins fort, échancré de chaque côté de la pointe. Ils se nourrissent de baies et d'insectes. Ils comprennent un grand nombre de genres, savoir : les *Eurylaimes*, les *Manakins*, les *Becs-fins*, les *Lyres*, les *Loriots*, les *Martins*, les *Mainates*, les *Philédons*, les *Cincles*, les *Fourmiliers*, les *Merles*, les *Tangaras*, les *Drongos*, les *Cotingas*, les *Gobe-mouches* et les *Pies-grièches*.

Les *Eurylaimes* ont le bec excessivement large, déprimé et fendu. Ce sont des oiseaux aux couleurs brillantes, tous pourvus d'une collerette, qui tranche sur le reste du plumage. Ils vivent retirés dans les marécages, sur les bords des lacs et des rivières, se nourrissant de vers et d'insectes. Ils sont de la taille du merle et habitent les îles de l'Océanie.

Les *Manakins* ont le bec plus haut que large, percé de narines très-grandes, et les deux doigts externes réunis jusqu'au milieu. Ces oiseaux sont propres à l'Amérique méridionale.

Les *Rupicoles*, ou *Coqs de roche*, sont remarquables par les nuances vives et délicates de leur plumage, ainsi que par la belle huppe qui se dresse sur leur front. Ils affectionnent les lieux sombres et se retirent ordinairement dans les fentes et les cavernes qui existent au milieu des rochers. Ils sont très-farouches, ne sortent guère que pour chercher les fruits qui composent leur nourriture, et se laissent très-difficilement approcher. A la moindre apparence de danger, ils s'enfuient rapidement. Leur nom de *Coqs* leur vient de l'habitude qu'ils ont de gratter la terre, et de battre des ailes, comme les coqs domestiques ; peut-être aussi de leur taille, qui est peu différente. Ils habitent l'Amérique méridionale et les îles de la Sonde.

L'espèce la plus belle est le *Rupicole orangé*, indigène de la Guyane, dont le plumage est tout entier d'une couleur orangé très-vif, et dont la huppe est formée de deux rangs de plumes disposées en demi-cercle.

Les *Becs-fins*, reconnaissables à leur bec droit, menu et effilé, constituent une nombreuse série d'oiseaux, dans laquelle on a établi les sous-genres *Fauvette, Rubiette, Roitelet, Pouillot, Troglodyte, Traquet, Lavandière, Bergeronnette, Farlouse.*

Tous ces Passereaux sont de petite taille, et leurs allures sont vives et légères. La plupart ont la faculté d'imprimer à leur queue des mouvements vibratoires. Ils habitent nos bois, nos bosquets, nos jardins, et font retentir les airs de leurs mélodieux accords. Ils arrivent au printemps, et nous abandonnent à la chute des feuilles. Ils sont, en général, remarquables par l'art qu'ils apportent dans la construction de leur nid. Vivant presque exclusivement d'insectes, ils rendent, sous ce rapport, d'éminents services à l'homme. Il en est pourtant qui, à l'automne, cessent d'être insectivores, pour se nourrir de fruits savoureux, entre autres de figues et de raisins, d'où le nom de *Bec-figues* qui leur a été donné dans le midi de la France. C'est alors que les chasseurs les poursuivent, alléchés par leur chair rebondie et délicate.

La plupart des *Becs-fins* affectionnent les bois, les coteaux, les montagnes ou les bords des eaux.

Au premier rang, dans le sous-genre *Fauvette*, se place le *Rossignol*, célèbre dans le monde entier, par son chant qui est supérieur, sans nul doute, à celui de tous les autres oiseaux d'Europe. D'un naturel sauvage, le rossignol se retire dans les lieux frais et bien abrités, et se montre rarement à nos regards. Les broussailles, les bosquets, les charmilles et les buissons touffus qui croissent au bord des eaux, sont ses demeures de prédilection. C'est là qu'il établit son nid, sans beaucoup de soin, toujours à une faible hauteur, et quelquefois sur la terre même. Il présente cette particularité, qu'il chante, non-seulement pendant le jour, mais aussi dans les ténèbres. Mais s'approche-t-on de sa retraite, il s'arrête aussitôt. Il aime, d'ailleurs, la solitude par-dessus tout.

Il arrive seul en France, seul aussi il nous quitte, au milieu du mois d'août, pour passer en Afrique ou en Asie.

Fig. 361. Rossignol.

Citons encore diverses fauvettes, en raison de l'admirable génie architectural qu'elles manifestent dans la fabrication de leur nid.

La *Fauvette effarvate*, ou *Fauvette des roseaux* (fig. 362), entrelace son nid parmi des roseaux, qui lui servent de montants et de supports. La *Fauvette cisticole* lui donne la forme d'une bourse ou d'une quenouille, faite de laine, de toiles d'araignée ou d'autres matières soyeuses, et placée dans l'intérieur d'une touffe de plantes marécageuses. La *Fauvette couturière* est la plus étonnante de toutes. A l'aide de son bec et de ses pattes, elle étire en fil le coton recueilli sur les arbres qui le produisent; elle choisit ensuite des feuilles larges et

Fig. 362. Fauvette des roseaux.

résistantes, y pratique des trous, les coud ensemble avec le

Fig. 363. Rouge-gorge.

coton qu'elle a préparé, et construit ainsi une espèce d'auvent, qui dérobe parfaitement son nid à la vue de ses enne-

Fig. 364. Roitelet.

mis. Cette espèce n'habite pas l'Europe comme les précé-

Fig. 365. Pouillot.

dentes ; elle appartient à l'Inde et aux îles voisines.

Les autres espèces les plus répandues en France sont: la *Fauvette des jardins* et la *Fauvette à tête noire*.

Fig. 366. Troglodyte.

Mentionnons aussi la *Fauvette des Alpes*, qui fréquente les hauts plateaux alpins.

Fig. 367. Traquet.

Les *Rubiettes* sont ainsi nommées parce que leur plumage présente des parties rougeâtres. Elles comprennent d'abord le *Rouge-gorge* (fig. 363, page 618), oiseau curieux et familier, qui constitue, à l'automne, un excellent petit gibier; puis le *Rouge-queue*, la *Gorge-bleue* et la *Calliope*.

Fig. 368. Lavandières.

Nous ne dirons rien du *Roitelet* (fig. 364, page 619), des *Pouillots* (fig. 365, page 619), des *Troglodytes* (fig. 366), ni des *Traquets*

Fig. 369. Bergeronnette.

(fig. 367), dont les mœurs ne présentent aucune particularité remarquable. Nous signalerons seulement le *Roitelet* comme le plus petit oiseau d'Europe.

Les *Lavandières* (fig. 368) sont ainsi nommées parce qu'elles courent souvent sur les bords des rivières et des ruisseaux, dans le voisinage des laveuses. On les appelle aussi *Hochequeues*, parce qu'elles ont, plus que tous les autres becs-fins, la propriété d'agiter la queue.

Les *Bergeronnettes* (fig. 369, page 621) ont une grande ressemblance avec les lavandières; mais elles s'en distinguent par l'ongle du pouce, qui est long comme celui des alouettes. Elles suivent souvent les troupeaux : de là leur nom.

Les *Farlouses* se rapprochent des alouettes par le même caractère que les bergeronnettes, et pourraient être confondues avec elles, si ce n'était leur bec échancré : c'est pourquoi on les appelle vulgairement *Alouettes des prés*. Ce sont surtout les farlouses

Fig. 370. Lyre.

qui se nourrissent de fruits à l'automne, et qu'on désigne sous le nom de *bec-figues* dans les contrées méridionales de la France.

La *Lyre* est un oiseau de la Nouvelle-Hollande, au bec long, comprimé, triangulaire à la base. Elle doit son nom à la disposition particulière de sa queue, qui, chez le mâle, présente exactement la forme d'une lyre. Cet oiseau n'est, d'ailleurs, remarquable que par le singulier développement des plumes de sa queue, car son plumage, d'une couleur brune, n'a rien qui charme l'œil. Il habite les forêts d'eucalyptus des Montagnes Bleues, niche dans les arbres, à peu de distance du sol, et se nourrit de vers et de larves d'insectes, qu'il cherche sous les feuilles sèches, répandues à terre. Il paraît que son chant n'est pas sans agrément.

Les *Loriots* ont le bec allongé, convexe, robuste, pourvu d'une arête saillante, et les tarses très-courts. Ils sont répandus dans toutes les parties chaudes de l'ancien continent et dans les

Fig. 371. Loriot.

îles de l'Océanie. Leur plumage est richement coloré; le jaune et le noir s'y marient en diverses nuances.

Le *Loriot d'Europe*, au joli plumage jaune, est le seul dont on connaisse les mœurs. Il arrive en mai et repart vers le milieu d'août; mais, tandis qu'il vient seul, il s'en retourne en famille. Il s'établit sur la lisière des bois ou sur le bord des eaux, partout où se trouvent de grands arbres, comme les chênes, les peupliers, où il puisse placer son nid. Cet oiseau est commun dans le midi de la France.

Sa ponte se compose de quatre à six œufs. Il se nourrit d'insectes, de larves, de chenilles, et se montre très friand de différents fruits, entre autres de mûres, de cerises et de figues. Cette alimentation spéciale donne à sa chair un goût très-fin, et le désigne aux coups des chasseurs. Le loriot ne s'habitue pas à la captivité : il ne peut vivre plus de quelques mois en cage.

Fig. 372. Mainate.

Les *Passereaux dentirostres* appartenant au genre *Mainate* (fig. 372) ressemblent aux *Martins*, dont nous allons parler. Ils en diffèrent par leurs jambes nues et par des lambeaux de chair qu'ils portent près de leur tête. Propres à la Nouvelle-Guinée et aux îles de la Sonde, ils sont recherchés par les Javanais, à cause de leur douceur et de la facilité avec laquelle ils apprennent et répètent, comme nos perroquets, toutes sortes de phrases et d'airs. Leur chant est très-agréable.

Les *Martins* ont un bec analogue à celui des loriots; mais leurs formes générales et leurs habitudes les rapprochent des étourneaux, auprès desquels ils devraient être rangés, si leur bec n'était échancré. Ils sont très-sociables, vont en troupes serrées, à la recherche de leur nourriture, et passent la nuit en grandes agglomérations, sur le même arbre ou sur des arbres voisins. D'un naturel paisible, gai et confiant, ils vivent entre eux en bonne intelligence, et s'approchent fréquemment des lieux habités. Ils s'abattent fort souvent sur les troupeaux, pour les débarrasser de la vermine qui les tourmente. Ils se montrent utiles auxiliaires de l'homme, principalement dans les contrées où les sauterelles abondent, par la grande destruction qu'ils font de ces insectes, sous forme d'œufs, de larves ou à l'état parfait. A une certaine époque, l'île Bourbon fut tellement infestée de sauterelles, qu'elle menaçait de devenir inhabitable ; on eut l'idée d'y introduire quelques martins, et ces oiseaux s'y multiplièrent si bien, qu'en peu d'années les funestes sauterelles disparurent.

Malheureusement, les martins font payer cher leurs services, car ils ont du goût pour les fruits, et ils commettent de grands dégâts parmi les cerisiers, les mûriers, etc. Lorsque les insectes leur font défaut, ils s'attaquent même aux semences de toutes sortes et aux céréales.

Ces passereaux s'accoutument parfaitement à la servitude ; en peu de temps ils deviennent aussi familiers que les étourneaux. Ils possèdent d'ailleurs, comme ceux-ci, le talent de retenir et de répéter des mots ou des cris divers. C'est pour ce motif qu'on les élève en cage dans certaines contrées de l'Inde.

Les martins habitent l'Afrique, l'Asie et Java. Ils visitent quelquefois, dans leurs migrations, les contrées méridionales de l'Europe ; leur apparition en France est très-rare. Quoi qu'il en soit, la seule espèce que l'on y rencontre, est le *Martin roselin*, appelé aussi *Merle rose*, parce que, avec la taille du merle, il a le ventre et le dos d'un beau rosé.

Les *Philédons* sont reconnaissables à leur langue terminée par un pinceau de poils, et aux pendeloques charnues qui décorent le bec de certaines espèces. Ils ont, en général, un plumage brillant et ornementé de huppes ou de colliers ; la voix de quelques-uns est fort mélodieuse. On ne connaît presque rien de leurs mœurs.

Les caractères des *Cincles* sont : un bec droit et grêle, des doigts grands et robustes, munis d'ongles forts et crochus, des ailes et une queue courtes. Ces oiseaux constituent, par leurs mœurs franchement aquatiques, une curieuse exception dans l'ordre des Passereaux. Ils sont sans cesse sur les bords ou au sein même des eaux, à la recherche des insectes dont ils font leur nourriture. Quoiqu'ils n'aient pas les doigts palmés, on les voit souvent plonger et se mouvoir entre deux eaux, en étendan leurs ailes, et s'en servant comme de nageoires. Souvent aussi on les aperçoit, rasant dans leur vol la surface des rivières, pour saisir les insectes ailés qui les sillonnent. Ils vivent toujours seuls, excepté à l'époque de la pariade. Les cincles se plaisent sur les rives des torrents, dans les endroits rocailleux et escarpés.

L'espèce d'Europe, appelée *Cincle plongeur* ou *Merle d'eau* (fig. 373), se rencontre dans les Alpes, les Pyrénées et les autres chaînes de montagnes du sud, de l'ouest et du nord de l'Europe.

Fig. 373. — Cincle plongeur.

Les *Fourmiliers* (fig. 374) se distinguent des autres passereaux dentirostres par leurs tarses longs et grêles. Ils habitent les contrées chaudes des deux continents, principalement l'Asie et l'Amérique, et se livrent, au sein des grandes forêts, à la chasse des fourmis, si abondantes dans ces régions. Ils y ajoutent d'autres insectes, mais ils sont avant tout *formicivores*. Ils volent médiocrement, mais marchent ou sautillent avec une extrême légèreté. En général, ils ne se donnent pas la peine d'édifier un nid, et déposent leurs œufs à terre, sur un lit de feuilles sèches. Ils chantent d'une manière fort bizarre, et sur des modes différents, suivant les espèces. Quelques-uns ont reçu la dénomination de *Beffroi*, *Carillonneur*, etc., à cause de la similitude de leur chant avec le son d'une cloche. Ils sont sauvages, et se fracassent la tête contre les barreaux de leur cage, lorsqu'on les emprisonne. Leur chair est appréciée.

L'espèce type est le *Roi des Fourmiliers*, indigène de la Guyane et du Brésil, qui doit son nom à la supériorité de sa taille.

Fig. 374. Fourmilier.

Le genre *Merle* est caractérisé par un bec comprimé, arqué et légèrement dentelé. C'est l'un des plus nombreux de la famille, puisqu'il ne comprend pas moins de 150 espèces, répandues à profusion sur toute la surface du globe.

En général, les oiseaux qui composent ce genre sont migrateurs, et voyagent en troupes plus ou moins nombreuses. Ils se nourrissent de baies, de fruits, d'insectes, et sont doués d'un chant très-harmonieux. On les a partagés en deux grandes sections, fondées sur les dispositions particulières de leurs couleurs : celle des *Merles proprement dits*, qui comprend toutes les espèces à plumage uniformément coloré, et celle des *Grives*, qui renferme les espèces à plumage grivelé, c'est-à-dire marqué de petites taches sombres sur la poitrine.

Les principales espèces de la première section sont : le *Merle commun*, le *Merle de roche*, le *Merle solitaire* et le *Merle polyglotte*.

Le *Merle commun* est aussi appelé *Merle noir* (fig. 375), à cause de son plumage, qui est tout entier d'un beau noir. Il se plaît particulièrement dans les lieux couverts de bosquets, de broussailles et situés à proximité des eaux. Lorsqu'il y trouve une nourriture suffisante, il ne quitte pas le canton qu'il a adopté ; aussi le rencontre-t-on en toutes saisons, sur les points les plus divers du continent européen. Les merles se montrent moins nombreux en hiver qu'en été ; ils ne sont sédentaires que par exception.

Défiant et rusé, cet oiseau ne s'approche des objets suspects qu'avec une extrême prudence. Il se laisse rarement surprendre par l'homme, à moins que sa voracité et sa gourmandise ne

Fig. 375. Merle noir.

l'entraînent à des périls qu'il eût pu éviter. Quelle que soit sa sauvagerie, il fréquente assez volontiers les jardins publics ou privés, et les alentours des habitations. Pris jeune, il s'habitue même facilement à la captivité.

Il niche à une faible distance du sol, sur les buissons ou sur les arbres. La femelle seule s'occupe de la construction du nid, et le mâle charme ses heures de travail par des sifflements du meilleur goût. La ponte est de quatre à six œufs, et elle se renouvelle deux ou trois fois par an.

Dans le midi de l'Europe, on chasse cette espèce, à cause du goût exquis que contracte sa chair, sous l'influence d'une nourriture spéciale, composée surtout de baies du myrte ou du genévrier.

Le *Merle de roche* diffère du précédent par une taille moins forte et par sa prédilection pour les pays montagneux. Il vocalise très-agréablement, et se trouve, en France, sur les hauts sommets des Vosges, des Alpes et des Pyrénées.

Le *Merle solitaire*, ou *Merle bleu*, se fait remarquer par son plumage d'un bleu profond. Il fréquente les mêmes régions que le merle de roche, et vit à peu près de la même façon; mais son naturel est plus sauvage, et son chant plus séduisant encore. On lit dans les mémoires du temps que François Ier ne se lassait pas d'entendre le chant de cet oiseau.

Fig. 376. Merle polyglotte.

Le merle bleu est commun dans l'Europe méridionale et tout le Levant, où il acquiert, lorsqu'il est apprivoisé, une valeur très-considérable.

De toutes les espèces de merles, la plus favorisée sous le rapport des facultés vocales est, sans contredit, le *Merle polyglotte* ou *Oiseau moqueur* (fig. 376), indigène de l'Amérique septentrionale, et principalement de la Louisiane. Ses accents sont si mélodieux, que le consciencieux Audubon n'hésite pas à les placer fort au-dessus de ceux du rossignol. Il possède, de plus, l'étrange faculté d'imiter, en les embellissant, les chants de tous les autres volatiles, et même les cris des mammifères qui vivent autour de lui. C'est pour cela que les Indiens l'appellent l'*Oiseau aux quatre cents langues*. Protégé par les habitants de la Lousiane, il ne redoute pas la présence de l'homme, et construit son nid presqu'au vu de tous, dans le voisinage des maisons. Pris au nid, dès l'âge le plus tendre, il devient très-familier.

Les principales espèces de *Grives* sont : la *Grive commune*, le *Mauvis*, la *Draine* et la *Litorne*.

La *Grive commune* (fig. 377) a joui, dès les temps les plus anciens, d'une grande réputation comme gibier fin et délicat. Les Romains

Fig. 377. Grive.

l'appréciaient tellement, qu'ils en engraissaient des milliers dans d'immenses volières, en combinant adroitement la privation de lumière avec un régime approprié. Aujourd'hui, on n'engraisse plus les grives, parce qu'elles prennent le soin de s'engraisser toutes seules, à leur passage d'automne dans le midi de l'Europe. Elles se gorgent alors à tel point de raisins, de figues et d'olives, qu'elles atteignent un état incroyable d'obésité, et tombent alors, par masses, sous le plomb du chasseur. On a dit à ce propos qu'elles s'enivraient dans les vignes, et l'on a créé le proverbe : *Saoul comme une grive*, pour désigner un homme qui a copieusement fêté la dive bouteille. C'est là une erreur : si les grives sont incapables de s'enfuir à l'automne, ce n'est qu'à cause de leur lourdeur.

La grive *Mauvis* participe des qualités et des défauts de la *Grive commune*; elle est aussi très-recherchée des gourmets. Les deux autres espèces ont moins d'importance au point de vue comestible. Toutes habitent l'Europe, et sont de passage dans le centre ou le midi de la France.

Les *Tangaras* forment un genre d'oiseaux propres aux régions brûlantes de l'Amérique. Ils se font remarquer par leur bec conique, triangulaire à la base, et par leurs couleurs éclatantes. Ils tiennent, par leurs habitudes, des fauvettes et des moineaux. Ils sont vifs, remuants, et descendent rarement à terre. Ordinairement ils parcourent les arbres et les buissons pour y recueillir des baies, des insectes et des graines. Du reste, ils vivent solitaire-

Fig. 378. Tangara septicolor et Tangara à tête bleue.

ment, en familles ou par troupes, suivant les espèces. Quelques-uns ont un ramage agréable : tels sont les *Euphones* (belles voix). Les espèces les mieux douées, quant à la richesse du costume, sont le *Tangara septicolor* (fig. 378), le *Tangara cardinal*, le *Tangara évêque*, le *Tangara Ramphocèle à gorge noire*.

Le *Palmiste*, ou *Tangara des palmiers*, est remarquable par sa sociabilité. Il est ainsi nommé parce qu'il érige à la cime des palmiers, avec l'aide de ses compagnons, une vaste construction, partagée en un certain nombre de compartiments, qui sont répartis entre autant de couples, pour recevoir les nids et les couvées.

Les *Drongos* ressemblent aux corbeaux par la forme et aux merles par la taille. Ils ont le bec caréné, assez fortement courbé et la queue fourchue. Le fond de leur plumage est noir, avec des reflets métalliques verts ou bleus. Ils vivent, par petites compagnies, dans les forêts de l'Inde, de l'Océanie et de l'Afrique méridionale. Ce sont de grands destructeurs d'abeilles. Le matin et le soir, ils se postent à la lisière des bois, sur un arbre mort ou dépourvu de feuilles, et guettent les abeilles lors-

Fig. 379. Drongo huppé.

qu'elles abandonnent ou regagnent leurs retraites. Ils s'élancent alors de leur observatoire et font un massacre épouvantable des malheureux insectes.

Leur naturel turbulent et tapageur leur a valu de la part des Hottentots, qui voient en eux des oiseaux de mauvais augure, le nom d'*Oiseaux du diable*. Leur chair ne vaut rien ; mais quelques espèces chantent, dit-on, d'une manière assez satisfaisante. Chez le *Drongo à raquettes*, les deux pennes extérieures de la queue sont de longs filets terminés par des palettes. Nous représentons ici (fig. 379) une autre espèce, le *Drongo huppé*.

Le genre *Cotinga* est caractérisé par un bec court, déprimé, arqué et robuste. Il comprend, comme sous-genres, les *Cotingas proprement dits*, les *Échenilleurs* et les *Jaseurs*.

Les *Cotingas proprement dits* sont des oiseaux de la taille du merle, qui habitent le Brésil et la Guyane, et se font remarquer, durant la saison des amours, par leur plumage éclatant et varié. Ils vivent au sein des grandes forêts et dans les lieux humides; leur nourriture se compose de graines, de fruits et d'insectes. Ils sont farouches et ne s'accoutument pas à la capti-

Fig. 380. Cotinga cordon bleu.

vité; ils ne sont d'ailleurs précieux qu'à cause de leurs riches couleurs, car leur voix n'a rien de mélodieux et leur chair est un piètre aliment. Les plus belles espèces sont le *Cotinga Pompadour* et le *Cotinga cordon bleu* (fig. 380.)

Les *Échenilleurs* doivent leur nom à leur goût pour les chenilles, dont ils font leur principale nourriture; ils y ajoutent cependant des larves d'insectes et des mouches. Ils diffèrent des précédents, par leurs couleurs, plus sombres, et par leur *habitat*. Tandis que les cotingas ne se rencontrent qu'en Amérique, on ne trouve les échenilleurs que dans l'Afrique méridionale et l'Archipel indien.

Les *Jaseurs* sont des oiseaux sociables, qui vivent en troupes nombreuses, toute l'année, excepté à l'époque de la reproduction. Ils se nourrissent de bourgeons, de baies et d'insectes; ils chassent même les mouches au vol. D'une indolence extrême, ils ne se donnent de mouvement que tout juste ce qu'il faut pour satisfaire leur appétit. La plupart du temps, ils se retirent dans d'épais buissons; rarement on les voit se poser à terre, où leur marche est d'ailleurs gauche et embarrassée. Ils n'ont, à proprement parler, aucun chant; ils ne font entendre qu'un faible gazouillement, très-prolongé chez certaines espèces. Le *Jaseur de Bohême* ne se tait en aucune saison; c'est là probable-

Fig. 381. Jaseur de Bohême.

ment l'origine du nom de Jaseur, donné au genre tout entier. Ils s'apprivoisent avec une grande facilité, et comme ils sont parés de couleurs brillantes, on les élève souvent en cage.

On trouve des Jaseurs en Europe, dans l'Amérique septentrionale et au Japon. L'espèce d'Europe, ou *Jaseur de Bohême* (fig. 381), niche dans les contrées septentrionales, et émigre en Allemagne aux approches de l'hiver; on la voit rarement en France. Elle est très-jolie et porte une huppe fuyante au sommet de la tête.

Les oiseaux appartenant au genre *Gobe-mouches* ont le bec déprimé, crochu, pourvu d'une arête saillante et de poils roides à la base. Ils se subdivisent en *Gobe-mouches proprement dits*, *Moucherolles*, *Tyrans* et *Céphaloptères*.

Les *vrais Gobe-mouches* se nourrissent d'insectes ailés, qu'ils poursuivent dans les airs, avec une vivacité et une agilité extraordinaires; ils y joignent quelquefois des chenilles et des fourmis, et c'est uniquement pour les prendre qu'ils descendent à terre. Ils sont taciturnes et volent solitairement, soit au fond des forêts, soit sur le bord des eaux, parmi les joncs et les roseaux. Ils ne chantent pas, même au moment des amours, et construisent leur nid assez négligemment, sans prendre souci de le dérober aux yeux de leurs ennemis. Ils le placent, suivant les espèces, sur les arbres, les buissons, dans les crevasses des murs, des puits ou sous les toits des maisons. La femelle y dépose de trois à six

Fig. 382. Gobe-mouches gris.

œufs, une seule fois par an en Europe, et jusqu'à trois fois dans les autres parties du monde.

Les gobe-mouches ne sont pas plus gros que les becs-fins. Ce sont des oiseaux migrateurs, dont les espèces très-nombreuses

Fig. 383. Roi des Gobe-mouches.

sont répandues sur toute la surface du globe. L'Europe en possède quelques-unes, parmi lesquelles nous citerons le *Gobe-mouches gris* (fig. 382) et le *Bec-figue*. Ce dernier aime beaucoup les fruits, et on le chasse dans le midi de la France pour la finesse de sa chair. Le nom vulgaire *Bec-figue* sert aussi à désigner vulgairement, comme nous l'avons dit, une espèce du genre *Bec-fin*.

Les *Moucherolles* ont les mêmes mœurs et la même taille que les *Gobe-mouches* proprement dits. Ils n'en diffèrent que par leur costume, beaucoup plus brillant, par leur queue, plus développée, et par les belles huppes qui décorent la tête de plusieurs espèces. Ils habitent l'Afrique, les Indes, l'Océanie et l'Amérique. L'espèce-type est la *Moucherolle à huppe transverse*, appelée aussi *Roi des Gobe-mouches* (fig. 383), à cause d'une magnifique huppe rouge, bordée de noir, qui s'étale autour de sa tête et figure un splendide diadème. Il habite l'Amérique méridionale. C'est un oiseau très-rare dans les collections.

Fig. 384. Tyran à longue queue.

Les *Tyrans* (fig. 384) doivent leur nom à leur caractère courageux, audacieux, querelleur, qui les porte à attaquer des oiseaux beaucoup plus forts qu'eux, tels que les petits rapaces et même l'*Aigle à tête blanche*. Il faut ajouter qu'ils réussissent le plus souvent dans leurs entreprises et qu'ils forcent ces bandits à s'éloigner de l'endroit où repose leur couvée. Ils se nourrissent d'insectes, de petits reptiles et de très-petits oiseaux. On ne les trouve que dans l'Amérique méridionale, principalement dans le Brésil et la Guyane.

Les *Céphaloptères* (fig. 385) ressemblent aux corneilles, dont ils ont la taille et le plumage. Leur nom, qui, en grec, veut dire *tête ailée*, leur vient d'une large huppe, qui s'épanouit en parasol au-dessus de leur tête. Ils ont, de plus, le devant du cou nu et pourvu, à sa partie inférieure, d'une grosse touffe de plumes qui retombe sur la poitrine. Ces oiseaux habitent les forêts du Brésil ; on ne connait rien de leurs mœurs. La forme élargie de

Fig. 385. Céphaloptère orné.

leur bec donne seulement à penser qu'ils se nourrissent de baies et de fruits.

Le *genre Pie-grièche* termine l'ordre des Passereaux. Il comprend un certain nombre d'oiseaux à bec conique ou comprimé, plus ou moins crochu à la pointe et vigoureusement échancré, qui ressemblent aux rapaces par leur naturel belliqueux et leur goût pour la chair palpitante. On y range les *Pies-grièches proprement dites*, les *Langrayens*, les *Vangas* et les *Cassicans*.

Les *Pies-grièches proprement dites* possèdent, au plus haut degré, l'instinct destructeur. Elles se plaisent à verser le sang, et à semer la mort autour d'elles : aussi leur méchanceté est-elle devenue proverbiale. Non contentes de tuer pour satisfaire les justes exigences de leur estomac, elles immolent, comme à plaisir, insectes, oiseaux, petits mammifères. Ensuite elles les empalent très-adroitement, en les fixant aux épines des buissons et des haies.

Ne les jugeons pas pourtant avec trop de sévérité. Il y a sans doute un grain de cruauté dans cet acte, mais il faut

Fig. 386. Pie-grièche, écorcheur.

y reconnaître avant tout de la prévoyance. Ces espèces de gémonies sont des garde-manger, qu'elles visitent dans les moments de disette. Elles ne dévorent pas, il est vrai, tout ce qu'elles mettent de côté, mais elles l'utilisent en partie, et c'est là qu'est leur excuse. On se tromperait, d'ailleurs, si l'on croyait qu'elles attaquent uniquement des animaux plus faibles qu'elles. Quoique de petite taille (la plus grande espèce n'est guère plus grosse qu'un merle), elles ne craignent pas d'entrer en lutte avec les corbeaux, les pies et même certains rapaces. Elles les combattent vaillamment, pour la défense de leurs domaines, et parviennent souvent à les chasser du canton qu'elles ont choisi. C'est pour le même motif qu'on les voit se disputer fréquemment entre elles.

Les pies-grièches habitent généralement les grandes forêts, se tenant, soit sur leur lisière, soit dans les lieux retirés, soit sur les grands arbres ou dans les broussailles. Elles perchent, pendant le jour, sur les plus hautes branches des arbres, et c'est de là qu'elles fondent sur leur proie. Elles volent assez médio-

Fig. 367. Pie-grièche méridionale.

crement, mais elles planent avec facilité. Leur babil est continuel, et leurs mélodies ne sont pas dépourvues d'agrément. Remarquables par leur talent d'imitation, elles répètent à s'y méprendre les chants de tous les autres oiseaux. On prétend même qu'elles abusent de cette faculté pour tendre des pièges aux petits oiseaux dont elles imitent le chant, et pour grossir de cette manière le nombre de leurs victimes.

Elles émigrent chaque année et sont fort recherchées aux époques de leurs passages, car leur chair, revêtue d'une abondante couche de graisse, est alors extrêmement délicate. Fait curieux, elles s'apprivoisent très-aisément, malgré leur naturel hargneux. Cependant, elles ne s'accommodent pas d'une étroite captivité; il faut à leur activité un champ plus étendu, celui d'une vaste volière, par exemple. Dans cette condition, elles deviennent familières et se montrent sensibles aux caresses de leur maître.

Les pies-grièches sont communes dans toutes les régions du globe. L'Europe en possède sept espèces, dont les principales sont la *Pie-grièche écorcheur* (fig. 386), la *Pie-grièche rousse* et la *Pie-grièche méridionale* (fig. 387). En France, on ne trouve guère ces oiseaux que dans les départements du Midi.

Les *Langrayens* sont quelquefois appelés *Pies-grièches-hirondelles*, parce qu'ils volent avec autant d'aisance que les hirondelles, et qu'ils poursuivent, comme elles, les insectes à travers

Fig. 388. Cassican.

les airs. Leurs mœurs diffèrent peu de celles des vraies pies-grièches. Ils habitent l'Afrique, les Indes et l'Archipel austral.

Les *Vangas* ont plus d'analogie encore que les Langrayens avec les pies-grièches proprement dites. Ils vivent absolument de la même façon; mais on ne les trouve que dans le sud de l'Afrique, l'Australie et la Nouvelle-Guinée.

Enfin les *Cassicans* (fig. 388) sont des oiseaux des terres australes, intermédiaires entre les pies-grièches et les corbeaux, dont ils ont la démarche, la taille et le plumage. Ils sont criards, turbulents et omnivores. On les reconnaît facilement à leur long bec et aux plumes de leur front.

ORDRE DES RAPACES,

OU DES OISEAUX DE PROIE.

Les Rapaces sont de tous les oiseaux, ceux qui ont le plus de notoriété auprès du vulgaire, bien qu'ils ne nous rendent que peu ou point de services, et qu'ils aient infiniment moins de titres à notre intérêt qu'une foule d'autres volatiles. L'audace, le courage qui distinguent plusieurs espèces, les récits merveilleux auxquels ont donné lieu leurs exploits, et la frayeur supertitieuse que font naître certains d'entre eux, expliquent leur popularité. Les poëtes et les romanciers, pour caractériser leurs personnages, se sont inspirés souvent des qualités et des défauts de ces oiseaux ravisseurs. Ils ont fait de l'aigle un type de noblesse, de force et de vaillance ; du vautour, l'incarnation de l'âpreté lâche et immonde. La chouette, à l'aspect farouche, au vol silencieux est devenue pour eux, un *oiseau de mauvais augure ;* son cri lugubre, retentissant dans les ombres de la nuit, sur la maison d'un malade, est un présage infaillible de mort. Ces observations, bien qu'inexactes pour la plupart, ont considérablement agi sur l'imagination populaire, et sont passées dans l'usage habituel de la conversation.

Les Rapaces ont le bec crochu, très-fort, acéré et tranchant, muni, à sa base, d'une membrane appelée *cire*, qui est ordinairement de couleur jaune, et sur laquelle s'ouvrent les narines ; les jambes robustes et couvertes de plumes ; quatre doigts, dont trois en avant et un en arrière, généralement très-flexibles et pourvus d'ongles arqués, *rétractiles*, souvent d'une grande puissance, auxquels on a donné le nom significatif de *serres*. Ils ont la vue fort perçante, et sont merveilleusement organisés pour le vol. Leurs ailes, longues et vigoureuses, leur permettent de planer dans les plus hautes régions, et de parcourir en quelques instants des espaces immenses.

Leur nom générique indique suffisamment qu'ils ne vivent que de rapines, et sont d'un naturel pillard et batailleur. Ils correspondent, dans la classe des Oiseaux, aux *Carnassiers* parmi les Mammifères. Comme eux, ils se nourrissent de chair vivante ou morte ; comme eux, ils ont en partage l'adresse et la vigueur, pour satisfaire leurs appétits sanguinaires.

La nature, dans son admirable prévoyance, a sagement limité la reproduction de ces hôtes incommodes : les plus grands ne pondent qu'un ou deux œufs par an ; les autres, cinq où six en moyenne. Chose singulière, la femelle est souvent d'un tiers environ plus grosse que le mâle ; d'où le nom de *tiercelet* donné à ce dernier, dans certaines espèces.

Les Rapaces n'ont rien de la gentillesse et du charmant babil de la plupart des oiseaux : ils ne chantent pas ; ils ne font que pousser soit des cris rauques, soit des modulations étranges et plaintives. Leur plumage, presque toujours de couleur sombre, est triste et monotone. Comme ils n'existent que pour détruire, ils sont la terreur des autres oiseaux, parmi lesquels ils marquent chaque jour de nombreuses victimes. Ils vivent solitairement et par couples, dans les endroits les plus déserts ; ce n'est que par exception qu'ils se rassemblent, pour dévorer en commun quelque humble charogne. D'humeur despotique et belliqueuse, ils ne souffrent pas de concurrents dans leur voisinage. Ils pratiquent l'absolutisme sous sa forme la plus rigoureuse, et règnent en maîtres dans les cantons qu'ils ont choisis.

On rencontre les Rapaces sur toute la surface du globe ; les grandes espèces habitent les hautes montagnes ou se cachent dans les flancs des lieux inaccessibles et solitaires.

Cet ordre se divise en deux sous-ordres : les *Rapaces nocturnes* et les *Rapaces diurnes*. Cette division est très-rationnelle, car elle est fondée, comme on le verra bientôt, sur une différence de mœurs très-tranchée, qui tient à une différence d'organisation.

RAPACES NOCTURNES.

Les Rapaces nocturnes se distinguent par de gros yeux, à fleur de tête, dirigés en avant, entourés d'un cercle de plumes effilées et rigides, qui forment, par leur rayonnement circulaire, autour de la face, un disque à peu près complet, auquel on a donné le nom de *disque facial*; — par le grand développement de la tête; — par un bec très court, dépourvu de cire, que remplace une simple peau recouverte de poils; — par des tarses emplumés jusqu'aux talons; — par la mobilité du doigt externe qui peut se diriger, soit en avant, soit en arrière; — par des ongles très-forts, acérés et rétractiles; — par un plumage abondant et moelleux; — par une queue généralement courte.

Mais le caractère original de ces oiseaux, celui qui a présidé à leur réunion en un même groupe, c'est l'impossibilité où ils sont de supporter la lumière du jour, et, par contre, la faculté qu'ils possèdent de voir dans une demi-obscurité, ce qu'ils doivent à l'énorme dilatation de leur pupille. Aussi restent-ils cachés dans leurs retraites, tant que le soleil est au-dessus de l'horizon, et ne se mettent-ils en chasse qu'aux dernières lueurs du crépuscule. Alors ils distinguent parfaitement les objets, et peuvent saisir leur proie avec d'autant plus de facilité, qu'ils veillent seuls dans la nature endormie.

Il ne faudrait pas croire, toutefois, que ces oiseaux puissent voir au milieu d'épaisses ténèbres. Quand la nuit est tout à fait noire, ils rentrent dans la loi commune. L'épithète de *nocturnes* qu'on leur applique n'est donc pas rigoureusement exacte, et il importe de ne pas la prendre au pied de la lettre. Ils ne deviennent réellement actifs que lorsque la lune répand sa clarté sur la terre; c'est alors qu'ils s'abandonnent à leurs instincts destructeurs, et font un ample butin de petits mammifères et d'oiseaux.

Les Rapaces ont le sens de l'ouïe extrêmement développé, ce qui tient à ce que leur crâne présente de vastes cavités, qui, communiquant avec l'oreille interne, augmentent dans de notables proportions la capacité de cet organe.

Leur plumage, strié de bandes et de taches irrégulièrement disposées, ne présente pas plus de consistance que le duvet des jeunes oiseaux. Cette dernière particularité tient probablement à leurs conditions spéciales d'existence. Constamment privés des rayons du soleil, dont l'action sur la couleur du plumage ne saurait être mise en doute, ils ne peuvent acquérir ces splendides couleurs, qui font une brillante parure aux oiseaux des régions intertropicales.

Grâce à la structure et à la nature de leurs plumes, qui n'offrent aucune résistance à l'air, les rapaces nocturnes volent sans faire le moindre bruit. Ils peuvent ainsi tomber à l'improviste sur leurs victimes, et les saisir avant même qu'elles aient songé à s'envoler. Lorsqu'ils atteignent leur proie, ils la happent tout d'une pièce, ce qui leur est très-facile, vu l'énorme ouverture de leur bec, dont les deux parties sont mobiles. Puis leur estomac sépare les parties non digestibles, telles que les os, les poils et les plumes. Réunies sous forme de pelotte, elles sont expulsées par le vomissement. Les rapaces diurnes qui se nourrissent d'animaux vivants possèdent la même propriété.

A l'exception d'une seule espèce, l'*Effraie*, les rapaces nocturnes pondent tous des œufs de forme sphérique. Ils vivent isolément, par couples, se rassemblent quelquefois en troupes, à l'époque des migrations, mais ne chassent jamais en commun. Ils ne construisent, pour ainsi dire, pas de nid, et se contentent de déposer leurs œufs dans les excavations des vieux troncs d'arbres, ou dans les habitations en ruines. Ils exhalent une odeur fade et nauséabonde, qui tient sans doute à leur régime exclusivement animal.

A moins d'y être forcé, l'oiseau de proie nocturne ne sort jamais de son trou pendant le jour. Lorsqu'il s'y aventure, il est assailli par tous les Passereaux du voisinage, qui viennent insulter à son impuissance, et se venger par de nombreux coups de bec, de l'oppression qu'il exerce sur eux pendant la nuit. Il prend alors les postures les plus étranges, balançant sa tête d'un air stupide, faisant craquer son bec et enflant ses plumes. Du reste il n'essaye pas de se défendre, et reçoit passivement les coups de ses ennemis emplumés, qui ne lui font pas d'ailleurs grand mal.

RAPACES.

Cette haine naturelle des petits oiseaux pour leurs tyrans nocturnes a été mise à profit pour la chasse. L'art de la *pipée* n'a pas d'autre fondement. Il suffit de contrefaire la voix de la chouette ou du hibou, pour faire accourir les oiseaux sur l'arbre ou le buisson où l'on a placé les gluaux. Cette opération doit se faire une heure environ avant le coucher du soleil; plus tard, elle n'aurait aucun succès. La *pipée* était en usage dès l'antiquité, car Aristote l'a décrite.

Il n'est pas d'animaux qui aient donné lieu à autant de fables et de préjugés, conséquences de leurs mystérieuses allures. Bien qu'inoffensifs en général, et même utiles, car ils détruisent une grande quantité de rats et de souris, les rapaces nocturnes causent dans les campagnes une superstitieuse terreur, et l'on a mis de tout temps le plus grand acharnement à les poursuivre.

Les Grecs, mieux inspirés, avaient dédié le hibou à Minerve, déesse de la Sagesse, sans doute à cause de l'attitude calme et grave qui distingue les oiseaux de nuit, et leur donne un air de philosophes méditant sur les problèmes de la vie.

Les Rapaces nocturnes comprennent deux grandes familles: les *Hibous* et les *Chouettes*.

Famille des Hibous. — Les Hibous se reconnaissent à deux aigrettes de plumes placées de chaque côté de la tête. Ils se subdivisent en trois genres: les *Grands-Ducs*, les *Moyens-Ducs* et les *Petits-Ducs*.

Le *Grand-Duc commun*, ou *Duc d'Europe* (fig. 389), est le plus remarquable des hibous, par sa taille et par sa force. Sa hauteur est de deux pieds en moyenne : c'est le roi des oiseaux nocturnes. Il a le bec et les ongles noirs, très-forts et très-crochus. Son plumage est roux, parsemé de taches noires et de bandes brunes; les ailes ont cinq pieds d'envergure. Il a de grands yeux fixes, à prunelle noire, entourée de jaune. Il supporte plus facilement la lumière que les autres Nocturnes; aussi sort-il plus tôt le soir, et rentre-t-il plus tard le matin. Il habite les anfractuosités des rochers, ou les crevasses des vieilles tours, situées sur les montagnes, et ne s'en éloigne que rarement, pour descendre dans la plaine. Son cri : *huihou, houhou, bouhou, ouhou!* retentissant dans le silence de la nuit, jette la terreur parmi les animaux dont il fait sa pâture. Il se nourrit principalement de lièvres, lapins, taupes, rats, souris et de menu gibier. A l'occasion, et surtout lorsqu'il élève ses petits, qui sont très-voraces, il ne dédaigne pas les crapauds, les grenouilles et les petits reptiles.

Le grand-duc est très-courageux, et accepte souvent, avec l'aigle fauve, des combats, dont il se tire avec honneur. La lutte est parfois si furieuse, qu'elle se termine par la mort des deux champions.

M. Bailly rapporte, d'après des témoins dignes de foi, qu'un aigle et un grand-duc, qui se battaient dans les montagnes de la Savoie, s'enfoncèrent tellement leurs serres dans les chairs, qu'ils ne purent les retirer, et succombèrent, sur place, l'un et l'autre à leurs blessures. Dans un tournoi semblable, près de Zurich, le grand-duc vainqueur, était tellement lié à son adversaire, qu'il tomba avec lui sur le sol, sans pouvoir se dégager; si bien qu'on le prit vivant.

Blessé, ne pouvant plus voler, traqué par les chiens, le grand-duc veut du moins vendre chèrement sa vie. Il se renverse sur le dos, et là, les serres ouvertes, le bec menaçant, il paraît encore assez redoutable pour faire reculer un moment ses ennemis.

En dépit de son naturel batailleur, le grand-duc s'apprivoise assez facilement: il connaît son nom, et répond à la voix de son maître. On peut lui accorder toute liberté; il reste dans le voisinage de son gîte, et y revient chaque jour, pour manger. Frisch raconte qu'il a eu deux fois des grands-ducs vivants, et qu'il les a conservés longtemps; il les nourrissait de chair et de foie de bœuf. Ils engloutissaient parfois cinq souris, sans interruption, après leur avoir brisé les os à coups de bec. Au besoin, ils savaient se contenter de poissons. Quelques heures après l'absorption, ils rejetaient les os, les poils et les arêtes de leurs victimes.

L'humeur sauvage de ces oiseaux ne cède pas toujours cependant à l'influence de l'éducation.

Les grands-ducs ont, pour leurs petits, un attachement sans borne. Un gentilhomme suédois, M. Cronstedt, habita pendant plusieurs années, une ferme, située au pied d'une montagne, en haut de laquelle un couple de grands-ducs avait

établi son nid. Les domestiques prirent et enfermèrent dans
un poulailler un des petits, que la soif de l'indépendance avait
sans doute poussé à quitter prématurément l'asile maternel. Le
lendemain matin, on fut très-surpris de trouver, à la porte du
poulailler, un perdreau fraîchement tué. On pensa alors que les
parents, attirés par les cris du petit hibou, avaient pourvu à sa
subsistance. En effet, le même manége se renouvela quatorze
nuits de suite. M. Cronstedt voulant savoir au juste à quoi s'en

Fig. 389. Grand-duc commun.

tenir, fit plusieurs fois le guet pendant la nuit, afin de surprendre la femelle en flagrant délit d'amour maternel. Mais il
n'y put réussir, problablement parce que l'oiseau, grâce à sa
vue pénétrante, saisissait l'instant où son attention était dé-
tournée, pour déposer ses provisions à la porte. Ces soins
cessèrent au mois d'août, époque à laquelle les petits rapaces
sont capables de pourvoir eux-mêmes à leur subsistance.
Le grand-duc habite l'Europe et l'Asie; il est commun en

Suisse et en Italie ; on ne le rencontre guère en France que dans les contrées de l'Est et du Midi ; encore demeure-t-il rarement dans nos climats pendant l'hiver.

Une autre espèce, très-commune en Égypte, le *Grand-Duc Ascalaphe*, se montre quelquefois dans le sud de la Sardaigne et de la Sicile. On le désigne vulgairement sous le nom de *Grand Hibou à huppes courtes*.

Le *Grand-Duc de Virginie*, ou *Hibou couronné*, habite l'Amérique septentrionale et méridionale. Cet oiseau est à peu près de la taille du grand-duc d'Europe ; il s'en distingue par une disposition différente des aigrettes, qui, au lieu de partir des oreilles, prennent naissance près du bec. Il se nourrit de jeunes gallinacés, qu'il enlève avec audace, au milieu même des basses-cours ; le dindon a surtout pour lui un attrait tout particulier. Faute d'autre pâture, il se contente des poissons morts qu'il trouve sur le bord des fleuves. Pris très-jeune, il s'apprivoise assez facilement ; mais, en grandissant, ses instincts sanguinaires le dominent à tel point qu'il dévore toutes les volailles, et qu'on est obligé de s'en défaire.

Le *Moyen-Duc vulgaire*, ou *Hibou commun* (fig. 390), a un pied de haut environ. Ses aigrettes, proportionnées à sa taille, sont plus courtes que celles du grand-duc. Ses ailes ont un mètre d'envergure. Son plumage, où le roux domine, est nuancé de gris et de brun. Il a le bec et les ongles noirâtres, les yeux d'un beau jaune. Il habite les creux des rochers ou des arbres morts et les vieilles masures abandonnées. Il trouve parfois commode de s'installer dans les nids laissés vacants par les pies, les corbeaux et les buses. Beaucoup moins sauvage que le grand-duc, il rôde souvent autour des habitations. Très-friand de la chair des souris, il en fait sa principale nourriture ; aussi, pour l'attirer et le prendre au piège, suffit-il d'imiter le cri de ce rongeur. Il se nourrit également de taupes, mulots, grenouilles, crapauds, même de levrauts et de jeunes lapins, et, à défaut d'autre chose, d'insectes. Il déploie beaucoup de courage pour défendre ses petits, lorsqu'il les croit menacés, et ne craint pas alors d'attaquer l'homme. Son cri consiste en une espèce de gémissement grave, *clow, clow!* qu'il fait entendre fréquemment pendant la nuit. Il s'apprivoise aisément, mais à la condition d'être pris très-jeune. A l'âge adulte, il refuse toute nourriture, et se laisse mourir de faim dans sa cage.

Le moyen-duc est plus sociable que la plupart des rapaces nocturnes ; on le rencontre assez souvent par bandes de sept ou huit individus. Il est répandu dans toute l'Europe ; en France,

Fig. 390. Hibou commun, ou moyen-duc.

il est fort commun et sédentaire. On le désigne dans nos campagnes sous le nom de *Chat-huant*.

Le *Hibou brachyote*, ou à *huppes courtes*, habite le nord de l'Europe, et le quitte à l'automne, pour venir hiverner dans des régions plus chaudes ; il passe régulièrement en France en octobre et en novembre. Ses aigrettes sont très-petites et placées au milieu du front. Il se tient moins volontiers que le hibou commun près des lieux habités ; il préfère les carrières, les ruines situées dans les endroits boisés et montagneux. Cependant on le trouve quelquefois dans les buissons, à proximité des marais et des rivières, où il saisit des grenouilles et même des poissons. Dans le Nord, surtout en Islande, il ne niche pas au-dessus du sol, mais dans la terre même ; il occupe, en effet, les terriers creusés par les lièvres et les lapins, et s'y blottit dès qu'on l'inquiète. Nous verrons plus loin que cette singularité lui est commune avec une chouette de l'Amérique.

L'*Éphialte aux joues blanches* a la face, le bas-ventre et les tarses blancs ; sa taille est de dix pouces ; il habite le Sénégal.

Enfin le *Kétupu* habite les îles de l'Archipel indien. Il fréquente souvent le bord des rivières : aussi se nourrit-il en grande partie de crabes et de poissons. Le nom qu'il porte est celui que lui ont donné les indigènes.

Le *Petit-Duc* (*Scops*) (fig. 391) est reconnaissable à sa petite taille, qui ne dépasse pas celle du merle, et à ses aigrettes tout à fait rudimentaires, et formées d'une seule plume. Son plumage, agréablement nuancé de roux, de gris et de noir, est plus joli que celui des espèces précédentes.

Plus sociables que les grands-ducs, les petits-ducs se réunissent en troupes en automne et au printemps pour passer dans d'autres climats ; ils partent après les hirondelles et arrivent à peu près en même temps. Les petits-ducs rendent de grands services à l'agriculture en détruisant les mulots. « On a vu, dit Buffon, dans les temps de cette espèce de fléau, les petits-ducs arriver en troupes et faire si bonne guerre aux mulots, qu'en peu de jours ils en purgèrent la terre. »

Un historien anglais, Dâle, rapporte un autre exemple de l'utilité des Scops. En 1580, il s'abattit une telle quantité de souris dans les plaines voisines de Southminster, que toutes les plantes furent rongées, jusqu'à la racine. Arrivèrent alors un grand nombre de petits-ducs, qui détruisirent toutes ces souris.

Quand il est pressé par le besoin, le scops ne dédaigne pas les poissons. On le voit alors raser la surface des eaux, et saisir, avec une dextérité remarquable, tous ceux qui se trouvent à sa portée. Il fait aussi sa proie des chauves-souris et des gros insectes.

Il est assez difficile de tuer ou prendre les scops, bien qu'ils voyagent par nombreuses compagnies ; car ils ne se mettent en route que le soir, un peu avant la nuit close, et s'abattent dans les bois pendant le jour. S'ils rencontrent quelque région favorable à leur subsistance, telle qu'une plaine entrecoupée de marais et de petits bois, ils s'y fixent pour deux ou trois jours. Le soir, lorsqu'ils sont perchés, ils ont la singulière habitude d'accompagner les personnes qu'ils voient passer. Tantôt ils les précèdent en sautant d'un arbre à l'autre et poussant de petits cris plaintifs, tantôt ils voltigent autour d'elles, au point de les effleurer.

Le scops est très-familier et s'apprivoise aisément; aussi est-il très-recherché en Savoie, pour la chasse à la pipée. Il connaît parfaitement la voix de celui qui le nourrit, et quoique libre, n'aban-

Fig. 391. Scops d'Europe.

donne pas la maison de son maître. Mais, à l'époque des migrations, on tenterait en vain de le retenir; soins et caresses sont inutiles. Si l'on ne prend la précaution de l'enfermer, il va rejoindre ses frères, pour passer probablement en Afrique et en Asie.

Il en existe une variété, le *Scops asio*, qu'on trouve dans l'Amérique septentrionale, sur les bords de l'Ohio et du Mississipi. Il est très-doux et se laisse caresser, lorsqu'il est pris, sans chercher à mordre ni à griffer. Audubon raconte qu'il en emporta un de New-York à Philadelphie; il le tint dans sa poche pendant tout le voyage; il l'habitua à manger dans sa main, et l'oiseau ne tenta pas de s'échapper.

On connaît différentes autres espèces de scops répandues sur les deux continents. La plus intéressante des espèces exotiques est le *Choliba*, que les habitants du Brésil et du Paraguay élèvent dans leurs demeures, pour chasser les rats et les souris.

Famille des Chouettes. — Les chouettes se distinguent des hiboux par l'absence d'aigrettes sur la tête. Elles comprennent quatre genres : les *Chevêches*, les *Chouettes proprement dites* ou *Chats-huants*, les *Effraies*, et les *Chouettes épervières*.

Les *Chevêches* sont toutes de petite taille ; elles ont le disque facial incomplet, les tarses allongés, les doigts nus ou légèrement velus, la queue courte et carrée. On en compte un grand nombre d'espèces, parmi lesquelles nous n'examinerons que les principales.

La *Chevêche commune* est fort répandue en France et dans toute l'Europe, sa taille égale celle du merle. Elle habite les vieilles masures et les carrières, mais jamais le creux des arbres ; aussi s'installe-t-elle rarement dans les bois. Elle est beaucoup moins nocturne que ses congénères : on la voit souvent poursuivre les petits oiseaux en plein jour, avec peu de succès, il est vrai. Sa nourriture habituelle consiste en souris et en mulots, qu'elle prend soin de dépecer avant de les manger, car elle ne peut les avaler tout entiers. Elle plume aussi très bien les oiseaux qu'elle saisit. En hiver, par les temps de neige, elle vient dévorer les immondices déposées dans les cours des fermes. Comme le scops, elle aime à accompagner, en criant, les personnes qui passent près d'elle, surtout à l'aube naissante. Elle pousse, en volant, un cri : *poupou, poupou!* qu'elle remplace, lorsqu'elle se pose, par des sons présentant la plus grande analogie avec la voix d'un jeune homme qui dirait : *aime, heme, esme!* Buffon raconte à ce sujet une anecdote assez curieuse :

« Étant couché, dit-il, dans une vieille tour du château de Montbard, une chevêche vint se poser un peu avant le jour, à trois heures du matin, sur la tablette de la fenêtre de ma chambre, et m'éveilla par son cri *heme, edme*. Comme je prêtais l'oreille à cette voix, qui me parut d'autant plus singulière qu'elle était tout près de moi, j'entendis un de mes gens, qui était couché dans la chambre au-dessus de la mienne, ouvrir sa fenêtre et, trompé par la ressemblance du son bien articulé *edme*, répondre à l'oiseau : « Qui es-tu là-bas ? Je ne m'appelle pas Edme, je m'appelle Pierre. » Ce domestique croyait, en effet, que c'était un homme qui en appelait un autre, tant la voix de la chevêche ressemble à la voix humaine et articule distinctement ce mot.

Les oiseleurs du Tessin emploient la chevêche pour la chasse à la pipée. Prise très jeune, elle s'apprivoise facilement, et se montre sensible aux caresses. M. Bailly en possédait une qui témoignait beaucoup de plaisir lorsqu'on lui frottait le sternum, le dos ou la tête. Elle restait alors dans la plus grande immobilité, tantôt sur le ventre, tantôt sur le dos, laissant voir ainsi le plaisir qu'elle ressentait.

Dans l'Italie septentrionale, on l'élève en domesticité; elle se nourrit de souris et mange même des fruits ou de la *polenta*. M. Gérard rapporte qu'il a élevé une chevêche dont la familiarité était si grande, qu'elle se laissait volontiers caresser à tout instant de la journée, sans être offusquée par les rayons du soleil. Elle détruisait beaucoup d'insectes, mangeait de tout ce qu'on lui présentait, mais montrait surtout un goût très vif pour la viande crue, à tel point qu'elle restait quelquefois suspendue à un morceau d'intestin pendant plus de dix minutes, sans lâcher prise. Elle était dans les meilleurs termes avec le chat de la maison; on les trouvait souvent couchés l'un près de l'autre, dans le même panier. Le chien n'avait pas su gagner son affection; et elle haïssait cordialement un corbeau, qui vivait dans la maison au même titre qu'elle. Elle manifestait, d'ailleurs, beaucoup d'irritation à la vue des autres oiseaux, même de ceux qui étaient empaillés; elle s'emparait souvent de ceux-ci, pour aller, dans un coin, les plumer à son aise. Elle aimait aussi à s'étendre dans la poussière.

La *Chevêche Passerine*, ou *Chevêchette*, n'est pas plus grosse que le moineau. Elle habite le nord des deux continents, et s'aventure quelquefois jusque dans l'Allemagne septentrionale. Son plumage, cendré au-dessus, est d'un blanc éclatant, marqué de taches noires, sous le ventre. Elle porte un collier blanc sur le devant du cou.

La *Chevêche cabure* se trouve dans l'Amérique méridionale; sa taille ne dépasse pas celle de la grive. Cet oiseau si petit a cependant des instincts sanguinaires très développés; il se glisse sous l'aile des gros oiseaux de basse-cour, et les met à mort en leur déchirant le côté.

Buffon rattache à cette espèce une variété qui habite le cap de Bonne-Espérance. Cette dernière est douée d'un plumage magnifique, en partie rouge et noir, mêlé de gris. Les colons du Cap l'apprivoisent, et s'en servent avec avantage pour purger leurs maisons des souris.

L'*Urucuru*, ou *Chevêche à terrier*, tire le dernier de ces deux noms de son mode de nidification. Le premier nom est une onomatopée de son cri nocturne. A peu près de la grosseur du pigeon, elle se tient dans les immenses plaines, ou *pampas*, de l'Amérique du Sud, et dans les dunes qui bordent les deux Océans. Comme le *Hibou brachyote*, l'urucuru niche dans les terriers; mais il ne les creuse pas lui-même; il s'installe tout simplement dans ceux des renards, tatous, etc., après avoir chassé ces animaux, par son insupportable odeur. Ce moyen de conquête du territoire, pour être pacifique, n'en est pas moins singulier.

L'urucuru ne se borne pas à sortir le soir et le matin; il aime la lumière du jour, et cherche volontiers sa nourriture en plein midi. Fait curieux, il vit en association avec des êtres auxquels ne le rattache aucun lien naturel, tels que les *Viscaches*, sorte de lapins particuliers au nouveau-monde. Un voyageur anglais, le capitaine Francis Head, qui traversa un jour une troupe de ces animaux, vivant de compagnie, dépeint ainsi leur attitude :

« Vers le soir, les viscaches se tiennent hors de leurs terriers avec un air sérieux, comme des philosophes ou des moralistes, graves et réfléchis. Pendant la journée, les trous des gîtes souterrains sont gardés par deux des hibous, qui ne quittent jamais leur poste. Pendant que les voyageurs galopaient dans la plaine, les hibous continuèrent leur faction, les regardant en plein visage, et hochant, l'un après l'autre, leurs têtes vénérables, d'une manière presque ridicule, à force d'être solennelle. Lorsque les cavaliers passèrent tout près d'elles, les deux sentinelles perdirent beaucoup de leur air de dignité, et se précipitèrent dans les trous des viscaches. »

L'urucuru se nourrit de rats, de reptiles et d'insectes. Il est doux et s'apprivoise facilement; aussi l'élève-t-on pour chasser les souris et les rats.

Les oiseaux qui sont compris dans le genre *Chouette* proprement dit, ou *Chat-huant*, ont le disque facial complet, les tarses courts et emplumés jusqu'aux ongles. Leur taille atteint, et dépasse même, celle du moyen-duc.

La première espèce de ce groupe est le *Chat-huant hulotte*, ou simplement hulotte, vulgairement appelée Chouette des bois. Son nom de hulotte lui vient de son cri, hou, ou ou! qui ressemble assez au hurlement du loup, ce qui l'avait fait appeler par les Romains ulula, de ululare, hurler.

La hulotte a la tête grosse, et sa taille est d'environ quarante centimètres. Elle habite les bois pendant l'été, et se tient dans les buissons les plus touffus ou dans de vieux troncs d'arbres. Elle demeure cachée tout le jour, ne sortant que le matin et le soir, pour chasser les petits oiseaux et les mulots. L'hiver, elle se rapproche des habitations, et s'aventure jusque dans les granges pour y prendre les souris et les rats; mais elle rentre au gîte dès que le jour commence à poindre.

Au commencement de l'automne, l'éducation de ses petits étant terminée, elle s'établit dans les lieux humides, parce qu'elle y peut saisir nombre de grenouilles et de reptiles, dont elle est très-gourmande. C'est alors que les chasseurs de bécasses la font souvent lever en plein jour.

Comme beaucoup d'individus de sa famille, la hulotte aime à pondre dans les nids étrangers, tels que ceux des corbeaux, pies, buses. Les petits sont très-voraces; lorsqu'ils ne sont pas assez forts pour se tenir sur leurs pattes, ils s'appuient sur le bas-ventre, et, tenant leur proie dans leurs serres, ils la déchirent avec le bec; devenus plus vigoureux, ils s'appuient sur une seule jambe et se servent de l'autre pour porter leur nourriture à leur bec.

D'un caractère très-doux, la Hulotte s'apprivoise facilement; elle connaît parfaitement son maître et lui réclame sa nourriture en poussant de petits cris. On la trouve dans toute l'Europe, même dans les régions les plus septentrionales.

La Chouette nébuleuse (fig. 392, page 656), ou Chouette du Canada, est commune dans l'Amérique septentrionale, et surtout à la Louisiane; ce n'est qu'accidentellement qu'elle apparaît dans le nord de l'Europe, en Suède et en Norwége. Son plumage est d'un gris brun, qui lui a valu son nom. Elle se nourrit de lièvres, de lapins, de petits rongeurs, de reptiles et d'oiseaux; elle mesure environ cinquante centimètres. Audubon a eu souvent l'occasion de l'examiner:

« Son cri, dit-il, est un waah, waahha, qu'on est tenté de comparer au rire affecté d'un fashionable. Combien de fois, dans mes excursions lointaines, étant campé sous les arbres, et me disposant à faire rôtir une tranche de venaison ou un écureuil au moyen d'une broche de bois, n'ai-je pas été salué du rire de ce perturbateur nocturne ! Il s'arrêtait à quelques pas de moi, exposant tout son corps à la lueur de mon feu et me regardant d'une si bizarre manière, que si je n'avais pas craint de passer pour fou à mes propres yeux, je l'aurais invité poliment à venir partager mon souper. Il habite constamment la Louisiane; on le rencontre dans tous les bois isolés, même en plein jour et aux approches de la nuit. S'il y a apparence de pluie, il se met à rire plus fort que jamais; son waah, waahha pénètre dans les retraites les plus reculées, et ses camarades lui répondent avec des tons étranges et discordants; on serait tenté de croire que la nation des hiboux célèbre une fête extraordinaire. »

Audubon ajoute que lorsqu'on approche d'un de ces oiseaux, il vous examine en prenant les attitudes les plus grotesques;

Fig. 392. Chouette nébuleuse.

Si l'on tire sur lui et qu'on le manque, il s'enfuit, s'arrête à quelque distance et pousse son cri moqueur.

Les oiseaux que comprend le genre *Effraie*, ont le bec long, droit à la base, crochu à la pointe, le disque facial extraordinairement développé, les ailes pointues.

L'*Effraie commune*, appelée aussi *Effraie flambée*, se trouve dans toute l'Europe; en France elle est sédentaire. Son plumage, agréablement varié de jaune, de blanc, de gris et de brun, est plus joli que celui de tous les autres nocturnes. Tandis que les œufs de ces derniers sont de forme sphérique, ceux de l'effraie sont elliptiques. Elle les dépose au nombre de cinq, quelquefois de six ou sept, dans des trous de murs ou dans des creux de rochers et de vieux arbres, qu'elle ne prend pas la peine de tapisser d'herbes ou de feuilles. Il est rare qu'elle s'empare des nids des autres oiseaux; cependant elle chasse parfois les martinets de leurs retraites, et s'installe au lieu et place des propriétaires, après les avoir dévorés.

Fig. 393. Effraie commune.

Cet oiseau inspire un grand effroi dans les campagnes. Les enfants, les femmes, et même les hommes simples qui croient aux revenants ou aux sorciers, regardent l'effraie comme un oiseau funèbre, comme un messager de mort. Ces préventions sont fort injustes : aucun oiseau n'est plus utile à l'homme que ce nocturne. Il détruit une quantité prodigieuse de rongeurs nuisibles à l'agriculture; à ce titre, il devrait être protégé de tous. L'effraie, lorsqu'elle a des petits, extermine les rats et les souris sans trêve ni merci. Tous les quarts d'heure environ, elle porte à son nid un de ces rongeurs; et chacune des boulettes rejetées de son estomac se compose de six à sept squelettes de souris. Dans l'espace de seize mois, le docteur Franklin a recueilli tout un boisseau de ces boulettes, provenant d'un couple de chouettes.

Les fermiers se trompent lorsqu'ils accusent l'effraie de détruire les œufs de leurs pigeons : les vrais coupables sont les rats. Lorsqu'une effraie s'introduit dans un colombier, il faut donc la protéger et la bien accueillir, car elle n'y vient que pour se reposer, et elle détruit, pendant son séjour, quantité de rats, le véritable fléau du pigeonnier.

Lorsque les proies terrestres lui font défaut, l'effraie a recours à la pêche. On la voit alors plonger perpendiculairement dans l'eau et en sortir étreignant un poisson, qu'elle va dévorer dans son nid.

Les Chinois et les Tartares honorent l'effraie d'un culte tout particulier, en mémoire d'un fait qui mérite d'être rapporté. Gengis-khan, fondateur de leur empire, mis en déroute par ses ennemis, fut un jour contraint de se réfugier dans un bois, et il n'échappa aux vainqueurs que parce qu'une chouette vint se poser sur le buisson qui l'abritait. Ceux qui le poursuivaient négligèrent, en effet, de fouiller le taillis où il était caché; car il leur parut impossible que le même buisson recélât à la fois un homme et une chouette : Gengis-khan fut donc sauvé, grâce à l'intervention de l'oiseau. En souvenir de cet événement, les Chinois portèrent dès lors sur leur tête une plume d'effraie.

Certaines tribus de Kalmouks ont une idole de la forme d'une chouette.

L'effraie s'apprivoise à la longue, pourvu toutefois qu'on ne la renferme pas. Il lui faut de l'air et de l'espace, pour s'ébattre à son aise. Dans ces conditions, elle devient un auxiliaire utile pour les agriculteurs, et remplace plusieurs chats avec avantage. Mais si on la retient en cage, elle refuse toute nourriture, et périt au bout de quelques jours.

L'effraie est répandue dans toute l'Europe, en Asie et dans le nord de l'Amérique. Il en existe deux variétés : l'une à Java, l'*Effraie calong*, l'autre au Mexique et aux Antilles. Ces deux espèces, peu différentes de l'effraie commune, ont d'ailleurs les mêmes habitudes.

On donne le nom de *Chouettes épervières* à un genre de rapaces qui sert de transition entre les rapaces nocturnes et les rapaces diurnes. En effet, quoique par leur forme générale et leur conformation physique elles appartiennent évidemment aux premiers, elles se rattachent aux seconds par leurs habitudes et leur manière de chasser, qui se rapproche de celle de l'épervier: de là leur nom de *Chouettes épervières*. Elles se reconnaissent aisément à leur queue longue et étagée, et à leurs libres allures. Elles forment un groupe bien caractérisé, présentant peu de diversité dans les espèces, qui sont au nombre de quatre :

la *Chouette caparacoch*, la *Chouette harfang*, la *Chouette ourale* et la *Chouette lapone*.

La *Chouette caparacoch*, appelée par Buffon *Grande chevêche du Canada*, mesure environ trente-huit centimètres. En été, elle se nourrit de petits rougeurs et d'insectes ; en hiver, de gelinottes blanches, qu'elle accompagne, au commencement du printemps, dans leurs migrations du Sud vers le Nord. Elle se jette quelquefois sur le gibier abattu par les chasseurs, et s'en empare, si l'on n'y met ordre. Elle habite les régions arctiques, surtout celles de l'Amérique, pénètre jusqu'en Allemagne, mais paraît très-rarement en France.

La *Chouette harfang*, improprement appelée par certains naturalistes, *Roi des hiboux*, atteint cinquante-cinq centimètres de hauteur, c'est-à-dire presque la taille du grand-duc. Si l'on excepte la *Chouette lapone*, ou *cendrée*, qui mesure plus de soixante centimètres, c'est la plus grande des chouettes. Son plumage tout entier est d'une blancheur éclatante, sauf quelques points noirs sur la tête.

Cette couleur est, du reste, parfaitement appropriée à la nature du milieu dans lequel doit vivre le harfang. Cet oiseau habite les solitudes les plus désolées du nord de l'Amérique : Terre-Neuve, la baie d'Hudson, le Groënland. Il se montre aussi en Islande et dans les îles voisines, mais ne s'aventure qu'accidentellement en Angleterre, et surtout en France. Grâce à sa couleur, qui s'harmonise avec tout ce qui l'entoure, il peut parcourir, sans être aperçu, ces immenses déserts de neige, et s'emparer facilement de sa proie, qui consiste en gelinottes, colins, lagopèdes, coqs de bruyère, lièvres et lapins. Grâce à l'épais duvet et à la plume qui l'enveloppe de toutes parts, il peut braver les rigueurs d'une température qui serait mortelle pour des êtres moins bien protégés que lui.

Cependant il ne trouve pas toujours une nourriture suffisante, et il est souvent exposé à périr de faim. Le fait est attesté par le capitaine Parry, qui eut plusieurs fois l'occasion de le constater, dans son voyage d'exploration au pôle arctique. D'ailleurs, ces oiseaux se précipitent sur le gibier du chasseur avec une telle audace et une telle avidité, qu'on ne saurait conserver le moindre doute à cet égard : des affamés seuls peuvent avoir un tel mépris des balles.

La *Chouette lapone* et la *Chouette ourale* ont les mêmes habitudes que le *Harfang*; seulement leur distribution géographique est moins étendue : comme l'indiquent leurs noms, elles sont plus particulières à certaines contrées. Elles n'ont pas non plus la blancheur éblouissante de la chouette harfang, et c'est par là surtout qu'elles s'en distinguent.

On peut rattacher au même genre deux espèces exotiques découvertes par Levaillant. Ce sont le *Choucou*, qui habite l'Afrique et qui se rapproche beaucoup de la chouette caparacoch, quoique moins diurne qu'elle ; et la *Chouette huhul*, originaire de la Guyane, où elle chasse en plein jour.

RAPACES DIURNES.

Tout ce que nous avons dit, en commençant l'étude de cet ordre d'Oiseaux, des caractères généraux qui distinguent les Rapaces, s'applique surtout aux rapaces diurnes. Nous ne répéterons pas ce qui a été dit plus haut; seulement nous ajouterons quelques mots pour caractériser les rapaces diurnes.

Les rapaces diurnes ont les yeux placés sur les côtés de la tête, et les doigts complétement nus. On en trouve de toutes les dimensions, depuis le faucon-moineau, qui n'a guère que trente centimètres d'envergure, jusqu'au condor, dont les ailes étendues présentent un développement de quatre à cinq mètres. Ils déposent leurs œufs, généralement de forme ovée, dans des nids appelés *aires*.

Les Rapaces diurnes se divisent en trois familles : les *Falconidés*, les *Vulturidés* et les *Serpentaridés*.

Famille des Falconidés. — Les Falconidés ont le bec très-fort, relativement court, et généralement courbé dès la base, à bords dentelés ou festonnés, la tête et le cou couverts de plumes, les serres très-puissantes et pourvues d'ongles rétractiles, l'arcade sourcilière très-saillante. Ce sont les oiseaux de proie par excellence. Ils se nourrissent, pour la plupart, d'animaux vivants ; il en est cependant quelques-uns qui, faute d'autres aliments, vivent de chair putréfiée. Leur vol est très-rapide, presque tous s'élèvent à de grandes hauteurs. On les voit rarement à terre; ils y apparaissent un instant, pour saisir leur proie, et retournent immédiatement à leur aire. Ils pondent, en moyenne, de trois à quatre œufs. Leur plumage varie beaucoup pendant les premières années; à tel point que le jeune et l'adulte ont été pris souvent pour des espèces distinctes; ce qui n'a pas peu contribué à jeter de la confusion dans la science ornithologique.

Cette famille est très-nombreuse ; elle ne comprend pas moins de neuf genres : les genres *Aigle*, *Pygargue*, *Spizaëte*, *Faucon*, *Autour*, *Milan*, *Buse*, *Busard* et *Caracara*.

Le genre *Aigle* est caractérisé de la manière suivante : bec festonné, mais non denté, présentant une partie droite à la base; narines elliptiques et transversales; tarses courts et emplumés jusqu'aux doigts; ailes allongées; queue arrondie.

Buffon a tracé de l'aigle un portrait qui n'est pas un modèle d'exactitude :

« L'aigle, dit-il, a plusieurs convenances physiques et morales avec le lion : la force, et par conséquent l'empire sur les autres oiseaux, comme le lion sur les quadrupèdes; la magnanimité : il dédaigne également les petits animaux et méprise leurs insultes; ce n'est qu'après avoir été longtemps provoqué par les cris importuns de la corneille ou de la pie que l'aigle se détermine à les punir de mort; d'ailleurs il ne veut d'autre bien que celui qu'il conquiert, d'autre proie que celle qu'il prend lui-même; la tempérance : il ne mange presque jamais son gibier en entier, et il laisse, comme le lion, les débris et les restes aux autres animaux. Quelque affamé qu'il soit, il ne se jette jamais sur les cadavres. Il est encore solitaire comme le lion, habitant d'un désert dont il défend l'entrée et l'usage de la chasse à tous les autres oiseaux; car il est peut-être plus rare de voir deux paires d'aigles dans la même portion de montagne que deux familles de lions dans la même partie de forêt : ils se tiennent assez loin les uns des autres, pour que l'espace qu'ils se sont départi leur fournisse une ample subsistance; ils ne comptent la valeur et l'étendue de leur royaume que par le produit de la chasse. L'aigle a de plus les yeux étincelants et à peu près de la même couleur que ceux du lion, les ongles de la même forme, l'haleine tout aussi forte, le cri également effrayant. Nés tous deux pour le combat et la proie, ils sont également ennemis de toute société, également féroces, également fiers et difficiles à réduire. »

Buffon a beaucoup surfait la réputation de l'aigle : il est bon de la réduire à de plus justes proportions. Reconnaissons, avec notre immortel naturaliste, que l'aigle est doué d'une vigueur peu commune; quant à sa magnanimité, il est permis de la mettre en doute. En effet, l'aigle attaque toujours des animaux incapables de lui résister; s'il dédaigne les petits oiseaux, c'est parce qu'ils lui échappent facilement, et que d'ailleurs il retirerait peu de profit de leur capture. Quant à sa tempérance, il est facile de prouver qu'elle n'a jamais existé que dans l'imagination de Buffon. L'aigle est, au contraire, d'une voracité extrême; il n'abandonne sa proie que lorsqu'il est parfaitement repu, et qu'il ne peut la transporter dans son aire. Loin de mépriser les cadavres, il en fait volontiers sa pâture, sans y être poussé par le besoin; et s'il rencontre quelque carcasse, il se gorge tellement de nourriture, qu'il tombe dans un état voisin de l'engourdissement, et se laisse tuer à coups de bâton. Son honnêteté n'est pas mieux établie: nous verrons, en effet, l'*Aigle pêcheur* poursuivre les oiseaux plus faibles que lui, et leur ravir, au mépris de toute justice, le butin qu'ils ont laborieusement conquis.

L'aigle a été proclamé, par une métaphore de rhétorique, le roi des oiseaux. Si la force et l'abus qu'on en peut faire, caractérisent la royauté, l'aigle a des droits incontestables à ce titre; mais si l'on y attache des idées de courage et de noblesse, ce n'est pas sur la tête de l'aigle qu'il convient de poser la couronne.

Les peuples anciens avaient été mieux inspirés en faisant de l'aigle le symbole de la victoire. Les Assyriens, les Perses, les Romains, plaçaient un aigle, les ailes éployées, au-dessus de leurs étendards; et de nos jours encore, nous voyons cet oiseau remplir le même rôle emblématique et figurer dans le blason de diverses nations d'Europe. Il en est même, comme l'Autriche, qui, au lieu d'un aigle, employé comme arme parlante, en prennent deux.

C'est parce que l'aigle s'élève à des hauteurs considérables que les anciens en avaient fait l'oiseau de Jupiter, et le considéraient comme le messager des dieux. Lorsque, après la retraite d'Hébé, Jupiter descendit sur la terre, pour chercher un autre échanson, il se transforma en aigle, et c'est sous cette figure qu'il enleva Ganymède.

Mais laissons la mythologie et les symboles, pour arriver à l'histoire réelle de ce grand oiseau ravisseur.

Le sens de la vue est développé au plus haut point chez cet oiseau. Contemplez cet aigle qui plane majestueusement dans les airs, au-dessus des nuages et de tous les êtres vivants. Par un imperceptible mouvement des ailes, il se maintient, sans fatigue, à cette prodigieuse hauteur, et promène son regard sur la fourmilière terrestre, située à deux mille mètres au-dessous de lui. Tout à coup, il aperçoit une gelinotte dans la bruyère ; repliant ses ailes, il descend en quelques secondes jusqu'à une faible distance du sol ; puis, il s'abat, les jambes tendues, et saisit sa victime, qu'il emporte sur la montagne voisine.

La force considérable des muscles qui mettent en action l'aile de ce rapace (fig. 394), explique la puissance et la longue durée de son vol.

Fig. 394. Aile de l'Aigle.

L'aigle est doué d'une force musculaire énorme ; aussi peut-il lutter contre les plus furieux ouragans. Le naturaliste Ramond, qu'on a nommé le *peintre des Pyrénées*, raconte qu'ayant atteint le sommet du mont Perdu, le pic le plus élevé de ces montagnes, il vit un aigle qui passa au-dessus de lui avec une rapidité surprenante, bien qu'il volât contre un vent impétueux soufflant du sud-ouest.

Si au poids du corps de l'aigle on ajoute celui de la proie qu'il tient dans ses serres, si l'on considère que cette proie est souvent enlevée par lui à des distances considérables, et que quelquefois l'aigle franchit ainsi toute la chaîne des Alpes, qui sépare deux royaumes ; si l'on réfléchit enfin que cette proie est ordinairement un jeune chamois ou un mouton, on se fera une idée de sa force générale et de sa vigueur musculaire.

La taille de l'aigle varie suivant les espèces, mais elle atteint toujours des proportions imposantes. La femelle de l'*Aigle royal*, mesure 1 mètre 15 centimètres, depuis le bout du bec jusqu'à l'extrémité des pieds, et elle a près de 3 mètres d'envergure. Cette envergure n'est que de 2 mètres chez l'*Aigle impérial*, et de 1 mètre 60 centimètres chez l'*Aigle criard*.

On a dit que l'aigle peut parcourir 20 mètres par seconde, ce qui donnerait une vitesse de 18 lieues à l'heure; mais Naumann dément positivement cette assertion, et affirme que l'aigle est incapable d'atteindre un pigeon fuyant à tire-d'ailes. Il est certain toutefois que le vol de cet oiseau est fort rapide. On a vu un aigle, traquant un lièvre dans un champ, l'enfermer dans un cercle tellement infranchissable, que la victime ne pouvait fuir d'aucun côté, sans être immédiatement devancée par son ennemi.

L'aigle bâtit son nid dans les anfractuosités des rochers les moins accessibles, sur le bord des précipices, afin de mettre ses petits à l'abri des coups de main. Ce nid n'est, pour ainsi dire, qu'un plancher, composé de bûchettes, placées sans art à côté les unes des autres, et reliées entre elles par des branches souples, tapissées de feuillages, de joncs et de bruyères. Ce plancher est pourtant assez solidement construit, pour résister pendant de nombreuses années, aux injures du temps, et pour supporter, non-seulement le poids de quatre ou cinq oiseaux pesant ensemble 30 ou 40 kilogrammes, mais encore des provisions, qui sont accumulées, presque toujours, avec une abondance extrême.

Certains nids d'aigles ont jusqu'à cinq pieds carrés de surface. Les œufs déposés dans cette aire sont ordinairement au nombre de deux ou trois, rarement de quatre. Leur incubation dure trente jours.

Les aiglons sont très-voraces; aussi les parents font-ils, pour les satisfaire, une chasse des plus actives. Toutefois, lorsqu'il y a disette au gîte, les petits n'en souffrent pas; car ils ont reçu de la nature le don de supporter très-facilement une abstinence de plusieurs jours. Cette faculté leur est, d'ailleurs, commune avec les adultes, et, en général, avec tous les oiseaux de proie. Buffon cite un aigle qui, pris dans un traquenard, passa cinq semaines sans rien manger, et ne parut affaibli que vers les huit derniers jours. Un auteur anglais dit qu'on oublia pendant vingt

Fig. 395. Aigle royal.

et un jours de nourrir un aigle privé, et que cet oiseau ne sembla pas avoir souffert d'un jeûne aussi long.

Lorsqu'ils sont assez grands pour pourvoir à leurs besoins, les aiglons sont chassés impitoyablement du logis paternel, et vont s'établir dans un autre canton.

L'aigle est doué, avons-nous dit, d'une grande vigueur musculaire; aussi enlève-t-il aisément les oiseaux de grosse taille, tels que les oies, les dindes, les grues, etc., comme aussi les lièvres, les chevreaux et les agneaux. Dans les montagnes où abonde le chamois, il fait la chasse à cet animal, et emploie différentes ruses pour le faire tomber en son pouvoir; car il n'ose pas toujours l'attaquer de front, et le chamois sait le tenir en respect avec ses cornes, lorsqu'il est bien abrité par derrière.

L'aigle tue quelquefois sa proie d'un seul coup d'aile, sans l'étreindre ni des serres ni du bec; il n'est donc pas étonnant que la puissance musculaire de ses ailes lui permette d'enlever de jeunes enfants, et de les emporter à une certaine distance.

On a longtemps refusé d'ajouter foi à la réalité de ces faits; mais les témoignages de personnes dignes de toute confiance, ne permettent aujourd'hui d'élever aucun doute à cet égard. Nous en citerons plusieurs exemples.

Dans le canton de Vaud, deux petites filles âgées, l'une de trois ans, l'autre de cinq ans, s'amusaient ensemble dans une prairie. Survint un aigle, qui fondit sur l'aînée et l'enleva. Les plus actives recherches ne purent faire découvrir qu'un soulier et un bas de l'enfant. Ce ne fut que deux mois après, qu'un berger retrouva, horriblement mutilé, le cadavre de la victime, gisant sur un rocher, à une demi-lieue au moins de la prairie où avait eu lieu le rapt.

Dans l'île de Skye, en Écosse, une femme avait laissé son enfant dans un champ. Un aigle emporta le petit garçon dans ses serres, et traversant un lac assez étendu, alla le déposer sur un rocher. Fort heureusement, le ravisseur fut aperçu par des bergers, qui arrivèrent à temps pour délivrer l'enfant et le ramener sain et sauf.

En Suède, un autre enfant fut enlevé dans les mêmes circonstances. La mère, qui se trouvait à quelque distance, entendit pendant longtemps les cris du pauvre petit; et il lui était impossible de lui porter secours! Bientôt l'enfant disparut : la mère devint folle de douleur.

Dans le canton de Genève, un garçon de dix ans, qui dénichait des aiglons, fut saisi par l'un des aigles, et porté à six cents

Fig. 396. Enlèvement d'un enfant par un Aigle royal.

mètres du lieu où il était primitivement. Il fut délivré par ses compagnons, sans avoir subi d'autre mal qu'une forte meurtrissure, due aux serres de l'oiseau.

Dans les îles Feroë, un aigle enleva un enfant, qui se trouvait momentanément séparé de sa mère, et le porta dans son aire, située sur la pointe d'un rocher à pic. L'amour maternel donna des forces à la malheureuse femme pour atteindre le nid ; mais elle y trouva son enfant mort.

En Amérique, près de New-York, un jeune garçon de sept ans fut assailli par un aigle, dont il évita le premier choc. L'aigle ayant recommencé ses attaques, l'enfant l'attendit bravement, et lui porta, sous l'aile gauche, un vigoureux coup de faucille, qui l'abattit. Quand on ouvrit l'estomac de cet oiseau, on le trouva vide. L'aigle était donc affamé, et par conséquent affaibli : c'est ce qui explique et son audace persistante et la facilité avec laquelle l'enfant en eut raison.

Nous devons ajouter pourtant que les rapts d'enfants par les aigles sont assez rares. L'aigle fuit ordinairement le voisinage de l'homme, contre lequel il ne peut lutter. Il attaque surtout les agneaux nouveaux-nés, et les enlève fréquemment, malgré les cris des bergers et des chiens. Il attaque quelquefois les faons et les jeunes veaux; mais il ne les emporte pas, il s'en repaît sur le lieu même, et se contente d'en emporter des lambeaux dans son aire.

Quelques hommes, courageux et ingénieux tout à la fois, savent mettre à profit, pour se nourrir à peu de frais, l'habitude qu'ont les aigles d'entasser de grandes provisions dans leur nid pour la nourriture de leurs petits. Un paysan irlandais vécut, pendant toute une saison, lui et toute sa famille, en dérobant à des aiglons l'abondante nourriture que leur apportaient le père et la mère. Pour jouir plus longtemps de ce singulier moyen d'existence, il retarda l'instant où les petits devaient être renvoyés, en leur coupant les ailes, pour les mettre dans l'impossibilité de voler. Il avait même le soin de les attacher dans le but de les faire crier et d'exciter ainsi la commisération de leurs parents.

Les aigles sont très-défiants ; aussi est-il difficile de les approcher et de s'en emparer ou de les tuer. Les montagnards des Pyrénées ont beaucoup à souffrir des ravages qu'ils exercent sur leurs troupeaux ; c'est pour cela qu'ils bravent tous les dangers pour dénicher les aiglons.

« Cette chasse, dit M. Gérard, se fait à deux : l'un des dénicheurs est armé d'une carabine à double canon ; l'autre, d'une espèce de pique de fer longue d'environ soixante centimètres. Au premières lueurs du jour, les chasseurs arrivent sur la cime de la montagne où l'aigle a établi son aire, et pendant qu'il est allé chercher la nourriture pour ses petits. Le premier se place sur le sommet du roc, et, la carabine à la main, attend l'arrivée de l'aigle pour l'attaquer ; l'autre descend au fond de l'aire, soit d'anfractuosité en anfractuosité, soit au moyen de cordes. Il s'empare d'une main hardie des aiglons, trop faibles encore pour opposer une longue résistance ; l'aigle, entendant les cris de ses petits, accourt avec furie et se précipite sur l'intrépide montagnard qui le frappe de sa pique, tandis que son camarade tire sur l'oiseau, qui tombe percé de coups. »

L'aigle se laisse également prendre au piége, mais si l'instrument n'est pas bien fixé en terre, le rapace parvient quelquefois à le déchausser et à l'emporter. Meisner raconte qu'un aigle, s'étant pris le pied dans un piége à renard, se débattit tellement qu'il arracha le traquenard, et l'emporta après lui, de l'autre côté de la montagne, bien que l'instrument pesât quatre kilogrammes.

Les Écossais emploient, pour capturer l'aigle, une méthode fondée sur la voracité de cet oiseau. Dans un étroit espace, limité par quatre murs assez hauts, ils jettent des quartiers de viande crue. L'aigle s'abat et mange cette viande. Lorsqu'il est bien repu, il est trop engourdi pour prendre immédiatement son essor, et il cherche à sortir par une ouverture pratiquée au pied de l'un des murs ; mais alors il est saisi et étranglé par un nœud coulant que l'on a placé là. Ce système ne peut être mis en œuvre avec succès que dans les lieux où ces oiseaux abondent.

La longévité de l'aigle est remarquable ; mais on ne peut la fixer avec exactitude. Klein cite l'exemple d'un de ces oiseaux aigle qui vécut captif, à Vienne, pendant 104 ans, et il parle d'un couple d'aigles qui, dans le comté de Forfarshire, en Écosse, habita la même aire si longtemps, que les plus vieux habitants les y avaient toujours connus.

Pris très jeune, l'aigle est susceptible d'éducation ; mais il conserve toujours un fond de sauvagerie qui le rend d'un commerce triste et maussade. A l'âge de deux ou trois ans, il est déjà très-difficile de l'apprivoiser; car il distribue, à quiconque tente de l'approcher, des coups de bec bien sentis. Lorsqu'il est vieux, il est tout à fait indomptable. En captivité, il s'accommode de toutes sortes de proies; il dévore même son semblable,

Fig. 397. Aigle impérial.

quand l'occasion s'en présente. Faute de mieux, il se contente de serpents, de lézards, et mange même du pain, selon Buffon.

Cet oiseau pousse, de temps en temps, un cri perçant et lamentable.

Quoique l'aigle soit naturellement irascible, il fait quelquefois preuve d'une douceur dont on a lieu d'être étonné. Témoin celui qui vivait en 1807 au Jardin des Plantes de Paris, et qui avait été pris dans la forêt de Fontainebleau. Cet aigle avait eu la patte cassée dans le piége où il s'était laissé saisir : on dut lui faire subir une opération des plus douloureuses, qu'il supporta avec un calme et un courage exemplaires. Après sa guérison, qui ne dura pas moins de trois mois, il s'était tellement familiarisé avec son gardien, qu'il se laissait caresser par lui, et qu'à l'heure du coucher il se perchait tout près de son lit.

Les anciens fauconniers de l'Occident ne faisaient point usage de l'aigle pour chasser les autres oiseaux ; son indocilité et son grand poids le rendaient peu propre à ce genre d'exercice; aussi les fauconniers, qui ne voyaient qu'avec leurs lunettes, rangeaient-ils sans façon l'aigle parmi les oiseaux *ignobles*.

Cependant les Tartares emploient avec succès ce rapace contre le lièvre, le renard, l'antilope et le loup. Comme il est très-lourd, ils ne le portent pas sur le poing, mais le placent sur le devant de leur selle, et, le moment venu, le lancent sur l'animal qu'ils convoitent.

L'aigle est cosmopolite : on le trouve dans toutes les régions du globe. On en distingue plusieurs variétés, que nous ne ferons qu'indiquer, parce que les mœurs varient peu d'une espèce à l'autre.

L'*Aigle royal* (fig. 395, page 665), appelé aussi *Aigle doré*, *Aigle commun*, ou *grand Aigle*, est le plus grand de tous ; il habite le nord et l'est de l'Europe. L'*Aigle impérial* (fig. 397, page 371) se trouve dans l'est et le sud de l'Europe, ainsi que dans le nord de l'Afrique. L'*Aigle Bonelli* habite l'Europe méridionale, particulièrement la Grèce. L'*Aigle criard*, ou *petit Aigle*, se rencontre dans toutes les contrées montagneuses et boisées de l'Europe ; l'*Aigle botté* vit dans l'est et le midi de l'Europe, et se montre quelquefois en France. Enfin l'*Aigle griffard* et l'*Aigle vautourin*, ou *Cafre*, sont des espèces propres à l'Afrique méridionale, où Levaillant les a observés le premier.

Les Rapaces diurnes appartenant au genre *Pygargue*, ou *Aigle pêcheur*, se distinguent des aigles proprement dits par leurs tarses, emplumés seulement à la partie supérieure, ainsi que par leur régime presque exclusivement ichthyophage. Les *Pygargues*, dont le nom, tiré du grec, veut dire *queue blanche*, se tiennent sur le bord des eaux, où ils se nourrissent de poissons et d'oiseaux aquatiques; ils chassent aussi quelquefois les petits mammifères et se repaissent même de chair corrompue. Leurs serres sont très-puissantes, et la portée de leur vue est telle, qu'ils aper-

Fig. 398. Pygargue d'Europe (Orfraie).

çoivent, du haut des airs, le poisson qui nage près de la surface de l'eau; ils se précipitent alors sur lui, avec une rapidité incroyable, et il est rare qu'ils manquent leur coup. Ils osent même attaquer les phoques, et comme ils ne peuvent les enlever, ils se cramponnent sur leur dos, et les traînent sur le rivage, en s'aidant de leurs ailes. Mais cet excès d'audace leur est parfois

43

fatal; certains phoques sont assez vigoureux pour plonger, et pour entraîner avec eux leur ennemi, qui trouve au fond de la mer une fin misérable ; car il a tellement enfoncé ses serres dans sa proie, qu'il lui est souvent impossible de se dégager.

Les pygargues chassent la nuit comme le jour. Ils guettent souvent les oiseaux pêcheurs plus faibles qu'eux, et les poursuivent, pour s'emparer de leur butin. Ils s'acharnent de même après les vautours, pour leur faire dégorger et s'approprier ensuite le contenu de leur jabot. Audubon a vu, sur les bords du Mississipi, un pygargue poursuivre un vautour qui venait d'avaler un intestin. Une portion de cet aliment sortait encore du bec du vautour ; le pygargue saisit le bout qui pendait au dehors de plus d'un mètre, et força le fuyard à le lui abandonner.

Le *Pygargue d'Europe*, ou *Orfraie* (fig. 398, page 673), vit dans les régions les plus froides du globe. Il est assez commun en Suède, en Norwége et au Groëhland, où il établit son aire, large de deux mètres, dans les forêts qui avoisinent les grands lacs et la mer. Il passe sur nos côtes en automne, à la suite des bandes d'oies qui émigrent vers le sud ; et on le voit encore au printemps, lorsqu'il retourne vers le nord. En Russie, des conditions spéciales d'existence modifient quelque peu ses habitudes : il vit au milieu des steppes, et se nourrit, non plus de poissons, mais de rongeurs, d'oiseaux et de cadavres. L'orfraie atteint presque la grandeur de l'aigle royal, c'est-à-dire un mètre environ.

Le *Pygargue à tête blanche*, nommé vulgairement *Aigle à tête blanche*, habite l'Amérique septentrionale. Il niche à la cime des arbres les plus élevés. Son vol est aussi puissant que celui de l'aigle royal ; sa force et son adresse sont incomparables.

L'aigle à tête blanche est représenté, comme emblème, sur l'étendard des États-Unis. L'illustre Franklin ne voyait pas avec plaisir que le choix de la nation fût tombé sur cet oiseau.

« C'est un oiseau d'un naturel bas et méchant, écrivait Franklin dans une de ses lettres ; il ne sait point gagner honnêtement sa vie. En outre, ce n'est jamais qu'un lâche coquin ! Le petit roitelet, qui n'est pas si gros qu'un moineau, l'attaque résolûment et le chasse de son canton. Ainsi, à aucun titre, ce n'est un emblème convenable pour le brave et honnête peuple américain. »

Nous citerons, comme variétés de ce genre, l'oiseau qu'a décrit Audubon, sous le nom d'*Oiseau de Washington*, espèce très-voisine de la précédente ; — le *Pygargue aguia*, qui habite l'Amérique méridionale ; — le *Pygargue vocifère*, — le *Pygargue Cafre*, qui ont été découverts en Afrique par Levaillant ; — le *Pygargue de Macé* et le *Pygargue garanda*, appelé par Buffon le *Pygargue des Grandes-Indes*, qui habitent l'Inde et le Bengale, où le dernier est l'objet de la vénération des brahmes, en qualité d'oiseau consacré à Vishnou.

Nous rattacherons au même genre le *Balbusard fluviatile* (fig. 399) qui, bien que différant des pygargues par certains détails d'organisation, s'en rapproche cependant par ses habitudes aquatiques.

Le balbusard est quelquefois improprement appelé *Aigle de mer*, car on le rencontre rarement sur les bords de la mer ; il

Fig. 399. Balbusard fluviatile.

préfère le voisinage des étangs et des rivières. Il ne se nourrit guère que de poissons, qu'il saisit, soit à la surface de l'eau, soit en les poursuivant jusqu'à une assez grande profondeur ; il recherche aussi les oiseaux aquatiques. Il ne jouit pas toujours du fruit de son labeur, car il trouve un ennemi acharné dans l'orfraie, qui lui donne la chasse, pour lui faire lâcher sa proie, et s'en emparer avant qu'elle soit retombée dans l'eau.

Les anciens naturalistes, Aldrovande, Gesner, Klein, Linné, avaient accrédité une singulière erreur touchant la constitution de cet oiseau. Se fondant sur ce fait, qu'il plonge quelquefois dans l'eau pour prendre des poissons, ils s'étaient imaginé qu'il avait un pied à doigts palmés, pour nager, et l'autre à doigts libres, pour étreindre sa proie. Nous n'avons pas besoin d'ajouter que les serres du balbusard ne diffèrent en rien de celles des autres oiseaux de proie.

Le balbusard est d'un tiers environ plus petit que l'orfraie. Il est répandu dans toute l'Europe, notamment en Allemagne, en Suisse et dans l'est de la France.

Les oiseaux qui font partie du genre *Spizaële* (*Aigle épervier*) tiennent le milieu entre les aigles et les éperviers, dont nous parlerons plus loin. Ils sont caractérisés par une queue ronde et arrondie, par des ailes relativement courtes, et par l'existence d'une huppe sur le derrière de la tête. Ce dernier trait, quoique général, n'est cependant pas commun à toutes les espèces.

Les spizaëtes habitent ordinairement les grandes forêts de l'Afrique et de l'Amérique méridionale; une seule espèce, le *Jean-le-Blanc*, se trouve en Europe. Admirablement organisés pour la guerre et le carnage, ils sont la terreur de tout ce qui les environne. L'Afrique en possède deux espèces, le *Huppart* et le *Blanchard*.

Le *Huppart*, ainsi nommé à cause de sa huppe, longue de quinze à seize centimètres, se nourrit de lièvres, de canards et de perdrix. Il poursuit aussi les corbeaux, contre lesquels il est animé d'une haine mortelle, car ces oiseaux se liguent parfois pour lui ravir sa proie, et même pour dévorer sa couvée.

Le *Blanchard* est doué d'une agilité qui se montre surtout lorsqu'il chasse le ramier, son gibier ordinaire. Si celui-ci ne parvient pas à se jeter dans l'épaisseur du bois, c'en est fait de lui : il ne pourra échapper aux serres de son tyran. Le blanchard ne souffre pas de rival dans le domaine qu'il exploite ; mais il accorde sa protection aux petits oiseaux, qui viennent près de son nid, chercher un abri contre les attaques des rapaces inférieurs.

Le *Spizaëte urubitinga* habite le Brésil et la Guyane; il est éminemment sauvage et taciturne, et aime à se nicher dans le voisinage des marais. Il se nourrit d'oiseaux et de mammifères de petite taille, de reptiles et même de poissons.

La *Harpie*, ou *Aigle destructeur de l'Amérique du Sud*, est l'espèce type du genre. C'est le plus redoutable de tous les spi-

Fig. 400. Harpie.

zaëtes. Sa taille dépasse celle de l'aigle commun; elle mesure un mètre cinquante centimètres de l'extrémité du bec à celle de la queue; son bec a plus de six centimètres de long ; les ongles des doigts médians sont plus longs et plus gros que les doigts de l'homme. Avec de telles armes, la harpie ne craint pas, dit-on, d'attaquer, non-seulement l'homme, mais encore des carnassiers de haute taille, capables d'opposer une défense vigoureuse. Deux ou trois coups de bec lui suffisent, ajoute-t-on, pour fendre le crâne de sa victime. Ces assertions, pour être admises, demandéraient à être confirmées par des observateurs jouissant d'une certaine autorité scientifique. On assure cependant avoir trouvé des crânes humains parmi les reliefs de festins de ces cannibales.

Quoi qu'il en soit, les harpies sont douées d'une vigueur extraordinaire. D'Orbigny raconte que, lors d'une exploration sur les rives du Rio-Securia, en Bolivie, il fit la rencontre d'une harpie de très-grande taille. Les Indiens qui l'accompagnaient, la poursuivirent, la percèrent de deux flèches et la frappèrent de coups nombreux sur la tête. Enfin, la considérant comme morte, ils lui enlevèrent la plus grande partie de ses plumes et même du duvet; puis ils la placèrent dans leur canot. Quelle ne fut pas la surprise du naturaliste, lorsque l'oiseau, revenu de son étourdissement, se rua sur lui, et lui enfonçant ses ongles dans l'avant-bras, lui fit une blessure des plus dangereuses. Il fallut l'intervention des Indiens pour le débarrasser du féroce spizaëte.

La harpie habite sur le bord des fleuves, dans les grandes forêts de l'Amérique méridionale. Sa nourriture se compose d'agoutis, de jeunes faons, de paresseux et surtout de singes.

Les Indiens, qui estiment avant tout les qualités guerrières, tiennent cet oiseau en grande considération. Ils regardent comme un grand bonheur d'en posséder un en captivité. Ils lui arrachent, deux fois par an, les grandes plumes de la queue et des ailes, pour empenner leurs flèches. Ils utilisent aussi son duvet, pour se parer les jours de grande cérémonie. Dans ce but ils s'imprègnent les cheveux d'huile de coco, par-dessus laquelle ils répandent le duvet, rendu adhérent de cette façon : c'est la manière indienne de se poudrer à blanc.

L'*Aigle Jean-le-Blanc*, ainsi nommé parce que son plumage présente beaucoup de parties blanches, tient à la fois de l'aigle, du pygargue et du balbusard. Il est haut de deux pieds et a cinq pieds d'envergure. Très-commun dans toute l'Europe, il est bien connu des villageois, dont il dévaste les basses-cours. Il se nourrit aussi de taupes, de mulots, de reptiles, entre autres de couleuvres, et quelquefois d'insectes. Il supporte bien la captivité; Buffon en éleva un qui devint assez familier, mais qui ne témoigna jamais aucune affection à celui qui le soignait.

Les *Faucons* (de *falx*, faulx, ongles récourbés en faulx) sont merveilleusement propres à la rapine, et réalisent l'idéal de l'oiseau de proie. Chez eux, le bec court et recourbé dès la base porte, de chaque côté de la mandibule supérieure, une dent très-forte, à laquelle correspond une échancrure de la mandibule inférieure. Les ailes sont longues et aiguës, d'où résulte un vol puissant, rapide et agile tout à la fois. Les tarses sont courts, les ongles crochus et acérés. Si l'on ajoute à tout cela une vue des plus perçantes et une force énorme, on comprendra sans peine que ces oiseaux portent la terreur partout où ils passent. Ils ne se nourrissent que de proies vivantes, oiseaux ou petits mammifères, qu'ils tuent souvent d'un seul coup de bec, et qu'ils emportent ensuite dans leurs serres, pour aller les dévorer à l'écart.

Ils ne chassent qu'au vol, et se réunissent par troupes, à l'époque des migrations des oiseaux voyageurs, pour suivre leurs bandes, sur lesquelles ils prélèvent une dîme quotidienne. Mais d'ordinaire ils vivent solitairement par couples et nichent suivant les localités, dans les bois, les falaises, les trous de mines ou de masures, quelquefois même dans l'intérieur des villes. Leur ponte varie de deux à quatre œufs.

Nous partagerons le genre Faucon en deux groupes : les *Gerfauts*, caractérisés par une queue plus longue que les ailes, et les *Faucons proprement dits*, qui ont les ailes aussi longues et quelquefois plus longues que la queue.

Le groupe des Gerfauts comprend le *Gerfaut proprement dit*, le *Faucon lanier* et le *Faucon sacré*.

Les Égyptiens vénéraient le faucon ; c'est à cette circonstance qu'il faut attribuer l'origine du mot *Gerfaut*, corruption de *Hierofalco*, ou *faucon sacré*.

Le gerfaut est le mieux proportionné et le plus vigoureux des faucons. Il peut rivaliser pour la force avec l'aigle lui-même, quoique sa taille ne soit guère que de soixante centimètres. Il varie de couleur avec l'âge : d'un beau brun dès les premières années, il devient presque complétement blanc en vieillissant. Il habite les régions arctiques, où il se nourrit de grands oiseaux, notamment de gallinacés ou de palmipèdes.

On en connaît trois variétés, très-voisines les unes des autres : le *Faucon blanc*, nommé par Buffon le *Gerfaut blanc du Nord*, qui habite l'extrême nord des deux continents ; le *Faucon islandais* ou *Gerfaut d'Islande*, particulier à ce pays ; le *Gerfaut de*

Norwége, qu'on trouve dans la Scandinavie, et qui se montre quelquefois en Allemagne, en Hollande et en France.

Les deux premières espèces sont très-dociles; aussi étaient-elles avidement recherchées des fauconniers, qui les employaient à la chasse du héron, de la grue et de la cigogne. Une ancienne loi danoise, qui ne fut abrogée qu'en 1758, interdisait sous peine de mort de détruire ces oiseaux.

Le *Faucon lanier* est à peu près de la taille du gerfaut blanc;

Fig. 401. Faucon sacré.

on le trouve en Hongrie, en Russie, en Styrie et en Grèce, où il arrive à la suite des oiseaux migrateurs. On le dresse aussi très-aisément à la chasse.

Le *Faucon sacré*, vulgairement le *sacré* (fig. 401), est un peu plus grand que les espèces précédentes. Il est assez rare, car il ne se trouve guère que dans l'Allemagne et la Russie méridionale:

Au premier rang des *Faucons proprement dits*, il convient de placer le *Faucon pèlerin* (fig. 402), désigné souvent sous les noms de *Faucon commun* et de *Faucon passager*. Son nom indique suffisamment que c'est un oiseau de passage. Il est commun dans le centre et le nord de l'Europe occidentale, ainsi que dans les îles de la Méditerranée. Il habite aussi l'Amérique du Nord, où on l'a surnommé *mangeur de poulets*.

Le vol du faucon pèlerin est d'une rapidité prodigieuse. On cite un de ces rapaces, qui, échappé de la fauconnerie de

Fig. 402. Faucon pèlerin.

Henri II, franchit en une seule journée toute la distance de Fontainebleau à l'île de Malte, c'est-à-dire environ trois cents lieues. Il plane dans la nue avec une facilité remarquable ; et lorsqu'il a distingué une proie, il fond sur elle comme un trait, la met en pièces et s'en repaît avec voracité. S'il s'agit d'un oiseau, il le plume avec son bec, et l'avale.

Le faucon se nourrit d'oiseaux aquatiques, de pigeons, de perdrix. Au besoin, il ne dédaigne pas les alouettes ; il les poursuit jusque dans les filets des oiseleurs, où il reste souvent empêtré lui-même. Il sait même se contenter de poissons morts, comme Audubon l'a constaté sur les bords du Mississipi; mais ce dernier cas est excessivement rare. Il est d'une hardiesse sans égale, car il ose convoiter le gibier que le chasseur vient d'abattre, et il réussit quelquefois à s'en emparer. Un de ces oiseaux s'était établi, il y a quelques années, sur les tours de Notre-Dame de Paris, et chaque jour il capturait plusieurs de ces pigeons domestiques qu'on laisse aller en liberté dans la ville. Ce manége dura un mois, et ne cessa que lorsque les propriétaires des pigeons eurent pris une mesure radicale : celle de ne plus les laisser sortir. Atteint dès lors dans ses conditions d'existence et ses moyens de ravitaillement, le faucon disparut.

Malgré la supériorité de ses armes, le faucon pèlerin ne vient pas toujours à bout des victimes qu'il a marquées pour la mort. Naumann a vu un pigeon, poursuivi par un de ces ravisseurs, se précipiter dans un lac, plonger, en sortir sain et sauf, et dépister ainsi son ennemi. Lorsqu'un pigeon est harcelé par un faucon, il cherche toujours à s'élever au-dessus de lui; s'il y réussit, il est sauvé, car le faucon fatigué le laisse en paix.

Les corbeaux de grande espèce sont les ennemis acharnés du faucon pèlerin. Ils lui livrent de fréquents combats, dans lesquels ce dernier n'a pas toujours l'avantage. On a vu un corbeau tuer un faucon d'un coup de bec qui lui fendit le crâne.

Le faucon est doué d'une longévité plus remarquable encore que celle de l'aigle. En 1797, on en prit un, au cap de Bonne-Espérance, qui portait un collier d'or, avec une inscription établissant qu'en 1610 il appartenait au roi d'Angleterre Jacques Ier; il avait donc 187 ans, ce qui ne l'empêchait pas d'être encore très-vigoureux.

Le père et la mère montrent la plus grande sollicitude pour leurs petits. Lorsque ceux-ci sont capables de se suffire à eux-mêmes, ils vont explorer d'autres régions, et s'ils y trouvent une existence facile, ils y restent, sans souci du pays natal.

Le faucon pèlerin est assez commun dans les falaises de la Normandie.

Les autres espèces de faucons sont plus petites que les précédentes. Elles ne s'en distinguent que par leur taille; leurs habitudes sont les mêmes, sinon qu'elles se nourrissent d'oiseaux plus petits, tels que cailles, alouettes, hirondelles, et quelquefois d'insectes. Ces espèces sont : le *Hobereau* (fig. 403),

Fig. 403. Hobereau.

qui se trouve dans toute l'Europe et aussi en Afrique; sa taille est

Fig. 404. Émerillon.

de trente centimètres; — l'*Émerillon* (fig. 404), gros comme une

grivé, qui habite en été le nord, et en hiver le su l de l'Europe ;
— la *Crécerelle*, vulgairement *Émouchet* ou *Mouquet* (fig. 405), qui
doit son nom à son cri aigu ; sa taille est de trente-cinq centimètres ; elle est très répandue dans le centre de l'Europe ; — le
Kobez, remarquable par sa sociabilité, qui se trouve dans l'Autriche, le Tyrol et les Apennins, et se nourrit de sauterelles qu'il

Fig. 405. Émouchet.

saisit au vol, et d'insectes qu'il cherche dans la fiente des animaux herbivores ; — enfin le *Faucon moineau*, qui habite l'Inde et
Sumatra : c'est le plus petit de tous les rapaces. Diverses autres
variétés de faucon, qui n'offrent d'ailleurs aucune particularité
remarquable, se rencontrent, soit en Afrique, soit en Amérique.

Le nom du faucon est resté attaché à la *chasse au vol*, ou *fauconnerie*, qui va maintenant nous occuper.

La *fauconnerie*, ou l'art de dresser certains oiseaux de proie à la
chasse au vol, fut autrefois en grand honneur dans les divers
États de l'Europe. Après avoir fait, pendant plusieurs siècles, les
délices des grands seigneurs, elle fut supprimée, par suite de la
découverte des armes à feu. Ce n'est guère que chez les Arabes

Fig. 406. Une chasse au faucon, au moyen âge.

et parmi quelques nations asiatiques qu'elle est encore usitée aujourd'hui. Cet art remonte d'ailleurs à une époque fort ancienne, car Aristote, et, après lui, Pline, en ont parlé. Introduite en Europe vers le quatrième siècle de notre ère, la fauconnerie fut très-florissante au moyen âge et pendant la renaissance. Toute la noblesse, depuis le roi jusqu'au plus petit gentilhomme, se passionna pour la *volerie;* — tel était le nom consacré. Les souverains et les grands seigneurs y dépensaient des sommes considérables : c'était le luxe de ce temps. L'envoi de quelques beaux faucons était considéré comme un présent magnifique. Les rois de France recevaient solennellement chaque année douze faucons, qui leur étaient offerts par le grand maître de l'ordre de Saint-Jean de Jérusalem. Ces oiseaux étaient présentés par un chevalier français de l'ordre, auquel le monarque accordait, à titre de cadeau, une somme de 3000 livres et ses frais de voyage.

Un gentilhomme et même une dame du moyen âge ne paraissaient pas en public sans tenir leur faucon au poing ; et cet exemple était même suivi par les évêques et les abbés. Ils entraient dans les églises, tenant au poing leur faucon qu'ils déposaient, pendant la messe, sur les marches de l'autel. Les grands seigneurs, dans les cérémonies publiques, tenaient fièrement leur faucon d'une main, et de l'autre la garde de leur épée.

Louis XIII mit une véritable frénésie à ce divertissement. Presque tous les jours, il chassait au faucon avant de se rendre à l'église ; et son favori, Albert de Luynes, ne dut sa fortune qu'à ses grandes connaissances en fauconnerie. Charles d'Arcussia de Capri, seigneur d'Esparron, publia, en 1615, un *Traité de fauconnerie*, où l'on voit que le baron de la Chastaigneraie, grand fauconnier de France, sous Louis XIII, avait acheté sa charge cinquante mille écus. Il avait la direction de 140 oiseaux, qui exigeaient, pour les soigner, un personnel de cent hommes.

De nos jours, ce genre de chasse a totalement disparu ; on s'est efforcé toutefois, mais sans un grand succès, de le faire revivre en quelques pays d'Europe, notamment en Angleterre et en Allemagne. C'est ainsi qu'une nombreuse société, le *Hawking-Club*, se réunit chaque année, dans une dépendance du château royal de Loo, sous la présidence du roi des Pays-Bas, pour *voler le héron*. Elle en prend de cent à deux cents, dans l'espace de deux mois. Mais ce n'est là que l'impuissante évocation d'une institution à jamais disparue.

On partageait autrefois les oiseaux de fauconnerie en oiseaux de *haute* et *basse volerie*. Les premiers comprenaient le gerfaut, le faucon, le hobereau, l'émerillon et la crécerelle; les seconds, l'autour et l'épervier. On donnait même le nom d'*autourterie* à l'art qui avait spécialement pour but le dressage de ces deux derniers rapaces. Comme le mode d'éducation est sensiblement le même pour tous ces oiseaux, qui ne diffèrent d'ailleurs, à ce point de vue, que par leur docilité plus ou moins grande, nous n'envisagerons qu'une seule espèce, le faucon, qui servira de type pour toutes les autres.

Les faucons destinés à l'*affaitage* (dressage) se prennent soit au filet, soit dans l'air même. Dans le premier cas, ce sont des *passagers*, qu'on attire au moyen d'une proie : cet *appelant* est ordinairement un pigeon. Dans le second cas, ce sont de petits *niais*, dont la tête est encore couverte de duvet, ou des *branchiers*, c'est-à-dire des oiseaux âgés d'environ trois mois, assez forts déjà pour sauter de branche en branche, mais incapables de voler, et de pourvoir eux-mêmes à leur subsistance. Ces derniers doivent être préférés à tous les autres, car ils ne sont plus assez jeunes pour qu'on soit obligé de leur prodiguer les soins nécessaires à l'égard des *niais*, et ne sont pas encore assez vieux pour être devenus indociles. Passé un an, il serait presque inutile de tenter leur éducation ; on les appelle alors faucons *hagards*.

Le faucon étant d'un naturel sauvage, violent, et également insensible aux caresses comme aux châtiments, on ne peut espérer le dompter que par des privations de toutes sortes : privation de lumière, de sommeil et de nourriture, enfin grâce à l'habitude d'être soigné par son maître. Tel est, en effet, le fond de la méthode du fauconnier.

Supposons qu'on se soit emparé d'un *branchier*. On lui serre d'abord les jambes dans des entraves, ou *jets* (fig. 407), faites de lanières en cuir souple, terminées par des sonnettes. Puis le fauconnier, la main couverte d'un gant, prend l'oiseau sur le poing, et le porte, nuit et jour, sans lui laisser un seul instant de repos. Si son élève indocile se révolte, et tente de se servir de son bec, il lui plonge la tête dans l'eau fraîche, et produit ainsi chez l'animal une sorte de stupeur; puis il lui couvre la tête d'un *chaperon*, qui le maintient dans une obscurité complète. Après trois

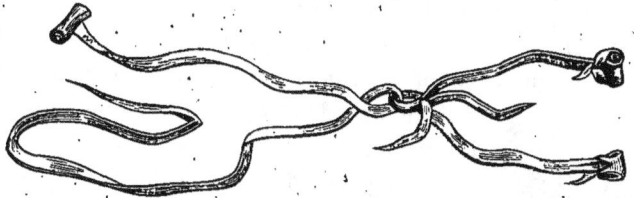

Fig. 407. Jets, ou Entraves.

jours et trois nuits de ce traitement, rarement plus, l'oiseau est devenu d'une certaine docilité. Le fauconnier, le tenant toujours sur le poing, l'habitue alors à prendre tranquillement le *pât* (nourriture) qu'il lui présente de l'autre main, en lui faisant entendre un signal particulier, auquel il obéira par la suite. En même temps, il le promène dans les lieux fréquentés, pour le familiariser avec les personnes étrangères, et aussi avec les chevaux et les chiens, qui seront plus tard ses compagnons de chasse.

Fig. 408. Chaperon.

Fig. 409. Faucon coiffé du chaperon, et tenu au poing.

Si l'on a affaire à un oiseau récalcitrant, on excite son appétit, pour le rendre plus dépendant; dans ce but, on lui fait avaler de petites pelottes d'étoupes, mélangées d'ail et d'absinthe. Ces pelottes, nommées *cures*, ont pour effet d'augmenter sa faim ; et le plaisir qu'il éprouve ensuite à manger, l'attache plus étroitement au dispensateur de sa nourriture.

En général, au bout de cinq à six jours de ce traitement, le faucon est complétement *introduit* (soumis) : on peut procéder à l'*affaitage*, dont ces exercices ne sont que les préliminaires.

Fig. 410. Leurre pour éducation du Faucon.

On le porte dans le jardin, et on l'habitue à sauter sur le poing, en lui faisant un appel et lui montrant un morceau de viande, qu'on ne lui abandonne que lorsqu'il a convenablement exécuté la manœuvre. On attache ensuite le pât sur un *leurre* ou *rappel*, et l'on procède absolument de la même façon, en tenant l'oiseau au bout d'une *filière*, ou ficelle, de dix à quarante mètres de longueur. Le *leurre* (fig. 410) est une planchette recouverte sur ses deux côtés par les ailes et les pattes d'un pigeon. On découvre le faucon, et on lui montre le leurre à une petite distance, en lui faisant un appel. S'il fond dessus, on lui laisse prendre la viande qui y est attachée. On augmente progressivement la distance, en le récompensant, chaque fois, de sa docilité. Lorsqu'il obéit au rappel de toute la longueur de la filière, il est *assuré* : il connaît alors le *leurre*, et sait que le *pât* qu'il porte lui sera acquis dès qu'il sera revenu au signal de son maître. Le fauconnier pourra donc le *réclamer* en toute assurance, c'est-à-dire le faire descendre sur le poing, lorsqu'il sera dans les airs.

On lui fait ensuite *connaître le vif*, en le lançant sur des pigeons attachés à une filière ; enfin on complète son éducation en l'habituant à fondre sur le gibier spécial qu'il est destiné à chasser : c'est ce qu'on appelle *donner l'escap*.

Supposons qu'il s'agisse de la perdrix : on remplace d'abord sur le *leurre* les ailes de pigeon par des ailes de perdrix ; puis on lance successivement le faucon sur des perdrix attachées à une filière et sur des perdrix libres, mais dont on a préalablement cousu les paupières, pour les empêcher de fuir. Quand il *lie* bien sa proie et qu'il se montre obéissant, on le fait *voler pour bon.*

On dressait autrefois les oiseaux de proie pour sept sortes de vol : pour le milan, le héron, la corneille, la pie, le lièvre; ensuite pour les *champs*, c'est-à-dire pour la perdrix, la caille, le faisan; enfin pour les *rivières*, c'est-à-dire pour le canard sauvage et autres oiseaux d'eau.

La chasse du milan, du héron, de la corneille et de la pie, dont les profits sont absolument nuls, était réputée plaisir de prince, et se faisait au moyen du gerfaut et du faucon. Mais celle des autres oiseaux, dans laquelle l'appât d'une proie comestible avait autant de part que le plaisir des yeux, n'était que plaisir de gentilhomme : on y employait le hobereau, l'émerillon, la crécerelle, l'autour et l'épervier. C'est de là que vient le surnom de *hobereaux* donné aux gentilshommes campagnards, « parce qu'ils voulaient faire montre de plus de moyens
« qu'ils n'avaient, dit Lacurne de Sainte-Palaye, et que, ne
« pouvant avoir de faucons, qui coûtaient fort cher d'achat et
« d'entretien, ils chassaient avec le hobereau, qu'ils se pro-
« curaient facilement, et qui amenait à leur cuisine perdrix et
« cailles. »

Le *vol* le plus noble, mais aussi le plus rare, était celui du milan. Nous avons déjà dit, en parlant des rapaces nocturnes, comment, autrefois, on attirait cet oiseau, au moyen d'un grand-duc, affublé d'une queue de renard. Il fallait quelque stratagème de ce genre pour aborder le milan, qui se tient à des hauteurs inaccessibles au faucon, même le mieux organisé. Lorsque le milan s'était approché, on lui *jetait* un faucon, et alors s'engageait entre les deux oiseaux une lutte des plus intéressantes : harcelé par son ennemi, le milan, malgré des détours et des feintes sans nombre, finissait généralement par tomber entre les griffes du faucon, qui l'apportait à son maître.

Le *vol* du héron présentait moins d'incidents. Cet oiseau se laisse, en effet, assez facilement atteindre, quoiqu'il parvienne quelquefois à s'échapper lorsqu'il n'est pas alourdi par la nourriture; mais il se défend avec énergie, et les coups de son redoutable bec sont souvent mortels pour le faucon. Pour chasser le héron (fig. 411, page 692), il faut un chien qui le lève, et trois faucons : le *hausse-pied*, qui le fait monter, le *teneur*, qui le suit, et le *tombisseur*, qui lie. Nous emprunterons à un ancien auteur d'un *Traité de Fauconnerie*, d'Arcussia, le récit d'un vol au héron, qui peint assez bien les péripéties de ce genre de chasse :

« Or, marchant d'affection, nous fusmes tost au long des prairies proches de la garenne où ses piqueurs (ceux de M. de Ligné) descouvrent

Fig. 411. Chasse du Héron avec le Faucon, ou *vol du Héron*.

trois hérons, et le luy viennent aussi tost dire. Prenant résolution de les aller attaquer, le sieur de Ligné me fit la faveur de me donner un gerfaut blanc nommé la Perle pour jetter ; il en prit un autre qu'on nomme le Gentilhomme, et un des siens, ayde de ce vol, en print un autre appelé le Pinson. Comme les hérons nous sentirent approcher, ils partent de fort loing : ce que voyant, nous jettons les oyseaux, lesquels tardent longtemps à les aveüer (apercevoir). Enfin un les void et s'y en va. Les deux le suyvent avec telle ardeur et diligence qu'en peu de temps ils furent à eux, et en attaquent un qui se deffendit assez; mais il fut si rudement mené qu'il ne peut rendre grande deffense, et fut pris. Pendant qu'on faisait plaisir aux oyseaux (pendant qu'on leur donnait la curée), les autres hérons, espouvantez d'avoir veü si mal traicter leur compagnon, montoient toujours et droit au soleil, pour se couvrir de la clairté ; mais on les descouvre, dont M. de Ligné me dit, Je voy là haut deux hérons qui montent, je vous en veux donner un. Sur quoi je respondy, les voyant de telle hauteur, que les oyseaux auraient bien de la peine d'y arriver. Alors il jette son gerfaut. Nous jettons après luy, et les voilà monter à l'envy avec telle diligence que bien tost nous les vismes presque aussi haut que le héron. Puis ayant fait encore un effort pour lui gaigner le dessus, les voilà qui commencent à le choquer et luy donner des coups si serrez qu'à un instant il s'estonne, et le voyons fondre pour gaigner le bois. Nous picquons après pour mener les lévriers au secours des oyseaux : ce qui ne fut pas mal à propos ; car le héron se jette dans un taillis, où nous le prismes en vie, bien qu'il fust osté de la gorge d'un levrier qui n'eut loisir de l'estrangler ; et faisant plaisir du premier, nous remontons après à cheval pour en voller encore un autre. »

Le *vol* de la corneille et celui de la pie étaient fort amusants. Ces oiseaux essayaient d'abord de lutter de vitesse, puis, reconnaissant l'inutilité de leurs efforts, ils se réfugiaient presque toujours dans un arbre, d'où les chasseurs avaient beaucoup de peine à les faire partir, tant les faucons leur inspiraient de terreur.

Pour le *vol de champs et de rivières*, on ne jette pas le faucon de *poing en fort*, c'est-à-dire que le faucon n'attaque pas immédiatement en quittant le poing ; on le jette à *mont*, ou, pour parler le langage vulgaire, on le lance avant que le gibier soit levé. Il plane pendant quelque temps et fond sur la proie que le chien a fait lever. Pour échapper à son tyran, le canard se jette souvent à l'eau ; on le fait alors poursuivre à la nage par des chiens, pour le forcer à reprendre son essor. Le lièvre se chasse de la même manière.

La fauconnerie est encore aujourd'hui en honneur dans le nord de l'Afrique et en Asie ; c'est la distraction favorite des Arabes. Dans le Sahara, on dresse le faucon, pour chasser le pigeon, la perdrix, la pintade, le lièvre, le lapin et même la gazelle.

En Perse et dans le Turkestan, on ne dresse pas, comme autrefois en Europe, le faucon pour un gibier spécial ; on l'habitue à fondre sur toutes sortes de proies. La chasse à la gazelle est aussi très-prisée chez ces peuples. Voici comment elle se fait :

« Les Persans, dit le voyageur Thévenot, ont des gazelles empaillées, sur le nez desquelles ils donnent toujours à manger à ces faucons, et jamais ailleurs. Après qu'ils les ont ainsi élevés, ils les mènent à la campagne, et lorsqu'ils ont découvert une gazelle, ils lâchent deux de ces oiseaux, dont l'un va fondre sur le nez de la gazelle, et s'y cramponne avec ses griffes. La gazelle s'arrête, et se secoue pour s'en délivrer ; l'oiseau bat des ailes pour se retenir accroché, ce qui empêche encore la gazelle de bien courir, et même de voir devant elle. Enfin, lorsque avec bien de la peine elle s'en est défaite, l'autre faucon, qui est en l'air, prend la place de celui qui est à bas, lequel se relève pour succéder à son compagnon lorsqu'il est tombé ; et de cette sorte ils retardent tellement la course de la gazelle, que les chiens ont le temps de l'attraper. »

En Égypte, on dresse le faucon pour cette sorte de chasse en le prenant jeune, restreignant sa nourriture et le mettant fréquemment en présence de moutons, sur lesquels il se jette en affamé, et dont il dévore les yeux.

La chasse au faucon est aussi très-appréciée dans l'Inde, soit par les indigènes, soit par les ladies des possessions anglaises. Il n'est pas rare de voir de jeunes femmes, ressuscitant les coutumes du moyen âge, s'enfoncer dans les *jungles*, montées sur des éléphants, et lancer leurs faucons, armés d'éperons de fer, sur la charmante antilope bleue, dont les cris plaintifs, lorsque l'oiseau l'attaque, en la frappant dans les yeux, remplissent l'âme de pitié.

Les oiseaux qui composent le genre *Autour* diffèrent des faucons par l'absence de dents à la mandibule supérieure du bec, par leurs tarses, plus longs, par leurs ailes, plus courtes. Aussi leur vol, quoique très-rapide, est-il moins élevé que celui des faucons. On les trouve, avec des modifications minimes, dues à l'influence des climats, dans toutes les régions du globe. Ils se nourrissent généralement de petits oiseaux et de reptiles, et, par exception, de très-petits mammifères. Ils se divisent en *Autours proprement dits* et *Éperviers*.

Il existe différentes espèces d'autours, toutes caractérisées par des tarses très-robustes, et dont une seule, l'*Autour commun*, habite l'Europe.

L'*Autour commun* (fig. 412) n'est pas rare en France. En été, il se tient dans les bois de chênes et de hêtres qui couvrent les montagnes, et se rapproche souvent des habitations, pour enlever les poules et les pigeons. Au commencement de l'automne, il descend dans les plaines, niche à la lisière des grands bois, et de là s'élance sur les perdrix, tétras, ou jeunes levrauts, qui sont le fond de sa nourriture. Il poursuit les alouettes, avec une telle ardeur, qu'il tombe souvent dans les piéges tendus à ces innocents passereaux, et qu'il ne s'occupe d'en sortir qu'après avoir assouvi sa fureur sanguinaire. Il chasse en rasant la terre et les buissons, qu'il inspecte attentivement. Aperçoit-il une victime, il redouble de prudence, jusqu'au moment où il n'en est plus qu'à une faible distance. Alors il tombe sur elle à l'im-

Fig. 412. Autour commun.   Fig. 413. Épervier ordinaire.

proviste, et la frappe avant qu'elle ait eu le temps de se reconnaître. Il est aussi grand que le gerfaut ; mais, avec autant de ruse et d'adresse, il a moins de courage.

Ce rapace cruel s'apprivoise difficilement ; son naturel féroce persiste en captivité. En 1850, un autour de quatre mois, détenu au Jardin botanique de la Société d'histoire naturelle de Savoie, tua, à coups de serres et de bec, un milan du même âge, qui lui tenait compagnie depuis quinze jours, le déchiqueta et le dévora, quoiqu'il fût parfaitement soigné, et n'eût aucunement besoin de ce supplément de nourriture.

L'autour commun se retrouve dans le nord de l'Afrique. Deux autres espèces, l'*Autour de la Caroline* et l'*Autour de Stanley*, habitent l'Amérique septentrionale.

Les *Éperviers* se distinguent des autours par leurs tarses, beaucoup plus grêles.

L'*Épervier ordinaire* (fig. 413, page 695) est répandu dans toute l'Europe. Il est assez commun en France, où il est sédentaire. Il est plus petit, mais a les mêmes mœurs que l'autour. Il est plus hardi encore, car il vient enlever les perdreaux, rouges-gorges et mésanges, à la barbe même du berger, qui garde ses troupeaux dans les champs. Il fond même sur les poules et les poulets de nos basses-cours, et les dévore avec tant de conscience et d'attention, qu'au moment où il se livre à ce festin sanguinaire, il est quelquefois possible de l'approcher et de le prendre à la main. Il emporte souvent sa proie sur un arbre, pour la dépecer; on profite de cette circonstance pour le détruire. Dans les plaines où le gibier abonde, on place des poteaux surmontés d'un piége dans lequel l'épervier se prend lorsqu'il s'avise de s'y poser, pour faire son repas.

L'épervier peut devenir doux et familier, en domesticité. Le docteur Franklin cite l'exemple d'un de ces oiseaux qui vivait en parfaite intelligence avec deux pigeons appartenant à l'un de ses amis, et qui avait su gagner l'affection de tous ceux qui le connaissaient. Il était, dit-il, folâtre comme un jeune chat.

L'Afrique possède deux variétés d'éperviers : l'*Épervier minulle*, dont la taille ne dépasse pas celle du merle. Aussi intrépide que son frère d'Europe, quoique moins fort, il inquiète souvent les milans et les buses, et sait se soustraire à leurs coups, par son agilité.

L'*Épervier chanteur*, qui est à peu près de la taille de l'autour, vocalise auprès de sa femelle, à l'époque de l'incubation. C'est le seul musicien de l'ordre des Rapaces; à ce titre il méritait ici une mention honorable.

Les autours et les éperviers étaient employés à la *chasse au vol*, de même que les faucons, comme nous l'avons dit dans les pages consacrées à la fauconnerie.

Les oiseaux qui appartiennent au genre *Milan* sont caractérisés ainsi : bec courbé dès la base et non denté ; tarses courts, faibles, emplumés dans leur moitié supérieure; ailes très-longues; queue longue et plus ou moins fourchue; couleur généralement brune. On en connaît quatre espèces principales, qui diffèrent peu d'ailleurs les unes des autres.

Le *Milan royal* (fig. 114), ainsi nommé parce qu'il servait aux plaisirs des princes qui le faisaient chasser par le faucon et même par l'épervier, mesure deux pieds de haut, et n'a pas moins de cinq pieds d'envergure. De tous les Falconidés, c'est celui dont le vol est le plus gracieux, le plus rapide et le plus soutenu. Il parcourt incessamment la nue, prenant à peine un instant de repos. Sans doute il ne déploie toute cette activité que pour son agrément personnel, car il ne poursuit jamais sa proie. Dès qu'il l'a aperçue, des hauteurs quelquefois prodigieuses où il plane, il tombe sur elle comme un plomb, la saisit dans ses serres, et va la dévorer sur un arbre voisin. Sa nourriture consiste en levrauts, taupes, rats, mulots, reptiles, et en poissons, qu'il enlève à la surface de l'eau. Il niche sur les arbres élevés et plus rarement sur les rochers. Il est sédentaire dans quelques parties de la France, et assez répandu dans toute l'Europe.

Fig. 414. Milan royal.

Le *Milan noir* est très-commun en Russie. Il a un goût tout particulier pour le poisson. Cependant il ne dédaigne pas de se mêler aux vautours, pour dévorer des charognes, et on le voit rôder sur la ville de Moscou pour engloutir les débris de cuisine jetés dans les rues. En automne, ces milans se réunissent, traversent la mer Noire, et vont passer l'hiver en Égypte, où ils sont si familiers qu'ils se posent, dans les villes, sur les fenêtres des maisons; au printemps, ils retournent en Europe.

Le *Milan parasite* a été ainsi nommé par Levaillant parce qu'il ne vit guère qu'aux dépens de l'homme, soit en dévastant les basses-cours, soit en pillant, avec une impudence rare, les voyageurs qui campent en plein air. Levaillant raconte que lorsqu'il faisait halte, il y en avait toujours quelques-uns qui se posaient sur ses chariots, pour lui voler des morceaux de viande.

« Au Caire, dit le docteur Petit, dans la relation de son voyage en Abyssinie, je vis un jour un milan enlever brusquement des mains d'une femme arabe un morceau de pain couvert de fromage, au moment où elle le portait à sa bouche. Au Chizé, en Abyssinie, un autre enleva, sous le nez de mon chien qui les gardait, et qui s'élança en aboyant après lui, les débris d'un mouton que l'on venait de tuer. Maintes fois ils le firent aussi sous les yeux de mes gens. »

Le docteur Petit ajoute que ces oiseaux se réunissent parfois en troupes innombrables; il en a vu plus de quatre mille planer ensemble au-dessus d'un village égyptien.

Le *Milan de la Caroline* est remarquable par sa queue extraordinairement fourchue, dont il se sert comme d'un gouvernail, pour se diriger dans l'air, et y décrire les courbes les plus élégantes; de là le nom de *naucler* (pilote) *à queue fourchue*, qu'on lui donne quelquefois.

Le milan a le bec et les serres faibles, eu égard à sa taille; aussi évite-t-il, autant que possible, les oiseaux de proie mieux armés que lui. On est parti de là pour lui faire une réputation de lâcheté: il serait plus juste de dire qu'il a conscience de sa faiblesse : il agit sagement en ne recherchant pas des luttes dont l'issue ne pourrait que lui être fatale.

Cet oiseau s'apprivoise aisément, et si on le prend un peu jeune, il devient assez familier.

Les *Buses* ont les ailes longues, la tête grosse, le corps trapu, les tarses courts ou médiocres, le bec courbé dès la base; en somme, l'aspect lourd et disgracieux. Elles ne saisissent pas leur proie à tire-d'aile; elles sont trop paresseuses pour se livrer à un exercice aussi violent. Elles préfèrent se mettre en embuscade sur un arbre ou sur une motte de terre, et attendre là, avec patience, qu'une proie passe à leur portée. Elles restent quelquefois ainsi plusieurs heures dans l'immobilité la plus complète, avec un air de stupidité qui est passé en proverbe, et qui tient autant à leur attitude nonchalante et affaissée qu'à la faiblesse de leurs yeux, très-sensibles à la lumière du jour.

Les buses nichent sur les arbres élevés des grands bois, soit dans les plaines, soit dans les montagnes, ou au milieu des broussailles croissant parmi les rochers. A l'époque des premières gelées, elles se rapprochent des habitations, pour guetter les volailles; et si elles sont pressées par la faim, elles ne crai-

Fig. 415. Buse commune.

gnent pas de les enlever en plein jour. Elles se nourrissent en général de petits oiseaux, de rongeurs, de serpents, d'insectes, quelquefois de céréales. Elles s'apprivoisent très-facilement. M. Degland en cite une qui vivait en très-bonne intelligence avec un chien de chasse et partageait même sa nourriture avec lui. Buffon parle d'une autre qui était tellement attachée à son maître qu'elle ne se plaisait que dans sa compagnie, assistait à tous ses repas, le caressait de la tête et du bec, et venait, tous les soirs, coucher sur sa fenêtre, bien qu'elle jouît de la plus grande liberté. Un jour qu'il se promenait à cheval, elle le suivit à plus de deux lieues, en planant au-dessus de lui.

Les buses se prêtent aussi avec beaucoup de bonne volonté à l'incubation et à l'éducation des jeunes oiseaux.

M. Yarrel raconte que, dans la ville d'Uxbridge, en Angleterre, une buse domestique ayant manifesté le besoin de construire un nid, on lui en fournit le moyen, puis on plaça sous elle deux œufs de poule. Elle les couva, les fit éclore et éleva les jeunes poussins, comme s'ils eussent été ses propres enfants. Pour lui éviter l'ennui de couver, on mit un jour dans son nid des poulets naissants ; mais elle les tua tous, parce qu'elle n'avait pas fait à leur égard acte de maternité.

Les principales espèces de buses sont : la *Buse commune* (fig. 415, page 699), très-répandue dans toute l'Europe, et sédentaire en France. Très-commune autrefois en Angleterre, elle y est devenue fort rare depuis quelques années ; — la *Buse bondrée*, qui habite l'Europe orientale ; elle est très-friande d'abeilles et de guêpes, et en fait sa principale nourriture ; elle mange aussi du froment ; à l'état domestique, elle s'accommode même fort bien des fruits ; — la *Buse pied-de-lièvre*, vulgairement *Buse pattue*, ainsi nommée à cause des plumes qui lui couvrent les tarses jusqu'aux doigts, habite l'Europe, le nord de l'Afrique, l'Asie et l'Amérique.

Les oiseaux qui appartiennent au genre *Busard* sont caractérisés par des tarses longs et minces, revêtus de plumes à leur partie supérieure seulement, et par une sorte de collerette formée de plumes serrées, qui entourent le cou, et s'étendent de chaque côté jusqu'aux oreilles. Ils habitent les plaines marécageuses et les bois situés à proximité des rivières. Bien différents en cela de la plupart des Falconidés, ils nichent à terre, ou très-près de terre, dans les broussailles et les moissons. Ils cherchent leur proie en rasant le sol, et la saisissent par surprise ; si elle leur échappe, ils ne la poursuivent pas. Nous en possédons deux espèces en Europe : le *Busard Soubuse*, et le *Busard Montagu*.

Le *Busard Soubuse*, vulgairement *Soubuse*, *oiseau Saint-Martin*, est haut de quarante-cinq centimètres environ. Il habite toutes les contrées de l'Europe, et se nourrit de petits oiseaux, de rongeurs, de reptiles, de grenouilles ; lorsqu'il peut pénétrer dans les colombiers et les basses-cours, il cause de grands ravages parmi les pigeonnaux et les poulets.

Le *Busard Montagu* (fig. 416) se nourrit principalement de sauterelles. M. Barbier-Montault, qui a beaucoup observé ces oiseaux, dit qu'il en a ouvert une cinquantaine, et qu'il a toujours trouvé dans leur estomac une grande quantité de sauterelles, à l'exclusion de tout autre aliment.

Ces rapaces aiment à voler et s'élèvent souvent à de grandes hauteurs ; après quoi, ils reviennent à leur point de départ en faisant force culbutes. Lorsque les couvées sont terminées, ils se réunissent quelquefois par centaines, pour passer la nuit

Fig. 416. Busard Montagu.

dans le voisinage des marais ; et il est alors très-facile de les tuer.

Nous citerons encore, parmi les espèces de ce genre : — le *Busard grenouillard*, qui habite l'Afrique méridionale, où il se nourrit surtout de grenouilles et de poissons ; — le *Busard des marais*, qu'on trouve en Europe et dans le nord de l'Afrique ; — le *Busard cendré*, qui se rencontre dans l'extrême sud de l'Amérique ; il vole avec beaucoup d'aisance : aussi est-il toujours en mouvement ; il ne se repose que pour happer sa proie ; il est très-sauvage, et ne se laisse approcher que pendant son repas.

Les *Caracaras* sont un genre d'oiseaux qui forment une transition entre les Falconidés et les Vulturidés. Ils ont, en effet, comme les vautours, le jabot saillant, les yeux à fleur de tête, la tête en partie dénuée de plumes, les doigts longs, surtout le médian, les ongles peu arqués. Comme les vautours, ils ont un goût prononcé pour les charognes et les immondices. Ils n'en font cependant pas leur nourriture exclusive ; ils prennent, à l'occasion, de petits mammifères, de jeunes oiseaux, des reptiles, des mollusques, des sauterelles et même des vers : aussi peut-on dire qu'ils sont polyphages. Ils sont essentiellement marcheurs ; la faible courbure de leurs ongles leur rend du reste cet exercice facile ; il n'est pas rare de les voir se promener à pas lents, pendant un temps quelquefois fort long.

Leur nom leur vient du cri qu'ils poussent en élevant la tête et la renversant sur le dos. Ils sont propres à l'Amérique, où on les trouve à toutes les latitudes et à toutes les altitudes. Ils présentent cependant quelques différences suivant les régions qu'ils habitent sur un espace aussi étendu. Chaque espèce s'immobilise dans une zone qui lui est spéciale. C'est ainsi que le *Caracara commun* se rencontre partout depuis les terres australes jusqu'aux contrées les plus chaudes, mais seulement à une faible altitude, en compagnie du *Caracara chimango;* tandis que les sommités des Andes sont habitées par le *Caracara montagnard*, et que le *Caracara chimachina* se tient dans les plaines brûlantes d'entre les tropiques.

Le caracara (principalement l'espèce commune, et le chimango) se distingue des autres Falconidés par une familiarité excessive ; il recherche partout le voisinage de l'homme. Mais on aurait tort de lui savoir gré d'un rapprochement dans lequel l'affection n'a aucune part : l'égoïsme et l'intérêt le poussent seuls à agir ainsi, et en font le plus souvent un parasite incommode. Il n'aime l'homme que parce qu'il se nourrit à ses dépens, soit en dévorant les débris de ses repas, soit en égorgeant ses poulets dans les basses-cours, soit en s'emparant du morceau de viande que l'indigène fait sécher au soleil. Il ne lui est utile que par un seul côté : sa prédilection pour les cadavres et les immondices, qu'il dispute aux vautours avec acharnement. Il suit sournoisement le chasseur, et lui dérobe son gibier s'il ne le ramasse prestement. Il accompagne les caravanes à travers les plaines immenses, dans l'espoir que quelque animal tombera en route et qu'il pourra s'en repaître; il harcèle les chevaux et les mulets blessés par le bât, et, s'attachant avidement à leurs plaies, il dévorerait ces animaux, pour ainsi dire tout vivants, s'ils n'avaient l'esprit de se rouler par terre. Il s'établit près des troupeaux de moutons, et s'il peut tromper la surveillance du berger, il se précipite sur la brebis qui vient de

Fig. 417. Caracara noir.

mettre bas, déchire le cordon ombilical, et dévore, avec une affreuse joie, les entrailles du nouveau-né.

Confiant dans sa force, il poursuit fréquemment les autres oiseaux, notamment les vautours et les mouettes, pour leur faire dégorger les aliments qu'ils viennent de prendre, et livre même à ceux de son espèce des combats sanglants pour la possession d'une proie. Contrairement à la plupart des animaux libres, il s'accouple toute l'année, sans faire cependant plus d'une ou deux couvées par an. Il place son nid dans les endroits touffus, et sa ponte se compose de deux œufs.

Outre les quatre espèces que nous avons mentionnées, on

connaît le *Caracara funèbre*, ainsi nommé à cause de sa livrée, presque entièrement noire. Il est plus pillard encore que les précédents, et habite les rivages des régions australes : la Terre de Feu, les îles Malouines, la Terre de Van-Diémen, la Nouvelle-Zélande, etc.

Famille des Vulturidés. — Les *Vulturidés* forment une famille très-naturelle, qui se distingue facilement de celle des Falconidés par les caractères suivants : bec droit dans presque toute sa longueur, recourbé seulement à son extrémité ; tête et cou ordinairement dénués de plumes et revêtus de duvet ; yeux petits et à fleur de tête ; tête peu volumineuse ; tarses généralement nus ; doigts courts ; ongles faibles et peu arqués ; ailes très-longues. Ils s'en distinguent encore par l'habitude qu'ils ont de se tenir presque horizontalement, soit qu'ils se reposent, soit qu'ils marchent ; tandis que les Falconidés se redressent davantage et ont un port plus noble. Ils affectionnent cette attitude, probablement à cause de la longueur de leurs ailes, qui, même en cet état, balayent la terre et traîneraient bien davantage s'ils n'usaient de cette précaution. Ils sont enfin caractérisés par leur goût tout particulier pour la chair putréfiée, dont ils font presque exclusivement leur nourriture, car ils n'attaquent que fort rarement des proies vivantes.

Lorsqu'ils sont repus, leur jabot, gonflé par les aliments, forme sur le devant du cou une saillie volumineuse ; une humeur fétide coule de leurs narines, et ils restent plongés dans un engourdissement stupide, jusqu'à l'achèvement de la digestion.

Ils volent lourdement, mais s'élèvent à des hauteurs prodigieuses. Un cadavre apparaît-il dans la plaine, ils l'aperçoivent aussitôt, et descendent, en tournoyant, pour le déchiqueter. On a voulu expliquer leur arrivée si prompte auprès des cadavres, alors même que l'œil de l'homme le plus exercé n'en distingue pas un seul à plusieurs lieues à la ronde, et l'on a supposé que leur organe olfactif est assez sensible pour aspirer, à de pareilles distances, les émanations qui s'échappent des corps en décomposition. Mais, dans ces derniers temps, certains observateurs ont combattu cette ancienne théorie : selon eux, les Vulturidés ne *sentent* pas les corps morts, il les *voient*. La clarté ne s'est pas encore faite sur cette question. Nous croyons donc prudent de nous abstenir d'un jugement absolu et d'admettre que la vue et l'odorat concourent ensemble au résultat constaté, soit que ces deux sens s'exercent avec la même puissance, soit que l'un d'eux prédomine sur l'autre.

Les Vulturidés exhalent une odeur infecte, due à leur genre spécial de nourriture ; aussi leur chair ne saurait-elle jamais être utilisée comme aliment. Cette famille comprend quatre genres principaux : les *Gypaëtes*, les *Sarcoramphes*, les *Cathartes* et les *Vautours*.

Les *Gypaëtes* (vautours-aigles) forment, comme leur nom l'indique, un genre intermédiaire entre les aigles et les vautours. Quoiqu'ils aient, en effet, comme les autres Vulturidés, les yeux petits et à fleur de tête, les serres peu robustes et le jabot saillant pendant la digestion, ils se rapprochent des aigles par leurs tarses emplumés, ainsi que la tête et le cou, et par leur préférence pour les proies vivantes qu'ils attaquent assez volontiers. Nous compléterons leur portrait en disant qu'ils ont le bec très-fort et renflé vers la pointe.

Le *Gypaëte barbu*, décrit par Buffon sous le nom de *Vautour doré*, doit son nom à une touffe de poils roides, qu'il a sous le bec ; c'est l'unique espèce du genre. Il habite les plus hautes montagnes de l'Europe, de l'Asie et de l'Afrique. Son aire, établie dans les rochers les plus inaccessibles, présente des dimensions considérables. C'est le plus grand des rapaces de l'ancien continent : il atteint jusqu'à cinq pieds de long et mesure ordinairement neuf à dix pieds d'envergure. Il dépasse même quelquefois ces limites, car on en tua un pendant notre expédition d'Égypte, devant Monge et Berthollet, qui l'ont attesté, qui avait quatorze pieds d'envergure.

Le gypaëte est doué d'un vol puissant et d'une très-grande force musculaire : il n'est donc pas étonnant qu'il attaque des animaux d'assez grande taille, tels que veaux, agneaux, daims, chamois, etc., et qu'il parvienne à les terrasser. Pour arriver à ses fins, il use d'un artifice particulier, qu'emploie également l'aigle. Il attend que sa proie soit isolée sur le bord d'un précipice, et s'élançant alors contre elle, il la frappe sans relâche de la poitrine et de l'aile, jusqu'à ce qu'elle tombe dans l'abîme, où il la suit et la dévore.

On assure qu'il se rue parfois sur des hommes endormis, et qu'il ose même manœuvrer contre les chasseurs de chamois, pour leur faire perdre l'équilibre dans les passages difficiles. Mais on ne saurait admettre qu'il enlève des agneaux et même des enfants dans son aire. La faiblesse de ses serres ne lui permet pas de lier une proie un peu lourde; il est obligé de la déchirer et de s'en repaître à terre.

Il ne peut donc emporter les enfants; seulement il les attaque quelquefois, comme le prouvent les deux faits suivants.

En 1819, deux enfants furent dévorés par des gypaëtes dans les environs de Saxe-Gotha, si bien que le gouvernement mit à prix la tête de ces cruels ravisseurs. M. Crespon, dans son *Ornithologie du Gard*, rapporte le second fait :

« Depuis plusieurs années, dit-il, je possède un gypaëte vivant qui ne montre pas un grand courage envers d'autres gros oiseaux de proie habitant avec lui, mais il n'en est pas de même pour les enfants, contre lesquels il s'élance en étendant les ailes et en leur présentant la poitrine comme pour vouloir les en frapper. Dernièrement, j'avais lâché cet oiseau dans mon jardin. Épiant le moment où personne ne le voyait, il se précipita sur une de mes nièces, âgée de deux ans et demi, et l'ayant saisie par le haut des épaules, il la renversa par terre. Heureusement que ses cris nous avertirent du danger qu'elle courait; je me hâtai de lui porter secours. L'enfant n'eut que la peur et une déchirure à sa robe. »

Ce n'est que dans les cas de faim extrême, et lorsqu'il manque totalement de proies vivantes, que le gypaëte se nourrit d'animaux morts.

Ce rapace montre un certain courage pour la défense de ses petits. Le chasseur de chamois, Joseph Scherrer, étant monté jusqu'à une aire, pour dénicher les petits, eut à soutenir, après avoir tué le mâle, une lutte si furieuse contre la femelle, qu'il eut toutes les peines du monde à se dégager. Il ne put y parvenir qu'en saisissant son fusil, qui lui permit de foudroyer l'oiseau. Il revint de son expédition avec de profondes blessures.

L'esprit d'association existe peu chez les gypaëtes ; c'est là, du reste, un fait commun à tous les animaux que la nature a doués d'une certaine supériorité physique, car les faibles seuls mettent en pratique cette maxime : « l'union fait la force. » Ils vivent isolément par paires ; on les voit rarement réunis en nombre.

Les gypaëtes étaient autrefois beaucoup plus répandus en Europe qu'ils ne le sont aujourd'hui ; cela tient à la grande destruction qu'on en a faite dans le siècle dernier. De nos jours encore, on encourage la chasse de cet oiseau, en accordant une prime pour chaque individu tué. La ponte de la femelle étant fort limitée (deux œufs seulement), on ne doit pas s'étonner de voir diminuer très-notablement l'espèce.

Chez les oiseaux qui appartiennent au genre *Sarcoramphe*, la base du bec est garnie d'un collier de longues plumes et le bec est surmonté d'une crête charnue, épaisse et festonnée; ils tirent leur nom de cette particularité d'organisation, car *Sarcoramphe* veut dire *bec charnu*.

Ce genre ne comprend que deux espèces : le *Sarcoramphe condor* et le *Sarcoramphe pape*.

Par sa taille, par la puissance et l'étendue de son vol, le *Condor* (de *Cuntur*, en langue péruvienne), vulgairement nommé le *Grand Vautour des Andes*, est l'espèce la plus remarquable de la famille des Vulturidés. Son plumage est d'un bleu foncé tirant sur le noir ; sa collerette, qui occupe seulement le derrière et les côtés du cou, est faite d'un duvet éblouissant de blancheur. Sa crête, taillée en biseau, est cartilagineuse, de couleur bleuâtre, et se prolonge sur les côtés du cou par deux cordons charnus. Enfin, il porte deux appendices charnus sur le devant du cou, à la hauteur de la collerette. Le mâle seul est doué de ces excroissances ; la femelle a la tête et le cou nus et d'une couleur brunâtre. Les ailes sont aussi longues que la queue ; elles ont de dix à douze pieds de développement total; la longueur du corps, depuis le bout du bec jusqu'à l'extrémité de la queue, est de $1^m,20$ en moyenne.

Le condor habite principalement le versant occidental de la chaîne des Andes, dans la Bolivie, le Pérou, le Chili, et à toutes les altitudes, depuis les sables brûlants des bords de la mer, jusqu'aux solitudes glacées des neiges éternelles. De Humboldt et Bonpland observèrent constamment des condors autour d'eux, dans leurs explorations des Andes, à 4800 mètres au-dessus du niveau de la mer. D'Orbigny en a vu jusque sur le sommet de l'Illimani, à 7500 mètres de hauteur, et il en a souvent rencontré sur les côtes du Pérou et de la Patagonie, cherchant leur nourriture parmi les débris de toutes sortes, que rejetaient les vagues sur le rivage.

Ainsi ces oiseaux supportent des différences de température que l'homme ne pourrait braver : à six mille mètres, en effet, l'air est tellement raréfié et le froid si intense, que nulle créature humaine n'est capable d'y vivre pendant un certain temps.

Le condor passe la nuit près des neiges, dans une anfractuosité de rocher. Dès que le soleil vient dorer la cime de la montagne, il redresse son cou, jusque-là enfoncé entre les épaules, sort de sa retraite, et, agitant ses vastes ailes, il s'élance dans l'espace. Entraîné d'abord par son propre poids, il reprend bientôt possession de lui-même, et parcourt les plaines de l'air avec une aisance et une ampleur majestueuses. Des battements presque imperceptibles le conduisent dans toutes les directions : tout à l'heure il rasait la surface du sol; le voici maintenant dans la nue, à mille mètres plus haut. De ces hauteurs il domine les deux océans, et s'il n'est plus visible pour les habitants de la terre, leurs moindres mouvements ne sauraient, au contraire, échapper à sa vue perçante. Tout à coup, il aperçoit une proie; et repliant en partie ses ailes, il se précipite sur elle, avec une rapidité foudroyante.

Quoique doué d'aussi puissants moyens d'action, le condor n'attaque jamais les animaux vivants, à moins qu'ils ne soient tout jeunes, affaiblis ou malades. Il préfère les charognes et les immondices. Les récits de certains voyageurs concernant l'audace de cet oiseau sont donc controuvés. Il est inexact de dire qu'il se jette sur l'homme, puisqu'un enfant de dix ans, armé d'un bâton, suffit pour le mettre en fuite. On a prétendu que le condor enlève des agneaux, de jeunes lamas et même des enfants : cette assertion ne résiste pas à l'examen, car le condor, comme tous les Vulturidés, a les doigts courts et les ongles non rétractiles; il lui est donc radicalement impossible de saisir et d'emporter une proie un peu lourde.

Ce qui n'est pas contestable, c'est qu'il rôde autour des troupeaux de vaches et de brebis, et qu'à l'exemple des caracaras, il se précipite sur ces animaux nouveaux-nés, pour les dévorer. Il accompagne aussi les caravanes qui traversent les plaines arides de l'Amérique méridionale. Si quelque malheureux âne, exténué de fatigues et de privations, tombe sur la route, sans force pour aller plus loin, il devient la proie de ces brigands ailés, qui le dévorent en détail, lui faisant souffrir mille morts.

M. de Castelnau, qui a observé les condors dans les Andes, dit à ce propos :

« On a vu des voyageurs, affaiblis par la fatigue et la souffrance, tomber à terre et être aussitôt attaqués, harcelés et déchirés par ces oiseaux féroces qui, tout en arrachant des lambeaux de chair à leurs victimes, leur fracassent les membres à coups d'ailes. Les malheureux résistent bien quelques instants ; mais bientôt des débris ensanglantés restent seuls pour annoncer aux voyageurs qui passeront encore la mort horrible de ceux qui les ont précédés dans ces passages dangereux. »

Fig. 418. Condor.

Le condor possède une vitalité extraordinaire. De Humboldt raconte qu'il lui fut impossible d'étrangler un de ces oiseaux, et qu'il n'en put venir à bout qu'à coups de fusil.

Lorsque le condor s'est gorgé de viande, il est lourd et peut à peine s'envoler. Les Indiens, qui connaissent cette particularité, la mettent à profit pour détruire une engeance qui leur est si préjudiciable. Ils attirent les condors, au moyen d'une charogne placée en évidence. Lorsque ces rapaces sont bien repus, ils les poursuivent à cheval, les enveloppent de leur redoutable *lasso* et les assomment à coups de bâtons.

Les condors ne se réunissent que pour dévorer quelque ani-

Fig. 419. Sarcoramphe pape, ou Roi des Vautours.

mal de grande taille. Après le repas, ils se séparent, et vont digérer, à l'écart, dans un creux de rocher. Ils ne construisent pas de nid; la femelle dépose deux œufs dans les crevasses des montagnes et des falaises. L'éducation des petits dure plusieurs mois; les parents les nourrissent en dégorgeant dans leur bec les aliments qu'ils tiennent en réserve dans leur jabot, et tous les Vulturidés font de même.

Le condor s'apprivoise difficilement; la captivité accroît encore sa sauvagerie. De Humboldt en garda un pendant huit jours, à Quito, et il déclare qu'il était dangereux de s'en approcher.

Le *Sarcoramphe pape* (fig. 419) se distingue du condor par son collier, qui est entier et d'une couleur bleu-ardoisé, ainsi que par sa crête, qui est orangée et n'occupe que le dessus du bec. Loin de se tenir, comme le précédent, dans les lieux arides et découverts, il habite les plaines et les collines boisées, il établit son nid dans les excavations des vieux arbres. Ses mœurs sont, d'ailleurs, les mêmes que celles du condor. On l'a surnommé le *roi des vautours*, parce que les autres vautours le redoutent, et s'éloignent lorsqu'il s'abat sur une proie qu'ils s'étaient appropriée. On le trouve au Mexique, à la Guyane, au Pérou, au Brésil et au Paraguay. Chez cette espèce, la femelle possède une crête, comme le mâle.

Les *Cathartes* ont le bec grêle et allongé, la tête et le cou nus, les narines oblongues et percées de part en part, les ailes obtuses, dépassant très-peu la queue. Leur nom fait allusion à leur goût marqué pour la chair putréfiée: *Catharte* veut dire en effet, *qui purifie*. On en connaît quatre espèces: l'*Urubu* et l'*Aura* qui habitent l'Amérique; le *Catharte percnoptère* et le *Catharte moine*, propres à l'ancien continent.

L'*Urubu* est de la taille d'un petit dindon. Son plumage, d'un noir brillant, lui donne un air de croque-mort, que justifient pleinement ses dégoûtantes habitudes. Éminemment sociable, on le rencontre toujours en troupes nombreuses. Comme tous les oiseaux qui vivent de matières corrompues, il est le commensal assidu de l'homme, qu'il accompagne dans toutes ses pérégrinations. Il a même conquis droit de cité dans la plupart des grandes villes de l'Amérique méridionale. On le voit circuler dans ces villes, pour ainsi dire à l'état domestique, et s'y multiplier dans des proportions toujours croissantes, sous la protection des lois. Au Pérou, en effet, il est défendu de tuer un urubu, sous peine d'une amende de 250 francs. La même défense existe à la Jamaïque.

On comprendra de telles immunités, lorsqu'on saura que les

urubus sont seuls chargés, dans ces pays, de débarrasser la voie publique des détritus de toutes sortes, qui ne manqueraient pas d'infecter l'air, sous l'influence d'une température élevée, et qui engendreraient des épidémies continuelles. Ces rapaces sont donc les conservateurs de l'hygiène et de la salubrité générales : à ce titre ils sont éminemment utiles, et l'on s'explique qu'ils soient placés sous la sauvegarde des lois, malgré leur aspect repoussant et leur odeur immonde.

« La familiarité des urubus est extrême, dit Alcide d'Orbigny : j'en ai vu, dans la province de Mojos, lors des distributions de viande faites aux Indiens, leur en enlever des morceaux au moment où ils venaient de les recevoir. A *Concepcion de Mojos*, au moment d'une de ces distributions périodiques, un Indien me prévint que j'allais voir un urubu des plus effrontés, connu des habitants parce qu'il avait une patte de moins. Nous ne tardâmes pas, en effet, à le voir arriver et montrer toute l'effronterie annoncée : on m'assura qu'il connaissait parfaitement l'époque de la distribution, qui a lieu tous les quinze jours dans chaque mission ; et la semaine suivante étant à la mission de Magdalena, distante de vingt lieues de celle de Conception, à l'heure même d'une distribution semblable, j'entendis crier les Indiens, et je reconnus l'urubu boiteux qui venait d'arriver. Les curés des deux missions m'ont affirmé que cet urubu ne manquait jamais de se trouver aux jours fixés dans l'une et dans l'autre : ce qui dénoterait dans l'urubu un instinct très-élevé, joint à un genre de mémoire rare chez les oiseaux. »

Suivant qu'il habite la campagne ou la ville, l'urubu passe la nuit sur les grosses branches des arbres, ou sur les toits des maisons. Le matin, dès l'aube, il se met en quête de sa nourriture, et, décrivant de grands cercles dans les airs, il explore les environs. S'il aperçoit un cadavre, il le dépèce gloutonnement. Mais d'autres urubus ont vu ses mouvements ; et bientôt il en arrive des milliers, pour prendre part à ce festin funèbre. Ce sont alors des rixes et des combats, où le droit du plus fort triomphe toujours. En peu d'instants, le cadavre est dévoré : il n'en reste plus qu'un squelette, si bien nettoyé, qu'un anatomiste ne pourrait mieux opérer. Les urubus vont ensuite se percher aux environs, et là, le cou rentré entre les épaules, les ailes étendues, ils digèrent tranquillement les aliments dont ils viennent de se gorger.

Si les urubus, comme la plupart des Vulturidés, ouvrent ainsi leurs ailes, quoiqu'en repos, pendant des heures entières, c'est qu'ils exhalent de leur corps une sorte de sueur graisseuse dont l'air active l'évaporation : d'où résulte pour eux un sentiment de fraîcheur.

La répugnance qu'ils inspirent, malgré les services qu'ils rendent à l'homme, fait qu'on n'élève guère les urubus en domesticité. Cependant d'Orbigny en a vu plusieurs complétement apprivoisés, et a constaté qu'ils sont capables d'affection. Un créole en avait un, raconte ce naturaliste, qu'il avait élevé et qui l'accompagnait partout. A une certaine époque, son maître étant

Fig. 420. Urubu.

tombé malade, l'oiseau devint triste ; un jour, la chambre du malade étant restée ouverte, il vola auprès de lui, et lui témoigna par ses caresses sa joie de le revoir.

Le *Catharte aura* habite les mêmes régions que l'espèce précédente, mais il se montre un peu plus au nord, car on en rencontre jusqu'en Pensylvanie. Il est à peu près de la même taille que l'urubu, et son genre de vie est absolument semblable ; il est seulement un peu moins sociable. Comme l'urubu, il est protégé par les lois : au Pérou, le meurtrier de l'aura est puni d'une amende de cinquante piastres; à Cuba, le coupable est excommunié.

Le *Catharte percnoptère* est à l'ancien continent ce que l'urubu et l'aura sont au nouveau. Il est très-commun en Grèce, en Turquie, et surtout en Égypte et en Arabie. A Constantinople et dans les villes d'Égypte, il est chargé, comme ses congénères, d'enlever toutes les matières putrescibles que l'incurie et l'apathie des habitants laissent séjourner dans les rues. Aussi est-il fort respecté; et bien que la loi n'édicte aucune peine contre celui qui tue un de ces oiseaux, les percnoptères n'en jouissent pas moins de la plus grande sécurité au milieu des populations musulmanes.

Ces oiseaux étaient connus des anciens, qui leur avaient donné le nom de Percnoptères à cause de leurs ailes noires. Les Égyptiens les rangeaient parmi les animaux sacrés, et on les trouve souvent représentés sur leurs monuments, comme un symbole religieux. Ils suivent par troupes les caravanes dans le désert, parce qu'ils en retirent toujours quelque profit; et, comme ils accompagnent aussi les pèlerins qui se rendent à La Mecque, il se trouve chaque année de fervents musulmans qui lèguent de quoi entretenir un certain nombre de ces oiseaux fidèles à la foi musulmane.

Le *Catharte* est de la taille d'une poule, d'où le nom de *Poule de Pharaon*, sous lequel il est désigné en Égypte. Quoique peu porté pour les proies vivantes, il attaque quelquefois de petits animaux incapables de fuir ou de se défendre. Le grand corbeau est pour lui un adversaire dont il reconnaît la supériorité, car il ose rarement lui résister.

Le *Catharte moine* doit son nom à la couleur de sa livrée, qui est brune comme la robe de certains moines; il habite le Sénégal. Ses mœurs ne présentent d'ailleurs aucune particularité remarquable.

Les *Vautours* proprement dits ont la tête et le cou nus, et le cou garni à sa base d'un collier de plumes, les narines rondes ou ovales, les tarses nus ou emplumés dans leur partie supérieure, le doigt médian très-long, les ailes pointues, traînant jusqu'à terre. Leur vol, quoique puissant, est lent et pesant; ils prennent difficilement leur essor, et c'est là ce qui leur a valu leur nom (*Vultur: volatus tardus*, vol tardif). Amateurs forcenés de viande corrompue, ils se nourrissent peu de chair fraîche, bien qu'ils ne la dédaignent pas absolument; aussi n'attaquent-ils guère les animaux vivants.

Buffon a marqué le vautour d'un stygmate d'infamie qui restera longtemps attaché à son nom :

« Les vautours, dit-il, n'ont que l'instinct de la basse gourmandise et de la voracité ; ils ne combattent guère les vivants que quand ils ne peuvent s'assouvir sur les morts. L'aigle attaque ses ennemis ou ses victimes corps à corps ; seul il les poursuit, les combat, les saisit : les vautours, au contraire, pour peu qu'ils prévoient de résistance, se réunissent en troupes comme de lâches assassins, et sont plutôt des voleurs que des guerriers, des oiseaux de carnage que des oiseaux de proie ; car, dans ce genre, il n'y a qu'eux qui s'acharnent sur les cadavres au point de les déchiqueter jusqu'aux os : la corruption, l'infection les attire au lieu de les repousser. » Et plus loin : « Dans les oiseaux comparés aux quadrupèdes, le vautour semble réunir la force et la cruauté du tigre avec la lâcheté et la gourmandise du chacal. »

Notre grand naturaliste a calomnié le vautour. En le peignant sous d'aussi noires couleurs, il a voulu l'opposer à l'aigle, qu'il avait présenté comme la plus haute expression du courage et de la noblesse, et il a évidemment cédé à l'attrait d'établir un parallèle et comme un violent contraste entre ces deux oiseaux. Ce contraste devait, en effet, séduire l'esprit de Buffon, souvent plus amoureux de la forme que du fond. Le vautour recherche les cadavres parce qu'il les préfère aux proies vivantes, et s'il n'attaque pas les animaux vivants, comme le font d'autres

Fig. 421. Vautour occipital.

rapaces, c'est qu'il n'est pas armé et organisé pour cette attaque. Il obéit à sa nature irrésistiblement, fatalement : on ne peut voir là aucun sentiment de lâcheté. Il serait vraiment temps d'en finir avec ces vieilles formules de rhétorique des anciens naturalistes, qui sont en continuel et complet désaccord avec la science et l'observation.

Le genre Vautour comprend plusieurs espèces, qui toutes appartiennent à l'ancien continent.

Le *Vautour fauve*, ou *Griffon* (fig. 422), dont la taille égale celle de l'oie, habite surtout le sud et le sud-est de l'Europe : il est commun dans les Pyrénées, les Alpes, la Sardaigne, la Grèce, la Hongrie, l'Italie et l'Espagne ; on le voit rarement en France. Il

Fig. 422. Vautour fauve.

niche dans les fentes des rochers les moins accessibles. Quand la faim le presse, il ne craint pas d'attaquer les animaux vivants ; il est même très-redouté des pâtres du littoral méditerranéen, à cause des ravages qu'il fait parmi leurs troupeaux. Il s'apprivoise facilement, lorsqu'il est pris très-jeune ; M. Nordmann en cite un exemple :

« Une dame résidant à Taganrog possédait, dit-il, un vautour fauve qui, chaque matin, quittait son gîte, établi dans une cour, pour se rendre au bazar où l'on vend de la viande fraîche, et où il était connu et habituellement nourri. Dans le cas où on lui refusait sa pitance, il savait fort bien se la procurer par la ruse ; puis, avec son larcin, il se sauvait sur le toit de quelque maison voisine, pour le manger en paix et hors de toute atteinte. Souvent il traversait la mer d'Azow, pour se rendre dans la ville de ce nom, située vis-à-vis de Taganrog ; et, après avoir passé toute la journée dehors, il s'en revenait coucher à la maison. »

Le *Vautour Arrian* ou *cendré* est un peu plus gros que le *vautour fauve*. Il est commun dans les Alpes, les Pyrénées, le Tyrol, l'Archipel grec et aussi dans le sud de l'Espagne, l'Égypte et une grande partie de l'Afrique. A l'automne, il quitte les régions tempérées, pour aller hiverner dans les contrées chaudes. M. Degland et M. Bouteille citent des exemples d'intelligence et de courage donnés par cet oiseau : on a vu un *Vautour cendré* faire reculer des chiens qui voulaient le mordre ; un autre qui s'était enfui de chez son maître, blessa grièvement deux hommes attachés à sa poursuite. Les bergers le craignent plus que l'espèce précédente.

Le *Vautour Oricou* habite les hautes montagnes de l'Afrique. Il porte une crête charnue qui, naissant près de chaque oreille, descend le long du cou, et de laquelle il tire son nom. Levaillant, qui l'a souvent observé en Afrique, a plus d'une fois constaté sa voracité. Un jour qu'il avait tué deux buffles et qu'après les avoir fait dépecer, il faisait sécher au soleil les quartiers de viande, il fut assailli par une bande d'oricous et d'autres vautours qui enlevèrent les morceaux de chair, malgré les nombreuses balles dont on les accueillit. Un autre jour, ayant tué trois zèbres à quelque distance de son camp, il était allé chercher un chariot pour les emporter ; il ne trouva au retour que les carcasses des trois quadrupèdes, autour desquelles voltigeaient encore un millier de vautours.

L'oricou est d'assez grande taille ; il atteint un mètre cinquante centimètres de long et mesure jusqu'à trois mètres d'envergure. Il établit son aire au milieu de rochers escarpés, et il est fort difficile de s'en approcher.

Il existe trois autres espèces de vautours, de mœurs tout à fait semblables à celles des précédentes, et qu'il nous suffira de nommer. Ce sont : le *Vautour à calotte*, qui habite l'ouest et le nord de l'Afrique ; — le *Vautour moine*, qui se trouve en Afrique et aux Indes ; — le *Vautour indien*, qu'on rencontre dans l'Inde, à Java et à Sumatra.

Famille des Serpentaridés. — Cette famille ne comprend qu'une seule espèce, le *Serpentaire huppé*, qui par son organisation spéciale se rapproche des Échassiers.

Le *Serpentaire* a le bec largement fendu, très-crochu et très-fort ; l'arcade sourcilière saillante ; les jambes emplumées ; les tarses fort longs et recouverts, ainsi que les doigts, d'écailles larges et résistantes. La queue est étagée, et les deux pennes médianes sont beaucoup plus longues que les autres. Les ailes, courtes et munies de protubérances osseuses, constituent des armes meurtrières, dont cet oiseau se sert avec adresse pour terrasser les serpents qui font la base de sa nourriture. Il porte à l'occiput une longue huppe, qu'il peut hérisser à volonté, et qui lui a fait donner le nom de *Secrétaire*, par allusion à l'habitude des hommes de bureau, de placer leur plume derrière l'oreille, au temps où l'on se servait, pour écrire, de plumes d'oie, et non de morceaux d'acier. Il a les doigts courts, les ongles émoussés et disposés pour la marche ; aussi court-il très-rapidement, d'où le nom de *Messager*, sous lequel on le désigne aussi quelquefois.

Rien de plus curieux que la lutte d'un secrétaire avec un serpent. Le reptile attaqué s'arrête, se redresse contre son ennemi, gonfle son cou, et marque sa colère par des sifflements aigus.

« C'est dans cet instant, dit Levaillant, que l'oiseau de proie, développant l'une de ses ailes, la ramène devant lui, et en couvre, comme d'un égide, ses jambes, ainsi que la partie inférieure de son corps. Le serpent attaqué s'élance ; l'oiseau bondit, frappe, recule, se jette en arrière, saute en tous sens d'une manière vraiment comique pour le spectateur, et revient au combat en présentant toujours à la dent venimeuse de son adversaire le bout de son aile défensive ; et pendant que celui-ci épuise sans succès son venin à mordre ses pennes insensibles, il lui détache, avec l'autre aile, des coups vigoureux. Enfin le reptile, étourdi, chancelle, roule dans la poussière, où il est saisi avec adresse et lancé en l'air à plusieurs reprises, jusqu'au moment où, épuisé et sans force, l'oiseau lui brise le crâne à coups de bec, et l'avale tout entier, à moins qu'il ne soit trop gros, auquel cas il le dépèce en l'assujettissant sous ses doigts. »

Le Secrétaire ne se nourrit pas exclusivement de serpents ; il prend aussi des lézards, des tortues et même des insectes. Sa voracité est extrême, et il jouit d'une puissance digestive surprenante. Lévaillant en tua un dont l'estomac contenait vingt et une petites tortues entières, onze lézards de vingt à vingt-cinq centimètres de long; trois serpents longs de soixante à soixante-quinze centimètres, enfin une foule de sauterelles et d'autres insectes, plus une grosse pelotte de diverses matières qu'il n'a-

Fig. 423. Serpentaire, ou Secrétaire.

vait pu s'assimiler, et qui était destinée à être rejetée ultérieurement.

Ces rapaces habitent les plaines arides de l'Afrique méridionale. Ils s'apparient vers le mois de juillet. A cette époque, les mâles se livrent des combats sanglants pour la possession d'une femelle, qui devient la récompense du vainqueur. Le couple construit son nid dans les buissons les plus touffus, ou sur les arbres élevés. Ce nid est plat, et garni, à l'intérieur, de duvet et de plumes. Chaque ponte y apporte deux ou trois œufs, blancs tachés de roux. Les petits ne quittent que fort tard le logis paternel; ils n'en sortent qu'après avoir acquis tout leur développement. C'est à l'âge de quatre mois seulement qu'ils peuvent se tenir solidement sur leurs jambes et courir en toute liberté.

Le Secrétaire est très-apprécié au cap de Bonne-Espérance, à cause des services qu'il rend, en détruisant un grand nombre de reptiles venimeux. Comme il s'apprivoise aisément, lorsqu'il est pris jeune, les colons du Cap en ont fait un oiseau domestique, destiné à protéger les volailles contre les incursions des serpents et des rats : il n'est presque pas de maison qui n'en possède un. Il vit en bonne intelligence avec les oiseaux de basse-cour, et montre qu'il est ami de l'ordre, par son zèle à étouffer, dès qu'elles se produisent, les querelles qui naissent entre les gallinacés vivant près de lui. Seulement, il faut avoir soin de le nourrir convenablement; sans cela, il ne se fait pas scrupule d'égorger un ou deux poulets pour son déjeuner.

En 1832, on a introduit le serpentaire dans les Antilles françaises, notamment à la Guadeloupe et à la Martinique, pour l'opposer au *Trigonocéphale*, ou *Serpent fer de lance*, reptile dangereux qui pullule dans ces contrées, et dont nous avons parlé dans une autre partie de ce volume. L'introduction du serpentaire dans les Antilles a été un véritable bienfait : il faut lire, pour s'en convaincre, l'intéressant ouvrage publié sur cette question, il y a peu d'années, par M. Rufz de Lavison, qui habita longtemps les Antilles françaises, avant de devenir directeur du Jardin zoologique d'Acclimatation de Paris.

FIN DES OISEAUX.

TABLE DES MATIÈRES.

POISSONS.

Introduction... Pages 1 — 10

POISSONS CARTILAGINEUX.

Famille des Suceurs (Lamproie)............................... 10 — 13
Famille des Sélaciens (Raie, Torpille, Squale, Scie)......... 13 — 31
Famille des Sturioniens (Chimère, Polyodon, Esturgeon)....... 31 — 39

POISSONS OSSEUX.

ORDRE DES PLECTOGNATHES.

Famille des Gymnodontes (Diodon, Tétrodon, Poisson-lune)..... 41 — 44
Famille des Sclérodermes (Baliste, Coffre)................... 44 — 46

ORDRE DES LOPHOBRANCHES.

Genre Syngnate... 46 — 48
Genre Pégase... 48 — 49

ORDRE DES MALACOPTÉRYGIENS.

Famille des Anguilliformes (Équille, Gymnote, Murène, Ophisure, Anguille, Congre)... 50 — 68
Famille des Discoboles (Porte-Écuelle, Cyclôptère, Échène)... 69 — 71
Famille des Pleuronectes (Sole, Turbot, Flétan, Plie)........ 71 — 79
Famille des Ganoïdes (Morue, Merlan, Merluche, Lotte)........ 79 — 91
Famille des Salmones (Ombre, Éperlan, Lavaret, Truite, Saumon)... 91 — 107
Famille des Clupes (Hareng, Alose, Anchois, Sardine)......... 107 — 121
Famille des Ésoces (Brochet, Stomia, Exocet ou Poisson volant)... 121 — 129
Famille des Cyprins (Loche, Goujon, Barbeau, Tanche, Cyprinopsis, Brême, Ablette, Gardon, Chevaine, Vandoise, Vairon)... 129 — 149
Famille des Siluroïdes (Silure d'Europe, Malaptérure électrique)... 150 — 153

ORDRE DES ACANTHOPTÉRYGIENS.

Famille des Percoïdes (Perche, Bar, Apron, Vive, Uranoscope)...... 154. — 157
Famille des Mulles (Surmulet, Rouget).................. 157 — 161
Famille des Joues cuirassées (Trigle, Dactyloptère, Chabot, Scorpène, Épinoche)................................. 162. — 172
Famille des Pharyngiens labyrinthiformes (Anabas).......... 173 — 174
Famille des Scombéroïdes (Thon, Maquereau, Bonite, Germon, Espadon)................................... 174 — 186
Famille des Pectorales pédiculées (Baudroie)............ 186 — 188
Famille des Labroïdes (Labre, Girelle, Filou, Scare, Vieille)...... 188 — 189
Famille des bouches en flûte (Fistulaire)................ 189 — 190

BATRACIENS.

Famille des Batraciens anoures (Grenouille, Rainette, Crapaud, Pipa)..................................... 202 — 211
Famille des Batraciens urodèles (Salamandre, Triton)......... 211 — 214

REPTILES.

ORDRE DES OPHIDIENS.

Serpents non venimeux (Couleuvre, Python, Boa)............ 217 — 222
Serpents venimeux (Vipère, Trigonocéphale, Crotale, Naja)...... 222 — 240

ORDRE DES SAURIENS.

Famille des Orvets (Orvet, Sep)..................... 240 — 241
Famille des Lézards (Sauvegarde, Ameiva, Lézard)........... 241 — 244
Famille des Iguanes (Iguane tuberculeuse)............... 244 — 245
Famille des Véraniens (Basilic, Dragon volant)............ 245 — 247
Famille des Geckos (Gecko des murailles)................ 247 — 249
Famille des Caméléons (Caméléon).................... 249 — 251
Famille des Crocodiles (Caïman d'Amérique, Crocodile africain, Gavial de l'Inde)................................. 252 — 264

ORDRE DES CHÉLONIENS.

Tortues terrestres (Tortue bordée, Tortue mauresque, Tortue grecque, Tortue éléphantine, Dixide, Cinixys, Homopode)......... 266 — 268
Tortues de marais (Cistule, Émyde, Trionyx, Tortue Matamata)... 268 — 270
Tortues de fleuve (Trionyx)....................... 270 — 271
Tortues de mer (Tortue franche ou Chélonée franche, Caret, Tortue Caouane, Sphargis)............................ 273 — 281

OISEAUX.

ORDRE DES PALMIPÈDES.

Famille des Plongeurs (Plongeon, Manchot, Grèbe, Guillemot, Pingouin)... 310 — 323
Famille des Lamellirostres (Canard, Oie, Cygne).................. 323 — 355
Famille des Totipalmes (Frégate, Phaéton, Anhinga, Fou, Cormoran, Pélican)... 356 — 366
Famille des Longipennes (Hirondelle de mer, Bec-en-ciseau, Mouette, Goëland, Labbe, Pétrel, Albatros)..................................... 366 — 380

ORDRE DES ÉCHASSIERS.

Famille des Palamodactyles (Flamant, Avocette, Échasse)............ 382 — 388
Famille des Macrodactyles (Poule d'eau, Râle, Foulque, Glaréole, Jacana, Kamichi).. 388 — 397
Famille des Longirostres (Chevalier, Tournepierre, Combattant, Maubêche, Barge, Bécasse, Bécassine, Courli, Ibis).................... 397 — 419
Famille des Cultrirostres (Spatule, Cigogne, Jabiru, Ombrette, Bec-Ouvert, Drome, Tantale, Marabout, Savacou, Héron, Grue, Agami, Courlan, Caurale)... 419 — 439
Famille des Pressirostres (Cariama, Huîtrier, Court-vite, Édicuème, Vanneau, Pluvier, Outarde).. 439 — 448
Famille des Brévipennes (Autruche, Nandou, Casoar, Aptéryx, Dronte, Dinornis).. 448 — 465

ORDRE DES GALLINACÉS.

Famille des Tétraonidés (Coq de bruyère, Gélinotte, Lagopède)...... 467 — 471
Famille des Perdicidés (Ganga, Syrrhapte, Caille, Perdrix, Colin, Francolin, Turnix).. 471 — 491
Famille des Tinamidés (Tinamou, Nothure, Rhyncote, Eudromie).. 491
Famille des Chionidés (Chionis, Tinochore, Attagis)............... 491 — 492
Famille des Mégapodidés (Mégapode, Alecthélie, Talégalle)......... 492
Famille des Phasianidés (Faisan, Paon, Pintade, Dindon, Alector)... 492 — 522
Famille des Colombi-gallines (Goura).............................. 523 — 524
Famille des Colombes (Pigeon ramier, Pigeon colombier, Pigeon biset, Tourterelle, Pigeon voyageur)................................ 524 — 532
Famille des Colombars.. 532

ORDRE DES GRIMPEURS.

Famille des Perroquets (Ara, Perruche, Perroquet proprement dit, Kakatoès).. 533 — 544
Famille des Toucans (Toucan proprement dit, Aracaris)............. 544 — 545
Famille des Coucous (Coucou, Ani, Barbu, Couroucou, Touraco).... 545 — 553
Famille des Pics (Pic, Torcol).................................... 553 — 557
Famille des Jacamars... 557

ORDRE DES PASSEREAUX.

Famille des Syndactyles (Calao, Todier, Martin-pêcheur, Ceyx, Guêpier, Momot) .... 559 — 56

TABLE DES MATIÈRES.

Famille des Ténuirostres (Huppe, Colibri, Grimpereau, Sittelle)..... 564 — 574
Famille des Cornirostres (Paradisier, Corbeau, Rollier, Étourneau, Cassique, Pique-bœuf, Coliou, Bec-croisé, Moineau, Bruant, Mésange, Alouette)... 574 — 605
Famille des Fissirostres (Hirondelle, Engoulevent)................. 605 — 615
Famille des Dentirostres (Eurylaime, Manakin, Bec-fin, Lyre, Loriot, Martin, Mainate, Philédon, Cincle, Fourmilier, Merle, Tangara, Drongo, Cotinga, Gobe-mouches, Pie-grièche, Langrayen, Vanga, Cassican)... 615 — 640

ORDRE DES RAPACES.

RAPACES NOCTURNES.

Famille des Hibous (Grand-Duc, Moyen-Duc, Hibou brachyote, Éphialte, Kétupu, Petit-Duc)... 645 — 651
Famille des Chouettes (Chevêche, Chat-huant, Effraie, Chouette épervière)... 652 — 660

RAPACES DIURNES.

Famille des Falconidés (Aigle, Pygargue, Balbusard, Spizaëte, Faucon, Autour, Milan, Buse, Busard, Caracara)..................... 660 — 704
Famille des Vulturidés (Gypaète, Sarcoramphe (Condor), Catharte, Vautour).. 704 — 718
Famille des Serpentaridés (Serpentaire)............................ 718 — 720

FIN DE LA TABLE DES MATIÈRES.

INDEX ALPHABÉTIQUE

DES NOMS DES PRINCIPAUX GENRES
DE POISSONS, DE BATRACIENS, DE REPTILES ET D'OISEAUX

CITÉS DANS CE VOLUME.

POISSONS.

A

Ablette.................... 146 — 147
Alose...................... 119
Anabas..................... 173
Anchois.................... 121
Anguille................... 63 — 68
Apron...................... 156

B

Baliste.................... 44
Barbeau.................... 133 — 135
Bar........................ 155
Baudroie................... 186 — 188
Bonite..................... 184
Bouche en flûte, ou Fistulaire.. 190
Brême...................... 145
Brochet.................... 121 — 126

C

Carpe...................... 137 — 141
Chabot..................... 164
Chevaisne.................. 149
Chimère.................... 31 — 33
Coffre, ou Ostracion....... 45
Congre..................... 68
Cotte-Chaboisseau.......... 165
Cycloptère................. 69

D

Dactyloptère, ou Poisson volant de la Méditerranée.............. 163
Diodon..................... 43
Dorade de la Chine, ou Poisson rouge..................... 141 — 145
Échène rémora, ou Succet... 70
Éperlan.................... 92
Épinoche................... 166 — 169
Épinochette................ 169 — 172
Équille-appât.............. 51
Espadon.................... 184 — 186
Esturgeon.................. 34 — 39
Exocet volant.............. 127

F

Flétan..................... 74 — 76

G

Gardon..................... 148
Germon..................... 184
Girelle.................... 189
Goujon..................... 130 — 133
Grondin.................... 163
Gymnote électrique......... 52 — 59

H

Hareng .... 104 — 118
Hippocampe .... 47 — 48

L

Lamproie .... 11 — 12
Lavaret .... 94 — 95
Limande 79
Loche .... 129 — 130
Lotte 89

M

Maquereau .... 176 — 184
Merlan 88
Merluche 88
Morue .... 80 — 88
Murène .... 59 — 63

O

Ombre chevalier 100
Ombre commune 91
Ophisure serpent 63

P

Pégase-Dragon 48
Perche .... 153 — 155
Perlon 163
Plie, ou Carrelet 76
Poisson-lune, ou Môle 43
Polyodon-feuille 33
Porte-Écuelle 69

R

Raie .... 13 — 17
Requin .... 22 — 26

Rouget .... 158 — 161
Roussette .... 26 — 29

S

Sandre, ou Brochet perche 157
Sardine 119
Saumon .... 101 — 107
Scie 30
Scorpène volante 166
Scorpène 166
Silure .... 150 — 152
Silure électrique 152
Sole 72
Squale-Marteau 29
Stomias bea 126
Surmulet 157
Syngnate 47

T

Tabaca 42
Tanche .... 135 — 137
Tétrodon 41
Thon .... 173 — 176
Torpille .... 17 — 22
Trigle 162
Truite .... 95 — 103
Turbot 73

U

Uranoscope 157

V

Vairon 150
Vaudoise 149
Vieille 188
Vive 157

BATRACIENS ET REPTILES.

A

Alligator, ou Caïman ...... 256 — 260

B

Basilic 246
Boa .... 221 — 222

C

Caméléon .... 249 — 252
Céraste d'Égypte 228

Chélonée franche, ou Tortue franche. 277
Cinixys 268
Cistule 269
Couleuvre .... 217 — 219
Crapaud 208
Crocodile .... 252 — 264
Crotale Durisse, ou Bisquira 234
Crotale (serpent à sonnettes). 228 — 233

D

Dixide 268
Dragon volant 247

INDEX ALPHABÉTIQUE.

E
Emyde...................... 270

G
Gavial du Gange.................. 264
Gecko..................... 247 — 249
Grenouille................. 202 — 208

H
Homopode........................ 268

I
Iguane........................... 244

L
Lézard..................... 242 — 244

N
Naja, ou Serpent à coiffe... 239 — 240

O
Orvet............................ 240

P
Pipa............................. 211

R
Rainette................... 206 — 208

S
Salamandre aquatique, ou Triton .... 213 — 214
Seps Chalcide.................... 241
Serpent jaune des Antilles (Trigonocéphale, fer de lance).... 234 — 235
Sphargis................... 280 — 281

T
Tortue..................... 265 — 280
Trionyx.......................... 271

V
Vipère commune............ 223 — 227

OISEAUX.

A
Agami............................ 439
Aigle...................... 672 — 678
Albatros................... 378 — 380
Alecthélie....................... 492
Alouette................... 604 — 605
Améthyste........................ 570
Anhinga.......................... 360
Ani.............................. 551
Annumbi.......................... 573
Aptéryx.................... 460 — 463
Ara.............................. 539
Argus............................ 500
Attagis.......................... 492
Autour..................... 694 — 696
Autruche................... 451 — 456
Avocette......................... 386

B
Balbusard, ou Aigle de mer....... 675
Barbu............................ 550
Barge............................ 415
Bartavelle, ou Perdrix grecque... 484
Bécasse.................... 403 — 408

Bécassine........................ 411
Bec-croisé................. 590 — 591
Bec-en-ciseaux noir.............. 369
Bec-figue........................ 635
Bec-ouvert....................... 427
Bengali.......................... 597
Bergeronnette.................... 622
Bihoreau......................... 429
Blanchard........................ 676
Blongios......................... 429
Bouvreuil........................ 592
Bruant..................... 600 — 601
Busard..................... 700 — 701
Buse............................. 700

C
Caille..................... 472 — 476
Calao............................ 559
Calliope......................... 621
Canard..................... 324 — 338
Caracara................... 703 — 704
Cariama.......................... 440
Carouge.......................... 589
Casoar..................... 458 — 460
Casse-noix....................... 586

INDEX ALPHABÉTIQUE

Cassican 640
Cassique 588
Catharte .... 713 — 714
Caurale 439
Céphaloptère 637
Ceyx 562
Chardonneret 595
Chat-huant hulotte 654
Chevalier 398
Chevêche .... 652 — 653
Chionis 492
Choquart 581
Chouca 581
Chouette .... 655 — 660
Cigogne .... 421 — 425
Cincle 626
Colin de Californie, ou Perdrix boréale 487
Coliou 590
Colombar 532
Combattant .... 399 — 400
Coq .... 500 — 510
Coq de bruyère, ou Tétras.. 469
Condor .... 708 — 711
Corbeau .... 578 — 581
Corbivaux 581
Cormoran .... 363 — 364
Corneille 581
Cotinga 633
Coua 550
Coucal 550
Coucou .... 547 — 552
Courli .... 415 — 416
Courols 550
Couroucou 553
Court-vite 442
Crave 566
Crécerelle 684
Cygne .... 351 — 355

D

Difillode 577
Dindon .... 512 — 516
Drôme 427
Drongo 632
Dronte ou Dodo .... 463 — 464
Duc (grand) .... 646 — 647
Duc (moyen), ou Hibou 648
Duc (petit) .... 650 — 651
Dur-Bec 592

E

Échasse .... 386 — 388
Échelette 571
Échenilleur 633
Édicnème 440

Effraie 656
Émeraude 577
Émerillon 683
Engoulevent d'Europe 614
Éperonnier 520
Épervier 696
Éphialte 649
Épimaque 566
Étourneau .... 586 — 588
Eudromie 491
Eurylaime 615

F

Faisan .... 496 — 499
Farlouse 622
Faucon .... 679 — 684
Fauvette .... 617 — 620
Flamant .... 383 — 385
Fou de Bassan 362
Fou 362
Foulque 393
Fourmilier 627
Fournier 572
Francolin d'Europe 488
Frégate .... 356 — 358
Freu 581

G

Ganga 472
Gaucon 679
Geai 585
Gélinotte, ou Poule des Coudriers .. 469
Gerfaut de Norwége 680
Gla éole, ou Perdrix de mer 393
Gobe-mouches 635
Gobe-mouches (Roi des) 635
Goëland .... 371 — 372
Gorge-bleue 621
Goura 524
Grabier 429
Grèbe 316
Grenat 570
Grimpeur 571
Grive .... 630 — 631
Gros-Bec .... 591 — 592
Grue .... 433 — 438
Guacharo 615
Guêpier 563
Guillemot 317
Guira 550
Guits-guits 573
Gypaète .... 705 — 706

H

Harle .... 343 — 344
Harpie .... 677 — 678

INDEX ALPHABÉTIQUE.

Hausse-col doré.................. 570
Héron .... 429 — 432
Hibou brachyote.................. 649
Hirondelle.............. 609 — 611
Hoazin........................... 522
Hobereau......................... 683
Hocco............................ 521
Houppifère....................... 510
Huîtrier......................... 441
Huppart.......................... 676
Huppe-col........................ 570
Huppe............................ 565

I

Ibijau........................... 614
Ibis.................... 416 — 419
Indicateur....................... 549

J

Jabiru........................... 427
Jacamar.......................... 557
Jacana........................... 395
Jaseur........................... 634

K

Kakatoès......................... 543
Kamichi.......................... 397
Kétupu........................... 650
Kobez............................ 684

L

L'abbé.................. 374 — 375
Lagopède......................... 471
Langrayen........................ 640
Lavandière....................... 621
Linotte.......................... 595
Lophophore....................... 521
Lophorine........................ 577
Loriot........................... 623
Lori............................. 542
Lyre............................. 622

M

Macreuse......................... 343
Mainate.......................... 624
Malcoha.......................... 550
Manakin.......................... 615
Manchot................. 312 — 314
Martinet................ 607 — 611
Martin........................... 625
Martin-pêcheur.......... 560 — 562
Martin-chasseur.................. 562
Maubèche................ 400 — 403

Maucode.......................... 577
Mégapode......................... 492
Merle................... 627 — 629
Mésange................. 601 — 603
Microglosse............. 543 — 544
Milan............................ 697
Moineau franc.................... 592
Momot................... 563 — 564
Mouette................. 372 — 373

N

Nandou.................. 457 — 458
Nothure.......................... 491

O

Oie..................... 344 — 351
Oiseau-mouche............. 568 — 570
Oiseau de paradis (Émeraude)..... 575
Ombrette......................... 427
Ortolan.......................... 600
Outarde................. 447 — 448

P

Paon.................... 518 — 520
Paradis.......................... 577
Pauxi............................ 522
Pélican.......................... 366
Pénélope et Parraqua............. 522
Perdrix................. 483 — 484
Perroquet........................ 542
Perruche................ 540 — 541
Pétrel........................... 377
Phaéton.......................... 358
Philédon......................... 625
Pic..................... 554 — 556
Picucule......................... 572
Pie-grièche............. 639 — 640
Pie..................... 582 — 585
Pigeon.................. 528 — 532
Pingouin................ 318 — 319
Pinson........................... 596
Pintade.......................... 512
Pique-bœufs............. 589 — 590
Pit-pit.......................... 589
Plastron......................... 570
Plongeon......................... 312
Pluvian.......................... 447
Pluvier................. 445 — 446
Podarge.......................... 614
Pouillot......................... 621
Poule d'eau...................... 389
Promérop......................... 566
Psittacule....................... 542
Puffin........................... 378
Pygargue................ 673 — 675

R

Râle	390 —	392
Républicain		598
Rhyncote		491
Roitelet		621
Rollier		586
Rossignol	616 —	617
Rouge-gorge		621
Rouge-queue		621
Rouloul		510
Rubis-topaze		570
Rupicole		616

S

Salangane (Hirondelle)	612 —	613
Sarcelle		338
Sarcoramphe (Condor)	708 —	711
Savacou		427
Sénégali		597
Serin		596
Serpentaire	718 —	720
Sifilet		577
Sittelle		574
Soui-Manga		573
Spatule		420
Spizaëte		677
Sterne	368 —	369
Syrrhapté, ou Hétéroclite		472

T

Tacco		550
Talégalle		492
Talève, ou Poule sultane	389 —	390
Tangara		631
Tantale		427
Tétras		469
Tinamou		491
Tinochore		492
Tisserin		598
Todier		560
Topaze		570
Torcol		556
Toucan	544 —	545
Tournepierre		399
Tourterelle		529
Tragopan		510
Traquet		621
Troglodyte		621
Troupiale		589
Turnix		491
Tyran		636

U

Urubu	711 —	713
Urucuru, ou Chevêche à terrier		654

V

Vanga		640
Vanneau		444
Vautour	715 —	718
Veuve		598

FIN DE L'INDEX ALPHABÉTIQUE.

9466 — IMPRIMERIE GÉNÉRALE DE CH. LAHURE
Rue de Fleurus, 9, à Paris.

www.ingramcontent.com/pod-product-compliance
Lightning Source LLC
Chambersburg PA
CBHW071704300426
44115CB00010B/1306